Moritz Heyne

Körperpflege und Kleidung bei den Deutschen

Von den ältesten geschichtlichen Zeiten bis zum 16. Jahrhundert

Moritz Heyne

Körperpflege und Kleidung bei den Deutschen

Von den ältesten geschichtlichen Zeiten bis zum 16. Jahrhundert

ISBN/EAN: 9783955641535

Auflage: 1

Erscheinungsjahr: 2013

Erscheinungsort: Bremen, Deutschland

EHV
HISTORY

KÖRPERPFLEGE UND KLEIDUNG

BEI DEN DEUTSCHEN

VON DEN

ÄLTESTEN GESCHICHTLICHEN ZEITEN
BIS ZUM 16. JAHRHUNDERT

VON

MORIZ HEYNE.

MIT 96 ABBILDUNGEN IM TEXT

LEIPZIG
VERLAG VON S. HIRZEL
1903.

INHALT.

ERSTER ABSCHNITT.

KÖRPERPFLEGE.

§ 1. Die äussere Erscheinung.

Als hohe und schlanke Gestalten, mit blonden Haaren und blauen Augen, treten uns von der ersten Zeit der geschichtlichen Zeugnisse ab die Germanen entgegen. Sie teilen dieses Aussehen im allgemeinen mit andern nördlichen indogermanischen Völkern, vor allem mit ihren östlichen und westlichen Nachbarn, Slaven und Kelten. Allerdings in ungleichem Masze. Ein ins Auge fallender Unterschied von den Slaven in Erscheinung und Haltung muss schon früh zu Tage getreten sein, und der Bildhauer der Marcussäule gibt ihm drastischen Ausdruck. Er zeigt uns den Germanen mit langer und vorn über der Stirn hoher Kopfform, die Nase gerade oder wenig gekrümmt, mit regelmässiger Gesichtsbildung; dagegen den Sarmaten mit einem Schädel, der hinten hoch gebaut ist und zur Stirn sich senkt, die Nase eher eingebogen mit dickerer Endung, das Jochbein hervortretend, die Wangenfläche gross, mit eckiger Kinnlade[1]). Später erwähnt Prokop[2]), dass die Slaven (*Σκλαβηνῶν ἔθνος*) von grossem und kräftigem Körperbau, aber nicht mit entschieden blondem, sondern mehr rotblondem Haar (*ὑπέρυθροι*) versehen gewesen seien.

Weniger unterscheiden sich die Kelten des blonden Schlages von den Germanen; ihre Ähnlichkeit wird oft hervorgehoben und auf Stammverwandtschaft zurückgeführt[3]), und die angegebenen Unterschiede sind ungenau und verschwindend[4]); durch hohe Leibesgestalt

---

1) Die Marcussäule auf Piazza Colonna in Rom, herausgegeben von PETERSEN (1896), Textband S. 47.

2) de bello Gothor. 3, 14.

3) vgl. STRABO 4, 4, 2: *καὶ γὰρ τῇ φύσει καὶ τοῖς πολιτεύμασιν ἐμφερεῖς εἰσι καὶ συγγενεῖς ἀλλήλοις οὗτοι*

4) was derselbe Autor 7, 1, 2 angibt: *Γερμανοί . . . μικρὸν ἐξαλλάττοντες τοῦ Κελτικοῦ φύλου τῷ τε πλεονασμῷ τῆς ἀγριότητος καὶ τοῦ μεγέθους καὶ τῆς ξανθότητος*, klingt doch sehr unbestimmt.

zeichnen sich beide Stämme aus[5]). Auch die Schädelform hebt sich nicht, wie bei den Slaven, charakteristisch ab; Langschädel, Kurzschädel und eine mittlere Form kommen bei Kelten und bei Germanen gleichmässig vor, wie zahlreiche Gräberfunde beweisen[6]). Vereinzelte Vermischung beider Völkerschaften hat auch früh schon stattgefunden, indem sowohl Germanen um sich anzusiedeln nach Gallien eingedrungen sind[7]), als auch das Grenzgebiet flüssig wurde, wo Germanen sich keltisierten, Kelten zum Germanentum übergingen[8]).

Dennoch ist der Germane seit Urzeiten vor Slaven und Kelten immer kenntlich gewesen; und hat einmal bei den dreien Übereinstimmung im Äusseren bestanden, so wird sie im Laufe der geschichtlichen Entwickelung mehr und mehr differenziert von innen heraus, durch die verschiedene Denk- und Anschauungsart; es ist der Geist, der Form und Haltung, vor allem die des Kopfes und den Ausdruck des Gesichtes bestimmt, und selbst bis zu einem gewissen Grade durch die Entwickelung des Gehirns den Schädelbau beeinflusst[9]). Der Charakter des Germanen prägt sich in der äusseren Erscheinung aus und lässt auch in frühen historischen Zeiten für fremde Beobachter das Volk als eine *propria et sincera et tantum sui similis gens*[10]) auftreten. Das zeigt gegenüber den Slaven der römische Bildhauer an der Marcussäule deutlich und nicht ohne Spott, wenn er die leidenschaftliche und

5) die Zeugnisse stellt zusammen ZEUSS, die Deutschen und die Nachbarstämme (1837) S. 49 ff.; vgl. auch HOLTZMANN Kelten und Germanen (1855). *plerumque hominibus Gallis prae magnitudine corporum suorum brevitas nostra contemptui est:* CAESAR bell. Gall. 2, 30.

6) SCHAAFHAUSEN die Kelten, in: Festschrift zum funfzigjährigen Jubiläum des Vereins von Altertumsfreunden im Rheinlande (1891), S. 63 ff.

7) *eadem semper causa Germanis transcendendi in Gallias, libido atque avaritia et mutandae sedis amor, ut relictis paludibus et solitudinibus suis fecundissimum hoc solum vosque ipsos possiderent*: TACITUS hist. 4, 73. vergl. dazu CAESAR bell. Gall. 1, 33, 37. AMM. MARC. 16, 11, 11.

8) *Treveri et Nervii circa affectationem Germanicae originis ultro ambitiosi sunt, tanquam per hanc gloriam sanguinis a similitudine et inertia Gallorum separentur*: TACITUS Germ. 28. *plerosque Belgas esse ortos ab Germanis:* CAESAR bell. Gall. 2, 4. Eindringen gallischer Stämme in Deutschland und ihre Germanisierung wird bell. Gall. 6, 24 berichtet: *itaque ea, quae fertilissima Germaniae sunt, loca circum Hercyniam silvam .. Volcae Tectosages occupaverunt atque ibi consederunt; quae gens ad hoc tempus his sedibus sese continet summamque habet justitiae et bellicae laudis opinionem. nunc quidem in eadem inopia, egestate patientiaque Germani permanent, eodem victu et cultu corporis utuntur.* Umgekehrt Ubier an gallische Sitten gewöhnt: 4, 3.

9) SCHAAFFHAUSEN a. a. O. S. 62.

10) TACITUS Germ. 4. Die Stelle ist nachher einmal auf die Sachsen gewendet worden, offenbar um sie als echte Söhne der alten Germanen hinzustellen; vgl. unten Anm. 71.

würdelose Haltung der Sarmaten und wieder die geschlossene, ruhige, würdevolle der Germanen darstellt: dort das Knien der Gnadesuchenden vor dem Sieger, während der Germane in gleichem Falle stets aufrecht steht; das wutverzerrte Gesicht, die heftigen Bewegungen der Arme und des Kopfes im Kampfe und Unglück, wogegen der Germane immer gefasst und ruhig bleibt, eine Eigenschaft, die auch die Frauen teilen [11]). Notwendig muss sich auch der keltische Volkscharakter, das Treulose, Neuerungssüchtige, Weichliche, Unbeständige, Leichtsinnige [12]), in dem ganzen äusseren Wesen des Volkes wiedergespiegelt haben.

Von ganz anderen Charakterzügen der Deutschen erfahren wir durch zahlreiche Zeugnisse. Vor allem tritt ihr stolzes, trotziges Selbstbewusstsein hervor, ein ungeschmälert bewahrtes Erbteil aus der ersten Zeit des Volkes, wo es die Gewalt der Hauskommunion und des Clanwesens bricht (vgl. Bd. 1, S. 5 fg.) und jeden einzelnen Genossen auf sich selbst stellt: dieses Selbstbewusstsein zeigt sich nicht weniger in der aufrechten Haltung des gefesselten germanischen Fürsten, der auf einem Bilde der Marcussäule vor Marc Aurel geführt wird, und in der eines frei vor ihn tretenden, der die Hand gelobend aufs Herz legt [13]), wie schon weit früher in der Antwort des Germanenfürsten Ariovist auf eine Einladung des mächtigen Cäsar: wenn er etwas von ihm wolle, solle er nur zu ihm kommen [14]); es äussert sich ebenso in der Scheu zu gehorchen, die das Volk von Kindheit auf weder an Pflicht noch Zucht gewöhnt sein lässt [15]), in dem Mangel einer ordentlichen Obrigkeit ausser in Kriegszeiten [16]), in dem Handeln nach Willkür, ohne einen Befehl, eine Leitung zu beachten [17]), selbst in der Un-

---

11) vgl. PETERSEN a. a. O. S. 47 f.

12) Gallier sind neuerungssüchtig *(novis plerumque rebus student)*, neugierig, in ihren Entschlüssen unüberlegt: CAESAR bell. Gall. 4, 5. unkriegerisch geworden 6, 24. TACITUS Agr. 11. Ihre Trägheit *(inertia)*: Germ. 28. Treulosigkeit *(fraus)*: Hist. 4, 57. Sie werden verachtet *(spernebantur)*: 71. Noch im 6. Jahrh. lässt GREGOR VON TOURS den Klausner Hospitius in der Nähe von Nizza das ganze Volk der Gallier als treulos, meineidig, dem Diebstahl ergeben und mordlustig bezeichnen *(est enim omnis populus infidelis, perjuriis deditus, furtis obnoxius, in homicidiis prumptus, ad quibus nullus justitiae fructus nullatenus crescit)*: hist. Franc. 6, 6.

13) PETERSEN a. a. O. S. 48.

14) *si quid ipsi a Caesare opus esset, sese ad eum venturum fuisse; si quid ille se velit, illum ad se venire oportere*: CAESAR bell Gall. 1, 34.

15) *a pueris nullo officio aut disciplina adsuefacti*: ebd. 4, 1.

16) *cum bellum civitas aut inlatum defendit aut infert, magistratus, qui ei bello praesint, ut vitae necisque habeant potestatem, deliguntur. in pace nullus est communis magistratus, sed principes regionum atque pagorum inter suos jus dicunt controversiasque minuunt*: ebd. 6, 23.

17) *Germanos . . non juberi, non regi, sed cuncta ex libidine agere*: TACITUS Hist. 4, 76.

pünktlichkeit des Erscheinens bei wichtigen Beratungen, die aus dem Gefühle entspringt, sich nichts sagen zu lassen[18]). Aber es gebirt solche Charaktereigenschaft auch andere, sittliche Vorzüge: neben der überall gerühmten Tapferkeit den Sinn für Ordnung und das Halten des einmal gegebenen Wortes, aus dem wieder die hervorragendste germanische Eigenschaft, die der Treue entspringt. Freilich hat diese Treue nichts Sentimentales oder Romantisches an sich; schon das gemeingermanische Wort dafür, got. *triggwa*, angelsächs. *treów*, altsächs. *treuwa*, althochd. *triuwa* fusst auf dem Sinne der Verabredung und des Bündnisses[19]) und betont daher weiter nichts als die Ehrlichkeit bei einer einmal übernommenen vertragsmässigen Verpflichtung, solange der Vertrag von der andern Seite nicht gebrochen wird. Von Weichlichkeit oder Unfestigkeit der Gesinnung erfahren wir nichts; dagegen sieht ein gesunder selbstischer Sinn und Blick für Erwerb und Mehrung des Vermögens überall hervor[20]), Eigenschaften, die noch jetzt unserer Bauernsame anhaften; womit sich jene Bauernschlauheit, die die Römer bereits an Arminius und Civilis merken mussten[21]), und die List dem Feinde gegenüber[22]) trefflich paart. Das alles schafft einen Gesichtsausdruck, der sich besonders in den scharf und trotzig drein schauenden blauen Augen hervorthut[23]). Nicht zum wenigsten steht mit der festen Gesinnung auch die vielfach und bewundernd hervorgehobene Keuschheit in Zusammenhang, mit der eine späte geschlechtliche Reife, zum Teil die Folge eines rauhen Klimas, verbunden

18) *illud ex libertate vitium, quod non simul nec ut jussi conveniunt, sed et alter et tertius dies cunctatione coeuntium absumitur:* Germ. 11.

19) got. *triggwa* διαθήκη Luc. 1, 72 u. ö. bei den Langobarden *triwa* Vertrag zur Ausgleichung von Zwietracht, Sühne; *si quis judex aut actor puplicus in qualicumque civitatem aut locum inter homines, qui aliquam discordiam habent, triuuas tulerit, et unus ex ipsis hominibus, inter quos ipsas triuuas tulta sunt, eas ruperit:* leges Liutpr. 42. Im Sachsenspiegel 3, 78 hat *trûwe* den Begriff der Vertrags- und Amtspflicht entfaltet; sonst auch feste Zusage; *ich gibe iu mîne triuwe und sicherlîche hant:* Nib. 2277, 1. Ueber germanische Treue und Tapferkeit vgl. Germ. 14; unbedingtes Worthalten: 24.

20) dass Germanen für Geschenke *(pecuniam ac dona)* empfänglich seien, sagt TACITUS Hist. 4, 76. vgl. Germ. 5. 15.

21) vgl. VELLEJUS PATERC. II, 118. TACITUS Hist. 4, 16.

22) *at illi (Germani), quod nisi expertus vix credat, in summa feritate versutissimi natumque mendacio genus:* VELLEJUS PAT. hist. Rom. 2, 120.

23) *ex percontatione nostrorum vocibusque Gallorum ac mercatorum, qui ingenti magnitudine corporum Germanos, incredibili virtute atque exercitatione in armis esse praedicabant — saepenumero sese cum his congressos ne vultum quidem atque aciem oculorum dicebant ferre potuisse:* CAESAR bell. Gall. 1, 39. *unde habitus quoque corporum, quanquam in tanto hominum numero, idem omnibus, truces et caerulei oculi, rutilae comae, magna corpora et tantum ad impetum valida:* TACITUS Germ. 4. Solche Augen werden noch lange hervorgehoben, vgl. unten Anm. 74. 75. 78.

ist[24]); ferner die hohe Achtung vor der Art und Würde des Weibes[25]). Wie weit in solchen gefestigten Charakteren sanftere Regungen, nach der späteren und modernen Weise, schon Platz gegriffen haben, steht dahin. Eine bei Dio Cassius erzählte Geschichte beleuchtet eine eigentümliche Auffassung des Mitleids, die aber zu dem geschilderten Gesamtcharakter des Germanen völlig passt: als römische Soldaten den von ihnen aufgestöberten und gefangenen Vitellius mit ihren kurzen Schwertern grausam marterten, sprach ein Germane voll Mitleid: ich will dir helfen, wie ich allein dir helfen kann. Er wollte ihn töten, aber verwundete ihn nur; darauf durchstach er sich selbst[26]).

Vereinzelt werden aber auch Charakterschilderungen gegeben, die solchem Bilde nicht entsprechen und auf bestimmte Stämme gehen. Ob dergleichen Schilderungen glaubhaft und nicht übertrieben oder gar bloss von Abneigung diktiert sind, lässt sich freilich schwer entscheiden. So nennt Gregor von Tours die Goten zaghaft und zu fliehen geneigt[27]), während Jordanes ihre Beharrlichkeit und Bedächtigkeit hervorhebt[28]); bei Prokop erscheinen die Heruler treulos und dem Trunke ergeben[29]), bei Jordanes behende und auf solche Eigenschaft stolz[30]); dem letzteren sind dagegen die Gepiden ein träges und schwerfälliges Volk[31]). Langobarden gelten für wilder als alle andern Germanen; Franken für lügnerisch, Sachsen für grausam[31 b]). Noch späte Quellen betonen die einstige Wildheit und Roheit der Lothringer, die erst Erzbischof Bruno von Köln zu einem friedfertigen und sanftmütigen Volk machte[32]).

---

24) *saepta pudicitia agunt:* Germ. 19. *sera juvenum venus, eoque inexhausta pubertas. nec virgines festinantur; eadem juventa, similis proceritas:* 20. *qui diutissime impuberes permanserunt, maximam inter suos ferunt laudem; hoc ali staturam, ali vires nervosque confirmari putant. intra annum vero vicesimum feminae notitiam habuisse in turpissimis habent rebus:* CAESAR bell. Gall. 6, 21. *longissima apud eos pueritia est:* POMPONIUS MELA 3, 3. Strafe schändlicher Wollust das Versenken in den Sumpf: Germ. 12. Weitere Nachweise bei MÜLLENHOFF Altertumskunde 4, 301.

25) vgl. die Ausführungen bei TACITUS Germ. 8. 18.

26) DIO CASSIUS 65, 21.

27) *ut Gothorum pavere mos est:* GREG. TUR. 2, 27. *cumque secundum consuetudinem Gothi terga vertissent:* 37.

28) *Gothorum tamen stabilitati subjacuit et tarditati:* JORDANES de orig. Getar. 23.

29) de bello Vandal. 2, 4.

30) *Eruli . . gens quantum velox, eo amplius superbissima:* JORD. 23.

31) ebd. 17 im Zusammenhange mit einer Stammsage.

31 b) *Langobardi, gens etiam Germana feritate ferocior:* VELLEJUS PATERC. 2, 106. *Franci mendaces sed hospitales, Saxones crudelitate efferi sed castitate mirandi:* SALVIANUS de gub. dei 7, 15, § 64.

32) RUOTGER Leb. d. Erzbischofs Bruno 39.

Die Leibesgestalt der alten Germanen lernen wir teils aus römischen Bildwerken, teils aus schriftlichen Quellen kennen, und die letzteren sind in ihren gelegentlichen Notizen für uns vielfach instruktiver als die ersteren, die den grösseren Wert für Kleidung und Bewaffnung haben. Des Wuchses Schlankheit wird als Kennzeichen der Germanen hervorgehoben[33]), und damit eine ausgebildete Schwimmkunst in Zusammenhang gebracht[34]); oder das Schlanke erscheint auch gesteigert als hoher Wuchs, Körperfülle, enorme Grösse, im allgemeinen sowohl, wie bei der Schilderung einzelner Personen. So redet Tacitus von dem ungeheuren Körperbau der Germanen[35]), erzählt Dio Cassius[35b]), wie die Germanen die Römer so überragen, dass die letzteren an jenen emporspringen, um ihnen den Todesstoss im Kampfe zu versetzen; Vellejus Paterculus berichtet von den riesenhaften Körpern des kinderreichen Chaukenvolkes[36]), Ammianus Marcellinus von den starken, hochgewachsenen Alemannen[37]), Sidonius Apollinaris von den siebenfüssigen Burgundern[38]), Prokop von der grossen Gestalt der Goten[39]). An Personen werden nach solcher Richtung besonders hervorgehoben Marbods hervorragender Körperbau[40]), Segests mächtige Grösse[41]), Odoakers hoher Wuchs, sodass er sich bücken muss, um nicht das Dach einer Mönchszelle mit seinem Scheitel zu berühren, und manches ähnliche andere[42]). Nur darf nicht vergessen werden, dass bei solchen

---

33) *si quem procerum habitu et juventa conspexerunt:* TACITUS Hist. 4, 1. *est plerisque procera pueritia (Batavorum):* 14. *procera membra:* Annal. 1, 64.

34) vgl. unten § 2, Anm. 3.

35) *immensis corporibus:* Hist. 5, 18.

35b) B. 38, 49. 50.

36) *omnis eorum juventus infinita numero, immensa corporibus:* hist. Rom. 2, 106.

37) *Alemanni robusti et celsiores:* XVI, 12, 47; *grandissimis .. corporibus freti:* ebenda.

38) *Burgundio septipes:* Epist. VIII, 9, 34 (ed. Lütjohann S. 136). *spernit senipedem stilum Thalia, ex quo septipedes videt patronos:* Carm. XII, 10f. (S. 231).

39) bell. Vand. 1, 2 (εὐμήκεις).

40) *Maroboduus genere nobilis, corpore praevalens, animo ferox, natione magis quam ratione barbarus:* VELLEJUS PATERC. II, 108.

41) *Segestes ipse, ingens visu:* TACITUS Ann. 1, 58.

42) EUGIPPIUS Leben des heil. Severin Cap. 7. vgl. auch PAUL. DIAC. 1, 28 über die schlanke und kampfkräftige Gestalt des Langobardenkönigs Alboin; 5, 10 über den starken Amalong, der mit dem königlichen Speer ein Griechenmännlein durchbohrt, es aus dem Sattel hebt und in freier Luft über seinem Haupte trägt; 5, 33 über den gewaltigen Körperbau Grimualds; 5, 40 über ähnlichen Kuninkperts, u. s. w. Ausführliche Schilderung des Westgotenkönigs Theoderich II. (453—466) nach seinem Äussern *(longissimis brevior, procerior eminentiorque mediocribus)* bei SIDON. APOLL. I, 2, 2. Schon im J. 88 v. Chr. hat der Sophist Aristion in einer begeisterten Lobrede auf Mithridates in Athen einen

Schilderungen stets eine auserlesene kriegerische Jugend Germaniens gemeint ist; in welchem Zahlenverhältnisse die Schwächlinge in der Familie, denen nach Tacitus die Sorge für Haus, Herd und Land überbürdet wird[43]), zu jenem kraftvollen Schlag stehen, können wir nicht beurteilen, nur annehmen, dass es für letzteren ein günstiges gewesen sei. Das bestätigt sich durch die Aufdeckung zahlreicher germanischer Gräber sowie durch Moorfunde[43b]), wobei nach den vielfältigen Fundberichten gewöhnlich Mannsskelette und Moorleichen über Mittelgrösse (1,75—1,80 m) sich vorgefunden haben. Es wird aber doch auch gelegentlich ein Unansehnlicher oder einer, dessen Körperbau nicht ganz einwandsfrei, erwähnt, wie der Bruder des Herulerfürsten Rodulf bei Paulus Diaconus, der sich darum von einer Königstochter verspotten lassen muss[44]), der Fettbauch Chonodomar, König der Alemannen, oder der kränkliche, aber energische Vithicabius, Vadomars Sohn, bei Ammianus Marcellinus[45]). Und was uns die geschichtlichen Quellen verschweigen, verraten sprachliche durch alte Necknamen: wenn Ostgoten beispielsweise *Mammô* oder *Wamba* gerufen werden[46]), so sind ihnen solche Namen nicht vom Vater gegeben, sondern nach erfolgter körperlicher Entwickelung von Volksgenossen in gutmütigem Spotte; und die Träger der gekennzeichneten Eigentümlichkeiten haben diese Namen ebenso gleichmütig hingenommen und ihrer Verbreitung zugesehen, wie andere, wenn sie wegen

---

fünf Ellen hohen (πεντάπηχος) Bastarnen geschildert, vgl. FURTWÄNGLER Intermezzi (1896) S. 61. Das ist natürlich eine gewaltige Übertreibung, wie dergleichen aber auch in späteren Schilderungen vorkommt, unten S. 14 und Anm. 74.

43) *delegata domus et penatium et agrorum cura feminis senibusque et infirmissimo cuique ex familia:* Germ. 15.

43b) Das ärztliche Urteil über die Moorleiche von Damendorf lautet: „An Körperkräften und Ausdauer ist der Mann den Kräftigsten unter unsern heutigen Marineheizern und Matrosen-Artilleristen, welche ausgesucht starke Leute sind, weit überlegen gewesen“: J. MESTORF, zweiundvierzigster Bericht des Schleswig-Holsteinschen Museums vaterländ. Altertümer bei der Universität Kiel (1900) S. 17.

44) PAUL. DIAC. 1, 20: *quia erat statura pusillus, eum fastu superbiae puella despexit, verbaque adversus eum inrisoria protulit.*

45) *Chonodomarius . . . obeso corpore gravior:* AMM. MARC. XVI, 12, 59. *Vithicabius rex, Vadomarii filius, specie quidem molliculus et morbosus, sed audax et fortis:* XXVII, 10, 3.

46) ein dux Gotorum *Mammô:* WREDE Sprache der Ostgoten in Italien (1891) S. 80 (vgl. dazu *mammô* Fleisch, *in leika mammôns* ἐν τῷ σώματι τῆς σαρκός Col. 1, 22); ein Westgotenkönig *Wamba:* ebd. (*wamba* κοιλία, γαστήρ). Ob got. *Quidila,* der Name eines Priors für die Goten in Reate und Nursia (ebd. S. 130), zu got. *qiþus* Bauch, oder zu *qiþan* sagen gehört, ist zweifelhaft.

ihres borstigen Äussern *Igila*, Igel[47]) oder wegen ihres zottigen Aussehens *Zotto*[48]) genannt worden sind.

Zu dem gutgewachsenen Körper gesellt sich die weisse Haut[49]) und das schöne rosige Gesicht[50]) mit den kühnen blauen Augen[51]), umrahmt von einer Haarfülle, die ungemein aufgefallen sein muss, da sie immer wieder in Bildwerken sowohl als in schriftlichen Quellen auszeichnend hervorgehoben wird[52]). Die Nase zeigt sich bei Statuen und Reliefs von verschiedener Form, meist gerade und edel; eine Stumpfnase hat einmal auf der Marcussäule eine Germanin[53]). Ausnahmsweisen Misswachs gibt ein gotischer Eigenname kund[54]).

Fig. 1. Germanenkopf (zweite Hälfte des 2. Jahrh. nach Chr.). Im Königl. Museum zu Berlin. Vgl. Archäologische Zeitung 1868, Taf. 7.

47) mit dem Necknamen *Igila* unterschreibt sich in der neapolitanischen Urkunde (vgl ULFILA ed. Heyne-Wrede[10] S. 228) ein gotischer Geistlicher, der im Texte *Danihel* genannt wird. *Igila* gehört zu altnord. *igull*, ags. *igl*, ahd. *igil* Igel.

48) ein Langobarde *Zotto:* BRUCKNER Sprache der Langobarden (1895) S. 326. Ihm entspricht ahd. *Zato* (STARK Kosenamen der Germanen S. 70), zu ahd. *ʒota*, *ʒata juba*, *fax*, *coma*, *villus* (GRAFF 5, 632f.) gehörig, altsächs. *Tado, Tadako* (HEYNE altniederd. Eigennamen S. 25).

49) von PROKOP an den Goten gerühmt, λευκοὶ γάρ ἅπαντες τὰ σώματά τέ εἰσι: bell. Vand. 1, 2.

50) καὶ ἀγαθοὶ τὰς ὄψεις: ebenda. *rutili sunt Germaniae vultus:* CALPURNIUS FLACCUS excerpta X rhetor. minor. 2. *lactea cutis, quae propius inspecta iuvenali rubore suffunditur* (vom Westgotenkönig Theoderich II.): SIDON. APOLL. Ep. I, 2, 3.

51) vgl. oben Anm. 23.

52) Civilis' langes rötliches Haar *(propexum rutilatumque crinem .. deposuit):* TACITUS Hist. 4, 61. Der Haarwulst des Alemannenkönigs Chonodomar *(Chonodomarius .. cuius vertici flammeus torulus aptabatur):* AMM. MARC. XVI, 12, 24. Haarfülle der Sachsen und Franken: SIDON. APOLL. Epist. VIII, 9, 21ff. (S. 136 Lütjohann), der Burgunden *(inter crinigeras .. catervas):* Carm. XII, 3 (S. 230), vgl. auch die Schilderung Sigismers Ep. IV, 20 (S. 70); der Alemannen wallendes Haar *(comae fluentes):* AMM. MARC. XVI, 12, 36; u. s. w.

53) PETERSEN a. a. O. S. 47.

54) der des Ostgotenkönigs Tôtila, der nach Grimms Deutung (Haupts Zeitschrift 6, 540) diesen Spitznamen von seiner langen Nase empfangen hat; vgl.

Im gut geschnittenen Munde sitzen blanke Zähne, die sich bis ins hohe Alter gesund erhalten; selten, dass in aufgedeckten Gräbern ein Skelett mit kranken Zähnen erscheint[55]). Dass die Zähne allgemein wohlgeformt und nahe zusammen stehen, dafür spricht auch der Umstand, dass das Gegenteil auffällt und durch einen Spitznamen markiert wird[56]). Die Sprache missfällt Römern und Griechen als rauh[57]); die Stimme muss nach der Beschreibung des germanischen Kriegsgeschreis, des *barditus*, gewaltig gewesen sein[58]).

An der beschriebenen Leibesgestalt nehmen die germanischen Frauen vollen Teil.

Fig. 2. Germanenkopf (zweite Hälfte des 2. Jahrh. n. Chr.). Im Königl. Museum zu Berlin. Vgl. Archäolog. Zeitung 1868, Taf. 8.

---

aber dazu WREDE Sprache der Ostgoten, S. 135f. Wenn der langobardische Name *Zancio* (BRUCKNER S. 325) zu mhd. *zanke* Zacke, Spitze, und der in Freisinger Urkunden erscheinende *Zacco, Zacho* (vgl. A. WAGNER die deutschen Namen der ältesten Freisinger Urkunden 1876, Seite 35 f.) zu gleichbedeutendem mhd. *zacke* gehören, so könnte man beide auch als Necknamen für die Träger einer gewaltigen, spitzen Nase fassen.

55) Die Fundberichte, soweit sie den Gegenstand erwähnen, versäumen nicht, die Schönheit und regelmässige Stellung der Zähne bei beiden Geschlechtern und in jedem Alter hervorzuheben. Ein Zahnabscess: Anzeiger für schweiz. Altertumskunde 1900 S. 175.

56) *Zanvidus* als Neckname eines Langobarden: BRUCKNER Sprache der Langobarden (1895) S. 214.

57) germanische Hilfsvölker des Vitellius *truces corpore, horridi sermone:* TACITUS Hist. 2, 74. Nach POLYAENUS Stratag. 8, 10 hatten die Kimbern und Teutonen tierische Stimmen.

58) der *barditus, barritus* (TAC. Germ. 3, AMM. MARC. XVI, 12, 42. XXXI, 7, 11) wird an vorletzter Stelle beschrieben als *clamor ipso fervore certaminum a tenui susurro exoriens, paulatimque adolescens, ritu extollitur fluctuum cautibus illisorum.* Der *trux cantus* germanischer Kohorten: TACITUS Hist. 2, 22 wird dasselbe sein. Gotische Zechstimmen verscheuchen die Muse: Anthologia latina 1 (1894), S. 221, no. 285; vgl. dazu WREDE Sprache der Ostgoten S. 141. Das abschätzende Urteil des Kaisers Julian über die Singstimmen der überrheinischen Barbaren: opp. 2, 434 Hertlein.

Schlank und hoch gewachsen[59]), von weisser Hautfarbe und rosigem Gesicht, mit einer Fülle blonder Locken, so zeigen sie sich nach Bildwerken und Beschreibung. Die Schönheit der gotischen und vandalischen Frauen hebt Prokop mehr als einmal hervor[59b]), und bei der Berührung mit römischer Kultur haben einzelne die Vorzüge germanischer Körperbildung und römisch geschulten Geistes zu vereinigen gewusst, wie die Bissula, die Ausonius schwärmerisch preist[60]), die schöne Vilithuta, von Venantius Fortunatus als die herrlichste ihres Stammes bezeichnet, mit weissem Hals und rosigem Antlitz, aus barbarischem Geschlechte, aber Römerin der Bildung

Fig. 3. Kopf einer Germanin im Brit. Museum zu London.
(Bienkowski, de simulacris barbararum gentium apud Romanos, 1900, S. 91.)

nach[61]), die Nichte des Ostgotenkönigs Theodorich, Amalberga, die von diesem mit einem glänzenden Lobe ihrer Schönheit und guten Erziehung König Herminafrid von Düringen zur Gemahlin gesendet

---

59) *nec virgines festinantur; eadem juventa, similis proceritas; pares validaeque miscentur, ac robora parentum liberi referunt:* TACITUS Germ. 20. vgl. unten Fig. 79—81.

59b) bell. Got. 3, 1. bell. Vand. 2, 4.

60) *sic Latiis mutata bonis, Germana maneret, ut facies, oculos caerula, flava comas. ambiguam modo lingua facit, modo forma puellam; haec Rheno genitam praedicat, haec Latio:* AUSONIUS XXV, 4, 9ff. (ed. Schenkl S. 126).

61) *sanguine nobilium generata Parisius urbe Romana studio, barbara prole fuit. ingenium mitem torva de gente trahebat; vincere naturam gloria major erat. . . . stirpe sua reliquas superavit pulchra puellas et rosea facie lactea colla tulit:* VEN. FORT. Carm. IV, 13ff. (ed. Leo S. 95).

wird[61 b]), oder Brunichilda, die durch ihre Formvollendung hervorragt[62]). Und wenn der in fränkischer Form überlieferte Kosename *Chrona*[63]), den die Burgunderin Sedeleuba führt, auf ein althochd. *Hrana*, und damit auf die nicht belegte Vorform zum mhd. Adjectiv *ran* schlank, schmächtig hinweist, so liegt auch darin die schmeichelnde Hervorhebung eines ebenmässig schönen Wuchses.

Wahrscheinlich schon sehr früh ist der blonde Typus durchsetzt worden mit einem dunkeln, der aus verschiedenen Ursachen entstanden sein kann. Eine solche wenigstens lässt die altnordische Rîgsþula erkennen, wenn sie die niedrigste Bevölkerung, bei deren Vertretern Heimdall einkehrt, als ein schwärzliches, misswachsenes Geschlecht schildert, im Gegensatz zu dem der Freien und Edeln mit roter oder blendender Gesichtsfarbe, entsprechendem Haar und hohem Wuchse; die Worte scheinen die Erinnerung an eine vorgermanische Urbevölkerung zu enthalten, deren weiblicher Teil wohl einen Einschlag in das germanische Blut geliefert haben kann. Ein anderer mag durch Exogamie, Vermischung mit Grenzvölkern und Unterjochung fremder Stämme dunkeln Schlages schon früh gekommen sein. Fernerer Grund für die Dunkelung des Haupthaares könnte in der nach und nach erfolgten Veränderung der

Fig. 4. Büste einer Germanin.
In der Eremitage zu St. Petersburg. Vorderansicht.

61 b) CASSIODOR. Var. IV, 1 (*litteris doctam, moribus eruditam, decoram . .*).

62) *pulchra modesta decens sollers [pia] grata benigna, ingenio vultu nobilitate potens:* VEN. FORT. VI, 1 a, 37 (S. 130). *erat enim puella elegans corpore, venusta aspectu, honesta moribus atque decora, prudens consilio et blando colloquio:* GREGOR. TUR. 4, 27.

63) ebd. 2, 28.

Lebensweise liegen[64]), wie denn die Germanen bei ihrem Eintreten in die Geschichte bereits nicht einerlei, sondern verschiedenes, helleres und dunkleres Blond haben, das die Römer durch *flavus*, *rutilus*, *rufus*, *auricomus*, die Griechen durch *ξανθός*, *πυῤῥός*, *χρυσοειδής* kennzeichnen. Wie dem auch sei, ein Teil der Germanen vor oder in der Völkerwanderung ist in seiner Erscheinung von dem gewöhnlichen und wohl weit überwiegenden Volkstypus abgewichen, und mag das selbst unangenehm empfunden haben, denn die Worte des Plinius, dass die haarbleichende Seife mehr bei germanischen Männern als Frauen im Gebrauch gewesen sei[65]), gestatten den Schluss, dass der germanische Krieger von dunklerer Haarfarbe in der Schar seiner Genossen nicht auffallen wollte und darum künstliche Beizmittel anwendete. Zudem muss, gegen Plinius, *sapo*, ahd. *seipha*, *seiffa*, angelsächs. *sâpe* eine germanische, nicht eine gallische Erfindung sein[66]). Dann zeugen auch hier wieder alte Neck- oder Zunamen von eingesprengtem dunklem Typus: so die zahlreichen, auf hoch- und niederdeutschem Gebiete erscheinenden *Brûn*, *Brûno*, *Brûning*, die unmöglich Kurzformen von einem mit *brunnia* Brünne zu-

Fig. 5. Büste einer Germanin.
In der Eremitage zu St. Petersburg. Seitenansicht.

---

64) vergl. MÜLLENHOFF Altertumskunde 4, 144.

65) *sapo . . . apud Germanos majore in usu viris quam feminis:* PLINIUS hist. nat. 28, 12 (51). Auch GALEN rühmt die germanische Seife, vgl. die Stelle Bd. 2, S. 189, Anm. 134. Der Feldherr Jovinus überrascht Alemannen in einem waldigen Flusstale beim Baden, Haarfärben und Zechen; *videbat lavantes alios, quosdam comas rutilantes ex more, potantesque nonnullos:* AMM. MARCELL. 27, 2, 2.

66) vgl. die Darlegungen im DWb. 10, 188f.

sammengesetzten Eigennamen sein können; dazu der Frauenname *Brûna* der Tochter des Westgotenkönigs Athanagild, die bei ihrer Verheiratung mit dem Frankenkönige Sigebert auf das wohlklingende und kriegerische *Brunechildis* umgetauft wurde[67]), offenbar weil man fühlte, dass ein neckischer Kosename, der wohl dunklere Hautfarbe und Haar hervorhob, sich für eine Königin nicht schicke. Trefflich beleuchtet wird *Brûno* durch das langobardische *Guala-brûnus*[68]), dessen erster Teil zu *walah* welsch gehört und die Quelle des fremden Typus zeigen soll. Auch der langobardische Eigenname *Salo*, *Sallo* weist, nach ahd. *salo* dunkel, schwarz, auf dunklen Teint[69]).

Dass in den auf die Völkerwanderung folgenden Jahrhunderten der dunkle Typus, besonders im Süden, fortschreitend zugenommen habe, dürfte feststehen, und erklärt sich aus den vielfachen Mischungen mit dort ansässig gewesenen Romanen und Kelten[70]). Im Norden Deutschlands aber liegen zum Teil die Verhältnisse anders; dort sind es vorzugsweise die Sachsen, die eifersüchtig bestrebt, ihr Blut rein zu halten, nach einer Quelle des 9. Jahrhunderts nur unter sich heiraten, so aber auch sich den mächtigen Leib und das blonde Haar, wie vor Alters, bewahren[71]). Auch Widukind bezeugt[72]), dass die Franken an den Sachsen neben dem langen, über die Schulter wallenden Haare die kraftvollen und gewaltigen Körper bewundert hätten.

Von der Durchschnittsgrösse deutscher Männer seit den Karolingerzeiten und während des Mittelalters sich eine Vorstellung zu machen, dazu dienen einerseits die zahlreichen Bildwerke, die uns aus jenen Tagen übrig sind, andererseits litterarische Zeugnisse. Beide bestätigen Verhältnisse, die von den unsern nicht gerade verschieden sind; wie

---

67) *porro Sigybertus cum viderit fratres suos uxoris viles accipere, Gogonem causam legationis ad Anagyldum regem direxit, petens, ut ei filiam suam Brunam nomen conjugio tradiret. quam Anagyldus cum multis thinsauris Sigyberto ad matrimonium transmisit. ad nomen ejus ornandum est auctum, ut vocaretur Brunechildis:* FREDEGAR Chron. 3, 57 (ed. Krusch S. 108).

68) BRUCKNER Sprache der Langobarden S. 316 (hier unrichtig zu ahd. *wal* die Erschlagenen des Schlachtfeldes gestellt).

69) ebd. S. 302.

70) Auch in Skandinavien findet sich neben dem vorwiegenden blonden kastanienbraunes und schwarzes Haar, vgl. WEINHOLD altnord. Leben 181 f.

71) *(Saxones) generis quoque ac nobilitatis suae providissimam curam habentes, nec facile ullis aliarum gentium vel sibi inferiorem connubiis infecti, „propriam et tantum sui similem gentem" facere conati sunt. unde habitus quoque ac magnitudo corporum comarumque color, tanquam in tanto hominum numero, idem pene omnibus:* Translatio S. Alexandri 1, in den Mon. Germ. Script. 2, 675.

72) Sachsengesch. 1, 9: *mirati sunt Franci praestantes corpore et animo viros; mirati sunt et novum habitum, arma quoque et diffusas scapulas caesarie et supra omnia ingentem animi constantiam.*

heute, mögen sie auch damals landschaftlich abgewichen haben. Wenn Paulus Diaconus nach dem Ergebnis der Messung seines Schattens ein Mann von wenig unter sechs Fuss Länge gewesen ist[73]), so hat solches Mass auch für später und bis jetzt für einen Germanen nichts weiter Auffallendes. Angaben skandinavischer Quellen von fünf Ellen, zwölf Ellen Leibeslänge und entsprechender Breite[74]) sind Fortsetzung phantastischer Übertreibungen, wie sie schon viel früher anderswo vorgekommen sind (oben S. 6, Anm. 42). Die *mediocris statura* findet ausdrückliche Erwähnung[75]), hohe und wohlgewachsene Gestalten werden mit Anerkennung hervorgehoben[76]), und ausserordentlichen Wuchs vergessen die Chronisten nicht zu verzeichnen[77]).

Das deutsche Ideal der Männerschönheit knüpft an die ebenmässige und hohe Gestalt, an die leuchtenden Augen, die weisse Haut, die blonden Haare, die wohlgeformten Gliedmassen an. Ausführliche Schilderungen solcher Schönheit treten zuerst in der nachher öfters wiederholten Beschreibung der Fürstengestalt hervor, wie sie Eginhard nach einem Vorbilde Suetons an Karl dem Grossen versucht: derselbe ist breit und kräftig gebaut, von hervorragender Grösse, gewölbtem Schädel, mit grossen und lebendigen Augen, vortretender Nase, im Alter mit schönen weissen Haaren; allerdings stört dieses Idealbild einigermassen der kurze Hals, der feiste Nacken und der hervorstechende Bauch[78]). Auch Angilbert lässt Karl mit seinen hohen

---

73) *ego autem in Gallia Belgica in loco qui Totonis villa dicitur constitutus, status mei umbram metiens, decem et novem pedes inveni:* PAUL DIAC. 1, 5. Danach angestellte Berechnungen haben ergeben, dass er 5' 11" 11''' gemessen hat, vgl. Mon. Germ., Script. rerum Langobard., S. 50 Note.

74) vgl. WEINHOLD altnord. Leb. S. 29.

75) vgl. Anm. 82; als eine durchaus gefällige Form, wie denn auch im Ruodlieb 7, 65 einem wohlgewachsenen Jüngling solche neben weisser Haut und roten Wangen zugeschrieben wird *(haut brevis haut longus sed staturae mediocris; est similagineus totusve genis rubicundus).*

76) *(Gunthramnus) Celsum patriciatus honori donavit, virum procerum statu, in scapulis validum, lacertu robustum:* GREGOR. TUR. 4, 24. (Bischof Wigbert von Merseburg) *fuerat enim egreius, et statura et facie:* THIETMAR 6, 26. Die Annales Fuldahenses zum Jahre 884 berichten, dass in einer Schlacht Nordmannen gefallen seien, wie nie zuvor im Volke der Franken gesehen waren, an Schönheit nämlich und Länge der Leiber.

77) von einem fränkischen Dienstmanne, *ita magni corporis elatus, ut duos aut tres pedes super longissimos homines putaretur magnus:* GREGOR. TUR. 7, 41. *erat quidam vir de Durgowe, juxta nomen suum magna pars terribilis exercitus, vocabulo Eishere, tantae proceritatis, ut de Enachim stirpe ortus credi potuisset:* Mönch v. St. Gallen 2, 12. *rusticus de occiduis veniens partibus . . erat tantae longitudinis, ut omnes, qui eum viderent, nimis ammirarentur:* THIETMAR 7, 11.

78) *corpore fuit amplo et robusto, statura eminenti, quae tamen justam non excederet (nam septem suorum pedum proceritatem ejus constat habuisse mensuram), apice capitis rotundo, oculis praegrandibus et vegetis, naso paululum mediocri-*

Schultern über alle hervorragen [79]), und Pseudo-Turpin rühmt besonders seine funkelnden Löwenaugen [80]). Weiter preist der Mönch von St. Gallen Ludwig den Frommen als Mann von herrlichem Wuchs und schöner Gestalt, mit Augen leuchtend wie Sterne [81]), während Thegan ihn zwar nur mässig hoch gewachsen, sonst aber untadelhaft schön sein lässt: Augen gross und hell, offenes Gesicht, lange und gerade Nase, Lippen, die weder zu dick noch zu dünn, starke Brust, breite Schultern, sehr starke Arme, so dass ihm niemand im Bogenschiessen oder Lanzenwerfen gleichkommt, Hände lang, Finger gerade, Beine gestreckt und schlank, Füsse lang [82]). Widukinds Beschreibung Heinrichs I. betont den Mann von mächtiger Körpergestalt, welche der königlichen Würde die rechte Zierde verlieh [83]), die Ottos I. den gewaltig aufragenden königlichen Herrn voller Herrscherwürde, das Haupt mit ergrauendem Haare bedeckt, die Augen funkelnd und nach Art des Blitzes durch plötzlich treffenden Blick einen gewissen Glanz ausstrahlend, das Gesicht rötlich, der Bart lang herunterwallend (gegen den alten Brauch, der kurz gehaltenen Bart fordert), so dass er die Brust wie eine Löwenmähne überdeckt, der Leib wohlgenährt, der Schritt in der Jugend rasch, bei vorgerückteren Jahren gemessener [84]). Nach Lambert überragt Heinrich III. alles Volk um eines Kopfes Länge [84b]). Und noch spät gibt Ködiz von Saalfeld das Bild des Land-

---

critatem excedenti, canitie pulchra, facie laeta et hilari. unde formae auctoritas ac dignitas tam stanti quam sedenti plurima adquirebatur, quamquam cervix obesa et brevior, venterque projectior viderentur; tamen haec caeterorum membrorum celabat aequalitas: EINHARD vita Caroli magni 22.

79) *rex Carolus cunctos humeris supereminet altis:* Mon. Germ. Script. 2, 396, 172.

80) *oculi leonini scintillantes ut carbunculus:* vgl. Publications spéc. de la société pour l'étude des langues romanes (1880) S. 39.

81) *erat itaque Hludovicus . . statura optimus, forma decorus, oculis astrorum more radiantibus, voce clara et omnino virili:* 2, 11 (Mon. Germ. Scr. 2, 754).

82) *erat enim statura mediocri, oculis magnis et claris, vultu lucido, naso longo et recto, labiis non nimis densis nec nimis tenuis, forti pectore, scapulis latis, bracchiis fortissimis, ita ut nullus ei in arcu vel lancea sagittando aequiparare poterat; manibus longis, digitis rectis, tibiis longis et ad mensuram graciles, pedibus longis, voce virili:* Mon. Germ. Scr. 2, 594.

83) *et cum ingenti polleret prudentia sapientiaque, accessit et moles corporis, regiae dignitati omnem addens decorem:* Sachsengesch. 1, 39 (Mon. Germ. Scr. 3, 435).

84) *accessit ad haec et moles corporis, omnem regiam ostendens dignitatem, capite cano sparsus capillo; oculi rutilantes et in modo fulguris cita repercussione splendorem quendam emittentes; facies rubicunda et prolixior barba, et haec contra morem antiquum, pectus leoninis quibusdam sparsum jubis; venter commodus; incessus quondam citius, modo gravior:* ebd. 2, 36 (Mon. Germ. Scr. 3, 448).

84b) *statura procerus, nam ab humero et sursum eminebat super omnem populum:* Mon. Germ. Scr. 5, 140. Allerdings war er dunkler Hautfarbe (*nigro erat, sed venusto aspectu:* ebd.), was ihm den Beinamen *niger* verschaffte.

grafen Ludwigs von Düringen als das eines untadelhaft gewachsenen Herrn von dem bestrickendsten Äussern[85]). Dass auch der Himmelskönig Christus solche Idealgestalt eines deutschen Herrschers teilt, versteht sich[86]); ebenso wird die Schönheit Johannis des Täufers betont[87]).

Nach und nach sind die Anforderungen, die man an männliche Schönheit stellt, in eine feste Regel gebracht, die Konrad von Megenberg[88]) folgendermassen deutsch formuliert: *wer ainen wol gestalten leip hab. der ist ains geleichen leibs und ainer guoten nâtûr, der ain mitel hât ȥwischen lang und kurȥ und ȥwischen mager und vaiȥt, und der weiȥ ist und dar ain clain rœten ist gemischet, und des hend und füeȥ ain mitel habent ȥwischen grôȥ und klain und ȥwischen vil und wênig flaisches. des selben haupt schol in seiner grœȥen des leibs grœȥen eben antwürten und der hals under dem haupt schol ain klain grœȥen haben. sein hâr schol under lindem und hertem hâr ain mitel haben und schol ain wênig rôt sein. sein antlütȥ schol sinbel sein und gar schœn, diu naslöcher aufgereckt, niht ȥe grôȥ noch ȥe klain. sein augen schüllen ain mittelvarb haben ȥwischen swarȥ und grüen und schüllen etswie vil fäuht sein und klâr.* Die Forderung des Mittleren überall in dieser Regel ist die Folge der mittelalterlichen Tugend der *mâȥe, aller werdekeit ein füegerinne*, wie Walther von der Vogelweide (46, 32) singt. Und so stehen auch weiter die Beschreibungen, die in höfischen Gedichten von der Idealgestalt des Mannes gegeben werden, unter dem Gesichtspunkte solcher Forderung. Flore in Flore und Blanscheflur[89]) wird vom Kopf bis zum Fusse geschildert: blondes gelocktes Haar, breite weisse Stirne, feine Augenbrauen von der Farbe des Kopfhaars, grosse glänzende Augen von angenehmem, freundlichem Ausdrucke *(diu ougen lieht unde grôȥ, mit süeȥem anblicke, als sie solten lachen dicke)*, gerade, wohlgeformte Nase, Wangen rot und weiss, wie Milch und Blut, rosenfarbener schöner Mund, gleichmässige zierliche weisse Zähne, rundes Kinn, schöner Hals und Kehle, Arme stark und lang mit weissen

---

85) *her was, alse man seit, eines geradin behegelichen libes an lenge unde an dicke, eines liblichen fruntlichin antlitȥes, wedder ȥu magir noch ȥu feist, also wer on sach, der was gerne bi om unde hatte on lib:* S. 18, 11 ff. Rückert.

86) Ausführliche Beschreibung der Gestalt Christi (mittlere Länge, lockichtes gelbes Haar, glatte Stirn, gerötete Wangen, tadellose Nase und Mund, braune Augen, blonder Bart u. s. w.) aus dem 12. Jahrh.: Haupts Zeitschr. 4, 574 f.

87) *Johannes quam an liudeô lioht. lik was im scôni, was im fel fagar, fahs endi naglôs, wangun wârun im wlitige:* Heliand 198 ff.

88) Buch der Natur (ed. Pfeiffer) S. 50, 20 ff. Auch im Ring 23a, 26 ff. wird die normale Schönheit eines Mannes beschrieben, die auf rechtem mittlerem Verhältnis aller einzelnen Teile beruht: *mittel man der kumpt uns recht* (23b, 5).

89) 6816 ff.

feinen Händen[89b]), tadellosen Fingern und durchsichtigen Nägeln *(sîne hende sleht unde blanc, die vinger âne missewende, wol geschaffen an dem ende die nagele lûter als ein glas)*, gewölbte Brust mit schmaler Taille *(sîn brust wol ûferhaben was, und iedoch enmitten smal)*, herrliche *(ritterlîchiu)* Beine und Waden von rechter Rundung *(niht ze cranc noch überladen)* und endlich der Fuss mit Höhlung zwischen Sohle und Ferse *(daz sie heizent holn fuoz)*, das Gegenteil eines Plattfusses. Ähnlich ist die Beschreibung Tristans von Gottfried von Strassburg[90]), nur etwas summarischer und weniger pedantisch in der Folge der Einzelheiten gehalten: rosenroter Mund, helle Gesichtsfarbe, klare Augen, hellbraunes Haar, wohlgeformte Arme und Hände, Leib von rechter Länge mit schönen Beinen und Füssen. Nicht weniger schematisch verfährt Konrad von Würzburg, wenn er Paris schildert[91]): gelbes lockichtes Haar, Gesichtsfarbe wie Milch und Blut, rosige Wangen, die Augen eines Falken, über denen zwei schmale dunkle Brauen stehen; Stirn und Nase nach allen Erfordernissen der Schönheit; der Mund wie ein Rubin, aus dem weisse und glänzende Zähne hervorsehen; der Leib gerade gewachsen wie der Schoss eines Baumes. Entsprechend solchen Gesamtschilderungen eines schönen jungen Mannes sind auch die Teilschilderungen, die sich in Gedichten reichlich finden, und Einzelheiten, Haar, Wangen, Nase, Mund, Wuchs u. a. hervorheben[92]). Der Stimme geschieht seltener Erwähnung; wenn aber, dann ist sie männlich, laut und hell, wie schon der Mönch von St. Gallen und Thegan die Stimme Ludwigs des Frommen schildern[93]), sie entbehrt nicht des Wohlklanges[94]) und ist für den Gesang ge-

89b) *die linden, wîzen, blanken hende* sind im Mhd. bei Angehörigen der höheren Gesellschaft formelhaft, vgl. die Nachweisungen W. Grimms im Graf Rudolf, Einleitung S. 47.

90) Tristan 85, 12 ff.

91) trojan. Krieg 3014 ff.

92) *sîn hâr was reit unde val, sîn lîp wîz als der snê:* Wigal. 142, 16 f. *an dem* (Gawan) *er vant krancheite flust, lieht antlütze und hôhe brust, und einen ritter wol gevar:* Parz. 361, 21 ff. *er was des lîbes edellîch an geliden und an geliune gewahsen als ein Hiune; sîn arme und sîniu bein wol lanc:* Trist. 102, 34. vgl. auch Gregor. 2913 ff., u. a.

93) vgl. oben Anm. 81. 82. Karls des Grossen Stimme ist dünner, als zu dem grossen Körper passt; *totaque corporis habitudine virili, voce clara quidem, sed quae minus corporis formae conveniret:* EINHARD vita 22.

94) *diu lûtersüeze stimme sîn:* K. V. WÜRZBURG Engelhard 5160. *her* (der Landgraf Ludwig von Düringen) *hatte eine lîbliche sprache unde suze wort:* KÖDIZ 18, 26. Den Charakter des Menschen erkennt man an der Stimme; *wer ain grôzeu stimme hât, der ist küen. wes red eilt und snell ist, der ist in seinen werken snell und eilent und ist zornich und pœser siten. wes âtem lang ist, der ist pœs. wer ain swær stimm hât, der ist ain diener seins aigenen pauchs. wer ain scharpf stimm hât, der ist häzzig und tregt ainen widerdriez lang in seinem herzen haimleichen. ain schœneu stimm bedäut tôrhait und kleine weishait:* MEGENBERG 46, 31 ff.

eignet[95]). Das letztere wird zwar von einem Romanen, wie einst vom Kaiser Julian (vgl. Anm. 58) bestritten; aber in einer Randbemerkung weist ein Deutscher diese abfällige Beurteilung als romanische Anmassung zurück[96]).

Weit zahlreicher und eingehender aber als solche Schilderungen männlicher Schönheit sind die der weiblichen. Auch hier entwickelt das Mittelalter vom zwölften Jahrhundert ab einen Kanon, zu welchem die Anfänge weit zurückliegen. Hebt schon Venantius Fortunatus an der schönen Vilithuda besonders den milchweissen Hals und das rosige Gesicht hervor (oben Anm. 61), so vervollständigt Angilbert in breiter Ausführung solche Einzelheiten in der Schilderung der Gemahlin König Karls des Grossen und seiner Töchter: Liutgardis, die wunderschöne Gemahlin, mit rosigem Halse, leuchtendem Haar, schneeigen Schläfen; von den Töchtern zuerst Rhodrud, an der das leuchtende Haar gepriesen wird, dann Berta, mit tieferer, männlicher Stimme und Haltung, lieblichem Haupte, hellglänzendem Haar; Gisala, deren Antlitz, Mund und Haar in strahlendem Lichte schimmern, während sich rosige Röte über den blendenden Nacken ergiesst und die Hand wie von Silber geformt erscheint; Rhodhaid, bei welcher Busen, Hals und Haar, sowie die herrlichen Schultern hervorgehoben sind, und Theodrada mit leuchtendem Antlitz, deren Stirn anmutig, deren Haare heller als Gold erglänzen, die mit herrlichem Hals, Fuss, Hand, Wangen, Mund und schimmerndem Nacken prangt, deren Augen von heiterem Feuer blitzen; endlich Hiltrud, deren glänzende Erscheinung nur allgemein angedeutet wird[97]). Alle derartigen Einzelheiten werden

---

95) Pflege des Männergesanges nicht nur in der Kirche und auf Bittgängen, sondern auch auf dem Kriegszuge und zur Befeuerung vor dem Beginn einer Schlacht, vgl. *ther kuning reit kuono, sang lioth frâno, joh alle saman sungun 'kyrrieleison'. sang was gisungan, wig was bigunnan:* Ludwigslied 46 ff.; nach erlangtem Siege, *si sungen an der stunde ze himele michel sigeliet:* Tristan 179, 25; bei der Heimkehr, *dô ritin sie alle dannen. die hêrren dô sungin, die marc begundin springin:* König Rother 4974 ff. *die jungen helde sungen, dô si wolten dan:* Gudrun 545, 1; künstlicher Sologesang als Morgen- und Abendständchen: 372 ff., und so vielfach.

96) Eine St. Gallische Handschrift des 9. Jahrh. von JOHANNES DIACONUS Vita Gregorii Magni enthält zu der Stelle (lib. 2, cap. 7) *quia bibuli gutturis barbara feritas, dum inflexionibus et repercussionibus mitem nititur edere cantilenam, naturali quodam fragore quasi plaustra per gradus confuse sonantia rigidas voces jactat,* von der Hand Ekkeharts IV. folgende Bemerkung: *vide jactantiam romaniscam in Teutones et Gallos;* vgl. HATTEMER Denkmahle des Mittelalters 1 (1844) S. 420 b.

97) Mon. Germ. Script. 2, 396, 184 ff. Poetae Latini aevi Carolini 1, S. 370 ff. Wie in Angilberts Beschreibung das Haar eine besondere Rolle spielt, so ist im Angelsächsischen die Jungfrau mit geringelten Locken *(wundenlocc)* ein stehender poetischer Ausdruck, vgl. Rätsel 26, 11. Judith 103. 326.

in ein Schema gebracht, wie es pedantisch wieder Konrad Flecke in Flore und Blanscheflur giebt, indem er nach fester Reihenfolge vom Kopfe bis zum Gürtel aufzählt glänzenden Scheitel und Haar wie Gold, weisse Schläfe, zierliche Brauen *(die brâwen als ein benselstrich, kleine sleht)*, lichtglänzende *(spilndiu)* Augen, wohlgeformte Nase, Mund und Wangen wohl gefärbt *(gemischet rôt unde wîʒ)*, Zähne wie Elfenbein, schwanenweisse Kehle und Nacken, weibliche vollkommene Brüste, lange Seiten, schmale Taille auch ohne alle Schnürung *(swie si ʒuo den ʒîten ungeprîset wære, sî was doch lobebære, und enmitten alsô cranc)*, lange und ebene Hände und Finger; was unterhalb des Gürtels liegt, lehnt er aus Ehrbarkeit ab zu beschreiben[98]). In dieser Art, wenn auch nicht so methodisch, sind die ungemein zahlreichen Schilderungen gehalten, die meist im höchsten Entzücken die Dichter von der weiblichen Schönheit bringen. Manche folgen Fleckes Enthaltung[98b]), manche aber, namentlich spätere, sind so zimperlich nicht; in einem Leich werden auch die Hüften *(ûfgedrollen, besloʒʒen, wol gedrungen)* enthusiastisch gepriesen[99]), und Meister Altswert geht in der Beschreibung einer schönen Jungfrau recht vom Kopfe bis zu den Füssen, indem er nicht nur diese als *smal und dâ bî spitʒ*, sondern auch die Beine, wenn auch in bescheidenen Worten *(nach wunsche, weder ʒu grôʒ, noch ʒuo clein)* hervorhebt; ein andermal wird er freilich etwas ausführlicher[100]). Von dem Kanon werden auch nur Einzelheiten in mehrer oder minderer Verbindung miteinander hervorgehoben, Haar, Gesicht, Hals, Brust, Arme, Hände und Füsse[101]); gern ist die schmale Taille mit dem Einschnitt der Ameise verglichen[102]).

---

98) Flore 6883 ff.

98b) R. V. EMS im guten Gerhard lobt an einer Frau den roten Mund, weissen Hals, rosige Wangen bei glänzender Gesichtsfarbe, klare und helle Augen, blondes Haar, am Scheitel schlicht, zu den Seiten sich kräuselnd *(reideloht)*, und im übrigen wohlgewachsene und schlanke Figur: 1682 ff. Beschreibung einer weiblichen Schönheit in ähnlicher ehrbarer Weise bei K. V. WÜRZBURG Engelhard 2966 ff. Ausführliche Schilderung besonders des Kopfes: Wigal. 27, 4 ff.

99) *möhten balde wider jungen hundertjærigalten man, solt er si blôʒ gesehen an:* Minnes. 3, 480° Hagen.

100) MEISTER ALTSWERT 24, 30 ff. 122, 14 ff. Deutlicher noch in Einzelheiten ist die Schilderung der Geliebten gehalten, die der Tanhuser gibt, Minnes. 2, 93a Hagen. Eine Beschreibung verborgener Schönheiten auch im Wolfdietrich D VI, 100 bei einer ausführlich geschilderten Verführungsscene: *er sach ʒwô smale sîten, ʒwei hôhe hüffelîn, ʒwên hole füeʒ, ʒwei slehtiu bein, waʒ möhte beʒʒer sîn? sie was an dem lîbe als milch und bluot getân.*

101) Eine grosse Anzahl Belege hierfür bei A. SCHULTZ das höfische Leben zur Zeit der Minnesinger 1², S. 211 ff.; ausführlicher noch bei WEINHOLD die deutschen Frauen in dem Mittelalter 1³ (1897), S. 201 ff.

102) *irn gesâht nie âmeiʒen, diu beʒʒers gelenkes pflac, dan sie was dâ der gürtel lac:* Parz. 410, 2 ff. *Clârischanʒe ein süeʒiu magt, liehter var gar unverkrenket, als ein âmeiʒe gelenket:* 806, 24 ff.

Einem Zuge der Zeit folgend, stellt man die Schönheiten des menschlichen Körpers auch lehrhaft zusammen und setzt sie auf sieben fest, die sich auf Form und Farbe des Gesichtes, der Augen, des Mundes, der Haare, der Arme mit den Händen, der Beine mit den Füssen, und des Rumpfes verteilen[103]). Später erweitert man sie, nun nur noch auf das Weib bezogen, auf die Zahl von dreizehn, vierzehn, achtzehn, dreissig, ja in romanischen Quellen auf zweiundsiebenzig[104]), wobei die intimsten Teile der Aufzählung nicht entgehen. Die Forderung von dreissig Schönheiten des weiblichen Körpers hat sich lange über die von uns geschilderte Zeit hinaus gehalten, noch im 17. Jahrhundert werden sie von einem Ungenannten in des Herrn von Hoffmannswaldau und anderer Deutschen auserlesenen Gedichten (Bd. 2, 62 ff.) recht unverblümt, später im Frauenzimmerlexikon des Amaranthes (1715, Sp. 1757 f., wiederholt bis in die 3. Auflage 1773, Sp. 3143 f.) in weit mehr verhüllender Weise registriert. Auch Landschaften und Orte bringt man mit ihnen in Verbindung, in denen einzelne Teile besonders wohl geformt sich finden sollen: der Kopf von Prag, die Füsse vom Rhein, die Brust aus Österreich, den Rücken von Brabant, die Hände von Köln u. s. w.[105]).

Dass alle solche Schönheiten das Alter zerstört, wird von früheren wie späteren Dichtern mit bewegten Worten und oft in breiter Schilderung beklagt. Schon im Heliand muss Zacharias dem Engel, der ihm die Geburt des Johannes verkündet, zur Begründung seiner Zweifel ausführlich das Aussehen der beiden alten Ehegatten darlegen, wie ihre Augen trübe, ihre Lenden kraftlos, ihre Gestalt hager, ihre Haut runzlicht, ihr Fleisch verschrumpft geworden sei[106]); viel umständlicher noch beschreibt der Verfasser des Ruodlieb die Wirkungen des Alle knechtenden Alters von Weib und Mann, an dem ersteren in einer Weise ausmalend, die das Gegenbild der jungfräulichen Schönheit giebt. Die Frau, in der blühenden Jugend dem Monde gleichend, hässlich ist sie als Greisin wie ein alter Affe; die Stirn, vorher glatt, durchfurchen Runzeln; die Taubenaugen *(oculi columbini)* werden trübe; die Nase tropft von Schleime; die früher straffen Wangen hangen herab, die Zähne wackeln, das einst flinke Zünglein liegt schwer im Munde und spricht, als ob er voll Mehl wäre, das Kinn steht spitz und vorwärts geneigt, der ehemals lockend lächelnde Mund ist, jeder-

103) vgl. Tristan 85, 12.

104) vgl. R. KÖHLER in der Germania 11, 217 ff. Dreizehn Schönheiten zählt ein Lied des 15. Jahrh. an der Geliebten auf: Fundgr. 1, 336.

105) FISCHART Gargantua (1590) S. 142.

106) *nu wit sûs gifrôdôd sint, haƀad unk eldî binomen ellean-dâdi, that wit sint an unkro siuni gislekit, endi an unkun sîdun lat, flêsk is unk antfallan, fel unskôni, is unka lud giliðan, lîk gidrusnôd:* Heliand 150 ff.

mann ein Schrecken, wie eine offene Höhle geworden; der Hals sieht aus wie der einer Elster; der Busen, einst schön und fest, jetzt hängt er, weich wie ein leerer Schwamm, herab; das goldene Haar, das den Rücken hinab floss, ist gräulich struppig geworden, statt des leichten ein schwerer stampfender Schritt, statt der schlanken, rundlichen Finger nun runzlichte, magere mit dunklen Warzen und langen schwarzen Nägeln. Am Greise wird vornehmlich der Verlust der kriegerischen Jugendkraft und des elastischen Schrittes beklagt; nun wankt er dahin, sich oft auf den Stab zu stützen *(baculo sese sustollere crebro)* genötigt, und vom Husten geschüttelt[107]. In ungefügeren Worten malen spätere Quellen die Wirkungen des Alters[108]. Aber es wird doch auch gelegentlich ein schöner alter Mann erwähnt[109]; eine schöne alte Frau, so viel ich sehe, nicht.

Körperliche Schönheit und vornehme Geburt sind in der allgemeinen und besonders dichterischen Vorstellung des Mittelalters ebenso verbundene Begriffe, wie Hässlichkeit und niederer Stand. Dass die geringste Bevölkerungsklasse sozusagen von Standes wegen missschaffen ist, sagt unverhüllt die altnordische Rîgsþula, indem sie den neugeborenen Vertreter jener mit schwarzer runzlichter Haut, knotigen Knöcheln, dicken Fingern, hässlichem Gesichte, krummem Rücken, vorstehenden Fersen ausstattet[110], sein späteres Weib und die Mutter des ganzen Geschlechts mit schwieligen Fusssohlen, sonnenverbrannten Armen und eingedrückter Nase[111]. Und so erscheint auch in deutschen, sowohl bildnerischen als litterarischen Denkmälern der Typus des geringen Knechtes und Bauers als kurz, vierschrötig, knollig[112], mit plumpen Gliedmassen, namentlich Händen und Füssen, bei rauhen Manieren fehlt jede körperliche Anmut. Bäurische neckische Eigennamen der späteren Zeit belehren in ihrer Kürze darüber noch mehr als Beschreibungen[113]. Auch im Ruodlieb wird, wenigstens flüchtig,

107) Ruodlieb XIV, S. 285 ff. Seiler.

108) vgl. EULING hundert noch ungedruckte Priameln des fünfzehnten Jahrh. (1887) S. 54, no. 16. 17; S. 71, no. 50.

109) *dar under* (der Linde) *er dort sitzen sach ein den schœnsten alten man, des er künde ie gewan:* Garel 788 ff.

110) *jóð ól Edda, jósu vatni hǫsvan ok svartan, hêtu þræl. var þar â hǫndum hrokkit skinn, kroppnir knûar, fingr digrir, fûlligt andlit, lotr hryggr, langir hælar:* Rîgsþula 7. 8.

111) *ǫrr var â iljum, armr sôlbrunninn, niðrbjúgt er nef:* ebd. 10.

112) *dû bist ein viereggôt bûr, des muost dû holz an eime reine houwen:* U. V. SINGENBERG S. 249, 16 Wackernagel. Nach dem Wuchs bezeichnet man die Bauern als *knebel, knollen:* Fastn. Spiele 539, 6 f.

113) Ausführliche Beschreibung der Bauerndirne Mäczli Rürenzumph: Ring 2a, 21 ff. Bauerneigennamen *Bertschi Triefnas, graf Burkhart mit dem überpäin, Üli mit der nasen, Schilawingg* u. a.: ebd. *Conrad der platerkopf, Maier Nasentropf, Conrad Knoll* u. a.: Liedersaal 3, 399. 401.

das Aussehen eines alten Bauern angegeben: nur die krumme Nase, von roten Adern durchzogen, sieht aus dem Antlitz heraus, das übrige wird von einem dichten, struppigen Barte verdeckt, der auch die Mundöffnung vollkommen verschliesst, die Augen, dunkel wie Höhlen, sind von den Brauen überschattet[114]).

Von körperlichen Fehlern, die sich bei Hoch und Niedrig finden (wir müssen nach den Zeugnissen annehmen, nicht zu selten), ist der geringste der zu kleine Wuchs, der zumal an Herrschern und Kriegern auffällt und sie leicht der Spottlust und Respektlosigkeit aussetzt[115]), oder der Mangel an Kopfhaar, dem Stolze jedes Deutschen, der auch einem Kaiser seinen Beinamen verschafft[116]) und gelegentlich der *hârhûbe*, der Vorläuferin der Perücke, ruft[117]); oder auch Feisste des Körpers, die aber, wenn sie nicht übermässig ist, nicht als Fehler gilt, sondern selbst Vorzug sein kann[118]).

Von solchen, die mit schwereren Körperfehlern behaftet sind, werden am meisten die Krummen, Lahmen und Bucklichten genannt. Das westgermanische, ahd. altsächs. angelsächs. *crumb*, mhd. *krump* (in nächster Verwandtschaft zu *krampf*) geht unter anderem auch auf Gliedmassen, die von der Geburt an oder durch Krankheit aus der natürlichen Lage gebracht sind, während nach altem Sprachgebrauche das schon gemeingermanische lahm (im Gotischen nicht bezeugt, ahd. und mhd. *lam*, sonst in substantiver Form altnord. *lami*, angelsächs. *loma*, altsächs. *lamo*) einen Menschen bezeichnet, dessen Glieder den Gebrauch überhaupt versagen (wie unser Verbum lähmen noch erkennen fässt), und erst später seinen Begriff auf das Hinken der

---

114) *ingreditur senior, quo non seriosior alter, hispidus in facie, poterat quod nemo videre, ejus quid vultus fuerat, quia valde pilosus, ni solus nasus curvus fuit et varicosus. stant oculi gemini velut effosi tenebrosi, hosque retortorum superumbrat silva pilorum, neve foramen ubi sit in os, quit quisque videre, sic se barbicia prętendunt longave spissa:* Ruodlieb 7, 98 ff., S. 261 Seiler.

115) wie bei Pipin dem Kleinen oder Kurzen; *comperto autem, quod primates exercitus eum clanculo despicientes carpere solerent, praecepit adduci taurum magnitudine terribilem . . .:* Mönch v. St. Gallen 2, 15 (Mon. Germ. 2, 758). *Chuono quidam regii generis, Churȥibolt a brevitate cognominatus:* EKKEHART cas. 50.

116) *Carolus calvus* (gest. 877); *Karle der ander, des keysers Lotharien brůder und des ersten keyser Ludewiges sun, richsete 3 jor und 9 monote und heisset Karle der kalwe:* D. Städtechr. 8, 413, 5 f.

117) *wen list von einem ritter daȥ, daȥ er kal von natûre was und âne hâr; daȥ was im leit. nû hât er ein gewonheit, daȥ er ûf bant ein hûben guot mit hâre:* BONER Edelstein 75, 1 ff.

118) *mich wundert hiute und immermêr, wâ sô mæȥigeȥ wîp næme alsô schœnen lîp, sô veiȥt und sô gedrollen*: Seifr. Helbl. 1, 1071 ff. Aber Fürstennamen wie Carolus crassus oder Albertus pinguis (Herzog v. Braunschweig) sind spöttisch gedacht.

Beine vorzugsweise einengt. Dieses letztere wird vielmehr durch das gemeingermanische Wort got. *halts*, altnord. *haltr*, angelsächs. *healt*, altsächs. mittelniederd. *halt*, ahd. mhd. *halȥ* ausgedrückt; die Zusammensetzung ahd. *hufhalȥ*, mhd. *hüffehalȥ* bezeichnet dabei das von der Schwäche der Hüfte ausgehende Hinken, und ist, weil es sich als Übername für Kaiser Heinrich II. festgesetzt hatte[119]), länger im Gedächtnis geblieben, als das einfache *halȥ*, das für das Hoch und Niederdeutsche mit dem 14. Jahrhundert ausstirbt, wo *krump* und *lam* seine Bedeutung mit übernommen haben[120]). Die schlimmste Art der Lahmheit an den Füssen wird durch das angelsächsisehe *creópere*, Kriecher bezeichnet[121]), dem eine verwandte Bildung, mnd. *kropel, krepel* zur Seite steht[122]); diese letztere ist im Mhd. als *krüpel* übernommen[123]) und auf den verwachsenen Menschen überhaupt ausgedehnt worden. Ein mitteldeutsches mundartliches *kröchel*[124]) zeigt den Zusammenhang mit dem hochdeutschen *kriechen*. Solche Unglückliche, denen die Füsse wohl auch ganz fehlen, bewegen sich auf den Händen fort, an welche sie kleine Schemel anschnallen, um der unmittelbaren Berührung mit dem Boden vorzubeugen, weswegen sie mhd. *schemelære* heissen[125]).

---

119) *der küng Hainrich sprang ains tags von der mur daȥ im diu huf ȥerbrast, davon hieȥȥ er immer der hufhalcȥ küng Hainrich:* handschriftl. Quelle bei SCHMELLER 1², 1063. Über diesen Beinamen vgl. sonst GIESEBRECHT Geschichte der deutschen Kaiserzeit 2, 588 f.

120) *du springest sô daȥ dir die lamn möhten niht gevolgen:* W. V. ESCHENBACH Willehelm 148, 24 f. *nû hete der schrîbære einen bruoder mit swære, der was an beiden vüeȥen krump .. sîn vüeȥe giengen sam ein wige über einander besunder*: Ges. Abent. 2, 49 ff.

121) *seó ealde cyrce wæs eall behangen mit criccum and mit creópera sceamelum:* BOSWORTH-TOLLER 170b.

122) *kropel, kroppel* und *krepel, kreppel:* SCHILLER-LÜBBEN 2, 564; letztere Form zu mnd. *krepen* kriechen: ebd. Das Wort ist älter als die dort gegebenen Belege, mitteldeutsch aus dem 11. bis 12. Jahrh.; *podium neutro genere crucke sive leve lignum unde appodiare senem dicimus. quando autem masculino genere. declinatur podius crûpel sonat:* STEINMEYER 3, 384, 59 ff. Auch angelsächs. *crypel*, vgl. unten Anm. 125.

123) *claudus kroppel, kropel, krepel, krypel, kryppel:* DIEFENB. 126a. *contractus kruppel, krupel* u. ä.: 147b. *loripes kripel:* 336c. *dô solde her in eine kirchen gên, dô saȥ ein kruppel vore, der hete weder hende noch fûȥe:* D. Myst. 1, 62, 15.

124) düringisch *kröchel*, was auch für *knirps* gilt; im Mansfeldischen *krecher* (für *kröcher*) schwächlicher, unbrauchbarer Mann: JECHT Wörterb. der Mansfelder Mundart (1888) S. 57.

125) *schemler* von einem *krumben* (vgl. oben Anm. 120): Ges. Abent. 2, 580, 63. 581, 66. *(manci) in scamellis ambulantes:* GERHARDI vita Oudalrici 3 (M. G. Script. 4, 390). *und næme einer ein gar armeȥ wîp, und wære halt ein schemelerinne oder gar ein armeȥ wîp, ein höverehteȥ, sô wæreȥ doch ein rehtiu ê, wan daȥ eȥ selten wol gerâtet:* BR. BERTHOLD 1, 320, 28 ff. Solche Schemler heissen ags. auch *eorð-crypel:* BOSWORTH-TOLLER 253a, vgl. oben Anm. 121.

In leichteren Fällen aber des Lahmens bedient man sich der Krücke, die unter die Achsel genommen wird[126]), oder der Stelze, des Holzbeines, das man unter das kranke Bein bindet. Auf solche Art ziehen zahlreiche krüppelhafte Bettler durch das Land, die *stelzære*, die durch ihren Gesang die Aufmerksamkeit auf sich ziehen und das Mitleid rege machen[127]). Das Gebrechen des misswachsenen Rückens oder solcher Brust ist bei Hoch und Niedrig nicht unhäufig; aber, wenn wir aus der Abwesenheit eines gemeingermanischen Ausdrucks dafür (im Gegensatz zu *lam* und *halz*) schliessen dürfen, doch erst in späterer Zeit und nicht oder kaum in Urgermanien. Er heisst im westgermanischen Sprachgebiete ahd. *hovar*, mhd. mnd. *hover*, angelsächs. *hofer*, was einem urverwandten litauischen Fem. *kuprà* gleicher Bedeutung entspricht; ob das Wort mit der Wurzel des Verbums heben zusammenhängt, ist recht fraglich. Das Altnordische braucht dafür das Fem. *kryppa* (vielleicht

Fig. 6. Gruppe von Krüppeln, darunter eine Schemlerin. Aus der grossen Heidelberger Liederhandschrift.

126) *von eime kropele. ein arm lam mensche von Breitingin quam her zu dem grabe mit sinen krukken unde wart gesunt:* KÖDIZ 95, 14 ff. *quam ein arm kropil off zwen krucken zu dem grabe:* ebd. 24. *und ich die kruck vast an mich zuck, freuntlichen unders uechsen smuck:* O. V. WOLKENSTEIN 49, 1, 9 ff.

127) *ein kruppel uff einer stelzen:* ALTSWERT 139, 1. *loripes steltzere, steltzer, stelczener:* DIEFENB. 336 c. *lasz die steltzer krüppel sin:* German. 12, 228 (14./15. Jahrhundert). *die steltzer könent triegen die liut:* ebd. *des steltzers lied durch witiu land ist frouwen und rittern ein schand:* 229. Ein solches Stelzbein geht bis zum Knie; vgl. PAUL. DIAC. 6, 6 (Script. rer. Langobard. S. 167): *illi . . dicentes, claudum hominem obvium se habuisse, qui unum pedem truncatum habebat et genu tenus crure ligneo utebatur.*

für *krympa*, und dann mit dem westgermanischen Adjektiv *crumb* zusammenhängend); der gotische Ausdruck entgeht uns. Für das mhd. *hover* taucht im 13. das alemannische *hoger* auf, als Vorform zu *hocker*, *höcker*, das seit dem 15. Jahrhundert jenes *hover* verdrängt. Das heute in gröberer Sprache gewöhnliche *buckel* ist erst seit dem 15. Jahrhundert bezeugt und erscheint als eine volkswitzige Übertragung des mhd. Feminins *buckel* (aus lat. *buccula*), hervorstehender runder Metallbeschlag in der Mitte des Schildes, mit Geschlechtswandel nach dem einheimischen *hover*. Unterschieden wird der Höcker auf der Brust von dem auf dem Rücken[128]); und da das gleiche Wort für beide Auswüchse dient, so ist es nicht verwunderlich, wenn es gelegentlich auch den seltener vorkommenden Kropf am Halse bezeichnet[129]), der sonst mit diesem Namen belegt wird und landschaftlich durch besondere Beschaffenheit des Wassers entstehen soll[130]). Der Bucklichte ist, wenn er nicht den höchsten Gesellschaftsklassen angehört[131]), leicht Gegenstand der Verachtung und des Spottes, ein

---

128) *hoffir in dorso gibbus, hoffer in dem hertʒen, gibber. gibbus hofer uff dem rucken, eyn hovel upp dem rugghe:* DIEFENB. 262a. *gibber ein hover in der borst, gibberosus eyn de hover heft an der borst, gibbosus eyn do en hover heft in dem rugge:* nov. gloss. 192a.

129) *struma, i. gibbus in pectore, tumor in pectore l. dorso l. collo, kropf am halsʒ, hobber ynder brost l. heubtkropp* u. ä. DIEFENB. 557b. *gibbrosus kropfecht, ein hofferichter:* 262a. vergl. ags. *gippus, hofr:* WRIGHT-WÜLCKER 1, 24, 21. *tuber, hofer:* 52, 18. *gibbus, vel struma, hofer:* 337, 37. *gibborosus, vel strumosus, hoferede:* 168, 7.

130) ahd. nd. *struma chroph, croph, chropf, chropfe, krop:* STEINMEYER 3, 71, 25ff. *struma croph:* 178, 2. *eʒ sint in etleichen landen und allermaist an dem end in Burgundenland pei dem geperg etleich frawen, die sô grôʒ kröpf habent, daʒ si sich streckent unʒ auf den nabeln, und der kropf ist sam ain kruog oder sam ain kürbiʒ:* MEGENBERG 493, 35ff. *eʒ sint auch etsleich prunn, dâ von die läut kropfoht werdent, sam in Kärnden vil kropfoter läut ist:* 103, 23ff.

131) *nanus et gipperosus Pippinus*, ein Bastard Karls des Grossen: Mönch v. St. Gallen 2, 12 (Mon. Germ. Script. 2, 756). *ʒû denselben ʒeitten hett derselb herczog Ludwig* (von Baiern) *ain sun, hiesʒ auch herczog Ludwig, der was ain prechenhafter herr also das er hofrat was, aber sein gleich was nit under allen fürsten, die ʒû der ʒeit lebten, an weishait:* D. Städtechr. 4, 121. Auch Bischof Thietmar von Merseburg schildert sich als einen verwachsenen Menschen von lächerlichem Aussehen; *videtis in me parvum homuntionem, maxilla deformem leva, et latere eodem, quia hinc olim erupit semper turgescens fistula. nasus in pucricia fractus ridiculum de me facit:* 4, 51. Weisheit und Misswachsenheit wird ferner beim Herzog Gozelo von Lothringen zusammengebracht; *praestantis quidem animi adolescens, sed gibbosus.* LAMBERT Annal. 1070 (Mon. Germ. Scr. 5, 176f.).

132) *ich weiʒ wol wenne min armuot ein ende haben sol; swenne . . ʒucker wirt eins Juden kwât, und alten hoverehten wîbes minne vröudebære:* Minnes. 2, 384b Hagen. *sey* (ein Bauernmädchen) *ist so bugglocht und so churcʒ, der eren acht sey nit ein furcʒ:* Ring 21d, 34.

Kropf erregt Widerwillen[133]), während der Gelähmte mehr das Mitleid weckt. Doch ist der Krüppel, wie eine eigentliche Missgeburt, nicht erb- und lehnfähig[134]). Auch neigt sich das Volk zu dem Glauben, dass ein Gebrechlicher von Gott gezeichnet sei als Strafe für seine und seiner Eltern Sünden (nach Joh. 9, 1—3), und es gilt besonders ein Rotköpfiger für falschen und bösartigen Gemütes[135]). Auf solcher Gesinnung fusst der bei Boner erzählte scherzhafte Zug, dass ein Graf für jedes Gebrechen eines der über seine Brücke kam, einen Pfennig Zoll erhob, während die Geradleibigen frei darüber schritten[136]). Anders aber betrachtet man den Einhändigen, der mit dem gemeingermanischen Ausdrucke got. *hamfs*, ahd. *hamf*, altsächs. *hâf*[137]) bezeichnet wird, weil man den Verlust mit dem Kampfe zusammenbringt, ebenso den Einäugigen, für den das got. *haihs* gilt, während andere Dialekte dafür ahd. *einougi*, angelsächs. *ânêgede*, altnord. *eineygðr*, *eineygr* bieten[138]).

Die urgermanische Sitte, Trägern auffälliger geistiger oder körperlicher Eigenschaften Übernamen zu geben (vgl. oben S. 7f., S. 21 Anm. 113) ist ein Ausfluss der tief im Volke wurzelnden Neck- und Spottlust, die sich zumal gern an Personen mit fehlerhafter Körperbildung heftet. In allen Gegenden germanischer Zunge beobachten wir nach den überlieferten Zeugnissen, zu frühen wie zu späteren Zeiten, diese Necknamen, die von den Betroffenen wie eine selbstverständliche Bezeichnung wohl auch im eigenen Munde geführt werden. Am derbsten

---

133) *ich wünsche daz im wahse ein hover und ein grôzer kropf:* Seifr. Helbling 1, 542f. *wer häszlich gsyn Lucrecia, sie wer geschwächet nit also, hett Dyna kropf und hofer ghan, Sychem hett sie gelossen gan*: S. BRANT Narrenschiff 26, 49ff.

134) *uffe altvîle unde uffe twerge erstirbit weder lên noch erbe, noch uffe kropelkint:* Sachsensp. 1, 4. *op kreppelen mey neen leen bystera* (übergehen): RICHTHOFEN fries. Rechtsquell. 878b.

135) vgl. die Figur des *rufus* im Ruodlieb 5, 585ff. *im was der bart und daz hâr beidiu rôt, viurvar; von den selben hœre ich sagen, daz si valschiu herze tragen:* Wigalois 76, 17ff., aber mit dem Zusatze: *des gelouben hân ich niht.*

136) *von einem grâven list man, daz er wunderlicher sitten was. nû hât er ein gewonheit, wer über sîne brugge reit oder gieng, ein phenning muost er geben (da getorste nieman wider streben), was er hogreht oder blint, hât er ein kroph odr einen grint, oder hât sîn lîp der rinden schîn, umb ieklîchen gebresten sîn wolt der hêrre einen phenning hân:* Edelst. 76, 1ff.

137) got. *jah jabai marzjai þuk handus þeina, afmait þô; gôþ þus ist hamfamma* (*κυλλόν*) *in libain galeiþan, þau twôs handuns habandin galeiþan in gaiainnan:* Marc. 9, 43, ahd. *mancus hamf:* STEINM. 3, 6, 9. altsächs. *thea haltun man endi thea hâbon:* Heliand 2357. Angelsächs. ist an die Stelle getreten *ânhende*, altnord. *einhendr.*

138) vgl. Waltharius 1381f.: *qui dum forte manum jam enormiter exeruisset, abstulit hanc Hagano sat laetus vulnere prompto.* 1393: *nam feriens dextrum Haganoni effodit ocellum.*

und reichlichsten scheinen sie in Skandinavien ausgebildet, wo Beispiele wie Hengsthaupt *(hesthǫfði)*, Schweinskopf *(swînhǫfði)*, Plattnase *(flatnefr)*, Schwarzwange *(blâkinn)*, Langkinn *(haklângr)*, Dünnbart *(þunnskegg)*, Hochrücken *(flǫskubak)*, Dünnbein *(miòbein)*, Plattfuss *(ilbreiðr)* und viele andere noch drastischere zu Gebote stehen[139]). Aber auch die eigentlich deutschen Quellen enthalten ungemein viel ähnliches. Empfangen hier seit den karolingischen Zeiten geistige und litterarische Grössen Bezeichnungen wie Notker Balbulus, Notker Labeo in St. Gallen, Walahfrid Strabo (Schielender), Herimanus Contractus in Reichenau, so zeigen namentlich Urkundenbücher späterer Zeit eine grosse Anzahl hierher gehöriger Beinamen, wie *Loripes* (Klumpfuss) 1256, *Pingvis*, *Veiȥite* 1239 und 1265, *Rufus* (Rote) 1237 in Basel[140]), *Halpwachsen*, *Halpgewachsen* 1388 in Nürnberg[141]), *Cygenvuȥ* (Ziegenfuss) 1280 in Erfurt[142]), *Spinnebên* 1354 in Hannover[143]), *Eselskop* 1368 und *Paghenkop* (Pferdekopf) 1383 in Göttingen, *Lankhals* 1487 in Brügge[144]); auch Vergleiche mit entsprechenden Dingen der Natur und des Haushaltes fehlen nicht, so wenn sich 1257 ein kurz und knorrig Gewachsener in Basel *Maser*, oder einer mit derben kurzen Beinen 1381 in Hildesheim *Standenbên*, oder ein Langer und Hagerer 1404 ebendaselbst *Bickenstêl* nennen lassen muss[145]); selbst ein imperativisches *bên up!* kommt als Eigenname für einen wahrscheinlich langsam und träge Gehenden vor[146]). Recht anschaulich ist auch einer, der einen herabhängenden Wanst hat, mit dem Ekelnamen *Koydel* (Sack, Fischreuse) bedacht[147]). Der tirolische Name der Herzogin Margarete Maultasch (gestorben 1369), der doch wohl von einer unschönen Mundform hergenommen ist, bekundet wenigstens ebensowenig übermässigen Respekt vor hohen Personen, wie der Spottname *Buccaporci*, den man viel früher dem Papste Sergius IV. nach dem Aussehen seines Gesichtes gegeben hatte (vgl. Thietmar 6, 61). Solche Namen, ursprünglich rein persönlich verwendet, haften leicht an Weib und Kind

---

139) Ausführliche Zusammenstellung bei WEINHOLD altnord. Leben S. 279 ff.; vgl. auch STARK die Kosenamen der Germanen (1868) S. 153.

140) Baseler Urkundenbuch I.

141) D. Städtechron. 1, 152. 268.

142) *femina dicta Cygenvuȥen:* BEYER Urk. Buch 1, 199.

143) Urk. Buch der Stadt Hannover (1860) S. 324.

144) SCHMIDT Urk. Buch 1, S. 244, 328. D. Städtechron. 14, 869.

145) DÖBNER Stadtrechn. 1, 28. 244. *stande* ein Kübel auf kurzem Fussgestell, Stellfass; *bicke* eine Spitzhacke.

146) *Tileke Benup* 1404 u. ö.: ebd. 1, 223 u. ö.

147) *Henr. de Cruceborch*, *dictus Koydel:* SCHMIDT Urk. Buch v. Göttingen 1, 292 (v. 1376).

und bilden sich mit dem 14. Jahrhundert auch als Familiennamen aus[148]).

Noch darf mit einigen Worten darauf hingewiesen werden, wie sich das germanische Gesicht unter dem Einflusse der herrschenden Denkart der Zeiten und der Anschauung verschiedener Gesellschaftsschichten zu ganz bestimmten Typen auswächst und umformt. Es ist davon auszugehen, dass in Urgermanien ein Typus waltet, von welchem die *truces oculi* (oben S. 4 und Anm. 23) Kunde geben. Das Durchschnittsgesicht des freien Urgermanen muss als ein trotziges und selbstbewusstes Kriegergesicht angesprochen werden. Aber dieser Typus verengt sich in dem Masse, als mit der Entfaltung des Germanentumes die Klassen der Herrschenden und der Beherrschten deutlich hervortreten; nun setzt sich jenes Gesicht als Herrengesicht fort, und die streng blitzenden Augen werden, wie oben S. 14 und Anm. 78, 80, 81, 82 und 84 gezeigt ist, recht eigentlich Herrscheraugen[149]). Diesem Herrengesicht gegenüber bildet sich das Gesicht des Beherrschten aus, und seine charakteristischen Züge erscheinen in dem Masse vertieft und vergröbert, in welchem die Abhängigkeit schwächer oder stärker waltet. Auch der kleinste Lehnsherr des deutschen Mittelalters bewahrt noch etwas von dem urgermanischen Typus, der die Unabhängigkeit des freien Mannes nach oben und unten zur Schau trägt; beim Dienenden aber, vom Ministerialen ab, verwischt er sich zu Gunsten des Ausdrucks der Demut (Miniaturen deuten das vielfach durch gesenkte Kopfhaltung an), und in der niedrigsten Klasse der damaligen Gesellschaft, bei den unfreien Bauern, erscheint er am stärksten erschüttert, wie denn hier auch, wenigstens landschaftlich, Vermischung mit minderwertigem (slavischem, romanischem) Volkselemente, im Verein mit harter Lebenshaltung, am sichtbarsten mitwirken. So hat sich ein germanisches Bauerngesicht ergeben, das neben der ganzen oben S. 21 geschilderten Körperhaltung den Gehalt der Bauernseele wiederspiegelt und das gelegentlich als *facies rusticana* auch erwähnt wird[150]); ein Gesicht, welches die Gedrückt-

---

148) Zu dem oben genannten *Standenbên* gehört die Witwe *relicta Standenbens* und der Sohn *Bertram Standenben* 1404: DÖBNER Stadtrechn. 1, 237. Bei SOCIN, mhd. Namenbuch (1903), Cap. XIX ‚Übernamen‘ und Cap. XX ‚Satznamen‘ (S. 407 ff. 463 ff.) findet sich viel hierher gehöriges Sprachgut alphabetisch zusammengestellt.

149) Den Herrscherausdruck im Gesicht hervorzuheben, ist jedes bezügliche Bildwerk von den merowingischen Zeiten ab beflissen, wenn es auch vielfach mit unzulänglichen Mitteln geschieht. Man vergleiche beispielsweise Bd. 2, Fig. 38 (S. 171) Augen und Gesichtsausdruck des Königs David gegen den seiner Begleiter.

150) *hic Pemmo* (Herzog von Friaul) *habuit conjugem Ratpergam nomine, quae cum esset facie rusticana, saepe maritum deprecata, ut se dimissa aliam uxorem du-*

heit der Lage nicht weniger wie den unbeugsamen Willen kund giebt, den Kampf mit ihr aufzunehmen und durch List und Härte zu siegen. Aus früher Zeit können wir uns davon eine Vorstellung machen durch den Rekonstruktionsversuch, den Friedrich Merkel an einem Schädel der Rosdorfer Reihengräber (dem 7. oder 8. Jahrhundert angehörig) unternahm und worüber er im Archiv für Anthropologie (Bd. 26, S. 449 ff.) berichtete (vgl. Fig. 7); später vermögen wir den Typus mannigfach zu verfolgen (Fig. 8. 9). Derselbe muss sich mit der Entfaltung der Stadt in dem Masse wieder ändern, als aus den unfreien und gedrückten Landgenossen freie Bürger mit wachsender Wohlhabenheit und wachsendem Machtgefühl nicht nur, sondern auch weiter ausschauendem Blicke werden, ein Blick, der am ausgeprägtesten in der vornehmsten Klasse der Bürger seit dem 12. und 13. Jahrhundert, den Genossen des Kaufmannsstandes vertreten ist. Damit ergiebt sich der Typus eines Bürgergesichtes, das vom Herrengesichte den Ausdruck der Unabhängigkeit annimmt, statt des harten Herrscherzuges aber eine rücksichtsvolle Gesittetheit und Weltklugheit zeigt, die nicht weniger aus der Beschäftigung, als aus der Notwendigkeit des engen Lebens mit anderen in einer Stadt entspringt, und wofür bereits das alte Rom das Wort *urbanitas* geprägt hatte. Je niedriger aber die Stellung des Bürgers innerhalb seiner Stadt ist, desto mehr nähert sich der Typ seines Gesichtes dem Bauerngesichte.

Fig. 7. Kopf eines Bauern des 7./8. Jahrhunderts. Nach einem Schädel der Rosdorfer Reihengräber rekonstruiert von Friedr. Merkel. Städtische Altertumssammlung zu Göttingen.

Die verklärende Macht des Christentums spiegelt sich am reinsten in den Gesichtszügen der berufsmässigen Bewahrer göttlicher Geheimnisse wieder, der geistlichen Personen. Schon in frühen Miniaturen tritt scharf umrissen dieser Typus hervor, und eine grosse Reihe von Grabsteinen seit dem 12. und 13. Jahrhundert, die Porträtähnlichkeit erstreben, zeigen die ständige Fortsetzung desselben: bei aller indi-

---

ceret, quam tanti ducis conjugem esse deceret: PAUL DIAC. 6, 26 (Script. rer. Langobard. S. 174).

Fig. 8. Marktbauer und -Bäuerin. Meister des Amsterdamer Kabinets. Letztes Viertel des 15. Jahrh.

Fig. 9. Bauer. Aus der Dürer zugeschriebenen Allegorie auf die Zeit.

viduellen Verschiedenheit der Bildung der gemeinsame Zug der Weltabgewendetheit und Innerlichkeit, der sich bis zur herben Abweisung der Weltfreude steigern kann, und unter dem Zuge der Zeit ein ganz eigenartiges Gesichtsbild hervorruft, das nur im Mittelalter, zu keiner anderen Zeit und bei niemand anderem als dem meditierenden, kontemplierenden, spekulierenden und in Gott konkordierenden Mystiker[151])

Fig. 10. Bürger. Vom Basler Totentanz.

151) *meditieren daȥ ist guot, swer an got gedenken wil; jubilieren wunder tuot, und ist der sêle ein seitenspil; speculieren daȥ ist glanȥ; contemplieren gît den kranȥ; concordieren leit den tanȥ:* geist-

möglich ist (Fig. 12). Reizvoll prägt sich solch mystischer Zug im Frauengesichte aus, wo er durch die weibliche Milde besonders verklärt wird (Fig. 13).

Einen recht weichlichen Gesichtstypus der Männer zeigen Bildwerke des deutschen und romanischen Mittelalters durch das 13. und 14. Jahrhundert hindurch an Wänden, in Büchern und Teppichen, auch in der Plastik: das gänzlich bartlose Antlitz von einer Fülle weicher Locken umrahmt, Schnitt und Ausdruck desselben dem weiblichen so ähnlich, dass man fast nur durch die Tracht unterscheiden kann, ob Mann oder Weib gemeint ist. Wir haben indess vollen Grund zu der Annahme, dass dieser Typus so wenig der Wirklichkeit des mittelalterlichen Lebens entspricht, als das damals zur Schau getragene lyrische Gefühl, von welchem er als ein sichtbarer Ausdruck gemeint ist; jenes Gefühl ist wohl lebendig und vertieft in wenigen dichterischen Naturen, aber blosse Modesache in der höfischen Gesellschaft, ohne inneren bedeutenden Anteil, als Sport gepflegt, und auf die sonstige Lebenshaltung, die meist den ganzen Mann in Anspruch

Fig. 11. Bildnis eines jungen Bürgers. Schule von Nürnberg, um 1460. Ölgemälde im Germ. Museum.

Fig. 12. Grabplatte des Bischofs Wolfhard von Augsburg, † 1302. Gipsabguss im Germanischen Museum.

---

liches Lied des 14. Jahrhunderts in WACKERNAGELS Leseb. 1 (1873), Sp. 1182.

nimmt, ohne allen Einfluss: und so mag jene von der Gunst der Zeiten mächtig getragene Stimmung der lyrischen und epischen Dichtungen des Mittelalters sich wiederspiegeln in Kleidung, Bartlosigkeit, Lockenfülle der jüngeren vornehmen Gesellschaft, auf den geistigen Ausdruck des Gesichtes wirkt sie im allgemeinen nicht ein: dieser muss unter der Wucht der Verhältnisse ein ganz anderer, derber, fester und oft harter sein, und ihn zeigen denn auch Bildwerke, die auf Porträtähnlichkeit mehr Anspruch machen, als jene Schildereien,

Fig. 13. Naturabdruck der Büste einer vornehmen Frau zu Schlettstadt, 12. Jahrh. Aus der St. Fideskirche daselbst. Nachbildung im German. Museum.

welche die Idealfiguren geben, wie die Dichtungen (oben S. 16f.) sie verlangen. Auch hat die vornehme Gesellschaft durchaus nicht so allgemein auf den Bart verzichtet, wie man danach wohl annehmen sollte, und mit diesem, der als Voll- wie als Schnurrbart auftritt, wird der männliche Eindruck des Gesichts verschärft. Das Mittelalter hat im praktischen Leben keinen Raum für sentimentale Stimmungen, kann diese darum auch nicht im Gesichte ausprägen.

Das zeigt sich besonders auch an den Frauengesichtern. Seit den urgermanischen Zeiten ist das Wirken der Frau im allgemeinen an das Haus gebunden und diesem ausschliesslich zugewendet; der Härte des äusseren Lebens ist sie viel mehr entrückt als der Mann, was ihr von vorn herein weichere Züge bringt; bei lebenslänglicher Untertänigkeit kann sich ein eigentliches Herrschergesicht nicht entwickeln; da sie aber doch thatsächlich, wenn Frau vom Hause, die Zügel führt und selbst der Mann seit uraltersher in mehr oder weniger gefühlter Weise von ihr abhängt, so bildet sich der allgemeine Ausdruck einer geschlossenen Würde, der für ein germanisches Frauengesicht des Mittelalters eigentlich typisch ist. Von geistigen Strömungen hat sie ausser dem Christentume am mächtigsten berührt die eben erwähnte lyrische der romanischen und deutschen Welt des 12. bis 14. Jahrhunderts, wo sie im Mittelpunkte einer oft erhitzten und phantastisch gesteigerten Verehrung steht; aber produktiv ist sie selbst dadurch nicht geworden[152]). Sie verharrt in allen Schichten der Gesellschaft dabei, den edeln Beruf der guten Hausfrau zu üben und darüber hinaus nicht zu schreiten. Und das spiegelt das Gesicht einer Fürstin so gut wie das der einfachen Bürgers- und selbst der gutgestellten Landfrau wieder, wie denn alle in ihrem Fühlen im Grunde auch gar nicht verschieden sind (vgl.

Fig. 14. Graf Sizzo von Kefersburg. Statue im Westchor des Domes zu Naumburg.

152) Es soll damit nicht gesagt werden, dass nicht bisweilen eine der litterarisch, d. h. im Lesen und Schreiben gebildeten Frauen aus den Zeiten des Minnesanges sich in Versen in der Weise versucht habe, wie dergleichen früher von Frau Ava und einer Ungenannten übrig sind. Aber dass es im Kunstgesange Frauenstrophen, solche von Frauen gedichtete und nicht bloss Frauen in den Mund gelegte gibt, womit diese als dichterische Lehrerinnen und Führerinnen des Mannes hervortreten, solche Meinung (vgl. SCHERER in Haupts Zeitschr. 17, 576 f.) ist nach der ganzen Geistesart der deutschen Frau im Mittelalter abzuweisen. Wie unbehilflich die Dichtversuche einer hochstehenden und hochgebildeten Dame des 13. Jahrh. ausgefallen, kann man aus den von U. V. LICHTENSTEIN (60, 25 ff. 101, 17 ff. Lachmann) mitgeteilten, unzweifelhaft echten Versen ersehen.

Fig. 15. Graf Wilhelm von Kamburg. Statue ebenda.

Fig. 16. Fürstliche Frau.
Statue im Westchor des Domes zu Naumburg.

Fig. 17. Fürstliche Frau.
Statue ebenda.

Fig. 18. Ölbild einer bürgerlichen Frau, zweite Hälfte des 15. Jahrh.
Im Germanischen Museum.

Fig. 19. Mutter Anna, die Jungfrau Maria lesen lehrend. Niederdeutsche Holzstatue aus der letzten Zeit des 15. Jahrh., nach lebendigen Modellen des Bauernstandes geschnitzt. Städtische Altertumssammlung zu Göttingen.

Fig. 16—19). Ein geistreiches, freies Gesicht im modernen Sinne giebt es im deutschen Mittelalter kaum beim Manne, geschweige denn bei Frauen. Selbst die Himmelskönigin, die Jungfrau Maria, trägt die Züge der einfachen deutschen Hausfrau und Mutter.

Das vorstehende Eingangskapitel will nur andeuten, wie formverschieden und mannigfach sich die deutsche Gesellschaft des Mittelalters in Körperbildung, Haltung und Ausdruck des Individuums ausgesprochen habe; ein Gebiet, das eine ausführlichere Behandlung verdient.

§ 2. Sorge für die Gesundheit.

In der ersten Reihe der Pflegemittel für Gesundheit und Kraft des Körpers steht seit den Urzeiten das Wasser. Die altgermanische Vorliebe für Waschen und Baden[1]) wird von den römischen Schriftstellern häufig genug hervorgehoben und mit bezeichnenden Beispielen veranschaulicht[2]); und was über eine damit in Verbindung stehende ausgebildete Schwimmkunst Tacitus und andere[3]) erzählen, findet Bestätigung und wird teilweise überboten durch spätere deutsche Berichte, wie die Schilderung des siebentägigen Wettschwimmens Beowulfs mit Breca[4]), oder wenn wir auf mehr geschichtlichem Boden

1) Von der reichlichen Litteratur über das Badewesen der altgermanischen und der späteren Zeit soll hier nur angeführt werden WEINHOLD, die deutschen Frauen in dem Mittelalter (zuerst 1851), 3. Aufl. Bd. 2, 113 ff.; ZAPPERT, über das Badewesen mittelalterlicher und späterer Zeit, im Archiv für Kunde österreichischer Geschichtsquellen Bd. 21 (1859), S. 1—160; MARTIN, Badenfahrt von Thomas Murner (1887), Einleitung S. VI—XXII; A. SCHULTZ, das höfische Leben zur Zeit der Minnesinger, 2. Aufl. Bd. 1, 224 ff.; ders., deutsches Leben im XIV. und XV. Jahrh. (1892) S. 67 ff. 125. 156. 237 ff. u. ö. — Über indogermanisches Badewesen orientiert SCHRADER Reallexikon der indogerm. Altertumskunde (1901) S. 56 ff.

2) Flussbäder der Sueven: CÄSAR b. G. 4, 1. der Germanen, nach Geschlechtern ungetrennt: 6, 21. vgl. auch HERODIAN. VII, 2, 6. Marcomannen und Quaden wollen nicht in Städten wohnen, weil sie dort keine Flussbäder haben könnten: DIO CASSIUS 71, 20. Alemannenkrieger vertreiben sich in einem Flusse mit Baden die Zeit, werden von den Römern überrascht und getötet oder in die Flucht verjagt: AMM. MARC. 27, 2, 2.

3) Bataver durchschwimmen den Rhein mit Waffen und Rossen in geschlossenen Haufen: TACITUS Hist. 4, 12. *miles Romanus armis gravis et nandi pavidus; Germanos fluminibus suetos levitas armorum et proceritas corporum attollit:* ebd. 5, 14. Schwimmkunst der Alemannen mit Schilden; *nonnullos clypeis vectos, praeruptas undarum occursantium moles obliquatis meatibus declinantes, ad ripas ulteriores post multa discrimina pervenere:* AMM. MARC. 16, 12, 57. Zahlreiche andere Zeugnisse bei MÜLLENHOFF Altertumskunde 4, 334. Franken legen sich auf ihre Schilde und überschwimmen so die Rhone: GREGOR. TUR. 4, 30.

4) Beow. 506 ff.

bleiben, das Taucherstückchen des König Olafs[5]), und die Gewandtheit Kaiser Ottos II., der sich durch Schwimmen vor Gefangenschaft rettet[6]).

Für die Behandlung des Körpers mit Wasser giebt es das gemeingermanische Verbum got. *þwahan*, altnord. *þvâ*, angelsächs. *þweahan*, *þweán*, altsächs. *thwahan*, ahd. *dwahan*, mhd. *twahen*, das, wie griech. *λούω* und lat. *lavare*, allgemein ein Abspülen einzelner Teile sowohl wie des ganzen Leibes bezeichnet, und als das älteste Wort für diese Art der Reinignng gelten muss. Aus dem Gebiete der indogermanischen Sprachen entspricht nichts, als ein vereinzeltes, aus dem 15. Jahrhundert bezeugtes altpreussisches *twaxtan*, Badequast[7]), und es ist recht zweifelhaft, ob dieses als urverwandt angesprochen werden kann, da es, in der Form *twah-stan*, eher wie eine halbe oder verstümmelte Entlehnung aus dem Mittelhochdeutschen aussieht; wahrscheinlicher, dass wir in *þwahan*, *twahen* einen erst auf altgermanischem Boden geprägten eigenen allgemeinen Ausdruck für jene Thätigkeit am Körper vor uns haben, die täglich und mit Leidenschaft geübt wurde. Zu beachten bleibt, dass das Wort in den ältesten Quellen überall darauf bezogen worden ist und erst im Laufe jüngerer Sprachentfaltung, aber auch hier zunächst recht selten, daneben die Reinigung von Kleidern und Gerät mit Wasser bezeichnet, was sonst mit dem gemeingermanischen, nur gotisch nicht bezeugten Verbum, altnord. *vaska*, angelsächs. altsächs. ahd. *wascan*, mhd. *waschen* benannt wird. Und dieses Verbum hat seine Bedeutung aus der des Reibens, Drückens und Pressens, den Haupthandgriffen bei solchem Geschäfte, hervorgebildet (da das kymrische *gwasgu*, irisch *faiscim*, drücke, presse, urverwandt ist), und übernimmt erst spät mit dem verminderten Gebrauch und allmähligen Absterben des Wortes *twahen*, dessen Sinn mit. Als Substantiv ist vorhanden das got. *þwahl*, angels. *þweál*, ahd. *dwahal*, was den allgemeinen Sinn des Verbums bewahrt und jede ganze oder teilweise körperliche Abwaschung in fliessendem oder gestandenem Wasser meint[8]).

---

5) König Olaf von Norwegen siegt in einem Wettkampfe, wer am längsten unter Wasser bleiben könne, vgl. WEINHOLD altnord. Leben S. 312.

6) *imperator viribus suis et arte natandi confisus, ut stetit in prora, mare velociter insiluit:* THIETMAR 3, 12. Auch Beowulf ist durch seine Schwimmkraft den Feinden entgangen: Beow. 2360 ff.

7) *queste twaxtan:* NESSELMANN deutsch-preuss. Vocabularium aus d. Anfange des 15. Jahrh. (1868) S. 17a, no. 553.

8) got. *gahrainjands þwahla watins καθαρίσας τῷ λουτρῷ τοῦ ὕδατος*: Eph. 5, 26. vgl. *delumentum, þweál:* WRIGHT-WÜLCKER 1, 191, 2. 282, 10. *delumentum, i. lavatio, þweál:* 218, 27. *lustramentum, þweál, yngeóting:* Gloss. in Haupts Zeitschr. 9, 483a. ahd. *baptismum taufi (tauffi), lavacrum duahal (thuuahal, thual)*: STEINMEYER 1, 54, 35 f.

Es darf aber nicht übersehen werden, dass gründliche Reinigung und Erfrischung in fliessendem Wasser von jeher die Stelle geteilt hat mit solcher in Wasserbehältern des eigenen Hauses, ja dass Waschen und Baden der letzteren Art höchst wahrscheinlich noch verbreiteter gewesen ist als das der ersteren, das doch zum Teil umständlicher erscheint und daher weniger in Anspruch genommen werden kann. Auch für das häusliche Geschäft ist jenes Subst. *þwahl*, *dwahal* üblich, bis es derart ausser Verwendung kommt, dass es im Mittelhochdeutschen nur noch in Ableitungen fortlebt[9]). Daneben aber zeigt sich schon gemeingermanisch für eine gründliche häusliche Reinigung auf besondere Weise das Subst. *bad*, mit Ausnahme des Gotischen in allen Dialekten bezeugt (altnord. altsächs. *bað*, angelsächs. *bæð*, altfries. *beth*, ahd. *bad*, mhd. *bat*), nebst dem daraus erst abgeleiteten Verbum, altnord. *baða baðast*, angelsächs. *baðian*, ahd. *badôn*, mhd. *baden*; dass hierbei ursprünglich der Nachdruck auf den Gebrauch warmen Wassers gelegt wird, ist klar, wenn man das dem Subst. *bad* (dessen Auslaut nur wortbildend ist) nächst verwandte Verbum ahd. *bâan*, *bâhan*, mhd. *bæjen*, *bæn*, bähen, mit seinen weiteren Ableitungen mhd. *bacheren* und *bechelen* erwägt. Und so wird gelegentlich noch im Althochdeutschen *badôn* in der Bedeutung des Bähens gefunden[10]). Demnach bezieht sich der Ausdruck zufrühest nur auf die warme Abspülung im Hause, wie sie uns schon von Tacitus bezeugt wird[11]) und geht erst nachher in den allgemeinen Sinn von heute über. Wir sehen aber wesentlich mit den Mitteln der Sprache, wie ausreichend und mannigfach schon in Urgermanien der Reinlichkeitstrieb befriedigt wird, im Flusse und bequemer im eigenen Heim.

Dieses Bad nun erscheint, wiederum von den ältesten geschichtlichen Zeiten ab, in zwei Arten, einfacher und ausgestalteter, als blosses Wannen- oder Kübelbad oder als Dampf- und Schwitzbad[11b]).

Das erstere erfordert eine besonders eingerichtete Räumlichkeit nicht, ein Gefäss dafür[12]) kann überall hingesetzt werden. Bezeichnend, dass für das kleinere Gerät, das der Abspülung des Gesichtes und der Gliedmassen dient, das spätere Waschbecken, ein altgerma-

---

9) in *dwehele*, *twehele* Badetuch, Handtuch, dem ahd. *dwahila*, *dwahilla* entsprechend; auch in *labrum label l. twuhel* der Glossae Herradinae, STEINM. 3, 418, 31.

10) *fovendis*, *fovendi padônti*, *pathôndi*: STEINM. 1, 150, 35; vgl. dazu *balastrum* (d. i. Badestätte) *pâh-uuaʒʒar*, *pâh-uuaʒar*, neben *balneum padh*, *bad*, *pad*: STEINM. 1, 54, 38 f.

11) *statim e somno, quem plerumque in diem extrahunt, lavantur; saepius calida, ut apud quos plurimum hiems occupat*: TACITUS Germ. 22.

11 b) *daʒ drit, daʒ die nataur wil haben, ist daʒ twahen und daʒ paden. hie so scholt du mercken pey, daʒ man da vindet ʒwayerley peder nach der gemeinen sag, swaysspad und auch wasserspad*: Ring 27 a, 18 ff.

12) ahd. *labrum dwahal-char*: STEINM. 2, 290, 66.

nischer Name fehlt. Für solche Reinigung hat gemeiniglich kurzer Hand, und wir dürfen in Urgermanien annehmen für Hoch und Niedrig, der mit der Hofstatt in Verbindung stehende Wasserlauf gedient; ein ständiges Gerät dazu ist erst später nach der Berührung mit der römischen Kulturwelt eingeführt, wie auch die Fremdwörter ahd. *labil*, *labal*, und *becchin*, *bechin*, *bechi* beweisen. Das erstere ist aus dem lat. *labellum*, dem Diminutiv von *labrum*, herübergenommen; man bezeichnete damit eine Schale, die von Stein, Metall, aber auch ganz schlicht von Thon hergestellt sein konnte[13]) und mannigfache Dienste in der Wirtschaft, auch als Wassergefäss, that. Zu beachten ist die Umformung des Wortes bei der Herübernahme ins Hochdeutsche und Angelsächsische, die zugleich auf einen Kultgebrauch zu deuten scheint; man hat das Geschlecht ins masculine umgesetzt, die Endsilbe wie eine deutsche zur Bildung von thätigen Personen und Werkzeugen verwendete angesehen und so offenbar Beziehung zu dem Verbum ahd. *labôn*, angelsächs. *lafian* gesucht[14]). Das letztere aber zeigt sich als ein dem lat. *lavare* entstammender, früh volksmässig gewordener Klosterausdruck, die fromme Handlung bezeichnend, die nach dem Vorbilde Christi (*deinde mittit aquam in pelvim, et coepit lavare pedes discipulorum:* Joh. 13, 5) an Pilgrimen und Fremden geübt wurde und welcher Erquickung und Speisung folgte[15]). So wird mit *labil*, angels. *læfel*, der Gedanke an das Gerät für die Fusswaschung verbunden worden sein. Das Wort kommt nach der ahd. Zeit ab. Dafür tritt nun *becchin* auf, ein aus Gallien und Italien mit der Sache herübergekommenes spätlateinisches Substantiv, Weiterbildung zu dem spätlateinischen *bacca*, *vas aquarium*[16]), der Vulgärsprache angehörig; das *bacchinon* dient mannigfachem Gebrauche und ist ebensowohl schlicht als kostbar hergestellt. Gregor von Tours erzählt, wie die Königin Brunichilde einen Schild von wunderbarer Grösse aus Gold und Edelsteinen habe machen lassen und ihn mit

---

13) *labra fictilia vel lapidea:* COLUMELLA 12, 15, 2. *labellum fictile novum:* 12, 43, 1.

14) *luteres êrin lapel:* STEINM. 1, 205, 27. *luteris lapelles, labelles, labeles, lapil:* 436, 46. *luter label:* 446, 14. *labrum lapel:* 2, 290, 66, *labal:* 312, 44. *belvis lapel:* 403, 50. *pelvis labul:* 408, 65. *labrum labil:* 3, 156, 28, u. ö., Plur. *luteres aereos, vasa enea, i. lapella:* 1, 443, 40. *luteres ereos laballa eirina:* 447, 26. ags. *manile, lebil:* WRIGHT-W. 1, 31, 28; *læbil:* 281, 34; *læfel:* 445, 9. Das Wort ist zum Verbum *labôn* gestellt worden, wie *biril* (Korb als Träger) zu *beran, huotal* Hüter zu *huotan*, got. *sakuls* Zänker zu *sakan*, ags. *bydel* Bote zu *beódan* gehören.

15) *pedes hospitibus omnibus tam abbas quam cuncta congregatio lavet:* Regula Benedicti cap. 53. Ags. *lafian* in der Bedeutung des Waschens zur Erquickung, vgl. BOSWORTH-TOLLER 615a, mhd. ebenso, *rôswaʒʒer sol man balde haben, dâ mit sol man mîn houbet laben:* BONER Edelstein 48, 96.

16) DU CANGE 1, 508c.

zwei hölzernen Schalen, die man gewöhnlich Becken zu nennen pflege, und die in gleicher Weise mit Gold und Edelsteinen verziert gewesen, dem Könige nach Spanien gesandt habe[17]). Solches Gefäss, hölzern, thönern oder metallen, in jedem besseren Hause vorhanden, wird auch zu Waschungen verwendet, bei Otfrid für die der Füsse[18]), sonst gern und bis ins späte Mittelalter für die der Hände vor und

Fig. 20. Becken bei Fusswaschung.
Aus dem Sacramentarium der St. Salvatorkirche zu Fulda, 10. Jahrh., Cod. Ms. theol. 231 der Universitätsbibliothek zu Göttingen.

nach der Mahlzeit, wie es die allgemeine Sitte bis in die Bauernkreise hinein erfordert[19]), in Verbindung mit einem Giessfasse[20]), und ist ein

---

17) GREG. TUR. 9, 28: *Brunechildis quoque regina iussit fabricari ex auro ac gemmis mirae magnitudinis clipeum, ipsumque cum duabus pateris ligneis, quas vulgo bacchinon* (Var. *baccenus*) *vocant, eisdem similiter ex gemmis fabricatis et auro, in Hispania regi mittit.*

18) (Christus) *nam after thiu ein bekîn, gôȥ er waȥar thar în, fiang thô ȥi irô fuaȥîn, gibôt, sie stille sâȥin, thiô sînô diurun hentî wuasgin se unȥ in ein enti:* OTFRID 4, 11, 14 ff.

19) *irn twaht bî mînem tische durch eȥȥen nimmer iuwer hant*, spricht der Bauer zum jungen Helmbrecht: Helmbr. 784 f. *daȥ eȥȥen was gemachet, und er die hende het getwagen, hœrt waȥ für in wart getragen:* 860 ff.

20) mhd. *gieȥvaȥ* von Gold: Wolfdietrich B 811, 2. Laurin 1132. von Erz gegossen: D. Myst. 1, 93, 13 ff. *gisȥfas, hantbocken und kandelbret:* von allem Haussrath (ed. HAMPE) A 1 b.

neben anderem wichtigem Hausrat viel genanntes Geschirr[21]), namentlich wenn es, wie im späteren Mittelalter gewöhnlich, gewerksmässig von Metall durch die Mitglieder einer eigenen Zunft, der *beckenslaher*, mnd. *beckensleger*, *beckenwerhte*, hergestellt wird. Ins Angelsächsische ist das Wort nicht gedrungen, dort findet sich dafür ein nicht häufiges *mêle*, *mæle*, ebenfalls Fremdwort, das zu dem mhd. *mîol*, *mujol*, schweizerisch *meiel* Becher in Beziehung stehen könnte[22]). Auch erscheinen in Deutschland einheimische Namen, wie *hantkar*, *dwahalkar*, *hantvaȥ*, *waschvaȥ*, *waschkar*, oder halb heimische wie *hant-becken*, der Vorläufer des erst nhd. *wasch-becken*[23]).

Abgesehen von solchen Vorrichtungen für die nur flüchtige Reinigung einzelner Körperteile befinden sich im Haushalt von den urgermanischen Zeiten her die Geräte für Ganzbäder von Holz, später auch von Metall. Das erste Ganzbad empfängt das neugeborene Kind[23b]), und die sorgfältige Pflege des letzteren erscheint immer mit Baden verbunden[24]); auch für das erwachsene Alter ist nichts kräftigender und erfrischender, daher unter den Pflichten der Gastfreundschaft das Verabreichen eines Bades an den ankommenden Fremdling, in guten Häusern wenigstens, mit in erster Linie steht[25]). Das tägliche oder doch häufige Ganzbad müssen wir uns als eine Gewohnheit vorstellen, die schon in frühen germanischen Zeiten bis weit hinab in

21) unter dem Hergewäte, das die Witwe dem Sohne des Erblassers zu geben hat, gehören auch *ȥwei beckene und twêlen:* Sachsensp. 1, 22, 4. Unter dem Gerade *tischlachen, twêlen, badelachen, beckene, lûchtere:* 24, 3.

22) *pelvis, wæter-mǽle:* WRIGHT-W. 1, 335, 29. *patera, mêle:* 122, 33. Über *mîol, meiel,* bair. *magele* vgl. D. Wb. 6, 1901 f.

23) *aquamanile hantchar, hantcar:* STEINMEYER 3, 223, 29. *aquamanilis hantkar:* 265, 55; *manile hantchar:* 636, 13; *aquamanilis hantkar, manile hantvaȥ:* 52. 53. *dwahalchar,* vgl. oben Anm. 12. *alluta waschehafen o. yrderen brait pfanne, weschfasȥ, weschschaff, weschkar:* DIEFENB. 24 c. *malluvium wasservasȥ, handbeckin, hantvasȥ:* 345 a.

23b) *jóð ól Edda, jôsu vatni:* Rigsþula 7, 1. vgl. 21, 1. 34, 3. Maria ist verlegen um die Badegelegenheit für den neugeborenen Heiland; *war sinan gibadôti joh war sinan gilegiti — ni wânu thaȥ si iȥ wessi bî theru gastwissi:* OTFRID 1, 11, 33 f. — Galenus (gestorben um 200 n. Chr.) hat sich erzählen lassen, die Germanen tauchten die Neugeborenen, heiss vom Mutterleibe, in kaltes Flusswasser, vgl. MÜLLENHOFF im Anzeiger für deutsches Altertum 7, 408; das verbot sich für einen Teil des Jahres nach dem Klima von selbst, und erscheint nur als eines jener Märchen, die damals von den interessant gewordenen Germanen in Rom herumgeboten wurden.

24) *lûter unde reine het si gemachet ein bat, dâ wart daȥ kint în gesat:* Kindheit Jesu 626 ff. *labrum kindes badgeltlin, badȥuberlin:* DIEFENB. 314 b.

25) *bat er im bereiten hieȥ; si badeten harnaschrâm von im:* Biterolf 1808 f. ähnlich auch 12407. Auch beim Einkehren in eine Herberge, *ein bat hieȥ er bereiten, wan er von arbeiten und vome gewæfen ûf der vart sweiȥic unde râmic wart:* Erec 3654 ff.

die Gesellschaftsschichten reicht, und es zeigt sich in einem kleinen Sprachbilde, wie der fein ausgebildete Geruchssinn unserer Vorfahren wirtschaftliche höchste Armut und körperliche Unreinlichkeit zusammen bringt: das im Ahd. nicht belegte, im Mhd. aber häufige Adj. *swach* heisst zunächst nichts als ganz niedrig oder arm[26]), geht aber von dem Begriffe der stinkenden Ausdünstung aus, wie wir noch heute vom Armerleutegeruch reden[27]).

Das Gefäss, in welchem ein Bad bereitet wird, ist in alter Zeit nur kreisrund und zufrühest aus einem ausgehöhlten Baumstamm hergestellt, wie der lange fortlebende Name *stunȥ* darthut[28]), ebenso ahd. *scaf*, das zu *schaben*, kratzen, aushölen, zu stellen ist[29]); bald aber, wie später immer, fügt man es aus Dauben und Reifen zusammen[30]) und giebt ihm je nach seiner Grösse und Weite verschiedene Namen. Zu dem allgemeinsten, *vaȥ*, *badevaȥ*[31]) treten als besondere ahd. *stanta, standa*, mhd. *stande*, in der verdeutlichenden Zusammensetzung *batstande*[32]), das Standgefäss auf kurzen Füssen bezeichnend, ferner ahd. *ȥuibar, ȥubar*, mhd. *ȥuber*, das auf ein Gefäss mit zwei Handhaben zum Tragen (ahd. *beran*) weist[33]) und Lehnworte von romanischen Nachbarn aus dem Spätlateinischen, wie ahd. *kuofa*, mhd. *kuofe*, ahd. *kubil*, mhd. *kübel*, ahd. *butina*, *butin*, mhd. *büten*, *büte*, ahd. *gellida*, mhd. *gelte*, deren Namen weniger eine besondere Form, als vielmehr nur Erzeugnisse einer feineren Böttcherkunst andeuten sollen[34]), die auch noch anderen, als Badezwecken dienen (vgl.

---

26) *man hât des swachen mannes kint für den edeln hôchgeborn, der für êre schande hât erkorn:* Helmbr. 500 ff.

27) *swach* stinkend; (ein Schwein) *wüelet doch . . unde grebt in den swachen fûlen mist:* K. v. WÜRZBURG Partenop. 8469 f. vgl. ahd. *swehhan* stinken, *swehhinôn* ausdünsten, duften (*fetet ȥuuihhit:* STEINM. 3, 5, 27), und über die Entwickelung des Wortbegriffes HEYNE Deutsches Wörterbuch 3, 503.

28) vgl. über *stunȥ* Bd. 2, 306. *badestuncȥe* in einer Rechnung von 1486: VILMAR Idiotikon v. Kurhessen 406. *fussstuncȥe* (zum Baden der Füsse): ebd.

29) *bacchar ein padschaff:* DIEFENB. 65 a. *labrum badschaff, est vas ablotorium:* nov. gloss. 225 b. Plur. *padschäffer oder padȥechtter (-sechter):* SCHMELLER 2², 219 (von 1476). *ain padschaf und ain wiegen:* Fastnachtsspiele 574, 2.

30) *und sollent har schicken dugen ȥu einer badbütte, die soll binden ein bumeister und soll der keller geben die reiffe:* Weist. 1, 729 (Unterelsass, v. 1338).

31) *vaȥ* zum Baden des göttlichen Kindes: Kindheit Jesu 638. 642. *badevaȥ:* Passional 35, 36 Hahn; vgl. Anm. 40.

32) *sitȥen in die badstanden:* Parz. 166, 30 Var.

33) *dô badet er in eime ȥubere:* Otte mit dem Bart 533 f. *spranc er ûȥ dem ȥuber tief:* 573. *badȥuberlin*, vgl. Anm. 24. *ein tennin ȥüberlin, dar inn mans* (das Kind) *bad:* Strassburger Gedicht vom Hussrat c 5 Hampe.

34) *der junge werde süeȥe man gienc sitȥen in die kuofen san:* Parz. 166, 30. *ein badekubelin daȥ was silberin, darinne badin solde daȥ megetin:* KÖDIZ 14, 17 f. *urna badkibel:* DIEFENB. 630 b. *dâ bî stuont ein schœne bat; . . ȥwô bütten rôt guldîn die stuonden in liehtem schîne:* Herzog Ernst 2662 ff. vgl. *hæleð mec siððan baðedan*

Bd. 2, 306). In lateinischen Quellen begegnen neben den häufigeren *lavacrum*, *labrum*, *dolium*, auch *cuba*, *butina*, *tina* und das allgemeine *vas*[35]). Die kreisrunde Gestalt aller dieser Gefässe spiegelt noch lange der mittelalterliche Taufstein wieder, der, wie künstlerisch er auch seit frühromanischer Zeit ausgebildet wird, zufrühest nur als Badegerät gedacht ist, wie denn in Badekufen auch geradezu getauft ward[36]). Ein spätes Beispiel dieser Art gewährt die Holztaufe in der Kirche zu Zella (bei Mühlhausen in Düringen) von 1538, auch dadurch für die alte Technik solcher Arbeiten interessant, dass sie aus einem Blocke gehauen ist (Abb. 21). Durch die Rundform der Badegefässe (Abb. 22) empfängt nun auch der mhd. Ausdruck *im bade sitzen*[37]) seine eigentümliche Beleuchtung; das Sitzen ist oft mehr ein Hocken, wie auch verschiedene Bilder zeigen. Erst in jüngerer Zeit erscheinen eirunde oder länglich-viereckige Badegefässe, die nicht nur dem Einzelbade, sondern gern auch dem aufgekommenen üppigen gemeinsamen Baden verschiedener Geschlechter und damit verbundener Bewirtung dienen[38]). Sie übertragen sich bald unter dem Namen *wanne*, *badewanne* auf den gewöhnlichen Gebrauch, und werden am Ausgange des Mittelalters vielfach auch von Metall, besonders Kupfer, hergestellt[39]), grösser und kleiner, wie der häusliche Bedarf sie erfordert.

Fig. 21. Holztaufe in der Kirche zu Zelle, aus einem Block gehauen; um 1538.
Aus: Beschreibende Darstellung der älteren Bau- und Kunstdenkmäler der Provinz Sachsen, Kreis Mühlhausen (Halle 1881), S. 132.

---

in bydene: Rätsel 28, 6. mnd. *doliteca badebudde:* DIEFENB. 189b. *kindes badgeltlin* oben, Anm. 24. *kuofe* ist das mittellat. *copa,* Nebenform zu *cupa,* Fass; *kübel* geht auf das mittellat. Diminutiv *cubellus* (von einer Nebenform *cuba* zu *cupa*) zurück; *büte,* mittellat. *butina,* von griech.-tarentinischem *βυτίνη*; *gelte* von einem dem Ursprunge nach dunkeln mittellat. *galeta.*

35) *in vas lavacri:* EKKEHART Cas. Cap. 88. *dum se tondebant sordes limphaque lavabant, exierant butinam:* Ruodlieb S. 275, 6 Seiler. *tina seu tyna, vas grande ligneum tam lavationibus quam condendis vinis paratum:* DU CANGE 8, 108a.

36) Eine Massentaufe in solchen Badekufen, die zum bequemen Einsteigen der Täuflinge etwas in die Erde eingegraben werden, beschreibt HERBORD im Leben des Bischofs Otto von Bamberg lib. 2, cap. 16.

37) *sô ich in dem bade sæze:* Parz. 116, 3. *sus saz ich in dem bade alhie:* U. V. LICHTENSTEIN Frauend. 227, 13, u. öö. vgl. auch Anm. 34.

38) *ain pad wolt si beraitten in ainem zuber weit und gros. darein sas der herre plos und das weib oun alle swär:* KAUFRINGER IV, 260 ff., S. 51 Euling; das Bad ist in der *kamer:* 271; Bewirtung dabei mit Speise und Wein: 300. Ähnlich IX, 14 ff., S. 113. Über die gesellige Gewohnheit des Badens im fünften Buch.

39) ahd. *wanna*, mhd. *wanne*, Lehnwort aus lat. *vannus,* zunächst die längliche runde Futterschwinge (vgl. Bd. 2, S. 59) bezeichnend, aber seit nachweislich

Der einfachste Gebrauch solcher Badegefässe und der älteste ist der, dass man sie in den Raum bringen lässt, in welchem man sie benutzen will, und nach geschehenem Dienste wieder entfernt. So wird der Badetrog für das neugeborene und das junge Kind in den Schlafraum desselben getragen[40]), dem Gaste wird in seinem Schlafzimmer das Bad bereitet[41]), dem Krieger in seinem Zelte[42]); selbst

Fig. 22. Taufe in einem Bottich.
Aus Cod. theol. 231 der Universitätsbibliothek zu Göttingen, Sacramentarium der St. Salvatorkirche zu Fulda, 10. Jahrh.

im Freien kann so gebadet werden[43]). Aber wo es sein mag, gehört schon früh und später immer allgemeiner ein fester besonderer Bade-

dem 14. Jahrh. auf das Badegefäss der angegebenen Form übertragen; *piscina badwann:* DIEFENB. 438a. *wannen* in dem *Wildpad,* die zu binden sind: TUCHER Baumeisterb. 246, 15 ff. *4 kupffern padschefflen, wegen 21 ℔ minus ¹/₄:* ANTON TUCHER Haushaltbuch S. 88.

40) *ein niuweȥ vaȥ si holde* (zum Baden für das Jesuskind) . . *und truog eȥ in ir gadem hin:* Kindheit Jesu 642 ff. *die hûsvrowe selber nam daȥ kint als ir wol geȥam und leite eȥ in ein badevaȥ; vil lieblich si drobe saȥ und begoȥ mit iren henden daȥ kint an allen enden:* Passional 35, 34 ff. Hahn.

41) *dô gebôt der fürste mære daȥ ein bat bereite wære reht umbe den mitten morgens tac ȥ'ende am teppich, da er* (Parzival) *dâ lac:* Parz. 166, 21 ff. Ein Sohn bereitet *in sînem stübelîn* seinem alten Vater ein Bad: Ges. Abent. 2, 396, 191.

42) *ein lütȥel von dem her hin dan het er die hütten sîn geslagen. ein bat was im dar în getragen . . . dô badet er in eime ȥubere, der im her was von eime dorfe brâht:* Otte mit d. Barte 528 ff.

43) vgl. Abbildung 27.

raum zu den Erfordernissen der deutschen Haushaltung (vgl. Bd. 1, 45. 123. 221), der sich selbst zu einem eigenen Hause ausgestalten kann, und damit Vorbild für die späteren öffentlichen Badehäuser zu Stadt und Dorf wird. Anregung für solche Ausgestaltung des Badewesens geben zunächst für die südlich und westlich wohnenden Deutschen der ersten christlichen Jahrhunderte die römischen Bäder, die selbst in der kleinsten Villa nicht fehlten[44]); wenn auch selbstverständlich eine Nachahmung ausgebildeterer und feinerer Einrichtungen unterblieb, umsomehr als in dem uralten deutschen Schwitzbade, von dem nachher die Rede sein wird, etwas ganz anderes, aber ebenso nützliches geboten war. Für das einfache Wasserbad genügte dann dem Deutschen der bestimmte Raum mit den fest aufgestellten Gefässen und einer Gelegenheit, das benötigte Wasser zu erhitzen; müssen wir annehmen, dass man in frühen Zeiten, da das warme Bad einmal urgermanische Gewohnheit ist[45]), vorher auf dem Herde glühend gemachte Steine in das Wasser that, um ihm den nötigen Hitzegrad zu geben, so tritt mit der technischen Ausbildung des Ofens (vgl. Bd. 1, S. 119 f,) auch der für Badezwecke eigens eingerichtete mit dem Kessel zur Erhitzung heissen Wassers auf[46]), und schafft zugleich einen behaglich warmen Raum, der von sparsamen oder armen Hausvätern im Winter selbst als Wohnraum für die Familie angewiesen werden kann[47]). Das Aussehen eines solchen Baderaumes muss je nach Zeit, Ort und gesellschaftlichen Verhältnissen recht verschieden sein; einigermassen behagliche Ausstattung hat man, wo es anging, wohl überall erstrebt. Einblick bekommen wir, wenigstens seit den karolingischen Zeiten, durch Zeichnung wie durch Andeutungen und kleine Beschreibungen. In den Grundriss des Klosters St. Gallen von 820 finden wir mehrere Baderäume skizziert, freilich allzu wenige für die grosse

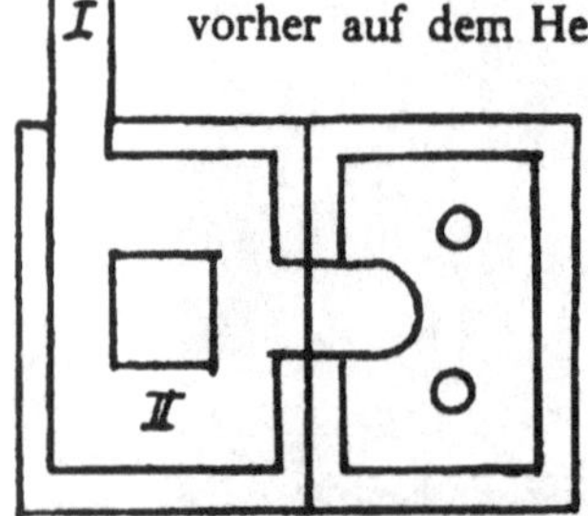

Fig. 23. Bade- und Waschhaus vom Grundrisse des Klosters St. Gallen.
Beischriften. I. egressus de pisale. II. balneatorium et lavandi locus.

44) *non alienum est, si aquae copia patiatur, patremfamilias de structura balnei cogitare; quae res et voluptati plurimum confert et saluti:* PALLADIUS de re rustica 1, 40, 1.

45) TACITUS, vgl. oben Anm. 11.

46) *ein munt der print als der rubine in dem padoven in der stub:* M. BEHAM bei SCHMELLER 1², 208. *propnigeon badofen:* DIEFENB. 465 c. vgl. auch Anm. 50.

47) *daz was in der herbestzît, sô der kalde rîfe dicke lît, und sich wandelnt die winde; des heizte daz gesinde die batstuben alle tage .. die hâtens vür ein wercgaden:* Ges. Abent. 3, 138, 41 ff.

Anlage und ihre zahlreiche Bevölkerung, und namentlich keine für den Abt und für die Gäste, was aus dem vorhin (S. 43) Bemerkten sich erklärt, dass man jenen das Badegefäss in das Schlaf- oder Wohngemach getragen und hier das Bad bereitet hat. Wo aber eigene

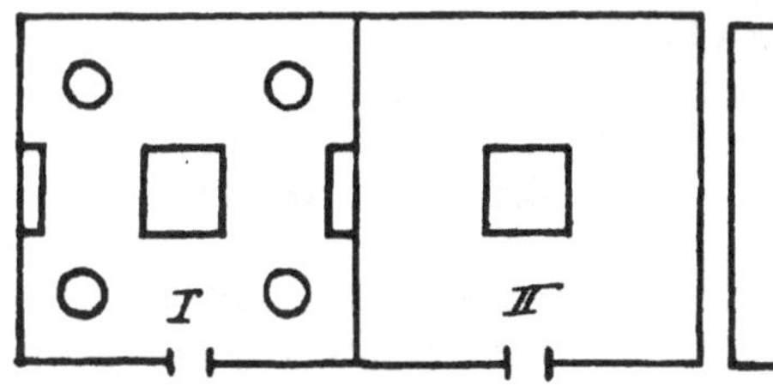

Fig. 24. Badehaus für Schüler, in Verbindung mit einer Küche. Vom Grundrisse des Klosters St. Gallen. Beischriften. I. balneatorium. II. coquina eorundem.

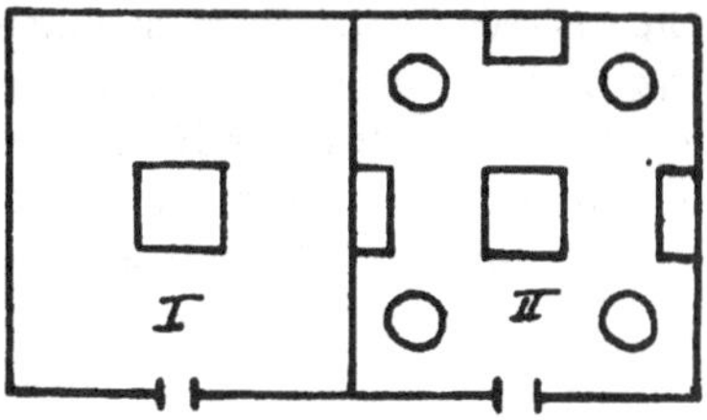

Fig. 25. Badehaus für Kranke, in Verbindung mit einer Küche. Vom Grundrisse des Klosters St. Gallen. Beischriften. I. coquina eorundem et sanguinem minuentium. II. balneorum domus.

Baderäume eingezeichnet sind, da bestehen solche aus ganzen Häusern oder Gemächern. Ein Haus findet sich neben dem zweistöckigen Wohnhause der Mönche, mit diesem durch einen engen Gang, *egressus de pisale*, verbunden; eingeteilt in zwei durch eine Thür im Rundbogen verbundene Gemächer mit an den Wänden laufenden Bänken, von denen das äussere einen Herd, beim Waschen des Leinenzeuges gebraucht, das innere zwei kreisrunde Standgefässe zum Baden enthält; bezeichnet ist die Anlage als *balneatorium et lavandi locus*, Bade- und Waschraum für die Brüder. Zwei andere Anlagen, Bäder für Schüler und Kranke, bilden nur den halben Teil eines Hauses, indem die eine Hälfte von der Küche (in einem Falle zugleich Aderlassraum) eingenommen wird; und hier befinden sich, während die letztere nur eine Herdanlage aufzeigt, neben dieser vier feste Badegefässe und Wandbänke. Endlich ist in einem Schlafhause für Diener (*cubilia famulantium*) ein einfaches Badegemach, *balneatorium*, angegeben, das nur als schlichte Kammer erscheint und keine Badegefässe eingezeichnet enthält. Einigermassen ergänzt werden diese Zeichnungen durch die Erzählung Ekkeharts von einem scheinbar lahmen Bettler, der in St. Gallen

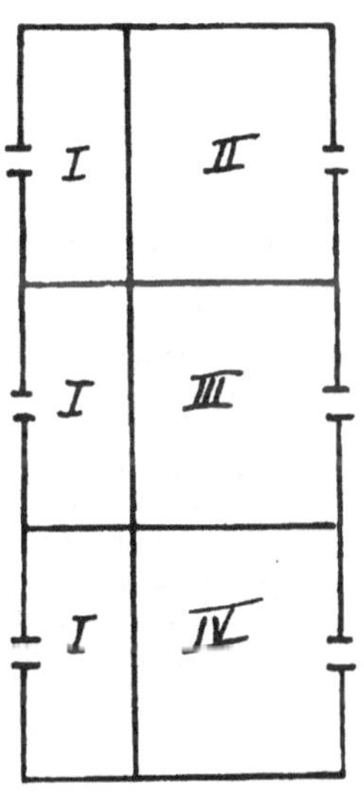

Fig. 26. Badehaus in Verbindung mit einem Schlafhause für Diener. Vom Grundrisse des Klosters St. Gallen. Beischriften. I. cubilia famulantium. II. coquina. III. cellarium. IV. balneatorium.

in einem solchen Baderaume hinter verriegelter Thür ein Bad empfängt, wozu er in eine Bütte (*vas lavacri*) gesteckt und mit heissem Wasser übergossen wird, das ein Diener aus einem über offenem Feuer hängenden Kessel schöpft[48]). Im Ruodlieb wird ein Ruhebett im Baderaume erwähnt[49]), das auch sonst sich häufig findet. Die spätere Gewohnheit in guten Bürgerhäusern verlegt das Badestüblein neben das Schlafzimmer und bringt es auch in Verbindung mit einem besonderen Auskleideraum[50]); aber auch schon im Baurisse von St. Gallen ist, wie oben erwähnt, die Badegelegenheit neben dem Schlafraume von Dienern angemerkt (Fig. 26).

Nur gewärmtes Wasser wird bei solchen Bädern verwendet; selbst wo man im Sommer im Freien badet, fehlt der Kessel nicht, dessen Inhalt in sehr einfacher Weise erhitzt wird (Fig. 27). Das heisse Wasser mit kaltem nach dem Bedürfnisse und dem Geschmack des Badenden zu mischen, ist ein Verfahren, für das *daȥ bat bereiten* wie ein technischer Ausdruck verwendet worden ist[51]). Rosenblätter auf das Badewasser zu werfen, um es dadurch wohlriechend zu machen, scheint, nach den Zeugnissen zu schliessen, in vornehmen Kreisen des Mittelalters kein seltener Brauch[52]). Die reinigende Wirkung des Wassers zu unterstützen, dienen Seife und Lauge, von denen aber die erstere bei ihrem frühesten Auftreten nur als Beize und für das Färben der Haare erscheint (vgl. oben S. 12). Doch ist sie als Reinigungs- und Waschmittel schon früh verwendet worden und als solches sowohl ahd. als angelsächsisch bezeugt[53]); Karl der Grosse sorgt

48) *at contractus, cum aqua sibi lavacri nimis videretur calida, rustice: cald, cald est! ait. at ille, quoniam in Teutonum lingua 'frigidum est' sonat — et ego, inquit, calefaciam, haustamque de lebete ferventi lavacro infudit aquam:* EKKEHART Cas. cap. 88.

49) *lavacralem mox sibi lęnam scutifer imposuit, qua lectum tectus adivit, donec siccetur ęstusque sibi minuatur:* Ruodlieb S. 275, 6 ff. Seiler.

50) *abcȥiehkemerlen;* vgl. Bd. 1, S. 221. Der Fussboden in der *padstuben von stain und prettern:* A. TUCHER Haushaltbuch S. 112 f., in ihr ein *kupffern padofen* und ein *padkessel:* S. 56. Ausrüstung der Badestube neben der Schlafkammer: H. FOLTZ von allem Hawssrath A 4a.

51) *mînen kameræer ich bat daȥ er mir hieȥ ein waȥȥerbat bereiten ûȥerhalp der stat:* U. V. LICHTENSTEIN 226, 30 ff. vgl. Anm. 25 und die folgende.

52) *dô gebôt der fürste mære daȥ ein bat bereite wære . . man warf dâ rôsen oben în:* Parz. 166, 21 ff. *die* (Knechte) *truogen nâch im* (dem Knappen) *rôsen dar, gepletert vrisch und wol gevar. der streut er dar ûf mich sô vil . . daȥ mich noch daȥ bat niemen sach:* U. V. LICHTENSTEIN 228, 23 ff. Die Rosen bedecken auch die Diele noch: 228, 31. Jacob von Warte im Bade mit Rosen bestreut: Fig. 27.

53) ahd. *sabona seifa, saifa, seife:* STEINMEYER 3, 169, 67. *sabona seipha:* 211, 64. *smigma seiffa, seipha:* 289, 69. ags. *lumentum sâpe:* WRIGHT-W. 1, 439, 21. *þonne gif he mid gedylde his drihten hêrađ, and his miltsunge bitt, he bið ðonne aðwogen fram his synnum ðurh ðâ untrumnysse, swâ swâ horig hrægl þurh sâpan:* THORPE Hom. 1, 472.

für Vorräte davon auf seinen Gütern, und hat unter seinen Leuten eigene Handwerker für die Bereitung[54]). Seife ist weich oder hart, teigartig oder in Stücken[55]). Als Heilsalbe erscheint sie in einem Rezept des 8. Jahrhunderts, das aus England stammt[56]), als zum Bade gehörig wird sie in einem Gedichte des 12. Jahrhunderts ausdrücklich aufgeführt[58]). Doch bleibt sie immer das seltenere Waschmittel: das allgemeine ist zum Wasser die Lauge, früh gekannt, denn der Name ist gemeingermanisch, im Altnordischen mit bezeichnendem Begriffswechsel: meint ahd. *louga*, mhd. *louge*, mnd. *lòge*, *logge*, angelsächs. *leáh*, *laeg*, den gewöhnlich verwendeten scharfen Zusatz zum warmen Bad, so geht das altnord. *laug* geradezu in den letzteren Sinn über, weil man sich kein Bad ohne den Zusatz denkt[58]). Lauge wird

Fig. 27. Bad im Freien.
Aus der grossen Heidelberger Liederhandschrift.

54) *sapo* unter den Vorräten und Lieferungen: Cap. de villis 43. 44. 62. *ut unusquisque iudex in suo ministerio bonos habet artifices, id est . . . saponarios:* 45.

55) *therebintus, arbor gerens resinam prestantissimam. resina est fliod, et seipha, et harza*: STEINM. 2, 738, 48 ff. Seife in Stücken, *nitrosos illos factitios globos, quibus velaminum sordes expurgantur, saponem Galli vocant:* DU CANGE 7, 306 a. Vorschrift zur Bereitung von Seife aus Lauge von Rebenasche und Hammelfett: ebenda.

56) *widhar cancur brenni salz endi saiffûn endi hroz* (Schleim) *aostorscâla:* MÜLLENHOFF und SCHERER Denkm. 62, 2.

57) *die sêle phlegent ze bade seiffen noh louge:* Himelriche 285.

58) Auch für die Fusswaschung ist schon im 9. Jahrh. ihre Anwendung geboten: *lavacrum capitis in die dominico potest esse, si necesse est et in lixivia pedes lavari, balneos non licet fieri:* WASSERSCHLEBEN Bussordnungen (1851) S. 404; *in lexiva pedes lavare licet:* 488.

gewonnen, indem man Wasser über Asche giesst und so ihre salzigen Teile auszieht, wie es der römische Landmann auch gethan hat; die Erfindung, einfach wie sie ist, wird bei den verschiedenen Völkern selbständig gemacht worden sein, für Germanien deutet schon der deutsche Name darauf hin. Was das Wort eigentlich bedeutet, ist nicht festzustellen, ein ahd. *lûhen*, *lûhhen*, *liuhhen* waschen, scheint eng damit zusammen zu hangen[59]. Es wird darauf gesehen, dass die Lauge ein geläutertes und klares Aussehen habe[60]; ihre Schärfe empfiehlt sie auch als Heilmittel bei Hautkrankheiten[61].

Die Bedienung bei einem solchen Baden wird von Dienern oder Dienerinnen ausgeübt, sie besteht auch im Waschen und Massieren der Glieder[62]. Nach dem Baden trocknet man nur Gesicht und Hände durch ein Tuch[63], und schlägt sonst um den nassen Körper einen Mantel oder ein Laken, um in ihm eine Weile der Ruhe zu pflegen und die Haut ausdünsten zu lassen[64]. Im Badegefässe bleibt eine missfarbige Flüssigkeit zurück, sie entfernen zu müssen, ist die Kehrseite zu der Annehmlichkeit des Badens, worauf eine sprichwörtliche, noch jetzt umlaufende Redensart anspielt[65].

Das Bad in der beschriebenen einfachen Art ist bei Hoch und Niedrig zu allen Zeiten gewöhnlich gewesen. Da es aber eine leib-

59) *luit, irlûhit, arhlûit:* STEINM. 1, 203, 8. *luere lûhhen, lûhen:* 10. *lotus liuhhit, lûhit:* 204, 14.

60) *guot louge man* (zum Bade) *gewinnen sol, lûter unde lieht gevar:* Seifr. Helbl. 3, 64 f.

61) *die frouwe sêlig unde cluog* (die heil. Elisabeth) *ime ouch daz sieche houbet twuog mit einer scharpen laugen:* Elis. 2318 ff.

62) Bedienung durch den *scutifer:* Ruodlieb S. 275, 7 Seiler. durch den eigenen Sohn: Trist. 103, 26 f. durch *bader:* U. v. LICHTENSTEIN 227, 6. Weibliche Bedienung in mittelalterlichen Epen mehrfach; *do begunde de magt des rîters pflegen als ir got iemer lône. sî batte in harte schône:* Iwein 2188 ff. *der junge werde süeze man gienc sitzen in die kuofen sân . . juncfrowen in rîcher wæte und an lîbes varwe minneclîch, die kômen zühte site gelîch. si twuogn und strichen schiere von im sîn amesiere* (Quetschungen) *mit blanken linden henden*: Parz. 126, 29 ff. vgl. auch die Abbildung 27. Frauen baden eine Frau: Parz. 272, 27.

63) ahd. *dwahilla, dwehilla,* mhd. *twehel,* zu ahd. *dwahan,* mhd. *twahan* waschen gehörig; *mantele duahilla, duehilia, chnioreſt:* STEINM. 2, 371, 55. 375, 66. *facetergium et manutergium tuæhella, tuehela, tvehil, tuahil:* 3, 149, 9 ff. Altnord. *þvâli* bezeichnet die Seife (als Waschmittel, zu *þvâ* waschen).

64) ahd. *padelachan saganum:* GRAFF 2, 158. mhd. *man bôt* (dem aus dem Bade steigenden) *ein badelachen dar:* Parz. 167, 21. *daz man von edeln frouwen sach vil badelachen dar gesant* (badenden Rittern): Biterolf 12432 f. mlat. *lavacralis laena,* vgl. Anm. 49. *badgewant:* U. v. LICHTENSTEIN 229, 26.

65) *ich glaub warlich die von Augspurg müeszen das pad auszgieszen* (sind die Verlierenden in einem Prozesse): D. Städtechr. 5, 207, 15. vgl. auch *sbad usztragen* D. Wb. 1, 1000, *ausbaden* 807. Kräftiger *es muest der rentmaister ie das pad ausztrinken; er ward von herzog Rudolphen gefenklich angenumen*: AVENTIN bayerische Chronik 2, 407, 15.

liche Freude in sich schliesst, so sieht es geistlicher Eifer manchmal mit schelen Augen an, und gestattet es uneingeschränkt nur den Kranken, denen ein Bad zu bereiten und im Verein damit sie körperlich zu pflegen, für ein besonderes Werk christlicher Mildthätigkeit gilt[66]). Gesunden geistlichen Personen wird das Bad beschränkt[67]), Überfromme verschmähen es ganz[68]). Im allgemeinen aber ist das Baden innerhalb geistlicher Orte so gemein als in weltlichen Kreisen; wie die klösterlichen Badegelegenheiten nicht weniger als der für ihren Unterhalt erhobene Badezins beweisen[69]). Das Bad dient auch zur Ausübung fürstlicher Freigebigkeit[70]).

Daneben besteht nun, und jedenfalls bereits seit urgermanischen Zeiten, eine andere Art Bäder, das Schwitzbad. Sein ältestes Vorkommen und sein gemeingermanischer Name, altnord. *stofa*, *stufa*, ags. *stofa*, ahd. *stuba*, *stupa*, ist Bd. 1, S. 46 erwähnt, der Name auch auf das Stieben des Wasserdampfes und den Ort, da dies geschieht, gedeutet worden. Die Deutschheit der Einrichtung ist durch den deutschen Namen, wie nicht weniger durch den Umstand gesichert, dass die östlichen Nachbarvölker die Sache mit der deutschen Bezeichnung besitzen, dadurch also die Entlehnung von Germanien her bezeugen; so die Slaven mit ihrem *istuba*, *izba*[71]), die Letten mit *istaba*, die Littauer mit *stubà*, die Finnen mit *tupa*; die romanischen Völker nehmen Sache und Namen wohl erst seit der Zeit auf, in der sie stark mit Germanen durchsetzt werden, und das italienische *stufa*, span. portugies. *estufa*, provenz. *estuba*, franz. *étuve* bezeichnet eine Gelegenheit zum Bähen oder Warmbaden, die von dem römischen

---

66) ein Bischof borgt am heiligen Osterabend aus der Stadt viele Badewannen *(plurima dolia)* zusammen, und lässt allen Dürftigen vom Morgen bis zum Abend warme Bäder darbieten, wobei er die Verrichtungen eines Badedieners übernimmt: Mönch v. St. Gallen 1, 21 (Mon. Germ. Scr. 2, 740). *ûzsetzige lûte pflac si* (die heil. Elisabeth) *zu badene und zu weschene und in ir houbit selber zu twâne und trug si in ir bette:* D. Myst. 1, 243, 2 ff.

67) *balnearum usus infirmis quotiens expedit offeratur, sanis autem et maxime iuvenibus tardius concedatur:* Benedicti regula monachor. Cap. 36.

68) Erzbischof Bruno von Köln nimmt fast nie ein Bad: RUOTGER Leben Brunos 30. Welche Unreinlichkeit eine Einsiedlerin zeigt, beschreibt THIETMAR 8, 6. Erzbischof Adalbert von Bremen bedient seit fünf Jahren vor seinem Tode sich keines Bades mehr, ein Zeichen seiner Busse: ADAM V. BREMEN 3, 68.

69) *thiu asna thiu tô themo batha hôred* (von verschiedenen Orten zusammen drei Schillinge): Freckenhorster Heberolle 555 f.

70) Kaiser Ludwig der Fromme pflegt an jedem Sonnabend ein Bad zu nehmen, nicht sowohl aus Bedürfnis, als nur um Gelegenheit zum Schenken zu haben, und überlässt dabei alles, was er abgelegt hat, ausser Schwert und Gehänge, seinen Dienern: Mönch v. St. Gallen 2, 21.

71) *vocabulum hoc . . a germanis mutuati sunt Slavi:* MIKLOSICH lexicon palaeoslov. 271 b.

Caldarium ganz abweicht. Erfunden kann die Stube nur als Heilbad gegen Glieder- und Hautkrankheiten sein, da die wohlthätigen Wirkungen des ausgiebigen Schweisses gegen solche zu den frühesten Heilerfahrungen gehören. Wie einfach die Vorrichtung in der Art, wie sie von den Germanen zu den Slaven gelangte, gewesen ist, davon giebt die Beschreibung Kunde, die der Jude Ibrahim-ibn-Jakub (Abraham Jakobsen), der im Jahre 973 mit einer Gesandtschaft des Kalifen von Cordova bei Otto I. zu Merseburg war, in arabischer Sprache hinterlassen hat. Er besuchte von dem deutsch-slavischen Grenzort aus auch Mecklenburg und Böhmen; wo er den Gegenstand seiner Beschreibung beobachtet hat, sagt er nicht, sondern hält sich ganz allgemein. „Bäder haben die Slaven nicht," berichtet er, „aber sie machen ein Gemach von Holz, dessen Ritzen sie zustopfen mit etwas, das auf ihren Bäumen wächst und wie Wassermoos aussieht und das sie *moch*[72]) nennen. Sie gebrauchen das auch zu ihren Schiffen statt Pech. In einem Winkel dieses Gemaches bauen sie einen Feuerherd von Steinen, und lassen darüber eine Öffnung, um den Rauch hinaus zu lassen. Wenn nun der Herd erhitzt ist, so verstopfen sie das Luftloch und verschliessen die Thür. In dem Gemache sind Gefässe mit Wasser, woraus sie nun Wasser auf den glühenden Herd giessen, so dass der Dampf aufsteigt. Jeder hat ein Bündel Heu in der Hand, womit er die Luft bewegt und an seinen Leib treibt. Dann öffnen sich die Poren und das Überflüssige vom Körper kommt heraus und läuft in Strömen von ihnen ab, so dass an keinem von ihnen mehr eine Spur von Ausschlag oder Geschwulst zu sehen ist. Sie nennen einen solchen Verschlag *itba*"[73]).

Die Einrichtung eines altgermanischen Schwitzbades kann von der geschilderten nicht verschieden gewesen sein. Als eine allgemeine Sache, von der nicht viel Aufhebens gemacht wird, entgeht es lange einer mehr als gelegentlichen Erwähnung; aber wir erkennen doch die einfache Vorrichtung, die nur in einem leichten Holzhause untergebracht gewesen sein kann, wenn in der Lex Alamannorum die *stuba* mit dem Schaf- und Schweinestalle zusammen genannt wird[74]), und wenn in der Lex Bajuvariorum der *balnearius* als Gebäude für sich neben Küche, Backhaus und anderen geringeren Baulichkeiten auf-

---

72) altslav. *mŭchŭ*, bulg. *mochŭ*, tschech. poln. wend. *mech*, *muscus:* MIKLOSICH 386 a.

73) Abraham Jakobsens Bericht über die Slavenlande vom Jahre 973, nach De Goejes holländ. Übersetzung aus dem Arabischen deutsch mitgeteilt von WATTENBACH, in den Geschichtschreibern der deutschen Vorzeit, 10. Jahrh. Band 6 (1882), S. 146 f.

74) *si quis stubam, ovilem, porcaricia, domum aliquis concremaverit:* lex Alem. 83, 3 (Mon. Germ. Leg. 3, 74).

tritt[75]). Ausgestaltet zu mehr Behaglichkeit und grösserem Umfange wird die Sache erst nach dem 11. Jahrhundert mit der Zeit, da das Bäderwesen überhaupt auf einen andern Fuss gestellt wird, weil sich öffentliche Bäder ausbilden. Zum Bade gehört von vorn herein ein Blätterbüschel, um sich damit zu fächeln und die Haut zu streichen oder mässig zu peitschen; es ist das, was in Abraham Jakobsens Bericht als Bündel Heu angegeben ist, sonst aber ausdrücklich als von jungen Blätterzweigen hergestellt erwähnt wird, der Wedel oder Badequast, ahd. *wadal, wedil*, mhd. *wadel*, *wedel*, und ahd. *questa*, mhd. *queste, quast, koste*[76]).

Für die Hebung des Badewesens ist hauptsächlich bestimmend die Ausbildung der Gemeinde zu Stadt und Land mit ihrem Zusammenschliessen zu gemeinsamen Einrichtungen. Während das schlichte Kufenbad dem einzelnen Hause vorbehalten bleiben kann, ist es zumal das Schwitzbad in seiner umständlicheren Art, das auf engerem Raume für den Einzelnen nicht leicht mehr herzustellen ist, und daher zuerst einer öffentlichen Anstalt weicht; sie würde nicht entstanden sein, wenn das Bedürfnis dazu nicht aus uralter heimischer Gewohnheit flösse, ein weiteres Zeugnis für die altgermanische Herkunft solcher Bäder. Die Ausbildung derselben erstreckt sich sowohl auf den Raum an sich, der erweitert, für mehrere gleichzeitig Badende, und bequemer eingerichtet erscheint, als die alte einigermassen rohe Anlage, wie auch auf die Handgriffe, die beim Gebrauche des Bades nötig sind, und die nicht nur von dazu angestellten, mit technischen Kenntnissen wohl ausgestatteten Bademeistern und Dienern[77]), sondern auch, selbst im Männerbad, von Dienerinnen[78]) ausgeübt werden. So zeigt sich im späteren Mittelalter dieses Schwitz- oder Dampfbad als eine allgemeine dörfliche oder städtische Einrichtung, die in grösseren Gemeinden mehrfach, sogar vielfach vorhanden sein

75) *si quis desertaverit aut culmen eiecerit, quod saepe contingit, aut incendio tradiderit, uniuscuiusque quod firstfalli dicunt, quae per se constructi sunt, id est balnearius, pistoria, coquina, vel cetera huiusmodi:* lex Bajuv. 10, 3, unter dem Titel *de [incendio] minorum aedificiorum* (Mon. Germ. Leg. 3, 307).

76) ahd. *flabrum wedil.* STEINM. 2, 496, 25. *flabrum l. flabellum ventus l. wadal* 3, 300, 53 (dafür *wale*, wohl für *wadele* 317, 56). *flabrum l. flabellum wedel:* 335, 32. Wie ahd. *questa*, mhd. *queste* auch zu der Bedeutung *perizoma*, *lumbare* kommt, erörtert HAUPT in seiner Zeitschrift 11, 51 f.

77) mhd. *badære, bader*, ahd. noch nicht bezeugt. Ihrer sind mehrere bei einem Bad; *die bader die dâ badeten mich:* U. V. LICHTENSTEIN 227, 6.

78) Die Verrichtungen einer *baderinne*, auch solche, die mit dem Bade an sich nicht zusammenhängen, schildert ein unechtes Neidhartlied, Minnes. 3, 310 a Hagen. Sonst *padmaid* neben *padknehten:* MEGENBERG 106, 4. *badewîbel:* Seifr. Helbl. 3, 71.

kann[79]), von den Obrigkeiten selbst geschaffen oder doch wenigstens so ausreichend unterstützt, dass auch der Arme der Wohlthat eines solchen Bades nicht zu entbehren braucht, dem ferner durch fromme Stiftungen gemeinnütziger Bürger ein Freibad gewährt wird[80]). Nunmehr bildet sich eine Regelung des Badewesens dahin aus, dass die Anstalt zu gewissen Zeiten der Woche in vollem Betrieb ist[81]), was der Bader durch Trompetenstoss oder durch einen vor die Thür gehängten Wedel verkündigt. In dieser Weise ist begreiflich das Dampfbad nur weltlich; aber auch geistliche Stifter entbehren es, als für Heilzwecke vorzüglich geeignet, nicht, nur dass es hier einen durchaus häuslichen Charakter trägt. So wird es schon in verhältnismässig früher Zeit unter dem deutschen Namen *stuba* oder der lateinischen Bezeichnung *assum balneum* erwähnt[82]), und Thietmar von Merseburg erzählt uns, wie der Bischof Eid von Meissen, der sich der Rauheit des Winters manchmal bis zum Erstarren aussetzte, kaum durch die Dämpfe der Badestube habe wieder zu sich gebracht werden können[83]).

Fig. 28. Christus als Bader, zum Bad blasend. Aus Murners geistl. Badenfart (gedruckt durch Johannes Grüninger zu Strassburg 1514) Bl. A 3b.

79) Zu Basel werden im 14. Jahrhundert fünfzehn Badstuben genannt: Basel im 14. Jh. S. 82. Speier hat 1340 acht Badstuben, und dazu noch *der Juden badstobe*: ZEUSS die freie Reichsstadt Speier vor ihrer Zerstörung (1843) S. 19.

80) mhd. *sêlbat*: s. darüber D. Wb. 9, 2848 f. Die rechtliche Seite der Seelbäder behandelt GENGLER in der Zeitschrift für deutsche Kulturgeschichte, neue Folge, 2. Jahrgang (1873), S. 571—582.

81) vgl. Band 1, 196. 298. Dafür wird der Besitzer einer Badstube privilegiert; *item das gotshaus hat ain eepat in dem Altenmarkt .. es schol auch sunst kain vailpad noch haimleich oder besunder pad in dem Altenmarkt sein:* Weist. 6, 166 f. (Baiern, v. 1439).

82) *in asso balneo, quod populari lingua stuba vocatur:* DU CANGE 7, 618 a (9./10. Jahrh.). Vom Hospitale St. Martini in Erfurt wird ein Stück Land abgetreten, auf dem eine *stupa* gestanden: BEYER Urk. Buch v. Erfurt 1, 226 (v. 1283).

83) *hiemis asperitatem qualiter is umquam sustineret, multi ammirabantur. crebro a suis pene desperatus, in stuba vix recreabatur:* THIETMAR Chron. 7, 18 (Mon. Germ. Scr. 4, 844). Inventar einer solchen geistlichen Badestube, *s*ꝛ*o man baden will, sallen sie* (die Käsemutter) *und die viehemaidt laugen machen, die badestoben*

Auf Burgen und Schlössern mag etwas ähnliches, in Verbindung mit dem Wannenbad, existiert haben[84]); wie ja Kombinationen beider Bäderarten auch sonst vorkommen. Juden ist der Zutritt zu den Bädern der Christen versagt; sie haben aber ihre eigenen Badegelegenheiten[85]).

In welcher Weise das gemeine Dampfbad zu Ende des 13. Jahrhunderts sich ausgebildet hat und wie der Badegast darin behandelt wird, davon giebt eine ausführlichere Schilderung der sogenannte Seifried Helbling[86]). Ein Ritter und ein Knappe begeben sich, nachdem der Bader durch Blasen das Signal gegeben, ins Bad; vorher sind schon drei Nachbarn in mangelhaftem Anzuge, ohne Gürtel und Schuhe, aber die Haare frisch gebürstet, dahin geschlichen[87]). In einem

Fig. 29. Christus als Bader, den geistlichen Badegast empfangend. Aus dem Badehause hängt der Wedel. Murners geistl. Badenfart Bl. C 4b.

wormen, und die benck und boddeme, schemel und hultzern pfulffe (Sitze) *darin rein weschen:* MICHELSEN Mainzer Hof 41; *szo man baden will, soll er* (der Knecht) *holtz zutragen, und wasser in den sarck* (Trog) *und kessel schöpfen:* 40.

84) Die Badestube, die in einem mhd. Schwank zugleich als Wohn- und Werkstube geschildert wird (vgl. oben Anm. 47), muss notwendig einen wohnlichen Raum darstellen, wie ein solcher das Dampfbad nicht ist. Da aber über der Aussenthür auch Wedel liegen (*dô quam er, der dâ wolde baden, alsô nacket an die tür. dô was oben dar vür guoter wedel vil geleit:* Ges. Abent. 3, 139, 64 ff.), so muss Gelegenheit, ein Dampfbad zu nehmen, in der Stube mit vorhanden gewesen sein; vielleicht auch nur ein Schwitzbad in gedeckter Wanne, vgl. unten S. 58.

85) Judenbäder in Speyer, Andernach, Friedberg, Worms, vgl. A. SCHULTZ höf. Leb. 1², 227. Ein Dampfbad, *estuarium situm aput portam Judeorum* in Worms: BOOS Urk. Buch 1, 195 (v. 1260). 337 (v. 1299). 2, 38 (v. 1309). In Augsburg (1290 erlaubt): D. Städtechr. 22, 458. In Hildesheim ein besonderes Judenbad vor dem Osterthore: DÖBNER 1, 559. Judenbad zu Friedberg in der Wetterau aus der Mitte des 13. Jahrh. in eigenartiger Ausgestaltung: Denkmalpflege, 4. Jahrg. (1902), S. 62 fg. (mit Abbildungen).

86) Seifr. Helbling III, 8 ff. (Haupts Zeitschr. 4, 84 f.).

87) König Pippin geht nur mit Hemd und Schuhen bekleidet ins Bad: Mönch v. St. Gallen 2, 15.

Vorraume des Badehauses werden die Kleider abgeworfen; der Bader legt ihnen zur Auswahl vier Wedel vor, woraus sie sich die besten auswählen[87b]). So betreten sie den eigentlichen Baderaum, die Stube, ein gedieltes, mit Bänken in hinterer und vorderer Reihe und wohlgeheiztem Steinofen versehenes, vor Nässe triefendes Gemach, in welchem die Badediener bereit stehen. Den Ritter nimmt ein behendes Bademädchen in Empfang und netzt zunächst mit lauem Wasser und knetet ihm dann Rücken, Beine und Arme; indess der Knappe befiehlt, Wasser auf den Ofen zu giessen und so den Dampf zu dem Schwitzbade zu bereiten, auch die Fensterladen des Gemaches zu schliessen, damit der Dampf nicht entweiche. Das Gemach wird damit verfinstert, der Ritter aber findet lachend eine mit Kissen belegte Bank, auf die er sich setzt, während durch wiederholtes Begiessen des Ofens die Dampfentwickelung weiter geht. Nun beginnt die Wirkung auf den Körper, die reichliche Schweissabsonderung, mhd. *leche*, die durch den Gebrauch des Wedels (vgl. oben S. 51 und Anm. 76) unterstützt wird[88]). Nachdem das eine Zeitlang gedauert, so steht der Ritter auf den hölzernen nassen Fussboden hin, der Schweiss wird durch Abreiben und Begiessen mit Wasser entfernt, wobei gischtende Lauge und Seife in Anwendung kommen, um die Haut ganz geschmeidig zu machen. Waschen und Erregen des Seifengischtes besorgt wieder eine Badefrau. Endlich tritt der Scherer herzu, schlichtet das Haar und schirt den Bart. Nach einer letzten Begiessung wird das *badehemede* (*badegewant*, *badelachen*, oben Anm. 64) umgenommen, und der Badende betritt einen anderen Raum, in welchem er auf einem Bette ausruht; hierauf zieht er sich an, giebt der Bade-

---

87b) Die Bedeckung der Kopfhaare wird nicht erwähnt, bei langer Haartracht sowohl der Männer als der Frauen war sie aber nötig, um einer Verfilzung der Haare im Schweissbad vorzubeugen. Dafür dient der *huot*, *badehuot*, der neben dem *kost*, Wedel, vom Bader dem Badegaste verabreicht wird (*reich mir ein kost und einen hôt:* Meistergesang in der Germania 5, 216, 2), und der auch bei Hausbädern unter dem nötigen Hausrat sich findet; *darnach was als ghort yns badt, ein krugk mit lawen ist nith schad, badsack, badschwam, ein heris tuch, welchs man darff das man es hersuch, schemel, badfleck, badlach, badbeck, strel, badhut, kussen das man legh:* FOLZ von allem Hawssrath (ed. Hampe) A 4a.

88) *leche* (Seifr. Helbl. III, 63), Substantiv in technischer Einengung des Sinnes zum ahd. Verbum *lechen*, tropfen; *futile heiȥet taȥ ungehaba faȥ, taȥ ȥe lechen, alde erworten* (abgängig geworden) *ist:* NOTKER 1, 159, 2 fg. Piper. Dazu das ahd. Bewirkungswort *lecchan*, *lecken*, tropfen machen, feuchten, netzen, das als mhd. *lecken* auch Baderwort, Bezeichnung für das Herlocken des Schweisses ist; (im Bad) *sicht man lecken und streichen, kain fräd mag ir geleichen. wann der ofen recht erhitȥt, und wol waidenlich erschwitȥt, und gäb der küng im ȥehen marck, sein krey wär dannocht nit so starck, so er sich uff die panck streckt, und sich streichet und leckt:* Hätzlerin S. 272, 225 ff.

bedienung ein reichliches Trinkgeld und verlässt nun das Haus, vom warmen Danke der Dienerschaft begleitet.

In dieser ausgebildeten Art dauert das öffentliche Dampfbad durch das ganze Mittelalter und darüber hinaus. Auch Thomas Murner in seiner geistlichen Badenfart von 1514, einer geistlichen Ausdeutung der Badegebräuche, kommt über die geschilderte Einladung zum Baden durch Trompetensignal, über Waschen, Reiben, Streichen und Schweissentwickeln, Bereiten von Lauge und Reinigen damit, Waschen des Hauptes, Ordnen von Haar und Bart, Abgiessen, Umnehmen des Bademantels und Pflegen der Ruhe in demselben, endlich Wiederanlegen der Kleidung und Verabreichen eines Baderlohns nicht hinaus, nur dass er noch die Besprengung mit wohlriechendem Lavendelwasser während des Badens und nach Beendigung desselben Erquickung durch Speise und Trank aufführt.

Wannenbad wie Dampfbad wachsen so in die gesellschaftlichen Ergötzungen hinein, dass sie unter ihnen vielfach eine der ersten Stellen einnehmen. Wie das üppige gemeinsame Bad zweier Liebenden aufkommt, ist bereits oben S. 42 und Anm. 38 angeführt. Das gemeine Sprichwort rechnet Baden zu den Freuden, die einen ganzen Tag andauern oder nachwirken[89]); es denkt dabei an die Gesellschaftsbäder mit gemeinsamem Schmausen bei Saitenspiel und an nachherige sonstige Freuden[90]). Wer seinen Untergebenen nach harter Arbeit ein besonderes Vergnügen bereiten will, schickt sie ins Bad und lässt sie daselbst bewirten[91]). Und selbst bei Gelegenheit einer Hochzeit hat sich seit dem 14. Jahrhundert der Brauch eingestellt, dass der Bräutigam mit seinen Genossen und die Braut mit ihren Freundinnen vor dem Kirchgange ins Bad zieht[92]). Darüber im fünften Buche das Weitere. Es lässt sich denken, dass bei derartiger Erweiterung des

---

89) *wilt aber ein tag frölich sein, so gang ins bad, so schmeckt der wein* FISCHART Gargantua (1590) S. 86.

90) *von dem vrüestück süln wir gân sân dan hinne ʒuo dem bade: lade wir die fînen vröulîn dar, ʒwâr, die uns rîben und vertrîben unser wîle* u. s. w.: Minnes. Frühl. 3, 310a. Badefreuden in einem Liede des 15. Jahrh.: Germania 5, 216. Teilnahme der Frauen in einem lateinischen Studentenliede derselben Zeit; *nobile femineum genus, quod nobis balnea conficit artificialia . . . in quis populi queritant solacia et heroes cum puppis liguriunt* (Glosse dazu *magni domini cum dominabus et virginibus laute vivunt*): Germ. 19, 73; und so vielfach. Baden ein kostspieliges Vergnügen: *diu schœnen wîp, der guote wîn, diu mursel an dem morgen, unt ʒwirent in der wochen baden, daʒ scheidet mich von guote:* TANHUSER, Minnes. 2, 96 Hagen.

91) Baden der Weinhüter nach der Weinlese: Weist. 1, 821 (Basel, 15. Jh., vgl. die Stelle Band 2, S. 116ff.). 4, 524 (Schwarzwald, 15. Jh.). Überhaupt gehört zum Beschlusse eines Bades ein Trunk Wein: Gudr. 1305, 1.

92) Zahlreiche Nachweise bei ZAPPERT a. a. O. S. 18ff.

Badergewerbes, wo der Mann zugleich auch als Schenkwirt und Beherberger erscheint, solides Wesen oft Schaden leidet. Ein satirisches Gedicht des 15. Jahrhunderts stellt den Badern in Bezug auf moralische Führung das schlechteste Zeugnis aus[93]).

Die technische Einrichtung des Heizapparates in den grossen Bädern zu verbessern, giebt sich der deutsche Erfindergeist wenigstens im späteren Mittelalter augenscheinlich Mühe, wie die beiden Abbildungen (Fig. 30. 31) lehren, bei denen eine eigene Dampfheizung er-

Fig. 30. Wannenbad mit eigenartiger Dampfheizung.
Aus der Göttinger Handschrift des Bellifortis von 1405.

scheint. Freilich steht dahin, ob dieselbe je im praktischen Gebrauche gewesen ist. Der Überlieferer und vielleicht Erfinder (der sich aber auf Philo und Galen beruft) giebt in Hexametern eine Erläuterung seiner Zeichnungen, welche die Badeanlagen, die eine für gewöhnliche Warmbäder in verschiedenen Gemächern, die andere für Kräuter- und Heilbäder, in geräumigem Hause durch zwei Stockwerke gehen lassen. Im oberen befinden sich die Gefässe für die Badenden; sie werden gespeist durch einen zentralen Behälter, der mit klarem Wasser bis an den Rand gefüllt sein und eine Öffnung im Boden haben soll, die durch ein kupfernes Rohr in Verbindung mit einem bauchigen Wasser-

93) Teufels Netz 10245 ff.

kessel steht. Derselbe ist im unteren Stockwerke in einem Herd eingemauert. Wird nun dieser Kessel geheizt, so steigt der kochende Dampf in die Höhe, das Wasser im oberen Zentralgefässe wird heiss und die auf gleichem Stockwerke befindlichen Wannen und Standen können damit gespeist werden[94]). Man sieht nach Bildern und Beschreibung leicht, wie weit den Erfinder die Heizanlagen antiker Bäder beeinflusst haben.

Gegenüber solchen künstlichen Einrichtungen und dem Dampfbade in einem eigenen Gebäude fehlt aber auch die Gelegenheit nicht,

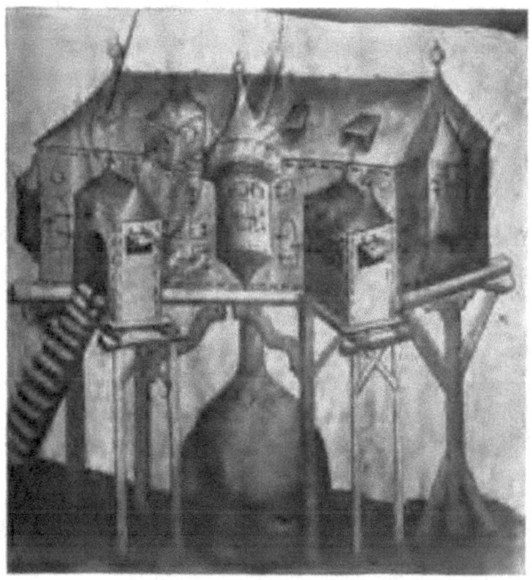

Fig. 31. Kräuter- und Heilbad mit eigenartiger Dampfheizung. Aus der Göttinger Handschrift des Bellifortis von 1405.

mit weniger Umständen ein Schwitzbad zu nehmen: eine Kufe wird zeltartig mit einem Tuche überdeckt, so dass der Dampf von dem in ihr befindlichen Wasser hübsch beisammen bleibt, dem Badenden auf der Haut lagert und den Schweiss in Menge hervordrängt (Fig. 32). So etwas ist so einfach, dass es gewiss schon früh Anwendung er-

94) *Philonis ingenium balneum docet sic preparari:*
adimpleas dolium limpha clara quod tangat altum,
atque circa fundum sit foramen in quo cannale
locetur cupreum, et pila rotunda fornello
applicetur subtus, ignis levis concremetur,
donec pila ferveat, ex tunc aqua fervet, utrumque
dolium subintrat, per consequens calefit aqua:
Göttinger Bellifortis, Ms. von 1405, Bl. 114b.

Fig. 32. Schweissbad.
Aus Murners andechtiger geistl. Badenfart Bl. O 1 b.

Fig. 33. Kräuterbad.
Aus Murners geistl. Badenfart Bl. L 5 b.

fahren hat; genannt wird das *sweizbat* erst im Mittelhochdeutschen, und wir sehen es bei seiner frühesten Erwähnung zu Heilzwecken (um einem scheinbar Verrückten seine Wahnideen zu nehmen) mit sehr heissem Wasser angewendet[95]). In einer späteren Erzählung wird von einem *swaisz-pad* berichtet, welches in einem vor der Kammer stehenden grossen Zuber dadurch bereitet worden ist, dass man eine seidene Decke darüber gebreitet hat[96]).

Die Kraft des Badewassers zu erhöhen, dienen Kräuter, die ihm beigegeben werden. Zur Erzeugung eines Wohlgeruches vornehmen Leuten das Wasser und den Badenden mit Rosenblättern zu bestreuen, war, wie wir (S. 46 und Anm. 52) gesehen haben, mittelalterlicher Brauch. Andere Kräuter sollen aber unmittelbar

95) *man zôch in abe sîniu kleit und sazt in in ein sweizbat:* Amis 2330 f. *daz bat was alsô heiz gemacht, daz er vil nâch verbrunnen was:* 2350 f.

96) *der zuber schon bedecket wart mit ainem golter seidein:* KAUFRINGER 9, 18 f., S. 113 Euling. Der darin verborgene geängstigte Chorherr klagt *ich haun gehept ain swaiszpad' hie, das ich bei meinen zeitten nie ze pad geswizet haun als ser:* 89 ff., S. 115. Ein solches Bad wird in einem italienischen Traktat des 14. Jahrhunderts (mitgeteilt von A. SCHULTZ im Anzeiger für Kunde d. d. Vorzeit 1877, 187) näher beschrieben und ausdrücklich den deutschen Frauen zugewiesen *(sicut faciunt ultramontanee mulieres):* in einem Zuber wird das Wasser durch Ziegel oder Steine heiss gemacht, man setzt sich in den Dampf und deckt Tücher über sich.

heilend wirken, und sie thun es durch eine Abkochung, die von ihnen dem Wasser zugesetzt wird. Fig. 33 zeigt, wie man dieselbe über offenem Feuer in einem Kessel bereitet. Solche Kräuterbäder sind im späteren Mittelalter so gepflegt, dass es im 14. Jahrhundert in Basel mindestens zwei eigene öffentliche Kräuterbadstuben gibt[97]). Man muss darauf gesehen haben, dass der von den gebrühten Kräutern aufsteigende Dampf möglichst zusammen bleibe und dem Kranken zu gute komme; nur aus diesem Gesichtspunkte ist es zu verstehen, warum auf der Zeichnung Fig. 31 des Kräuterbades die Holzläden der Badezellen (im Gegensatze zu dem blossen Warmbade Fig. 30) möglichst gegeschlossen bleiben und nur bei dem Eintrittsgemache und vielleicht einem Abkühlungsraume etwas offen stehen. Das Bad hat den Charakter eines Dampf- oder Schwitzbades; die Kräuter, die nach einer auf Galenus zurückgeführten Anweisung verwendet sind, werden im geschlossenen Dampfkessel gekocht und durch ein Rohr in den Baderaum geleitet. Das Kräuterbad soll in jedem Monat gut sein, mit Ausschluss der Hundstage[98]). Es ist auch Schönheitsmittel[98b]).

---

97) Basel im 14. Jahrh. S. 82.

98) die Verse zu der Zeichnung, die über die Anlage des Kräuterbades, die dazu verwendeten Kräuter und die Heilwirkung unterrichten, lauten:

A Galieno summo artis medicine perito
balneum hoc sequens est descriptum manifeste.
ad infirmitates omnes, precipue contra
peralisim et ad causas intrinsecas queque,
nec non que proveniunt ex fluxu emoiroidorum,
enimvero menstruis fetuque cessante femellis,
ventres quare torquentur nimiumque debilitantur,
prescriptas curat hoc balneum, si recipis hec:
arthemisiam, absinthium cum valeriana piretum,
marrubium, benedictam rubeamque paulisper,
cumque agrimonia millefolium collige ama,
limpha munda bene et in petiasque secabis;
in olla vel pila que sub est cuprea presens,
locentur singule, super addatur aqua clara.
et fornellus ignem sustineat tunc moderatum,
ut fumus per pilam intret residenti parumper,
et cum sudaverit quodammodo donec habundet.
pila cum canna extunc ab igne teneantur
herbaque cum aqua presentetur balneanti,
quo mediante corpus suum lavare studebit,
nulla vero alia apropinquante aqua meatu.
et sic se lavet quanto calidius possit;
per novem dies continuare licebit.
valet omni mense excepto mense canino.

Göttinger Bellifortis Bl. 113b.

98b) *wasserpad mit edelm chraut, daʒ lawich sey und nicht ʒe hayss, macht dich schön und dar ʒuo fäyss:* Ring 27a, 27ff.

Von anderen Heilbädern wird wenig berichtet. Ein Ölbad erwähnt Murner in seiner Badenfahrt, es soll den Krampf in den Gliedern vertreiben[99]); als heilkräftig gegen den Aussatz ist das Baden im Blute junger Kinder genannt[100]), natürlich nicht geübt.

Wohl aber erfreuen sich seit den ältesten germanischen Zeiten die natürlichen warmen Quellen grosser Wertschätzung als Badegelegenheiten. Schon Plutarch[101]) erzählt, wie die teutonischen Barbaren zu Aquae Sextiae, dort wo aus dem Boden warme Wasserquellen sprudeln, laut vor Freude und Verwunderung über den herrlichen Ort jubelnd, sogleich davon Gebrauch machen. Soweit die Römer ihre Herrschaft in germanischen Landen aufgerichtet hatten, überliessen sie nach ihrem Rückzuge die von ihnen entdeckten oder nur benutzten und mit stattlichen Badeanlagen versehenen Thermen den Deutschen, die zu keiner Zeit die Quellen vernachlässigten. Man darf sicher annehmen, dass die verschiedenen Orte, die seit althochdeutscher Zeit den Namen *Badun* geführt haben[102]), ebenso das angelsächsische *Baðu* (Bath in der Grafschaft Somerset[103]), zu einheimischen Benutzern immer auch fremde angezogen haben; wie denn Aachen, das römische *Aquae Grani*, seine Stellung als Residenz nur dem Wunsche Karls des Grossen verdankt, den von ihm fleissig besuchten Quellen daselbst, die ihm so gut bekamen, immer möglichst nahe zu sein[104]). Schon König Pippin hatte sie benutzt, so dass, wenn er badete, Unbekannte entfernt wurden; einst hatte er dort eine teuflische Anfechtung zu bestehen gehabt[105]). Angilbert schildert ausführlich, wie Karl die von selber siedenden Wasser einfassen und mit Sitzen versehen lässt und wie er die Umgebung zu einem zweiten Rom zu machen strebt[106]). Der Name für solche Quellen des ver-

---

99) MURNER Badenf. M 5b. (Ausgabe v. Martin S. 33).

100) *dô sante er in daȥ lant sîn, und hieȥ driu tûsent kindelîn ȥuo Rôme bringen in die stat darumbe daȥ im würde ein bat gemachet ûȥ ir bluote dô:* K. v. WÜRZBURG Silv. 928ff.

101) PLUTARCH. Marius 19.

102) *Baden*: FÖRSTEMANN Namenb. 2² (1872), Sp. 196 (vom Jahre 994). *Wisibad, Wisibadun:* ebd. 1630 (von 882 und 965).

103) *on, into Baðan:* THORPE dipl. Angl. 379. 436. 526. *into Baðum:* 528. 531, u. ö. Schilderung solcher mit römischem Luxus ausgestatteten Thermen in dem ags. Gedicht Ruine, bei Grein, Bibl. der ags. Poesie 1, 248f.

104) *delectabatur etiam vaporibus aquarum naturaliter calentium .. ob hoc etiam Aquisgrani regiam extruxit, ibique extremis vitae annis usque ad obitum perpetim habitavit:* EINHARD vit. Karol. magn. 22.

105) Mönch v. St. Gallen 2, 15.

106) ANGILBERT, Poet. lat. 1, 368, v. 106ff: *hic alii thermas calidas reperire laborant, balnea sponte sua ferventia mole recludunt, marmoreis gradibus speciosa sedilia pangunt. fons nimio bullentis aquae fervere calore non cessat; partes rivos deducet in omnes urbis,* u. s. w.

schiedensten Wärmegehaltes, soweit sie dem Baden dienen, ist erst im Mhd. als *wiltbat*, auch *wildeʒ bat* bezeugt[107]); er soll wohl auf das frei aus der Erde sprudelnde Wasser, im Gegensatz zu dem in Röhren geleiteten, deuten. Die Kunde von der Heilkraft altberühmter Quellen hat sich seit den Römerzeiten in lebendiger Erinnerung erhalten, zu ihnen werden immer neue entdeckt und gewürdigt; besonders sind es Lähmungen verschiedener Art, Gicht, Rheumatismus, auch Hautkrankheiten, für die man hier Hilfe sucht und oft von weit her pilgert[108]). So bildet sich das mittelalterliche deutsche Badereisen aus, dessen Anfänge und bescheidene Ausübung weit zurück liegen, während es seit dem 15. Jahrhundert eine förmlich modische Ausdehnung empfängt[109]), und damit zu einer gesellschaftlichen Sitte und Lust wird, die an ihrem Orte geschildert werden soll. Auch Island hat seine natürlich warmen heilkräftigen Bäder, die von den Inselbewohnern besucht werden[110]).

Mit dem Bade ist, neben dem oft geübten Aderlassen, Schröpfen und Blutegelsetzen (unten), stets die Sorge für Haupthaar und Bart verbunden. Welchen Wert bereits der alte Germane auf ein schönes Haar legte, wurde schon mehrfach hervorgehoben (S. 8. 10. 19 u. ö.). Demgemäss steht die Pflege desselben mit in vorderster Reihe. Sie ist aber auch nach Massgabe der germanischen Haartracht dringend notwendig.

Über diese männliche Haartracht in früher Zeit berichten römische Schriftsteller mehrfach, und ihre Berichte werden durch erhaltene Bildwerke erläutert. Alle erwachsene Freien trugen ursprünglich langes Haar; Abscheren desselben ist Zeichen der Unfreiheit und entehrende Strafe[111]). Sie binden das Haar in einen Knoten; und was

---

107) *in etleichen haiʒen waʒʒern, diu von nâtûr haiʒ sint, sam diu wiltpad:* MEGENBERG 310, 19 f. Von einem Schwefelbad, *und nimt daʒ waʒʒer auch gar sêr seinen gesmack von dem gesmeid und von dem swebel, der in dem ertreich ist. dar umb stinkent diu haiʒen pat sam der swebel, diu man diu wilden pat haiʒt, dâ von, daʒ daʒ selb waʒʒer vleuʒt durch prinnend swebligeʒ ertreich, dâ von daʒ waʒʒer haiʒ wirt und stinkend:* 103, 11 f. (ein *swebelbad,* dem Gotteshaus gehörig, zu Appenzell 1379: Weist. 1, 190).

108) einem gelähmten Bettler erscheint der heil. Franziskus im Traume und weist ihn in ein Heilbad, zu dem ihm der rechte Weg, als er auf seiner Fahrt irren will, durch eine Stimme von oben angegeben wird. Im Bade wird der Bettler sofort heil: LAMPRECHT V. REGENSBURG St. Franzisken Leb. 4505 ff.

109) Herzog Wilhelm zu Sachsen zieht von Weimar aus mit seinem Leibarzt *in das wiltbad ʒu Swarʒwald* 1476: STEINHAUSEN Privatbriefe des Mittelalters 1, 159. Wie es daselbst mit Baden (acht bis neun Stunden täglich), Besuchen, Essen und Trinken, Tanzen u. a. zugegangen: ebd.

110) WEINHOLD altnord. Leben S. 394 f.

111) J. GRIMM Rechtsalt. 239. 283.

aus dem praktischen Bedürfnisse hervorgegangen zu sein scheint, durch die Fülle flatternder Locken in den Bewegungen des Hauptes nicht behindert zu werden, ist älteste allgemeine Germanentracht[112]). Der Haarknoten sitzt schief auf dem Scheitel oder der Höhe des Hinterhauptes, wie Tacitus von dem grossen Volksstamme der Sueben angiebt[113]) (vgl. Abb. 34) oder seitlich vorn über der rechten Schläfe, wie bei den Bastarnenbildern auf der Trajanssäule (Abb. 35 u. 64).

Fig. 34. Grabstein des Dalmatiners Andes von der claudianischen Ala: Reiter in voller Rüstung über einem am Boden liegenden Germanen mit suevischer Haartracht.

Im Museum zu Mainz.

Aus: Lindenschmit, die Altertümer unserer heidnischen Vorzeit (Mainz (1858), Heft 11, Taf. 6.

Die Worte des Tacitus zeigen uns aber, wie früh diese Haartracht als allgemeine verschwindet. Er schreibt sie nur noch den Sueben zu, bei denen sie allgemeine Tracht der Freien bis ins Alter sei, während ihre Fürsten dazu einen Haarputz tragen; ferner den Nachbarn der Sueben, jedoch nachahmend und nur Seitens der Jungmannschaft. So wird ein Unterschied von den übrigen Germanen ausdrücklich hervorgehoben, unter denen doch wohl die nächsten Nachbarn der Römer verstanden sind; denn diese haben, wie wir annehmen müssen (und wie auch das got. Lehnwort *kapillôn*, Haar schneiden, unten Anm. 130[b] andeutet), unter römischem Einflusse zuerst die beschriebene Haartracht abgelegt, ohne auf langes Haar zu verzichten, aber sie lernen, es eleganter unter Kamm und Schere zu halten und auf solche Weise einen weniger schreckhaften Eindruck zu machen. So nähern sich zunächst die germanischen Söldlinge in dem römischen Heere der römischen Sitte, später gewinnt sie auch bei den heimischen Germanen Raum und verbreitet sich so, dass auf der Marcus-

112) Belege aus Seneca, Martial u. a. bei MÜLLENHOFF Altertumskunde 4, 450 f., vgl. auch Rechtsalt. 284.

113) *insigne gentis obliquare crinem nodoque substringere. sic Suebi a ceteris Germanis, sic Sueborum ingenui a servis separantur. in aliis gentibus, seu cognatione aliqua Sueborum seu, quod saepe accidit, imitatione, rarum et intra juventae spatium, apud Suebos usque ad canitiem, horrentem capillum retro sequuntur; ac saepe in ipso solo vertici religatur; principes et ornatiorem habent:* TACITUS Germ. 38. Die Stelle bespricht H. FISCHER im Philologus Bd. 50, S. 379 f.

säule, sowie sonst bei den zahlreichen in rheinischen Gegenden aufgefundenen Skulpturen an Germanenköpfen überhaupt kein Haarknoten mehr erscheint. Wir dürfen annehmen, dass er vom 2. Jahrhundert nach Christo veraltet (vgl. auch Figg. 1. 2. 44. 94).

Nun macht sich jene Haartracht geltend, welche die Fülle des germanischen Haares (oben S. 8, Anm. 52) auf den Hinterkopf, die Seiten und die Stirne derartig zu verteilen strebt, dass er an keinem Teile überwuchert, vielmehr überall gleichmässig liegt, über der Stirne gescheitelt oder auch gestutzt, der untere Teil derselben bleibt frei. Zur sorgfältigen Pflege durch Kopfwäsche und Kämmen gesellt sich das Salben, bei welchem nach einer spöttischen Bemerkung des Sidonius Apollinaris[114]) der Burgunder Butter verwendet. Das Gelübde, das der germanische Mann ablegt, wenn er diese Haarpflege bis zur Erfüllung eines Versprechens oder Eintritt eines Ereignisses unterlassen will, wie schon Civilis im Jahre 70 n. Chr. that, indem er bis zur Vernichtung römischer Legionen sein langes rötliches Haar „*barbaro voto*" wild wachsen liess[115]), und wie es tief bis ins Mittelalter hinein vorgekommen ist[116]), gemahnt an einen von Tacitus berichteten Brauch bei den Chatten (unten Anm. 128), der etwas Ähnliches, nicht Gleiches, beschlägt.

Fig. 35. Vornehmer Bastarne von der Trajanssäule.
Nach Furtwängler Intermezzi (1896) S. 71.

Für eine derartige Pflege des Haares ist die Schere gar nicht zu entbehren. Einen Fingerzeig für die Einführung des Gerätes und damit für die Abhängigkeit der germanischen Haarpflege von dem späteren Rom giebt der Umstand, dass die Schere unter den germanischen Bodenfunden erst verhältnismässig spät[117]), im Norden in der älteren Eisenzeit[118]) und in römischer Form erscheint. Vorher hat man eine

114) Carm. 12, 1 ff., s. die Stelle Band 2, S. 312, Anm. 44.

115) TACITUS Histor. 4, 61.

116) Sechstausend Sachsen geloben weder Bart noch Haupthaar zu scheren, bis sie an ihren Feinden, den Sueben, Rache genommen hätten: PAUL DIAC. 3, 7, vgl. GREG. TUR. 5, 15. Auch zum Zeichen der Trauer lässt man Haar und Bart ungeschoren: Wigalois 233, 8 ff.

117) LINDENSCHMIT Handbuch d. deutschen Altertumskunde 1, 321.

118) MÜLLER-JIRICZEK nord. Altertumskunde 2, 59.

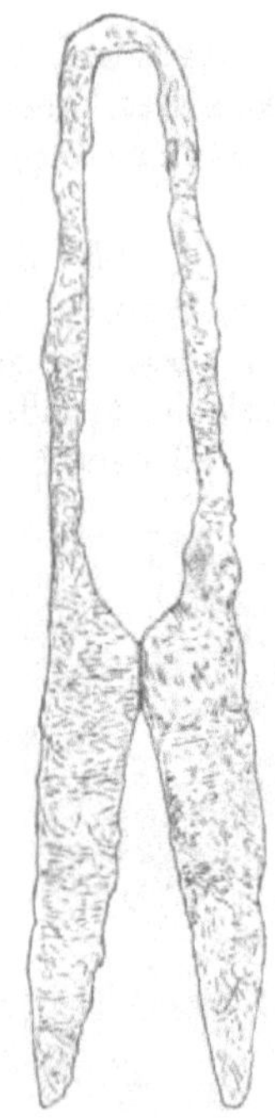

Fig. 36. Eiserne Schere aus einem Grabe des Gräberfeldes von Reichenhall (Chlingensperg-Berg, Taf. 28).

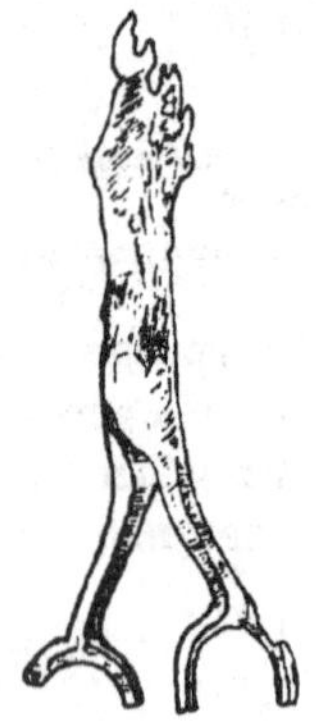

Fig. 37. Reste einer eisernen Schere, gefunden in einem Grabhügel von Great Driffield, England. Aus J. Yonge Akerman, Remains of Pagan Saxondom (London 1855), Pl. 9, no. 9.

Bändigung des so üppig wachsenden Haares nur mittels des Messers oder des Sengens erzielen können, durch die Bekanntschaft mit Rom erlangt man ein Gerät, das der dem Germanen eigenen Sorge für das Haar vorzüglich entgegen kommt. Damit ist denn auch ein Beweggrund für das Aufgeben des alten nationalen Haarknotens gegeben und der allmähliche Übergang in kürzere und bequemere Haartracht vorbereitet. Als Erinnerung an alte Verhältnisse tragen noch lange die fränkischen Könige jenes lange Haar, wenn auch nicht mehr in den Haarknoten geschlungen, sondern in schön geschwungenen Locken den Rücken hinabwallend. Davon führen sie den Namen *reges criniti*[119]), und unterscheiden sich von allem anderen Volke, das die spätere Haartracht angenommen hat und nun rechtlich verpflichtet ist, bei ihr zu bleiben; wird ein Glied der Königsfamilie der Locken beraubt, so ist der Verlust des Königsrechtes die Folge[119b]).

Das Gerät hat denselben germanischen Namen empfangen wie das zum Scheren der Schafe bestimmte, das auch von den Römern stammt, und mit dem es der Form nach sich deckt, nur dass es für den Gebrauch bei Menschen zierlicher gestaltet erscheint. Dass der Name, in leichter Verschiedenheit der Form bei den einzelnen Stämmen, ursprünglich pluralisch ist, wird Bd. 2, S. 185 berichtet, und erklärt sich aus der Form, die aus zwei durch einen elastischen Bügel verbundenen Blättern besteht; ausnahmsweise wird auch schon die heutige Form der Schere gefunden (Fig. 37). Bald aus Eisen, bald aus Bronce hergestellt, ist sie auch für den Mann ein so unentbehrlicher Toilettegegenstand, dass man sie selbst in den Gräbern bewaff-

---

119) *Gundoald qui se filium Chlotarii regis esse dicebat .. hic cum natus esset in Galliis et diligenti cura nutritus, ut regum istorum mos est, crinium flagellis per terga demissis:* GREG. TUR. 6, 24. Über das haargeschmückte vandalische Herrschergeschlecht der Asdinge, Hasdinge (einem gotischen vorauszusetzenden *Haȥdiggôs* entsprechend) und seinen Namen von langen, aufgebundenen Haaren vgl. MÜLLENHOFF in Haupts Zeitschr. 12, 347 (Altertumskunde 4, 581).

119b) GREG. TUR. 3, 18.

neter Krieger antrifft[120]), zusammen mit dem Kamme, der neben ihr notwendig erscheinen muss. Dieses Gerät bezeugt sein höheres germanisches Alter durch die in allen Dialekten übereinstimmende Namenform (die nur got. nicht bezeugt ist): altnord. *kambr*, angelsächs. *comb*, altsächs. *camb*, ahd. *chamb*, *kamb*, mhd. *kamp* und *kam*; der Name geht von der Vorstellung der Zahnung aus, da das griechische *γόμφος*, Zahn, dann auch Pflock und Holznagel urverwandt ist. Der Kamm in seiner einfachsten Form, aus Holz geschnitzt, kann in keinem altgermanischen Haushalte gefehlt haben. Holzkämme haben sich begreiflich nicht erhalten; aber wenn er eleganter, aus Bein oder Metall gebildet worden ist, findet man ihn in Gräbern beider Geschlechter nicht unhäufig. Die alte Erfindung dient neben dem Schlichten des Haares auch der Entfernung der Schmarotzer aus demselben; und es zeugt für den letzteren Zweck als den ursprünglichen der Umstand, dass mittelhochdeutsches *niʒ-kamp* in aller Unbefangenheit für den feineren Haarkamm schlechthin gebraucht wird[121]). Ein spät vorkommendes Strähl für Kamm, das zu dem schon ahd. bezeugten Verbum *strâlan* kämmen in engster Beziehung steht[122]), ist etymologisch dunkel; möglich dass es auf die Schlichtung

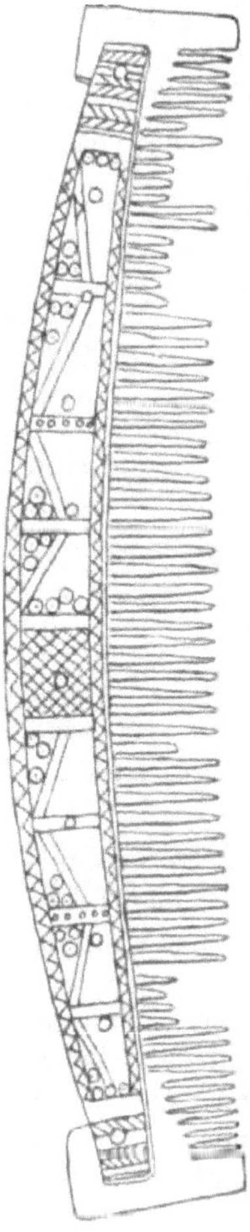

Fig. 38. Beinerner Kamm mit eingeritzten Zierlinien, gefunden 1771 in einem Grabe zu Kingston in der Nähe von Canterbury. Aus: Yonge Akerman, Remains of pagan Saxondom Pl. XXXI, 1; vgl. S. 64.

120) LINDENSCHMIT a. a. O.

121) ahd. mhd. *niʒ* ist das Lausei, entsprechend ags. *hnitu;* der mhd. *niʒkamp* erscheint unter dem Toilettengeräte, wie heute der Staubkamm; *bürsten strêler niʒkamp schær:* Seifr. Helbl. 1, 660. *bursten, schêren, spiegele, niʒkemme* (gehört zum Gerade der Frauen): Sachsensp. 1, 24, 3. Ungeziefer bei armen Leuten ist nicht selten, Ulrich von Lichtenstein und sein Gefährte haben dessen reichlich bei Aussätzigen empfangen (340, 9 ff. 342, 7 ff.) und er macht die malitiöse Bemerkung, dass sein Genosse die Kunst des *klûbens* so gut wie nur ein Wälscher geübt habe (342, 11 f.).

122) *pectunt strâltun:* STEINM. 2, 669, 69. *repexus gistrâlter:* 454, 26. *inpexis ungistrâlten:* 639, 55. Die dazu gehörige Gerätbezeichnung ist erst mhd. aufgewiesen, zunächst als *strælære; âne strælære unde bursten wirdit in daʒ hâr geslihtit:* Himilriche 278; *strêler* Seifr. Helbl. 1, 660 (s. die Stelle Anm. 121); dann auch als *stræl; pecten strêle, strêl:* DIEFENB. 418c; *die weiten ʒend an ainem stræl:* MEGENBERG 14, 3.

der Haare hinweist. Der Kamm, als Luxusgerät ausgebildet, erscheint in sehr verschiedener Form, einzeilig oder doppelzeilig, mit weiteren oder engeren Zähnen, auch im Griff sehr abweichend; manchmal mit einer die Zähne schützenden Schale versehen und so wohl am Gürtel getragen (Fig. 39). Bürsten für das Haar finden sich erst in späterer Zeit (Anm. 122).

Die Anordnung des Kopfhaares mittels Scheere und Kammes erscheint bei den germanischen Freien zu den Zeiten bis zum Ausgange der Völkerwanderung verschieden genug, doch gewöhnlich so, dass ein langer weicher Lockenfluss entweder den Nacken hinab oder zu

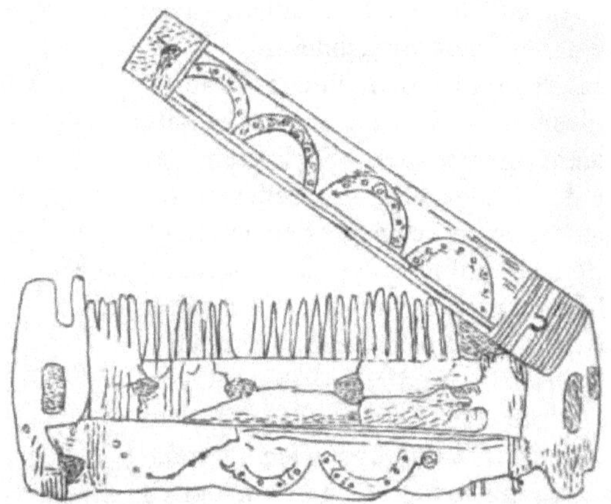

Fig. 39. Kamm aus dem Gräberfeld von Reichenhall (Chlingensperg-Berg, Tafel 36).

beiden Seiten des Gesichtes entsteht, während das Stirnhaar gescheitelt oder häufiger über der halben Stirne abgestutzt wird, in einer Weise, die sich durch das ganze Mittelalter und bis über dasselbe hinaus erhält. Zu den Zeugnissen, die uns zahlreiche römische Skulpturen gewähren, treten gelegentlich die fremder oder einheimischer Schriftsteller. Sidonius Apollinaris beschreibt die Haartracht des Westgotenkönigs Theoderichs II., die von der glatten Stirn sanft aufwärts über den Scheitel steigend, sich locke und die Ohren bedeckend, hier in Strähnen herabfalle, „nach der Sitte bei diesem Volke“[123]); gleiche Tracht meint er wohl auch bei den Burgundionen, die er *crinigeras catervas*

123) *capitis apex rotundus, in quo paululum a planitie frontis in verticem caesaries refuga crispatur . . . aurium ligulae, sicut mos gentis est crinium superiacentium flagellis operiuntur:* SID. APOLL. Epist. I, 2, 2. Von dem langen Haare heissen die Goten *capillati; reliquam vero gentem capillatos dicere jussit, quod nomen Gothi pro magno suscipientes adhuc hodie suis cantionibus reminiscunt:* JORDANIS de reb. Get. 11 (71). vgl. auch CASSIODOR. Var. 4, 48.

nennt[124]). Der Franke hält nach ihm sein Haupthaar im Nacken kurz (im Gegensatz zu der Haartracht seiner Könige, oben S. 64), aber, unter das Joch der Goten gebeugt, bequemt er sich auch gotischer Weise an, indem er die Nackenhaare wieder lang wachsen lässt[125]); der seekundige, das feste Land scheuende Sachse schiert das Haupt ganz glatt, wodurch sein Gesicht vergrössert erscheint[126]). Zu be-

Fig. 40. Elfenbeinkamm des 9. Jahrh. im Germanischen Museum zu Nürnberg (Breite 11,2, Höhe 11,5 cm).
Vgl. Anzeiger für Kunde der deutschen Vorzeit 1882, Sp. 331.

merken ist bei der geschilderten fränkischen Haartracht, dass nach der Erzählung des Paulus Diaconus[127]) auch die Langobarden gegen

124) Carm. XII, 3.

125) *hic tonso occipiti, senex Sygamber, postquam victus es, elicis retrorsum cervicem ad veterem novos capillos;* Epist. VIII, 9, 28 ff.

126) *istic Saxona caerulum videmus assuetum ante salo solum timere; cuius verticis extimas per oras non contenta suos tenere morsus altat lammina marginem comarum, et sic crinibus ad cutem recisis decrescit caput additurque vultus:* ebd. 21 ff. Diese Haartracht ist aber nicht allgemein sächsisch, vgl. die spätere Notiz aus WIDUKIND oben S. 13 Anm. 72.

127) 4, 22: *siquidem cervicem usque ad occipitium radentes nudabant, capillos a facie usque ad os dimissos habentes, quos in utramque partem in frontis discrimine dividebant.* Auch auf späteren angelsächsischen Miniaturen erscheint zum Teil noch gescheiteltes Vorderhaar bei langem oder auch kürzerm im Nacken, vgl. die Bilder Bd. 1, S. 55. 105 (Fig. 12. 19).

die Wende des 6. und 7. Jahrhunderts den Nacken haarfrei haben, während am Vorderhaupte die Haare, in der Mitte der Stirn gescheitelt, über die Wangen zum Munde herabhangen. Das glattgeschorene Haar der Sachsen erinnert an einen von Tacitus berichteten Brauch, der bei den Chatten allgemein sei, bei anderen Stämmen Germaniens nur selten und bei einzelnen Kühnen angetroffen werde, den nämlich, von erster Mannbarkeit an Bart und Haupthaar wachsen zu lassen, und erst, wenn sie einen Feind erlegt haben, die gelobte, der Tapferkeit geweihte Bekleidung des Antlitzes abzulegen[128]), und man könnte danach die damalige sächsische Weise, das Haar zu halten, als den erprobten Kriegern eigen, ansehen; Gregor von Tours aber[129]) erblickt, wenigstens bei den Sachsen von Bayeux, darin eine Nachahmung britannischer Sitte, ebenso wie in ihrer Kleidung. In Skandinavien ist das lange Haar sehr spät noch Tracht der Freien, aber nur schlicht: Locken gelten für weibisch[130]).

Ganz kurz gehaltenes Haar, das Tacitus als Knechtstracht bei den Sueven im Gegensatze zu dem langen und aufgebundenen der Freien bezeugt (oben Anm. 113), beruht in urgermanischen Zeiten gewiss zunächst nur auf einer Vorsichtsmassregel des Herrn, sein Eigentum zu kennzeichnen und einen Fluchtversuch zu erschweren; vor Einführung der Schere wird man das Haar durch Absengen entfernt haben[130b]). Es erwächst zum Sinnbilde der Knechtschaft und der Gebundenheit, auch infolge eines Gelübdes oder einer Volkssitte (Anm. 128), und damit kann ein Entfernen des Haares durch die spätere Schere selbst schimpflich und eine entehrende Strafe sein[131]). Wenn aber bei der Berührung der Germanen mit der römischen Kulturwelt sich nach und nach eine neue Haartracht einführt, die wesentlich auf Kürzung des altgermanischen üppigen Schopfes beruht, so wird das kurze Haar nun auch mit anderen Augen angesehen. Der Freie beraubt sich freilich seiner Locken nicht, er beschneidet sie bloss; aber das kahl geschorene Haupt der Knechte wird geadelt durch die im

---

128) *et aliis Germanorum populis usurpatum raro et privata cuiusque audentia apud Chattos in consensum vertit, ut primum adoleverint, crinem barbamque submittere nec nisi hoste caeso exuere votivum obligatumque virtuti oris habitum. super sanguinem et spolia revelant frontem, seque tum demum pretia nascendi rettulisse dignosque patria ac parentibus ferunt. ignavis et imbellibus manet squalor:* Germ. 31.

129) 4, 9.

130) WEINHOLD altn. Leb. 182.

130b) Dieses völlige Entfernen der Kopfhaare bei Sklaven bezeichnet der Gote durch *skaban ξυρᾶσθαι*, lat. *decalvari*, während er das blosse Schneiden, *κείρασθαι*, lat. *tonderi*, mit einem Lehnwort aus der römischen Volkssprache, *kapillôn* belegt; s. die Stelle unten Anm. 170. vgl. dazu *capillare, capillos auferre:* DU CANGE 2, 127a.

131) vgl. Rechtsalt. 284. 702f.

6. Jahrhundert allgemein gewordene geistliche Tonsur, eine Devotionshandlung, der sich jeder ordinierte Geistliche zu unterwerfen hat. Damit wird selbst der Höchststehende dieser Art in die Reihe der Knechte gerückt.

Die Haartracht der letzteren hat sich seit den Merowingerzeiten der der Freien mehr genähert, ohne in sie überzugehen; das zeigen überall die Miniaturen, welche eine mässig lange Behaarung wenigstens des Vorderhauptes auch bei Unfreien angeben. Nur Locken erscheinen hier nie: diese bleiben Vorrecht des freien Mannes, und es spiegelt seine Vorstellung wieder, wenn das germanische Wort, altnord. *lokkr*, angelsächs. altsächs. *loc*, ahd. *locch*, *loch*, *lock*, mhd. *loc*, das eigentlich den Ringel bezeichnet (zu littauisch *lugnas* biegsam, griech. λυγίζω biegen, λυγιστός gebogen gehörig) geradezu den Sinn des Haupthaares annimmt[132]). Es beginnt bei den Deutschen eine an die damalige romanische angeschlossene Haartracht, mit wahrscheinlich leichten Verschiedenheiten unter den einzelnen Stämmen, aber im Ganzen gemeinsam der Art, dass nunmehr von dem zu beiden Seiten des Gesichtes herunter fallenden Haare die Ohren frei bleiben und das Hinterhaar nicht über den Nacken geht. Nur die Sachsen, von denen wenigstens ein Teil im 6. Jahrhundert kurz geschoren gieng (vgl. Anm. 126), hoben sich auch hier von dem Volke der Franken, wie durch Mut, Körperkraft und Tracht, dadurch ab, dass sie langes, über die Schultern wallendes Haar trugen[133]). Das Vorbild jenes Haarschnittes geben die Karolinger; Karl der Grosse lässt vom Hinterhaar den halben Nacken frei, vom Vorderhaar die halbe Stirne, und mehr oder weniger so erscheint das Haar in der vornehmen Gesellschaft des 9. bis 11. Jahrhunderts, höchstens dass Krieger noch mehr als den halben Nacken vom Haar entblössen. Das Vorderhaar zu scheiteln, wie einst bei den Langobarden (Anm. 127), scheint kaum mehr Brauch; es steht in dichten Büscheln über der Stirn und dem Vorderhaupte und bildet den *schopf* (Anm. 136); nur die Bilder biblischer Figuren zeigen, zusammen mit unmodisch langem Haare, den Scheitel[134]). Erst später geht er vom Frauenkopfe, wo er als uralter

---

132) vgl. ahd. *crines locha, strangun:* STEINM. 1, 276, 16. *capilli lochi, loche, lock* (neben *cincinni lochi, loche, lock, cirreloke*): 3, 69, 50 ff. *loc* mit *fahs* sinngleich: OTFRID 4, 2, 18. STEINM. 3, 434, 4. *loc fon iuweremo houbite, capillus de capite vestro:* Tat. 145, 7. altniederdeutsch *lockis capilli, locka capillos:* Gloss. Lips. 645 f. ags. *comae, loccas, vel unscoren hær:* WRIGHT-W. 1, 156, 31. *capilli, loccas, crines, loccas:* 290, 9, 12, u. ö.

133) WIDUKIND 1, 9; vgl. oben § 1, Anm. 72 (S. 13).

134) *er* (Christus) *hatte eine scheitelen en mitten ame houbete, nach den sitten der Naȥarenen, unde sîne stirne was ebene unde wît:* Beschreibung der Gestalt Christi in Haupts Zeitschr. 4, 574.

Brauch erscheint, auch auf den Männerkopf wieder über und wird hier Modetracht, besonders in höfischer Gesellschaft[135]); Bürgerkreise aber empfinden ihn als unmännlich, und in Nürnberg wird er geradezu von Obrigkeitswegen verboten[136]).

Die höfische Gesellschaft des 12. und 13. Jahrhunderts verweichlicht überhaupt die frühere Haartracht, die den Eindruck des Festen und Kriegerischen am deutschen Männerkopfe verstärken geholfen hat: sie legt nunmehr Wert auf langes, lockichtes Haar, das sich zum Nacken herunterringelt und ihn womöglich noch voll bedeckt. Dieses Lockengeringel, mhd. als *reit* oder *geringelet* gekennzeichnet[137]), hält sich in den höheren Gesellschaftsschichten und späteren vornehmeren Bürgerkreisen, sowie unter Gelehrten, Künstlern, Stutzern in verschiedener Art und Abstufung lange und bis über das Mittelalter hinaus, wenn auch bei weitem nicht als allgemeine Tracht; und wo es, wie meistenteils, nicht natürlich wächst, da hilft entweder nächtliches Aufbinden oder das Kräuseleisen nach, das als *calamistrum* bereits im römischen Altertum verwendet, und von da aus auch schon früher in germanischen Ländern bekannt[138]), doch erst im späteren Mittelalter mehr hervortritt und mhd. als *krüll-îsen* genannt wird[139]). Es ist in jener Zeit ein Gerät, das gleichmässig bei Männern wie bei Frauen im Gebrauch steht. Wird die Lockentracht übertrieben, so dass das Haar zu reichlich herabfällt[140]), so tritt gern die Haube dazu auf, bestimmt, das Haar zusammenzuhalten, in mannigfach wechselnden

---

135) *nû ginc dar, wîp wolgetân, unt schowe dînen lieben man, unt nim vil vlîzchlîchen war, wie sîn antlutze sî gevar, wie sîn schäitel sî gerichtet, wie sîn hâr sî geslichtet:* H. v. MELK Erinnerung 597 ff.

136) *daz dehaine burger, er sei alte oder junk, kaine schayteln mer tragen sol; si suln schöpfe tragen als man si von alter her getragen hat:* Nürnberger Pol. Ordn. 67 (13./14. Jahrh.).

137) *mînem langen valwen hâre und mînem reiden locke:* Helmbr. 272 f. *sîn reidez hâr daz valwe:* 1898, u. ö. *Lampreht, Hanolt, Üetelgôz und Engelmâr, die rîbent an dem tanze dicke ir langez hâr, daz gêt ûf die schultern breit geringelt hin ze tal:* Minnes. 2, 200, 4 Hagen. Die Haarlocke heisst mhd. auch *krülle; umb* (statt) *münches blat ein krülle:* ebd. 390 b.

138) ags. *calamistrum, feaxnædel:* WRIGHT-W. 1, 108, 2, *walc-spinl:* 198, 1; dazu *calamistratis gecrymptum:* 378, 26. *calamistro, acu ferreo, þrâwincspinle l. hærnædla:* Glossen in Haupts Zeitschr. 9, 435 a. Das nächtliche Binden, die Vorform des späteren Lockenwickelns, bezeugt *sîn hâr daz ist geringelot, des nahtes wol gesnüeret:* Minnes. 3, 236, 6 Hagen.

139) *calamistrum chrüll-îsen:* Voc. opt. 14, 7. *calamistrum eyn ysen, do man krawsz har (krump hor) mit macht, krull-îsen, krausz-ysen* u. ä.: DIEFENB. 88 b.

140) *sîn hâr was im reide, dar zuo lanc unt val; ez gienc im über die ahsel ûf die hüffe hin ze tal:* Wolfdietrich B 2.

Formen, mit Stickereien schön geschmückt[141]), auch, namentlich später, zum Haarnetz[142]) verändert. Die Haube ist teils Tagestracht, teils auch blosser Haarschutz bei Nacht[143]), und bei Kahlköpfigen Vorläuferin der Perrücke (oben S. 22), welche schon im 13. Jahrhundert so künstlich hergestellt werden kann, dass sie für natürliches Haar genommen wird[144]). Seltener bedient sich der Mann, nach dem Vorbilde der Frau, der Zöpfe, um sein überlanges Haar in Ordnung zu halten, doch scheinen solche nach einem mhd. Zeugnisse wirklich eine Zeitlang allgemeinere Rittertracht gewesen zu sein[145]), und von daher lässt sich die von Albrecht III. von Österreich (1365—1395) gegründete ritterliche Zopfgesellschaft verstehen[146]). Derartige Zöpfe gehen, wie die der Frauen, den Rücken hinab, stecken aber in Scheiden, die als metallen und als Schutzvorrichtungen gegen Schwerthiebe bezeichnet werden[147]). Auch Umwinden der Haare mit Goldborten kommt vor (Anm. 145 und unten Abschn. 2, § 3).

Die Enden des Lockengeringels können nach einwärts oder nach auswärts fallen. Thun sie das letztere, so dass sie wie ein Hobelspan aussehen, so entsteht eine im 13. Jahrhundert verbreitete, lange sich haltende Haartracht, die von ihrer Form auch den Namen *spân*

---

141) *eins gebûren sun, der truoc ein hâr, daȥ was reide unde val; ob der ahsel hin ȥe tal mit lenge eȥ volleclîchen gie. in eine hûben er eȥ vie, diu was von bilden wæhe:* Helmbr. 10 ff.

142) schon ags. *reticulum, feaxnet:* WRIGHT-W. 107, 29, *rigula, feaxnet:* 36. mhd. *gestricket hûben mit snüeren sih ich sumlîche tragen:* Seifr. Helbl. 1, 272 f.

143) *habt ir niht geschouwet sîne gewunden locke lange, die dâ hangent verre vür daȥ kinne hin ȥe tal? in der hûben ligent sî des nahtes mit getwange und sint in der mâȥen sam die kramesîden val. von den snüeren ist eȥ reit innerthalp der hûben, vollecliche hände breit, sô eȥ beginnet strûben:* NEIDHART 86, 15 ff.

144) *in den ȥîten was ein ritter kal. der warp ûȥ der ahte umb frouwen hâr swa er mahte, und furriert mit hâr ein hiutelîn; mit nâdeln wart daȥ genæt dar în. dâ mite ȥierte er sich sîn ȥît . . . nu kom er in dehein lant, die liute jâhen für wâr er hæt ein wol stêndeȥ hâr:* altdeutsche Beispiele in Haupts Zeitschr. 7, 375, 24 ff.

145) *hie vor dô ȥierten die man ir lîp mit ȥöpfen sam nû diu wîp. solhes sites nu niemen gert:* ebd. 374, 17 ff. *ir* (alter Ritter) *hâr geflohten unde reit, mit borten wol bewunden:* Wigal. 182, 31 f.

146) vgl. ESSENWEIN, Albertus mit dem Zopfe auf einem Glasgemälde zu St. Erhard in der Breitenau in Steiermark: Anz. für Kunde d. d. Vorzeit 1866, Sp. 177 ff. Zwei Mitglieder der Zopfgesellschaft: ebd. Sp. 368 ff. (mit Abbildungen).

147) *ân stegereif in den satel spranc Vâsolt, sîn ȥöphe wân* (waren) *sô lanc daȥ sî dem orse giengen ȥe beiden sîten hin ȥe tal. eȥ was gar silberwîȥer stâl dâ sî dâ inne hiengen; und wân ȥwên wakhart harte klâr. die begunde der Berner prîsen. sî wâren an den heln aldar genagelt wol mit îsen und wân sô veste daȥ im nie sîn hâr in keinem strîte verschrôten was von hie:* Ecken Liet 166.

führt[148]). Sie hat sich bei den bayrischen Bauern als eine Art Haarschnittes oder Frisur fortgesetzt[149]). Auch hier thut ein Brenneisen seine Dienste[150]).

Solch langes Haar in verschiedenen Formen zu tragen, gilt aber nicht allgemein als Sitte im deutschen Mittelalter, selbst nicht der höheren Gesellschaftsschichten. Das Haar kürzer unter der Schere zu halten, ist auch für den Ritter unter dem Helme praktisches Bedürfnis, und Haarschneiden erscheint in einem Lehr- und Strafgedichte aus dem späten 13. Jahrhundert selbst als ein Gebot der Zucht[151]). Wie mannigfach nun der Haarschnitt in Verbindung mit den Locken im Laufe der Zeiten das deutsche Männerhaupt gestaltet, ist hier im einzelnen nicht auszuführen; Grundform der Haartracht bleibt immer das kürzere Stirn- und das längere Seiten- und Nackenhaar, wobei indess auch teils nach Landschaften, teils nach Ständen sich Verschiedenheiten geltend machen. So wird berichtet, dass die Düringer und Sachsen kurz gehaltenes Haar tragen, das nur in kleinen Spanlöckchen unter der Haarhaube hervorsehe[152]). Be-

Fig. 41. Spân am Haupthaar.
Grabstein des Dekans Konrad von Fürstenberg in der Klosterkirche zu Lichtenthal 1346. Gipsabguss im Germanischen Museum.

148) *hie envor dô stuont sô schône mir mîn hâr, umbe und umbe gie der spân:* NEIDHART 39, 30 f. *man tuot iuch des hâres âne neben den ôren, hinden ob dem spâne:* 102, 9 f. Ausdrücklich als höfische Tracht hervorgehoben, *sîn hâr was hovelîche gespænet wol, sleht unde reit:* R. V. EMS g. Gerh. 790 f. An einem König beschrieben, *ouch was mit hovelîchen siten sîn hâr geslihtet und gesniten; daȥ hâte schône sich geleit wîȥ val mit krümbe reit wider ûf daȥ houbet sîn:* 4485 ff.

149) vgl. SCHMELLER 2², 670.

150) *spanhareisen, calamistrum, kruseleisen:* ebd.

151) *lernet ȥuht, ir kint, daȥ ist iu guot. twaht die hend, snîdt hâr und negel abe, daȥ iuch Zuht von ir brieve iht schabe:* K. V. HASLAU der Jüngling 62 ff. (Haupts Zeitschr. 8, 551). Er straft den *verworren hârschopf in den ougen* und andere Ausschreitungen der Haartracht: 74 ff.

152) *ȥe Düringen und in Sahsen læt man diu hâr niht wahsen an die rehten lenge; der hûben getwenge machent in kleiniu spænelîn:* Seifr. Helbl. 3, 219 ff. Nachgeahmt in Östreich: *kurȥeȥ hâr nâch den Sahsen hab wir ouch getragen hie:* 14, 18 f.

sondere Haartracht wird an Kaufleuten[153]) und an Bauern[154]) hervorgehoben; hier wohl in engstem Zusammenhange mit dem Berufe (bei dem Kaufmanne beschwerliche und weite Reisen, beim Bauer schwere Feldarbeit), der eine sorgfältige Pflege langen Haares gar nicht zulässt und daher möglichstes Kurzhalten desselben gebieterisch heischt. So erscheint noch auf dem Lübecker Totentanz von 1463 das unbärtige Haupt des Kaufmannes mit ganz kurzem Haar unter dem breitkrämpigen Hute versehen, und ein Bild aus dem Göttinger Bellifortis von 1405 gewährt vollen Anblick eines solchen Kurzschnittes, der sich sogar in zwei Absätzen zeigt (Fig. 43). Bauernbilder haben allerdings sehr verschiedene Haartracht: der junge Stutzer verzichtet auf die Locken nicht, der ernste und der arme aber hat von jeher das Zeichen der Unfreiheit getragen und ist davon auch in späteren Zeiten nicht abgekommen, namentlich im Osten, wo slavische Sitte einspielt[155]).

Fig. 42. Kaufmann des 15. Jahrh. im Reise-Anzug. Vom Lübecker Totentanz 1463. (Kunst und Leben der deutschen Vorzeit 1, Taf. 76.)

Als altgermanische Barttracht erscheint auf den ältesten römischen Bildwerken der Vollbart, der nur bei Jünglingsfiguren fehlt. Auch hier aber müssen frühe Verschiedenheiten zu Gunsten eines blossen Teilbartes, Schnurr- und Kinnbartes, hervorgetreten sein. Das Wort *bart* für den Vollbart ist nicht nur gemeingermanisch, sondern reicht auch in die europäische Urverwandtschaft (lat. *barba*, altslav. *brada*) hinüber; bei Ulfilas nicht bezeugt[155b]), überliefert es Isidor als gotisch

153) *beidiu an hâr und an wât schuof er sich als ein koufman:* Amis 2056 f.

154) *an kleidern und an hâre schuof sich der trügenære als er ein gebûr wære:* Amis 1328 ff. kurz geschorenes Haar der Bauern. NEIDHART 102, 9 f., vgl. dazu Anm. auf S. 241 der Hauptschen Ausgabe.

155) *ir hêr nach windischen sitten ob den oren abgeschnitten:* Fastn. Sp. 440, 18. vgl. dazu *waz wildû Pôlân hôchbeschorn?* Seifr. Helbl. 3, 225. Sonst ist *hôch geschorn* der tonsurierte Geistliche, der diese Tonsur sorgfältig pflegt: *möcht iemen* (unter ihnen) *mit hêrlîcher spîse daz himelrîch beherten und mit wol gestrælten bärten unt mit hôch geschornem hâre, sô wæren sie alle häilich zwâre:* H. V. MELK Erinnerung 220 ff.

155b) das Krimgotische kennt nach Busbeck ein *bars barba:* Haupts Zeitschr. 1, 358.

in verstümmelter Form im Kompositum *cinna-bar* (für den Accusativ *kinnu-bard*, vgl. die Stelle Anm. 157), im Altnordischen ist das Neutrum *skegg* an seine Stelle getreten, aber das Westgermanische hat es als ahd. mhd. *bart*, angelsächs. *beard* in dem Sinne des Gesichtshaares schlechthin bewahrt. Für den blossen Lippenbart giebt es ebenso eine gemeingermanische einfache Bezeichnung, die sein frühes allgemeineres Tragen verbürgt, got. *granus* (bei Isidor überliefert, Anm. 157), altn. *grǫn*, ahd. *gran* und *grana*, mhd. *gran* und *grane*[156]), wogegen für den Bart um die Wangen nur sprachliche Unterscheidung durch Zusammensetzung erscheint, am frühesten got. *kinnu-bards*[157]). Das weist wohl auf eine später entstandene Modetracht, die Isidor den Goten zuschreibt und Sidonius Apollinaris am Westgotenkönig Theoderich schildert[157b]), die wir uns aber schon länger vorher und auch bei anderen Stämmen gangbar zu denken haben, wenn anders in den Rheingegenden entstandene Bildwerke von Germanenköpfen, die einen sehr kurz gehaltenen Backenbart, entweder getrennt vom Schnurrbart oder ganz ohne solchen haben, jene Bartform wirklich bewahren (Fig. 44, vgl. dazu den volleren Backenbart eines Germanen des 2. Jahrhunderts, Fig. 2). Jedenfalls ist sie so künstelnd,

Fig. 43. Männliches Bildnis aus Konrad Kiesers Bellifortis. Göttinger Handschrift von 1405.

156) von da ins Mittellateinische und in romanische Sprachen entlehnt. vgl. ahd. *barba barth, bart, part, granones grani, gran, granen:* STEINM. 3, 70, 31 ff. *barba bart, grenones granun:* 177, 54 f. *gene, loca super buccas crana, stat upar munt (crana edho stat umpi mund):* 1, 164, 2 ff. mhd. *grano grane:* DIEFENB. 268 c *er* (der junge Flore) *enhâte bart noch gran, gelîch einer jungen maget:* Flore 6342 f. vgl. auch *grenones, granones* bei DU CANGE 4, 100. Aus der Wahrnehmung heraus, dass bei beginnendem Jünglingsalter sich die ersten Bartspuren an der Oberlippe zeigen, ist ahd. *granasprungi, impubes, granesprungige juvenes* (GRAFF 6, 399), mhd. *gransprunge* gebildet; *der gransprunge man:* Minnes. Frühl. 26, 23.

157) *nonnullae gentes non solum in vestibus, sed et in corpore aliqua sibi propria quasi insignia vindicant, ut videmus cirros Germanorum, granos et cinnabar Gothorum:* ISIDOR. orig. 19, 23, 7.

157 b) *barba concavis hirta temporibus, quam in subdita vultus parte surgentem stirpitus tonsor assiduus genis ut adhuc vesticipibus evellit:* SID. APOLL. ep. lib. 1, 2, 2.

dass sie nicht allgemein gewesen sein kann, wie sie auch später durch das ganze Mittelalter nicht mehr vorkommt; während der blosse Schnurrbart bei sonst völlig rasiertem Gesicht, der sich auch bei anderen Völkern, namentlich Kelten, findet, zu allen Zeiten und in mancherlei Formen, mit kürzeren oder längeren, herabhängenden oder emporstrebenden Enden, sein Dasein behauptet. Der Teil des Vollbartes um das Kinn aber zeigt grössere Verschiedenheiten. Lang und wallend erscheint er auf dem Bastarnenbilde Fig. 35, und so muss er auch von den späteren Langobarden getragen worden sein, weil sonst die Umdeutung ihres Namens auf den Bart nicht möglich gewesen wäre[158]); in mässiger Kürze gehalten ist er sonst auf antiken Germanenbildern, eine Sitte, die sich auch in die merowingischen und karolingischen Zeiten der Art fortsetzt, dass sie die gewöhnliche, aber nicht alleinige ist; als blosser schmaler Streifen um Wangen und Kinn wird er von Sidonius Apollinaris bei den Franken geschildert[159]) und so auch vielfach in Miniaturbildern des früheren Mittelalters angedeutet (vgl. Fig. 38 in Bd. 2, S. 171), auch läuft er in eine mehr oder weniger hervortretende Spitze unter dem Kinn aus (ebenda u. Fig. 36, S. 169). Das spätere Mittelalter hält ihn im allgemeinen kurz und lockicht, aber es giebt Männer genug, die in Stolz auf ihren herrlichen Bartwuchs ihn langwallend tragen und in künstelnde Formen bringen. Die Schilderung Widukinds vom Barte Ottos I., der gegen den hergebrachten Brauch lang gehalten war *(prolixior barba et haec contra morem antiquum)* ist bereits oben S. 15, Anm. 84 gegeben, ihr entspricht die Beschreibung Konrads von Würzburg in seiner Erzählung Otto mit dem Barte[160]). Auch Karl dem Grossen wird in späteren Bildern ein gleicher Bart gegeben, den er mit bezeichnender Geste

Fig. 44. Zwei Germanenköpfe mit kurzem Backenbart. Nach: Hettner, die römischen Steindenkmäler im Provinzial-Museum zu Trier (1893) S. 276.

158) *certum tamen est Langobardos ab intactae ferro barbae longitudine cum primitus Winili dicti fuerint ita postmodum appellatos:* PAUL. DIAC. 1, 9.

159) *vultibus undique rasis pro barba tenues perarantur pectine cristae:* SID. APOLL. carm. 5, 241 f.

160) *schœne und lanc was im der bart, wande er in ȥôch vil ȥarte:* Otte m. d. Barte 4 f.

des Zornes und der Entschlossenheit in der Linken fasst und zusammendrückt (Fig. 45[161]). Alten Helden, die von modischen Strömungen nicht abhängen, eignet der auch in der Breite gewaltige Bart[162]), fremdartiger aber erscheint der in Zöpfe geflochtene[163]). Der in eine Spitze auslaufende Kinnbart kann auch für sich und nicht als Teil eines Vollbartes stehen (wie Oswald von Wolkenstein einen solchen, wohlgepflegt und gekräuselt, nur im Verein mit dem Lippenbart trägt, Fig. 46) und er erhält dann wohl die Form, die durch das mhd. *zugebart, zügebart* bezeichnet wird[164]), was zunächst den langgezogenen Kinnbart bedeuten soll, aber bezeichnender Weise auch in *zigenbart*

Fig. 45. Aus der pfälzischen Handschrift des Rolandliedes, Bild 4.

umgeformt erscheint[165]), womit sich dann ein anderweites gleichbedeutendes *geizbart*[166]) deckt. Hierdurch wird diese Bartform an-

161) *Karl mit dem barte*: STRICKER Karl 6280. *do begunde der keiser den bart harte zornlîche strîchen:* 8980 f.

162) so zeigt sich Wate in der Gudrun *mit ellenbreitem barte*: 1510, 3. *ir* (alter Ritter) *bärte wâren wol gestalt, lanc, dik, ze mâzen breit:* Wigal. 182, 29 f. Ein Skandinavier hat einen so üppigen Bart, dass er die ganze Brust bedeckt und bis an den Schoss reicht: WEINHOLD altnord. Leb. 183.

163) *ûf sô stuont ein heiden, der was alt unde grâ . . im was gevlohten sîn bart:* STRICKER Karl 1000 ff. *mit einem barte breite, wol geflohten unde grâ, stuont derbî ein rîter dâ über eine krücken gleinet:* Parz. 513, 24 ff. *diu* (Haar und Bart) *hâte er* (ein *altherre*) *mit vlîze ze strenen gewunden und mit golde gebunden:* H. V. D. TÜRLIN Krone 6883.

164) Spottname für alte langbärtige Krieger, *du alter zugebart:* Wolfdietr. B 2, 283, 1; *lânt ligen den zügebart:* D 9, 154, 1.

165) Varianten zu den Anm. 164 genannten Stellen bieten neben *zockbart* auch *zigebart, tzigenbart.*

166) *er fand auf etlichen stuben gesamelt hantwerksleut, zu den füeget er sich und sach einen, der het einen kleinen, slechten, langen gaiszbart:* D. Städtechr. 3, 133, 15 ff.

schaulich gekennzeichnet (vgl. Fig. 43); sie scheint namentlich in bürgerlichen Kreisen des 14. und 15. Jahrhunderts nicht unbeliebt gewesen zu sein.

Backenbart und Kinnbart können auch ohne Schnurrbart getragen werden, und wir gewahren das nicht nur auf festländischen, sondern gern auch auf den angelsächsischen Bildern (vgl. Bd. 1, Fig. 5, S. 34. Fig. 12, S. 55. Fig. 19, S. 105. B. 2, Fig. 7, S. 39. Fig. 14, S. 51. Fig. 18, S. 61). Der Westgotenkönig Theoderich trägt nach Sidonius Apollinaris (Anm. 157[b]) nur kurzen oberen Backenbart, keinen Kinn- und keinen Schnurrbart. Der zweigeteilte Kinnbart (Fig. 47) kommt namentlich bei älteren würdigen Personen vereinzelt zu allen Zeiten und bis über das Mittelalter hinaus vor; auf angelsächsischen Miniaturen erscheint er auch als elegante Tracht (vgl. Bd. 1, Fig. 19, S. 105).

Fig. 46. Grabdenkmal Oswalds von Wolkenstein († 1445) zu Brixen.

Die Sorgfalt der Pflege für den Bart zeigt sich von den Urzeiten her durch die Behandlung mit Kamm[167]), Schere und Messer. Wie auch in den Gräbern bewaffneter altgermanischer Krieger Kamm und Schere für Haar und Bart zum Vorschein kommt, ist bereits oben (S. 64) erwähnt, häufig hat sich dazu auch eine kleine Art Zwickzange gefunden, ganz in Form unserer heutigen Pincette, zum Ausreissen wild wachsender Haare, namentlich an und unter der Nase[168]). Und dazu tritt, schon seit der älteren Bronzezeit, nicht in zahlreichen Funden, aber gleichmässig im Norden wie im Süden, das Schermesser, dessen gemeinsamer Name zwar nur westgermanisch überliefert ist (ahd. *scarasahs*, *scarsahs*, gekürzt auch *scarasah*, *scarsah*, *scarses*, mhd. *scharsahs*, *scharsach*, *scharsas*, altniederd. *scarsahs*, *scersahs*, angelsächs. *scearseax*, *scyr-*

167) *mit wol gestrælten bärten:* vgl. Anm. 155.

168) *pilis infra narium antra fruticantibus cotidiana succisio* (beim Westgotenkönig Theodorich): SIDON. APOLL. Ep. 1, 2, 2.

seax), das aber jedenfalls in sehr alte Zeiten hinaufreicht und verschiedene Entwickelungsformen zeigt, gewöhnlich als eigentliches Messer mit breitem Blatt, dünner Schneide und kleinem Handgriffe; aber auch die Halbmondform nach Art der altgriechischen Rasiermesser, kommt in der Bronzezeit vor. Sein alter Name, zusammengehalten mit der Bedeutung des dazu gehörigen gemeingermanischen Verbums altnord. *skera*, angelsächs. altsächs. ahd. *sceran*, mhd. *schern*, zeigt, dass man das alte Instrument auch für die Kürzung und Zügelung des langen Haupthaares verwendet und erst nach Einführung der Schere zu diesem Zwecke (S. 36) im Gebrauche auf die Herstellung des blossen Teilbartes oder der Bartlosigkeit eingeengt hat. Denn das Verbum bezeichnet noch lange die Doppelthätigkeit[169]), so weit nicht für die Bedeutung des Rasierens das ebenfalls gemeingermanische schaben, got. *scaban*, altnord. *skafa*, angelsächs. *sceafan*, ahd. *skaban*, mhd. *schaben* eingetreten ist[170]). Dass auch im früheren Germanien die beliebte Entfernung der Gesichtshaare vielfach und am bequemsten im Schwitzbade stattgefunden hat, können wir aus dem in späteren Zeiten und noch durch das Mittelalter hindurch beobachteten Gebrauche folgern; das Bartabnehmen gehört mit zu den unerlässlichen Verrichtungen beim Bade (S. 54[171]). Und man hält dabei auf äusserst glatte Haut; im Ruodlieb, wo sich der badende Jüngling in der Bütte rasiert, bekommt er dadurch das glatte Gesicht einer Jungfrau[171b]), und Bruder Berthold zeichnet den eiteln Alten, der durch solches Mittel sich vergebens bemüht, jung zu erscheinen[172]). So bildet sich das Rasieren zu einer Kunst aus, die in den

Fig. 47. Mann mit zweigeteiltem Kinnbart, von einem Grabstein aus Bingen, 10. Jahrh., im Central-Museum zu Mainz. Vergl. Korrespondenzblatt der Westdeutschen Zeitschrift für Geschichte und Kunst, 20. Jahrgang (1901), Sp. 4 fgg.

169) ahd. *skir mîn fahs, tundi meo capillo. skir mînan part. skir mînan hals:* GRAFF 6, 525. ags. *ic scere tondeo, rado:* BOSWORTH-TOLLER 830a. Daher noch mhd. *trucken unde naz schern* (Buch der Rügen 1138) vom Haarschneiden und Rasieren.

170) vgl. got. *du kapillôn aiþþau skaban, τὸ κείρασθαι ἢ ξυρᾶσθαι:* 1. Cor. 11, 6.

171) *der chunig gebot man brâhte ime den man guot, daz man in padôte und scâre, wâtete inen ziere:* Genes. in den Fundgruben 2, 59, 32 f.

171b) Ruodl. XI, 4 Seiler.

172) *swenne ein alter eine junge frouwen genimet, sô wære eht er sô gerne junc und tæte er dem lîbe gerne wol; so ist er doch ein alter grîsinc. sô kleidet er sich juncliche, sô ist er eht ein alter grîsinc. sô badet er sich, sô ist eht er ein alter*

vornehmen Gesellschaftsklassen von einem Hausdiener, und später als Gewerbe ausgeübt wird, für solche, die dieses Geschäft nicht selbst verrichten[173]). Der Westgotenkönig Theoderich hat seinen eigenen *tonsor*, der sein Amt mit Sorgfalt täglich verrichten muss (vgl. Anm. 157[b], S. 74). Später, nach der Ausbildung der Stadtgemeinden, erscheinen hier die *scherære*, aber nicht in der vorderen Reihe ehrbarer Handwerker,

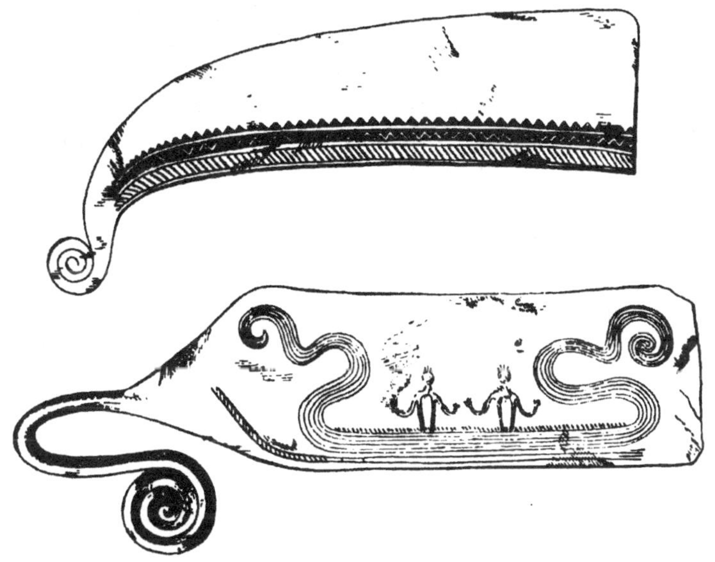

Fig. 48. Zwei Rasiermesser der jüngeren Bronzezeit. Nordische Bodenfunde.
Aus: Müller-Jiriczek, nord. Altertumskunde, Bd. 1, S. 259.

sondern (wohl noch ein Nachklang ihrer ehemaligen Knechtsstellung) den Fahrenden gleichgestellt, auch als Betrüger gebrandmarkt[174]). Die ausgebildete Kunst solcher Haar- und Bartpflege wird in letzter Linie auf römische Handgriffe zurückkehren und das gotische *kapillôn*, Anm. 170, mag ein frühes sprachliches Zeugnis dafür darstellen. In späteren mittellateinischen Quellen ist der *barbarius*, *barberius*[175]), der auch

---

grîse. sô heiʒet er im den bart nâhen ûʒ der hiute schern; sô schirt man im nâhen, sô ist eht er ein alter grîsinc: BR. BERTHOLD 1, 320, 37 ff.

173) z. B. Ruodlieb XI, 5 Seiler.

174) *spilman . . hir cʒu gehôren phîfer, pûker, videler, singer, springer, und koukeler, lêʒer, scherer, beder:* Görlitzer Glosse zum Sachsenspiegel (vgl. WACKERNAGEL Litt. Gesch. 1², S. 132, Anm. 23). *also hand sie es mit ainander, bader, scherer, und der schrepffer:* Teufels Netz 10244 f.

175) DU CANGE 1, 570 b. 572 b.

Chirurgendienste mit verrichtet, Vorbild für den mhd. *barbier*, *barbierer*, volksmässig auch *balbierer*, den Träger einer Bezeichnung, die mit dem Verbum *barbieren*, das Handwerk vornehm zieren soll[176]). Des Barbierers Werkzeug ist neben dem Messer und dem Schleifstein der Streichriemen, der von Schweinsleder hergestellt wird[177]).

Was das Frauenhaar betrifft, so wissen wir aus den altgermanischen Zeiten, dass es nicht weniger in Pflege stand, als das des Mannes, dass es in seiner Fülle und Farbe die Bewunderung der Römer erregte und dass es selbst ein gesuchter Kaufartikel war, weil Römerinnen für blonde Haare schwärmten[178]). Freilich wird sich die freie Germanin dieses ihres Schmuckes um Gewinnes willen nicht entäussert haben (nur als Strafe für Ehebruch wird ihr das Haar abge-

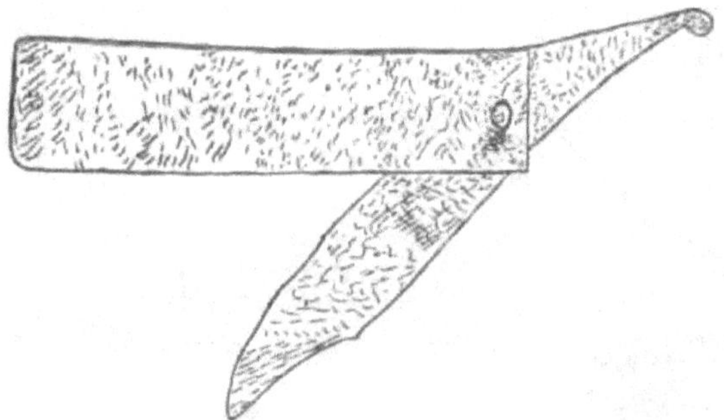

Fig. 49. Rasiermesser aus dem Gräberfeld von Reichenhall. (Chlingensperg-Berg Taf. 38.)

schnitten[179]), aber, wie die angeführte Ovidstelle lehrt, die gefangene und die unfreie ist vor dem Verlust nicht sicher. Wie das lange Haar getragen wird, zeigen römische Bildwerke: teils lose und frei herabfallend, nur in der Mitte des Vorderkopfes ein Scheitel angedeutet

176) *barbitonsor barbier, barbierer, balbirer* (neben *bartscherer*): DIEFENB. 68c. *barbitondere barbieren:* ebd. *der künig . . liesʒ im da barbiern:* D. Städtechr. 11, 634, 15.

177) *riemen ʒu dem scharsach, daʒ selb ich hort unde sach, daʒ er daran strichet vil, wan er die berte scheren wil:* KÖNIG VOM ODENWALD Ged. 9, 67 ff., S. 71 Schröder (*von dem swin*).

178) *nunc tibi captivos mittet Germania crines; culta triumphatae munere gentis eris. o! quam saepe, comas aliquo mirante, rubebis, et dices, ‚emta nunc ego merce probor! nescio quam pro me laudat nunc iste Sygambram; fama tamen, memini, cum fuit ista mei‘:* OVID amor. 1, 14, 45.

179) *abscissis crinibus, nudatam, coram propinquis expellit domo maritus ac per omnem vicum verbere agit:* TACITUS Germ. 19.

(Fig. 3. 4), teils auch am Hinterkopfe in einen Knoten aufgenommen, wie an Frauenköpfen der Marcussäule. Diese letztere Art als die gewöhnlichere bezeugt das got. Substantiv *skuft* (oder *skufts*), das nur vom Frauenhaar gebraucht (Luc. 7, 38. 44; Joh. 11, 2. 12, 3) und hier in die allgemeine Bedeutung des Kopfhaares übergegangen ist, wie das altnord. *skopt*, ahd. *scuft* auch[180]), das aber auf den Begriff des Bündels zurückgeht, der in verwandten Worten, wie mhd. *schoup*, *schopf* und *schober* noch zu Tage tritt[181]). Nichts anderes will das im gotischen nicht bezeugte Zopf, altnord. *toppr*, angelsächs. *top*, ahd. mhd. *ʒoph*, *ʒopf* besagen, auch dieses in der Bedeutung des emporgenommenen Haarbüschels, wie noch das Altnordische zeigt, aber die Zusammenbindung geschieht oben am Scheitel, und darauf beruht wieder die reich entfaltete spätere Bedeutung des Wortes im alten Niederdeutschen als Scheitel, Spitze, Schopf, Büschel und selbst Quaste[182]). Sprache und Bilder lassen uns demnach zwei Arten, wie das Frauenhaar zusammengenommen wurde, erkennen: am Hinterkopfe und am Scheitel.

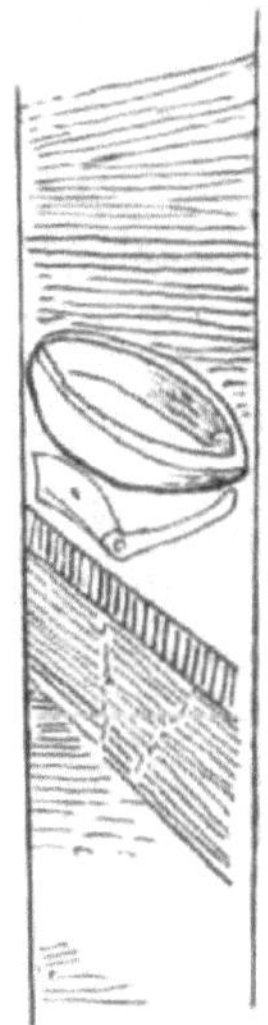

Fig. 50. Rasiermesser und Barbierbecken auf einer Bank des Baderaums. Aus Murners geistlicher Badenfart Bl. F 6 b.

Wir dürfen annehmen, dass das frei getragene Haar im alten Germanien die vornehmere Tracht gewesen ist, derjenigen Frauen, die mit grösseren Hausarbeiten nicht beschwert waren. Das Aufbinden des Haares entspringt der praktischen Notwendigkeit, beim Zugreifen durch die flatternde Haarfülle nicht behindert zu sein. Aus diesem Bedürfnis heraus ist auch schon in vorgeschichtlichen Zeiten Kamm (Fig. 51) und Netz (Fig. 52), wozu wohl ferner auch eine verzierte Nadel zum Einstecken tritt (Fig. 53), für das festere Anliegen des Hinterkopfhaares verwendet worden[183]), und beides erhält sich später als Putzgegenstand neben anderen Kopfbedeckungen durch das ganze Mittelalter hindurch[184]). Wie früh und von wo aus sich in Germanien

180) altnord. *skopt heitir ok hâr:* FRITZNER Ordbog 3, 367 a. ahd. *cesariæm scuft:* STEINM. 2, 399, 40. vgl. auch altnord. *haddr* vom aufgebundenen, dann vom Frauenhaar überhaupt: Guđrunarkv. 1, 15, 3. Guđrunarhvǫt 16, 8.

181) D. Wb. 9, 1527 ff. Das mhd. *schopf* hat seinen Sinn auch in den des büschelartig emporstehenden Haares am Vorderkopfe des Mannes gewendet, vgl. oben S. 70 und Anm. 136, auch des Kopfhaars überhaupt; *cesaries schopff:* DIEFENB. 116 a.

182) vgl. SCHILLER-LÜBBEN 4, 576 f.

183) vgl. MÜLLER-JIRICZEK nord. Altertumskunde 1, 270 f.

184) *von richen perlen was geʒieret manec netʒe, der schîn vil hârs beslôʒ:* U. V. D. TÜRLIN Willeh. 152 b. vgl. auch ags. *feaxnet* oben Anm. 142. Da das

die Sitte ergeben hat, das in einen Knoten gebundene lange Haar zu flechten und es dadurch geordneter zu erhalten, kann nicht gesagt werden; für ein verhältnismässig zeitiges Vorkommen zeugt das got. Substantiv *flahta*[185]), dem erst spät wieder das gleichbedeutende mhd. *vlehte*[186]) zur Seite tritt. In Bildwerken des früheren Mittelalters erscheint der Zopf nur wenig, da ihn, wo er vorhanden ist, die der Sitte gemässe Hülle des Hauptes verdeckt, auch sprachlich wird er nur selten hervorgehoben[187]); erst das 12. und die folgenden Jahrhunderte bringen ihn (auch in Frankreich und England) in die Mode, so, dass er selbst, wie oben S. 71 erwähnt, bei Männern Eingang findet. Hängende Zöpfe eignen den Jungfrauen, aufgebundene und unter Hüllen versteckte den Frauen und Witwen. Wird der

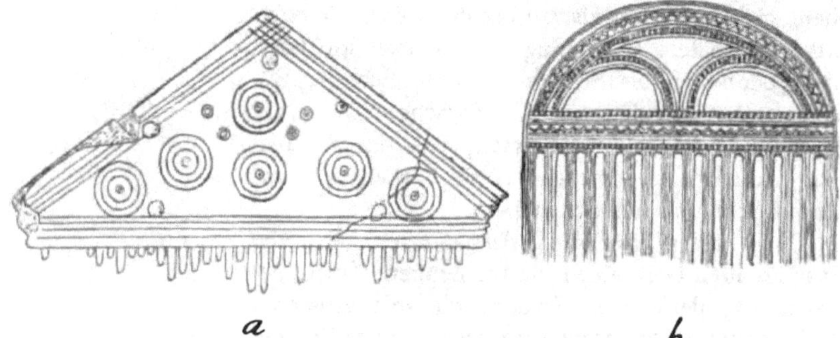

Fig. 51. Einsteckkämme.

a) Beinerner Kamm, gefunden in einer Sandgrube zu Eye in Suffolk, England. Aus: Yonge Akerman, Remains of Pagan Saxondom, Pl. XXII, 2. S. 44.

b) Kamm aus Bronze aus einem Grabe der Bronzezeit in Schweden (Zähne abgebrochen, ursprünglich 30 cm lang). Aus: Montelius, die Kultur Schwedens in vorchristlicher Zeit (Berlin 1885). S. 64.

Haarzopf frei getragen, so schmückt man ihn (ebenso wie auch das frei getragene Haar) mit darum gewundenem Seidenzeug oder mit Goldborten[188]), eine Sitte, die insofern auf die männliche Haartracht

---

Haarnetz eine schon vorgeschichtliche germanische Erscheinung ist, so kann es nicht etwa eine Nachahmung des ähnlichen römischen *reticulum* sein.

185) *samaleikô jah qinôns . . ni in flahtôm aiþþau gulþa aiþþau marikreitum aiþþau wastjôm galubaim* (*μὴ ἐν πλέγμασιν*, Vulg. *in tortis crinibus*): 1. Tim. 2, 9.

186) *trica flechte, strene, cʒop, ʒopfe, tricare flechten, hare flechten, cʒoppen:* DIEFENB. 595 b. Das synonyme ahd. *streno* in der Zusammensetzung *vahs-streno:* WILLIRAM 63, 3.

187) ahd. *ancię ʒophe, ʒopfe:* STEINM. 3, 151, 40; *anciae ʒophe:* 191, 26 (unter *de ornamentis foeminarum*).

188) *ir* (einer *maget*) *houbet was ungebunden, ir ʒöpfe wol bewunden mit golde unʒ an daʒ ende. deheiner slahte gebende fuort diu maget mêre:* Wigal. 48, 38 ff. ähnlich 26, 39 ff. vgl. auch Anm. 190.

Einfluss übt, als auch höfische Ritter in Gesellschaften ihr Haar wohl mit dergleichen Borten zieren lassen[189]). Es kann aber solche Männersitte, die statt des sonst für die Haare gebrauchten zusammenhaltenden Stirnbandes eintritt, nicht verbreitet gewesen sein, und nicht lange gedauert haben. Lang herabreichende Zöpfe sind der Stolz der Jungfrauen[190]). Mangelndem Haarwuchse wird durch Einflechten falschen Haares nachgeholfen, und die Nachkomme jener Germaninnen, die einst ihr prächtiges Haar nach Rom lieferten, ahmt nun selbst römische Sitte nach und verschmäht dafür auch das Haar toter Frauen nicht[191]).

Die Sorge für das Ordnen und Schmücken des Haares nimmt der deutschen Frau der besseren Gesellschaft bis in die Bürger- und die reicheren Bauernkreise eine bedeutende Zeit hin, das halbe Leben, wenn wir Bruder Berthold glauben wollen[192]), und wird selbst unter Vernachlässigung der häuslichen Pflichten geübt[193]). Die erste Aufmerksamkeit gilt der Abteilung des Scheitels, der gerade gezogen und schmal und weiss sein muss[194]), wozu ein eigenes Gerät dient, das im Mittellatein nach römischem Vorbilde den Namen *discerniculum*, auch *discriminale*, im Mhd. *scheitelnâdel*, *scheitelstift*, *scheitelnagel*

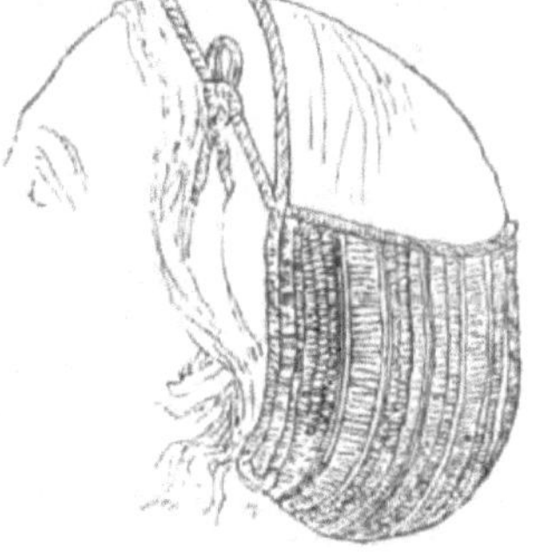

Fig. 52. Altgermanisches Haarnetz, gefunden in dem Eichensarge eines Grabhügels bei Aarhus (Bronzezeit). Aus: Müller-Jiriczek, Nordische Altertumskunde Bd. I, S. 270.

189) *sîn* (Wates) *bart was im breit, sîn hâr was im bewunden mit borten den vil guoten:* Gudrun 341, 2 f. *ir beider* (Wates und Frutes) *grîse locke sach man in golt gewunden:* 355, 3. *ein michel man, des hâr was swarȥ alsam ein kol, ieslîch lok bewunden wol mit sîden und mit golde, geȥieret als er wolde:* Wigal. 61, 2 ff.

190) *über die mentel* (der *meide*) *hiengen ir ȥöpfe verre hin ȥe tal, wol bewunden über al mit borten und mit sîden*: Wigal. 190, 27 ff. *ir ȥöpfe wâren grôȥ und lanc, für die hüfe was ir ganc:* H. v. NEUSTADT Apoll. 20194.

191) GEILER V. KEISERSBERG eifert dagegen; *die dritte schell ist das haar ȥieren, gäl, krausȥlecht und lang machen, auch frömbdes haar der abgestorbnen unter jhres vermischen, und dasselbig ȥum schawspiegel auffmutȥen*: Weltspiegel od. Narrenschiff (ed. Höniger 1574) 13. Das fremde Haar, das zum Anfertigen der Perücke Anm. 144 dient, ist freilich nur aufgelesenes und gesammeltes.

192) *und ir frouwen, ir leget daȥ jâr wol halbeȥ an iuwer hâr:* BR. BERTHOLD 1, 114, 32. Ebendaselbst über die von Weibern entlehnte Haartracht der Männer.

193) *swenne ir etewaȥ anderȥ soltet tuon in iuwerm huse, daȥ iuwerm wirte nôt wære oder iu selben oder iuwern kinden oder iuwerm gaste, sô gêt ir mit iuwerm hâr umbe:* ebd. 415, 4 ff.

194) *ir hâr daȥ was kleine, goltvar unde reit, ir scheitel wîȥ und niht ȥe breit:* Wigal. 27, 4 ff. *ir scheitel was wîȥ unde smal, wol geschicket hin ȥe tal*: Ges. Abent. 3, 112, 59 f.

führt[195]). Mit dem gleichen lateinischen Ausdruck wird aber auch eine Schnur oder ein Band belegt, bestimmt die durch Scheitelung abgeteilten natürlichen oder durch das Brenneisen (*calamistrum*, vgl. S. 70) hergestellten Locken oder die Zöpfe festzuhalten, zunächst ein sehr schlichtes Erzeugnis, das von Wolle hergestellt wird[196]), und dessen ahd. Name *untirbant, untirbendi, untirgibenti*, auch *scregibant* (Schränkband) auf den Zweck untergebunden zu werden und sich in den Zöpfen zu verschränken, hinweist; aber schon früh auch als Schmuckgegenstand ausgebildet, wetteifernd mit jenem breiteren Seidenzeug oder den oben erwähnten Borten, die auf dem Frauenhaare liegen, während das schmalere Haarband durchgeflochten wird. Es ist in der gewöhnlicheren Herstellung ein gesuchter Marktartikel[197]), aber es kann auch recht kostbar angefertigt werden, und der Name erscheint selbst auf schmale Reifen von Edelmetall übertragen[198]). Anordnung der Zöpfe

Fig. 53. Haarnadel mit goldenem, von Steinen besetzten Griff und bronzener Spitze.
Aus einem Frauengrabe zu Wingham in Kent (Akerman, Remains of Pagan Saxondom Pl. XL, no. 3).

195) *discerniculum, discriniculum, discriminale* u. ä. *schaitelnadel, schaitelstefte:* DIEFENB. 184 b. *discrimen schaitelnagel, est instrumentum ligneum l. ferreum acutum:* nov. Gloss. 137 b.

196) *von wollen manige snure clar, und die sie flechten in daʒ har:* KÖNIG VOM ODENWALDE VI, 131 (S. 62 Schröder).

197) *er gewan ir swaʒ er veile vant, spiegel unde hârbant, und swaʒ kinden liep sol sîn, gürtel unde vingerlîn:* arm. Heinrich 335 ff. *ich hân mîner muoter verstoln, swaʒ ich in ir hûse vant, daʒ gab ich umb diu hârbant, nâdeln unde vingerlîn:* Ges. Abent. 2, 131, 158 ff. *decerniculum virg. hârbant:* STEINM. 3, 324, 65.

198) Das bairische Volksrecht bezeichnet mit *discriminalia* die Schnüre oder Bänder einer Jungfrau, die bestimmt sind, ihr gelocktes oder gezopftes Haar in gehöriger Ordnung zu halten, ohne Rücksicht auf kostbarere oder schlichtere Herstellung; *si autem discriminalia eiecerit de capite, quod walcwurf dicunt, vel virgini libidinose crines de capite extraxerit, cum 12 solidis conponat:* Lex Baiuwar. 8, 5 (Mon. Germ. Leg. 3, 299). *walcwurf* ist der Name für einen Angriff, bei dem das Haar in Unordnung und durcheinander kommt (vgl. ahd. *walchan* verfilzen, verwirren, *concreto gewalchenemo, kiwalchinimo,* sc. *fahse:* STEINM. 2, 518, 28 f. und dazu die Glosse derselben Stelle *concreto crine ungestrâltemo fahse:* ebd. 501, 33). Ausserdem ahd. *discriminalia unterpenti, rîdil, unterpenti l. rîdila, undirgibende, untirgebenta* u. ä.: STEINM. 1, 596, 8 ff.; *decerniculum unterbant, underbant:* 3, 233, 54 f.; *discriminalia unde discernuntur crines de auro l. argento l. aere. i. scregibant:* 1, 589, 16 ff. *rîdil* ist das Werkzeug zum zusammendrehen oder binden, zum Verbum *rîdan* drehen, winden gebildet, weist also auch auf den ältesten Zweck des Haarbandes; vgl. dazu auch *licia fahsretta* (lies *-reita*), *rîdila, fahsnôrin* (lies *fahssnôrin:* STEINM. 2, 474, 33 f.; dazu das Verbum *discriminavit girîdilôta, rîdilôta:* 1, 183, 46 ff. (zu Judith 10, 3). Ferner *discriminalia muliebris capitis ornamenta que*

wie der schmückenden Haarbänder sind Sache vielfach wechselnder Mode.

Zu der Pflege des Kopfhaares gehört auch das Waschen der Kopfhaut, die im Vereine mit dem Kämmen, besonders bei Frauen fleissig geübt wird[199]). Wie in der urgermanischen Zeit gilt dem Deutschen das hellblonde, mhd. als *val* oder *gel* bezeichnete Haar für das schönste, und wird bei Schilderungen von Schönheiten stets mit hervorgehoben, während umgekehrt das schwarze Haar bei hässlichen Leuten erscheint[200]). Um blondes Haar zu erzielen, werden von den Stutzern beiderlei Geschlechts verschiedene Mittel angewendet, und da die altgermanische *seipha*, *seiffa* (S. 12) unter diesen nicht mehr erscheint, weil sie mittlerweile ein Hautmittel geworden ist (unten Anm. 208), so kommen nun, und im späteren Mittelalter immer mehr, andere Beizen, Bleich- und Färbemittel auf, von denen Eigelb oder Eiweiss, Schwefel, Harz und Sonnenbrand besonders hervorgehoben werden; einzelne solcher Mittel mögen wohl recht alt sein, vielleicht sogar auf römische Tradition zurückgehen[201]). Vielfach stehen sie auch in Verbindung mit der Anwendung wohlriechender Kräuter und Salben, sowohl für das Haar selbst, als auch sonst für die Haut[202]).

---

crines discernunt i. vahswinta: 3, 333, 42 ff. u. a. Mhd. *discerniculum*, *discriniculum*, *discrinile*, *discriminale*, *decerniculum* u. ä. *harsnûr*, *scheitelsnûr*, *harband*, *scheidebant*, *underbant*, *hârscaida*, *faswit* (für *fahs-wite*, *fahs-winde*): DIEFENB. 184 b. Die mannigfaltigen Namen zeugen auch ihrerseits für die gewöhnliche Anwendung. Für das Festhalten der Haare durch Nadeln ist sprachlich beweisend *discrimen harnadel:* ebd. Dergleichen bilden häufige frühere und spätere Gräberfunde.

199) *si hiezen alle, daz ist wâr, ir houbet twahen und ir hâr strêlen unde slihten unde ir scheiteln berihten:* Eracl. 1803 ff.

200) vgl. über das blonde Haar oben S. 16 fg. *über den huot ein zopf ir swanc unz ûf den mûl; der was sô lanc, swarz, herte und niht ze clâr, linde als eins swînes rückehâr:* Parz. 313, 17 ff. *swarz und snœde was sîn* (eines Ritters) *hâr, sîn varwe bleich und niht klâr, unwunneclîche was sîn lîp:* Ges. Abent. 1, 249, 17 ff.

201) *die ir hâr windent und snüerent oder die ez anders machent oder verwent danne ez in der almehtige got gegeben hât:* BR. BERTHOLD 1, 114, 25 f. *die das harr raid machent und stozzent und an der sun derrent:* Germania 30, 91 (15. Jahrh.). *im winter musz es* (das Haar eines Stutzers) *krümp gefriren ein mal des tagsz oder zwirn; ein weil so steckts im schweffelvas: das vor von kelt gefroren was, das musz im rauch nun gar ersticken . . . ein weil so schlecht man eyer drein, und pechts, sam soltes streubelein sein:* H. FOLZ in Kellers Fastnachtspielen S. 1276. *mit schwebel, harz, büffen das har, dar in schlecht man dan eyerklar, das es im schusselkorb werd krusz, der henkt den kopff zûm fenster usz, der bleicht es an der sunn und für:* BRANT Narrensch. 4, 9 ff. *die dritt schell ist das haar zieren, gäl, krauszlecht und lang machen:* GEILER V. KEISERSBERG Weltspiegel od. Narrenschiff (1574) S. 13.

202) Das Salben der Haare mit ranziger Butter bei Burgunden, vgl. Bd. II, S. 312; aber die wohlriechende Haarsalbe, wie man sie von den Römern und auch durch die Bibel (*salbô haubiþ þein* ἄλειψαί σου τὴν κεφαλήν Matth. 6, 17; *alêwa haubid meinata ni salbôdês* ἐλαίῳ τὴν κεφαλήν μου οὐκ ἤλειψας Luc. 7, 46) hatte

Solcher körperlicher Duft unterscheidet die Mitglieder der feineren Gesellschaft von den Niederen; und wie diese von ihrem Körpergeruche aus als *swach* (oben S. 41 und Anm. 27) bezeichnet werden, so heissen anderswo Bauernburschen scheltend *dorfrüchel*, was auch weiter nichts als den Bauerngeruch hervorheben soll[203]). Seitdem die Destillation wohlriechender Wässer sich in Deutschland verbreitet hat (vgl. Bd. 2, S. 380), hat auch die Anwendung solcher am Putztische weite Verbreitung gefunden.

Nicht mindere Sorgfalt als die Pflege des Haares findet die der Gesichtshaut, und auch hier ist das Vorbild der Frauen gelegentlich, namentlich im späteren Mittelalter, für männliche Gecken massgebend. Natürlich wird von weiblicher Seite auf ein schönes weisses und rotes, runzel- und faltenfreies Gesicht viel gegeben; aber es ist doch eine heroische Kur, wie sie nach der Erzählung Geilers von Keisersberg eine alte Frau zu Strassburg anwendete, die, um die Runzeln los zu werden, die Haut ätzen liess, allerdings ohne Erfolg[204]). Bequemer ist das wiederum aus dem Altertume überkommene Mittel des Farbe auflegens, das besonders in der eigentlichen Zeit des Mittelalters, in den romanischen wie in deutschen Ländern, so gewöhnlich erscheint, dass es selbst in die bäuerlichen Kreise hinabreicht[205]) und man davon wie von etwas Gewöhnlichem spricht. Der heimische ältere Ausdruck für den Stoff ist mhd. *varwe*, und das Verbum dazu *verwen* hat geradezu die entsprechende technische Bedeutung erlangt[206]); erst im 15. Jahrhundert kommt das heutige Wort, zunächst in nasalloser

---

kennen lernen, ist wohl seit der Zeit der Völkerwanderung allgemein in der höheren Gesellschaft verbreitet gewesen, die sie oder die Stoffe dazu durch den Handel vom Orient her bezog; daher das *fahs stinchili, crinis odorus,* das zugleich als *skiero gilanctaz (protendens) fahs* bezeichnet wird (STEINM. 2, 444, 34 f.), daher auch das Bild bei WILLIRAM *doctores díe wíteno stinchent mit demo stanke bonae opinionis:* 25, 4 f. (Narren) *nemmen köstlichen geruch zu jhn, bestreichen sich mit roszwasser, salben sich mit köstlichem und wolschmeckendem balsam:* GEILER V. KEISERSBERG Weltsp. oder Narrenschiff (1574) S. 13.

203) *mich verdringent aber geiler dorferüchel viere:* NEIDHART 58, 4 Var., wo die Haupthandschrift *sprenzelære* liest.

204) *welcher gestalt vor zeiten ein weibsperson zu Straszburg gewesen ist, die hat von wegen alters viel runtzeln im angesicht, dieselbig liesz von jhrem runtzelechten angesicht die haut darvon schinden und hinweg etzen, damit sie der runtzeln ab käme, unnd sie jungfarb und schoen erscheinete. aber was geschahe? je mehr sie sich liesz artznen und auszbutzen, je heszlicher sie von tag zu tag ward:* GEILER V. KEISERSBERG a. a. O. S. 13.

205) *mit ir hôhvertigem gange unt mit vrömder varwe an dem wange unt mit gelwem gibende wellent sih die gebiurinne an allem ende des rîchen mannes tochter ginôzzen:* H. V. MELK Erinnerung 327 ff.

206) *fucare verbin, ferben, anstreichen farbe als die weiber thun l. pestreichen under dem angesicht:* DIEFENB. 249 c.

Form *smicke*, dann nasaliert als *sminke*, mit dem Verbum *smicken*, *sminken*, dafür auf. Diesem Fremdworte liegt das grichische σμῆγμα, σμῆμα zu Grunde, womit die Alten besonders eine gern (vom σμηγματοπώλης) gekaufte wohlriechende Seife zum Waschen der Hände nach der Mahlzeit bezeichneten, aber daneben Hautsalben von heilender Wirkung[207]), die auch weiter im Mittelalter von herumziehenden und einen Kram aufschlagenden Quacksalbern bereitet und unter dem gelehrten, nun in *smigma* und *migma* geänderten Namen verkauft wurden. Für solche parfümierte Salben war der althochdeutsche Name *seiffa*, *seifsalba*[208]), der seine alte Bedeutung als Haarbeize eingebüsst hatte. Von den quacksalbernden Krämern aber, welche die Schminke als Handelsartikel mit führten[209]), ging der auch für diese von ihnen gebrauchte gelehrte Name allmählich ins Volk über und wurde bis zur Unkenntlichkeit des fremden Ursprunges umgebildet[210]).

Es sind besonders die roten Wangen, die durch das Schminken erstrebt werden (Anm. 209), und Buhlerinnen legen rot auf um dadurch begehrenswert frisch zu erscheinen[211]); aber auch eine zarte weisse Haut will man erzielen. Die dazu angewendeten Mittel sind freilich nicht immer harmlos, wie wenn das Rot durch Mennig, das Weiss durch Quecksilber erzeugt wird[212]), meist aber braucht man duftende Harz- oder Pflanzenfarben, auch feines Mehl und Fette; so den verdickten Saft der Mutterharzpflanze, Gummi galbanum (vgl. Anm. 210), den Kampfer[213]), und eine Art Seegras oder Tang, dessen Name, griech. φῦκος, lat. *fucus*, schon im Altertum auch die rote Schminke

---

207) *si vero* (die Feigbohnen, *lupini sativi) caelesti aqua discoquantur, sucus ille ȥmegma fit, quo fovere gangraenas, eruptiones pituitae, ulcerum manantia expediat:* PLINIUS hist. nat. 22, 74 (156). *smegmata mulieribus faciunt ex his* (den wohlriechenden Blüten der Osyris): 27, 12 (111).

208) *ȥmigmata salpun, seiphin:* STEINM. 1, 664, 15f. (nach Daniel 13, 17); *smigmata sapona:* 665, 40. *migma, commixtum l. mixtura i. seifsalba:* 3, 279, 52f. *smigma seiffa, seipha:* 289, 69; u. ö.

209) *dâ von er gerne choufen sol von mir* (dem Krämer) *dien hübshen vröwelîn ein vil rôteȥ varwelîn:* Passionsspiel in der Germania 8, 285, 64ff. *chrâmer, gip die varwe mir, diu mîn wengel rœte, dâ mit ich die jungen man ân ir danch der minnenliebe nœte:* Carm. Burana S. 96f. *di salb wær den maiden not, die da wærn gern auf den wangen rot:* Erlauer Spiele S. 55, 586f. Kummer.

210) *fucus ẏn smẏnckel, smickunge, en smik:* DIEFENB. 250a, *fucare smẏcken, schmẏnken:* 249c. *galbanum galban o. smẏcken:* 256a. *migma smẏncke:* 360c.

211) vgl. oben Anm. 209 aus den Carm. Bur. *die gemâlten und die geverweten, daȥ sint alle die bœsen hiute, die ûf dem graben gênt:* BR. BERTHOLD 1, 207, 28f.

212) lat. *minium* ist schon ahd. als schwaches Masc. *minio* herüber genommen worden: STEINM. 2, 681, 1. *kecsilber* als Schminkmittel für Hals und Kehle: Seifr. Helbl. 1, 1147. Bereitung roter Schminke aus geschabtem Rotholz und Alaun: Anz. für Kunde d. d. Vorz. 1877, 188 (ital. Recept).

213) *kecsilber gaffer weiȥmel, mit altem smerwe streich sie an:* ebd. 1, 1147f.

überhaupt bezeichnet. Die Anwendung aller solcher Mittel geschieht durch sorgfältiges Auftragen, mhd. *mâlen* oder *strîchen*[214]), und durch Verreiben auf dem Antlitze, daher mhd. *geribeniu varwe*[215]). Das Ganze wird nicht nur von der eifernden Geistlichkeit, sondern auch von den Männern als Fälschung empfunden[216]), und dagegen die Frau, die *selpvar* ist, in eigener Gesichtsfarbe glänzt[217]), als preiswert hervorgehoben.

Ferner ist die Pflege der Hand in den höheren Gesellschaftsschichten besonders unter den Frauen allgemein. Dass die frühgermanische Zeit hier bereits eingesetzt habe, kann durch Zeugnisse weiter nicht nachgewiesen werden, ist aber bei der Sorgfalt, die man sonst auf seinen Körper verwendete, natürlich; und zum Überflusse bringen uns unter den Bodenfunden seit der Bronzezeit Geräte, die als Nägelreiniger sicher erklärt werden können, wenigstens teilweise Kunde davon[218]). In mittelalterlichen Quellen werden deutschen Herrschern lange Hände mit geraden Fingern beigelegt[219]), eine angelsächsische Quelle vergisst aber nicht, an Christus die weissen Hände hervorzuheben[220]). Und diese Weisse, das Ergebnis sorgfältiger Behandlung, wird später noch mehr als am Manne (S. 16f.) an der Frau hervorgehoben[221]). Im engen Zusammenhange damit steht die Pflege der Fingernägel, für die, ausser jenem Nägelreiniger noch ein besonderes

---

214) *unde die da geheiʒen sint ûʒsetʒic an dem velle, pfî, daʒ ist aller ûʒsetʒikeite wirstiu, die diu werlt ie gewan! daʒ sint die geverweten unde die gemâlten: sich verwent manige und velschent daʒ antlütʒe unsers herren, daʒ er selbe nâch im gebildet hât:* BR. BERTHOLD 1, 114, 15ff. im Bilde, *ein wîp, diu an sich reiner tugenden varwe strîchet*: Minnes. 2, 397a Hagen.

215) *liebi, diu gekoufet ist, geribniu varwe, valscher list, dar an gelît kein stætekeit:* BONER Edelstein 39, 39ff. auch *geribeniu schœne:* Winsbecke 26, 3. Das Verreiben geschieht mit einem kleinen Filzfleck, *vilʒel*: Seifr. Helbl. 1, 1149, mit einem Baumwollbäuschchen: Anz. für Kunde d. d. Vorzeit 1877, 188.

216) *gevelschet vrouwen varwe vil lütʒel man dâ vant* (bei einem Hoffeste): Nib. 1594, 1. vgl. auch Anm. 214.

217) *selpvar ein wîp, an wîʒ rôt ganʒlîcher stæte* (so dass ihr Weiss und Rot nicht vergeht) . . *ich lop ir lîp:* WALTHER 111, 12ff. vgl. dazu *her varwe liecht ende goet, recht alsô milc ende bloet, wale gemisket rôt end wît, ân blenke end âne vernît, van natûre wît end rôt:* H. V. VELDEKE Eneit 5169.

218) Abbildung bei MÜLLER-JIRICZEK nord. Altertumskunde 1, 267 (aus der älteren Bronzezeit).

219) vgl. oben S. 15 und Anm. 82. An der Heldengestalt des Westgotenkönigs Theoderich hebt aber SIDON. APOLL. *dura brachia, patulae manus* hervor: Epist. 1, 2, 3.

220) *þâ hwitan honda and þâ hâlgan fêt:* Crist 1111.

221) *Kaedînes swester Îsôt, diu mit den wîʒen handen:* Tristan 476, 3. *ir* (Kriemhilden) *vil wîʒiu hant:* Nib. 293, 1. *wîʒ, hoflîch unde lanc wâren ir diu hendelîn:* Ges. Abent. 2, 287, 24f.

Instrument, das Nagelmesser[222]), erwähnt wird, da das Beschneiden ein Gebot der Zucht ist[223]). Elegante Fingernägel sollen durchsichtig wie Glas sein[224]); der schwarze ungeschnittene Fingernagel zeugt für äusserste Vernachlässigung[225]). So werden auch feine Zehennägel hervorgehoben[226]), die wiederum mit der gebotenen, sorgfältigen Fussreinigung in Beziehung stehen[227]). Wie einfach und natürlich in weiten Kreisen eine besondere Reinigung der Ohren[228]) geschieht, dafür giebt der nach dem Spätlateinischen gebildete Name des kleinen Fingers Kunde[229]); aber seit sehr frühen Zeiten besteht dafür auch ein Metallgerät, das schon in Gräbern der Bronzezeit wie in späteren gefunden wird[230]). Und da wir einmal bei der Verwendung eines Fingers zu derartigem Geschäft sind, so möchte ich nur andeutend auf den Gebrauch eines anderen zum Grübeln und zu einer Reinigung hinweisen, die sonst in der alten Zeit durch Wisch oder Blatt, später durch Papier voll-

Fig. 54. Bronzener Ohrlöffel und Nadeln an einem Ringe. Aus einem Frauengrabe zu Harnham bei Salisbury.

Vgl. Yonge Akerman Remains Pl. XXXV, 4, S. 71.

---

222) ags. *novaculum, næglseax:* WRIGHT-W. 1, 142, 23. Ein Priester sich im Bade die Nägel reinigend: Mönch v. St. Gallen 1, 32.

223) *snîdt hâr und negel abe, daȥ iuch Zuht von ir brieve iht schabe:* K. V. HASLAU der Jüngling 63 f. Tadelnd *so warent auch der diener negel lang und spitȥig sam die kegel:* Ring 34 d, 29.

224) *die vinger âne missewende, wol geschaffen an dem ende, die nagele lûter als ein glas:* Flore 6843 ff. *ir nagele hât ein stæte begriffen einer varwe spiegellûter begarwe:* H. V. D. TÜRLIN Krone 8210 ff. *schône hende, vinger lanc, glander* (schimmernde) *negel:* HERBORT 2495 f.

225) *unguibus incisis longis squalore nigellis:* Ruodlieb 14, 33, S. 286 Seiler.

226) *dîn schenkel sleht, dîn füeȥe hol, dîne ȥêhen gelîmet unde lanc, dîne nagel lûter unde blanc:* HARTMANN Gregor 2914 ff.

227) *die fusse nach der lere mein schüllent oft geraingot sein mit lawen wasser sunder wol:* Ring 27 a, 38 ff.

228) früh morgens beim Aufstehen *strayl dirs haubt und chrecȥ die pain, dar ȥuo mach die oren rayn:* Ring 27 c, 28 f.

229) *quintus (digitus) auricularis pro eo quod eo aurem scalpimus:* ISIDOR. Orig. 11, 1, 71. angelsächs. *anularis, hringfinger, auricularis, eár-clǽsnend:* WRIGHT-W. 1, 265, 1. *auricularis, eár-scrypel:* 291, 27. *auricularius, eáre-finger:* 307, 3. *auricularis, eár-finger:* 356, 21. ahd. *auricularis ôr-vinger:* STEINM. 3, 72, 12, *ôr-finger:* 178, 20. mhd. *auricularis or-finger, orengrübel:* DIEFENB. 62 a, *orgrübler, orgrübel, ourgribel:* nov. gloss. 43 a. vgl. dazu *der minneste finger der ne hât ambeht ander, ne wane sôs wirt nôt, daȥ er in daȥ ôre grubilôt, daȥ iȥ ferneme gereche, swaȥ iemen spreche:* Genes. in den Fundgr. 2, 14, 17 ff.

230) Über dergleichen Ohrlöffel vgl. MÜLLER-JIRICZEK nord. Altertumskunde 1, 265 ff. (mit Abbildung). 2, 105.

zogen wurde. Der dafür zeugende rohe Name des Mittelfingers, der neben andern ehrbaren vorhanden, ist allerdings erst spät und nur gelegentlich überliefert, aber zweifellos in unteren Gesellschaftsschichten seit jeher im Gebrauch gewesen. Wahrscheinlich ist schon das lateinische *digitus impudicus* von einer gleichen Verwendung her geprägt worden, wenn auch ein früh mittelhochd. Gedicht der Unanständigkeit dieses Fingers eine andere mildere Deutung gibt[231]).

Für die Pflege der Zähne wird um so mehr gethan, als dieser Schmuck des Mundes am Manne und am Weibe ausnehmend viel und in begeisterten Worten gepriesen wird[232]), im Gegensatz zu den gescholtenen schlechten, wackelnden, schwarzen Zähnen[233]). Nächst dem Spülen des Mundes und dem Abreiben des Gebisses, wozu man gern Salbei nimmt[234]) ist das Stochern nach der Mahlzeit erwähnt[235]), das aber als unanständig erklärt wird, wenn es mit dem Messer geschieht[236]). Im 15. Jahrhundert wird von den Badern ein Zahnwasser

---

231) *am prangfinger oder (verzeicht mir) am arsfinger der rechten hand, hett er ein ring:* FISCHART Gargantua (1590) S. 229. Dass sonst für den beregten Zweck Stroh oder Heu (Garg. 264. 445) gedient habe, verrät der Name ahd. *wisc,* mhd. *wisch; podiscus arswisc, arswis, arswisch:* STEINM. 3, 73, 32; *anitergium ein wisch, arszwisch:* DIEFENB. 36a, *culistergium arswüsch:* 161c, *podiscus arswisch:* 443c. Für Anwendung von Blättern zeugt der Randreim einer Handschrift des 15. Jahrh., *cum folio cauli culum tu tangere noli, si frangitur kolblat, tibi [der] vinger in ars gat:* DIEFENB. 108c. Die freundliche Deutung des *digitus impudicus, der dritte heizet ungezogen, wande er îlit sich furnemen, suare diu hant reichet, aller êriste er iz pegrîfet:* Genesis in den Fundgr. 2, 14, 11f. Sonst heisst er auch *impudicus lancmâr, langamêr:* STEINM. 3, 72, 5f. *impudicus vel medius lancmâr:* 178, 18.

232) *sîner zande glîz ist wîzer den diu milich wîz:* Genesis in den Fundgr. 2, 78, 1. *rôtes mundes gruoz, mit wîzen zenen harte wol bezinnet:* Minnes. 1, 309a Hagen. *vil rôt ist ir munt, ir zene wîz eben:* Minnes. Frühl. 122, 22f. *von snêwîzem beine, nâhe bî ein ander kleine, sus stuonden ir die liehten zene:* Parz. 130, 11ff. u. s. w.

233) *dens putridus, forrotad tôð:* WRIGHT-W. 1, 81, 42. Erzbischof Tagino von Magdeburg kann wegen schlechter Zähne nicht ordentlich essen: THIETMAR 6, 43. *dentes oblongi moti stant ut ruituri* (bei einem alten Weibe): Ruodlieb 14, 9, S. 285 Seiler. Scheltend werden einem alten Manne *fûle zene* beigelegt: K. V. WÜRZBURG troj. Krieg 33008.

234) Reiben der Zähne mit Salbei ist weit über das Mittelalter hinaus Volksmittel gewesen, ist es wohl jetzt noch; (er habe von einem Salbeistock) *ein blat abgebrochen, darmit seine zähne gerieben mit vermelden die salbey wäre köstlich gut und gesund, machte die zähne und das zahnfleisch gar rein und sauber von allem, das man isset:* Simplicissimus 2, 306 Kurz.

235) *der zadel fuogte in hungers nôt. sine heten kæse, vleisch noch prôt, si liezen zenstüren sîn:* Parz. 184, 7ff.

236) *ir sült die zende stüren niht mit mezzern, als etlicher tuot und als sümlichen noch geschiht; swer des phliget, daz ist niht guot:* des Tanhausers Hofzucht

bereitet und verkauft[237]); früher schon giebt es auch Zahnpulver, bestehend aus gebranntem Marmor, gebrannten Dattelkernen, weissem Glas, roten Ziegeln und Bimsstein, welches alles zusammen zu Pulver gestossen und mit frisch geschorener Wolle oder mit einem Leintuche auf den Zähnen verrieben werden soll. Allerdings stammt der Traktat, der solches, und auch die Ausspülung des Mundes nach dem Essen mit Wein, verbunden mit dem Putzen der Zähne empfiehlt, aus Italien[238]).

Dass die bei vielen Völkern Europas uralte Sitte der Hautmalerei, des Tätowierens, wie sie bei einzelnen Volksklassen noch heute besteht, auch bei den alten Germanen galt, bezeugen die Funde der Tätowiernadeln aus der Bronze- wie aus der Eisenzeit[239]). Allgemein kann diese Sitte aber nicht gewesen, vielmehr nur in den vornehmsten Familien geübt worden sein: das „Königszeichen", wie es noch in einem mittelenglischen Gedichte beschrieben wird[240]), scheint eine solche Tätowierung.

Mit der Reinhaltung und Pflege des Körpers eng zusammen hängt die Behandlung der Leibwäsche und der Kleidungsstücke. Da der Anbau der Gespinnstpflanzen Flachs und Hanf schon gemeingermanisch ist und die Verwendung von leinener Kleidung bei Reich und Arm, besonders gern bei Frauen[241]), in die Urzeiten zurückgeht (vgl. auch Bd. 2, S. 18), so ist für das Waschen leinener Zeuge auch schon eine urzeitliche, wenn auch noch so einfache Technik als ausgebildet anzunehmen, die sich nicht bloss auf Einweichen oder Ausspülen an einem Wasserlaufe beschränkt, sondern bestimmte Handgriffe des Reibens, Drückens und Pressens in sich schliesst, was auch durch die ursprüngliche Bedeutung des eigens dafür geprägten gemeinger-

---

in Haupts Zeitschr. 6, 492, 117 ff. *ritewanzen, jucken, zende stürn* (sind Untugenden): 8, 558, 270.

237) A. TUCHER Haushaltbuch 92 u. ö. *(czeenwasser)*.

238) Mitgeteilt von A. SCHULTZ im Anzeiger für Kunde d. d. Vorz. 1877, S. 189. Zahnbürsten sind im Mittelalter noch nicht vorhanden.

239) vgl. MÜLLER-JIRICZEK nord. Altertumskunde 1, 263. 2, 65. Über das Tätowieren bei den Agathyrsen, Thrakern, Daken, Illyriern, Sarmaten MÜLLENHOFF Altertumskunde 3, 51; bei einzelnen Ostgermanen, bei Britanniern und Picten: SCHRADER Reallexikon der indogerm. Altertumskunde (1901) S. 851 f.

240) Havelok (ed. Holthausen) 601 ff.: *unkeueleden him, and swiþe unbounden, and sône anôn [upon] him funden, als þei tirneden of his serk, on hise riht shuldre a kyne-merk; a swiþe briht, a swiþe fair.* vgl. das *kynmerk* 2143. Anders ist ja das natürliche Muttermal, an welchem z. B. die Crescentia von ihrem Gemahl, Dietrich dem Schwarzen, wieder erkannt wird: Kaiserchron. 12754 ff.

241) *nec alius feminis quam viris habitus, nisi quod feminae saepius lineis amictibus velantur:* TACITUS Germ. 17. vgl. dazu PLINIUS hist. nat. 19, 1 (8): *immo vero Galliae universae vela texunt, iam quidem et transrhenani hostes, nec pulchriorem aliam vestem eorum feminae novere.*

manischen Verbums *wascan* (besprochen oben S. 36) bezeugt wird. Auch das Schlagen der Wäsche mittels eines Bleuels oder einer Schlage scheint uralter Brauch, das Gerät dafür, das noch jetzt nicht ganz vergessen ist, wird in einer Handschrift des 10. Jahrhunderts als *weskin-plûil* erwähnt, später mehrfach hervorgehoben[242]), in einem Holzschnitte des 16. Jahrhunderts (Fig. 55) abgebildet. Diesen Reinigungsgriffen folgt gleichfalls von jeher das Auswinden des Wassers aus dem Waschzeuge, ehe es zum Trocknen ausgebreitet oder übergehangen wird. Das alles wird sich wie später an einem fliessenden Wasser oder einem Brunnen vollzogen haben[242]), oder am Strande der See, wie es in der Gudrun berichtet wird[243]), mit sehr einfachen Werkzeugen, von denen neben dem genannten Bleuel die Unterlage dazu, ein glatter Stein oder ein Brett, und etwa ein Trog[244]) zum Bergen und Aufweichen der gewässerten Wäsche die wichtigsten sind. Natürlich geht daneben auch seit Urzeiten das Waschen im geschlossenen Raume, im Schuppen oder in oder neben dem Kochhause, und mit dem Vorteile des erwärmten Wassers; und später entwickelt sich daher das eigentliche Waschhaus, scheinbar zuerst in Klöstern[244]), so in St. Gallen (vgl. Fig. 23 auf S. 44), wo es neben dem Baderaume angebracht ist und wo das schmutzige Weisszeug der Klosterinsassen gereinigt wird[246]). Das Geschäft des Waschens besorgen hier Brüder, sonst aber ist es Weibersache, und ein ahd. männliches *wesco* bezeichnet den Reiniger schwerer wollener Stücke, den Walker[247]).

Wie früh zu den angegebenen nur mechanischen Reinigungsmitteln chemische treten, mag man an dem bereits S. 47 besprochenen ge-

---

242) STEINM. 2, 745, 21. vgl. dazu *also seh wir oft auf den püeheln ob den pächen, da die weschen waschent, den slag mit den pleueln, ê wir den galm hœren:* MEGENBERG 91, 33 ff. *dâ liefen ȥwên gen im her ûȥ, die begunden im wol erdreschen, daȥ von keiner weschen, diu in der hant ein slagen hât, weder hemd noch niderwât nie sô wol gebluwen wart:* Ges. Abent. 2, 228, 42 ff. *ein hültȥin schlag damit man weschen dût:* elsäss. Gedicht vom Hausrat (ed. Hampe) i 3a. *contus blüwel, wesȥblüwel:* DIEFENB. 148 b.

243) Gudr. 1165, 4. 1208, 4. 1252, 4 u. ö. vgl. auch Anm. 242.

244) ahd. altnord. *trog*, mhd. *troc; alveolus trog, weschetrog:* DIEFENB. 27 a; *büttin, ȥüber,* s. Anm. 251. 252.

245) *in der sêle clôster sol got ünser herre prior sîn . . die engel sont die pfleger sîn, bîhte daȥ wäsch-hûs:* WACKERNAGEL Pred. 51, 8, S. 109.

246) als Wäsche werden genannt Trockentücher, Gewänder und Unterhosen; *lintea cum quibus sibi fratres manus aut pedes tergent, lavent:* Bened. Regel 35 (Glosse *lahhan . . . wasken:* PIPER Nachträge S. 97, 10. 14); *sufficit enim monacho duas tunicas et duas cucullas habere propter noctes et propter lavare ipsas res:* ebd. 55; *femoralia hii qui in via diriguntur de vestiario accipiant; qui revertentes lota ibi restituant:* ebd. (Glosse *pruah . . . kawaskano:* PIPER S. 126, 3. 5).

247) *fullo wesco, weski, wesche, weschar:* STEINM. 4. 66, 6 ff. *fullonum waschare:* 1, 454, 42. *fullo wascari:* 3, 138, 40.

meingermanischen Worte, ahd. *louga*, mhd. *louge* erkennen, das sich gewiss nicht bloss auf die entsprechende Flüssigkeit bei der körperlichen Reinigung, sondern von Anfang an auch bei der des Linnenzeuges bezogen hat. Erwähnt wird die Lauge als solches Waschmittel in den Quellen[248]) weit mehr als die Seife, die sich zwar bereits angelsächsisch für schmutzige Kleider angewendet findet (vgl. oben S. 46, Anm. 53), aber seltener zur Zeugwäsche erscheint[249]), wie denn diese letztere auch recht eigentlich *lougenwesche* heisst[250]). Ein eigenes, vom Auslande her eingeführtes Verfahren dabei meint das mhd. Verbum *biuchen*, *bûchen*, mnd. *bûken*, mnl. *buiken*, ein Fremdwort, welches dem mittellateinischen aus dem Italienischen stammenden

Fig. 55. Sündenwäsche (das Christuskind mit einem Bleuel Wäsche bearbeitend und gemeinschaftlich mit einer Nonne auswindend).
Holzstock aus dem schwäbischen Frauenkloster Söflingen, jetzt im German. Museum.
Vgl. Anzeiger für Kunde der deutschen Vorzeit 1873, Sp. 351.

bucare (fare il buco) entspricht, und auf ein mit Ablassloch versehenes besonderes Waschgefäss hinweist, in welchem die Wäsche wiederholt der Behandlung mit durchgeseihter, immer abgelassener und wieder frisch aufgegossener Aschenlauge unterworfen wird. Solche Behand-

248) *diu louge machet schœne wät, und si selbe trüebe stät:* FREIDANK 127 20 f. Wäscherinnen kaufen Asche von Stubenheizern; *die eschen tuot er tür verkouffen, darumb macht er warm den offen. die wescherin louft mit iren sak und fült in eschen waȥ* (= was sie) *tragen mag:* Teufels Netz 8816 ff. Das ist der *lougsac*, an dessen Stelle auch ein *loug-hafen, loug-stendel (laxistrum lougsack, loughafen, lougstendel, lougansack l. lougenscherb:* DIEFENB. 321 b) treten kann, bestimmt die Asche *ausȥulaugen,* ihr die scharfe Flüssigkeit durch Wasser zu entziehen.

249) *smigma, sepe, dar me cledere mede wasket:* Voc. bei SCHILLER-LÜBBEN 4, 191 a.

250) *het ein grosȥe laugenwesch ins hausȥ:* A. TUCHER Haushaltbuch S. 28 u. ö.

lung mit Lauge gab klarere Wäsche, und so konnte man dieses Verfahren in den Mittelpunkt des ganzen Waschens stellen und das Verbum *bûchen* wie das deutsche Wort selbst gebrauchen[251]). Diesem Laugewaschen folgt das Spülen, mhd. *spüelen*, auf dem Fusse[252]), und darauf, nach dem Ausringen oder Winden (Fig. 55) in Verbindung mit dem Trocknen[253]) das Bleichen, das auf Rasen oder dem Sande des Meeresstrandes geschieht[254]). Fügen wir noch hinzu, dass das Glätten des kleineren getrockneten Zeuges, wahrscheinlich ebenso seit Urzeiten, durch ein Rundholz geschieht, dessen Bezeichnung im altnordischen *mǫndull*, sowie im vereinzelten hochdeutschen *mandel*, *mandelholz* erhalten ist (vgl. Bd. 2, S. 258), und das mit dem darüber gewickelten Zeuge über ein Brett, das *mandelbrett*[255]) hin und her gezogen wird, so haben wir die einfachen Handgriffe bei der altgermanischen und auch noch der mittelalterlichen Hauswäsche wohl vollständig aufgezählt.

Die Enge der mittelalterlichen Stadt ist auf die Entwickelung des Waschwesens nicht weniger von Einfluss, als die Steigerung der Ansprüche, die man im Laufe der Zeit an das Weisszeug macht. Hier verbietet sich für grosse Teile der Bevölkerung das bequeme Waschen an einem Wasserlaufe, das sonst auf dem Dorfe wie auf dem Einzelgute und auf oder in der Nähe der Burg fortgesetzt werden kann, und auch im kalten Winter geübt wird[256]), und man arbeitet auf dem wenig geräumigen Hofe oder in einem nun eigens in die Hintergebäude eingefügten Waschraum, der mit Waschgefässen und einem Kessel oder grossem Topfe (Hafen) für heisses Wasser versehen ist[257]); für die damit gegebene Verfeinerung der Behandlung genügt nun nicht mehr das Hausgesinde, sondern es bildet sich der Beruf der gewerbsmässigen Wäscherinnen aus[258]), welche in die Häuser gehen oder auch

---

251) *ein büttin si* (die *wescherîn* 122) *har vür dô truog vol tuochen* (Leinenzeug), *diu si solte bûchen:* BONER Edelstein 48, 60 ff.

252) *dô der tag ûf brach, den züber ûf ir houbt si nan, und zogte zuo dem bach hin dan, und spuolt ir tuoch:* BONER Edelst. 48, 68 ff.

253) *si hât ir tuoch getrücknet wol:* ebd. 123.

254) *bleichen (wât, sabene, kleit, pfelle)* als technischer Ausdruck neben *waschen:* Gudrun 1189, 2. 1269, 2.

255) Das *mandel-bret* wird noch im oeconomischen Lexicon 1731 Sp. 1500 als in einfachen Haushalten angewendet erwähnt. *I mangelbreth und II mangelholter* in Wismarschen gerichtlichen Inventarien des 15./16. Jahrh.: SCHILLER-LÜBBEN 3, 23 b.

256) vgl. Gudrun 1190, 2 ff. 1196, 4. 1202, 2 ff.

257) *alluta wasche-hafen, wesch-vas, wesch-schaff, wesch-kar, wasch-fas:* DIEFENB. 24 c.

258) *lotrix wascherin, wescherin, weschersche der kleyder* u. ä.: DIEFENB. 337 a; zur Hauswäsche gemietet in Nürnberg: A. TUCHER Haushaltb. 28. 46. gewerbs-

aus den Häusern die Wäsche zur Reinigung abholen, und sie dann bei sich, oder nach alter Sitte auch an Flussläufen innerhalb oder ausserhalb einer Stadt behandeln[259]). Damit in Verbindung steht ein öffentlicher Bleichplatz, der auch den Gewerken der Weber für ihre Waren dienen und mit festen Gebäuden versehen sein kann[260]). Statt des Glättens der Wäsche durch das einfache Mandelholz kommt die Behandlung in einer durch ein Rad in Bewegung gesetzten hölzernen Maschine mit walzenförmigen, über einem Brette laufenden Hölzern auf, die in ihrer Form der mittelalterlichen Kriegsmaschine zum Schleudern von Steinen ähnelt und daher deren Namen, mhd. *mange* (aus mittellat. *manganum*, griech. *μάγγανον*) übernimmt, diesen Namen aber auch, in Erinnerung an das alte Handzeug, die *mandel*, zu *mangel* und *mandel* umformt. Die Erfindung einer solchen Maschine ist wohl nicht vor das 14. Jahrhundert zu setzen und zunächst nicht für die Haushaltung, sondern für das Gewerbe der Weber gemacht, um die fertigen Stoffe zu glätten, auch untergebracht in einem grossen fabrikähnlichen städtischen Gebäude, dem Manghause (vgl. Bd. 1, S. 297 und Anm. 279), wo sie einen ganz bedeutenden Umfang haben kann[261]); kleine Maschinen der Art aber werden bald für einen grösseren Haushalt oder zur mietweisen Benutzung überall nachgebildet, so dass im 15. Jahrhundert die Benutzung für die Hauswäsche in der Stadt und wohl auch vielfach auf Dörfern durchgeführt erscheint[262]).

Für das Reinigen schwerer Wollenzeuge ist die beschriebene Art des Waschens nicht anzuwenden, hier muss Manneskraft und ein ähnliches Verfahren eingreifen, wie bei der gewerbsmässigen Behandlung neu gewobener Tuche, die der Befreiung von dem beim Weben entstehenden Schmutze unterliegen. Auch hier spielt das Wasser die Hauptrolle, daher der betreffende Arbeiter ahd. *wesco*, *wascâri* heisst

---

mässige Wäscherinnen (*weschin*) neben Bierbrauern, Gerbern und Badern am Fischbache daselbst: E. TUCHER Baumeisterb. 230, 30.

259) so in Nürnberg auf der Insel Schütt: A. TUCHER Haushaltb. S. 25. vgl. auch die vorhergehende Anm.

260) in Augsburg mehrere Bleichen (*blaich*) ausserhalb der Stadt, die im Kriege verbrannt werden: D. Städtechr. 5, 252. 293. Gewerbsmässige *blaicher* daselbst: 71. 330.

261) in einer städtischen *mange* zu Nürnberg ist *ein püchen mangprett einer spann dick und 32 schuch lang, zweier schuch vorderlich preite:* TUCHER Baumeisterb. 78, 17.

262) so hat eine Anna von Bockwolde erlaubt *den vrouwen, dat se in demselben* (ihr gehörigen) *have mogen gan, wan se wellen, und drogen dar ere kleder und manggelen dar:* Urkundensammlung der schleswig-holst.-lauenb. Gesellschaft für vaterl. Geschichte Bd. 1 (1839—49), S. 400 (gegen 1485). Anton Tucher in Nürnberg hat grosse Hauswäsche und gibt dafür und *czu mangen 24 ₰* aus: Haushaltbuch 37.

(Anm. 247), soweit nicht ein fremdes lateinisches *lavandarius* umgedeutscht wird, welche Umdeutschung sich aber nicht hält. Der *lavandarius* ist in Klöstern derjenige Bedienstete, der die weissen Kutten der Mönche und anderes weisses Wollzeug zu waschen hat[263]), und das danach gebildete deutsch klingende *lavantari*[264]) scheint als Kunstwort auf frühe Klöster beschränkt geblieben zu sein. Der betreffende Arbeiter führt seine Verrichtung durch Kneten mit den Händen und Treten mit den Füssen aus, nach dem Vorbilde des römischen *fullo*, der dort die vorwiegend getragenen weissen Wollenzeuge reinigte; auch durch Bearbeitung mit Karden, worauf das bei Tatian als Übersetzung des *fullo* der Vulgata erscheinende *ȥêsalâri* hinweist[265]), denn *ȥeisal* heisst im Althochdeutschen die Weberkarde[266]). Aber solche Reinigungen sind später dem Gewerbe der Walker und ihren schon früh ausgebildeten technischen Anstalten, den Walkmühlen, zugewiesen worden und schwinden damit aus den Hausverrichtungen. Dass der Walker in der Ausübung seines Gewerkes von den Römern abhängt oder gelernt hat, bezeugt neben seinem deutschen der fremde Name, wie er in mhd. *vuller*, angelsächs. *fullere*[267]) als Lehnwort aus *fullo* auftritt. Der Gote hatte einst das griech. γναφεύς einfach durch *wullareis* übersetzt[268]), und damit allgemein nur einen Wollarbeiter hervorgehoben.

Für die trockene Reinigung der Kleider wird die Bürste erst spät angeführt. Der Name des nur hochdeutschen Wortes lehrt seine Herstellung aus den Borsten des Schweines; bezeichnend aber, dass das Gerät seit dem 12. Jahrhundert, wo es zuerst erscheint, noch auf

---

263) *lavandarius, lavander, lavanderius, lavandarus, servus pannis eluendis addictus:* Du Cange 5, 39a.

264) *fullonis lauantaris:* Steinm. 1, 450, 30. Dazu eine nicht zu deutende Nebenform *ladantari; fullonum ladantaro, lauentere, fullonis ladantenaris, lauantarares, lauintaris, fullo ladantari:* 454, 42 ff. *fullo l. lauentarius ladentare, lauindrar, wascari l. lauendare, lauandrari, welkere vl. lauandrari:* 3, 138, 38 ff. *fullo lauendari, lavendar, wesco, lauendarii, laventari vel weski, walkari lauendarii, lauendari, walker:* 4, 66, 6 ff. Die schwankende Überlieferung des Wortes macht den Eindruck, als ob es von den Schreibern überhaupt nicht recht verstanden sei.

265) *sînu giwâtiu wurdun wîȥu sô snêo, drâto wîȥu inti scînaftiu, sulîchu sô cêsalâri obar erdu ni mag wîȥu tuon (vestimenta autem eius facta sunt alba sicut nix, splendentia candida nimis, qualia fullo super terram non potest candida facere):* Tat. 91, 1.

266) *carduus ceisala:* Steinm. 1, 408, 32. *calcatrippa ȥeisala, ȥeisale, ȥeisal, ȥeisela:* 3, 105, 6 ff.

267) mhd. *fullo vulre, volre, vller, vulerde:* Diefenb. 251a, vgl. auch DWB. 4, 1, 513. angelsächs. *fullones, fulleres:* Wright-W. 1, 112, 4.

268) *wastjôs . . swaleikôs swê wullareis ana aírþa ni mag gahweitjan (οἷα γναφεὺς ἐπὶ τῆς γῆς οὐ δύναται λευκᾶναι):* Marc. 9, 2.

lange hinaus nur als Kopfbürste bezeugt ist[269]) und erst viel später (vgl. Anm. 271) als Kleiderbürste erwähnt wird, obwohl handwerklicher Gebrauch der Bürste, beim Bearbeiten des Flachses, durch das Verbum *bürsten* sich bereits im 13. Jahrhundert offenbart[270]). In jedem Falle steht durch die sprachlichen Verhältnisse fest, dass die Sache eine deutsche Erfindung ist, die sich nach dem Auslande verbreitet hat. Der romanische Name aber, franz. *brosse*, span. *broza*, *bruza*, zusammengehalten mit der gleichlautenden Bezeichnung des Heidekrautes und des kleinen Gestrüppes, zeigt, dass man vor Verwendung der Schweinsborsten zum Reinigen und Glätten von Wollgewebe ein Gebinde aus solchen Pflanzen benutzt hat. Das italienische *scopa* und *scopetta* für Bürste bestätigt diese Vermutung; und so darf man wohl selbst für den ahd. *besamo*, mhd. *besme, besem*, angelsächs. *besma*, eine ähnliche Verwendung voraussetzen[271]), wenn er in entsprechend kleiner Form (neben dem grossen Kehrbesen, ahd. *ker-besamo*, mhd. *kerbesme*[272]) gearbeitet worden ist. Der Gewerksmann, der Bürsten fertigt, ist seit dem 15. Jahrhundert als *bürsten-binder* bezeugt[273]). Die Bürste, wie sie als Gerät für das Kopfhaar in einer Rätselfrage derselben Zeit geschildert wird, erscheint ganz wie heute, mit Stiel oder Handgriff versehen[274]).

Auch Behandlung und Reinigung des Bettes und des Bettzeuges hängt eng mit der Körperpflege zusammen. Wie das deutsche Bett seit Urzeiten beschaffen und aus welchen Teilen es besteht, ist im ersten Buche ausführlich geschildert worden (vgl. Bd. 1, S. 56. 111.

---

269) Mhd. *burste* und *bürste*, Grundform *burstjâ*, ist Zugehörigkeitsbildung zu ahd. *borst*, *burst* (auch fem. *bursta, seta:* STEINM. 2, 494, 32. 558, 59), das besonders die Rückenhaare des Schweins, aber auch die Stacheln des Igels (*den igel mit allen sînen bursten:* BR. BERTHOLD 349, 35) bezeichnet. Die erste Erwähnung des Geräts Himilrîche 278 (s. die Stelle Anm. 122), nachher mehrfach, *setistrum, instrumentum ad ornandum crines ein burste, pursten*, *perste:* DIEFENB. 531 b; *ich sag uch von den bürsten vor, damit slichten si daz hor:* KÖNIG V. ODENWALDE 9, 73 f., S. 71 Schröder. *si wend sich och uff mützen und gasten mit flechten, bürstan* (Verb.) *und snuoren:* Teufels Netz 12192 f.

270) *sumliche muosten spinnen und bürsten ir den har:* Gudrun 1006, 1. Später lobt der König vom Odenwalde die Verwendung der Schweinsborsten bei Schustern, Webern, Malern, Goldschmieden und zur Reinigung von Gläsern: 9, 75 ff., womit die Fassung derselben in Pinsel- und Bürstenform angedeutet ist.

271) vgl. dazu die Glossen *scopula pesmel, hæsz- o. gewandbürst:* DIEFENB. 519 b.

272) *verriculum kerebesemo, keribesmo, kerbesimo, cherbezem:* STEINM. 3, 170, 43 f. *verris vel verriculum kerebesemo:* 211, 27. mhd. *kerbesemen und flegele:* Wachtelmaere 105.

273) *setarius burstenbinder:* DIEFENB. 531 a.

274) *ist zapffen lanck und füllt die hant, und wechst aus der heut und sticht die leut; die junckfrawen kunnens nit entperen, die frawen habens auch geren*, mit der Auflösung *ein purst:* MONE Anz. f. Kunde d. Vorz. 8, 319.

173. 262. 370); hier soll nur von der Unterhaltung desselben die Rede sein.

Die Behaglichkeit, die man in urgermanischen Zeiten auf das Lager, namentlich auf das Nachtlager verwendete, lässt sich in Einzelheiten natürlich nicht kennzeichnen, sie wird aber nachgewiesen einerseits durch die bezeugte Freude der Vornehmen an Müssiggang und Schlafen[275]), andererseits durch den Sinn für Reinlichkeit und Zierlichkeit, der das ganze Volk bis in die niederen Schichten durchzieht. Dem Ruhenden dient als weiche Unterlage, wie schon früher angegeben, mancherlei, Felle, Tierhaare, Federn, besonders die der Gänse, auch, für niedere Kreise oder in Notfällen selbst für höhere, Heu und Stroh. Diese Gegenstände mit Sorgfalt auf einem besonderen Gestell auszubreiten und zu schichten[275b]), muss schon in Urgermanien Brauch gewesen sein, doch nicht alleiniger; man bereitet auch auf der Erde ein solches Lager, nicht nur in Fällen der Not, sondern nach gesellschaftlicher Sitte und Gewohnheit, namentlich gegenüber Gästen, so wenn der Heldenschar des Beowulf und ihm selbst in einer Königshalle am Boden gebettet wird (vgl. Band 1, S. 57), oder wenn viel später, ein Zeichen uralten fortdauernden Brauches, nach mehrfachen Berichten der Besuch beim Herdfeuer auf Stroh und darüber gebreitetem Bett schlafen muss[276]). In Bauernkreisen ist auch das Nachtlager in Heu- und Strohhaufen natürlich altbezeugt. In dem Leben des Johannes von Gorze (10. Jahrh.) wird erzählt, wie in einem Bauernhofe bei den Eltern eines jungen Priesters Besuch einfällt, wie man schmaust und wie dabei die einbrechende Dunkelheit den Rückweg unmöglich macht, so dass die Gäste zum Übernachten einen Heuhaufen im Stadel aufsuchen, denselben, auf dem zufällig schon vorher der junge Priester eingeschlafen ist[277]); ein Tagelied Steinmars lässt Bauernknecht und Magd sich zu verliebtem nächtlichem Thun im Stroh zusammenfinden[278]).

Von der letzteren Art des improvisierten Strohlagers abgesehen, ermangelt keine Lagerstatt der Bettwäsche, wenigstens des notwendigsten Stückes derselben, des Betttuches. Der Umstand, dass alle Kleider in der Regel nur Tageskleider sind, und man sich nackt zu Bette legt, macht die Überdeckung des Strohes mit einem Laken zur Ab-

---

275) *quotiens bella non ineunt, non multum venationibus, plus per otium transigunt, dediti somno ciboque:* TACITUS Germ. 15.

275b) vgl. ahd. *lectisternium pettistrewi:* STEINM. 3, 618, 66, *bettistrou:* 620, 11; mhd. *stramentum bethstrohe, betstrouw:* DIEFENB. 554c.

276) Erec 380ff. Ges. Abent. 2, 324, 338ff. Schlafen des Gesindes an der Feuerstatt: ebd. 354, 60. vgl. auch Bd. 1, S. 174. 267.

277) Vita Johannis Gorziensis Cap. 51, in den Mon. Germ. Scr. 4, 351.

278) Minnes. 2, 157a Hagen.

wendung des Stachelns, und die eines Bettstückes zur Schonung des letzteren und der Reinlichkeit wegen, unbedingt notwendig: und die älteste hochdeutsche Form des Wortes Leilachen, die sich an ahd. *lîh* Leib anlehnt[279]), zeigt, wie es ursprünglich gemeint ist, als Schutzdecke unmittelbar um den Körper. Die ahd. Form *lînlahhan*, mhd. *lînlachen* ist demgegenüber nur als Umdeutung anzusehen, die den Stoff, aus dem die Decke meist gefertigt wurde, hervorhebt[280]); aber man bediente sich auch lederner und wollener solcher[281]) und selbst seidene werden genannt[282]). Die Quellen ermangeln nicht, die Überdeckung des Strohes oder Bettzeuges mit dem Leilachen hervorzuheben[283]), und wo es fehlt, tritt wenigstens ein weissgewaschenes Hemd an seine Stelle[284]). Ohne Leintuch zu schlafen ist Zeichen geistlicher Enthaltung[285]).

Eine andere Weise, das Stroh als Lager zu verwenden, ist, dass man es in einen Sack einfüllt; und in Gegenden, wo Stroh seltener ist, hat man seit je, wie jetzt noch, trockenes Laub dafür genommen[285 b]), anderswo Spreu (vgl. Bd. 2, S. 61). Der *strousac* wird erst mhd. genannt, obwohl er bereits als *torus* den Römern bekannt ist. In den Kreisen der Bauern und der armen Leute benutzt man ihn vielfach ohne Leintuch[286]), in besseren bildet er nur den Unterteil des Bettwerkes, auf dem man ruht.

---

279) *linteamina lîhlahcan, lîlachin, lîhlahhan sive lînwat:* STEINM. 3, 618, 49 f. Noch im 12. Jahrh. *undurft ist in lîhlachen jouh dere badelachen:* Himilriche 281.

280) *linteamen vl. lena lînlachen:* STEINM. 3, 621, 14. Die ahd. mhd. Form *lîlachen* kann auf *lîch-* oder *lîn-lachen* zurückgehen.

281) vgl. Band 1, S. 266, wo auch noch mehrere Nachweisungen über Leilachen und Bettwerk. Die Gräfin Margarete von Hanau bittet 1499 in einem Briefe ihren Vater, *daz ir mir geben wollent wysz wullenduch zu lylachen:* STEINHAUSEN Privatbriefe 1, 337.

282) *diu lînlachen sîdîn:* Herzog Ernst 2603 Bartsch. *zwei lîlach sîdîn*: Frauendienst 348, 17.

283) *si geleisten wol ein reine strô; dar über genuogte sî dô eines bettes âne vlîz; daz bedaht ein lîlach wîz:* Erec 382 ff.

284) *lîlachen was dô fremde; ein niwewaschen hemde sîn swester Gotelint dô swief über daz bette dâ er slief:* Meier Helmbr. 1043 ff.

285) *linteis vero pro stragulis minime uti concessum est; sed a quibusdam minus religiosis caeteris superfluis id additum est:* RICHER hist. libr. III, 40 (M. G. Scr. 3, 616).

285 b) In einem Inventar des Hinterhofes zu Baden in der Schweiz von 1435 werden aufgezählt *26 loubsak:* Anzeiger für schweiz. Altertumskunde 1900, S. 49.

286) so schläft eine Wäscherin *ûf ir strousac:* BONER Edelst. 48, 129. Eine Dirne, die den Werber *niht zuo zir ûf den strousac lât:* STEINMAR XI, 1 (Minnes. 2, 158 a Hagen). *stramentum strosack:* DIEFENB. 554 c. *strapodium strosack, strowsack, strouwsac* u. ä.: 555 a. Auch im Meier Helmbrecht ist gedacht, dass man für gewöhnlich auf blossem Strohsack schläft, und nur dem bevorzugten Gaste ein Federbett gibt, vgl. Anm. 284.

Endlich ist es eine, besonders in geistlichen Kreisen geübte, und wie der Name lehrt, aus dem römischen Altertume überkommene Art, Langstroh oder auch Binsen zu dicken Decken zusammenzuflechten und so zum Nachtlager zu benutzen. Die Ordensregeln gebieten das Schlafen auf der Strohmatte, mit einem Leintuche überdeckt[287]), und selbst strenge höhere Geistliche verfahren nicht anders, höchstens dass sie sich für das Haupt ein Federkissen gönnen[288]). Später erscheint die Matte auch in weltlichen Wirtschaften als dürftige Unterlage für einen Schlafenden in verschiedener Umgestaltung des Namens[289]).

Von den mancherlei Bettstücken, die zur Erzielung eines weicheren Lagers über das Strohgebreite gelegt werden, sind die häufigsten die mit Federn gefüllten, die darum auch seit früher Zeit Betten im engeren Sinne, neben dem verdeutlichenden Federbett heissen[290]). Aber auch die Benennung Polster und das aus lat. *pulvinus* entstandene Pfühl, ahd. *pfulwî*, mhd. *pfulwe*, *pfülwe*, gehen auf keine andere Füllung (vgl. Bd. 1, S. 57. 112 f.), höchstens können wir uns bei dem Fremdworte vorstellen, dass man nach römischem Vorbilde eine sorgfältigere Auslese der Federn und straffere Stopfung angewendet und das so hergestellte Bettstück mit dem Namen von Rom her versehen habe. Derselbe wird eine westgermanische Entlehnung aus den ersten christlichen Jahrhunderten darstellen[291]). Auf Haare oder Wolle deutet das mittellateinische *matratium*, mhd. *matraz*, *matras*, das erst viel

---

287) *stramenta autem lectorum sufficiat matta, sagum et lena et capitale:* Bened. Regel 55; weitere Bestimmungen bei DU CANGE 6, 554c unter *psiatium*. Der St. Gallischen Übersetzung der Ben. Regel ist das lateinische Wort noch ungewohnt, sie übersetzt es mit *filz* (d. i. Geflecht, Gewebe), aber bald bürgert es sich als *matta, madda, mattha* ein, vgl. GRAFF 2, 658.

288) *nam stratus numquam regulam commutavit, ut plumam sibi ullatenus praeter capiti tantum substerni permitteret:* Vita Johannis Gorziensis 85 in den Mon. Germ. Scr. 4, 361. *in mollitia plumatii non dormivit, sed psiathio et sago aut tapetiis suppositis requievit:* Gerhardi Vita S. Oudalrici Episc. 3, ebenda 4, 390. Auch Laien schlafen wohl so, vgl. Bd. 1, S. 113, Anm. 62.

289) *matta matte, mat, matz, matzen, math o. nath:* DIEFENB. 351c. Die Form *matze* ist oberdeutsch seit dem 14. Jahrh. recht verbreitet; *ir cleider worent usser loube und grase gemaht also questen und matzen:* D. Städtechr. 8, 317, 16f. *under denen* (Armen) *was einer, der het numen ein matz, und leit die halb under sich, und die ander halb über sich, wann es was vast kalt und winter.* KEISERSBERG Bilg. 67c. *ein ströwmatzen . . dar uf soltent wir schlafen:* schweiz. Geschichtsfreund 8, 231 (v. 1498).

290) ahd. *culcita fedarbetti, vederpett, petti, peti:* STEINM. 3, 618, 53. *culcitus petti:* 623, 42 u. ö. ags. *culcita, bedde:* WRIGHT-W. 1, 521, 9.

291) ahd. *pulvillos phuluvui, phulavui, phulawa, phuliwi:* STEINM. 1, 644, 11 ff. 2, 183, 60f. u. ö. *plumatium fulwili:* 3, 620, 2. ags. *pulvillus, pyle:* WRIGHT-W. 1, 267, 42. *pulvinar, pyle:* 328, 3.

später aus dem Oriente über Frankreich eingedrungen ist[292]). Durch derlei Stopfungen sind die verschiedensten, grossen und kleinen Kissen und Unterbetten für den Körper, das Haupt und die Wangen hergestellt[293]), derart, dass das Feder- oder andere Material eine sackartige Hülle umgiebt, die im Mittelhochdeutschen, namentlich wo es sich um Federn handelt, *vederiht*, *vederich* oder auch *inguʒ*, *inlâʒ* heisst[294]), — Namen von ganz durchsichtiger Bedeutung — und die zur Aufnahme der Füllung zuerst inwendig mit Wachs bestrichen wird, auf dass Federn oder Haare nicht durchstechen; wofür im Mittelhochdeutschen die technische Bezeichnung *wahsen* und *wihsen* gilt[295]). Die Hülle ist meist von derbem leinenem Gewebe, aber es giebt auch solche von Leder und in den vornehmsten Häusern von köstlichem Stoff, Sammet und Seide[296]). Zur Schonung und grösseren Reinlichkeit wird das Bettwerk, soweit es nicht, wie das Unterbett, durch das übergebreitete Leilachen geschützt ist, mit einem waschbaren Überzuge versehen, ahd. *ʒiecha*, mhd. *ʒieche*, mnl. *tieke*, verdeutlichend *bettiʒiecha*, *betteʒieche*, ein Name, der nur umgedeutscht ist, insofern man bei ihm an das Verbum ahd. *ʒiohan*, mhd. *ʒiehen* dachte, eigentlich aber dem griech.-lat. *θήκη*, *theka* entstammt und wohl zu gleicher Zeit mit *pfulwî* (oben S. 100) entlehnt und der hochdeutschen Lautverschiebung unterworfen wurde. Das Wort ging auch auf das überzogene Kissen selbst über[297]).

---

292) vgl. Bd. 1, S. 257. *matracium sive filtrum de lana ovina:* DU CANGE 7, 608 b. *quoddam stratum ex lana confectum, quod vulgo vocant matracium:* 5, 306 a.

293) Das Wort Kissen, ahd. *kussîn, kussî, chussî*, mhd. *küssîn, küssen, küsse*, ist aus dem Romanischen eingedrungen, und geht wie das mittellat. *cussinus*, zunächst auf franz. *coussin*, ital. *cuscino* zurück, das auf ein Diminutiv von lat. *culcita*, in der angenommenen Form *culcitinum* weist. Es ist gedacht als Sitzunterlage für Bank und Stuhl, oder als Lager für den Kopf, und unterscheidet sich von dem längeren Pfühle auch in den mancherlei Zusammensetzungen, wo ahd. *phulwî* nicht das ganze Unterbett, sondern nur das für einen Teil des Oberkörpers meint; *houbitphulwî capitale*, *halsphulwî cervicale*, aber *ôr-kussi*, *wanga-kussî* (GRAFF 3, 336. 4, 524).

294) über *vederiht*, *vederich* vgl. D. Wb. 3, 1401. SCHMELLER bair. Wb. 1², 691. *nuwe federiten oder ingüsse ʒû betten, phulwen und derglichen dingen . . joch ʒiechen darüber:* Basler Rechtsquellen 1, 112 (v. 1427). Zu *inlâʒ*, niederd. *inlât*, verderbt *inlet* s. D. Wb. 4, 2, 2122.

295) *cerare wahsen, wechsen, wychsʒen:* DIEFENB. 113 c.

296) *einen lederyn pfol:* Anz. für Kunde d. d. Vorz. 1871 Sp. 13 (v. 1410). *dat bedde sachte ende wît, die tieke was ein samît, wale gedûcht* (gestopft) *mit vederen, die ander tieke lederen, vele weic ende vast:* H. V. VELDEKE En. 1275 ff. *diu ʒieche guot sîdîn:* Lanzelot 4158. *bette . . mit phellînen ʒiechen:* Kindheit Jesu 1155.

297) Für das gewöhnliche ahd. *ʒiecha* steht *ʒomentum ʒeicha:* STEINM. 4, 239, 31. Dass *ʒieche* nicht bloss den waschbaren Überzug, sondern auch den mit Federn gefüllten Sack bedeuten kann, erhellt aus der in Anm. 296 mitgeteilten Eneitstelle.

Als Zudecke des Schlafenden auf solchem Lager dienen, in alter Zeit wohl ausschliesslich, und in späterer vielfach, nicht Bettstücke, sondern Teile des Gewandes, besonders Oberkleid und Mantel, ferner eigene grosse Decken, deren ältere und neuere Namen Band I, S. 112 f., 266 f. aufgezählt sind. Kommt in späterer Zeit ein eigentliches Deckbett auf[298]), so erhält es eine waschbare Zieche, wie die Kissen. Und es ist eine der hauptsächlichsten Sorgen jeder guten Haushaltung, dass die Bettwäsche allezeit rein, weiss und in Ordnung sei[299]). Bettungeziefer, Wanzen und Läuse, wird nur bei unsaubern armen Leuten angetroffen[300]); den Angriffen des schnellfüssigen Flohs entgeht auch das feine und reiche Bett nicht[301]).

Zu der freudigen Pflege des Körpers durch reichlichen Schlaf, wie diese bereits in Urzeiten den Germanen zugeschrieben wird[302]), gesellt sich die Lust an reichlicher Nahrung durch Speise und Trank, ebenfalls bereits alt bezeugt[303]), und durch alle Jahrhunderte gehend. Ausgibigen Schlaf fordert ebensowohl die körperliche Anstrengung wie das Klima, das auch eine reichliche Nahrung bedingt; was aber die Freude am Trunk betrifft, so darf nicht übersehen werden, dass die alten fremden wie auch die einheimischen Nachrichten darüber stets in Verbindung mit grossen Gastmählern, also in Ausübung repräsentativer Pflichten oder weitgehender deutscher Gastfreundschaft be-

---

298) älter als *deckbet* (Bd. 1, S. 267, Anm. 169), mnd. *deckebedde (2 bedde, 1 deckebedde, 5 inlêde:* SCHILLER-LÜBBEN 2, 367 b) ist *vederwât*, das freilich auch das Unterbett bezeichnet; *das best fäderwatt ohn eins vierzöpffig* (vierzipflig; Abgabe beim Todesfall): Weist. 1, 656 (Oberelsass v. 1384)*; die vederwât was dünne:* Hätzlerin 45 a, 14. mnd. *vedderwant:* SCHILLER-LÜBBEN 5, 218 b.

299) Über die Sorgfalt bei der Behandlung der Wäsche, namentlich auch der Bettwäsche in grossen Haushalten unterrichten Bestimmungen wie *er* (der Küchenschreiber) *sal alle bethpfulfen, küssen, lylachen, küssenziechen, pfulfeziechen, beltzdecken, decklachen, deckdücher, brodtücher und handtzwelen in seinen bevelh haben und nymants weisz lylachen, küssen- oder pfulfeziechen, brodtücher oder handtzwelen liebern, er gebe ihme dan vor das schwartz. und szo er das swartz gerede* (Zeug) *weschen wil laszen, sal er der keszmutter solchs stuckweisz darzelen und eygentlich uffschryben, wie vhile iglichs gewest sey, und szo es geweschen und drocken gemacht ist, widder von ihr geholt innehmen, und szo solche anheben zu brechen, die in der zeith placken und besszern laszen, eher sie gar zureisszen und brechen:* MICHELSEN Mainzer Hof 29*: sie* (die Käsemutter) *und die viehemeydt, szo es zeith ist, sollen leylachen, brodttucher, handtzwelen, pfulff- und küssenziechen von dem küchenschryber gezelt nehmen, solchs mit vhleiss und reyn weschen, drucken, und dem küchenschryber widder lybern:* 41.

300) Hätzlerin S. 25 b. 45 a.

301) *diu vlôch* in dem weichen Bett der Äbtissin: BONER Edelst. 48, 18 ff.

302) *e somno, quem plerumque in diem extrahunt:* TACITUS Germ. 22. *dediti somno ciboque:* 15.

303) Die Zeugnisse gesammelt bei MÜLLENHOFF Altertumskunde 4, 338 f. 349 f.

richten. Solche deutsche Zusammenkunft stellt von jeher aber keineswegs ein wüstes Saufen dar, wie man aus den Worten des Tacitus und anderer hat schliessen wollen[304]), sondern eine Geselligkeit, bei der sehr ausgebildete Vorliebe auch für Gesang und mimische Vorstellungen, sowie feststehende Trinksitte[305]) eine behagliche Stimmung schaffen, die man in dem Vergnügen über das fröhliche Beisammensein gern in die Nacht hinein verlängert, die auch durch reichlichen Genuss ausarten kann, und sicher mannigfach ausgeartet ist, aber nicht ausarten muss. Die einheimischen Quellen geben darüber verlässlichere Auskunft als die fremden[306]). Und es wird hervorgehoben, wie der tüchtige Mann sich auch beim Trinkgelage zu zügeln weiss[307]). Im allgemeinen müssen wir uns den Germanen in seinem täglichen Leben und von dem Falle der Gastereien abgesehen, als nüchternen Menschen vorstellen, der zur Stillung seines Durstes wesentlich Milch und Wasser verwendet, dem das ausserdem etwa genossene Hausgetränk, das hopfenlose Bier und der Met, den Kopf kaum benebeln kann, und der Obst- und Beerenwein nicht in den Mengen gewinnt, dass dieser den gewöhnlichen Trunk bilde. Und so lange der Traubenwein ein Importartikel bleibt (Bd. 2, S. 358), ist er doch nur den wenigsten zugänglich; das ändert sich erst mit dem Aufkommen des heimischen Weinbaues und der Bierindustrie, welche beide solche geistigen Ge-

---

304) *diem noctemque continuare potando nulli probrum:* TAC. Germ. 22. vgl. dazu *adversus sitim non eadem temperantia. si indulseris ebrietati, suggerendo quantum concupiscunt, haud minus facile vitiis quam armis vincentur:* 23. Das kann nur darauf gehen, dass die Römer durch Verabreichen ihres schweren Weines bei Gastereien an die dieses Getränk nicht gewöhnten Germanen dieselben trunken machten und sie so zum eigenen Verrat ihrer Geheimnisse brachten, wie in der That einmal Crassus gegen Bastarnen verfahren ist, vgl. DIO CASSIUS 51, 24.

305) Die Sitte, vor und nach jedem Gange des Essens einen Becher Wein zu trinken, wie sie PRISCUS (315, 7 ff. Dindorf) am Hofe des Attila schildert, kehrt wieder im Ruodlieb XI, 24 ff. Seiler: *fercula post multa post pocula totque secuta tunc hera poscit aquam, camerarius attulit illam. ad mensas quasque summo jubet hanc dare cuique. posthinc pincernę passim potum tribuere.*

306) vgl. die ausführliche Schilderung von Gastmälern, durch Gesang, Gespräch, Erzählungen, Vortrag, Überreichung von Geschenken u. a. gewürzt, Beow. 491 ff. 1009 ff. 2017 ff. 2105 ff. Schilderung der Hochzeit von Kana in heimischer Ausmalung Heliand 1996 ff. Wenn in der angelsächs. Judith 15 ff. das Mahl welches Holofernes seinen Leuten gibt, etwas wild geschildert wird, so ist das nur in genauer Anlehnung an den Bibeltext (Judith 12, 21 ff.) geschehen. Das Part. *druncen* Beow. 531. 1232 u. ö. hat nicht den harten Sinn unseres trunken, sondern nur den ‚getrunken habend, beim Weine weilend'.

307) Im Beowulf 2180 f., wo ausdrücklich die Vermeidung von Streit beim Gelage als Zeichen anständiger Gesinnung erwähnt wird *(dreáh æfter dôme, nealles druncne slôg heorð-geneátas)*. Allerdings geht es bei Gelagen nicht immer sehr friedlich her, wie das ags. Gedicht *bî manna wyrdum* 48 ff. (Grein 1, 208) erzählt.

tränke auch dem kleineren Manne leicht zugänglich machen, und dadurch das Laster ausbilden, über das Luther ein so herbes Urteil fällt[308]). So sind auch erst in späterer Sprache deutsche Namen für einen Gewohnheitssäufer recht emporgekommen, obwohl sie schon im Gotischen nicht ganz fehlen[309]).

Für die Pflege des Körpers durch ein vernünftiges Leben in Reinlichkeit und Achtsamkeit auf Speise, Trank, Luft und Bewegung haben sich Gesundheitsregeln ergeben, die teils auf praktischen Beobachtungen beruhen und sozusagen volksmässig sind, teils aber auch den Niederschlag gelehrter, medizinischer Lehren bilden. Die erstere Art gehört der uralten gnomischen und sprichwörtlichen Dichtung an, wie diese in Form von Gedenkversen durch alle deutschen Stämme läuft und sich auf das praktische Verhalten in den verschiedensten Lebenslagen erstreckt; es sei nur auf die verschiedenen Reihen gnomischer Verse der angelsächsischen Literatur, für Skandinavien an Hâvamâl und Lođfâfnismâl, für das deutsche Mittelalter an die Lehrgedichte, die Hof- und Tischzuchten hingewiesen. In ihnen werden verhältnismässig am wenigsten Vorschriften über Reinlichkeit gegeben, da diese für den alten Deutschen sozusagen selbstverständlich ist: Hâvamâl erinnert daran, dass auch der Mann, der über reiche Kleidung nicht verfüge, doch in ihr geordnet und gewaschen zur Volksversammlung reiten soll, und die mhd. Zuchtgedichte fordern reine Hände bei Tische[310]). Auch über das Mass des Essens gehen solche Lehrverse schneller hinweg. Ein angelsächsischer betont, dass zur Unterhaltung der Körperkraft Speise nötig sei und dass Enthaltung

---

308) in der Auslegung des 101. Psalmes (Werke, Jenaer Ausgabe 1557, S. 167a): *es mus aber ein jglich land seinen eigen teufel haben, Welschland seinen, Franckreich seinen, unser deudscher teufel wird ein guter weinschlauch sein, und musʒ Sauff heisʒen, das er so dürstig und hellig ist, der mit so grosʒem sauffen, weins und biers, nicht kan gekület werden, und wird solcher ewiger durst, und Deudschlands plage, bleiben (hab ich sorge) bis an den jüngsten tag.*

309) Ulfilas übersetzt das griech. *οἰνοπότης* Luc. 7, 34 durch *wein-drugkja*, das harte *πάροινος* 1. Tim. 3, 3. Tit. 1, 7 aber durch *weinuls*, das ganz wie eine gewöhnliche gotische Bildung aussieht. In den späteren Dialekten, ahd., ags., mhd. treten besonders geprägte Ausdrücke für den Trunkenbold zunächst nicht hervor; ahd. *swelgo*, mhd. *swelhe* und *swelh* beziehen sich allgemein auf den Schlinger und bedeuten sowohl Fresser wie Säufer, erst im mnd. kann *sûper* und *sûp-ût* für Trunkenbold belegt werden (SCHILLER-LÜBBEN 4, 477). Dieses letztere, mhd. *trunkenbolt*, sieht wie eine spätere mhd. Neubildung aus, die bei REINMAR VON ZWETER *(her trunkenbolt, her trunkenslunt, sus heiʒt er wol von wîben und von mannen:* S. 467, no. 111 Roethe) wie es scheint, zuerst begegnet, nachher mehrfach.

310) vgl. Hâvam. 61. *merket, als ir ʒe tische gât, die hend niht ungetwagen lât:* Haupts Zeitschr. 7, 174, 11 f.

von ihr Krankheit bringe[311]); umgekehrt wird im Hâvamâl vor Übermass im Essen gewarnt[312]), während Wernher von Elmendorf ermahnt, mit Schwelgern nicht zu essen, und sich bei Stillung des Hungers nur nach der Natur zu richten[313]), ein Rat, der sich wieder mit der Anschauung im Hâvamâl 21 (vgl. Anm. 312) deckt. Aber überaus häufig sind die Warnungen vor Völlerei im Trinken. Sie entspringen zuerst einer rein praktischen Erwägung: man weiss seit den ältesten Zeiten, welchen Vermögensschaden die Unüberlegtheit, die mit der Trunkenheit verbunden ist, bringt und wie sie dem Ansehen und der Würde des Mannes schadet, alles Momente auf die der alte Deutsche den grössten Wert legt[314]); erst später spielen die Vorstellung der Sünde, und auch ästhetische Gründe mit ein[315]).

Seit dem Aufblühen der 1150 und 1196 gestifteten medizinischen Schulen zu Salerno und Montpellier und dem damit erfolgenden Emporkommen eines eigentlichen fachmässig durchgebildeten weltlichen Ärztestandes auch in Deutschland (wo bisher die Heilkunst meist empirisch von Frauen, wissenschaftlicher schon von Geistlichen geübt worden war) dringen die Vorstellungen von einer ins Einzelne gehenden Prophylaxe und Körperpflege auf Grund der Vorschriften älterer und jüngerer ärztlicher Autoritäten nach und nach in alle Volksschichten ein. Schon vorher hat eine wissenschaftliche Litteratur, welche die Lehren des Altertums fortpflanzt und von der uns manches übrig ist (unten § 3), die Gebildeten über Diät, Bewegung, Bäder und Luft unterrichtet, und auf *der arzâte buoch, diu arzâtbuoch (arzinbuoch)* wird bei Dichtern hingewiesen[316]); später werden solche Lehren auch in

311) *mægen mon sceal mid mete fêdan:* vers. gnom. 115 (Grein, Bibl. 2, S. 343); *seóc se bið, þe tô seldan ieteð:* 112.

312) *grâdugr halr, nema geðs viti, etr sêr aldrtrega; opt fær hlægis, er með horskum kemr, manni heimskum magi:* Hâvam. 20. *hiarðir þat vitu, nær þær heim skulu, ok ganga þâ af grasi; en ôsviðr maðr kann ævagi sîns um mâl maga:* 21.

313) *mit in ezzen saltu lâzen; is inhât keine fûge; icz und trinc daz dir dî nâtûre genûge:* Haupts Zeitschr. 4, 309, 894 ff.

314) wie trunkne Bastarnen ihre Geheimnisse ausschwatzen, vgl. Anm. 304. Rückgang des Vermögens und Rufes beim Trinker, *sum sceal on beóre þurh byreles hond meodugâl mæcga; þonne he gemet ne con gemarcian his mûðe môde sîne, ac sceal ful earmlîce ealdre linnen, dreógan dryhtenbealo dreámum bescyred, and hine tô sylfcwalc secgas nemnad, mænað mið mûðe meodogâles gedrinc:* bi manna wyrdum in Greins Bibl. 1, 209, 51 ff. Warnung vor übermässigem Trinken *(ofdrykkja ǫls)* aus ähnlichen Gründen: Hâvam. 11 ff.

315) so bei WALTHER 29, 25 ff. 35 ff. bei REINMAR VON ZWETER 111 (S. 467 Roethe), und bei FREIDANK in dem grossen Abschnitt von der Trunkenheit 94, 1 ff.

316) *an den arzâtbuochen:* FREIDANK 59, 21. *ûz arzetbuochen:* Erec 5239, *swaz man der arzetbuoche las, diene gâben keiner helfe lôn:* Parz. 481, 6 f. ein *arzinbuoch Ypocratis:* altd. Blätter 2, 139.

Abhandlungen, welche Kenntnis der Natur für weitere Kreise verbreiten wollen, niedergelegt; endlich aber bezeugen so volksmässige Dichtungsarten, wie die Priameln oder Kalenderregeln seit dem 14. Jahrhundert[316b]), dass das Leben *nâch der mensûr*[317]), d. i. nach der von den Ärzten aufgestellten Abmessung, eine allgewöhnliche Vorstellung geworden ist, im Verein mit der ebenfalls daher stammenden Ansicht, dass beim Menschen als dem Mikrokosmus, die vier Elemente, Planeten und Sternbilder bestimmenden Einfluss auf Körperbeschaffenheit und Körperpflege haben[318]). Alle Verhaltungsmassregeln, die hierher einschlagen, hat Heinrich Wittenweiler in seinem Ring, dessen Abfassungszeit doch wohl noch in die letzten Jahre des 14. Jahrhunderts fällt, zusammengefasst, und sie bezeichnend einem im Dorfe niedergelassenen Arzt in den Mund gelegt, der sie auf Aufforderung einem jungen Bauern gibt, obwohl widerwillig und erst nach einem Honorar, da er behauptet er müsse nicht von Gesunden, sondern von seinen Kranken leben[319]). Mässigkeit und Enthaltsamkeit sind allen Vorschriften vorausgestellt[320]); Einatmen gut temperierter Luft, auch Schlafen im gut gelüfteten, mässig gewärmten, mit Kräutern bestreuten Zimmer[321]), warme Kleidung im Winter werden hiernächst empfohlen, ebenso Bewegung vor, Ruhe nach dem Essen, Reinlichkeit durch Waschen und Baden, letzteres sowohl im Schweiss- als im Kräuterbad, auch durch Kopfwäsche, die einmal in der Woche, mindestens einmal im Monat geschehen soll; besonders wird Reinhaltung der Füsse betont, und dass alles Waschen nüchtern geschehe. Essen soll man nur, wenn man Hunger hat, und auch da nicht bis zur völligen Sättigung, diese Enthaltsamkeit und gutes Durchkauen des Genossenen tragen zur guten Verdauung bei; vor vielen Gängen wird gewarnt, folgen sie sich aber doch, so geht die grobe Speise der zarten vor, die zum Nachtisch aufgespart werden soll. Das Getränk, das man

---

316b) vgl. Deutsches Calendarium aus dem 14. Jahrh. in Haupts Zeitschr. 6, 350 ff. Vorschriften eines mittelalterlichen Kalenders (v. 1428) über Gesundheitspflege: Anz. für Kunde d. d. Vorz. 1864, 332 ff.

317) *wer leben welle nach der mensur:* EULING hundert Priameln (1887) no. 46, 1. Diese *mensûr* erstreckt sich übrigens auch auf die eheliche Beiwohnung, die zweimal in der Woche, mit Vorbehalt einer gelegentlichen Zugabe, erfolgen solle: ebd. 46, 7 ff.

318) *got beschuof den menschen an dem sehsten tag nâch andern crêatûren und hât in beschaffen alsô, daz seins wesens stük und seins leibes gelider sint gesetzet nâch dem satz der ganzen welt ... auch ist der mensch gemischet auz den vier elementen, die dâ haizent feur, luft, wazzer und erd:* MEGENBERG 3, 4 ff.

319) Ring 26 d, 1 ff.

320) vgl. FREIDANK 59, 20: *enthabung ist der beste list, der an den arzâtbuochen ist.*

321) vgl. dazu Band 1, S. 252. 369.

nach und nicht vor dem Essen geniesse, soll im Sommer ein leichter Weisswein oder Schiller sein, im Winter Rotwein; neuer Wein ist besser als alter; bei Magenverstimmung wird ein Glas südlichen Edelweins *(hohen wein)* angepriesen; vor geschmiertem *(gmachten)* Wein soll man sich hüten. Über die Art des Schlafens werden besondere Vorschriften gegeben: sofort nach dem Essen soll man sich nicht hinlegen wie ein Vieh, sondern den Schlaf mindestens eine Stunde lang mit Kurzweil hintanhalten; macht sich dann die Schläfrigkeit geltend, so schlafe man solange ruhig als man Schlaf in den Augen empfindet, alsdann am Morgen Leibesleerung, energische Beseitigung des Auswurfs aus Mund und Kehle, Waschen, Kämmen, Kratzen der Beine, Reinigen der Ohren. Für ein Schläfchen am Tage, besonders im Sommer, schickt sich ein kühler, dunkler Ort; man ziehe die Schuhe aus und decke sich zu, voraus das Haupt. Auch soll man sich zuerst auf die rechte Seite legen. Das Schlafen auf dem Rücken mit niederhängendem Haupte ist nicht gut; auf dem Bauche mag liegen, wem der Magen erkältet ist. Alles in allem aber wahre man sich ein fröhliches Herz, und hüte sich vor Trübsinn und Zorn, beides ist dem Blute und dem Körper verderblich; doch mag ein kleiner Zorn hingehen, als dem Blute Anregung bringend. Wärme ist gut, sie schafft Fröhlichkeit und hebt die Lebenskraft; nur meide man das offene Feuer, und seine übergrosse Wirkung, besonders wenn es unmittelbar ins Gesicht strahlt. Man folge seiner Natur, und dem was sie an Speise und Trank heischt, aber nicht der Wollust oder der Gewohnheit, die den Menschen nur herunterbringen.

Wir haben in diesen Vorschriften des Dorfarztes ungefähr die Summe dessen zu erkennen, was die bürgerlichen und die guten dörflichen Kreise der Zeit allgemein als zur Pflege und Gesundhaltung des Körpers nötig ansahen und mehr oder weniger auch übten[321b]). Doch ist, ausser der Pflege der Zähne, hier auf eines keine Rücksicht genommen, was doch, als ein Geschenk des Altertums, im ganzen Mittelalter und bis darüber hinaus gäng und gäbe war, die regelmässige Blutentziehung als Vorbeugungsmittel gegen Krankheiten.

Diese Blutentziehung durch Anschneiden einer Ader *(φλεβοτομία)*, auf Anweisungen der griechischen Heilkunde fussend, war von den

321 b) Vorschriften zur Erhaltung eines gesunden Leibes werden sonst noch zerstreut in manchen Schriften der Zeit gegeben, so namentlich in der um 1300 verfassten Meinauer Naturlehre, und in Conrad von Megenbergs Buch der Natur 1349, welches aber kein Originalwerk, sondern nur die Bearbeitung eines lateinischen Textes von Thomas von Cantimpré darstellt; im 15. Jahrh. fasst die bezüglichen Lehren das zu Augsburg 1472 gedruckte Buch von Ordnung der Gesundheit zusammen, das dem Grafen Rudolf von Hohenburg und seiner Gemahlin Margareta von Thierstein zugeeignet ist.

römischen Ärzten seit der Kaiserzeit sehr regelmässig ausgeübt worden und auch in die Tierheilkunde übergegangen, wo sie namentlich bei Pferden Anwendung fand[322]); ein Brauch, der bis zu unsern Zeiten gedauert hat. So sehr hatte sich die Kunst eingebürgert, und so fest war man seit Galen von der Nützlichkeit einer regelmässigen Blutentziehung überzeugt, dass sie ohne weiteres auch bei den germanischen, mit den Römern in Berührung kommenden Stämmen Platz griff und von Berufsärzten unter Westgoten[322b]) und Franken, sowie in Klöstern kunstgemäss ausgeübt wurde, von hier aus aber schnell sich in alle Kreise und bis nach Skandinavien verbreitete. Die einfachen Handgriffe dabei lernten leicht Diener und selbst die Frauen, die sich mit Heilkunde abgaben, und mit der Ausbildung des Badewesens verbanden dann die gewerbsmässigen Bader Aderlassen und das gleich nachher zu erwähnende Schröpfen mit dem Bade selbst. Das aber ist ein älterer Brauch, wie man aus dem Grundrisse von St. Gallen, Fig. 25 (S. 45) sieht, wo in Verbindung mit einem Badehause eine Küche mit einem Aderlassraum darin angebracht ist. Sonst ist aber in diesem Kloster neben dem eben erwähnten Gebäude noch ein besonderes eigenes Haus angegeben (Fig. 56), das dem Aderlass und dem Einnehmen von Abführungsmitteln dient, einen durch vier Öfen geheizten Einraum bildet, und sechs Tische mit ebensoviel Bänken dahinter enthält, die um einen grossen Mittelherd gruppiert sind. Ein siebenzelliger Abtritt schliesst sich dem Hause an, durch einen kurzen Gang vermittelt.

Sprachliches deutsches Material lässt zunächst erkennen, in welchem Grade allmählich das Aderlassen in das allgemeine Volksleben eingreift. Das früheste Zeugnis ist das Wort für das besonders geformte und sorglich gepflegte Messer zum Öffnen der Ader[323]), griechisch *φλεβοτόμον*, das in lateinischen Quellen (bei Vegetius) in der Form *flebotomum* erscheint, im westgotischen Latein (vgl. oben Anm. 322[b]) als *fleotomum*, und im späteren Althochdeutsch bereits völlig eingedeutscht und mit Geschlechtswandel als *fliodema, fliedema* u. ä. auftritt[324]). Den Weg, den diese Eindeutschung gegangen ist, lehrt auch die lateinische

---

322) *admissarios etiam equos flebotomare:* VEGETIUS ars veter. 1, 24.

322b) *ne absentibus propinquis mulierem medicus fleotomare presumat:* Lex Visigot. Reccessw. 11, 1, 1. *si per fleotomum ingenuus vel servus mortem incurrat:* 11, 1, 6.

323) *phlebotomus quoque non sit aeruginosus, non asper, non longus, non tenuis, non rotundus, vel brevis, sed mediocris:* chirurg. Quelle des 11. Jahrh. bei DU CANGE 6, 305 c.

324) *fleotomum fliodema:* STEINM. 2, 245, 30, *fledima:* 246, 31, *fliedima:* 250, 48. *fleotomum fliedema, fliedeme, fledim, flidma, fledma:* 3, 123. 43 ff. 236, 7, *flitema, fliedem:* 193, 44. *fleotomum quo sanguis minuitur fliedem:* 334. 41.

Form *fleotoma* des St. Gallischen Baurisses (Fig. 56). Das Wort setzt sich in verschiedener Form im Mittelhochdeutschen bis ins Neuhochdeutsche, sowie im Niederdeutschen und Niederländischen fort[325]), im Angelsächsischen ist es selten zu Gunsten eines einheimischen Ausdrucks[326]). Die Handlung aber, die mit diesem Messer vollzogen wurde, ist immer mit einem deutschen Ausdruck benannt worden,

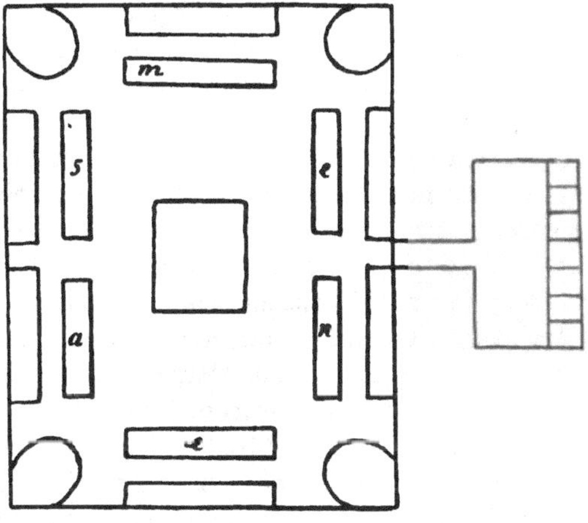

Fig. 56. Aderlasshaus vom Grundriss des Klosters St. Gallen.
Beischrift: fleotomatis hic gustandum l. potionariis.
Die sechs im Riss vereinzelt eingezeichneten Buchstaben ergeben das Wort mensae.

und zu *fliodema* hat sich nur selten ein Verbum gebildet[327]); *lâzen* dafür mit näherer Angabe ist zwar erst mhd. bezeugt[328]), gewährt

325) mhd. mnd. *vletemen, flieteme, fleitem, fliedem, fliedeme, fliedin, vlieme, vlym, phliet, fliete, flied, flite, flete* u. ä.: DIEFENB. 239 b. *vleteme, vlete:* SCHILLER-LÜBBEN 5, 272 b. *vlieme, vliem-ijser, laet-ijser, scalprum chirurgicum, scalpellum, phlebotomum:* KILIAN Tt 3; *er zerbicket im sîn houbet mit einem vliemen gar:* Pf. Amis 2345. Dem gegenüber tritt der erst spät erscheinende deutsche Ausdruck *lâz-îsen (lasz-eisen flebotimus vel fleubotinum, fleubotenus:* Voc. incipiens theuton. m 1 b), niederd. *stû-ysern* (DIEFENB. nov. gloss. 177 a) sehr zurück.

326) *flebotomo blod-sexe l. flytman:* Glossen in Haupts Ztschr. 9, 453 a; sonst aber immer *blodseax, blodsex:* WRIGHT-W. 1, 22, 33. 240, 17. 400, 10. Auch hochdeutsch findet sich das Wort; *flebotomum blôdsex:* STEINM. 2, 247, 10, offenbar unter ags. Einflusse.

327) vgl. mnl. *vliemen incidere scalpello, scarificare:* KILIAN Tt 3.

328) *mîn hêrre hât an der âder lâzen unt wil nû sîn gemach haben:* H. V. MELK Priesterleben 84 f. *in einem tag er z'âder liez:* Trist. 380, 3. *flebotomare lassen, die adern lassen, lassen uff der ader, blut lassen zu der ader, ader lossen* u. ä.: DIEFENB. 239 a. Für dieses *lâzen*, mnd. *lâten*, gilt mnd. auch *stugen, stuggen, stuen; flebotomare stugen:* DIEFENB. ebd.; *laten blout ut den aderen, stugen, stûgen, stuen:* nov. gloss. 177 a. Sonst auch *die âdern slahen*, z. B. MEGENBERG 31, 6.

aber sein höheres Alter dadurch, dass sich im Angelsächsischen ähnliches findet[329]). Ebenso führen die Geräte, die neben dem Messer zum Aderlassen gebraucht werden, und derjenige, der es ausübt oder der dem es geschieht, nur deutsche Namen[330]).

Über die frühere Anwendung des Vorbeugungsmittels sind wir so genau nicht unterrichtet, als über die spätere, etwa seit dem 13. oder dem Beginn des 14. Jahrhunderts. Zu dieser Zeit ist, nach den Vorschriften der Salernitanischen Schule, der Aderlass ganz systematisch ausgebildet, sowohl was die Zeit, zu welcher derselbe am besten vorzunehmen ist, als auch den Körperteil an dem er vollzogen werden soll, betrifft. Im allgemeinen sind des Jahres vier prophylaktische Aderlässe vorgesehen. Nicht jeder Monat taugt zum Aderlassen, unbedingt gut ist nur September, Oktober, Dezember, in beschränkter Weise Februar, April, Mai, November; zu vermeiden ist die Anwendung ganz im Januar, März, Juni, Juli, August[331]). Statt der Monate werden auch die zwölf Zeichen des Tierkreises genannt[332]). In der älteren Zeit wird nur am Arme zur Ader gelassen[332b]), später auch an anderen Gliedmassen, bis auf Daumen und Zeigefinger, wobei die Vorstellung waltet, das verbrauchte Venenblut an denjenigen Stellen herauszulassen, an denen es für die einzelnen Glieder des Menschen den meisten Schaden tun könne. Die Aderlasskunde hat sich besonders seit dem Anfange des 15. Jahrhunderts derart wissenschaftlich ausgebildet, dass die bedeutendsten Ärzte, aber auch die Charlatane der Zeit, genaue Vorschriften über das Aderlassen, verbunden mit Kalender, aufsetzen und für Hoch und Niedrig veröffentlichen, *lâȥbrieve, lâȥ-ȥedel*, später *lasȥtafeln*, lateinisch und deutsch, zum Teil mit Abbildung einer menschlichen Figur, an der die Stelle des Aderlasses gezeigt ist, des

329) vgl. *flebotomarius, blôd-lǽtere:* WRIGHT-W. 1, 117, 39.

330) *lâȥbendel, lâȥbinde, læȥerbinde* die Aderlassbinde; *fasciola losȥbendel, lesserbind:* DIEFENB. 226c. *lâȥer, læȥer* für den Aderschlagenden; *dy wundarcȥtige . . ist eyn hoibthantwerg und hat under em den lesȥer, den scherer, den beder:* Anzeiger f. Kunde d. d. Vorz. 1856, 303a, vgl. dazu ags. *blôd-lǽtere* Anm. 329; für den dem die Ader geschlagen wird: *ich ligen hinder einem umbhang, bin ein lässer* (spricht ein Bauer): WICKRAM Rollwagenbüchlein 23 Kurz.

331) vgl. Deutsches Calendarium aus dem 14. Jahrh. in Haupts Zeitschr. 6, S. 351ff. Etwas abweichend in einem Kalender von 1428, Anzeiger f. Kunde d. d. Vorzeit 1864, S. 333ff. Monatreime in Pfeiffers Germania 8, 107f. *Majus . . der vier lesse eine:* Calend. a. a. O. 356. Ähnlich beim August: 360. November 364. Die erste Lässe fällt in den Februar, vgl. 352. *viermal des jars ȥu der adern lasȥen, so konnen in wenig seuchen anstosȥen:* EULING hundert Priameln no. 46, S. 69. vgl. auch ZAPPERT a. a. O. S. 98f.

332) Germania 8, 109ff. EULING no. 45, S. 68.

332b) Ein Ritter befiehlt einem *scherer*, seiner ungetreuen Frau an beiden Armen zur Ader zu lassen, damit das böse Blut entweiche: Diocletian 3780ff. Der Arm wird vorher am Feuer gewärmt: 3839f.

später sogenannten *lasʒmännleins*[333]). Und diese Lasstafeln erscheinen seit dem letzten Viertel des 15. Jahrhunderts mit der Verbreitung der Buchdruckerkunst in beiden Sprachen von bekannten Buchdrucker-

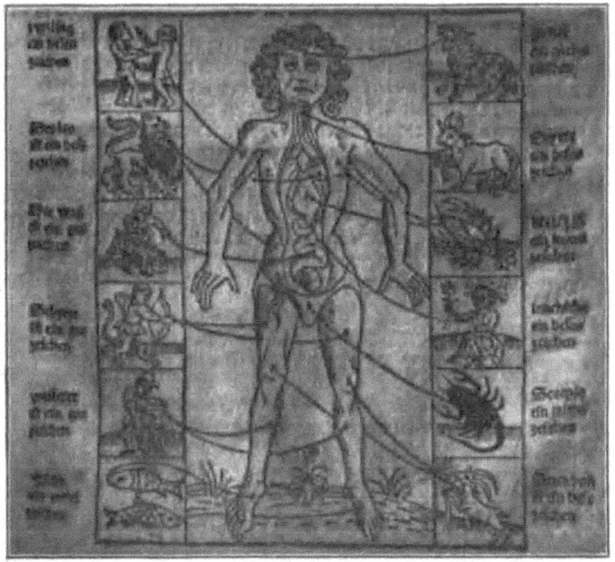

Fig. 57. Aderlassmännchen. Aus: Martilogium (so!) der Heiligen. Nach dem Kalender. Strassburg, Johannes Prüss 1484, Bl. 8a.

firmen als Flugblätter verlegt und gedruckt und für geringes Geld käuflich[334]). Wer sie nicht selbst kaufen oder lesen kann, geht zu

---

333) *item es ist ain satʒ gemacht im 1498 jar, das ain ʒunſt ain lausʒbrieff koffen sol, es sy von ainem docter oder von ainem drucker; doch so sol man alle jar ain fraug haben in ainer ʒunſt, von wem man den nemen wel, es sy von ainem docter oder von ainem drucker; und wasʒ dan ain maist wirt* (mit Stimmenmehrheit beschlossen wird), *da sol man das jar da by belüben, und sol man dan den selben lasʒbrief in ainer ʒunſt uffschlagen und sond dan dye maister all asʒ vil ier ist, kainer usʒgenomen, nach dem selben lasʒbrief ler lausʒbinden usʒhenken:* Scherer-Ordnung von Konstanz, in Mones Zeitschr. für die Geschichte des Oberrheins 12, 154. Über *lasʒtafel* vgl. D. Wb. 6, 273. *lāʒ-ʒedel*, s. folgende Anm.

334) vgl. Einblattdruck von 1475, Nürnberg, Friedr. Crüssler, einen lateinischen Aderlasskalender für 1476 enthaltend; desgl. von 1478, Strassburg, Heinrich Knoblochtzer, deutscher Kalender für 1479 mit Anweisung zum Aderlassen; desgl. Rostock von 1479, deutscher Aderlasskalender für 1480, u. a., in der Sammlung von Einblattdrucken des bibliographischen Apparates der Universitätsbibliothek zu Göttingen. In jedem guten Hause soll an der Wand der Wohnstube der Lasszettel hängen: *brieff an die wand und ein lasʒcʒedel:* Hans Folz von allem Hawss-

dem gewerbsmässigen Bader und Aderlasser, und dieser ist bei seinem Eid und der Zunftehre gehalten, dem Fragenden die günstige Zeit für das Lassen und welchem Leiden es vorbeugt, zu sagen[335]). Aber es wird geklagt, dass auch hierbei aus Eigennutz mancher Betrug verübt werde[336]). Das öffentliche Aushängen einer Aderlassbinde vor den Scherer- und Baderstuben[337]) zeigt allgemein den geeigneten Zeitpunkt an.

Die zweite Art der Blutentziehung bildet das Schröpfen, im Gegensatz zum Aderlassen nur für eine leichtere Blutentziehung angewendet, um örtlichen Entzündungen vorzubeugen. Auch dieses Verfahren ist weithin schon im Altertum geübt und mit der Übersiedelung griechischer Ärzte nach Rom dorthin gekommen: es besteht darin, dass man mit besonderen Messerchen (der Schnepper war noch nicht erfunden) Einschnitte in die Haut macht und zum Aussaugen des hervorquellenden Blutes kleine darübergesetzte Kapseln aus Horn oder Glas anwendet. Eine frühe Kunde vom Schröpfen in fränkischen Landen gibt uns Gregor von Tours, indem er erzählt, dass Eberulf, der Oberkämmerer des Königs Chilperich, einen Priester mit Faustschlägen bis fast zum Tode gemisshandelt habe, der auch gestorben sein würde, wenn ihn die Ärzte nicht durch Schröpfköpfe gerettet hätten[338]); der technische Ausdruck dafür aber ist uns als ausschliesslich hochdeutscher und in der Form *schraffen*, *schrapfen*, *schreffen*, *schreven*, *schrepfen*, weitergebildet *schraffiren*, *schrapfizen*, erst seit dem 12. Jahrhundert bezeugt[339]) und in engster Beziehung zu angelsächs. *screpan*, mhd. *schreven*, ritzen, kratzen. Auch *kopfen* findet sich[340]), entsprechend dem mnl. und mnd. *koppen*, neben dem verdeutlichenden *koppe setten*[341]).

---

rath A 1 b; *ouch ein lasʒbrieff ʒeyget dir lassen gût:* Strassburger Ged. v. Hausrat (ed. Hampe) b 2 b.

335) Scherer-Ordnung von Konstanz 1498, in Mones Zeitschrift 12, 154.

336) *kompt da ain arm man, und spricht: ‚maister, ist guot lan‘, und spricht: ‚ist aber die lässi guot?‘ so denkt der lässer in sinem muot: möcht mir der pfenning werden, got geb, ob du wurdist sterben, villicht wurd mir me von dir. der bader der tuot uff vil schier ain büchli, da lütʒel kunst an stat, er spricht: ‘wer hüt lat, der wirt aller siechtag ân, ich siechs in aim guoten ʒaichen stan.’ er waist minder davon ʒe sagen, denn ain alter karr oder wagen:* Teufels Netz 10181 ff.

337) vgl. Anm. 333. Das heisst auch *lasʒtüchlein*, D. Wb. 6, 273.

338) GREGOR. TUR. hist. Franc. 7, 22: *presbiterum quoque unum, pro eo quod ei vinum dare differret, cum jam crapulatus aspiceretur, elisum super scamnum pugnis ac diversis ictibus verberavit, ut paene animam reddere videretur. et fecisset forsitan, si ei medicorum ventusae non subvenissent.*

339) vgl. D. Wb. 9, 1769. Später ins Niederländ. als *schrappen*, *schreppen scarificare* übergegangen: KILIAN Jj 1 b.

340) *ventosare kopfen, kopphen:* DIEFENB. 611 a.

341) *koppe, koppe setten:* ebenda. mnl. *koppen, laeten met koppen, scarificare, admovere cucurbitulam, educere sanguinem cucurbitula:* KILIAN R 5 b.

Das letztere aber lehnt sich an das zweite Hauptgerät beim Schröpfen an, das kleine, das Blut aufsaugende Gefäss, das von seiner Form her bei den Römern *cucurbita, cucurbitula* genannt wurde, während es der Deutsche einem kleinen Becher verglich und *kopf*, verdeutlichend mhd. *lâȥkopf*, auch *schraffkopf*, *schrepfkopf*, *bluotkopf*, *badekopf* taufte[342]. Für jenes römische *cucurbita* gab es ein spät- und volkslateinisches *ventosa* (oben Anm. 338), das ins Deutsche übergieng (ein deutlicher Fingerzeig, woher die Kunst des Schröpfens zu uns gelangte), in verschiedenen Verstümmlungen vielfach gebraucht wurde und selbst eine Verbalbildung *ventûsen, fintûsen* hervorrief[343]. Der römische Schröpfkopf ist gewöhnlich von Glas oder Metall; im Mittelalter aber wird auch der obere Teil des Kuhhorns dafür gebraucht[344], daher der Name *schrepfhorn, schröpfhörnlîn*[345].

Das Schröpfen steht, wie das Aderlassen, im späteren Mittelalter in enger Beziehung zum Badewesen und wird vom Bader mit geübt; auch Frauen besorgen es wohl, namentlich bei Personen ihres Geschlechts[346]. Es wird fast wie ein Vergnügen, wenigstens wie eine nicht unangenehm empfundene Gesundheitsmassregel angesehen; von den Weichlingen, die in Wolframs Willehalm einem Kampfe mit den Heiden ausweichen, will der eine Frauengesellschaft haben, ein andrer sich sonst manigfach vergnügen, ein dritter schröpfen und von dem Ungemach sich erholen, ein vierter auf weichem Lager in der Kemnate ruhen[347].

Für das Schröpfen tritt das Ansetzen von Blutegeln ein, besonders an Orten des Körpers, wo der Schröpfkopf nicht haftet; auch dieses

---

342) *angistrum laȥchopf, plutkopf, badkopf:* DIEF. 35 a; *ventosa kop, koppe, lasȥkopff, losȥkopff, laysȥkoppe, schrepffkopff, schraffkopff, bad- l. plutkopff, kopffen im bade damit man lasȥt, ventosare mit coppen laessen:* 611 a. *scarificare kopff im bad ansetȥen:* 517 a. Das mnd. *stugekop*, kurz auch *stuche* (ebd. 611 a) beruht darauf, dass mnd. *stugen* (Anm. 328), wiewohl ungenau, auch für schröpfen gebraucht wurde (*flebotomare stugen:* ebd. 239 a, *ventosare stuen:* nov. gloss. 378 b). *ventosa laisȥbecher* (ebd.) zeigt das synonyme *becher* für *kopf.*

343) *ventosa ventuse:* Voc. opt. 24, 9; *vintuse, vintusȥ, vintausȥ, vintauste, ventuse, ventusȥ, fintus, fintusȥ, fynthusȥ:* DIEFENB. 611 a. *der ander wolte phlegn vintûsen an sich setȥen* (nach erlittenem Ungemach): WOLFRAM Willeh. 323, 22 f. *flebotomare fintusen:* DIEFENB. 239 a. *ventosare wintusen, fintusen:* 611 a; *flebotomator vindtauser:* 239 a.

344) *ich sage ůch von dem horne* (der Kuh) *me; wem ist in dem rücke we, dem schrapfet man dermit:* KÖNIG v. ODENWALDE 1, 53 ff. (S. 37 Schröder).

345) *angistrum schrepffhörnly*, nd. *eyn stugehorn:* DIEFENB. nov. gloss. 24 a. vgl. dazu *kop-horenken cucurbitula:* KILIAN R 5 b.

346) *ventosatrix koppersche:* DIEFENB. 611 a (vgl. dazu *flebotomator kopper:* 239 a und das Verbum *kopfen* oben Anm. 340). Über unwissende und gewinnsüchtige *schreppffer* wird geklagt Teufels Netz 10230 ff.

347) Willeh. 323, 15 ff.

von Ärzten des Altertums empfohlen, von Plinius als gleicher Wirkung mit den Schröpfköpfen bezeugt[348]), und seit früher Zeit in Deutschland heimisch. Der ahd. Name für das Tier ist ahd. das Fem. *egala*, mhd. *egele*, *egel*[349]), dunkler Herkunft, mit dem Namen des Säugetiers ahd. *igil*, mhd. *igel*, schwerlich verwandt, aber später nach Geschlecht und Laut zusammengeworfen. Der angelsächsische Name ist *læce*[350]); er betont ausdrücklich die Heilkraft des Tieres (da *læce* sonst der Arzt heisst), und bezeugt seine medizinische Verwendung und Wertschätzung; es hat sich die Vorstellung ergeben, dass der Blutegel das verdorbene Blut des Menschen aufsauge und selbst daran zu Grunde gehe[351]).

Neben den Blutentziehungen steht vorbeugend das regelmässige Einnehmen von Abführungsmitteln, Abkochungen aus Kräutern, mhd. *tranc* schlechthin genannt, auch in gewissen Monaten nützlich oder schädlich zu geniessen[352]). Blutreinigender Thee, bereitet aus Salbei, Wermut, Polei, Raute, wird gleicherweise empfohlen[353]); er ist wahrscheinlich viel älter im Gebrauch als jene Abführmittel. Beides geht unter der lateinischen Bezeichnung *potio;* im Grundriss von St. Gallen ist für das Einnehmen ein eigenes Haus angewiesen (Fig. 56).

§ 3. Krankheiten und deren Heilung.

Wir haben zu wenig Einblick in das Kleinleben eines alten germanischen Haushalts, um uns vom Vorkommen kürzerer oder längerer Krankheiten innerhalb desselben und deren Heilung oder Verlauf ein genaues Bild machen zu können. Die grössere Widerstandsfähigkeit des altgermanischen Körpers gegen gesundheitschädliche Einflüsse ist

---

348) *diversus hirudinum, quas sanguisugas vocant, ad extrahendum sanguinem usus est. quippe eadem ratio earum quae cucurbitarum medicinalium ad corpora levanda sanguine, spiramenta laxanda judicatur, sed vitium quod admissae semel desiderium faciunt circa eadem tempora anni semper ejusdem medicinae. multi podagris quoque admittendas censuere:* PLINIUS hist. nat. 32, 10 (42).

349) *sanguisugae egalun:* STEINM. 1, 526, 47, *egalun, egalen, egilin, egilun, egil, egula, egele:* 539, 21 ff., *sanguisuga egela:* 540, 31. *yrudo i. egila:* 2, 339, 13. *sanguisuga egala:* 3, 453, 35. mhd. *hirudo egla, egele, eggle, egel, eggel, ygel:* DIEFENB. 278c; *sanguisuga egel, eegel, agel, echele, ele, yle:* 511a. LUTHER braucht die Form *die eigel:* Spr. Sal. 30, 15. Andere Namen sind *snegel, schnegel* (DIEFENB. 511a) oder niederd. *bîte* (*byte* ebd.); ersterer an mnd. *sneil* Schnecke angelehnt, letzterer als Beisserin genommen.

350) *sanguisuga, vel hirudo, læce:* WRIGHT-W. 1, 121, 37. 321, 28.

351) *der wurm (sanguisuga) zeuht daz faul pluot auz dem menschen und nimt des dicke sô vil, daz er zeprist. alsô machet er den menschen gesunt und tœtt sich selber:* MEGENBERG 306, 29ff.

352) Calendarium bei Haupt 6, 351. 353. 354 u. ö.

353) ebenda S. 358ff.

natürlich, wie schon oben S. 6f. betont, vorauszusetzen, ebenso aber auch, dass dieser Widerstand örtlich und zeitlich ungleich gewesen ist, und da zuerst erlahmt, wo einerseits ärmliche oder harte Lebensbedingungen, andererseits die Wirkungen einer verfeinerten Kultur sichtbar werden. Das Verhältnis, in welchem die Zahl der Gesunden zu der der Schwächlichen, Leidenden und Kranken in den Urzeiten steht, konnte ein günstiges genannt werden; es ist nur zu fürchten, dass wir uns doch davon ein freundlicheres Bild machen, als der Wirklichkeit entspricht. Was an Menschen aufwuchs, musste allerdings von vornherein mit grösserer Lebenskraft ausgerüstet sein, als zu einer jüngeren Zeit, die auch dem weniger kräftig Geborenen durch vorgeschrittene Kultur und Kunst über die widrigen Einflüsse auf das schwache Leben hinaushalf, aber dennoch kann es bei dem germanischen Charakter nie an der zärtlichen Fürsorge gefehlt haben, die sich dem körperlichen Schwächling, selbst dem Krüppelhaften zuwendete und ihn zu einer manchmal langen, wenn auch gesundheitlich wankenden Lebensdauer heranzog. Dass es solche Schwächlinge in den altgermanischen Familien als eine nicht bloss ausnahmsweise Erscheinung gegeben habe, können wir aus der oben S. 7, Anm. 45 angeführten Worten des Tacitus herauslesen, wie ja auch daselbst (Anm. 44. 45) entsprechende Beispiele aus Königsfamilien angeführt werden.

Die Krankheitstypen können keine anderen gewesen sein, als bei uns auch noch; die Krankheitsbilder müssen mit der Zeit und der veränderten Kultur wechseln. Ob zu den individuellen Krankheiten in der Urzeit auch Seuchen im Volke gewütet haben, davon wissen wir nichts; später kommen sie bei der Berührung mit fremder Kultur allzuhäufig und in verschiedener Art vor. Die Krankheitsbezeichnungen sind in der alten Zeit ganz allgemein nach dem betroffenen Körperteil oder nach Begleiterscheinungen gebildet, genauere Kunstausdrücke kommen erst mit dem Fortschreiten einer wissenschaftlichen Heilkunde auf.

Das Gesundsein wird in der germanischen Vorstellung unter dem Begriffe der Kraft oder der Unverletztheit gefasst. Für den ersteren findet sich ein Wortstamm, der in doppelter Gestalt, mit lautlicher Hochstufe und Tiefstufe in der Wurzel, erscheint; mit Hochstufe nur im Ostgermanischen, mit beiden im Westgermanischen, wobei sich überall jüngere Bedeutungen entfaltet haben. Das got. *swinþs*, das sonst griech. *ἰσχυρός* wiedergibt, muss auch die Abwesenheit von körperlichem Übel ausdrücken und steht ausdrücklich im Gegensatz zu diesem [1]). In anderen Dialekten bewahrt das Adjektiv entweder den

1) *ni þaúrbun swinþai lêkeis, ak þai ubilaba habandans, οὐ χρείαν ἔχουσιν οἱ ἰσχύοντες ἰατροῦ, ἀλλ' οἱ κακῶς ἔχοντες*: Marc. 2, 17. *weis siukam, iþjus swinþai sijuþ, ἡμεῖς ἀσθενῶμεν, ὑμεῖς δε δυνατοὶ ἦτε*: 2. Cor. 13, 9.

Sinn des starken und kräftigen, oder wendet sich, wie im Altnordischen als *svinnr* und *sviðr*, zu dem des geistig tüchtigen, ohne ausdrücklichen Bezug auf Freisein von körperlichen Bresten; dafür stellt sich nun im Westgermanischen jene auf Tiefstufe gebildete Nebenform, ahd. *gisunt*, altsächs. *gisund*, angelsächs. *gesund* neben *sund*, altfries. *sund*, ein, die ebenso an den Begriff der Körperkraft anschliesst, wofür ein selten vorkommendes ahd. Subst. *sunt robur* zeugt [2]). Wir dürfen annehmen, dass *swinþs* und *gisunt* von der Vorstellung der inneren ungebrochenen Lebenskraft ausgehen und somit die Abwesenheit innerlicher Krankheiten betonen wollen; im Gegensatz zu dem Fehlen äusserer Körperschäden, die durch Krieg und Kampfleben gegen Feinde oder die wilde Natur hervorgebracht werden. Dafür ist das gemeingermanische *heil*, got. *hails*, altnord. *heill*, angelsächs. *hâl*, altfries. altsächs. *hêl*, ahd. mhd. *heil* der eigentliche Ausdruck, in nächster Verwandtschaft zu altslav. *cělŭ* ganz, unverletzt. Bei dem Überwiegen aber der Körperverletzungen wird der Ausdruck für Abwesenheit derselben auch auf solche innerer Übel übertragen, und so tritt im Altnordischen *heill* ausschliesslich für beide Arten von Gesundsein auf, während in anderen Dialekten beide Worte dem Sinne nach durcheinander laufen [3]).

Für krank gibt es das gemeingermanische Wort got. *siuks*, altnord. *sjúkr*, angelsächs. *seóc*, altsächs. *siok*, ahd. *siuh*, mhd. *siech* [4]), mit dem Substantiv got. *saúhts* (*νόσος, ἀσθένεια*), altnord. *sótt*, angels. altsächs. ahd. mhd. *suht*, neben got. *siukei*, ahd. *siuchî*, mhd. *siuche*, *siuchede*, angelsächs. *seócnes*; eine annehmbare Etymologie dieses an urverwandte Gebilde nicht anzuknüpfenden Wortes ist bis jetzt nicht gefunden, und so weiss man nicht, welche Vorstellung ihm zu Grunde liegt. Erst viel später wird es für das hochdeutsche Gebiet aus der alten Bedeutung verdrängt durch das im Mhd. emporkommende *kranc*, das seine Heimat auf niederdeutschem Gebiete hat, und von dem früheren Sinne des zusammenbrechenden, hinfälligen ausgeht, da es zu angelsächs. *crincan* hinsinken gehört und im Niederdeutschen, dann auch im Oberdeutschen zunächst das lat. *debilis* glossiert [6]). Vom

2) *robur sunt, sunthe:* STEINM. 1, 667, 71 f. vgl. dazu auch D. Wb. 4[1], Sp. 4294.

3) Recht deutlich schon im Gotischen, wo die unter Anm. 1 beigebrachte Stelle im entsprechenden Matthäustexte (9, 12) bei gleichem griech. Urtexte die Übersetzung erfährt *ni þaúrbun hailai lêkeis, ak þai unhaili habandans;* ähnlich Luc. 5, 31.

4) got. auch *unhails; unhailans ἀσθενοῦντας*: Luc. 9, 2. *siukai jah unhailai, ἀσθενεῖς καὶ ἄῤῥωστοι*: 1. Cor. 11, 30.

5) anderswo ist *saúhts νόσος* von *unmahts ἀσθένεια* unterschieden: Matth. 8, 17.

6) *debilis cranker:* STEINM. 3, 384, 64. vgl. mhd. *er was starc und sî kranc:* Gregor. 393. dazu ahd. *krankolôn* straucheln OTFRID 4, 4, 19 im Codex Pal.

13. Jahrhundert ab erscheint die heutige Bedeutung, um sich bald weiter zu verbreiten, wobei mhd. *siech* sich auf den Begriff des langwierig kranken, dauernd ungesunden einschränkt, während das Substantiv mhd. *siuche* noch durchaus *morbus* schlechthin bezeichnet, und erst seit dem 15. Jahrhundert den Sinn der ansteckenden Krankheit gewinnt[6b]). Daneben wird das Kranksein aus der persönlichen Empfindung des Schmerzes heraus als Übel oder Weh gefasst[7]). Für körperliche Hinfälligkeit und Schwäche im allgemeinen, sei es durch Krankheit oder Alter, gilt got. *unmahts*, altnord. *ûmâttr* und *ûmegin*, angelsächs. *unmeaht*, ahd. *unmaht* und *unmegî*, mhd. *unmaht* neben *âmaht* und *ômaht*, womit aber auch die plötzliche Besinnungslosigkeit, gewiss seit uralten Zeiten, bezeichnet wird, für die es auch heisst *mir swindet*[8]), während man altnord. *û-vit* sagt.

Von alten speziellen Krankheitsnamen ist am weitesten verbreitet der des Hustens, der über das Gemeingermanische hinausgeht und wohl einen Naturlaut zeichnet: altindisch *kâs* husten, litauisch *kósiu* huste, altslav. *kašĭlĭ* Husten, irisch *casad*, kymr. *pâs* husten; innerhalb der germanischen Dialekte nur got. nicht bezeugt, altnord. *hôsti*, angelsächs. *hwôsta*, ahd. *huosta*, mhd. *huoste*. Dagegen ist für die Affektion der Nasenschleimhaut eine alte gemeinsame Bezeichnung nicht vorhanden, jedenfalls weil man leichteren Fällen keine Beachtung geschenkt und schwerere zunächst unter den Begriff des Fiebers mit gefasst hat; die Sondernamen der späteren Dialekte knüpfen entweder an das Geräusch beim Niesen an, wie das angelsächs. *brec*, *gebrec*, das sonst Zusammen-

---

Später *eger kranck, crang:* DIEFENB. 196c; *egrotus seck, kranck:* 197a; *morbidus ȝieck, cranck:* 367c.

6b) *pestis sewche:* DIEFENB. 431c.

7) got. *þai ubilaba habandans*, vgl. Anm. 1. *allans þans ubil habandans gahailida, πάντας τοὺς κακῶς ἔχοντας ἐθεράπευσεν*: Matth. 8, 16. ahd. *wêwo, wêwa dolor*, mhd. *wêwe; houbitwêwe* Kopfweh: Fundgr. 1, 312, 12. *cephalalgia hauptwee, hauptwetag o. siechtag:* DIEFENB. 113b. *ȝantwê* Zahnweh: VINTLER Bl. d. Tug. 7778. Auch ein angels. *côða* und *côðu* Krankheit (*inbræc-côðu*, Anm. 59 u. a.) geht, wenn es wirklich zu altfries. mnd. *quâd* böse, schlecht gehört, von dem Begriffe des Übels aus.

8) got. *unmahts*, vgl. Anm. 5. ahd. *nist . . thia ummaht sô fram ȝi tôd imo brâht (infirmitas haec non est ad mortem*, Joh. 12, 4): OTFRID 3, 23, 19. Als Name einer bestimmten Krankheit; *cardiacus, dicitur qui patitur laborem cordis, vel morbus cordis, heort-côþa, vel ece, môd-seócnes, vel unmiht:* WRIGHT-W. 1, 199, 33 ff. Für Ohnmacht, altnord. *falla î ûmâtt:* FRITZNER Ordb. 3, 771a; mhd. *lipopsychia, lipothymia unmaht, ommaht, ommacht:* DIEFENB. 332b; (sie) *wart tôtvar unde bleich und viel vor leide in unmaht:* Erec 8825f. *si kam in âmaht ȝuo der stunt:* Flore 1230. *etleich ômacht und des menschen enȝucken sint dem slâf geleich:* MEGENBERG 9, 7f. *daȝ . . er in unmaht nider viel als im geswunden wære:* troj. Krieg 22396f. *dar umbe müeste ich swinden:* Rabenschlacht 1017.

brechen und ein ausbrechendes Getöse bedeutet[9]), oder an das starke Atmen und Schnaufen, wie das oberdeutsch-mhd. *pfnüsel*, das zu dem lautmalenden mhd. *pfnûsen*[10]), oder das allgemeine *snupfe*, mittel- und niederd. *snuppe, snoppe*, das zu mhd. *snûfen* gehört[11]), oder endlich sie legen den Nachdruck auf den Schleimfluss aus der Nase, seine Gestalt oder seine widrige Beschaffenheit[12]). So geben sie ein verschiedenes Krankheitsbild, welches nur ausnahmsweise erzählend ausgeführt wird, wenn etwa das grössere Leben Ludwigs des Frommen von dem greisen Herrscher berichtet, dass sich der Schleim von einem chronischen Schnupfen auf der Brust verhärtet und ein Geschwür gebildet habe[13]).

Für das Fieber bestehen zunächst in den Dialekten einige Sonderbezeichnungen, welche die Erscheinungen dabei recht deutlich charakterisieren, so das gotische *heitô* oder *brinnô* als Hitze oder Brunst[14]),

---

9) *coriza, neb-gebræc:* WRIGHT-W. 1, 112, 29. *pituita, gebrec:* 39, 24. *reuma, gebrec:* 43, 16. *bræc:* 112, 27. vgl. dazu *fragor, cirm, swêg, gebrec:* 404, 17.

10) *catarrus pfnysel:* DIEFENB. 106b. *coryza pfnisel, pfnüsel, pnüssel:* 151c. *gravedo knüsel l. pfnüsel:* 269b. (*knüsel* ist Schmutz, D. Wb. 5, 1526). *reuma pfnüsel:* 497b. Dahin gehört auch ags. *fnôra (coriza, sternutatio:* WRIGHT-W. 1, 200, 9. 213, 20) das sich zu ags. *fnêsan* schnauben, altnord. *fnœsa* stellt.

11) *catarrus snuppe, snuppen, snupfen, die schnupf, snüpfen, der snoppe, snop, snube* u. ä.: DIEFENB. 106b. *coryza schnuppen, schnupfen, schnauppen:* 151c. *reuma snoppe, snuppe, snûbe, snopp, schnopf* u. ä.: 497b.

12) *reuma, item vomex, l. mucco snegel, snegil:* STEINM. 3, 170, 56 (*snegel* ist sonst Schnecke, besonders die ohne Gehäuse); *cartagus* (für *catarrus*) *snuderata, snuderate, snuderati:* 171, 3f. *catarrus snuder, snudel:* DIEFENB. 106b. *reuma schnuddel l. snutz, schnoder, die schnuder, snodele:* 497b. *wer hat die schnuder, der sol wenig ezzen, und sol sich vor kalten drüncken hütten, so vergat sy im schier:* Arzneib. bei SCHMELLER 2², 573. Der Nasenschleim, der ahd. mhd. *roz, rotz* heisst und wohl zu ahd. *riozan*, ags. *reótan* rinnen, fliessen gehört, wird im Ags., zusamt der Krankheit die ihn erzeugt, geradezu als Kot bezeichnet; *flegma i. saliva, flegmon, horh, vel mǣl-dropa:* WRIGHT-W. 1, 240, 8f. *flegma horg:* 264, 5. *hrog:* 290, 32. *horh:* 430, 30. 475, 10. *pituita, i. minuta saliva, horas vel hræcunda, vel spatlung:* 162, 33f. Ein mhd., in Baiern und mitteldeutschen Gegenden gekanntes *strûche* Schnupfen (*coriza, daz ist swen diu naslocher trieffent und im der mensche eins etlichen snäuzet und daz niht enhilfet, den selben siechtum heizzent die läute di strauchen:* SCHMELLER bair. Wb. 2², 805. *wenn der mensch die strauchen hât, sô smekt er niht sô leiht sam ê:* MEGENBERG 12, 7f.), wird von Schmeller a. a. O. zu tschechisch *strauha* Rinne gestellt.

13) *etenim cum iam senili gravaretur aetate, et flegmatis habundantia — quae hieme augmentabatur — ultra solitum pulmo eius gravaretur, pectusque quateretur, accessit etiam hic tristis nuntius. cuius relatu adeo affectus est amaritudine, ... ut in apostema pituita excrescens duresceret, et intra vitalia ulcus letale concresceret:* Vita Hludow. 62, in den Mon. Germ. Scr. 2, 646.

14) *in heitôm, πυρέσσουσαν*: Matth. 8, 14. *sô heitô, ὁ πυρετός*: 15. *lag in brinnôn, πυρέσσουσα*: Marc. 1, 30. *was anahabaida brinnôn mikilai, πυρετῷ μεγάλῳ*: Luc. 4, 38. *heitô* zu ahd. *heiz*, altnord. *heitr*, ags. *hât*, alts. *hêt*, wie *brinnô* zu got. *brinnan*

und das angelsächsische *âdl*, das in den Sinn der Krankheit überhaupt übergeht[15]), aber von Anfang an sich nur auf das Fieber bezogen haben kann, da es zu angelsächs. *âd* Brand, Scheiterhaufen gehört; verdeutlichend ist die Zusammensetzung *bryne-âdl*[16]) gebildet worden. Umgekehrt hat im hoch- und niederdeutschen Gebiet, und spurweise auch im Norwegischen, der Schüttelfrost beim Fieber diesem verschiedene Namen gegeben, die auf den Ausdrücken für Kälte oder Frieren fussen; freilich in alten Sprachdenkmälern nicht bezeugt, aber doch wohl sehr alt[17]). Auch der allgemeine Name *suht* für Fieber kommt vor[18]).

Tiefer aber in die altgermanische Auffassung von den Fiebererscheinungen lässt uns das sicher gemeingermanische Wort blicken, das im Gotischen und Angelsächsischen nicht bezeugt, ahd. als *rito*, *ritto*, mhd. *rite*, *ritte*, altniederdeutsch *rido*, mnd. *rede*, mnl. *ridde*, *rijde*, altnord. *riđa* auftritt[19]) und in Betracht seines Anlautes wie des konsonantischen Inlautes nicht zu dem Verbum angelsächs. *hriđian* sich schütteln, gehören kann, obwohl dieses auch vom Fieberfrost gebraucht wird[20]); die Bildung weist vielmehr auf ein, hoch- und nieder-

---

brennen. vgl. mittelnd. *hette* Fieber im Utrechter Arzneibuche, Jahrb. des Vereins f. nd. Sprachforschung 15, 106. 107 u. ö.

15) *morbus, âdl:* WRIGHT-W. 1, 162, 6. 315, 13 u. ö. *luem, âdle and wôle:* 437, 15. *æger, vel ægrotus, âdlig:* 162, 5 u. ö.

16) *febris, bryne-âdl:* ebd. 238, 26. *febris a fervore nominatur, id est bryne-âdl:* 409, 36.

17) Fieber als kaltes Weh, Kaltsucht, auch substantivisch Kalt, das Kalte u. ä.; *febris daz kalde, kalt, kaltwee, dy kalte, die kalt sucht, dye kalde seuche, dat kalde, kolde* u. ä.: DIEFENBACH 228c; *febricitare daz kalde haben, die kalt sucht liden, kaltwehig sein:* 228b; *von einem wibe, di hatte daz kalde:* KÖDIZ 80, 19; mnd. *kolde sucht, kolde suke febris:* SCHILLER-LÜBBEN 2, 520a. Als Frieren: *febris friesen, friezen, der frörer, frorer, frerer, febricitare friesen, fresen haben*, mnd. *dat vresent hebben:* DIEFENB. 228b. c; *ein tochtirchin, daz hatte die krankheit, di man nennet daz frisen:* KÖDIZ 96, 26. *und also kam si an der frorer, und legte sich zu bett:* altd. Blätter 1, 56. Als volksmässig norwegisch wird bezeugt *riste-kolla* Fieber FRITZNER Ordbog 3, 104 *(riste* für *hrista* schütteln, *kolla* aus *kalda).*

18) *febricitare die sucht haben, febris suchte:* DIEFENB. 228bc. *febris continua ein suht:* Voc. opt. 36, 76.

19) ahd. *febris rito:* STEINM. 2, 641, 19. *ritto:* 3, 430, 22; altsächs. *febris rido:* Prudentiusglossen in Haupts Ztschr. 15, 522, *febribus ridon:* 528. mhd. *febris ritte l. suht, ritt o. vieber, riten, ritten:* DIEFENB. 228c. mnd. *febricitare rede hebben:* 228b. *ridde, rijde, ridtse, redte, riete febris:* KILIAN Ff4b (als deutsch, sächsisch, friesisch, rheinisch bezeichnet). altnord. *riđa* und *riđusótt* kaltes Fieber, *riđskelfdr, riđusjúkr* fieberkrank: FRITZNER. Ordb. 3, 104. 106.

20) ags. *hriđian* vom Fieberfrost; *þâ geseah he hys swegre licgende, and hriþigende (vidit socrum ejus jacentem et febricitantem).* Matth. 8, 14; Herodes' Krankheit wird beschrieben *hine gelæhte unâsecgendlîc âdl . . he hriđode, and egeslîce hweđs* (schnaufte), *and angsumlîce siccetunge teáh, swâ þæt he earfođlîce orđian* (atmen) *mihte:* ÄLFRIC Hom. 1, 86 Thorpe.

deutsch männlich, altnordisch weiblich gedachtes dämonisches Wesen als Krankheitserreger hin, das mit dem Menschen (nach der älteren Bedeutung des Verbums ahd. *rîtan*, altnord. *rîða*) von dannen zieht, ihn entführt, wobei offenbar an die Bewusstlosigkeit und das Fantasieren des Fieberkranken gedacht wird[21]). Als ein solcher den Menschen wie ein kriegerischer Feind anfallender und besiegender Dämon blickt er auch noch in mhd. Fügungen durch, wie wenn *ein ritte gegen einen ʒoget, einen an stôʒet, bestêt*[22]), trotz aller Verblassung.

Das alte deutsche Wort muss sich aber, und wahrscheinlich in den Anfängen schon vor der ahd. Zeit, im hoch- und niederdeutschen Sprachgebiete vor der aus der Schulmedizin eindringenden gelehrten Bezeichnung *febris* zurückziehen, die im Ahd. und Ags. bereits volksmässig umgeformt und mit bemerkenswertem Geschlechtswechsel erscheint; im Ags. masculin als *se fefor, fefer*[23]), was auf ein früheres einheimisches Wort männlichen Geschlechts führt, das vor *febris* untergegangen ist und nur im grammatischen Geschlecht noch nachwirkt; und das weist deutlich auf ein dem ahd. *rito*, altsächs. *rido* entsprechendes *rida* hin. Im Ahd. aber erscheint ein sächliches *thaʒ fiebar*[24]), offenbar nach dem einheimischen *daʒ kalt* (Anm. 17) verändert, welches damit zugleich Zeugnis für ein höheres Alter, als durch Belege erwiesen werden kann, ablegt. Umgeformt mit Anlehnung an das Verbum *biben* beben ist mhd. *biver, biever*[25]).

---

21) Als weiblicher Dämon steht altnord. *rîða* sonst in den Zusammensetzungen *kveld-rîða, myrk-rîða*, Hexe die in der Dunkelheit herumfährt und den Menschen Schaden oder Tod bringt, vgl. FRITZNER Ordb. 2, 369. 762, mhd. *rite* in *dehselrite* Besenreiterin. In Bezug auf die oben gegebene Deutung ist auch an die Fügung *der tiuvel rîtet einen (Got saget im* — Christus dem Petrus — *alse iʒ was; er sprach hînet rîtet dich Satanâs, . . . drîe stunte vorlougenest du mîn*: Leben Jesu in Diemers Ged. des 11. und 12. Jahrh. 255, 10, vgl. auch D.Wb. 8, 776) zu erinnern, die das Davonführen der Seele unter die Gewalt des Teufels bezeichnet. Anders ist das Reiten eines Alpes oder Mars beim Alpdrücken gefasst, vgl. nachher Anm. 27.

22) *dô ginc Alexander und mit ime manic ander baden in den wâch. der rite bestunt in der nâh:* LAMPRECHT Alexander 2555 ff. *vor vorhten bestuont in der rite:* Reinh. Fuchs 1484. *do sties in ein ritte an, das er starp:* D.Städtechr. 8, 400, 19 f. *der ritte bald ûf sînen gwin ʒogte ʒuo dem klôster hin, und erschut der eptischin ir glider:* BONER Edelst. 48, 81 ff. Von diesem Erschüttern her ist die jüngere Fügung erwachsen *der rite schüttet einen; in bestunt ein suchte scharf, dar inne schutte in der rite:* Passional 45, 32 Hahn; vergl. dazu *da man sich tuot schütten, als ob man hab den ritten:* Teufels Netz 6036 f. Über die Verwünschung *daʒ dich der rite schütte!* vgl. D.Wb. 8, 1052.

23) *se fefor hig forlêt:* Matth. 8, 15. *se fefer:* Marc. 1, 30.

24) *fieber habênta febricitantem:* Tatian 48, 1; *furlieʒ sia thaʒ fiebar:* 2; *crocus lesket ouh daʒ brinnente fieber:* WILLIRAM 69, 22 f.

25) *ein biver:* Fundgrub. 1, 320, 37. *mit der suht oder mit dem biever oder mit dem riten:* BR. BERTHOLD 1, 433, 22.

Von sonstigen schwereren inneren Krankheiten entgehen uns gemeingermanische Benennungen, obschon solche, wie die Vorgänge, natürlich einst vorhanden gewesen sein müssen; sie haben nur späteren Sondernamen Platz gemacht oder sind in ihnen verborgen. Auch hier scheint, wie beim Fieber, die Auffassung der Krankheit als eines dämonischen Wesens durch; vor allem bei dem Anfall der Blutstockung und Atembeschwerde im Schlafe, die der Alp oder Mar hervorbringen soll, indem er sein Opfer drückt oder tritt, oder es unter sich hat, wie der Reiter sein Pferd. Die Vorstellung wird so alt sein, wie der Glaube an den Dämon, dessen Name in gemeingermanische Vorzeit zurückreicht[26]); und wenn das Verfahren des Alps oder Maren in nordischen oder hochdeutschen Quellen manigfach im einzelnen geschildert wird[27]), so ist im Angelsächsischen die Krankheit ganz im allgemeinen als *ælf-âdl* oder *ælf-sogoða* bezeichnet[28]), gerade wie eine plötzliche rheumatische Lähmung im Rücken oder in den Lenden dort als *ylfa*, *hægtessan gescot* erscheint[28b]).

Lähmungserscheinungen, entweder einzelner Körperteile oder des ganzen Menschen, sind ebenfalls mit übernatürlicher Gewalt von jeher in Zusammenhang gebracht. Vor allem jene plötzliche und vielfach tötliche Lähmung, für die, seit dem Mittelhochdeutschen belegt, aber wahrscheinlich schon weit älter, der Name S c h l a g erscheint. Dieser deutet an sich auf die Tätigkeit eines belebten Wesens, und wenn dafür auch ‚die Hand Gottes‘ gebraucht wird[29]), so ist der Urheber des Schlages offen genannt, der natürlich, da die Krankheit in den Urzeiten Germaniens nicht weniger vorgekommen sein kann, als später, an Stelle eines heidnischen göttlichen Wesens getreten ist. Die Vorstellung eines Strafaktes liegt vor; wie denn *slahs* im Gotischen auch ein von Gott geschicktes Übel[30]) bezeichnet, entsprechend einem deut-

---

26) über Wesen und Thätigkeit der Maren und Alpe vgl. GOLTHER Handb. der german. Mythologie (1895) S. 75 ff. Im Mhd. heisst der Dämon auch *der, diu ungehiure: daȥ in reiȥen die übelen ungehiuren:* Ges. Abent. 3, 70, 1005; *ein elbische ungehiure:* 75, 1206. Über noch andere Namen vgl. GOLTHER a. a. O. S. 76.

27) altnord. *sagði, at mara trað hann:* Ynglinga saga 16; mhd. *daȥ dich ȥoumete ein alp:* Ges. Abent. 3, 61, 675. *dich hât geriten der mar, ein elbischeȥ âs:* 60, 646 f. *si sprach, mich drucket heint der alp so hart das mir aus gîng der oten:* H. FOLZ in Haupts Zeitschr. 8, 514, 138 f.

28) Heilmittel *wið ælfâdle:* COCKAYNE Leechdomes, Wortcunning and Starcraft of early England (1865) 2, 344. *gif him biþ ælfsogoþa, him beóþ þâ eágan geolwe, þǽr hi reáde beón sceoldon:* 348.

28b) *gif hit wǽre ylfa gescot oððe hit wǽre hægtessan gescot:* ebd. 3, 54. vgl. *hexengeschoss, hexenschusȥ* bei HÖFLER Krankheitsnamenbuch 598.

29) *apoplexia unsers herrn gottes hand:* DIEFENB. 41 b, *handtgottes, schlag:* nov. gloss. 38 a.

30) als Krankheit (Blutfluss), *sijais haila af þamma slaha þeinamma,* ἴσθι ὑγιὴς ἀπὸ τῆς μάστιγός σου: Marc. 5, 34; als sonstige Anfechtung, *gahailida mana-*

licheren mhd. *slac gotes*, das ein Strafgericht im allgemeinen [31]), aber auch geradezu den Schlagfluss [32]) meint.

Ohne Bezug auf solche göttliche Hand führt der Schlag in den verschiedenen Sprachen Sondernamen, die seine Art oder seine Ursache kennzeichnen. Die Plötzlichkeit des Todes dabei drückt das angelsächs. *fǣr-deáð* aus [33]); eine besondere Anschauung über die Ursache verrät das mhd. *tropfe*, das, obwohl erst seit dem 12. Jahrhundert bezeugt, doch schon durch die hier überlieferte ahd. Form *troppho* [34]) ein viel höheres Alter zeigt, aber nicht aus volksmässiger Vorstellung entspringt, sondern auf eine ursprünglich Hippokratische, von den späteren Ärzten des Altertums ausgebaute und in Laienkreise gedrungene Lehre zurückgeht, dass Lähmung entstehe, wenn sich scharfe Säfte bilden, die auf edle innere Teile des Körpers tropfen und den Lebensgeistern den Durchgang versperren. Dabei ist freilich *tropfe* nicht ein auf den Schlagfluss begrenzter Krankheitsname, sondern wie das italienische *gotta*, franz. *goutte*, auch auf andere nachher zu erwähnende Lähmungserscheinungen bezogen. In dem Volksglauben des deutschen Südens aber ist die Anschauung von dem Krankheitserreger so ausgebildet, dass im Gehirn drei Blutstropfen nebeneinander liegen, fällt der linke herab, so lähmt er den Menschen die linke Seite, fällt der rechte, so wird die rechte Seite lahm, fällt aber der mittelste aufs Herz, so steht es sofort still [35]). Daneben hat sich doch auch wieder persönliche Vorstellung eingestellt, wenn der *tropfe* einen schlägt oder rührt; und sie zeigt sich in der Sprache manchmal lebendig auch in der Schilderung des späteren Laien, der an die gelehrten medizinischen Auffassungen seiner Zeit anknüpft [36]).

---

gans af saúhtim jah slahim jah ahmanê ubilaizê, ἐθεράπευσεν πολλοὺς ἀπὸ νόσων καὶ μαστίγων καὶ πνευμάτων πονηρῶν: Luc. 7, 21.

31) *über in ergie der gotes slac, daz er selbe und sîn her ertrunken alle in dem mer*: Kindheit Jesu 864ff. *zu jungist der gotlîche slac traf in vetirlîchir zucht Heinmanne mit der misilsucht:* JEROSCHIN 21303ff.

32) *dô gie übr in der gotes slac, got sîn leben kurzte. gâhes endes er hin sturzte. vil sêre erkômn die gegenwürtigen, dô si den lîchnamn sâhen ligen:* Servatius 3402ff.

33) *apoplexia fǣrdeáþ:* WRIGHT-W. 1, 351, 19, nach *fǣr* Überfall (Beowulf 1069. 2231). vgl. dazu *apoplexia geech tod:* DIEFENB. 41b.

34) *troppho* in e. Engelberger Segen des 12. Jahrh.: German. 18, 46. in einer Basler Handschr. des 13. Jahrh.: Haupts Zeitschr. 17, 560. *apoplexia tropfen, tropfe, troff, trophen:* DIEFENB. 41b. *tropff:* nov. Gloss. 28a. *vur den tropfen:* Germ. 8, 301 (12. Jahrh.).

35) als Volksglaube noch in Kärnthen, vgl. ROSEGGER als ich jung noch war S. 110.

36) *und Karln beruret der tropff, also das er an den henden und fuessen erlamet:* D.Städtechr. 3, 280, 18. *das perlin (paralysis) ist nüt anders den ein verstopffung das die füchtikeit von dem hirn in das selbig glid nit mag kummen, alle*

Fremde, aus der Gelehrtensprache umgedeutschte Namen setzen in späterer Zeit ein; so aus *apoplexia* niederdeutsch *poppelsie, puppelsie, poppelsige*, gekürzt auch *poppel*[37]), aus *paralysis* oberdeutsch *parali, parlis, perli, perlin*[38]), und im Alemannischen des 16. Jahrhunderts erscheint franz. *goutte* umgedeutet als *gůt*[39]). Unterschieden wird der Schlag als *ganzer* oder *halber*, je nachdem er den Menschen voll trifft oder nur eine Seite lähmt[40]).

Für andere Lähmungserscheinungen begegnen ältere und jüngere Namen, die vielfach durcheinander gehen und jedenfalls ein genaueres Krankheitsbild nicht geben. Der an den Gliedern gelähmte heisst im Gotischen *us-liþa*[41]), d. i. der ausser Gebrauch seiner Glieder Befindliche, und diese allgemeine Vorstellung waltet auch in dem ahd. *lidisuht*, mhd. *lidesuht, gelitsuht*, mit dem Adjektiv *lidesiech*, womit jede Krankheit, die die Glieder unbrauchbar macht, bezeichnet werden kann[42]). Spezialisiert erscheinen das ahd. *hantsuht* und *fuozsuht*, schwerlich volksmässige Worte, sondern nur gelehrte Übertragungen von griech. lat. *chiragra* und *podagra*, die sich auch noch später finden[43]). Das Volk belegt seit den gemeingermanischen Zeiten den Gliederkranken mit dem allgemeinen Ausdruck *lahm*, seinen Zustand mit dem Subst. *Lähme*[44]).

---

füchtikeit die in allen glidern ist, flüsẓt von dem hirn herab, wenn nun etwan ein verstopffung kumpt, dasẓ die füchte nit mag fliessen, so würt denn das selbig glid lam, und so sprechen wir das perli oder der tropff hat in geschlagen: KEISERSBERG Brösaml. 42b.

37) SCHILLER-LÜBBEN 3, 361. DIEFENB. 41b. *poppelsucht:* nov. Gloss. 28b.

38) DIEFENB. 412a. vgl. Anm. 36.

39) *der schlag, das gůt, paralysis, apoplexia. der den schlag, dẓ gůt oder den tropff hat und alle empfindtnusẓ seiner glideren verleürt, attonitus:* MAALER die teütsch Spraach 355a.

40) *apoplexia gantzer slag, eyn doit slag:* DIEFENB. 41a; *hemiplexia halbe schlag:* 274b.

41) *sa usliþa παραλυτικός*: Marc. 2, 4. *usliþa παραλελυμένος*: Luc. 5, 18.

42) *arthesis lidesuht*: STEINM. 2, 510, 8. *podagra, pestis in artubus i. lidesuht:* 536, 75. *stranguria, artetica lidsuht, ciatica lidsuht in der huft:* Voc. opt. 36, 67f. 71. *architica lidsuht, glidsucht, glider gesuchte:* DIEFENB. 46b. *arthetica lidgesucht:* nov. gloss. 32b. *heiẓ einen betterisen her vil schiere dinsen unde tragen, des lîp von sînen siechetagen nicht gerüeren künne sich . . sô lâ ẓehant die priester dîn al dîne gote schrîen an, daẓ si dem lidesiechen man hie wider geben sîne gesunt:* Pantaleon 994ff. Den deutschen Ausdrücken vergleicht sich ags. *artericus, vel artriticus, lidâdl:* WRIGHT-W. 1, 113, 17.

43) *podagra, dolor pedum, fuozsuht:* STEINM. 2, 451, 30. 556, 62 u. ö. *cirurgica hantsuht, podagra fuozsuht:* 3, 428, 66f. *(ciragra hantsucht, podagra fuẓsucht* 429, 7f.). *chiragra hantsucht, hantzucht* DIEFENB. 121b. *podagra fuozsuht, fuoslidsucht,* nd. *votsucht:* 443b.

44) vgl. oben S. 22. ahd. *lam* glossiert *claudus, mancus, paralyticus, debilis,* vgl. GRAFF Sprachsch. 2, 210. mhd. *lam* in gleichem Sinne mit *lidesiech:* Pantaleon 1049. 1098. *leme an handen und an bein*: Schwabensp. 62, 2. Dafür *lemede*

Ein mehrdeutiger Name für Gliederlähmungen ist ferner das hoch- und niederdeutsche *Gicht*, das erst verhältnismässig spät auf die heutige Bedeutung eingeengt erscheint und sonst Zuckung, Krampf, Lähmung überhaupt bedeutet[45]). Auch diesem Worte muss eine ganz allgemeine Vorstellung zu Grunde liegen, und es scheint, als ob diese nicht die Unbeweglichkeit der Gliedmassen, sondern die bei manchen Krankheitsformen in Verbindung damit auftretenden Entzündungserscheinungen, Anschwellen und Zuckungen in den Gliedern, sowie Abschuppen von Hautflächen und damit verbundenem Jucken betroffen hätte. Denn das nächstverwandte angelsächs. *gihða, gicða* ist völlig in die Bedeutung des Brennens und Juckens der Haut übergegangen, während eine andere Ableitung des betreffenden Wortkerns, angels. *gehðu, geohðu* das Brennen und Schwellen der Seele in Not und Schmerz zeichnen will[46]). Damit rückt aber das Wort in die Familie des angels. *gyccan*, altsächs. *jukkian*, ahd. *juchan, jucchan*, mhd. *jucken*, das seinen Sinn auch auf der Bedeutung des entzündlichen Zuckens entfaltet hat, und so mögen, die Richtigkeit der vorstehenden Ausführungen vorausgesetzt, zwei verschiedene Ableitungen aus einer Wurzel, die weiter nicht nachgewiesen werden kann, auf dem Grundbegriffe vielmehr der Entzündung als der Lähmung entsprossen sein. Das Krankheitsbild, das in späteren mittelalterlichen Quellen von der Gicht gegeben wird, ist unbestimmt genug, aber die Schwellung des Leibes dabei wird ausdrücklich betont[47]), ebenso wie die Hilflosigkeit der Glieder, die unter dem Bilde des Gebrochenseins gefasst ist[48]),

---

Sachsensp. 1, 62, 2. *paralisis der schlag o. tropff l. lämme des leibs*: DIEFENB. 412. Selbst der Wassersüchtige wird *lam* genannt: *hidpropecis* (für *hidropicus*) *lam:* STEINM. 3, 6, 11 (Voc. St. Galli).

45) *paralisis gegiht, gegihte:* STEINM. 3, 171, 34. *daz mich daz giht zebrochen hât:* Kaiserchron. 2755. *spasmus gicht:* DIEFENB. 544c. *der kleine oder halbe schlag, die gicht:* LUTHER Glosse zu Matth. 9, 2. *paralisis gicht, gegicht, vergicht:* DIEFENB. 412a.

46) *unaberendlîc gyhða ofereode ealne ðone lîchaman:* ÄLFRIC Hom. 1, 86 (das griech. κνησμός wiedergebend, vgl. BOSWORTH-TOLLER 476). *prurigo, gycenis:* WRIGHT-W. 1, 41, 31; *pruritus gicþa:* 114, 4. *prurigo gicenes:* 470, 6. *giohðo* Seelenschmerz, *swâ giômor-môd giohðo mænde ân æfter eallum:* Beow. 2268. *on gehðo:* 3096.

47) *ouch was zu Waltirshusin ein frouwe, di hatte di gicht swerlich gebrochin wol sibin jar und was dar zu geswollen obir al den lip:* KÖDIZ 77, 32ff.

48) vgl. unter Anm. 45. 47; *di gicht hatte si alse sere gebrochin, daz si von grozin wetagen torecht wordin war:* KÖDIZ 81, 24f. *iz was ein frouwe ze Erferte gesezzin, di brach di gicht also unmezlichen sere daz si stetes zu bette muste legin:* 86, 34f. Dazu das Adj. *gichtbruchig, von einer gichtbruchigen frouwen:* 77, 31, u. ö. Auch unter dem Bilde des Gebundenseins; *ir gegihtes bant:* HAHN Gedichte des 12. Jahrh. 78, 34, daher der Gegensatz *wart gelost von der gicht:* KÖDIZ 78, 5.

wobei auch wohl krampfige Verkrümmung erscheint[49]). Niederdeutsch ist unterschieden die *dovendige gicht*, das heftige, gleichsam tobende Gliederreissen, von der *kellenden* oder *killenden gicht*, Reissen mit Geschwulst und Spannung[50]); anderswo hat man lebendige, tote, heisse und kalte Gicht als Namen für besondere Erscheinungsformen[51]). Auch in weiteren Fügungen werden mancherlei krankhafte Zusammenziehungen der Muskeln durch Gicht bezeichnet[52]), so dass dieses Wort mit *krampf* wechseln kann, und selbst, in mhd. *darmgiht*[53]), kolikartige Krankheiten ausdrückt. Darum muss auch die heutige Bedeutung durch das näher beschreibende *der füeȥe und der beine giht, der hende giht* gegeben werden[54]). Für die erstere, die Fussgicht, begegnet eine neckische volksmässige Bildung, die seit dem 15. Jahrhundert nachzuweisen, vielleicht aber älter ist, *ȥipperlîn*, zu dem Verbum mhd. *ȥippern*, trippeln, ängstlich und mit kurzen Schritten gehen, gern als Masculin gebraucht und dadurch auf die persönliche Vorstellung eines entsprechenden Plagegeistes hinweisend[55]).

Von weiteren Krankheiten mit Lähmungserscheinungen sind mehrere mit Heiligen in Beziehung gebracht, die als Patrone dagegen fungieren; so die weniger genannte paralysis agitans, für die ein deutscher Name entgeht, die im Mittelalter als *chorea scti. Viti* (auch die als Volkskrankheit auftretende Tanzwut bezeichnend) vorkommt, und für die nachweislich erst seit dem 15./16. Jahrhundert die Verdeutschung Veitstanz gebräuchlich ist[56]); und die seit den frühesten Zeiten mit Grauen angesehene Epilepsie, bei welcher der heilige Valentin als Helfer angerufen wird, daher der Name *sant Velten plage*[57]). Abgesehen von diesem aber wird die Krankheit mit einer Anzahl an-

---

49) *di gicht hatte im sinen licham krump geworgit:* ebd. 87, 9f.

50) vgl. SCHILLER-LÜBBEN 2, 107b. 440b und *tumescere et kellet:* DIEFENB. 601 b.

51) *ȥu merkchen das vierlay gicht sind, das lebentig, das tod, das haiȥ, das chalt:* Quelle bei SCHMELLER 1², 870.

52) vgl. HÖFLER deutsches Krankheitsnamenbuch (1899) S. 189—192.

53) *colica darmgicht:* DIEFENBACH 131 b. *lienteria darmgicht:* 329a. *item er* (der Brantwein) *vertreibt auch all daremgicht wer sein ein wenig trinckt:* Kochbuch des 15. Jahrh. in Haupts Zeitschr. 9, 368.

54) *das selb öl* (der Narde) . . *ist guot für der âdern gegiht, daȥ artetica haiȥt, und für der füeȥ und der pain giht, daȥ podagra haiȥt, und für der hend giht, daȥ ciragra haiȥt:* MEGENBERG 409, 30ff.

55) *podogra ȥipperla:* DIEFENB. 443 b. *der abt ȥu sant Gilgen, der . . gieng daȥ er ser switzt, dann er het den ȥipperlin:* D.Städtechr. 10, 327, 15f. vgl. dazu das mhd. *ȥippeltrit* von kurzem Tanzschritte; *swenne er den reien vüeret mit manegem wæhen ȥippeltrite:* Minnes. 3, 236, 6 Hagen.

56) vgl. den Nachweis German. 28, 407.

57) *epilepsia sant Valtinsȥ plage:* DIEFENB. 204 b.

derer Benennungen belegt, die sie nicht nur ihrem Wesen nach, sondern auch nach dem gemachten Eindruck schildern. Unter ersteren voran diejenigen Bildungen, die sich auf das plötzliche Hinschlagen des Kranken beziehen, wie sie sich seit alten Zeiten hoch- und niederdeutsch, sowie angelsächsisch vorfinden. So ahd. *fallandiu suht*, mhd. *der* und *daz vallende* (verstanden *siechtuom* oder *wê*), niederd. *dat vallende ovel, de vallende suke*, angelsächs. *fylle-seócnes* und ähnliches[58]); ebenso das angelsächs. *bræc-códu*, *bræc-seócnes*, mit dem Adjektiv *bræc-seóc*, welches das Zusammenbrechen des Körpers veranschaulicht[59]). Bezeichnungen der letzteren Art sind die, welche aus dem Grauen davor geschaffen wurden, wie die noch heute dauernden ‚das böse Wesen', ‚die schwere Not' (die aber auch Schlag und Krampferscheinungen mit meinen), und von denen die erstere auf einen nicht genannten dämonischen Krankheitserreger deutet[60]). Die Krankheit muss, wie bei den Römern, so auch im germanischen Altertume recht verbreitet gewesen sein, da schon von Plinius in seiner Naturgeschichte eine grosse Menge von pflanzlichen und anderen Heilmitteln angegeben werden, die auch im Mittelalter ihr Ansehen behalten. Eine ihrer Ursachen ist Unmässigkeit im Trinken[61]); eine andere aber bilden Eingeweidewürmer, die als feindliche Wesen im Innern des Körpers mancherlei Zufälle hervorrufen, unter denen auch *accadens morbus* erscheint, und die man durch Beschwörung entfernt[62]).

Für das grosse Gebiet der Krampferscheinungen besteht der Name ahd. *krampfo*, mhd. *krampf* und *krampfe*, altsächs. *cramp*, mnd. *kramp*

---

58) *epilemsia vallindiu suth, vallendiu suht, valende suht:* STEINM. 3, 170, 29 ff. *die diu vallunde suht warf nider:* Servatius 1572. *von eime der hatte di vallenden sûche:* KÖDIZ 91, 11. *fur daz vallende ubel*: Fundgr. 1, 325, 8. *epilepsia daz (dat) vallende ubil (ovel), daz vallende leit, das valubel, vallenubel, fallende sucht, hinfallender sichtum, der fallend siechtag, der hinfallende siechtung, daz vallende:* DIEFENB. 204 b. *larvatio vallende sucht, ubel:* 319 b; vgl. D. Wb. 3, 1286. SCHILLER-LÜBBEN 4, 194 b. *sardius* (der Stein) . . *ist guot der in treit vor die vallensucht:* German. 8, 303 (zugleich mit Anklang an den heil. Valentin). Zusammenwerfung mit dem Schlag, *caducus morbus vallent ovel, poppelcie:* DIEFENB. nov. gl. 64 b. ags. *wið fylle-seócnysse:* COCKAYNE Leechdomes 1, 164; dazu *wið fylle-seócum men:* 358. vgl. auch folgende Anm. Ferner *fylle-wærc:* 2, 174 (*wærc* Pein, Plage).

59) *epilepsia, vel caduca, vel larvatio, vel comitialis, bræc-côþu, fylle-seóc:* WRIGHT-W. 1, 112, 26 f. *gebræc-seócnes:* BOSWORTH-TOLLER 375 b. *sum gebræc-seóc man:* BEDA 4, 3 (S. 270, 34 Miller).

60) vgl. D. Wb. 2, 249. 7, 910. auch nur *wesen*, z. B. in der Oberpfalz: SCHMELLER 2², 1021. schweizerisch *bösweh* Epilepsie, auch *weh* ohne Beisatz: STALDER schweiz. Idiotikon 1, 207.

61) ein Beispiel davon bei GREGOR. TUR. 4, 12.

62) vgl. die Wurmsegen bei MÜLLENHOFF u. SCHERER Denkm. 1³, S. 17, und die dazu beigebrachte Litteratur 2, 50 fg. Sonstige Mittel und Beschwörungen gegen *caducum morbum* bei STEINM. 4, 632, 4 ff. 649, 35.

und *krampe*, eine sicherlich mindestens gemein-westgermanische Bezeichnung, die an die Erscheinung der kranken Glieder anknüpft und sich ganz durchsichtig zu dem Verbum ahd. *krimpfan*, mhd. *krimpfen*, zusammenziehen, winden, biegen, krümmen, stellt, zu dem als entfernterer Verwandter auch unser *krumm*, ahd. *krumb*, und das angelsächs. Verbum *crimman*, einstopfen, zusammendrücken gehört[63]). Andere nebenhergehende Namen, wie mhd. *rampf* und *rampfe*, mnd. *ramm* und *ramme*, angelsächs. *hramma*[64]), gehen auf keine andere Vorstellung zurück. Das Wort *krampf* hat seine Bedeutung bis heute fast unverändert behalten, und nur insofern eingeschränkt, als es für einige örtliche Krankheiten nicht mehr gebraucht wird[65]); auch fasst die alte Sprache den Krampf als Kollektiverscheinung und bildet darum für die einzelnen Anfälle keinen Plural.

Was sonst an inneren individuellen Krankheiten in älteren und jüngeren Quellen, immer mehr andeutend oder aufzählend als (auch in Fachschriften) eigentlich beschreibend genannt wird, von dem einfachen Kopfschmerz und Seitenstechen und der Halsentzündung an[66])

---

63) ahd. mhd. *arthesis cramfo, articulorum dolor i. crampho:* STEINM. 2, 563, 44. *spasmus krampfo, crampho, chramme:* 3, 170, 48f. *spasmus chram, chramp, kramp, kramff, kramph, krampfe*, nd. *krampe:* DIEFENB. 544c. *tetanus krampff:* 581c. *tenasmus, tetanus cramph:* Voc. opt. 36, 58f. alts. *articulorum dolor i. crampp:* Glosse in Haupts Zeitschr. 5, 200b. mnl. *krampe, spasmus, spasma, nervorum distentio, raptus, convulsio, conductio, contractio:* KILIAN R 8b. mnd. *krampe, ram, is ene senen sucht, wen de krimpen:* SCHILLER-LÜBBEN 2, 557b.

64) über *ramm* und *rampf* vgl. D. Wb. 8, 76. 81. ags. *spasmos, hramma, vel swîung:* WRIGHT-W. 1, 112, 19. *gyf hwylcum men hramma derige*: COCKAYNE Leechdomes 1, 206. *swîung* für *swîgung* zum Verbum *swîgian*, das sonst neben *tacere* auch *stupere* bedeutet.

65) vgl. *chiragra kramph, kramp, der kramp in der hant, hendekrampf:* DIEFENB. 121b; *podagra fuoȥkrampf, eyn voesȥovel l. den cramp in den voes:* 443b; *der vuȥkramp, der kram*: nov. gloss. 296a.

66) Bischof Salomo von Constanz *capitis dolorem querebatur:* EKKEHART cas. 27; halbseitiger Kopfschmerz, *fuit olim sub tempore Godeskalki abbatis quidam monachus nomine Alvricus, qui in capite suo multum nocuit migranea, quae duplex est, aut ex gutta, aut ex vermibus:* THIETMAR 4, 48. *pleuresis stechetho:* STEINM. 2, 556, 56. *pleuresis stechedo, laterum dolor:* 563, 26. *telum stechedo, stecchido, stechede, steche:* 3, 170, 23ff. *pleuresis der stech, stich l. seittenwee:* DIEFENB. 442b. ags. *pleuriticus, on sîdan lama, vel sîd-âdl:* WRIGHT-W. 1, 112, 32. *raucedo heiseri, heisere, haisere:* STEINM. 3, 171, 6f., *heiserkeit, heiskeit, heescheit, heyscheit, heischen:* DIEFENB. 485c. ags. *raucedo, hâsnys:* WRIGHT-W. 1, 113, 1. Die Bräune als Krankheit erst sehr spät genannt, *rat für die prewnin:* Quelle von 1492 bei SCHMELLER 1², 356. Über mhd. *sôd* als *angina* u. a. vgl. D. Wb. 10, 1395. Als Magenkrankheit wird *maga-piȥado* genannt und das allgemeine *syncopis* damit glossiert (STEINM. 2, 257, 14ff.), das sonst auch *herȥril, swindlung, ummacht* ausdrückt (DIEFENB. 536a).

bis zur Wassersucht[67]) und dem Blutfluss[68]) und Blutsturz ist so mannigfaltig, dass man nicht die Vorstellung von einem weit über dem jetzigen stehenden günstigen Gesundheitszustande der alten germanischen Zeiten gewinnen kann. Der schon hervorgehobenen grösseren Widerstandsfähigkeit des Körpers, wenigstens vor dem späteren Mittelalter, treten neben vielfacher Ungunst des Klimas seit der intensiven Berührung mit römischer Kultur in steigendem Masse schädliche Einflüsse entgegen: Unangemessenheit der Nahrung, die seit der Völkerwanderung immer mehr aufkommende Versetzung der Speisen mit fremden Würzstoffen[69]), und nicht zum wenigsten auch der mit der steigenden heimischen Erzeugung starker geistiger Getränke und der vermehrten Einfuhr sich steigernde Hang, bei Gelegenheiten im Trunk auszuschweifen. Was im Waltharilied mit breiter Behaglichkeit von dem Hunnenkönige Attila und seinen germanischen Tafelgenossen erzählt wird, wie sie in den Gängen des Palastes zerstreut, besinnungslos von dem zu reichlich genossenen Weine am Boden den Rausch ausschlafen[70]), das erzählt der angelsächsische Dichter der Judith von den Mannen des Holofernes beinahe mit denselben Worten[71]), und die Schilderung der sinnlosen Trunkenheit in dem noch im 13. Jahrhundert verfassten mitteldeutschen Schwanke, „der Wiener Meerfahrt" atmet denselben Geist[72]). Man sieht, die freundliche Anschauung

67) *waȥarsuht, ydropis, waȥȥersoht idrops:* GRAFF Sprachsch. 6, 141. *idropisis wassersuht*, nd. *watersucht:* DIEFENB. 284c. Ags. *wæter-seócnes, wæter-âdl, wæter-bolla;* ausgeführtere Beschreibung einer solchen, *wæter-seócnyss hine* (den Herodes) *ofereode, beneođan þam gyrdle, tô đan swîđe, þæt his gesceapu mađan weóllon, and stincende âttor singallîce of đâm tôswollenum fôtum fleów:* ÄLFRIC Homil. 1, 86. *wæter-bolla (lǽcedômas wiđ wæterbollan;* COCKAYNE Leechdomes 2, 10) ist Wasserhaut oder -balg (ahd. *bolla, bulla, folliculus*).

68) Blutfluss als Krankheit der Frauen, got. *qinô blôþa-rinnandei, γυνὴ αἱμοῤῥοοῦσα:* Matth. 9, 20. *in runa blôþis, ἐν ῥύσει αἵματος:* Marc. 5, 25, vgl. Luc. 8, 43. 44. ahd. *bluotes fluȥ:* Tatian 60, 3. *bluotfluȥȥida, emorrois:* GRAFF Sprachsch. 3, 753. mhd. *von einre frouwen, di hatte den blutfloȥ:* KÖDIZ 91, 20. *ein kint von Schonouwe hatte den blutfloȥ:* 94, 23 (vorher *hatte daȥ blut*). für Ruhr: *dysenteria pluotganc, blutsucht, blutflusȥ:* DIEFENB. 185c. als Krankheit der Juden, zusammen mit *vîc*, was auch eine Art des Blutflusses bezeichnet, *verfluochte Juden widerȥæm, ir gêt den rehten hellestîc. der rôte siechtuom und daȥ vîc macht iuch bleich unde gel:* Seifr. Helbling 2, 1188ff.

69) vgl. Bd. 2, 331. 368f. mhd. *swaȥ du uns gîst, daȥ würȥe uns wol .. schaffe, daȥ der munt uns als ein apotêke smecke:* STEINMAR 1, 4.

70) *donec vi potus pressi somnoque gravati passim porticibus sternuntur humotenus omnes. et licet ignicremis vellet dare moenia flammis, nullus qui causam potuisset scire remansit:* EKKEHART Waltharius 320ff. vgl. auch 358f.

71) *swâ se inwidda ofer ealne dag dryhtguman sîne drencte mid wîne, swîđmôd sinces brytta, ôđ þæt hi on swîman lâgon; oferdrencte his duguđe ealle, swylce hi wǽron deáđe geslegene, agotene gôda gehwylces:* Judith 28ff.

72) vgl. Ges. Abent. 2, 467ff. LAMBEL Erzählungen und Schwänke (1883) 230ff.

solcher Exzesse ändert sich nicht, auch der Kirche gegenüber nicht, die übermässiges Trinken zu den Todsünden zählt; an welcher übrigens nach Bruder Bertholds Zeugnis auch die Frauen beteiligt sind[73]). Solcher Gesinnungswechsel wäre auch schwer genug, wenn selbst ein geistlicher Dichter mit so offenbarer Sachkenntnis und Humor den Zustand nach dem Gelage schildert[74]), für den uns die ältere Sprache keinen Namen überliefert, und den wir erst viel später mit Katzenjammer oder Haarweh bezeichnet haben[75]). Die Folgen des unmässigen Trinkens können aber auch ernstere sein, wovon uns ein frühes Beispiel Jordanis erzählt, indem er den Attila nach einem Rausche durch Blutsturz enden lässt[75b]).

Besondere Erwähnung verdient unter den Krankheiten der inneren Organe als ziemlich häufig vorkommend die Ansammlung von sandigen oder steinigen Ausscheidungen zumal in den Nieren, der Blase oder der Galle, die unter dem Namen angelsächs. *stân*, mhd. *stein* bekannt sind und deren schmerzhaftes Auftreten nicht nur die Kunst der inneren Medizin, sondern auch der Chirurgie wachruft[76]); vor allem aber die mörderische Krankheit der Schwindsucht.

Es wird vielleicht schwer fallen, sich vorzustellen, dass in frühen germanischen Zeiten Tuberkulose und damit in Zusammenhang stehende oder in der Erscheinung verwandte Zehrkrankheiten, und nicht bloss

---

73) *daȥ was etewenne grôȥiu ȥuht an frouwen, daȥ sie mæȥic an eȥȥen und an trinken wâren. daȥ ist nû gar unde gar ein gewonheit worden: biȥ der man daȥ swert vertrinket, so hât sie den snüerrinc unde daȥ houbettuoch vertrunken:* BR. BERTHOLD 1, 431, 31 ff.

74) *Attila nempe manu caput amplexatus utraque egreditur thalamo rex, Waltharium que dolendo advocat, ut proprium quereretur forte dolorem:* EKKEHART Walthari 362 ff.

75) D. Wb. 5, 296. *das trunken elend* heisst schon im 15. Jahrh. der Zustand der Reue und des Jammers in der Trunkenheit selbst: ebd. 3, 409.

75b) *qui, ut Priscus historicus refert, exitii sui tempore puellam Ildico nomine, decoram valde, sibi in matrimonio post innumerabiles uxores, ut mos erat gentis illius, socians eiusque in nuptiis hilaritate nimia resolutus, vino somnoque gravatus resupinus iaceret, redundans sanguis, qui ei solite de naribus effluebat, dum consuetis meatibus impeditur, itinere ferali faucibus elapsus eum extinxit:* JORDANIS de reb. Get. 49.

76) die technische Bezeichnung der Krankheit ist im Ags. eigentlich erst vorbereitet, da die letztere nur beschrieben, nicht betitelt wird; *wið þâ untrumnysse þe stânas weaxeþ on blǣdran:* COCKAYNE Leechdomes 1, 8. *on þǣre blǣdran stânas weaxað and sond:* 2, 238; im Mhd. aber ist sie bereits gefestigt; *calculus steyn*, mit den Zusätzen *im libe, morbus, ein suke*, verdeutlichend *harn- l. nyerenstein:* DIEFENBACH 89c; *einem dem dû den stein snîden solt:* BR. BERTHOLD 1, 154, 30. Die Ursache des Steins wird im Trinkwasser gesucht; *welchiu (waȥȥer) aber entspringent gegen der sunnen underganch oder gegen dem himelwagen, diu sint diu pœsten, wann diu machent stain in der plâsen und in den niern, und machen die frawen unperhaft:* MEGENBERG 104, 14 ff.

in vereinzelten Fällen, ihre Opfer gefordert haben; dennoch ist an einer alten Ausbreitung der mehrfachen Übel, die später unter dem Namen Schwindsucht oder Auszehrung zusammengefasst werden, nicht zu zweifeln, Krankheiten, die einst auch die hauptsächlichen der im Pendjab eingewanderten Arier gebildet haben[77]). Und wie die Griechen diese allmähliche Abnahme an Fleisch und Kräften einem Schmelzen verglichen (*τηκεδών* Schmelzen und Auszehrung, *τήκειν* schmelzen, verzehren, *τήκεσθαι* auszehren, schwinden), so haben die germanischen Sprachen aus einer Wurzel *swi* mit der allgemeinen Bedeutung abnehmen, vergehen (die noch im altnord. *svîa* nachlassen erhalten ist), in der Weiterbildung ahd. *swînan*, mhd. *swînen*, altnord. *svîna* die entsprechende Krankheitsbezeichnung geschaffen, die in hoch- und niederdeutschen Mundarten noch heute nicht vergessen ist, sonst aber in allgemeinerem Sinne durch die westgermanische Bildung ahd. *swintan*, mhd. *swinden*, angelsächs. *swindan* verdrängt wurde[78]). Dazu steht das allerdings erst spät bezeugte mhd. *swîn-suht*, *swint-suht*, dessen höheres Alter aber wohl ebenso zweifellos ist, wie das anderer schon angeführter Krankheitsnamen[79]). Neben diesen Ausdrücken, deren Grundlage wenigstens wir als gemeingermanisch ansprechen müssen, gehen Sonderbezeichnungen (auch ihrerseits ein Beweis für ein häufigeres Auftreten der Krankheit), von denen zehren, abzehren, auszehren, mit den Substantiven Abzehrung, Auszehrung erst vom Ausgange des Mittelalters vorkommen[80]). Der häufige Sitz des Übels wird erkannt

---

77) vgl. SCHRADER Reallexikon der indogerm. Altertumskunde (1901) S. 474.

78) zur Wurzel *swî* (zu der auch angels. *swîma*, altnord. *swîmi*, altfries. *swîma*, mnd. *swîm* Schwindel und Ohnmacht gehören), tritt *swînan* als Zustandsbildung; *tabescat farswîne:* STEINM. 1, 293, 74 (nach 1. Sam. 2, 33 *tabescat anima tua); contabescit arsuînit:* 77, 29; *contabescunt suînent:* 2, 168, 37; mhd. (in einer Verwünschung) *des dorr und swîn!* K. V. WÜRZBURG Lied. 23, 30; dazu *ethica* (aus *hectica) der swînend siechtag:* voc. opt. 36, 75; mnl. *swijnende sieckte (*zu *swinden i. swijnen tabescere, extenuari):* KILIAN Nn 8; mundartl. *schwienen, swinste,* Schwindsucht: SCHMID schwäb. Wörterb. 486. brem. Wb. 4, 1124. vgl. auch SCHMELLER bair. Wb. 2^2, 634 f. Zu ahd. *swintan* ist auch der Name des krankhaften Schwindels gebildet; *scotomia suintilôda*, *swindilôde, svintelôd, swintlunge:* STEINM. 3, 170, 26 ff.; *aporia, vertigo capitis swintilôd:* DIEFENB. 41 b; *vertigo swindel, schwindel desȥ houptȥ, swindelunge, swindelnisse* u. ä.: 615 a. *vertigo houpswindel:* voc. opt. 36, 11; vgl. dazu ags. *scotomia, swinglung:* WRIGHT-W. 1, 112, 18.

79) *ethica swînesucht, swintsucht, swindesûchte:* DIEFENB. 211 b. *tabes schweinsucht, schwindsucht, schwitsucht:* 571 b. *syncopis schwindesucht, schwintsucht:* 536 a (nach *συγκοπή* Entkräftung).

80) *phthisis die derre:* DIEFENB. 249 c. *tabes die dörre:* 571 b. *tisis das abnemen, terende suyck, tȥeringe, droeginge:* 585 c. mnl. *teeringhe, i. wtdrooghende sieckte, tabes, atrophia, phthisis:* KILIAN Oo 3 a. Dazu auch das aus griech.-lat. *hectica* und dessen Verstümmelung *ethica* hervorgegangene *etike, etkum*, vgl. D. Wb. 3, 1175. HÖFLER deutsches Krankheitsnamenbuch (1899) 115; *tabes ettig:* DIEFENB. 571 a;

und durch mhd. *lungen-suht*, *lungen-siechtac* gekennzeichnet[81]), wie denn Heilkräuter dagegen unter dem Namen *lungenkrût*, *lungenwurȥ* auftreten.

Wie die letzten der genannten Krankheitsnamen und schon einige früher angeführte (*hantsuht*, *fuoȥsuht*, *lidesuht* S. 123, *darmgicht* S. 125) nicht von Erscheinung und Art der Krankheit, sondern vom Sitz des Übels hergenommen sind, so begegnen in der Zeit vom Althochdeutschen ab deren eine grössere Reihe, wohl zunächst nur Übersetzungen griechisch-lateinischer schulmedizinischer Ausdrücke, wie *cardia*, *podagra*, *chiragra*[82]), denen sich dann frei gebildete, mit *-suht*, *-wê*, *-swer* komponierte anschliessen[83]). Auch verschämte Bezeichnungen, besonders für Darm- und Blasenleiden, finden sich, neben solchen, welche die Krankheit unverblümt bezeichnen[84]). So ist die Zahl der Krank-

---

der kunig (Rudolf von Habsburg) *wart sere alt. do kam in ouch der sichtage an der da heisȥet etica:* D. Städtechr. 8, 57, 33 f.

81) *phthisis lungensith (l. -suht):* DIEFENB. 249 c. *tisis lungensucht*, *lungensuchtung*, *lungensiechtag:* 585 c. *pleuresis lungensichtag:* 442 b. *lungesiechtuom*, dazu *lungesiech*, lungenkrank: LEXER mhd. Handwb. 1, 1984. Von Begleiterscheinungen, die von der kranken Lunge ausgehen, heisst die Krankheit *tisis brustkrîstin:* voc. opt. 36, 46 (stöhnen, ächzen); *brustkîstrin*, *brustkistin*, *brustkîsterîe:* 585 c; *sincopis odymbroch*, *herȥenkîst*, *herȥkîst:* nov. gloss. 339 b f.; *brustkîstrîe tisis vel ulceratio aut tumor pulmonis:* Voc. von 1482 bei LEXER Handwb. 1, 372. vgl. auch *der herȥstech:* MEGENBERG 248, 28; *herȥslähtig (asthmaticus):* 163, 29. ags. *phtisis*, *wyrs-hræcing*, *vel wyrs ûsspîung:* WRIGHT-W. 1, 113, 8.

82) *cardia herȥisuht*, *herȥesuht:* STEINM. 3, 170, 20 f. vgl. *cardiacus herȥesuhtiger* u. ä.: 226, 12 ff. s. auch Anm. 42. Auch *lebar-suht* nach *hepaticus (morbus)* muss vorhanden gewesen sein, vgl. *epaticus lebersiech*, *lebersuchtig:* DIEFENB. 203 b.

83) *arthesis halsuht*, *chelasuht:* STEINM. 2, 451, 33. *angina chelsuht*, *kelsuht:* 4, 33, 47 ff. *âdersuht* . . *ȥe latein artetica:* MEGENBERG 327, 27. *cordiaca brustsucht:* DIEFENB. 151 a. *asthma*, *herȥspann*, *herȥsper:* 56 b (das man sich vom Herzen ausgehend denkt); *houbetsuht:* PFEIFFER Arzneibücher 11; *hauptsiehtum:* MEGENBERG 386, 26. *daȥ machit houbitwên:* Fundgrub. 1, 320, 38; (Mittel) *ȥû deme houbitwêwên:* 321, 12; *ȥantsiehtum:* MEGENBERG 235, 8. *den ȥantsmerȥen:* 382, 26. *den ȥandwê:* VINTLER oben Anm. 7. *herȥeswer*, *houbetswer*, *lankeswer*, *lendeswer*, *mageswer*, *ougeswer*, *sîteswer*, *ȥanswer:* mhd. Wb. 2, 2, 810 a. *leberswer:* ebd. (die Erkrankungen der Leber und gleich betrachtete Fälle werden jedoch gewöhnlich nach dem Aussehen des Kranken bezeichnet als Gelbsucht, ahd. *gelasuht*, mhd. *gelsuht*, womit *morbus regius*, *gelesuht*, *gelsuht:* STEINM. 3, 171, 22 f., *morbus elephantinus:* 2, 256, 20, *aurugo:* DIEFENB. 62 c, *ictericia:* 283 c glossiert sind). Ags. ähnliche Namen; *dolor lateris*, *stic-wærc*, *stic-âdl*, *yleos*, *hrifwerc*, *pleuriticus*, *sîd-âdl*, *ypaticus*, *lifer-âdl* u. a.: WRIGHT-W. 1, 112, 21 ff.

84) *diarria uȥganch*, *uȥgang:* STEINM. 3, 171, 39 f. *dissenteria mitûȥsuhti*, *miûȥsuhti*, *inûȥsuhti*, *ûȥsuhti*, *ûȥsuhte:* 2, 272. 43 ff. *diarrhoea wesrigu ruora*, *die ruer*, *das usȥlauffen*, *ûȥganc*, *de vletende bueck*, *buucovel*, *bûchovel*, neben *dunnscheisȥ*, *dünnschysȥ*, *lapscheisȥe:* DIEFENB. 179 c. *dysenteria plûtgang*, *blutsucht*, *blutflusȥ*, *rure*, *rotruor*, *buchwee*, *der rot siechtag* u. a. neben *blutscheysȥ*, *blutschysȥ:* 185 c. ags. *diarria*, *ûtsiht*, *dissenteria*, *blôdig ûtsiht:* WRIGHT-W. 1, 113, 23 f. *stranguinaria ge-*

heitsnamen recht gross und deutet auf die verschiedensten Gesundheitsstörungen.

Auch für mannigfache Hautübel liefert die Sprache seit dem Gemeingermanischen Zeugnisse, für das einfache Jucken, dessen schon oben S. 124 und Anm. 46 gedacht ist, sowohl als auch für lästigere Zufälle bis zu den bösartigsten. Das ahd. *juckido*, mhd. *juckede*, bezeichnet auch die Krätzkrankheit und den juckenden Hautausschlag des Grindes und der Räude, für die nebenher besondere Namen gehen[85]). Mancherlei flechtenartige Erscheinungen treten auf, deren Namen aber von denen der Krätze und des Grindes nicht auseinander gehalten werden, sondern oft unentwirrbar durcheinander gehen[86]).

---

twanc: STEINM. 3, 171, 36; *dysuria harnstrenge l. -winde, kaltseiche:* DIEFENB. 188 a. *stranguria harnstrang, -strenge, -winde, -windel* neben *kalde seiche, kalter seich, der kalte pysȥ* u. ä.: 555 a. ags. *disuria, vel stranguria, earfoðlæte micga:* WRIGHT-W. 1, 113, 19 f.

85) ahd. *prurigo iuckedo, iukido:* STEINM. 3, 171, 19 f. *prurigo, uredo cutis i. iuchido:* 306, 54. *pruriginem iuhchidun:* 2, 163, 47. *prurigine iochodin l. prunsti:* 1, 371, 9. *scabia iuchido, iuhhido:* 1, 291, 60; *pruriginem iukiligi:* 2, 197, 56 (dazu *pruriat iuchilot:* 410, 24); *prurigo, pruries, pruritus, juckunge, juckenisse, juckher, jucken, schabe l. kretȥe, kratȥ, schebigkait, rudigkait, schorf, schurff, scharff, der scharffe grint, rawde, rûd* u. ä.: DIEFENB. 469 b; *petigo juckede, juchede, schurf, schorf, grint:* 432 a; *scabies grint, rûde, rudigkait, schebigkait, schurff, scorff* u. ä.: 515 a; *prurigo kratȥung, kretȥigi, rûde o. krecȥige hût, grindpuchel, juchkung, joken:* nov. gloss. 307 b; *prurigo kratȥ:* voc. opt. 36, 6. *scabies* ahd. *hriubi*, vgl. unten Anm. 173. Sonst sind von diesen Ausdrücken die zu den Verben jucken, kratzen, schaben gehörigen etymologisch klar (die Krätzmilbe führt ahd. den Namen *siura, siurra*, mhd. *siure*); ahd. *rûda* (*impetigo rôdo:* STEINM. 3, 277, 6. *scabies rûdo:* 289, 8. *impetigo rûda*: 302, 2. *scabie riudi:* 2, 633, 13) für *hrûda*, wie das altsächs. *hrutha* (*scabiem rhûthon endi scavathon:* Prudentiusgl. in Haupts Zeitschr. 15, 528), 621) und das altnord. *hrûðr* Kruste, Schorf einer Wunde, lehren, kann mit seiner Sippe zu lat. *cruor* Blut, *crûdus*, blutig, roh, gehören. *grind* zeichnet den sandartig aussehenden Ausschlag der Haut (ahd. *crint* auch *alopicia:* STEINM. 3, 429, 18), es gehört zum got. Adjektiv *grinds* zerrieben (*in grinda-fraþjis* ὀλιγόψυχος 1. Thess. 5, 14) und zu ags. *grindan*, zerreiben, malen. *schorf* und seine Nebenformen zu ags. *sceorfan*, nagen, beissen, fressen. Dunkel bleiben die Ausdrücke *prurigo luchido* (andere Handschrift *luahido* oder *lucchido*) *mit prunsti et dicta prurigo a perurendo et ardendo:* STEINM. 1, 288, 50 ff.; *luchiden, scabiem:* GRAFF Sprachsch. 1, 593 und Anm., wozu auch zu vergleichen *impetigo iuhido, lohafiur:* STEINM. 1, 351, 49; *inpetiginem lohafuir:* 2, 221, 4. 225, 15. ferner *scabies glouuido:* 1, 343, 48. Auch *impetigo warȥa citaroc, warȥa citaroch, warȥa cittarouga, ȥittaroch, citroh, citroch:* 351, 49 ff.; *pigiem* (für *impetiginem*) *titturuh:* 2, 242, 47, das sich mhd. und später mundartlich als *ȥitteroch, ȥittrach,* auch *ȥittermâl* (SCHMELLER 2², 1164) fortsetzt und als *inpetigo côterlus, cuterlo* (STEINM. 3, 277, 6. *inpetigo citterlus.* 302, 2) entartet erscheint, ist nicht klar. Ags. *prurigo, emertung* (neben *pruritus gycþa*): WRIGHT-W. 1, 114, 3, entzieht sich der Deutung; ebenso ahd. *pruriginem pronadun* STEINM. 2, 221, 3.

86) Der heutige Name für die Flechte ist erst mhd. als *daȥ vlehten, diu vlehte,* und *daȥ geflehte* bezeugt und verdeutscht *impetigo* (*ain geflecht, flecht, flicht:*

Die Rose oder der Rotlauf ist von alther bekannt, wenn auch nicht unter diesen beiden Namen, die erst später erscheinen, sondern als um sich greifendes, wildes Feuer gedacht, gegen das auch der heilige Antonius angerufen wird[87]).

Wie gewöhnlich Geschwüre und Geschwülste seit den ältesten Zeiten gewesen sind, davon legen wiederum verschiedene, weit zurückreichende Namen Zeugnis ab. Von ihnen übersetzt das got. *banja* das griech. ἕλκος, bezeichnet also nicht bloss einen Schwären, wie Luc. 16, 20. 21, sondern auch eine Wunde, Luc. 10, 30, und in letzterem Sinne kehrt das Wort angelsächsisch als *ben*, *benn* (mit *bana*, *bona*, Wundenschläger, Mörder) und altsächsisch in der verdeutlichenden Zusammensetzung *beni-wunda* wieder. Ein zweiter gotischer Ausdruck, *gunds*, griech. γάγγραινα (2. Tim. 2, 17) übersetzend, ist gemeingermanisch wie der erstere, aber engeren Begriffes, da er die Eiterung hervorhebt, wie ahd. *gund*, *gunt*, angelsächs. *gund* Eiter, Gift, Wundenjauche[88]) lehren. Diese Flüssigkeit, dem Geschwüre eigentümlich, wird hochdeutsch, nach dem Verschwinden des Wortes *gund*, durch *eiter*[89]) gegeben, das sonst, wie angelsächs. *âttor*, altnord. *eitr*, Gift bedeutet und auch hierdurch die Bösartigkeit der Erschei-

---

DIEFENB. 289a), *mentagra* (*geflecht:* 356c). Eine gutartigere Form der Krankheit ist unter dem Namen *schwinde*, wie es scheint erst in späteren Zeiten, davon unterschieden, vergl. *mentagra*, *eine krätze ums kinn, eine schwinde, flechte, zittermahl:* D. Wb. 9, 2653. Der ags. Name für *inpetigo* ist *teter* (WRIGHT-W. 1, 113, 32 u. ö.), das auf ahd. *zitaroh* weist. Die Glosse *serpedo pytful wyrmses* (plur.): ebd. 114, 2 weist auf böse Säfte (*wyrms virus:* BOSWORTH-TOLLER 1289b).

87) *erisipila i. flehtentez fiur, flehtindez fiur:* STEINM. 3, 171, 16f. *erysipelas wylde fure, wildsz fewr, sant Anthony plag:* DIEFENB. 208b. *herisipula das roit lauff, freysim* (substantiviertes Neutr. des Adj. *vreissam* schrecklich), *freyschum*, *grisipole sant Anthonien rauch:* nov. gloss. 155a. ags. *erysipila, wilde fŷr:* WRIGHT-W. 1, 114, 1; mnl. *roose, sint Antonis vier, erysipelas, sacer ignis, rubor cum inflammatione ac dolore:* KILIAN Gg 1b. Zusammengeworfen wird die Rose vielfach mit der unten zu erwähnenden Seuche des *ignis sacer*, Kriebelkrankheit; *erysipelas heilig ding, wiltfeuer, rotlauff, i. ignis sacer:* DIEFENB. nov. gloss. 155a; *sacer ignis sant Antonien für:* Voc. opt. 36, 89. Beide heissen auch *das gesegnet*: SCHMELLER 2², 240; *ignis sacer gesent:* DIEFENB. 285b.

88) ahd. *livor kund, chund.* STEINM. 1, 201, 25. *pus gund, gunt:* 2, 363, 11. *tabidus humor gund:* 441, 69. *tabe mit cunde, mit gunde:* 255, 71. *pus, hoc est tabo l. virus, gunt:* 3, 695, 45f. Dazu *tabidus gundigu:* 2, 507, 46. *tabidus (humor) guntigiu:* 541, 79. ags. *gund:* BOSWORTH-TOLLER 493a.

89) ahd. *eitar* in der Bed. Gift, *venenum aspidum .. eiter dero aspidum:* NOTKER Ps. 13, 3. *virus eitar:* STEINM. 2, 432, 64, *eittir:* 480, 69. Auch die heutige Bed. schon ahd., vergl. dazu *purulenta, saniosa eitriga:* 433, 47. *purulenta eittriga:* 481, 9, *êttaraga:* 586, 78. *pus unreynkeit, eyter:* DIEFENB. 474a. MEGENBERG nennt *aiter* auch den Ausfluss aus kranken Ohren; (Holundersaft) *rainigt .. diu fliezenden ôrn von dem aiter und von der unsauberkait:* 348, 12f.

nung beleuchtet. Es ist mit dem gotischen Worte allgemein ein um sich fressendes Geschwür gemeint, dasselbe, was später, unter Einfluss der alten Schulmedizin, mit dem fremden Namen ahd. *cancher*[90]) oder mit dessen Verdeutschung mhd. *krebeȥ*[91]) bezeichnet und beschrieben wird. Der allgemeine Gattungsname für Schwären und Geschwür ist seit den althochdeutschen Zeiten *swero*, mhd. *swer*, mnd. *swere*, und sein Kollektivum ahd. *giswer*, mhd. *geswer;* Worte, die auf Hoch- und Niederdeutschland beschränkt sind, aus der Vorstellung eines drückenden und peinigenden Schmerzes (ahd. *sweran*, mhd. *swern*) erwachsen[92]), und jede äussere und innere Schwellung, von der kleinsten bis zur bedeutendsten, umfassen, die mit Absonderung eiteriger Flüssigkeit verbunden ist. Sondernamen bezeichnen sodann Art, Aussehen, Umfang derselben; so das ahd. mhd. *eiȥ* das giftige[93]), ahd.

90) *cancer, i. languor* (d. h. eine Art Krankheit), *chancher:* STEINM. 1, 778, 3. *cancri chanchan:* 2, 257, 48.

91) *cancer krebs:* voc. opt. 36, 86; *cancer der kreps,* mit näherer Beschreibung *ein boȥer swere der do vil lochere hat und seyget stetleich ein:* DIEFENB. 94b. *cancer krebsȥ des libes (morbus):* nov. gloss. 70b. MEGENBERG verwechselt mit *krebȥ* eine schwärenartige Wucherung an After und Geschlechtsteilen, die seit dem Mhd. von der Schulmedizin nach dem Aussehen einer Feige (lat. *ficus*) den Namen empfangen hat; *die faulen küten geprant und gepulvert sint guot für den siehtuom, der der krebȥ haiȥt, und ist den läuten an dem aftern und haiȥent in etleich daȥ veig:* 320, 32ff. Der oder das mhd. *vîc* hat noch nichts mit Syphilis zu thun, sondern bezeichnet Hämorrhoidalknoten oder fliessende Hämorrhoiden *(emorroide der rot vîc:* voc. opt. 36, 55), daher auch *vîcblâter, vîcwarȥe*, vgl. SCHMELLER 1², 696f. D. Wb. 3, 1443. 1446. ags. *drenc wið fic-âdle:* COCKAYNE Leechdomes 2, 340. Jenes Carcinom, welches in der alten Schulsprache *lupus* genannt wird, ist nur ganz obenhin und ungefähr glossiert (*seuche, wolff ein wetag:* DIEFENB. 340a; *lupus wolf:* voc. opt. 36, 88), und wird erst spät medizinisch genauer genannt: *ist das der mensch einen pösen flusȥ hat oder ein fistel oder ein pöse wunden oder den wolf:* ORTOLF VON BAYERLAND Arztneibuch (1477) 43a; häufiger bezeichnet *wolf* eine entzündliche Hautschürfung zwischen den Beinen, deren Entstehung der Volkswitz mit dem Reiten auf dem magern Rücken eines Wolfes zusammengebracht hat; *das sie den ganȥen abent gêt, als ob sie den wolf geriten het:* Fastn. Spiele aus d. 15. Jahrh. 41, 29; (ein Handwerksgesell) *dem dut das laufen we und ant, . . get blasen und den wolf darȥu:* H. SACHS Dichtungen 1, 97, 13f. Gödeke.

92) ahd. *swero, swer,* neben der allgemeinen Bedeutung *dolor, aegrotatio,* schon in der spezialisierten; *sanies sver, suer, swer:* STEINM. 3, 171, 51f. *pustula giswer:* 694, 16. *fol gisweres, ulceribus plenus:* Tatian 107, 1; über mhd. *swer* als Verdeutschung von *apostema*, *ulcus*, *abscessus* vgl. D. Wb. 9, 2281, mhd. *geswer* ebd. 4¹, 3981.

93) *papulas eiȥe:* STEINM. 2, 510, 1. *er* (Lazarus) *was von siechlicher art ȥallen ȥîten eiȥe vol:* Barl. 85, 30f. Dass ahd. *eitar*, ags. *âtor*, altn. *eitr* Gift (Grundform *eitra*) und ahd. *eiȥ* zusammengehören, ist sicher, vgl. auch KLUGE etymol. Wörterb.⁵, 87a. Ein ahd. *papulas angueiȥa, eiȥa, ancgueiȥa:* STEINM. 2, 451, 21, *pustula ancweiȥ, aneweiȥ, anqaiȥ:* 3, 171, 42ff. muss ungedeutet bleiben; ein ags. *angset* unten Anm. 97 ebenfalls. Als Zeichen des Aussatzes erscheint *pustula puilla, ângweiȥo, ancwaiȥ, gisprinc:* 1, 343, 36f. *pustula chuedilla:* 349, 19.

pûlla, puilla, mhd. *biule*, angelsächs. *bŷle*, das rund aufgetriebene[94]), ahd. *blâtara*, mhd. *blâter* das sich blähende, blasenförmige[95]), ahd. *druos, druosi*, mhd. *drüese*, das lockere oder schwammichte[96]). Im Angelsächsischen erscheinen auch andere solche Namen, die sich mit den deutschen nicht berühren[97]). Ferner finden sich weithin landschaftliche ober- und niederdeutsche Bezeichnungen für geringere Hautschäden genannter Art, für Erscheinungen, die man später mit dem Sammelnamen unreine Haut belegt[98]); und ihr teilweises hohes Alter bezeugt, wie man schon früh seine Aufmerksamkeit der Haut, ihren Erkrankungen und damit auch deren Beseitigung zugewendet hat. Es werden übrigens unter jenem Sammelnamen nicht bloss kleinere Entzündungen und Ausschläge, sondern auch Warzen, Leberflecke, Sommersprossen und ähnliches begriffen[99]). Benennungen mit gelehrten

---

94) *papulas bûllon:* STEINM. 2, 481, 70; *eiȥe, piullun;* 510, 1; *buullun:* 536, 77. *pustula biulla, builla l. ancweiȥ:* 3, 542, 29 u. ö. mhd. *biulen* (Variante zu *swern*) . . *under den üehsen:* MEGENBERG 110, 20. verdeutlichend *eiterbeule* D. Wb. 3, 392, da sonst mhd. *biule* auch die auf trockenen Schlag und Stoss oder Fall erfolgende Geschwulst (im Gegensatz zur Wunde) bedeutet: ebd. 1, 1746. mnd. *bûle:* SCHILLER-LÜBBEN 1, 448. ags. *frunculus, wearte, bŷle:* WRIGHT-W. 1, 244, 11. Im Ablaut steht ahd. *papula paula:* STEINM. 1, 225, 7, und got. *uf-baulidai* τετυφωμένοι: 2. Tim. 3, 4.

95) über *blatter* und seine Herkunft vgl. D. Wb. 2, 77. ahd. *papulas blâterun:* STEINM. 2, 556, 58; *papulas, vesicas blâterun, blâdrûn:* 563, 30; *papulas blâdarun:* 581, 47; mhd. *blâter*, nd. *blâder* u. ä. als Verdeutschung von *papula, pustula:* DIEFENB. 411 b. 474 b. lat. *carbunculus* wird *ubil blâtera* übertragen: 100 a. Sonst ist *blâter* auch die von Brand oder Hitze auffahrende Blase auf der Haut; *des ȥins schaum ist guot ȥuo den plâtern in den augen:* MEGENBERG 480, 23 f.; *sey speybt ym an die wangen seyn so sere pey der treuwe mein, daȥ im platren wuochsen auf grosser, dann ein sneggenhaus:* Ring 53 a, 4 ff. Über *blâtern* als Seuche vgl. unten S. 152.

96) über ahd. *druos* und mhd. *drüese* vgl. ausführlich D. Wb. 2, 1458. mnd. *drose, druse:* SCHILLER-LÜBBEN 1, 583 f.

97) *carbunculus, spring, vel angset, vel pustula, cwydele, vel pustella, swelca:* WRIGHT-W. 1, 112, 15 ff.; *furunculus, vel antrax, angseta:* 114, 11.

98) vielleicht bezeichnet auch das seltene mhd. Adjektiv *wesereht* ein solches Aussehen der Haut. Ein Ritter wird geschildert *er was niht ein schœner man, weserehte unde ran* (dürr, mager), *swarȥ und snœde was sîn hâr, sîn varwe bleich und niht klâr, unwunneclîche was sîn lîp*: Ges. Abent. 1, 249, 15 ff. Es mag sich dabei um Pusteln und *ausfarungen* (D. Wb. 1, 853, vgl. *abscessit mihi, es ist mir uffgefarn, sc. abscessus* DIEFENB. 4 c) handeln, da ein nächst verwandtes, bei BR. BERTHOLD bezeugtes *weseht* synonym mit *rûch* steht, *weseht und rûch* von einem Pfade: 1, 171, 4.

99) vgl. dazu die manigfachen Übersetzungen von lat. *impetigo* DIEFENB. 288 c, *papula* 411 c, *pustula* 474 b, die sowohl mannigfache Hitzblätterchen, Eiterbläschen, als Hautflecke (*wimer; risemen und vlecke; warcȥelen, wercȥel, warcȥ; masschere, masselen; puckelen*, vgl. auch *lentigo risel, laubflecken, mirel, mal, sprenckel, sproeȥel, sprute, vleck* u. a.: 324 a, *labes fleck, placke, masȥ, mackel*: 313 c) bezeichnen. Ver-

Namen verbreiten sich in der mhd. Zeit von schulmedizinischen Kreisen aus[100]).

Was im Ahd. als *giswulst*, mhd. *swulst*, *geswulst*, mnd. *swul*, *swuls* und *swulst* genannt wird, ist ebenfalls nicht eindeutig, weil darunter nicht nur die entzündlichen Anschwellungen äusserer oder innerer Körperteile, sondern auch Geschwüre und Schwielen verstanden werden[101]), für welche letztere sonst ahd. *swil*, *swilo*, mhd. *swile* und *swil* gilt[102]), Bildungen, die ja gleicherweise auf das gemeingermanische Verbum got. *swillan* (erhalten in *uf-swalleinôs* φυσιώσεις 2. Cor. 12, 20), ahd. altsächs. angelsächs. *swellan*, mhd. *swellen* schwellen hinweisen. Unter den vielfachen Geschwülsten treten Kropf und Mums als besonders entstellend hervor. Ersterer, nicht bloss vereinzelt begegnend, sondern landschaftlich zumal unter weiblicher Bevölkerung auch häufig erscheinend[103]), führt seinen Hauptnamen hoch- und niederdeutsch seit uralter Zeit, woneben ein für die Schriftsprache untergegangener, mundartlich noch fortlebender anderer, ahd. *chelch*, mhd. *kelch*[104]), und endlich ein dritter, mhd. *hagdrüese*, der aber als Übertragung einer

---

einzelt steht da ahd. *nasci lentigo*: GRAFF 2, 1105, das nicht sicher zu deuten ist: sonst gilt für das neuere Sommersprossen *lentigo rosmun, rosmin*: STEINM. 3, 171, 12 ff., mhd. *roseme*, *rosem*, umgedeutet *rosmuggen*: SCHMELLER 2², 151. — *warȥe* ist eine schon gemeingermanische Bildung, nur got. nicht bezeugt, altn. *warta*, ags. *wearte*, ahd. *warȥa*, wohl im Ablaut zu ahd. mhd. *wurȥ*, Pflanze als Gewächs.

100) *apostema apostem*, *aposteme*: DIEFENB. 41 a. *karfunkel* aus *carbunculus*, *karnüffel*, *karnöffel* aus einem vorausgesetzten mittellat. *cornifolium*, vgl. D. Wb. 5, 212. 219 f. So auch mhd. *fistula fistel (morbus)*: DIEFENB. 237 a; *fistula vissel* (zwischen *ficus figwerȥer* und *tenasmus*, *tetanus cramph)*: voc. opt. 36, 57. Das ahd. Fremdwort *fistule* bezeichnet nur die Pfeife *(pfifun l. suegalun)*: STEINM. 1, 156, 7.

101) ahd. *livor giswulst*: STEINM. 1, 536, 29, *giswulst*, *giswilst*: 593, 24. mhd. *tumor swulst*, *swolst*, *geswulst*, *geswolst*, *geschwolst*, *geschwulst*: DIEFENB. 601 b; *daȥ sich ein geswulst hin dan blæt ûf für mîniu wange*: Seifr. Helbl. 3, 164 f. *ein frouwe di . . was geswollen obir al den lîp*, . . (nach einem Gelübde) *do vorswant di swulst reine*: KÖDIZ 78, 3. vgl. über die mhd. Formen SCHILLER-LÜBBEN 4, 501 f. Aber auch *papula geswulst an dem haubte*: DIEFENB. 411 b, *pùstula der geschwulst*: 474b, *callus geswulst*, *geschwulst*, *swulst*: 91 a.

102) *callus swil*: STEINM. 3, 171, 45, *swilo*: 332, 47, *swil*, *giswil*: 229, 39; *callus cutis spissata giswil*, *geswil*: 269, 47 f. *callus fuse l. hende geswil*: DIEFENB. 91 a. *ein iuncfrouwe . . dı was lam an den fuȥen unde ouch an den fingern*, *also daȥ ir di vingere krump waren unde groȥe swel dar obir gewachsin waren*: KÖDIZ 82, 29 ff.

103) über den Kropf und seine Ursachen vgl. oben S. 25 und Anm. 130.

104) *struma chelch l. chropf*, *chelc*, *chropf*: STEINM. 3, 258, 31 f., *cropf*, *chelc l. chroph*: 287, 43; *struma*, *chelihc*: 430, 6; *struma*, *guttur tumidum*, *cropf*: 346, 24. Über *kelch* (auch in der Bed. Unterkinn) vgl. D. Wb. 5, 504. Dass *kelch* zu ahd. *chela* Kehle gehört, darf angenommen werden; *kropf* stellt sich zunächst zu altnord. *kroppr*, Knorren, Geschwulst, auch Rumpf, und zu niederd. *krop*, Auswuchs, Höker. Das Ags. bezeichnet den Kropf gleichfalls als Höker, *gybberosus*, *vel strumosus*, *hoferede*, *gibbus*, *vel struma*, *hofer*: WRIGHT-W. 1, 337, 36 f.

anderen Geschwulst sich zeigt[105]). Das Entstellende eines Kropfes wird nicht weniger in Deutschland gefühlt wie schon im römischen Altertume, wo Plinius eine grosse Menge Heilmittel dagegen mitzuteilen weiss; eine starke Verwünschung geht von solchem Gefühle aus[106]). Der Mums, wie die entzündliche Anschwellung der Ohrspeicheldrüse neuer benannt wird, älter *bürʒel* und personifiziert *Tannewetʒel*, kommt in Verbindung mit Grippe oft als Seuche vor (vgl. unten S. 153f. und Anm. 197). Unterschieden davon ist eine kleinere Ohrgeschwulst, die unter dem Namen mhd. *ôremutʒel, ôrmutʒel* mit zahlreichen Nebenformen vielfach genannt wird[107]).

Gedenken wir noch unter den Leibesschäden der angeführten Art jenes als Geschwulst sich zeigenden widernatürlichen Hervortretens eines Eingeweides durch eine abnorme Ausstülpung seiner Höhle, das seit dem Mittelalter mit dem Namen *bruch* belegt ist, so entgeht uns eine alte Bezeichnung dafür ganz und gar, obwohl die Sache natürlich seit je vorhanden gewesen sein muss; sie ist nur zunächst nicht erkannt und unter dem allgemeinen Namen der Geschwulst oder des Geschwüres (wie im griech. κήλη ja auch) mit gefasst worden, bis in ziemlich später Zeit von der griechisch-römischen Schulmedizin her ihre Erkennung sich im Volke verbreitet und hier zwei eigentümliche deutsche Namen schafft, je nachdem man an eine Zerreissung, einen Bruch des Bauchfelles oder eine im Leibe entstandene Höhlung denkt, wobei man zumal die Form des Hodenbruches im Auge hat. Die heute allgemeine Benennung ist die später bezeugte, aber sie gibt, zusammengehalten mit anderen Glossen des lat. *hernia*, die deutlichere Anschauung von der Vorstellung, die man sich dabei macht[108]); der zweite Name, ahd. *hola* mit dem Adjektiv *holoht* ist nur diesem Idiom

105) *struma hagdrüessen am halse:* DIEFENB. 557b. vgl. dazu *hegedrüse* D. Wb. 4², 776.

106) *ich wünsche daʒ im wahse ein hover und ein grôʒer kropf:* Seifr. Helbling 1, 543. Unter fünf Hauptgebrechen, die an einem Menschen aufgezählt werden, ist auch der Kropf; *was er hogrecht oder blint, hât er ein kroph odr einen grint, oder hât sîn lîp der riuden schîn:* BONER Edelstein 76, 7ff.

107) *parotis geschwer bî dem ôr, der oren mückel, ornmückel l. -nüttel, ornmütʒel, ornpütʒel* u. s. w.: DIEFENB. 414a. *otalgia ormutʒel, orwurtʒel:* 403a. vgl. dazu D. Wb. 7, 1257.

108) *hernia, so dʒ ingewaid hinab geet in dʒ menschlich gelyd, gemecht-prüch, bruch circa pudibunda, ʒurisʒunge, cʒereyssunge, swellinge van inwendich, ein schoringhe, schwelung von ingeweid, geswulst o. ausflusʒ des ingewaids, knab, gil:* DIEFENB. 276a. *herniosus ghebroken in den klôten:* nov. gloss. 202b. Von den ausser *bruch* hier genannten Wörtern übersetzt *schoringe, schorung* sonst *ruptura* (504b); *gil (ernia gil, erniosus gilohter:* STEINM. 3, 439, 76f.) und *knab* haben keine sichere Deutung, vgl. dazu D. Wb. 5, 1323, no. 5.

eigen[109]), wenn man nicht ein spät erscheinendes isländisches *haull* Bruch[110]) damit zusammenbringen will. Das lästige Übel des Leichdorns oder Hühnerauges, das erst jünger unter verschiedenen Benennungen erscheint[110]), mag die Aufzählung der im Mittelalter genannten Hautschäden beschliessen. Es hätte auch unter den Schwielen hervorgehoben werden können; bezeichnend ist es, dass sein ältester Name in Deutschland erst im 14. Jahrhundert mit der beginnenden Verengung des Schuhwerkes und den Vorstufen des Schnabelschuhes erscheint.

Unter den mannigfaltigen Leibesgebrechen, soweit sie für Heilung in Frage kommen und nicht wie Verwachsungen oder Gliederverlust, teilweise auch Lahmheit untilgbar sind (S. 22 ff.), nehmen vor allem die Augenübel einen breiten Raum ein. Wie sehr sie beachtet werden, geht schon daraus hervor, dass vielfältige und zum Teil alte Namengebung uns über die verschiedene Art der Übel unterrichtet, während andere Gebrechen bei weitem nicht so scharf unterschieden werden. Wir gehen nicht fehl, wenn wir im alten Germanien sowohl als auch noch später im Mittelalter ein recht reichliches Auftreten von Augenkrankheiten annehmen und das zum grossen Teil mit dem mangelhaften Rauchabzuge in Wohnung und Küche in Verbindung bringen (vgl. Bd. 1, S. 28. 119 f. 239); werden doch im weitverbreiteten Sprichworte der Rauch mit dem durchlässigen Dache und der bösen Hausfrau zusammen als die drei grösten Hausschäden dargestellt[112]).

Der gemeindeutsche Ausdruck für jegliche Abwesenheit des Augenlichtes ist got. *blinds*, altnord. *blindr*, angelsächs. altsächs. altfries. *blind*, ahd. mhd. *blint*, er muss aber seine persönliche Beziehung erst innerhalb des Germanischen aus der allgemeineren sächlichen des Dunkeln, Trüben entwickelt haben[113]), da das Wort in der engsten Verwandt-

---

109) *ernia hola:* STEINM. 3, 430, 26. *holohter, haolohter herniosus:* GRAFF 4, 848. *ponderosus, cui humor viscerum in virilia labitur i. holohter:* STEINM. 3, 306, 20 f.

110) *haull, m.* FRITZNER Ordbog 1, 744 b; es sieht wie ein Lehnwort aus.

111) *lentigo lîhtorn:* Voc. opt. 36, 9. *clavus lyckdorn:* DIEFENB. 126 b; die Bezeichnungen *agerstenaug, ägerstenaug, hûneraug* (ebd.) setzen erst später ein. Im mnd. ist *lîkdorn* auch das Gerstenkorn am Auge: SCHILLER-LÜBBEN 2, 694 a.

112) *sunt tria dampna domus, imber, mala femina, fumus:* MÜLLENHOFF-SCHERER Denkm. 27, 2, 232; vgl. über die Verbreitung dieses Sprichwortes und seine Beziehung auf die Gesundheit ebd. Bd. 2³, S. 150 f.

113) dieselbe ist angelsächs. noch nicht vergessen; *ðâ gebrôhton hî hine mit his twâm diaconum binnan ðam blindan cwearterne* (in den finstern Kerker): ÄLFRIC Hom. 1, 416. *efne ðâ com godes engel scînende, and þæt blinde cweartern eal mid leóhte âfylde:* 2, 382.

schaft zu littauischem *blendžiùs* verfinstere mich, *blįsta* wird Abend, *priblįsta* fängt an finster zu werden, *prýblindė*, *priblindìmes* Abenddämmerung[114]) und ebenso zu got. angels. ahd. mhd. *blandan*, altnord. *blanda* trüben und mischen steht[115]); den Übergang des Sinnes kann altnord. *blunda* blinzeln, die Augen schliessen, und *blundr* Schlummer zeigen. Ein anderer Ausdruck, der im lat. *caecus* noch das volle Fehlen des Augenlichtes bezeichnet, im übrigen etymologisch dunkel ist, hat sich im gotischen *haihs* sowie im altir. *caech* zum Begriffe der Einäugigkeit gewendet (vgl. dazu S. 26). Die völlige Erblindung wird durch mehrere Wörter gegeben; ob das altsächsische *reginblind* dafür[116]) zu den technischen oder nur zu den poetischen Benennungen gehört, steht dahin. Technischer Ausdruck aber ist das westgermanische *starablint*, *starblint* für solchen Schaden[117]); die eigentliche Bedeutung des Wortes ist nicht klar und man streitet, ob es nach dem Vogel Star und seinem Gefieder gebildet sei oder mit dem Verbum starren, ahd. *starên*, zusammenhänge[118]). Andere Augenschäden sind ahd. durch *glas-ougi*, mhd. *glase-öuge*, und durch ein weitverbreitetes altnord. *sûr-eygr*, angelsächs. *sûr-eáged*, ahd. *sûr-ougi*, mhd. *sûr-öuge* bezeichnet. Das erstere nach einer Erklärung im Volksrechte der Alemannen[119]) mit der Bedeutung der Starrheit in der Sehe, die sie

114) UHLENBECK etymol. Wörterbuch der gotischen Sprache (1900) S. 29 b.

115) vgl. dazu auch die Abhandlung J. GRIMMS über die fünf Sinne, kl. Schriften 7, 193 ff.

116) *thâr sâtun twênie man bi wege, blinde wârun sie bêðie, was im bôtôno tharf, that sie gehêldi hebenes waldand:* Heliand 3549 ff., nachher *reginblindun* genannt 3555. Es bedeutet blind durch göttlichen Ratschluss *(regin)*, blind für immer, was das Altfriesische durch *elle blind* ausdrückt; *ief thet âge is elle blind (pro oculo prorsus caeco):* RICHTHOFEN fries. Rechtsquellen 87, 1.

117) Die Belege über das Vorkommen des Wortes sind zusammengestellt in der Abhandlung von J. ZACHER: Blind. Staar. Eine sprachwissenschaftliche Studie, in den klinischen Monatsblättern für Augenheilkunde, herausg. von Zehender, Jahrg. 12 (1874), S. 279 ff. Die ags. Form ist *scotomaticus, staerblind:* WRIGHT-W. 1, 45, 22; *scotomaticos stærblinde*: Haupts Zeitschr. 9, 478 a. Es ist die Bezeichnung für einen, der den grauen Star hat: ZACHER a. a. O. S. 284.

118) „Zum Unterschiede von andern Arten der Blindheit nannte man denjenigen, dessen Pupille einen ähnlichen Anblick darbot wie das Gefieder des gleichnamigen allbekannten Vogels, in welcher also gleichsam ein solcher Vogel zu stecken schien, starblind“: ZACHER a. a. O. S. 301. Dagegen: „starblind, das mit dem Namen des Vogels in keinem Zusammenhang steht, da es vielmehr mit nhd. starren (ahd. *starên*) zu einer Wurzel gehört“: KLUGE etymol. Wörterb.[5] S. 359 a.

119) *si enim visus tactus fuerit de oculo, ita ut quasi vitro remaniat (quod Alamanni glasaugi dicunt* in einem Codex), *cum 20 solidis conponat*: lex. Alamann. Landfridiana 56, 11 (Mon. Germ. Leg. 3, 106); vgl. *albuginem klasaugi:* STEINM. 2, 225, 13. *süröuge oder glaseöuge oder starblint:* BR. BERTHOLD 1, 433, 15. *albugo* meint ein weisses Fleck in der Sehe, *albuginarum malum:* DU CANGE 1, 168 c. 6, 290 c; daher *lippus* auch *maczeraugecht*; DIEFENB. 332 c.

wie Glas erscheinen lässt; das andere ein Zeuge für die oben angeführte Folge des schlechten Rauchabzuges, denn es bezeichnet die Triefäugigkeit und nimmt Bezug auf die ätzende Flüssigkeit, die aus dem kranken Auge läuft[120]). Für dieses verbreitetste Augenübel gehen denn auch eine ganze Reihe Bezeichnungen, die alle verschiedene Merkmale hervorheben, so jenes Thränen der Augen[121]), oder die dadurch bewirkte Röte[122]), oder den flimmernden Blick durch die nassen Brauen[123]), oder endlich im allgemeinen den gehinderten Blick[124]). Feste Namengebung findet sich hier so wenig wie bei anderen Krankheiten, und die Bezeichnungen für Schielen, Kurz- und Blödsichtigkeit sowie krankhafte Weitsichtigkeit verlaufen mannigfach ineinander[125]).

---

120) vgl. dazu und über die alte Bedeutung von *sauer* D. Wb. 8, 1861. *lippos oculos, ða sûrigan eágan:* WRIGHT-W. 1, 436, 25. 523, 18.

121) *lippidus, augentrieffig, lippientibus oculis, mit triffenden augen, lippus oichdroppig, augen-trieffer, augen-trieffender, augentropffig, drieffen ougen, fluȥougin, rucȥengich* (lies *-eugich*, zu mhd. *rieȥen* fliessen): DIEFENB. 332 b. c. *lippitudo ougfluȥ, lippus fluȥ-ougi:* Voc. opt. 36, 33. 36. Verdunkelung des Augenlichts infolge solches Fehlers; *oculi ejus ob assiduam fletus nimii effusionem jam caligabant:* THIETMAR 7, 18 (Mon. Germ. 5, 844).

122) *lippus augenrotiger, augenrôttig, augenrœtig, augenroytig, lippitudo ogenroettin:* DIEFENB. ebd.

123) Darauf geht das ahd. *lippus prehan-prâuuer* STEINM. 3, 12, 18, nach den Ausführungen ZACHERS a. a. O. Bezeichnung eines dem es an den Wimpern flimmert oder dem die Wimpern (von Feuchtigkeit) glänzen; zu vergleichen ist mhd. *brehen*, leuchten, glänzen. Das Wort wird ungenau auch auf den Star bezogen; *glaucomate prehanougi:* STEINM. 2, 405, 44, wie umgekehrt für *lippus, lippidus augenfiltȥiger* steht DIEFENB. 332 b. c. Für die ahd. Form findet sich aber auch *glaucomate plehinouki:* STEINM. 2, 544, 13, und *lippus plehinouger:* 201, 64. zusammengezogen *lippis erat oculis plenoukiu:* 1, 300, 10; dass dies zu *prehanougi* gehöre, ist ganz zweifelhaft, ebenso ein Zusammenhang mit dem späteren *blër, blerr*, Nebel vor den Augen, falsches oder doppeltes Sehen, über dessen Formen und Abkunft man D. Wb. 2, 107 f. vergleiche; *lippus pleraugat:* DIEFENB. 332 c. Ein ahd. *lippus bodan-brâuui:* STEINM. 2, 241, 10, ist dem ersten Teile der Zusammensetzung nach ebenfalls dunkel. Die Form *scomaticos ȥoran-ouga:* 2, 11, 24 gehört zum Part. *ȥoran* von ahd. *ȥeran* vernichten, vgl. *lippitudo ȥarr-ouger, ȥarr-ougi:* ebd. 4, 75, 48 f.

124) Das gemeingermanische scheel, ahd. *scelah*, mhd. *schel*, ags. *sceolh (sceoleáged, sceolh-íge)*, altnord. *skjálgr (skjól-eygr)* mit seinem Verbum mhd. *schilchen, schilen*, altnord. *skelgja* wird vom schräge gerichteten Blick des Auges und dem dadurch bewirkten fehlerhaften Sehen gebraucht, geht aber auch auf einen Triefäugigen; *lippidus ein schilher, lippire schilhen l. ougen fliessen, lippus scheel l. oechdroppich:* DIEFENB. 332 b. c.

125) Im Voc. optimus werden als Augenübel (*optalmia oug-swer*) ausser den schon angeführten *lippitudo, lippus* (Anm. 122) verzeichnet *strabo schel, limus hôchsûnig, luscus nâchsûnig, petus walȥend ougen:* 36, 32 ff.; davon ist *strabo, strabus* sonst auch *uber-sichtig* neben *schilcher, schelch, schel-auge, schel* (DIEFENB. 554 b) *limus ubersichtig, flitȥôgig, stick-suynich, lijp-ogich, schälb l. schlimm* (330 c), *lusciolus, sticksehende, ubersehend, blintȥaug, die des avents nyt ensuydt, luscus ein scilher*,

Wie der weisse Fleck im Auge (Anm. 119) zu der ahd. Bezeichnung *houwisal* kommt, ist nicht klar, wenn man nicht die Graffsche Erklärung einer Hiebwunde annehmen will; in welchem Falle die vorkommende Nebenform *ougisal* den Wert einer Verdeutlichung hätte[126]).

Von anderen Sinnesstörungen darf noch die des Gehöres besonders hervorgehoben werden, als solche, die man als Krankheit empfindet und zu heilen strebt. Der gemeingermanische Ausdruck dafür, *taub*, got. *daubs*, altnord. *daufr*, angelsächs. *deáf*, altniederfränk. *douf*, ahd. mhd. *toup*, zeigt eine eigenartige Verengung seines ursprünglichen Begriffs, der nur im allgemeinen stumpf, mangelnder Sinne oder Gefühls, gewesen sein kann[127]), wie er nicht nur im gotischen, sondern selbst in den späteren Dialekten bis auf heute hervortritt[128]): die besondere Beziehung auf das Gehör ist erst in der Sprachentfaltung vom 10. Jahrhundert ab deutlich zu erblicken[129]). Im Gegensatz zu den Augenkrankheiten wird das erkrankte Gehör wenig erwähnt, und die Heilkunde erscheint dagegen ziemlich machtlos[130]).

Die Unfruchtbarkeit einer Frau kann im alten Germanien, nach den Nachrichten, die uns über seinen Kinderreichtum vorliegen[131]), nur ein ganz ausnahmsweises Gebrechen gewesen sein. Der gotische Name dafür ist *stairò*; es fragt sich, ob dieser Name einheimisch oder

---

ainouker, *eineugt*, *der nit wol gesicht* u. ä. (340a), *petus schilhender*, *glur-augen*, *ubersichtig*, *schele of by-sienich*, *der krum uber sich sicht* (432b), u. a. Der Ausdruck *ainouker* kann auch darauf gehen, dass ein Auge ausläuft, und wenn im Vocab. St. Galli *lippus* als *ainaugi* verdeutscht wird (STEINM. 3, 6, 12), so ist an die Bestimmung der lex. Alamann. Lantfridiana 56, 12 zu erinnern: *si autem ipse visus foras exit et melus, cum 40 solidis conponat* (Mon. Germ. Leg. 3, 106).

126) *albuginem houvisal, houuisal, ougisal, ougesal:* STEINM. 2, 180, 16 ff., *houuisal:* 201, 67, *hewisal, ôgisal:* 242, 10. 24. *albugo houvisal, howesal, houusal, howisil, ousal, ouchsal, oucshal, ovga-vel:* 1, 479, 39 ff. vgl. dazu GRAFF Sprachsch. 4, 709.

127) J. GRIMM die fünf Sinne, kl. Schriften 7, 205.

128) HEYNE deutsches Wörterbuch 3, 940. Bezeichnung des Tobsüchtigen, vgl. unten Anm. 150.

129) *touba teta hôrentê, surdos fecit audire:* Tatian 86, 2. *blintê joh ouh doubê:* OTFRID 3, 9, 7.

130) BR. BERTHOLD gibt in einer Predigt die Ansicht der Schulmedizin seiner Zeit, *swenne der mage ʒe vol ist, swie heiʒ danne diu leber ist, seht, sô muoʒ die spise ungesoten blîben; eintweder der mage muoʒ übergên, oder diu spise muoʒ anbrinnen in dem magen. und ist daʒ der mage übergêt, sô gerætet der überfluʒ etewenne gein dem houbete, daʒ dem menschen etewenne diu ôren vervallent, daʒ er ungehœrende wirt, oder für daʒ gesiht* u. s. w.: 1, 433, 7 ff. Auch die Heilmittel, die MEGENBERG mitteilt, sind fremd; *Platearius spricht, wer des öls* (vom Wachholder) *in sein ôrn tröuft, daʒ ist den ôrn guot und hilft für die taupheit:* 326, 13 ff.; *si* (die Blätter des Lorbeerbaums) *sint dem ôrnsiechtum guot und der taupheit:* 328, 1 f., das letztere frei nach PLINIUS hist. nat. 23, 8 (80). Heimisches über Ohrenkrankheiten zeigt sich nicht.

131) vgl. die Bd. 2, S. 1 ausgehobene Stelle aus AMMIANUS MARC. 28, 5, 9.

nicht vielmehr eine Entlehnung des griechischen *στεῖρα* ist, das er an den betreffenden Bibelstellen übersetzt[132]). Ein eigener positiver Ausdruck, der den Mangel bezeichnet, kommt sonst in der alten Sprache nicht vor[133]), und mit Negationen gebildete Worte sind verhältnismässig jung[134]); die germanische Welt hatte eben mit dergleichen nicht zu rechnen. Den Kindersegen aber künstlich zu beschränken, geht wider die germanische Natur[135]), und auf die Abtreibung der Leibesfrucht, die der westliche Germane wohl von Rom her kennen gelernt hatte, sind in den Volksrechten teilweise sehr scharfe Strafen gesetzt, selbst bis zum Tode[136]); Beweis genug, mit welchem Abscheu das Verbrechen auch hier betrachtet wird. Weiber scheinen sich damit abgegeben zu haben, indem sie Kräutertränke lieferten, wie solche in der römischen Welt im Schwange waren und bei Plinius in nicht geringer Anzahl angegeben sind. Die Rechtspraxis hat sich im Laufe der Jahrhunderte nicht gemildert; noch die Carolina bestraft diejenigen, die schwangeren Weibern Kinder abtrèiben oder Mann oder Frau unfruchtbar machen, mit dem Tode: „so solch Uebel fürsetzlicher und bosshafter Weiss beschicht, soll der Mann mit dem Schwerdt als ein

---

132) Luc. 1, 7. 36. In verdeutlichter Verbindung *stairô sô unbairandei, στεῖρα ἡ οὐ τίκτουσα:* Gal. 4, 27.

133) Das ahd. mhd. *galt*, mhd. *gelt* und *gelte* in der Bedeutung unfruchtbar gilt vom Vieh, besonders von Kühen, vgl. D. Wb. 4[1], 1206. 3059ff.; das ahd. *geisin*, ags. *gæsen* vom Erdreich; *sterelitas keisini*, *keiseni* (nach Genes. 26, 1): STEINM. 1, 290, 51. Die Übersetzung des Vergilschen *sterilem (vaccam)* durch *gialta:* ebd. 2, 656, 45 kann Schreibfehler oder ungenaue Schreibung für *galta* sein.

134) *unberhaft, zu berhaft* schwanger *(ein wîb die kint treget nâh ires mannes tôde und sich berhaft bewîset:* Sachsensp. 1, 33); gewisse Wasserquellen *machent die frawen unperhaft:* MEGENBERG 104, 17; *unvruhtbar; got . . nam von ir daȥ betrubliche jamer der unfruchtbarkeit und begabete si mit der ediln gabe der fruchtbarkeit, also daȥ si . . von irem hern swangir wart:* KÖDIZ 31, 18ff.; *unvrühtec, Sara unvruchtech bleib:* Pass. 7, 46 Hahn.

135) *numerum liberorum finire aut quemquam ex agnatis necare flagitium habetur, plusque ibi boni mores valent quam alibi bonae leges:* Germania 19. Über isländischen Kindersegen WEINHOLD altnord. Leben 259.

136) *si quis muliere herbas dedirit bibere, ut infantes habere non possit (si quis mulier altera mulieri maleficium fecerit unde infantes non potuerit habere* anderer Codex) *sol. 72 culp. iud.:* lex Salica 19, 4. *si quis mulieri prignanti aborsum fecerit, ita ut iam cognoscere possit, utrum vir an femina fuissit; si vir debuit esse, cum 12 solidis conponat, si autem femina, cum 24. si nec utrum cognoscere potest nec dum formatus sit in liniamenta corporis, 12 solidos conponat:* lex Alamann. lib. 2, 94, 1. 2 (Mon. Germ. Leg. 3, 78). *si quis mulier que potionem dederit, ut avorsum faceret, si ancilla est, 200 flagella suscipiat; et si ingenua, careat libertatem servitio deputanda, cui dux iusserit:* Lex Baiuwar. 8, 18 (Mon. Germ. Leg. 3, 301). *si quis mulieri pregnanti potionem ad avorsum aut pro necando infante dederit, hoccidatur; et mulier, que potionem ad aborsum facere quesibit, si ancilla est, CC flagella suscipiat; si ingenua est, careat dignitate persone et cui iusserimus servitura tradatur:* Lex Visigotor. Reccessvind. 6, 3, 1.

Todschläger und die Frau, so sie es auch an ihr selbs thät, erträ̈nkt oder sonst zum Tod gestraft werden"[137]).

Was die geistigen Krankheiten und Gebrechen betrifft, so kommt zunächst die Vorstellung des Besessenseins vom Teufel oder unreinen Geistern mit dem Christentum in das germanische Volk; gotisch wird bezeichnend ein solcher Kranker mit dem fremden und nur an heimische Form angelehnten Namen *daimônareis* genannt[138]), obwohl sonst für böse Geister der Name *unhulþa* und *unhulþô* zur Hand ist[139]). Otfrid stellt sich vor, dass der Kranke *firnoman*[140]), vom Teufel hingenommen sei, und im Angelsächsischen heisst der Zustand *deófolseócnes*, ähnlich ahd.[141]). Erst später taucht der Glaube auf, dass der Teufel auf den Betreffenden sitzt, ähnlich wie der Alp oder Mar bei gewissen Krankheiten auf einem hockt (oben S. 121); und es erzeugt die ähnliche Vorstellung von dem Mar, der sein Opfer reitet, die Redensart *der tiufel rîtet einen* in Bezug auf den, der dämonischem Einflusse in seinem Denken und Wollen unterliegt (vgl. oben Anm. 21). Für jene Vorstellung aber ist der Ausdruck *beseʒʒen* seit dem Mittelhochdeutschen (mnd. *beseten*) gewöhnlich geworden; auch *beheftet*, *behaft* findet sich, und weiter *tiufelsuchtec*, die Fortsetzung des angelsächs. *deófol-seóc*, ahd. *diubilsiuh* (Anm. 141), sowie *tiuvelwinnec*[142]).

Auch der Glaube, der Mond hänge mit geistiger Krankheit derart zusammen, dass sein Zu- oder Abnehmen Gehirnstörungen und damit zugleich auch epileptische Zufälle erzeugt, ist nicht germanisch, sondern geht wohl ebenfalls auf die biblische Erzählung

---

137) Carolina Art. 133.

138) *atbêrun du imma daimônarjans managans, jah uswarp þans ahmans waúrda, προσήνεγκαν αὐτῷ δαιμονιζομένους πολλούς, καὶ ἐξέβαλεν τὰ πεύματα λόγῳ:* Matth. 8, 16. *twai daimônarjôs, δύο δαιμονιζόμενοι:* 28. *sa daimônareis, ὁ δαιμονισθείς:* Luc. 8, 36 u. ö. Über den gotischen einheimischen Ausdruck s. Anm. 147.

139) *biþê usdribans warþ unhulþô, ἐκβληθέντος τοῦ δαιμονίου:* Matth. 9, 33; vorher *atbêrun imma manna baudana daimonari, δαιμονιζόμενον.:* 32.

140) *joh si dâtun mâri, thaʒ er firnoman wâri, joh er then diufal habêti:* OTFRID 3, 14, 107 f. Ähnlich das spätere *arreptitius, der geʒuckt ist vom tufel:* DIEFENB. 50 b.

141) *twegen þe hæfdon deófol-seócnesse:* Matth. 8, 28 (*deóful-seócnyssa* 33). *sum Yponienscis mæden wearð deófol-seóc:* ÆLFRIC Hom. 2, 24. vgl. ahd. *diubil-siuch daemoniacus:* GRAFF Sprachsch. 6, 139.

142) *arreptitius einer der mit dem tufel beseʒen ist, besessen, beheft, beheftet, behaftet:* DIEFENB. 50 b. *demoniacus beseʒen, beʒetten, beseten:* 173 a. *obsessus beʒetten, besoten van den duvel:* 389 c. *arrepticius verwoet, beseten, ein mensch das mit tiefl besessen, tiufelsüchtiger, behaft:* nov. gloss. 35 a. *di beseʒʒin (sin) von dem bosin geiste erlost:* KÖDIZ 69, 32 f. *ein beseʒʒin frouwe von Smalkalden:* 83, 20 f. *ein frouwe . . di was vierʒehn jar mit ʒehen bosin geistin beseʒʒin gewest:* 88, 1 f. *ʒwelf jar beseʒʒin gewest von dem bosin geiste:* 89, 20. *er half den tiuvelwinnigen unt den unsinnigen:* Servatius 783.

von dem durch Christus geheilten Mondsüchtigen Matth. 17, 14ff. zurück. Wie Ulfilas das daselbst erscheinende *σεληνιάζεται* des griechischen Textes (Vulgata *lunaticus est*) übersetzt hat, entgeht uns; in den gotisch erhaltenen Parallelerzählungen Marc. 9, 17ff., Luc. 9, 38ff. ist der Ausdruck vermieden. Althochdeutsche Glossen und Übersetzungen finden sich mit ihm ab, indem sie nur die Zeit der Krankheit hervorheben[143]), und erst später erscheint als festbestimmte Bezeichnung *mân-siech*, *mân-suhtec*, und mit blosser Ableitung *mænic* und *mænisch* als Übersetzung von *lunaticus*[144]), ebenso wie angelsächsisch *mòn-seóc*, *mònað-seóc*[145]). Die mittelalterliche Anschauung rechnet alsdann auch ganz mit der Mondsucht als Krankheitserscheinung, aber sie begreift darunter nach ihrer Art sehr verschiedene periodisch wiederkehrende Geistes- und körperliche Störungen, unter letzteren auch Fallsucht[146]).

Was aus germanischem Geiste heraus an Bezeichnungen für Gehirnkranke geschaffen ist, zeigt in deutlichem Gegensatze zu den erwähnten gar keinen Bezug auf dämonische oder lunarische Einflüsse, sondern charakterisiert recht nüchtern entweder die Erscheinungsform des Übels, oder die Abwesenheit klaren Verstandes. So meint das gemeingermanische, got. *wòds*, altnord. *òðr*, angelsächs. *wôd*, ahd. *wuot* nur den wilden Durch- oder Draufgänger, der Menschen anfällt[147]), und gehört zu dem Verbum angelsächs. *wadan*, ahd. *watan*, welches

---

143) *lunaticus mânôth-wîlino* (für *hwîlino*), *mânôd-tuldo:* STEINM. 1, 714, 42f. Sonst bezieht sich *mânôth-tuldig* und das Substantiv *mânôd-tuldigî* (GRAFF 5, 421) auf die weibliche Menstruation, gerade wie *mânôd-suhtig* (ebd. 6, 142), indem im letzteren Worte der entsprechende Zustand als *suht*, Krankheit, gefasst ist. Bei Tatian 22, 2 und 92, 2 *mânôdsioh, manôdseoh lunaticus.*

144) *lunaticus mânesuchtig, manesüchtig, ein monsuchtiger, monwendig, mênig, ein mêniger l. mênischer, mânsiech, unsinnig an deȥ mândes ende, douvende l. rasende* u. ä.: DIEFENB. 339b. *herre, irbarme dich ubir mînen sun, wan her ist mênisch und lîdet ubele, wan her vellit dicke in daȥ fûr und ȥu phlege in waȥȥir:* Behaims Evangelienbuch, Matth. 17, 15.

145) BOSWORTH-TOLLER 696f.

146) *er* (der Stein Celidonius) *ist den môntobigen läuten guot, die ȥe latein lunatici haiȥent:* MEGENBERG 200, 34f. *den mônwendigen läuten . . die ir sinn verkêrent nâch des mônen lauf:* 434, 11. *der rôt swalbenstain senftigt die mônwendigen läut und die unsinnigen:* 440, 14f. *lymphaticus mânsuchtiger, mônsuchtiger, mônwendiger, mèniger, unsinnig, rasend, tobend* u. ä.: DIEFENB. 330c. vgl. auch HÖFLER Krankh.-Namenb. 712.

147) Der got. Übersetzer des Marcus-Evangeliums hat statt des fremden *daimônareis* (Anm. 138) das heimische *wôds* verwendet, indem er die ausländische Vorstellung unberücksichtigt lässt; *þana wôdan τὸν δαιμονιζόμενον:* Mc. 5, 15. 16. *saei was wôds ὁ δαιμονισθείς:* 20. Auch ags. *ne eom ic wôd, ego daemonium non habeo:* Joh. 8, 49. *demoniaticus, insanus, amens, vel wôda:* WRIGHT-W. 1, 218, 40f. Das ahd. Adjektiv wird durch das daraus entsprungene Verbum *wuotan insanire* vorausgesetzt; *insanitis wuaten:* STEINM. 1, 763, 20 (nach 1 Cor. 14, 23).

angelsächs. auch vom Draufgehen in der Schlacht oder im Zweikampfe gebraucht wird[148]); es ist nicht unwahrscheinlich, dass wir in dem Worte eigentlich den entsprechenden deutschen Ausdruck für den *furor Teutonicus* des Lucanus[149]) vor uns haben. Für dieses *wôds* braucht die spätere hochdeutsche Sprache die sinnverwandten *rasend*, *tobend*, mhd. *toup*, mit den Substantiven *tobesuht*, *toupsuht*[150]). Oder das Fehlen klarer Überlegung wird markiert, und auch hier finden sich eine ganze Reihe gleichsinniger Ausdrücke, die zum Teil über das ganze germanische Gebiet reichen: so als ältestes das got. *dwals*, altsächs. angels. *dol*, ahd. mhd. *tol*[151]), das eigentlich gehindert, gehemmt bedeutet und zu altsächs. *dwelan*, ahd. *twelan*, mhd. *tweln*, hindern, säumen, zögern, altnord. *dvelja* aufhalten, hemmen (auch zu *twalm* Betäubung) gehört; und sprachliche Sondernamen, wie das nur hoch- und niederdeutsche *narr*, ahd. *narro*, mhd. mnd. *narre*, dunkler Herkunft, aber den Menschen mangelnden Verstandes von dem völligen Wahnsinn bis zur blossen, auch spassigen Dummheit bezeichnend[152]); das nur mhd. *tôre*, das sich zu ahd. *tusig*, angelsächs. *dysig* stellt und eigentlich betäubt, schwindlicht bedeutet, wie das Mittelniederländische lehrt[153]); das ahd. und mhd. *gouch*, das seinen hierher gehörigen Sinn

---

148) *wôd þa wiges heard, wæpen up ahôf, bord tô gebeorge and wið þæs beornes stôp; eode swâ ânræd eorl tô þam ceorle; ægðer hyra ôðrum yfeles hogode:* Byrhtnoth 130 ff.

149) *Cimbremque ruentem vidimus, et Martem Libyes, cursumque furoris Teutonici:* LUCAN. Pharsalia 1, 255 ff.

150) *deliramenta thobiʒunga:* STEINM. 4, 685, 38. *amens rasen, tôbig:* DIEFENB. 29 c. *demens taub, dementare toben, doben, rasen, dementia täube:* 172 c. *lunaticus dovende l. rasende.* 339 b. *furibundus tobig, tobend, rasende, furor tobunge, täube, taubsucht:* 253 c. *maniacus debig, tobsuchtig:* 346 c. *mania, schoromia tobsuht:* voc. opt. 36, 29 f. *den siechtuom, der melancolia haiʒet, daʒ haiʒent die Dürgen* (Düringer) *râsen, wenn ain mensch mit im selber redet gämleicheu* (närrische) *dinch:* MEGENBERG 400, 6 ff. *dise wort sint von en angesehin alse ein râserîe (visa sunt ante illos sicut deliramentum verba ista):* Behaims Evang.-Buch, Luc. 24, 11. *rasend* besagt im Grunde dasselbe wie got. *wôds*, es hängt mit altnord. *râs*, ags. *ræs*, Anlauf, Rennen, Ansturm zusammen; *toup, toben* entwickeln ihre Bedeutung zunächst aus der Vorstellung des Verstockten, der nicht hören will, vgl. oben S. 141).

151) got. *dwals* μωρος Matth. 5, 22 u. ö. Erst mhd. ist das Wort aus der Bedeutung stumpf *(hebes dol, tol:* DIEFENB. 273 c) zu der der angreifenden Thorheit umgeschlagen; *ist er ʒe vrevel und ʒe dol*: K. V. WÜRZBURG 394, 155 Bartsch.

152) *brutescunt artopênt, stulti fiunt ʒa narrôm werdant:* STEINM. 1, 54, 16 f. *navus narro, stultus unfroad:* 212, 37 f. *vecordia narheit:* 4, 23, 18. *drîʒic jâr ein tôre gar, der muoʒ ein narre fürbaʒ sîn:* Winsbeke 37, 1 f.

153) *stultus narro, vel ebis (hebes) tisic, tusic:* STEINM. 1, 54, 10 f. ags. *butra* (lies *bruta*), *dysige:* WRIGHT-W. 1, 360, 9. *hebeti, dysige:* 417, 8. vgl. dazu *duyselen, vertigine laborare, obstupere, mente et animo perturbari, attonitum fieri, duysigh i. deusigh attonitus:* KILIAN G 5 b.

vom Kuckuck entnimmt[154]), und endlich verschiedene negative Bildungen, welche die Abwesenheit des Verstandes hervorheben sollen[155]). Sie alle geben ein scharfes Bild einer bestimmten Geisteskrankheit nicht und bewegen sich nur in allgemeinen durcheinandergehenden Vorstellungen. Auch das Adj. got. *dumbs*, altnord. *dumbr*, angelsächs. *dumb*, ahd. mhd. *tump*, welches eigentlich stumm, ohne Sprache heisst, nimmt bisweilen den Sinn von töricht, verstandesschwach, blödsinnig an[156]), aber ohne besondere Färbung. Krankheitsbezeichnungen, welche den betroffenen Körperteil, Haupt oder Hirn[157]), angeben, führen nicht weiter; Symptome sind selten genauer beschrieben[158]). Gemütskrankheiten, die wenig erwähnt werden[159]), sind Kinder erst einer späteren Zeit[160]); von Trübsinn und Schwermut giebt es aus dem alten Germanien keine Berichte.

Infektionskrankheiten und Seuchen spielen mit den zunehmenden Jahrhunderten eine immer grössere Rolle. Der deutsche Name dafür

154) *ich mac wol sîn von gouches art und jage ein üppecliche vart; tôren sinne hân ich vil, daz ich des wîbes minne ger diu mich ze friunde niene wil:* Minnes. Frühl. 104, 1 ff. vgl. D. Wb. 4¹, 1528.

155) so ahd. *unwîs*, *unfruot (brutus)*, *unwizzente (insipiens)*, *wanawizi (vecors)*, *ursinni (insanus)*, *ursinnig (demens*, *vesanus)*, *ursinnecheit (deliramentum)*, *unsinnig (insanus)*, *unsinnigî (insanitas)*, *wizzelôs (insipiens)*, *âwizzi (amens)*, *sinnelôs (demens)* u. a. mit ihren mhd. Fortsetzungen; vgl. ags. *gewitleás (freneticus*, *demoniaticus*, *amens*, *insanus)*, *gemyndleás (amens*, *demens)*, *unsnotor*, *unwîs (insipiens)*, altnord. *û-viti (mente captus)* u. s. w. mit zahlreichen Belegen.

156) *tump*, *tôre*, *gouch*, *narre* wechselnd von einem Blödsinnigen, z. B. Gesamtabent. 1, 216, 175 ff. Vom Narren auch *gief*, ebd. 185; später *diltapp*, der auf der Diele herumtappt, vgl. D. Wb. 2, 1151; ferner mhd. *giege*, im Ablaut zu *gougeln*, Possen treiben, und das eigentlich niederd., aber bis ins mhd. reichende *gec*, *gecke*, dessen etymologische Verhältnisse zweifelhaft sind. vgl. D. Wb. 4¹, 1916.

157) *frenesis houptgeswer:* Voc. opt. 36, 31. *letargia hirnsucht:* DIEFENB. 325 a. *frenesis hirnsucht*, *hirnwutung*, *hirnwutickeit:* 247 a. vgl. *daz im in daz hirne schôz ein zorn und ein tobesuht:* Iwein 3232 f. *hirnsühte:* 3427.

158) *licargia tobende sucht; wer sy hat der ist iemerleich mit czugetan augen also ab er slafe; den tobensuchtigen dy do di augen czu tun alsi slaffen. di seuche heiset litargia:* DIEFENB. 325 a. Vergl. die Schilderung der Geisteskrankheit Iweins, Abwerfen aller Kleider, Verzehren rohen Fleisches, Unreinlichkeit: 3235 ff.

159) *nu irret mich infirmitas mentis, daz chit muotsuht*, *unde nimet mir dia lûterî des herzen:* NOTKER Ps. 54, 4.

160) Schwermut noch im 13. Jahrh. in der Bedeutung Zorn: *an der swârmueti verstât man zorn:* MONE Anz. 4, 368; erst später *melancolia drôffesûke:* DIEFENB. 354 a (15. Jahrh.). Ein Fall von Trübsinn mit eintretendem Schlagfluss und schliesslichem tötlichen Ausgange an Landgraf Friedrich dem Freidigen von Düringen durch den Eindruck den ein Schauspiel auf ihn machte, vgl. WACKERNAGEL kl. Schriften 2, 88. Iweins Geisteskrankheit rührt von grosser Gemütsbewegung in Folge schwerer Vorwürfe her, die ihm von Lunete in Gegenwart des Hofes gemacht werden: Iw. 3111 ff. Man glaubt auch, solche Störungen kommen von Gift oder Liebeskummer: 3404 ff.

ist *der gemeine tod*[161]). Sie kommen nachweisbar meist von aussen her; eine aber wenigstens ist uralt heimisch: die Kriebelkrankheit oder der Mutterkornbrand, die durch Genuss von Brot, in welchem Mutterkorn verbacken ist, entsteht. Die Ursache des Übels, das in verschiedenen Ländern selbständig auftrat, ist im Mittelalter nicht erkannt, erst die neuere Forschung hat sie aufgedeckt[162]), der Name ist lat. *ignis sacer, ignis divinus, persicus, infernalis, ignis B. Mariae, Antonii* u. a.[163]), deutsch *heilig* oder *hellisch viur*, auch *sant Antonien viur* oder *plage*[164]) mehrfach zusammengeworfen mit der Hautkrankheit der Rose (vgl. oben S. 133 und Anm. 87). Aber die sich immer in der Hauptsache gleich bleibenden Kennzeichen der Kriebelkrankheit[165]), das innere verzehrende Feuer, die Schwärze der Haut an den ergriffenen Körperteilen, das Abfallen des Fleisches von den Knochen und häufig sogar dasjenige des leidenden Gliedes, wie es in zahlreichen Berichten beschrieben wird, dazu der ausgesprochene epidemische Charakter der Krankheit, die sich über ganze Landschaften, vorzüglich Frankreichs, aber auch Flanderns und Lothringens erstreckte, und deren Hauptzeit des Ausbruchs die Erntemonate August und September waren, — das alles sondert sie von anderen Krankheiten scharf ab. Sie verschwindet aus den Nachrichten der Chronisten mit dem 14. Jahrhundert, aber nun zeigt sich eine andere mit brandigen Erscheinungen, die Seuche des Skorbuts, an welcher bereits im Jahre 1249 oder 1250 das französische Heer in Ägypten gelitten haben soll, indem bei den Kranken das Fleisch, besonders an den Füssen, ausdorrte, blaue Flecken entstanden, das Zahnfleisch faulte und der Tod unter Nasenbluten eintrat[166]). Die Quelle der lateinischen Bezeichnung, welche letztere sich aber erst im 16. Jahrhundert nachweisen lässt[167]), und seiner deutschen Nebenbildungen soll das Niederländische sein. Hier werden allerdings neben dem Substantiv *scheure, score, scissura, ruptura, rima, fissura, hiatus* und dem dazu gehörigen Verbum *scheuren, schoren*[168]) verschiedene Krankheitsnamen angetroffen, *scheur-buyck, schor-buyc,*

---

161) *endimia gemeinetod:* Voc. opt. 36, 91. *epidemia gemeyne sucht, gemeyner tode o. die peule, ein gemeyn toit l. suchte:* DIEFENB. 204a.

162) vgl. HAESER Lehrbuch der Geschichte der Medizin und der epidemischen Krankheiten 2³, 94 ff.

163) DU CANGE 4, 290 f.

164) *ignis sacer hëlig für, heylig fuer, das helsche fuer, hailfuir, sant Antonius plage, sanct anthonien fuer:* DIEFENB. 285b.

165) vgl. HAESER a. a. O.

166) vgl. LERSCH Geschichte der Volksseuchen nach und mit den Berichten der Zeitgenossen (1896) S. 97.

167) *scharbock,* nl. *schoerbuyck, scherbock scorbutus, oscedo:* DIEFENB.-WÜLCKER Wb. 833. vgl. auch Anm. 169.

168) KILIAN Hh 4a. 7b.

scheur-been und *scheur-mond*[169]), die nach der Erklärung Symptome des Skorbuts aufweisen, aber die Übereinstimmung eines dieser Ausdrücke mit dem mittellateinischen *scorbotus* und dessen Übernahme aus dem Niederländischen wäre nur dann vollkommen ausser Zweifel, wenn zu dem niederl. *scheur-been* sich ein synonymes *scor-bot* nachweisen liesse (*bot* Knochen[170]); es ist aber auch möglich, dass wir es hier, wie in dem mnd. *scerbuk*, *schorbuk*[171]) nur mit der Umdeutschung eines fremdländischen Schifferausdruckes zu thun haben (da die Krankheit ja wesentlich eine solche der Seefahrer ist), und dass ital. *scorbuto*, span. portugies. *escorbuto*, franz. *scorbut* die Vorformen zu den deutschen Wörtern darstellen. Über das Auftreten des Skorbuts in den Meissnischen Landstrichen, also im Binnenlande, als Seuche gibt es zum Jahre 1486 eine Nachricht, die auch die Zeichen der Krankheit ausführlich beschreibt[172]).

Eine der frühesten nach Germanien eingeschleppten Volkskrankheiten ist der Aussatz in seinen verschiedenen Formen[173]), die sich teils in der Verdickung und Färbung der Haut, teils in Knoten und nachherigen Geschwüren zeigen. Er erscheint in Italien vom Morgenlande her im ersten christlichen Jahrhundert und verbreitet sich bald im ganzen Abendland als eine der gefürchtetsten Seuchen. Wie allgemein er auch ins germanische Leben eingreift, beweisen die einheimischen Namen, mit denen man ihn belegt und die zunächst von Aussehen und Beschaffenheit der Haut, ihrer Flecken, Färbung, Spannung, Rissigkeit hergenommen werden. Der frühest bezeugte ist got. *þruts-fill* λέπρα, dazu Adjektiv *þruts-fills*[173b]), mit dem allgemeinen Sinn

169) *scheur-buyck, schor-buyc, blauw-schuyt, stomacacce, q. d. venter ruptus, cum totus venter et hypochondria patiuntur, vulg. scorbotus; scheurbeen, scelotyrbe, cum in cruribus morbi symptomata vel signa apparent, q. d. tibię ruptę; scheur-mond, oscedo, q. d. bucca vel os ruptum, cum gingivę a dentibus discedunt:* ebd. Hh 4b. Für *oscedo* wird in hochd. Quellen des 15. Jahrh. *munt-stank*, *ubler smack* gewährt: DIEFENB. 402a. Der Ausdruck *mundfäule* im 16. Jahrh. bezeugt: D. Wb. 6, 2687.

170) *bot i. been, os, ossis:* KILIAN E 3b als holländisch, friesisch, niederrheinisch.

171) SCHILLER-LÜBBEN 4, 76a (15. Jahrh.).

172) *grassatus est novus et inauditus in his terris morbus, quem nautae Saxonici vocant Den Schorbock: quae est inflammatio in membris partium carnosarumcui; quo celerius adhibetur medicina, eo citius malum restinguitur; sin mora accedit paulo tardior, sequitur membri affecti mortificatio, quam siderationem nostri, Graeci σφακελὸν dicunt, ultimum gangraenae malum; nam caro de ossibus defluit et continua quaeque a lue corripiuntur. fuit idem morbus contagiosus, multorum mortalium gravi periculo:* GREGORII FABRICII CHEMNICENSIS rerum Misnicarum libri VII (1597) S. 71.

173) *im wart dicke geseit, daʒ disiu selbe siecheit* (nämlich die *miselsuht) wære vil mislich und etelichiu gnislich:* arme Heinrich 165ff.

173b) Plur. *þrutsfillai* λεπροί: Matth. 11, 5, *þrutsfillai mans* λεπροὶ ἄνδρες: Luc. 17, 12 u. ö., wiederkehrend in ags. *þrustfell leprosus:* BOSWORTH-TOLLER 1073b. Sonst

einer schmerzenden, beschwerenden Haut, im ersten Teile zu got. *us-þriutan* belästigen, zur Last sein, altnord. *þrjóta* hindern, ahd. *ar-drioʒan* weh thun, bedrücken, angelsächs. *þreótan*, quälen, belästigen, *þreát* Qual gehörend; über mehrere Dialekte verbreitet ist ahd. *hrûf, rûf*, mit der Nebenform *hriubî*, Aussatz, und dem Adjektiv *hriob, riob*, aussätzig, dem angelsächs. *hreóf, hreófl, hreóflig* gleicher Bedeutung, und dem altnord. *hrjúfr*, grindig, *hrufa*, Schorf entsprechend[174]), also auch nur von dem Aussehen der Haut genommen und in den Sinn der Krätze oder Räude verfliessend. Verhüllend gemeint und der Scheu entspringend, die gefürchtete Krankheit offen zu benennen, ist das spätlateinische, von Frankreich her gekommene *misellus* für den Aussätzigen, altfranzösisch *mesel*, das in abermaliger Verkleinerungsform auch als *misellinus* erscheint[174b]) und das nur den erbarmungswürdigen, dem christlichen Mitleid empfohlenen Zustand betont; es gewinnt schon im Althochdeutschen Boden, indem die Krankheit hier *misalsuht* heisst[175]), was sich als *miselsuht* fortsetzt, auch mit Bezug auf das deutsche *mâse*, Fleck, Mal in der Haut, oder auch *masel*, Geschwulst, knotiger Auswuchs, in *maselsuht* umgedeutscht wird[176]). Das lateinische *morbus regius*, welches Name für die Gelbsucht ist und mit *aurugo* wechselt[177]), wird in althochdeutscher Zeit, wo sonst seine Bedeutung fortdauert[178]), auch auf die mit dem Aussatz zusammengeworfene

---

kennt das Ags. für *leprosus* auch *lîc-þrowere* (WRIGHT-W. 1, 162, 10), zu *þrowan* leiden, Pein empfinden, gehörig, altnord. *lîk-þrâr*.

174) *sliumo ward thô giheilit sin rûf (confestim mundata est lepra ejus):* Tatian 46, 3. Dazu *riob man leprosus:* 46, 2, *riobê leprosos:* 44, 5 u. ö., auch *riobsuhtigê leprosi:* 78, 8. Ferner *stabia* (lies *scabia* für *scabies) hrûf:* STEINM. 3, 5, 22; *in scabie hriupî:* 2, 221, 2; *elefantinus morbus i. lepra, que in modum cutis elefantum in cute hominum coacervatur, diutisce riubêt:* 264, 50 ff. *hrûf* auch für Eiterbläschen: *pustula lucens rûf scînenti:* 1, 353, 24. *papulas hrûvi:* 354, 8. Über ags. *hreóf* und verwandtes vgl. BOSWORTH-TOLLER 557 f., über das deutsche *rufe* Schorf, Kruste auch D. Wb. 8, 1396.

174b) *nutu dei felix homo conlaetatur fratribus, missellinis et pupillis, egenis et orfanis; in his saepe susceperunt viri celsi dominum:* Hymnus (dem Hrabanus Maurus zugeschrieben) in den Poet. lat. medii aevi 2, S. 256, 13. Auch das deutsche *leprosus guterman* (DIEFENB. 324c) entspringt ähnlichem Gefühle; *ʒû den guden luten* Aussätzigenhaus zu Worms 1321: BOOS Urk. Buch 2, 112, 17.

175) *elephantino morbo .. l. propter duritiam i. misalsuhti:* STEINM. 2, 258, 1 ff.

176) *lepra misel, maselsucht:* DIEFENB. 324c. *elephantia miselsucht:* 198a (über *masel* vgl. Anm. 194); niederd. *maselsucht:* SCHILLER-LÜBBEN 3, 41b.

177) *morbus regius*: HORAT. Episteln 2, 453 f. (ars poet.); auch als Tierkrankheit, *si quod iumentum morbum regium, i. e. auriginem, habuerit:* VEGETIUS 3, 49, 1.

178) *morbo regio gela-suhti, gela-gund:* STEINM. 2, 433, 49 f. 403, 4 (über *gund* vgl. Anm. 88). *regius morbus gelewesuth* (lies *-suht*), *gelesuht, gelsuht:* 3, 171, 22 f. u. ö.

Elephantiasis[179]) bezogen, und es spielen hierbei wahrscheinlich die biblischen Erzählungen von den Königen Antiochus und Herodes ein, die als Strafe Gottes diese Krankheit bekamen und daran starben[180]). Mhd. *malâtes*, *malâde*, *malât*, auch *malâz*, *malz*, erweitert *malâtzic*, *malzic*, mit dem Substantiv *malâterîe*, *malâzîe*[181]), ist Lehnwort aus dem Altfranzösischen, und verbirgt den bösen Sondersinn ebenfalls unter der Bedeutung des nicht recht Gesunden[182]). Die echtdeutschen Ausdrücke ahd. *ûz-sâzeo*, mhd. *ûz-setze*, *ûz-setzel*, *ûz-setzic*, ferner mhd. *veltsiech* und *sundersiech*[183]) weisen auf die Verpflichtung der Kranken hin, abgesondert von den Wohnstätten der Menschen zu weilen[184]) und sich von der Berührung mit Gesunden streng fern zu halten, auch ihre Nähe durch deutliche Zeichen kund zu geben; wobei sie sich aber unter dem mildthätigen Beistande der Bevölkerung genossenschaftlich organisieren und in Brüderschaften zusammen leben. Für solche Genossenschaft kommt schon im fränkischen Althochdeutsch der Name *horn-gibruoder* auf, in welchem der erste Teil auf das Horn

179) vgl. *elefantiosus etiam quidam, Teio nomine . . . idem leprosus divina opitulatione mundatus:* Vita S. Severini 34. *elephantino morbo* mit *gela-suhti, misal-suhti* übersetzt: STEINM. 2, 258, 1 f. *morbo regio, elephantico gelasuht:* 393, 16. Die Krankheit beschreibt PLINIUS, *diximus elephantiasim ante Pompei Magni aetatem non accidisse in Italia, et ipsam a facie saepius incipientem, in nare prima veluti lenticula, mox increscente per totum corpus maculosa variis coloribus et inaequali cute, alibi crassa, alibi tenui, dura alibi ceu scabie aspera, ad postremum vero nigrescente et ad ossa carnis adprimente, intumescentibus digitis in pedibus manibusque:* hist. nat. 26, 1, 7.

180) vgl. 2 Macc. 9, 5 ff. Ap. Gesch. 12, 23. Josephus (jüd. Kr. 1, 21) und Hegesipp (1, 45) schildern die Zeichen der Krankheit Herodes' ausführlich und ziemlich übereinstimmend: Fieber, böser Ausschlag auf der Haut, Krämpfe in den Därmen, Engbrüstigkeit, Anschwellen der Glieder, schliesslich Faulen derselben mit Bildung von Würmern. Auch Nero bekommt als Strafe für die Marter Petri und Pauli Aussatz und Tobsucht nach anderen Krankheiten; *sîn dinc ergienc im ubele; nâh dirre marter hêre begunder siechen sêre, ze aller êrist von pôdagrâ, sô stât gescriben dâ, dar nâh von der vergihte, dar nâh von miselsuhte; ze jungist begunder ze winnen:* Kaiserchron. 4267 ff.

181) *leprosus maltzig, mallaitsch, mallechs, maletschiger, malaetz, maltz, maletzig:* DIEFENB. 324 c. *daz aber dîn hant malâtes wart:* Minnes. 3, 99 b, 3 Hagen. *lepra malatrie, maletschei, maltzheit* u. ä.: DIEFENB. ebd.

182) *malato, malade,* provenz. *malapte* aus *male aptus:* DIEZ etymol. Wörterb. der roman. Sprachen 1³, S. 259.

183) *leprosus feltsich, lepra feltsiechtag:* DIEFENB. 324 c. *lepra feldsiechy:* nov. gloss. 232 a. *die sundersiechen frauen* (vor Nürnberg): D. Städtechron. 3, 282, 34.

184) Das sagt namentlich auch das ahd. *leprosus ûz-sâzeo* (STEINM. 3, 5, 21), d. i. der seinen Aufenthalt *(sâze)* ausserhalb nehmen muss; später *ûz-setze*, vgl. unter *aussatz* D. Wb. 1, 943.

geht (vgl. Fig. 58), mit dem der einzelne sein Kommen kund gibt[185]) und an dessen Stelle später die Klapper getreten ist[186]).

Die alten Bezeichnungen des Aussatzes umfassen auch eine Anzahl Krankheiten mit aussatzähnlichem Ausschlage auf der Haut und

Fig. 58. Aussätziger mit Horn.
Aus den Miniaturen des Codex Egberti, herausgegeben von Franz Xaver Kraus, Taf. 20.

um sich fressenden Geschwüren. Hier ist besonders die Syphilis zu nennen, von der die ältere Forschung anzunehmen geneigt war, sie habe sich aus dem Aussatze, besonders dem der Geschlechtsteile, hervorgebildet[187]). Als deutlich erkennbare Sonderkrankheit tritt die

185) *in hûse Sîmônes thes horngibruoder, in domo Simonis leprosi:* Tatian 137, 2. *horngibruader heilta:* OTFRID 2, 24. 9. vgl. 3, 9, 6. 4, 26, 15 u. ö. *kepruader fratri:* Ben. Regel Cap. 47 (Piper S. 114, 12). Ähnliche Bilder, die Aussätzige mit dem Horn zeigen, aus Reichenau und einem Münchner Codex des 11. Jahrh. abgebildet in der Westdeutschen Zeitschrift für Geschichte und Kunst, Ergänzungsheft VII (1891) S. 71 f. Über das Horn als allgemeines Signalinstrument s. Anzeiger für Kunde d. d. Vorz. 1881, 263 f. Später ist der Name *hornbruoder* auf das Mitglied des geistlichen Ordens übertragen, der die Aussätzigen pflegte und zum Teil selbst aus Aussätzigen bestand, des Ordens der Leprosen: vgl. ROETHE die Gedichte Reinmars von Zweter (1887) S. 74 f.

186) *fusum, i. instrumentum leprosorum, ussetzel schlatterlin o. ir klaffel, klapffel, o. klepperlin, o beteclappir:* DIEFENB. 254 b.

187) HAESER Lehrbuch der Geschichte der Medizin und der Volkskrankheiten (1845) S. 305: *„es ist mit einem Worte höchst wahrscheinlich, dasz sich die*

Syphilis erst im vorgerückten 15. Jahrhundert auf, unter Namen die sonst auf Räude oder Pocken gehen (Anm. 193. 194). Lepra als Krankheit der Pferde wird gleichfalls genannt[188]).

Weiter kommen die Seuchen der Blattern und verwandter Übel in Betracht. Auch sie sind durch Berührung mit der antiken Kulturwelt eingeschleppt; wie früh weiss man nicht, aber Nachrichten Gregors von Tours, der Blattern- oder Pockenepidemien zu den Jahren 580 und 582 für ganz Gallien erwähnt, verschiedene Arten derselben angibt[189]), und besonders eine ausführlicher beschreibt, die mit ruhrartigen Erscheinungen, Erbrechen, heftigem Fieber, Nierenschmerzen und schwerem Kopf verbunden war[190]), — lassen die Krankheiten nicht als damals neue auffassen. Der Name der Blattern ist althochdeutsch nach dem Vorbild der Bibelsprache von einer natürlichen Blase (*vesica*, *bulla*) hierher übertragen[191]) und für den bösartigsten epidemischen Hautausschlag mit Bläschenbildung, *variolae*, geblieben. Blattern können auch angehext werden[192]). Der seit dem späteren Mittelalter bezeugte niederdeutsche Ausdruck *pocken*[193]) hat sich erst

---

Syphilis aus dem Aussatze hervor bildete", gegen die dritte Auflage, Bd. 3 (1882) S. 318, wo diese Annahme bestritten wird. Über die Meinung der Forscher von dem Zusammenhange des biblischen Aussatzes mit der Syphilis vgl. EBSTEIN die Medizin im alten Testament (1901) S. 86 ff.

188) *de his, qui regio morbo vexantur, inquisisti, sive homines sive equi sint, quid fiendum sit de illis . . . equi vero, qui praefato morbo fuerint coinquinati, si curari non valuerint, in puteis et foveis proiciendi sunt, ne eiusdem morbi contagione ceteri coinquinentur:* Papst Zacharias an Bonifacius v. J. 751, vgl. epistolae Merowingici et Karolini aevi 1 (1892) S. 370 f.

189) *magna tamen eo anno* (582) *lues in populo fuit, valitudinis variae, malignae cum pusulis et vissicis, quae multum populum adficerunt mortem:* GREG. TUR. hist. Franc. 6, 14.

190) *sed haec prodigia gravissima lues est subsecuta. nam . . desentericus morbus paene Gallias totas praeoccupavit. erat enim his qui patiebantur valida cum vomitu febris renumque nimium dolor; caput grave vel cervix. ea vero quae ex ore proicebantur colore croceo aut certe viridia erant. a multis autem asserebatur veninum occultum esse. rusticiores vero coralis hoc puscolas nominabant, quod non est incredibile, quia missae in scapulis sive cruribus ventosae, procedentibus erumpentibusque visicis, decursa saniae, multi liberabantur. sed et herbae, quae venenis medentur, potui sumptae, plerisque praesidia contulerunt:* ebd. 5, 34 (zum Jahre 580).

191) *vissice plâtarûn:* STEINM. 1, 294, 50, *vesice plâtrûn, plâtiren, plâterin, blâtern:* 327, 6 f. (nach Exod. 9, 9: *erunt enim in hominibus et jumentis ulcera et vesicae turgentes*). *carbunculus (mala pustella) ubil blâtera:* 3, 486, 41, *ubel blâdera:* 496, 19. *diu blâtirsuht si an chom:* Exod. 143, 5 Diemer. Auch ags. *blǣdran:* BOSWORTH-TOLLER 107 b.

192) *sey* (eine Hexe) *speybt ym an die wangen seyn so sere pey der treuwe mein, daz ym blatren wuochsen auf grosser, dann ein sneggenhaus:* Ring 53 a, 4 ff.

193) vgl. SCHILLER-LÜBBEN 3, 357 a *(de walschen pochen* Syphilis ebenda). D. Wb. 7, 1964.

später ins Hochdeutsche verbreitet. Gutartigere solche Hautausschläge, Kindspocken, Masern, Röteln und dergl. haben mancherlei durcheinander gehende, wohl zunächst landschaftlich begrenzte Namen, die allerdings erst verhältnismässig spät auftreten, gewiss aber der Haussprache von alten Zeiten her angehören[194]). Erwähnt sind solche Krankheiten gelegentlich, näher beschrieben wenig[195]), wir erfahren aber, dass die Folge der Kinderblattern bei Vernachlässigung lebenslängliche Blindheit sein kann[196]).

Mehrere influenzaartige Epidemien, die in Deutschland seit dem 14. Jahrhundert auftreten und die bei sonstiger Verschiedenheit der Symptome den Leuten doch durch heftiges Fieber, katarrhalische Affektionen und Gesichtsschwellungen übereinstimmend erschienen, führen die Namen *bürzel, tannewetzel, ganser,* später *bauerwetzel, ziegenpeter, mums.* Vielfach mischt sich hier solchen Affektionen eine Entzündung der Ohrspeicheldrüsen bei, welche dem Gesichte ein ganz verzerrtes Aussehen geben; der Name *tannewetzel* fasst das als Folge eines an die Schläfe *(tanne* für mhd. *tinne* und *tunne)* verabreichten Schlages (mhd. *wetze* Backenstreich) auf; den Streich aber führt ein

---

194) *papula risemen und vlecke, rote kindsbläterlin l. roete, pletterlein, blader, blater, masselen, puckelen* u. ä.: DIEFENB. 411b. *pustula blater, bleterlin, wasserplatern am libe uszwendig:* 474b; *varia, variola, machsel, masen, porbel, die kindsplateren l. purpelen, barpeln, berpel, die rotin, rote, dy urslacht, urschlecht, durchschlecht, die roten flecken l. rotsucht, bladeren:* 607a; *morbilia urschlecht, pockskens, pockelen, pock, die kindsbletteren:* 367c; *morbilli oreslechten i. variole:* nov. gloss. 257a; *variole maselen, maselsuchte, maseren:* 377a. Die eigentlich in Niederdeutschland heimische Krankheitsbezeichnung *masselen* (vgl. auch SCHILLER-LÜBBEN 3, 41a) nimmt Bezug auf die Röte und Geschwollenheit der Haut, und ist ahd. *flemen masala:* STEINM. 2, 371, 69. 375, 73 *(flegmen, tumor sanguinis, phleumon i. morbus cum rubore:* DIEFENB. 239b). Der Name *urslecht* (Ausschlag) wird nach dem Auftreten der Syphilis auf diese mit übertragen: *als ob er villeucht die grösere urslechten, so sonst die Franzosen genannt, überkomen het:* Zimmer. Chron. 3, 330; *in selbiger sprach* (der französischen) *haist man die spanischen rauden die grosen urslechten und die rechten urslechten die kleinen, auch wurt in gespöt nur der fur ain edelman geschetzt, der die grösern urslechten gehapt:* 331.

195) Beschreibung einer bösartigen Pockenkrankheit, *es waren urslechten, die sich einer lepra hetten verglichen, das haupt, der ober leib, die arm und hende, auch die undern schenkel und die fuesz war alles wie ain kuchen, das ganz angesicht aller wie ein rinden und dick voller aiter und geschwere:* Zimm. Chron. 3, 328. Beschreibung der neuen Krankheit *Frantzosenplattern* 1495 in Augsburg: D. Städtechr. 25, 271.

196) *das fröle . . hat, wie dann under den jungen kündern vilmals beschicht, die kinderplatern oder urslechten überkomen . . derhalben uszer anfrewlicher und muetterlicher liebe sie* (die Grossmutter) *dem kinde die augen nit seubern oder ainigen schmerzen im zufuegen lassen wolte. das verzog sich und stande so lang an, das dem frölin die augen gar erstorben und nit mehr, dann sovil schein das hochliecht geben, sehens haben megte:* ebd. 2, 550.

dämonisches Wesen in plötzlichem und tückischem Überfall, daher die Umdeutung des Wortes in ein persönliches, im 15. Jahrhundert bezeugtes *tanaweschel*, später *tannewenzel*, *bauernwenzel;* ein elbisches Wesen mag wohl auch in *ziegenpeter* stecken[197]). Damit ist die Seuche, wie Fieber, Alpdruck, Hexenschuss, als eine von bösen Geistern veranlasste charakterisiert. *bürzel* ist nicht sicher gedeutet, es mag als eine Iterativbildung in die nächste Verwandtschaft von ahd. *barrên* starren, steif sein, gehören[198]). Die Bezeichnung *ganser* geht auf den Husten, der mit der Seuche verbunden war und knüpft an die rauhen Halstöne des männlichen Gansvogels an[199]); er ist im Spott, vielleicht im Spott des Kranken über sich selbst gebildet.

Endlich muss noch kurz der pestartigen Seuchen, die seit dem 6. Jahrhundert das Abendland durchzogen, und ebenso der geistigen Epidemien gedacht werden. Über erstere gibt es seit ihren ersten Auftreten viele und oft auch ausführlichere Nachrichten, die von medizinischer Seite gesammelt und verwertet worden sind[200]), aber auch hier ist das Zusammenwerfen der im engeren Sinne sogenannten Pest, der morgenländischen Beulen- oder Drüsenpest, mit ähnlichen seuchenartig auftretenden Infektionskrankheiten zu beobachten. Der fremde Name ist erst später aufgekommen. Für Pest und verwandte Seuchen gilt ahd., wenn nicht das allgemeine *suht* steht[201]), *sterbo* und *sterba*, mhd. *sterbe* und *sterbent*, das ebenso wie das gleichbedeutende altsächs. *man-sterbo*, angelsächs. *steorfa*, mit dem dazu gehörigen Verbum ahd. *sterban*, altsächs. *sterban*, angelsächs. *steorfan*, eigentlich nichts als das Dahinschwinden in Hungersnot, Elend oder Krankheit

---

197) vgl. die Deutung der Namen von WEINHOLD in Zachers Zeitschrift 1, 22 ff. und von GERLAND ebd. 309 ff. Andere Deutung von *ziegenpeter* mit Rücksicht darauf, dass die Krankheit bei Ziegen und Katzen am häufigsten vorkommt (daher auch der seltenere Name *katzenpeter*) bei HÖFLER Krankheits-Namenbuch 462 f.

198) GRAFF Sprachsch. 3, 155.

199) *do men zalte 1387 jor, do kam ein gemeinre siechtage in alle lant von dem flosse und hûsten, das under zehen menschen kume eis gesunt bleip . . disen siechtagen nantent etliche den ganser oder den bürzel:* D. Städtechron. 9, 772; *do men zalte 1414 jor, do kam umb die liehtmesse ein gemeinre siechtage in alle lant von dem flosse und hûsten, genant der ganser oder der bürzel. und wurdent vil lüte in disem siechtagen bewart und verrihtet zûm tode, doch koment sü vil bi alle uf. und die es in dem houbete sterkliche anekam, der wurdent etliche unsinnig und sturbent stympkliche* (plötzlich) . . . *und werte dirre sieche wol* $^1/_2$ *jor:* 773.

200) vgl. unter der zahlreichen Fachlitteratur die in Anm. 162. 166. 187 genannten Werke, auch HECKER-HIRSCH, die grossen Volkskrankheiten des Mittelalters 1865.

201) *pestem et pestilentiam hoc interest, quia pestis suht:* STEINM. 4, 86, 17 f.

meint[202]); erst mit den Pestseuchen des 14. Jahrhunderts dringt der gelehrt-lateinische Name *pestilentia* als *pestilencie* in das Volk[203]), und der alte deutsche Name weicht davor zurück. Unser heutiges *pest* kommt erst im 16. Jahrhundert, ungefähr gleichzeitig mit dem französischen *peste* auf. Ferner erscheint die Bezeichnung *gemeiner tôt*, wiewohl seltener[204]). Ahd. *scelmo*, mhd. *schelme* und *schelm* gewährt uns freilich auch den allgemeinen Sinn der Pestseuche[205]), geht aber von einer ganz anderen ursprünglichen Bedeutung aus; das Wort gehört zu dem Bd. 2, S. 285 besprochenen got. *skilja* Fleischer und den eben daselbst aufgeführten Verben altnord. *skilja* spalten, schneiden, angelsächs. *skylian* trennen, und bezeichnet eigentlich das in einer Seuche eingegangene Stück Vieh[206]), dessen Haut man zu weiterer Verwendung abzieht, während man den Kadaver auf den Anger wirft oder eingräbt[206b]), wird dann auf das Viehsterben selbst bezogen[207]) und kommt endlich in die allgemeine Verwendung. Für die verheerende Pestseuche, die zur Mitte des 14. Jahrhunderts drei Weltteile durchzog, ist der Name ‚der schwarze Tod‘ geläufig geworden; in gleichzeitigen deutschen Quellen erscheint er nicht[208]), wo vielmehr nur von

---

202) *pestilentiae sterpûn:* STEINM. 2, 231, 31. *sô pestis sih kebreitet, sô ist iȥ pestilentia, id est late pervagata pestis, wîto wallonde sterbo:* NOTKER Ps. 1, 1. vgl. dazu *cladis suht l. wool seu sterpo:* STEINM. 1, 83, 8, auf der Vorstellung einer Niederlage. Ags. *steorfa:* BOSWORTH-TOLLER 1, 917; auch *pestilentia, vel contagium, vel lues, cwealm:* WRIGHT-W. 1, 112, 12f. (sonst *nex, cwealm:* 456, 32, zu *cwelan pati, mori*); *clades, pestes, cwyld:* 205, 24; *luem, âdle and wôle:* 437, 15. Altsächs. *wirðid wôl sô mikil oƀar thesa werold alla, man-sterƀôno mêst therô the gio an thesara middilgard swulti thurh suhti:* Heliand 4327ff.; *wôl* im Ablaute zu altnord. *val*, ags. *wæl*, Gefallene des Schlachtfeldes, vgl. mhd. *wal* und *walstat* Schlachtfeld, also auch Niederlage, Hinstreckung bezeichnend. Mhd. *der gemein sterb:* MEGENBERG 110, 12. *anno 1380 . . was ȥu Augspurg ain grosser sterben:* D. Städtechr. 4, 313; *ein grosser sterbotte kam:* 9, 528, u. ö. Auch mnd. *sterve, starve, stervent*, Pest, Epidemie: SCHILLER-LÜBBEN 4, 392f.

203) *ouch plagete got di lute dorch sunde willen mit groȥim sterbin unde pestilencien:* KÖDIZ 42, 5.

204) *pestilentia gemeiner tod, die pestelentȥ, pestilentȥ:* DIEFENB. 431 c. *gemeiner tode o. die peule* (Beulenpest), auch *jamerig tod l. pestilentȥ:* 204a. vgl. Anm. 161.

205) *pestilentia scelmo, schelmo, schelme, schelm:* STEINM. 3, 170, 50ff. *pestilencia schelm, endimia gemeinetod:* Voc. opt. 36, 90f., vgl. auch Anm. 209.

206) *cadaver schelm, schelme, schölm, scholm:* DIEFENB. 87b.

206b) *tristis sors mugientium bovem rapit novissimum . . tergus disponit* (der Bauer) *vendere denudato cadavere. corpus linquit quadrivio, sumpto bovis amphibalo:* GRIMM u. SCHMELLER lat. Ged. des 10. u. 11. Jahrh. S. 355 (Unibos 9ff.).

207) *pestis scalmo fihusterbo:* STEINM. 1, 287, 29 (nach 2. Mos. 9, 3). Auch das mnd. *koge* Seuche, Pest (SCHILLER-LÜBBEN 2, 511) fusst auf einem verbreiteteren *kôg, kôge* Aas, verrecktes Vieh, vgl. SCHMELLER 1², 1231.

208) vgl. D. Wb. 9, 2313.

einem gemeinen Sterben oder auch grossem Tode die Rede ist[209]); da aber die Zeichen der Krankheit schwarze oder dunkelblaue Beulen und Drüsen sind, die von gleichzeitigen Ärzten beschrieben werden[210]), so wird die fragliche Benennung wohl auch alt sein. Sie scheint aber zunächst nur in romanischen und skandinavischen Ländern verbreitet[211]).

Die Seuche des englischen Schweisses, der in England von 1486 ab auftritt, aber nach Deutschland erst 1529 zum ersten Male gelangt, steht jenseits der Grenze unserer Betrachtung. Ebenso mögen die Psychopathien des deutschen Mittelalters, Kinderkreuzzüge, Tanzwut, Geiselfahrten, unter Verweisung auf das angeführte Werk von Hecker und Hirsch eben nur hier erwähnt werden, da sie das Gebiet der Hausaltertümer nicht mehr als streifen und ihr Schwerpunkt im öffentlichen Auftreten liegt.

Wenn wir auf dem grossen Gebiete der Krankheiten die Bemerkung machen konnten, dass ihre Zeichen zum grössten Teile ungenau und verschwimmend angegeben wurden und eine genaue Bestimmung auf Grund der alten Benennungen beinahe unmöglich erschien, so treffen wir dagegen in dem Bereiche der Verwundungen und Körperverletzungen auf Angaben, die uns über Art und Umfang der betreffenden Schäden genau unterrichten. Solche Angaben sind teils in dem rein sprachlichen Material enthalten, das uns seit den gemeingermanischen Zeiten zur Verfügung steht, teils auch in den Festsetzungen der Volks- und der späteren Rechte, welche gerade hier sehr ins Einzelne gehen, und uns damit die Art unserer Vorfahren zeigen, schnell bereit, mit Schwert oder Faust einer wirklichen oder vermeintlichen Beleidigung entgegen zu treten, oder auch im Angriff rasch zuzufahren[212]); wogegen scharfe und feste Gesetze eingreifen, die

209) *do man ȥalt 1349 jor, do kam ouch ein gemeinre schelme und ein sterben under die lute dar* (in Strassburg), *daȥ nieman von ime selben gedohte noch von horsagendem, daȥ so grosȥes sterben ie do were:* D. Städtechr. 8, 120. *de koghe ward na gebreydet over alle de warlt, dat noch de grote dot genomet is:* Korners Lübische Chron. bei SCHILLER-LÜBBEN 1, 557.

210) vgl. HECKER-HIRSCH Volkskrankheiten S. 33. Closener lässt die Farbe der Beulen und Drüsen unerwähnt; *die lute die do sturbent, die sturbent alle an bülen und an drûsen die sich erhubent under den armen und obenan an den beinen, und wen die bülen ankoment, die do sterben soltent, die sturben an dem vierden tage oder an dem dritten oder an dem andern. etliche sturbent ouch des ersten tages:* D. Städtechr. 8, 120.

211) vgl. die Zeugnisse bei HECKER-HIRSCH a. a. O. S. 23.

212) *tum ad negotia nec minus saepe ad convivia procedunt armati. diem noctemque continuare potando nulli probrum. crebrae, ut inter vinolentos, rixae raro conviciis, saepius caede et vulneribus transiguntur:* TACITUS Germ. 22. *(servum) occidere solent, non disciplina et severitate, sed impetu et ira, ut inimicum, nisi quod impune est:* 25.

aber, um das lebendige Gefühl der Gerechtigkeit nicht zu verletzen, genaue Abmessung der Busse auch durch genaue Beschreibung der zu sühnenden Verletzung stützen.

Von dem hierher fallenden Sprachgute hat zunächst das gemeingermanische wund, altnord. nicht bezeugt, got. *wunds*, altsächs. angelsächs. *wund*, ahd. mhd. *wunt*, mit seinem Substantiv altnord. *und*, angelsächs. *wund*, altsächs. *wunda*, ahd. *wunta*, mhd. *wunde*, wofür im Gotischen die Weiterbildung *wundufni* steht, die engste Beziehung zu einem feindlichen Angriffe, da in beiden Worten Zustandsbildungen zu einer Wurzel *wan* vorliegen, die im sanskr. *van* angreifen, kämpfen, schlagen und sonst erhalten ist[213]). Der Gegensatz zu diesem Ausdrucke des Geschlagenseins ist das gemeingermanische *heil* in seiner frühesten Bedeutung ganz, unverletzt (vgl. oben S. 116). Von Sondernamen neben dieser allgemeinen Bezeichnung ist zunächst zu nennen das fränkische *scrama*, fortgesetzt im mhd. *schram* und *schramme*, Wunde, die durch einen Schwerthieb entsteht[214]), verwandt zu dem mhd. *schram* Spalt, Felsspalte; das erst mhd. bezeugte, aber sicher viel ältere *scharte*, dessen eigentliche Bedeutung eine schärfere als die von *schramme* gewesen und geradezu auf Abspaltung oder Trennung hinausgelaufen sein muss, da es Passivbildung zu dem Verbum *sceran* abspalten, abschneiden, trennen ist und eine Reihe eng verwandter Bildungen diese Abtrennung noch betonen[215]); auch in dem mhd. *scharte* erscheint noch der Sinn der klaffenden Wunde; — ferner das dem Sinn nach

---

213) vgl. Leo Meyer Handbuch der griech. Etymologie 1 (1901), S. 645 unter *ὠτειλή* für *ϝωτειλή* Wunde; ferner *gewinnen* bei Heyne, deutsches Wörterb. 1, 1169.

214) fränk. *scrama* erhalten in *scrama-sax* als Bezeichnung einer kurzen messerartigen Hiebwaffe; *tunc duo pueri cum cultris validis, quos vulgo scramasaxos vocant, infectis vinino, malificati a Fredegundae regina, cum aliam causam suggerire simularunt, utraque ei* (dem Könige Sigibert) *latera feriunt:* Greg. Tur. 4, 51. Andere Belege bei Du Cange 7, 366b. mhd. *schram* als Schwertwunde; *Hûnolt swertes in der scheide niht vergaȥ, Engelmâr ein schram er durch den rüȥȥel maȥ nâch dem backen hin ȥe tal, daȥ ahselbein enȥwei:* Minnes. 3, 200, 6 Hagen.

215) mhd. *scharte* tiefe, klaffende Wunde, *in schedel unde in kiuwen enpfiengens tiefe scharten:* unechtes Neidhartlied in Haupts Ausgabe S. 171, 111 f. *die scharten . die niht gâhens wirdet heil:* R. v. Zweter 521, 224 Roethe. Dazu das mhd. Adj. *schart* verhauen, zerspalten, *dâ viel tôt unde schart manic heiden:* Stricker Karl 5454; ahd. *lidi-scart* mit abgehauenem Glied, *murcus lidiscarter:* Steinm. 4, 80, 15. 151, 61; mit dem Subst. *si aurem maculaverit, ut exinde turpis appareat, quod lidiscartî vocant:* Lex Bajuw. IV, 14 (Mon. Germ. Leg. 3, 292); *si autem medietatem auris absciderit quod lit-scardî Alamanni dicunt:* lex Alam. Lantfridana 56, 9 (ebd. S. 106); dafür die lex Alam. Hlotharii 60, 3 (S. 65) nur *scardî;* Handschriften gewähren auch *ôr-scardî* (vgl. S. 106). Ags. *sceard* abgeschnitten, abgetrennt, altnord. *skarðr*.

gleiche mhd. *schrôt*[216]), zu dem Verbum ahd. *scrôtan*, mhd. *schrôten* abhauen, weghauen gehörig; endlich alte gemeingermanische Ausdrücke, die auf dem Aussehen und Verhalten einer Wunde fussen, wie das schon oben S. 133 aufgeführte got. *banja*, etymologisch zwar unerklärt, aber, da es auch die Bedeutung von Geschwulst und Geschwür hat, sicher zuerst die schwellende und eiternde Wunde[217]) bezeichnend; gerade wie das angelsächs. *dolg*, altfries. *dolch*, ahd. *tolg*, *tolc* eigentlich den aufgelaufenen blauen oder braunen Fleck einer nicht blutenden Wunde gemeint haben wird[218]), also die Spur dessen, was alemannisches und bayrisches Recht unter dem Namen *pûli-slac* verstehen[219]). Für *tolc* findet sich auch ahd. *bleizza*, *pleizza*, das dem angelsächs. *blât* dunkel, missfarbig, *blâtan* dunkelblau werden, entspricht[220]). Spur und Mal einer geheilten Wunde werden in den

---

216) mhd. *schrôt* Wunde, Verletzung; *dein mündlîn rôt mag verhailen wol den schrôt grôt, den mir unfal pôt:* O. V. WOLKENSTEIN 76, 3, 5. *beinschrôt* Knochenwunde: SCHMELLER 2², 614.

217) vgl. *þâ sió wund ongon, þe him eorð-draca ǽr geworhte, swêlan and swellan:* Beowulf 2712 ff.

218) vgl. dazu *in vulnus meum in wuntun, in livorem meum in tolc:* STEINM. 1, 312, 12 f. (nach 1 Mos. 4, 23); *livor tolc,* (bildlich) *apanst*: 2, 742, 21. So kann ein ahd. Glossar zu 3. Mos. 13, 18 die missfarbige Pestbeule von der Wunde unterscheiden, *ulcus suo sponte nascitur, tolc. vulnus ferro fit et dicitur wunta:* 1, 295, 8 ff. Freilich werden auch *tolc* und *wunta* durcheinander geworfen; *occidi illum in vulnus meum arsluac ih inan in wuntuun mîna eddo in tolg mînaz:* 1, 316, 18 ff. (zu 1 Mos. 4, 23); *ulcus wunta*: 354, 7; *papula tolc:* 354, 1; *vulnus tolc:* 3, 5, 26, und im Ags. hat *dolg* die Bedeutung von *livor* überhaupt nicht mehr. Das Fries. aber bewahrt eine Erinnerung an die alte Bedeutung, insofern es in gewissen Zusammensetzungen ausdrücklich den Gegensatz zur Schwertwunde hervorhebt; *hwersâ mâ thene mon slait uppe ên lith, and thet fel nout unbursten* (die Haut nicht aufgesprungen) *is, sâ istet ên riucht mos-dolch* (Muskelverletzung). RICHTHOFEN fries. Rechtsqu. 307 a; *si quis alium unguibus crataverit, ut non sanguis, sed humor aquosa decurrat, quod clâ-dolg vocant:* S. XL b, § 44. Mit *dolg* muss das altnord. *dôlg* Feindschaft, *dôlgr* Feind eng zusammenhängen, und diese Worte zielen im ursprünglichen Sinne auf eine ganz gemeine Prügelei, wie sie in der folgenden Anmerkung (219) in den Volksrechten als etwas Gewöhnliches vorgesehen ist; das got. *dulgs in dulgis skula χρεωφειλέτης* Luc. 7, 41 mit *dulga-haitja δανειστής* ebd. mag zunächst Strafe und Entschädigung für solche That ausgedrückt haben, ehe es den allgemeinen Sinn der Schuld annahm. Eine andere Erklärung von *dolg* gibt EHRISMANN in den Beiträgen zur Gesch. d. d. Spr. u. Litt. 20, 60 f.

219) *si quis alium per iram percusserit, quod Alamanni pûli-slac dicunt, cum uno solido conponat:* lex Alam. Hlothari 59, 1 (Mon. Germ. Leg. 3, 64); ähnl. lex Baiuw. 4, 1. In verderbter Form, *si ingenuus servum ictu percusserit, ut sanguis non exeat, usque ternos colpos (quod nos dicimus bunislegi) singulos solidos conponat:* lex Ribuaria 19, 1. vgl. mhd. *die tûrlîchen bûlslage gaf Widolt mit der stangin:* König Rother 4318 f.

220) *et in livorem meum enti in pleizûn mîna:* STEINM. 1, 316, 21. *livor vulneris bleizza:* 2, 198, 61. *plagis pleizzôn:* 36, 26. Dazu ags. *blât*, *blâtan*, vgl. BOS-

verschiedenen Dialekten recht mannigfaltig bezeichnet; für das Gotische ist *staks*[221]), für das Althochdeutsche *anamâli, narwa, mâsa,* auch wohl *bilidi*[222]), für das Angelsächs. *dolg-swaþu*[223]), vornehmlich bezeugt; ein ahd. *lîh-lawi* kehrt im Niederdeutschen und Friesischen wieder[224]), ohne dass der zweite Teil des Wortes etymologisch klar wäre. Das Mhd. verwendet neben *narwe, mâse, rennelîn* und dem ursprünglich etwas anderes (Anm. 214) bedeutenden *schram* auch ein sonst nicht begegnendes *snate,* und verschiedene Zusammensetzungen[225]).

In den altdeutschen Volksrechten werden, wie oben angedeutet, strafbar geschlagene Wunden, Knochenbrüche, Beulen und sonstige Körperverletzungen mit einer Genauigkeit und Umständlichkeit genannt, beschrieben und zu einer sich abstufenden Busse verstellt, die uns von der Friedfertigkeit unserer Vorfahren im Verkehr untereinander kein vorteilhaftes Bild bietet. Für viele solcher Schädigungen sind germanische technische Ausdrücke mit fest umschriebener Bedeutung als Leitung für die erkennenden Richter überliefert, unter ihnen als älteste malbergische Glossen der Lex Salica, von denen allerdings viele bis jetzt einer sicheren Deutung spotten; aber auch in die übrigen Rechte, voran alemannische und bayrische, weniger schon in langobardische und das der ripuarischen Franken, am wenigsten in burgundische und visigotische sind sie eingesprengt und müssen geradezu als die Grundlagen für die später lateinisch abgefassten Strafbestimmungen angesehen werden, die uns Einblick in

---

WORTH-TOLLER 108b. Ein ahd. nur einmal vorkommendes *fretî (livor vulneris fretî dera wuntûn:* STEINM. 2, 227, 68) gehört zu dem mhd. *vrat*, wundgerieben, vgl. D. Wb. 4[1], 67.

221) *stakins τὰ στίγματα:* Gal. 6, 17.

222) *cicatrix anamâli:* STEINM. 1, 353, 28. *cicatrix mâsa l. narwa:* 3, 171, 53f. *stigma anamâli wuntûn*: 4, 229, 15. *plaga˙ bilidi, anamâli* (beim Aussatze): 1, 349, 26.

223) *cicatrix, dolhswað:* WRIGHT-W. 1, 169, 4, *dolhswaþu:* 335, 10.

224) *cicatricem, vestigium vulneris lîh-laoa, lîh-lauui, spor wuntûn, lîh-loi:* STEINM. 1, 88, 4f. *varix lîh-lâ, urslahti:* 2, 376, 38. Fries. *lîk-lave:* RICHTHOFEN 901. Mnd. *lik-lawe:* SCHILLER-LÜBBEN 2, 697. *cicatrix liclauer:* DIEFENB. 117a. Eine Malbergische Glosse der Lex Salica, *si quis alteri oculum tulerit, malb. lic-lamina:* 29, 12 in Cod. 10, gehört entweder nicht zu den angegebenen Formen oder ist an verkehrte Stelle geraten.

225) *cicatrix* nd. *liekteken, wondteken,* mhd. *linzeichen, wundenzeichen, zeichen, narwe, mase, masel, schram, snatte, anmal, wundmal* u. ä. DIEFENB. 117a. *stigma snatta, wundzeichen, lyckzeichen, anemâl, ein mâsz von einer wunden, renle, narbe, arbe:* 552b. *cicatrix nare, snatt o. wundenzeichen* u. s. w.: nov. gloss. 88b. vgl. 348a. *grîfe mit Thôma in die schnatten sîner fünf wundon:* Germ. 18, 69 (14. Jahrh.). Über *schnatt, schnatte* vgl. D. Wb. 9, 1192f. Auch ahd. *urslahti*, das sonst Blatternzeichen, Hautausschlag u. ä. bezeichnet (vgl. Anm. 194; *varix urslahti* STEINM. 2, 371, 3) steht im Sinne von *cicatrix:* GRAFF 6, 778. Mhd. *rennelîn* ist sonst eine kleine Rinne, Furche, Nebenform zu *rinnelîn.*

ein recht ausgebildetes nationaldeutsches Strafrecht gewähren[226]). Kein Gesetz ist in Wundenangaben ausführlicher als das friesische im 23. Tit. *„de dolg“*[227]), wo in 90 Bestimmungen, zu denen noch additiones sapientum treten, ein Verzeichnis aller möglichen vorkommenden Verletzungen, ihrer verschiedenen Art, Örtlichkeit, Anzeichen und Folgen gegeben werden. Auch in den späteren friesischen allgemeinen Busstaxen (abgefasst im 12. Jahrhundert) waltet noch diese Ausführlichkeit[228]), die sich in den binnenländischen Rechtsvorschriften dieser und der folgenden Zeit zu Gunsten allgemeinerer Zusammenfassung allmählich verloren hat; wenn auch uralte technische Ausdrücke nicht aussterben[229]).

Dass den Verwundeten seit den urgermanischen Zeiten von Frauenhand Verband angelegt und Pflege und wo es sein konnte Heilung zu Teil wurde, wissen wir aus manchen Zeugnissen von Tacitus ab[230]). Frauen sind im Besitze ärztlicher Kenntnisse, die sich auf mancherlei innere und äussere Krankheiten beziehen; Frauen handhaben neben der natürlichen sorgfältigen Pflege jene uralten Hausmittel an Sprüchen, Kräutern und anderen Dingen, die sich im Volke vielfach bis jetzt erhalten haben. Die häusliche Sorge für einen Kranken wird sich seit uralten Zeiten nicht anders gezeigt haben wie in den späteren, und wir vermögen uns vorzustellen, dass das Gefühl der innigen treuen Verbundenheit unter Ehe- und Sippengenossen bemüht gewesen ist, dem Kranken sein Loos zu erleichtern und selbst in der Pflege des schwer und langwierig Erkrankten nicht zu ermatten oder gleichgültig zu werden. Auch solchen Kranken, die von dauernder allgemeiner Lähmung befangen, sich auf ihrem Lager kaum zu rühren vermögen, wird es an sorgsamer Liebe der Angehörigen zu keiner Zeit gefehlt haben. Und die Paralyse mag im alten Germanien

226) vgl. dazu auch GRIMM Rechsalt. 628 ff.

227) lex Frisionum in den Mon. Germ. Leges 3, 673 ff.

228) RICHTHOFEN fries. Rechtsquellen S. 82—97 in vier Texten.

229) vgl. *pûlislac* des alemann. und bair. Rechts (oben Anm. 219) mit *item ain flyssende wundt X β d, peüllschleg auch als vill:* Weist. 3, 662 (Baiern, von 1431); *plôtruns* des bair. Rechts (*si in eum sanguinem fuderit, quod plotruns vocant*: lex Baj. 4, 2) mit *blûtruns machen:* Weist. 1, 16 (Zürich v. 1439); *lidiscarti* alem. und bair. (oben Anm. 215) mit *detrimentum membrorum quod dicitur lideschaert:* GAUPP deutsche Stadtrechte 2, 241; *hrewawunt* bair. (*si cervella in capite appareat vel in interiora membra plagatus fuerit quod hrevavunt dicunt:* lex Baj. 4, 6; *revouunt* lex Alem. Hlothari 63, 2) mit *der rêwunde man:* Nib. 2237, 3, u. a.

230) TAC. Germ. 7. WEINHOLD altnord. Leben 390. *haec inter timidam revocat clamore puellam Alpharides, veniens quae saucia quaeque ligavit:* EKKEHART Walthar. 1407 f.

keine ungewöhnliche Erscheinung gewesen sein, davon zeugt der ahd. öfter begegnende Name *betti-riso* mit ganz bestimmter umschriebener Bedeutung, der sich im mhd. *bette-rise* fortsetzt und erst im 16. Jahrhundert abstirbt. *betti-riso* bedeutet freilich wörtlich nur aufs Bett fallend oder gesunken, zu Bett liegend (nach dem Verbum ahd. *rîsan*, mhd. *rîsen* niederfallen, sinken, daniederliegen), aber es ist seit dem ältesten Vorkommen meist auf den Gelähmten bezogen, der das Bett nicht verlassen kann, „*des lîp von sînen siechetagen niht gerüeren künne sich*", und der gehoben und getragen werden muss[231]). Das Angelsächsische verwendet dafür *bedde-rida*, dessen letzter Teil zu ags. *rîdan* in der Bedeutung des Aufsitzens und Drückens gehört[232]). Gelegentlich steht *betteriso* wohl auch von einem der vor Altersschwäche im Gebrauche der Glieder gehemmt ist und sein Bett nicht mehr verlassen kann, wie mittelniederd. *bedderese*[233]).

Das natürliche Mitgefühl für den Kranken wird in den christlichen Zeiten dadurch geadelt, dass nach dem Befehl Christi die werkthätige Liebe sich nicht nur auf den Angehörigen, sondern auf jeden, auch den geringsten Mitchristen zu erstrecken hat[234]). Nach hilflosen Kranken zu sehen und sie mit dem Nötigen zu versorgen ist Christenpflicht, die nach Vorschrift und Vorbild der Geistlichkeit von jedem Laien geübt werden soll, und die Beichtformulare seit der althochdeutschen Zeit nehmen gewöhnlich auf die Unterlassung Bezug[235]).

---

231) *heiz einen betterisen her vil schiere dinsen unde tragen, des lîp von sînen siechetagen niht gerüeren künne sich:* K. v. WÜRZBURG Pantaleon 994 ff. vgl. dazu *paralyticos petterisan, pettirison:* STEINM. 1, 709, 60 f. *paraliticus beterise, betrys, bettrisz, bedtriesz, petrizz:* DIEFENB. 412a. *lam oder betterisic:* Br. BERTHOLD 1, 433, 20. Der Gote hat dafür ohne Bezug auf die Bettlägrigkeit *uslipa*, Anm. 42, aber der Gichtbrüchige liegt *ana ligra* Luc. 5, 18, *ana badja* Marc. 2, 4.

232) *paraclitus bed-rida:* WRIGHT-W. 1, 162, 7, *mîn cneht lið æt hâm bedreda:* AELFRIC Hom. 1, 126 (nach Matth. 8, 6); *sumum bedridan:* 472 (nach Luc. 5, 20); *þǣr læg be ðam wege ân bedreda clypigende tô ðam apostole 'eala ðu Jacob, Cristes apostol, alŷs me from mînum sârnyssum, forðan ðe ealle mîne lymu sindon micelum gecwylmode:* 2, 422.

233) *bettirison alte, unmachtige man:* OTFRID 3, 14, 67 f. *bettirison alte:* 5, 16, 40 (nach *infirmos curate* Matth. 10, 8). *mnd. clinicus, bedderese, qui non potest surgere de lecto:* SCHILLER-LÜBBEN 1, 166 (wo weitere Belege). In dieser Bedeutung hat das Wort mundartlich bis in die neuere Zeit gelebt, so bairisch *bettris, bettrissig, bettristig:* SCHMELLER 2², 146; *bettrisig*, bettlägerig: VILMAR 33. dazu das *risebett*, wie schon in alter Sprache; *von stunt an wart he gesunt und frisch, daz her des andern tagis mit glîchin fûzin uz sînem bette sprang in grozir unsprechlichir froide, wenne her vor manche zit an resebette hatte gelein:* KÖDIZ 90, 10 ff.

234) *infirmus, et visitastis me:* Matth. 25, 36; und *quamdiu fecistis uni ex his fratribus meis minimis, mihi fecistis:* 40.

235) vgl. MÜLLENHOFF u. SCHERER Denkmäler no. 72, 21. 72b, 17. 72c, 10. 75, 19. 76, 7. 77, 18.

Die feste Bezeichnung für solches Besuchen ist got. *gaweisôn*, ahd. altsächs. *wîsôn*, die sich noch ins mhd. als *wîsen* fortsetzt[236]), wo sie dann durch andere Ausdrücke verdrängt wird. Die Prediger des Mittelalters versäumen nicht, ihren Hörern den Krankenbesuch immer wieder in dringenden Worten anzuempfehlen[237]).

Ist das Glied eines altgermanischen Haushaltes ernstlich erkrankt, so muss es selbstverständlich von dem grossen gemeinschaftlichen Wohnraume mit der Herdanlage getrennt und in einem kleineren Einraume oder einer Absperrung untergebracht werden. Gelasse wie sie Bd. 1, 36. 39fg. genannt sind, zu denen später die *bete-kamera* und das *gadem* (ebenda S. 91. 166) treten, bilden als Schlafräume in ihrer festen Einrichtung mit Lager und Bett die natürlichsten Pflegestätten. Da aber die blossen Absperrungen unter ihnen sicherlich zunächst nicht heizbar und darum im Winter für Kranke schwerer verwendbar sind, so fragt es sich, wie weit nicht schon früh auch der sonst für warme Bäder hergestellte Einraum, die Stube, der Krankenpflege mit hat dienen müssen, und wie weit nicht gerade auch von dieser Verwendung aus die Umwandlung in einen Wohnraum erfolgt ist (Bd. 1, S. 45). Wir können uns wohl denken, dass die in der Lex Alamannorum unter Wirtschaftsgebäuden aufgeführte *stuba*[238]), die ja ein einzeln stehendes Badehaus gewesen sein muss, als abgeschlossen, klein und heizbar auch für die Beherbergung von kranken Hausgenossen gedient hat; wie im späteren Mittelalter aus ähnlicher Erwägung der Baderaum zugleich als Arbeitsstube gelegentlich gebraucht wird (vgl. oben S. 44 und Anm. 47). Die Ausdrücke *siech-stube, kranken-stube* gehören nachweislich erst dem 15. Jahrhundert an[239]).

---

236) got. *siuks jah in karkarai jan-ni gaweisôdêduþ meina:* Matth. 25, 43. ahd. *wisôn* in den Anm. 235 aufgeführten Beichten. altsächs. *than .. mi legar bifêng, swâra suhti, than ni weldun gi mîn siokes thâr wîsôn mid wihti:* Heliand 4429 ff. mhd. *non visitare infirmum vel carceratum den siechen noch den in dem charchare niht wison .. dise sunde heiȥent mortalia, daȥ sint tagelîche sunden:* altd. Blätt. 1, 366.

237) *wâtet den nachoton. wiset des unchreftigen. pevelchet den tôten:* Predigtbruchstück bei MÜLLENHOFF u. SCHERER[3] LXXXVI A, 1, S. 275, 20. *daȥ ander, dâ von dû gote solt widerreiten sîne ȥît, daȥ ist, daȥ dû sie in gotes lobe vertrîben solt, mit gebete, mit kirchgange, unde ȥe predigen, unde ȥe antlâȥ, unde ȥe siechen gên, ob dû maht vor êhafter nôt:* BR. BERTHOLD 1, 21, 23 ff. *sult ȥuo den siechen gên, die unkreftic ligent, unde sult die laben, ob es in nôt ist:* 269, 17 ff. vgl. auch 516, 38. Geiler von Keysersberg rügt, wenn solcher Krankenbesuch nur bei Reichen und Verwandten geübt werde: Seelenparadiss S. XI f.

238) die Stelle oben S. 50, Anm. 74.

239) *infirmaria kranckstuben, siechstuben:* DIEFENB. 297b. *infirmaria siechstub:* nov. gloss. 215b.

Seit der christlichen Zeit erweitert sich in Klöstern und geistlichen Stiftern die blosse Krankenstube zu einem Krankenhause. Die Benedictinerregel verordnet noch, dass den kranken Brüdern eine Sonderzelle eingeräumt und ein besonders geschickter und gewissenhafter Bruder als Krankenpfleger beigegeben werde[240]). Aus dieser Zelle, nach unserer Auffassung Krankensaal, ist aber bereits auf dem Grundriss des Klosters St. Gallen eine ganze Spitalanlage von mehreren Gebäuden geworden, deren eines selbst den besonderen Raum für Schwerkranke in engster Verbindung mit den Wohnungen der Unterärzte und des Oberarztes, sowie einer Kräuterkammer und einem Arzneigarten bringt (vgl. den Grundriss Bd. 2, S. 88). Und wie hier, wachsen sich derartige Krankenhäuser in den Klöstern zu Infirmarien aus, in denen nicht nur die eigentlich Kranken, sondern auch die Rekonvaleszenten und die Schwachen und Lebensmüden untergebracht sind. Das ist denn die weitere Bedeutung des mhd. *siechhûs*[241]). Klösterliches Beispiel hat dann die Anregung gegeben, dass auch, namentlich seit der Zeit der Entfaltung des Städtewesens, durch Obrigkeiten und wohlthätige Stifter mannigfaltige Anstalten für die Pflege armer Kranker, wie für bedürftige Alte und für Reisende und Fremdlinge erstanden, wo die christliche Liebesthätigkeit ihre schönste Entfaltung gehabt hat. Praktisch aber hat sich mit solcher die Sorge für die Gesunden einer Gemeinde verbunden, wenn derartige Anstalten bei einer Seuche zugleich als Absonderungshäuser eingerichtet wurden[242]).

Allen Kranken wird häusliche oder die geschilderte klösterliche und Spitalpflege zu Teil, auch in Seuchen und bei ansteckenden Krankheiten: nur die Leprosen sind seit den Zeiten, wo wir Kunde von ihnen haben, von der Gemeinschaft der Menschen ausgestossen, ausgesetzt und sondersiech (vgl. oben Anm. 183 und 184). Zwingende Gründe müssen zu dieser Massregel, die gegen das sonst so rege christliche Erbarmen grell absticht, geführt haben, einmal die grosse

---

240) *quibus fratribus infirmis sit cella super se deputata et servitor timens Deum et diligens ac sollicitus:* Ben. Regel 36.

241) *in infirmaria tria sunt genera infirmorum. sunt enim quidam, qui lecto prorsus decubant. sunt alii, qui de infirmitate convalescunt, et jam surgere et ambulare possunt; sed tamen pro reparatione virium adhuc in infirmaria sunt. sunt alii, qui hujusmodi infirmitatem non habent, et tamen in infirmaria assidue comedunt, et jacent, ut senes caeci, et debiles, et hujusmodi:* Ordensregel des heil. Victor v. Paris bei DU CANGE 4, 355a. Im *siechhûs* liegt ein solcher alter Mönch; *dô vuorten si in in daȥ siechhûs, dâ ein vil alter münch lac, der hete gelebet manegen tac in dem clôster offenbâr volleclichen hundert jâr:* Ges. Abent. 3, 621, 310 ff.

242) Solche Absonderungshäuser baut z. B. der Rat zu Augsburg für Pestkranke auf Kosten der Stadt: D. Städtechr. 23, 151. 25, 163.

Ansteckungsgefahr in Verbindung mit dem grässlichen Aussehen des Kranken[243]), zum anderen aber die durch die Bibel überkommene Vorschrift, den Aussätzigen von den Wohnungen fern zu halten[244]). Das langobardische Gesetz enthält bereits als Gewohnheitsrecht die Bestimmung, dass er vertrieben werde aus seiner Gemeinde und seiner bisherigen Wohnung, und knüpft daran die rechtlichen Folgen des bürgerlichen Todes und der Bevormundung durch einen Gesunden, dergestalt, dass er gemäss dem Erlös aus seinem zurückgelassenen Eigentum lebenslang ernährt werden müsse[245]); Vorschriften, die auch noch in viel späteren Rechtssatzungen und Nachrichten nachklingen.

Die Behandlung, die man den Aussätzigen im Mittelalter angedeihen lässt, ist, so scharf einzelnes davon aussieht, in der That für die Verhältnisse nur sachgemäss. Die Massregel, dass man sie von der bürgerlichen Gemeinschaft ausschliesst, ist gar nicht zu umgehen; damit aber steht im engsten Zusammenhange die Entziehung der Gewalt über etwaiges Eigentum, das selbständig zu verwalten ein Mann ausser Stande ist, der mit den Leuten nicht zusammen kommen darf. Das trifft besonders schwer die Mitglieder der höheren Gesellschaft, Lehnsherren und Belehnte, wenn ihnen die Regierungsgewalt entzogen wird, wie Konrad von Würzburg im Engelhard erzählt[246]), oder wenn sie mit Beirat von Rechtskundigen, wie dies Hartmann von Aue vom armen Heinrich berichtet[247]), freiwillig sich ihres Landes und ihrer

---

243) ein recht ausgeführtes Bild von dem Aussehen eines Miselsüchtigen entwirft Konrad von Würzburg im Engelhard 5149 ff.: Haar und Bart fallen aus, die Augen werden gelb, die Augenbrauen sehen wie von Milben angefressen aus, die Haut gewinnt blutrote Farbe, die Stimme tönt heiser, an Füssen und Händen schrumpfen die Ballen, der ganze Leib wird hässlich, jedermann scheut sich vor ihm und flüchtet. Hartmann von Aue im Armen Heinrich ist zurückhaltender und beschreibt nur die Wirkung des Äusseren auf die Leute; *dô man die swæren gotes ȝuht gesach an sînem lîbe, manne unde wîbe wart er dô widerȝæme. nû sehent wie genæme er ê der werlte wære, unt wart nû alse unmære, daȝ in niemen gerne an sach:* 120 ff. Die Schilderung U. v. LICHTENSTEINs möge man selbst 336, 5 ff. nachlesen. Er giebt hier sogar an, wie er ein Kraut kenne, das die Symptome des Aussatzes täuschend erzeuge.

244) *praecipe filiis Israel, ut ejiciant de castris omnem leprosum:* Num. 5, 2.

245) *si quis leprosus effectus fuerit, et cognitum fuerit judici vel populo certa rei veritas, et expulsus foris a civitate aut casam suam, ita ut solus inhabitet, non sit ei licentia res suas alienare aut thingare cuilibet personae. quia in eadem diae, quando a domo expulsus est, tamquam mortuus habetur. tam tum advixerit, de rebus quas reliquerit, pro mercedis intuitu nutriatur:* Edictus Rothari 176. Auch Karl d. Gr. verfügt 789 *de leprosis, ut se non intermiscant alio populo:* Capitularia Regum Franc. denuo ed. A. BORETIUS I (1883) S. 64, no. 36.

246) *im wart enȝücket sîn gewalt an liuten und an lande:* Engelh. 5216 f.

247) *nû fuor er heim und gunde geben sîn erbe und ouch sîn varnde guot, als n dô sin selbes muot unde wîser rât lêrte, dâ erȝ aller beste bekêrte:* a. Heinr. 246 ff.

fahrenden Habe begeben; aber auch geringe Besitzer und Eigenhörige müssen durch Lokalbestimmungen leiden, dass ihr Eigentum dem Grundherrn zufällt[248]). Diese Strenge aber ist das Gesetz selbst beflissen, so viel wie möglich zu mildern; und wie schon das langobardische Recht (oben Anm. 245) die Bestimmung hat, dass der Aussätzige aus seinem Eigen Unterhalt ziehe, so weist der Sachsenspiegel, dass er zwar weder Lehn noch Erbe empfange, dass ihm aber ein vor seiner Krankheit zugefallenes bleibt und in gewöhnlicher Weise vererbt[249]).

Was das Gesetz nicht kann und darf, das bewirkt für die Milderung der Lage solcher Unglücklichen die christliche Liebe, die sich auf allen Feldern der Werkthätigkeit gerade im Mittelalter so reich und warm zeigt. Zunächst sorgen, wo es geht, die nächsten Verwandten für Unterkunft und Unterhalt, so weit der Kranke selbst nicht Bestimmung trifft, wie der arme Heinrich, der sich von all seinem Lande nur ein Vorwerk auf Neulande vorbehält, auf welches er sich in die Pflege seines Meiers begibt[250]). Dem in Aussatz verfallenen Fürsten Dietrich bauen auf Begehren die Seinen ein kleines Haus in der Nähe der Burg und rüsten nicht nur dieses mit aller Bequemlichkeit aus, sondern ordnen auch Knechte und Mägde in seinen Dienst und versorgen ihn ausreichend mit Speise, Kleidern und allem, was er sonst wünscht; freilich erlahmen sie später in solcher Pflege. Aber da tritt der treue Freund Engelhard ein, der ein neues Haus bauen lässt und die sorgfältigste Wartung anordnet[251]). Und wo so günstige Verhältnisse nicht walten, zeigt sich die Nächstenliebe mannigfaltig. Zunächst trifft die Kirche für das Seelen- und körperliche Heil der Kranken Anordnung: unter den gebotenen Vorsichtsmassregeln lässt sie ihnen das Abendmahl reichen und gebietet den Gläubigen, sich vor ihnen nicht zu scheuen, sondern ihnen reichlich Almosen zu spenden und sie sonst zu unterstützen[252]). Die geistlichen

---

248) *item, obe ein man adir frauwe usȥsetȥig weren, wisent sy myner frauwen* (der Äbtissin zu Herbitzheim) *an dem yren, das sy liesȥen. gewonne er eynich gut in ȥit siner usȥsetȥigkeide uff dem felde und liesȥ das, das sal auch myner frauwen sin:* Weist. 2, 41 (Saargegend, von 1453).

249) *der miselsiche man entphêt wider len noch erbe. hât erȥ aber entphangen ê der sûche, her beheld eȥ und erbet eȥ als ein ander man:* Sachsensp. 1, 4. Freilich ist friesisches Recht nicht so human; *da malaetsche menschen enmey neen leen ner erva oen sterva,* heisst es hier unbedingt: RICHTHOFEN 715b.

250) a. Heinr. 257 ff.

251) Engelhard 5221 ff. 5580 ff. 5794 ff.

252) Papst Gregor II. schreibt an Bonifacius, *leprosis autem, si fideles christiani fuerint, dominici corporis et sanguinis participatio tribuatur; cum sanis autem convivia celebrare negentur:* epistolae Merovingici et Karolini aevi 1 (1892), S. 277 (vom Jahre 726); und Papst Zacharias an denselben, *de his qui regio morbo vexantur,*

Kreise selbst üben die Pflicht gern „*misellinis conlaetari*“[253]) und geben das Vorbild für ein allgemeines Erbarmen mit den Unglücklichen, das wenigstens die Sorge für die leibliche Nahrung von ihnen fern hält[254]). Wie weit in solcher Not auch die Gattentreue ihre Triumphe feiert, entgeht uns freilich: mit dem bürgerlichen Tode eines Aussätzigen löst sich rechtlich auch das eheliche Band. Wenn aber ein Dekret Pippins vom Jahre 757 Angesichts solcher Verhältnisse es dem gesunden Teile freistellt, von seinem Rechte Gebrauch zu machen oder nicht, so enthält das die Anerkennung einer vorgekommenen und vorkommenden sittlichen That, die sich dem Rechte entgegenstellt und in freier Entschliessung und unter Hochhaltung des alten Bandes dem kranken Teile in die Not des harten Lebens folgt[255]). Wollte man die Stelle recht fein interpretieren, so läge in ihrer Fassung zugleich die Anerkennung, dass solche Fälle heroischer Treue dem deutschen Weibe eigener gewesen seien, als dem Manne.

Wahrscheinlich schon früh haben die Aussätzigen, da wo sie in grösserer Anzahl zusammen waren[256]), Selbsthilfe zur Verbesserung ihres Loses angewendet, indem sie sich genossenschaftlich unter einer Art gewählter Obrigkeit organisierten, sich gemeinsame Wohnungen schufen und das Almosen, das sie erhielten, die Speise, die sie beitrieben, indem sie sich bei den Gebern durch Aufschlagen auf einen hölzernen Napf meldeten[257]), untereinander verteilten. Das sind die *horngibruoder*, über die bereits oben S. 150f. und Anm. 185 berichtet ist. Über ihre Einrichtung ist wenig bekannt; wir wissen aber aus der Schilderung Ulrichs von Lichtenstein, der sich einmal unter sie gemengt hat, dass

---

inquisisti, . . . quid fiendum sit de illis. si homines ex nativitate aut genere huius morbi sunt, hi extra civitatem comitari debebunt; ad elymosinam vero accipiendam a populo non devitari. si autem contigerit, magnum vel parvum non nativitate, sed superveniente, egritudine vexari, non est proiciendus; sed, si possibile sit, curandus. adtamen in aecclesia, dum ad communionem venerit, post omnium supletionem erit ingressurus ad participandum munus: ebd. S. 370 (v. J. 751).

253) vgl. die Verse oben Anm. 174b.

254) *man gît uns oft vleisch brôt und wîn*, sagen die Aussätzigen: U. v. LICHTENSTEIN 335, 26. Almosen an Geld: ebd. 332, 7.

255) *si quis leprosus mulierem habet sanam, si vult ei donare comiatum ut accipiat virum, ipsa femina, si vult, accipiat. similiter et vir:* Capitularia Regum Francorum, denuo ed. A. BORETIUS 1 (1883), S. 39, no. 19.

256) in bestimmtem Gelände nicht fern einer Burg oder Stadt; *vil palde ich ab dem berge gie in daȥ geu an siechen stat:* U. v. LICHTENSTEIN 337, 26f. Der Dichter trifft daselbst eine Genossenschaft von *wol drîȥic ûȥsetȥen oder mê:* 330, 9.

257) die Aussätzigen sagen *ir mügt wol klopfen unde biten nâch unser armer liute siten. man gît iu her für wîn unt brôt, dâ mit ir büeȥt des hungers nôt. und gît man iu hiut pfenning niht, für wâr eȥ morgen doch geschicht:* U. V. LICHTENSTEIN 331, 5ff. Das wird gethan, *dô nam ich her für den napf mîn; der kunde heller niht gesîn. dâ klopft ich daȥ eȥ lûte erschal:* 331, 21ff.

sie *'geselleclich'* leben, die Mahlzeiten gemeinsam halten, und nur in verschiedenen, aber doch wohl nahe zusammengebauten Hütten schlafen[258]). Sie bergen aber auch gefährliche Elemente in sich, die in der Verbitterung über ihre Lage zu Aufruhr reizen; so wird aus der Zeit des Papstes Johann XXII. (1316—1334) berichtet, dass sich in Frankreich viele hundert Aussätzige heimlich verschworen hatten, alle Brunnen und Wasser zu vergiften, so dass jeder Mensch aussätzig werden oder sterben müsse, der davon trinke, dann aber das Regiment des Landes an sich zu reissen[259]). Kleinere Ausbrüche von Unbotmässigkeit wie dieser, mögen nicht selten vorgekommen sein und werden besonders für die Stadtobrigkeiten, bei denen seit dem 14. Jahrhundert immer entschiedener der Gedanke auftaucht, alle Wohlfahrtseinrichtungen der Gemeinde von sich aus zu bestimmen, die Veranlassung gebildet haben, das freie Genossenschaftswesen unter den Aussätzigen ganz zu unterdrücken, um so mehr als Kirche und christliche Liebesthätigkeit schon längst in anderer Weise für jene zu sorgen begonnen hatten. Bereits im 7. Jahrhundert waren eigene Aussatzhäuser unter geistlicher Aufsicht vorhanden, die sich im Laufe der Zeit mehrten und die Aussätzigen unter Regel und Ordnung nahmen, ihnen auch vielfach in der Verwaltung des Hauses gewisse Rechte einräumten[260]); wie denn ein eigener geistlicher Orden, der vom heiligen Lazarus, sich ihrer Pflege besonders widmete, der eine Anzahl aussätziger Brüder in sich schloss und deren Meister sogar ein Aussätziger sein musste. Der Name, den dieser Orden in Deutschland führte, der *hornbruoder* (vgl. oben Anm. 185), kann darauf hindeuten, dass man in ihm beim Volke eine Fortsetzung oder Abart jener weltlichen Vereinigungen sah, die seit Alters den gleichen Namen gehabt hatten. Das ungeordnete Sonderwohnen der Aussätzigen vor der Stadt musste der Obrigkeit schon deswegen eine schwere Sorge sein, weil jene immer wieder das Gebot verletzten, die Stadt nicht zu betreten; es war in Basel ein eigener Stadtdiener angestellt, der den Feldsiechen, wenn er aufgegriffen wurde, auf einen Karren zu laden und mit Pferden hinauszuführen das Amt hatte[261]).

---

258) vgl. ebd. 335, 21 ff. 338, 15 ff. 339, 14 f.

259) D. Städtechr. 9, 583 f.

260) vgl. UHLHORN die christliche Liebesthätigkeit im Mittelalter (1884) S. 251 ff.

261) Basel im vierzehnten Jahrhundert (1856) S. 73. In Hildesheim droht 1439 eine leprõse Frau, sie wolle in die Stadt kommen, und durch mannigfache Berührung mit Gesunden die Krankheit über die ganze Stadt bringen: BECKER Geschichte d. Medizin in Hildesheim während des Mittelalters, in der Zeitschrift für klinische Medizin Bd. 38 (1899), S. 320. Strenge Vorschriften des Rates zu Erfurt gegen Aussätzige, die verborgen in der Stadt verkehren, 1389: BEYER Urk. Buch der Stadt Erfurt 2, 714.

Und so schuf die Sorge vor der Ansteckungsgefahr, im Vereine mit dem bürgerlichen Wohlthätigkeitssinne, der sich durch reichliche Zuwendungen kund that, jene städtischen Siechenhäuser nach dem Vorbilde der geistlichen, die ausserhalb der Stadt gelegen, vor der Berührung mit Gesunden möglichst geschützt, den Kranken leibliche und geistliche Fürsorge gewährten, zugleich aber ihr Umherschweifen unterbanden. Seit der Mitte des 14. Jahrhunderts, so dürfen wir annehmen, sind diese städtischen Anstalten so geordnet und aufnahmefähig, dass das unkontrolierte Alleinwohnen der Aussätzigen überhaupt sich verliert[262]).

Von den vielen Arten der Geisteskranken sind die gutartigen immer der häuslichen Pflege und Aufsicht vorbehalten gewesen. Haben sie nur leichte Störungen der geistigen Thätigkeit, so verwendet man sie zu kleinen Arbeiten, und sie sind dem Hauswesen noch immer nützlich. Dass man sie hänselt und namentlich in übermütiger Gesellschaft seine Lust an ihnen hat, ist uralter Brauch. Wie das griechische und römische Altertum unfeine Scherze mit ihnen treibt, wie sich hier zu Parasiten und Possenreissern wirkliche oder verstellte Schwachsinnige gesellen, wie Missgeborene, Zwerge und Bucklige Zielscheibe des Spottes sind, und man sich freut, wenn sie zum Zorn gereizt auch ihrerseits ausfallend werden, so findet sich alles das im germanischen Leben wieder, und es ist schwer zu sagen, wie viel davon dem eigenen Wesen, wie viel der Nachahmung eines fremden Brauches angehört. Geht so Haus, Dorf und Stadt mit solchen Blödsinnigen um, so fehlt der gleiche Zug selbst dem frommen Kloster nicht[263]). Aber es ist wohl nur Fortsetzung der ausländischen Gewohnheit, wenn zuerst deutsche Könige, wie früher römische Kaiser, Possenreisser und Narren, ebenso wie Missgewachsene, zur Belustigung förmlich in ihre Dienste nahmen, ein Brauch, der auch auf Fürsten und später selbst Edelleute übergieng[264]), und das Gewerbe der Hofnarren schuf, zu dem sich auch ganz gescheite Leute hergaben; worüber im fünften Buche weiter zu reden sein wird.

Abgesehen von solcher Stellung eines Geistesschwachen ist derjenige, dessen Schwachheit sich nun in wirklicher Krankheit verschiedener Abstufung zeigt, wesentlich anders behandelt. Er gilt, wie der mittel-

---

262) Über die Lage der städtischen Leprosenhäuser vgl. Bd. 1, S. 298, Anm. 281.

263) *erat autem tunc inter nostrates frater quidam simplicissimus et fatuus, cujus dicta et facta sepe ridebantur:* EKKEHART casus St. Galli 52.

264) Zwerg in der Begleitung eines Ritters und einer Dame, als Vorreiter: Erec 11 ff. ein bösartiger Zwerg im Dienste eines Riesen: Iwein 4924 ff. Hofnarr *(geck)* im Dienste des Erzbischofs von Cöln 1385: LAURENT Aachener Stadtrechn. 290, 18, u. s. w.

alterliche Rechtsausdruck lautet, als *ein rehter tòre*[265]), der als der Überlegung nicht fähig (*sinnelòs, unsinnec*, was zum Teil angeboren ist[266]), eine Handlung mit Rechtsfolgen nicht begehen kann, für eine verübte Gesetzwidrigkeit aber auch keine Verantwortung trägt[267]) und nicht erbt[268]), auch nicht Zeuge oder Richter wird[269]). Er ist entmündigt und in der Hut seiner nächsten Verwandten[270]), was freilich nicht hindert, dass er durchbricht, sich herumtreibt und allerlei Unfug ausübt[271]), selbst die Nähe der Menschen flieht und die Wildnis aufsucht[272]). Für den Schaden, den er anrichtet, haftet das Familienglied, das ihm als Vormund bestellt ist[273]). Solche Bestimmungen sind erst in den späteren Zeiten des Mittelalters formuliert, aber wir müssen in ihnen nur Niederschriften eines alten Gewohnheitsrechtes sehen.

Geisteskranke zu hüten, dafür bietet sich zunächst nur das eigene Haus. Die Bösartigsten sind die Pfleger verpflichtet zu fesseln und einzusperren[274]), die Unschädlicheren laufen frei herum und gehen wohl auch in fremde Häuser, und man scheint sie hier im allgemeinen geduldet und ihre Anwesenheit nicht als unerträglich empfunden zu

---

265) *von rechten tôren und sinnelôsen:* Sachsensp. 3, 3. *von rechter torheit:* Magdeburger Fragen 3, 6, 2 Behrend.

266) *morio, dorrecht geborn, naturlicher thor, naturlicher nar:* DIEFENB. 368b; *die den geprechen habent von gepurt, daʒ sint die nâtürleichen tôren, die ʒe latein muriones haiʒent, die habent ir ʒell der sêl kreft niht reht geschickt in dem haupt. daʒ prüeft man dar an, daʒ sie ungeschickteu haupt habent, aintweder ʒe grôʒ, oder ʒe klain:* MEGENBERG 488, 21 ff. *geck ind unsinnich:* D. Städtechr. 14, 683, 20.

267) *uber rechten tôren und sinnelosen man en sal man ouch nicht richten; swenne sie aber schaden, ir vormunde sal eʒ gelden:* Sachsenspiegel 3, 3. *so daʒ er sich nicht bosis noch gutis vorstelin mag durch seiner torheit wille:* Magdeb. Blume 1, 157.

268) *op derten* (verrückte) *lyued ende dwirgen enmey neen leen ner neen eerwa bystera* (versterben): RICHTHOFEN fries. Rechtsquellen 685a.

269) *tôrsch, als die dâ niht geʒiuge mugen sîn:* Schwabenspieg. 53, 1. *wie man rihter welen sol . . er sol ouch niht ein stumme noch ein tôre sîn:* 71, 2. *unsinnich leut und plinden die mügen all nicht ʒeuch gesein:* Münchner Stadtrecht 85.

270) *ob ein man von synnen queme und torecht worde, seine kinder, ob sy mundig sein, sullin den vater in ir hute halden und in bewaren:* Magdeburger Blume 2, 1, 60 (S. 97 Böhlau).

271) Im Falle des Mordes hebt die Magdeburger Blume die Straffreiheit eines Thoren (oben Anm. 267) auf; *nycht, wen cʒu hout und cʒu hore sol man richtin ubir eine swanger frawe und ubir einen rechtin torin:* 2, 2, 186 (S. 135).

272) vgl. Iwein 3345 ff.

273) vgl. Anm. 267.

274) *hot er* (ein Selbstmörder) *vor getorit, daʒ man* (man ihn) *bynden und haldin muste:* Magdeburger Blume 2, 1, 81 (S. 102 Böhlau).

haben[275]), obschon sie durch ihre Unreinlichkeit (Anm. 281) recht widerlich erscheinen. Damit aber jeder weiss, woran er ist, zeichnet man sie durch Kleidung und Haarschnitt aus; *des tören wât*[276]) ist kurz und dürftig, namentlich in Bezug auf die Bedeckung der Beine[277]), und mit einem rasselnden Geräte versehen (wofür später die Schelle, sobald sie nicht mehr der Modetracht angehört, eintritt), ein Gerät, das an die Kleidung gehängt oder geheftet wird; das ist das mhd. *klepfelîn*, *klemperlîn*, später *schletterlin*[278]), das die Anwesenheit des Narren kund geben soll. Dazu tritt ein dicker keulenartiger Stock, die Kolbe[279]), eigentlich gebraucht zum Schutze gegen angreifende Hunde und zu sonstiger Wehr, da der Thor als nicht eigenen Rechtes Messer oder Schwert nicht führen darf; und diese Kolbe wird, ebenso wie die Schelle, später für die Tracht der Hofnarren übernommen. Die Haare sind kurz geschoren[280]). Freilich müssen im Laufe der Zeiten namentlich die Verwaltungen der sich entwickelnden Städte ihr Augenmerk auf die gefährlicheren Thoren, die mit ihrer Waffe um sich schlagen und die Leute wie die sie vielfach verfolgenden Kinder verletzen[281]), ihr Augenmerk lenken: in das 14. Jahrhundert und vielleicht

275) in der Erzählung diu halbe Bir wird ein in die Burg eingedrungener Thor nicht entfernt, sondern gelassen; *'wer brâhte den tôren in daz hûs?' si mahten alle ûz im ir grûs und triben mit im iren schimpf:* 191 ff.

276) *junger man mit barte gürtet sich in tôren wât:* Minnes. 3, 422a Hagen.

277) vgl. halbe Bir 258 ff. *das cleit im an dem kniewe erwant:* ebd. 181. *grâwe roc* Kleid eines Thoren: Trist. 560, 8. *roc* mit einer *kugele:* 559, 22. später auch *narrenkappe:* WOLKENSTEIN 6, 176.

278) das Anhängen, Anschlagen eines solchen Geräts (verstanden an die Kleidung) ist sprichwörtlich geworden für Spott treiben, wie man mit Narren thut; *sine slahen ir* (einer Frau die Ungewohntes thut) *doch ein kläpfelin (klämperlin* Variante): Wigalois 64, 32; (eine falsche Frau) *kan doch so vil gspeys* (Spottes) *dar pey, sprichwort, gespöts und plech anslagen:* Spruch von H. FOLZ in Haupts Zeitschr. 8, 517, 219; überhaupt für Makel anhängen; *darumb hencket gott eim jeden ein kläpperlin an, und laszt niemandt on creutz hir:* Sprichwörter, schöne, weise Klugreden (1560) S. 153b; *eim ein schlötterle anhencken, einem ein bösz geschrey machen, inurere notam:* MAALER die teütsch Spraach (1561) 357c.

279) *er* (Tristan) *wart zeim tôren wol bereit . . ein kolbe was sîn geverte, den er kûme getruoc:* Trist. 560, 7 ff. *einen kolben swære alsam ein blî, den nement zeime leitestabe* (als Thor): halbe Bir 154 f. *mit sîner herten kiulen mahte er starke biulen den knehten, die da liefen und ime tôre riefen:* 199 ff.

280) *gesnitenz hâr ob ôren:* Trist. 559, 23. *lât iu obe den ôren daz hâr garwe abe nemen:* halbe Bir 144 f. *daz hâr wart im abe gesniten gar nâch tœrlîchen siten:* 177 f. *ein deil* (aufrührerischer Bürger ward zur Strafe) *as gecken beschoren:* D. Städtechr. 13, 495, 19.

281) *vil kinde nâch dem tôren zôch:* Tristan 560, 16. Ausgeführte Beschreibung vom Aussehen und Betragen eines Thoren, was er bieten darf und was man sich von ihm gefallen lässt, a. a. O. 559, 19 — 563, 35. 564, 29 ff. halbe Bir 141 ff. Sein Schmutz 149 ff. Iwein 3347 ff.

schon früher fällt die Einrichtung eigener Räume für Geisteskranke, die aber, wie schon die Namen lehren, klein und eng, und keine Heilstätten, sondern nur Zwangs- und Strafanstalten sind[282]). Die Heilung zu versuchen, daran denkt man selten (vgl. unten Anm. 349); erfolgt sie bisweilen von selbst[283]), so wird das besonderer göttlicher Hilfe zugeschrieben. Auch Zauber mag wohl helfen[284]).

Wunde, und Kranke überhaupt, zu heilen, dazu sind in der altgermanischen Zeit zunächst die Frauen berufen, die natürlichen Helferinnen in allen häuslichen Nöten und Beiständerinnen von der Geburt an. Für diesen letzteren Beruf fehlt eine gemeingermanische Bezeichnung, sicher nur aus dem Grunde, dass dafür eine besondere

Fig. 59. Besessener, an Hals, Armen und Beinen gefesselt.
Aus den Miniaturen des Codex Egberti, herausgegeben von F. X. Kraus, Taf. 27.

Schulung nicht nötig gewesen ist, und bei der Geburt, die im allgemeinen bei dem Kinderreichtum Germaniens weder als etwas Ausserordentliches noch Wichtiges angesehen wurde, jede Frau eines Haus-

282) niederd. *dorenkiste*, z. B. in Hamburg 1376, später auch an andern Orten: SCHILLER-LÜBBEN 1, 550b. in Hildesheim: BECKER in der Zeitschrift für klinische Medizin Bd. 38 (1899), S. 332 ff.; zwei *narrenheuslein* in Nürnberg: TUCHER Baumeisterb. 188, 20. 251, 1. In Augsburg wird 1475 ein *narrenhäuslein* errichtet für solche, *die grosȝ unfür und geschrei auf der gassen triben:* D. Städtechr. 23, 193, Anm. 3.

283) *de sulve hadde lange in der dorenkiste geseten und wurde dar uth gelaten, den he was wedder tho verstande gekamen:* Renners brem. Chronik bei SCHILLER-LÜBBEN 1, 550b.

284) Iwein wird von seiner *hirnsühte* durch eine Zaubersalbe geheilt: Iw. 3420 ff.

haltes die nötigen einfachen Dienste leisten konnte. Im Althochdeutschen heisst sie die Heberin oder Halterin, mit einer Ableitung von dem Verbum *hefjan, heffan* heben[285]), eine Bilduug, die später in *hevamme* umgedeutet wurde; mhd. kommt dann der Name *hebe-muoter*, mnd. *heve-môder* auf, später *bade-muoter* (mit Bezug auf das erste Bad des Kindes), mittelenglisch *mydwyfe*[286]). Alle solche Namen haben sich aber erst verhältnismässig spät zu eigentlichen Berufsbezeichnungen herausgebildet, und wir gehen wohl nicht fehl, wenn wir annehmen, dass in den germanischen Ländern eine Hebammenkunst mit feinerer Schulung dem Aufkommen der beruflichen und wissenschaftlichen Heilkunde parallel gehe, und ihr Vorbild in biblischen (vgl. Exod. 1, 15 ff.) und römisch-griechischen Einrichtungen habe. Der mittelniederländ. Name *vroedvrouwe, vroedwijf*[287]) deutet auf den Besitz solcher fachlichen Kenntnisse. Zu den Massregeln, die mittelalterliche Obrigkeiten für die Wohlfahrt der Stadteinwohner treffen, gehört auch die Anstellung von Hebammen[288]).

Die Kenntnisse und Fertigkeiten der germanischen Frau werden in verschiedenen Quellen namentlich auf dem Gebiete der Wunden gerühmt; dass sie sich darauf nicht beschränken, ist schon oben S. 160 gesagt worden. Immer werden zunächst für die Heilung übernatürliche Kräfte angesprochen, und wie in Skandinavien sich eine besondere Göttin der Arzneikunst, Eir, herausgebildet hat und wunderthätige Orte vorhanden sind, wo Kranke schon durch ihre Hinkunft Genesung finden[289]), so erzählt man sich noch im Mittelalter Deutschlands die Sage von wilden Weibern, dämonischen Gestalten, die im Besitz von Heilmitteln sind und Kunde davon an bevorzugte Menschen geben[290]). Es bestehen jene zumal aus Wurzeln und Kräu-

285) *hevannun obstetrices:* GRAFF 1, 282. *obstetrix hefihanna:* STEINM. 1, 285, 49.

286) *den hefammen er gebôt, daz si tâten daz mort mit michilen sunden an den ebrêisken chinden:* Exodus in den Fundgr. 2, 87, 11 f. *obstetrix bademuder, bademome, hevemuter, hebamme* u. a. DIEFENB. 390 a. mnd. *hevemoder:* SCHILLER-LÜBBEN 2, 263 a. mittelengl. *obstatrix mydwyfe:* WRIGHT-W. 1, 668, 18. 692, 12.

287) *vroed-moeder, vroed-vrouwe, obstetrix, adsestrix, q. d. sapiens mulier, vroed-wijf:* KILIAN Vv 1 b.

288) *bademome* in Hildesheim 1430. 1444: DÖBNER Stadtrechnungen 2, 461. 697. vgl. dazu BECKER Geschichte der Medizin in Hildesheim (Zeitschrift für klinische Medizin Bd. 38, S. 231 f.), der aber von der beruflichen Ausbildung der Hebammen wenig günstig urteilt.

289) WEINHOLD altnord. Leben S. 385.

290) *si heten in langer zîte dâ vor wol vernomen, daz Wate arzât wære von einem wilden wîbe:* Gudrun 529. *ein vil wildez merwîp diu machte gesunt sînen lîp:* Haupts Zeitschr. 5, 7. *dô gie sî von im drâte, dâ sî die wurze stânde vant. sî wân* (waren) *ir alle wol bekant. die gruop si dannoch spâte und reip si vil wol in der hant mit wilder meisterschefte. von der ze hant sîn wê verswant und kam ze sîner krefte:* Ecken Liet 174, 3 ff.

tern[291]), und zwar solchen, die an verborgenen Orten wachsen, und die zu kennen, zu pflücken und zu verwenden besondere geheime Kräfte gehören. Das ist das, was der Gote *lubja-leisei* nennt (Übersetzung von *φαρμακεία*, Gal. 5, 20; vgl. weiter über das Wort und seinen ersten Teil Bd. 2, S. 87); und solche Kunst besteht neben der Kräuterkenntnis selbst auch in der Kunde von gewissen Zauberformeln, die beim Pflücken gesprochen werden müssen und die Heilkraft der Pflanze erst von der Erde lösen. Auch wenn das Kraut dem Kranken aufgelegt oder eingegeben wird, geschieht dies in gebundener, formelhafter Weise. Zaubersprüche sind ferner ohne begleitende Anwendung von Kräutern heilend, der Gedanke dabei ist der, durch gewisse in besonderer Weise fest verbundene Worte eine gute Gottheit zur Hilfe, dämonische Krankheitserreger aber zum Verlassen des Kranken zu zwingen; die grosse Menge solcher Sprüche, die von den ältesten Zeiten her auf uns gekommen und auch heute noch nicht verschwunden ist, gibt Zeugnis für ihre allgemeine Anwendung ab. Wir dürfen dergleichen in einen gewissen Zusammenhang bringen und als Vorläufer ansehen zu den ungemein zahlreichen Gebetsheilungen, wie sie im Mittelalter an den Grabstätten der Heiligen vorkommen; auch hier waltet die Vorstellung, durch wohlformulierte Bitte dem Heiligen vertrauende Verehrung auszusprechen und ihn dadurch zu Hilfe und Heilung zu nötigen.

Abgesehen aber von solchem Zusammenhange der Heilkunde mit übernatürlichen Kräften liegt auch die einfache natürliche, die Hilfe bei Zufällen, Verstauchungen, Quetschungen und was sonst an Unglücksfällen sich im Hause bietet, zunächst in der Hand der germanischen Frau, die mit ihrem praktischen Blick und geschickten Händen hier eingreifen muss. Das Erforderliche hierbei ist immer von der Mutter auf die Tochter durch Tradition und Lehre vererbt worden, auch im Gebiete der Wundarznei. Frauen sind auf lange hinaus die besten Chirurgen, und wie wir aus dem skandinavischen Altertum von erfolgreichster weiblicher Behandlung Verwundeter erfahren[292]), so wird in Gottfrieds Tristan Morolts Schwester Isôt nicht nur als eine berühmte Heilkünstlerin im allgemeinen gerühmt, sondern auch als die einzige, die eine gefährliche Wunde heilen kann. In anderen Epen werden andere ähnlich erfahrene Frauen genannt[293]). Von

291) *dô er die erzenîe, wurzen und krût genôz:* Gudrun 540, *1.* vgl. auch die vorige Anm.

292) vgl. WEINHOLD altnord. Leben 389 f.

293) *du bist mit einem swerte wunt, daz tœdec unde gelüppet ist. arzât noch arzâte list ernert dich niemer dirre nôt, ezn tuo mîn swester eine, Îsôt, diu künegîn von Îrlande. diu erkennet maneger hande wurze und aller kriute kraft und arzâtlîche meisterschaft; diu kan eine disen list und anders niemen, der der ist:* Tristan 175,

ihnen lernen auch Männer die Heilkünste, über die sie gebieten[294]). Und so nimmt in der Arznei- und Pflegekunst des Hauses von den altgermanischen Zeiten ab bis weit ins Mittelalter die Frau so lange eine führende Stellung ein, als nicht die von der ausländischen Kultur übermittelte wissenschaftliche Medizin und ihre Ausübung durch den Mann weibliche Kräfte zurückdrängt und den Gegensatz der durch die letzteren gepflegten Volks- und Hausheilkunde zur wissenschaftlichen hervorruft. Hausmittel sind immer durch Frauen vertreten gewesen, von der Krankenpflege sind diese nie gewichen und haben sich für solche seit dem 12. Jahrhundert auch in geistliche Gesellschaften organisiert[295]); aber die höhere Medizin wird ihnen nach und nach aus der Hand gewunden, obwohl auf der Hochschule zu Salerno neben den Schülern sich auch Schülerinnen, Frauen und Jungfrauen befunden haben, die selbst promovierten und auch litterarisch thätig waren[296]). Noch im 14. und 15. Jahrhundert gibt es geachtete wissenschaftliche Ärztinnen in verschiedenen deutschen Städten[297]); aber man behandelt sie auch schon verächtlich als Kurpfuscherinnen und stellt sie wohl auf eine Linie mit den Kupplerinnen[298]).

---

28 ff. vgl. 200, 21 ff. In Eilharts Tristan *ouch kunde sie arzedîe mêre denne in dem lande ichein man:* 954 f. Frauen heilen die Wunden Erecs: Erec 7207 ff. Die Königin Ginover ist im Besitz einer Salbe, die Wunden heilt ohne Male zurückzulassen: ebd. 5132. Jungfrauen salben und verbinden den wunden Iwein 5613 ff. Eine Königin hat einen verkrümmten Finger verbunden und geheilt: die gute Frau in Haupts Zeitschr. 2, 470, 2681 ff. die heilkundige Königin Arnîve: Parz. 579, 11 ff. u. s. w.

294) so Wate, der *der erzenîe meister* genannt wird, Gudr. 541, 1; vgl. Anm. 290. Gurnemanz pflegt den wunden Parzival, *sîne wunden wuosch unde bant der wirt mit sîn selbes hant:* Parz. 165, 13 f. Gawan ein Heilkundiger: 506, 4 ff. 516, 23 ff. 523, 8. Spöttisch bemerkt seine Begleiterin, *kan der geselle mîn arzet unde rîter sîn, er mac sich harte wol bejagen, gelernt er bühsen veile tragen* (Salbenbüchsen als Wanderarzt): 516, 29 ff.

295) über die Beginen vgl. WEINHOLD deutsche Frauen 1², 76. 159 und die dort angeführte Litteratur. Später erst folgen die Männer mit der Brüderschaft des heil. Alexius, die Alexianer oder Celliten, ungelehrte Leute niederen Standes, die sich der Krankenpflege widmen und wiederum die Veranlassung zur Stiftung einer weiteren weiblichen Genossenschaft, der Cellitinnen oder schwarzen Schwestern geben; vgl. UHLHORN christl. Liebesthätigkeit S. 471 ff.

296) HAESER Gesch. der Medizin 1, 198.

297) zumal Spezialistinnen, so eine Augenärztin in München, die vor dem Jahre 1351 dem Domkapitel zu Freysing ein steinernes Haus mit Hofstatt und Garten vermacht hat: Mon. Boica 35, 2, 94; eine andere in Hildesheim 1425, *de ogenarstetinne* unter Steuerzahlern: DÖBNER Stadtrechn. 2, 328. Andere Ärztinnen in Hildesheim nachgewiesen von BECKER in der Zeitschr. für klinische Medizin Bd. 38, S. 330.

298) ausführliche Schilderung der Ärztinnen und ihrer Heilmethode und Praktiken in des Teufels Netz 10297 ff. Schon viel früher wird eine Ärztin wenig-

Die frühesten sprachlichen Zeugnisse für eine berufliche ärztliche Thätigkeit des Mannes haben wir aus dem Gotischen und Westgermanischen im got. *lêkeis* *ἰατρός*, ahd. *lâhhi*, angelsächs. *læce medicus*: da das Wort mit seinen Ableitungen[299]) sich als keltischer Herkunft erweist[300]), so liegt hier, wie auch sonst mehrfach, ein alter Kultureinfluss Galliens auf germanische Völker vor[301]), in welchem Lande die Druiden und ihre Schulen auch die medizinischen Kenntnisse inne hatten und pflegten[302]). Dass hierbei Zauber und Besprechung eine grosse Rolle spielten, darauf könnte noch das mhd. *lâchenære* Besprecher, Zauberer, *lâchenîe* Heilung durch Besprechung deuten, die sich in Weiterbildungen wie *lachsnen* Aberglauben treiben, hexen, *lachsner* Besprecher, Zauberer, Quacksalber, *lachsnerin* Quacksalberin, *lachsnerei* u. ä. mundartlich schweizerisch bis heute erhalten haben[303]).

Wie weit die Thätigkeit und der Einfluss solcher männlichen Ärzte im alten Germanien gereicht habe, kann nicht gesagt werden; die germanische Hausmedizin und die weibliche Wirksamkeit wird auch an den Orten, wo römisch-gallischer Einfluss spielt, zunächst nicht bedeutend von ihnen berührt worden sein, da man ja erst viel später beginnt, allgemeiner sich nach männlicher ärztlicher Hilfe um-

stens nach dem Äussern nicht eben vorteilhaft geschildert. Man bringt zu dem todwunden Riwalin *ein arzâtinne*, als solche aber hat sich Blanscheflur verkleidet; *si* (die Wärterin) *nam die maget und leite ir an eines armen betewîbes kleit. ir antlützes schônheit mit dicken risen si verbant*: Tristan 33, 26 ff. Ärztinnen im 14. bis 16. Jahrh. in Basel: Basel im 14. Jahrh. S. 79. *erztin*, auch *mercatrix* genannt, Frau eines herumziehenden Salbenkrämers, selbst Salbe bereitend, in einem Osterspiele: Fundgr. 2, 320. *medica* Zauberin und Kupplerin: Erlauer Spiele 52 Kummer.

299) got. *leikinassus* *θεραπεία* (Luc. 9, 11), *leikinon* *θεραπεύειν* (Luc. 9, 6 u. ö.); ahd. *lâhhituom medicina, lâhunga remedium, lâhhida medela, lâhhin remedium, lâhhinôn mederi* u. a.: GRAFF Sprachsch. 2, 101 f. ags. *lâcnian mederi, lâcnung medicamentum, læcedôm medela* u. a.: BOSWORTH-TOLLER 604 ff. Wie weit altnord. *lækna* heilen mit seinen Ableitungen (*lækning, læknir, læknari* u. a.) zurückreicht, lässt sich nicht sagen, es wird erst aus dem Deutschen eingedrungen sein.

300) vgl. irisch *liaig* Arzt, das auf ein gallisches *lêg* weist: SCHRADER Reallex. der indogerm. Altertumskunde S. 50. LUFT in der Zeitschr. für deutsches Altertum 41, 237, wo aber unrichtigerweise die Urverwandtschaft der got. und kelt. Wörter angenommen wird.

301) vgl. die got. und deutschen Lehnwörter aus dem Keltischen *reiks, eisarn, andbahts* u. a.: PAUL Grundriss der germ. Phil. 1, 303. Einfluss der Gallier auf urdeutsche Vorstellungen des Weltuntergangs: MÜLLENHOFF Altertumsk. 5, 67.

302) *de his duobus generibus* (in Gallien) *alterum est druidum, alterum equitum. illi rebus divinis intersunt, sacrificia publica ac privata procurant, religiones interpretantur; ad eos magnus adulescentium numerus disciplinae causa concurrit, magnoque hi sunt apud eos honore*: CAESAR bell. Gall. 6, 13. Was und wie die Schüler lernen: 6, 14.

303) Deutsches Wb. 6, 31 f. Schweiz. Idiotikon 3 (1895), 1044 ff.

zusehen. Über den betreffenden Medizinschatz wissen wir (ausserhalb der eben geäusserten Vermutung des Besprechens) ebenfalls wenig; weitreichende Kräuterkenntnis ist jedenfalls auch bei ihnen vorhanden gewesen.

Einen allmählichen, freilich langsamen Umschwung in den medizinischen Anschauungen der germanischen Welt bringen erst die wissenschaftlichen Lehren der römischen Ärzte zu Wege. Das römische Ärztewesen ist seit der Kaiserzeit hoch entwickelt und organisiert. Die hervorragende Stellung der einzelnen Personen sowohl am kaiserlichen Hofe als im öffentlichen Dienste und die Befugnis, Jünger heranzubilden und die dem Studium der Heilkunde sich widmenden Jünglinge zu unterrichten, wird auch von den germanischen Königen anerkannt und geschont: der Ostgotenkönig Theoderich bestimmt einen *comes archiatrorum*, der bei widersprechenden Meinungen als Erfahrenster entscheiden und dem geheiligten Amte der Ärzte Ansehen und Einfluss sichern soll. Grosse Befugnisse in Bezug auf die Besichtigung der Kranken und den Zutritt zum königlichen Hofe werden ihm eingeräumt[304]). In den von den Germanen durchsetzten romanischen Ländern treffen wir im 5. und 6. Jahrhundert dergleichen Heilkundige in fester Anstellung an Bischofshöfen und Königssitzen, besonders denen der Franken; im Anfang mit römischen Namen[305]), später kommen auch deutsche vor[306]). Dass der Araber Buhahylyba Bingezla als Arzt bei Karl d. Gr. wirkt[307]), ist eine Seltenheit, die mit dem Aufkommen der arabischen Heilkunde in Beziehung steht; auch ein Jude Farragus erscheint bei demselben[308]), wie überhaupt die Juden seit mindestens dieser Zeit sich gern auf wissenschaftliche Heilkunde legen. Aber nicht nur in jenen bevorzugten Kreisen fasst der

---

304) vgl. *formula comitis archiatrorum* bei CASSIODOR. Var. 6, 19.

305) ein *archiater Palladius* in Beziehung zu dem Bischofe Ruricius von Limoges (gest. gegen 507): Sidonii Carmina ed. Lütjohann u. Krusch (1887) S. 338, 12. *Petrus*, Leibarzt des Frankenkönigs Theuderich, im J. 605: FREDEGAR. Chron. 27.

306) *Marileifus* Archiater des Königs Chilperich, vom König zurückkehrend *(redeunte Marileifo archietro de praesentia regis)*: GREGOR. TUR. 5, 14. Er war aus niederem Stande, sein Vater war Leibeigener gewesen und hatte bei den Mühlwerken der Kirche gedient, seine Brüder und Vettern aber in den königlichen Küchen und Bäckereien: 7, 25. Ein anderer Archiater Reovalis von etymologisch dunkelm, fremdem oder verderbtem Namen: 10, 16. Im Jahre 679 hat die Königin, zugleich Äbtissin, Aeđeldryđ, Tochter des Königs Anna der Ostangeln, einen Leibarzt Cyneferđ, dem sie klagt sie habe eine grosse Geschwulst am Halse *(þæt heó hæfde micelne swile on hire sweoran)*: diese wird geschnitten und der Eiter *(seó sceđþende wǽte)* herausgedrückt, aber die Äbtissin stirbt doch daran: BEDA hist. eccles. 4, 19 (S. 230 Miller).

307) vgl. DU CANGE 1, 361c.

308) ebenda.

Arzt Fuss, das Volk in seiner breiteren Masse fängt an sich seiner zu bedienen, und die Volksrechte des 6. bis 8. Jahrhunderts rechnen nun mit ihm: in der Lex Visigothorum handelt ein ganzer Abschnitt (lib. 11, tit. 1) *de medicis et egrotis*, welcher Rechte und Pflichten des Arztes einem Kranken gegenüber in besonderen Fällen festsetzt, Ärzte für innere Krankheiten, Wundärzte und Augenärzte, die Staar operieren, ferner solche die zur Ader lassen, anführt, das Honorar für ärztliche Leistungen, sowie für Heranbildung von Schülern bestimmt, aber auch Schadenersatz eines Arztes bei unglücklich verlaufener Kur ausspricht[309]). Die Lex Alamannorum Hlotharii (69, 6. 7) erwähnt die Thätigkeit des Wundarztes beim Behandeln von Schwertwunden.

Die Fachbildung, die bei dieser Klasse von Ärzten einer dem andern vermittelt, geht im Grunde von Rom oder Byzanz aus; der oben genannte Archiater Reovalis (Anm. 306) sagt ausdrücklich, dass er eine besondere Art von Wundbehandlung den Ärzten in Konstantinopel abgesehen habe[310]). Über eine bestimmte Lehrzeit und einen geordneten Fachunterricht wissen wir nichts, wohl aber können wir ersehen, dass im Laufe der Zeit sich immermehr Geistliche auf die Heilkunde werfen und die Fachkenntnisse der griechischen und römischen Ärzteschulen erstreben. Aus den Einzeichnungen des Grundrisses von St. Gallen (vgl. Bd. 2, S. 88) erfahren wir von einer förmlichen dort bestehenden Ärzteschule, insofern das Haus für Schwerkranke in Verbindung mit dem Krankensaale Absperrungen für Unterärzte und einen Oberarzt enthält, die ersteren als *domus medicorum*, die letztere als *mansio medici ipsius* bezeichnet[310b]).

So gehen seit den merovingischen Zeiten Ärzte weltlichen und geistlichen Standes neben einander her; die fürstlichen Leibärzte werden zuerst gewöhnlicher aus den letzteren als aus den ersteren Kreisen entnommen[311]). Nur sie führen eigentlich den Titel *archiater;* die blosse Berufsbezeichnung wird lateinisch durch *medicus* ausgedrückt,

---

309) *si quis medicus hipocisim de oculis abstulerit et ad pristinam sanitatem infirmum revocaverit, V solidos pro suo beneficio consequatur:* lib. 11, tit. 1, 5. *si quis medicus, dum fleotomiam exercet, ingenuum debilitaverit, CL solidos coactus exolvat; si vero servum, huius modi servum restituat:* 6. *si quis medicus famulum in doctrinam susceperit, pro beneficio suo duodicim solidos consequatur*: 7.

310) *adfuit Reovalis archiater, dicens: puer iste, parvulus cum esset et infirmaretur in femore . . tunc ego, sicut quondam aput urbem Constantinopolitanam medicos agere conspexeram, incisis testiculis, puerum sanum genetrici maestae restitui:* GREG. TUR. hist. Franc. 10, 16.

310b) ein Capitulare Karls des Gr. vom J. 813, in Theodonis villa datum primum, mere ecclesiasticum, bestimmt in Art. 7 *de medicinalia arte* nach einem Zusatze der Baluzeschen Ausgabe, *ut infantes hanc discere mittantur:* vgl. Mon. Germ., Capitularia 1, S. 121.

311) vgl. das Ärzteverzeichnis bei DU CANGE a. a. O.

wofür bis ins 10. Jahrhundert hinein deutsch das alte *lâhhi* gilt, das nun von den in griechisch-römischer Weise gebildeten Ärzten gebraucht wird[312]). Mit der Verbreitung solcher Leibärzte auch auf andere als die höchsten Gesellschaftskreise (indem auch Dynasten und Bischöfe sie als Archiater annehmen und sich so selbst und ihre Diener auszeichnen), geht der Titel auf weitere Kreise in Hoch- und Niederdeutschland über, bleibt aber auf diese Landstriche beschränkt. Die Form zeigt dabei eine volksmässige Veränderung; das seit dem 9./10. Jahrh. erscheinende *arzât* beruht auf der Aussprache *arciater*, und das noch spät erscheinende niederdeutsche *ercêtere, arceter*, niederl. *artzeder* neben hochdeutschem *artzat, artzit, arzet* veranschaulicht die stufenweise Umbildung[313]). Die Übertragung eines gern gehörten Titels auf den Beruf vollzieht sich gerade hier noch einmal am Ende unserer Periode, indem die von Universitäten ertheilte Würde eines Doctors auf den Medicus schlechthin bezogen wird (unten Anm. 331).

Die Ausbildung der wissenschaftlichen Heilkunde als förmlicher Berufs- und Erwerbszweig kommt mit der Fortbildung der sozialen Verhältnisse in den germanischen Ländern empor. Zu den Leibärzten einzelner Personen gesellen sich nach der Entfaltung des Städtewesens die Stadtärzte, später treten Dorfärzte auf[314]); wenn aber schon im frühen 13. Jahrh. ein Wanderarzt aufgeführt wird, der mit einem Sack voll Heilmittel auf dem Rücken umherzieht und sich rühmt, von der hohen Schule zu Salerno zu kommen[315]), so ist ein solcher nur

---

312) *bonus adsistens medicus, cuatêr azstandantêr lâchi:* Murbacher Hymn. 24, 14, 4. *was managu tholênti fon wola managên lâhhin inti gispentôta allu irâ, fuerat multa perpessa a conpluribus medicis et erogaverat omnia sua:* Tatian 60, 3, u. ö.

313) *ercetere medici:* Gloss. Lips. 259 (HEYNE kleinere altnd. Denkm. S. 45). *thoh ni was giwisso êr arzât niheinêr,.. ther hulfi iru in theru nôti:* OTFRID 3, 14, 11 f. (nach Marc. 5, 26). *medico arzâte:* NOTKER Ps. 68, 21. *medicus artzat, artzit, artzet, artzeder, artz, arceter, arsetter, ersetre, arste:* DIEFENB. 353 b. *valetudinarius erzetere i. medicus:* nov. gloss. 376 a. Die Übersetzung von *pigmentarius* durch ahd. *arzât (pigmentarii arzâtes, arzâtis:* STEINM. 1, 582, 56. *pigmentarius salpari l. arzât:* 2, 258, 20. *pygmentorum arzâto:* 189, 44) zielt auf die Herstellung heilkräftiger Salben und Arzneien, die dem alten Arzte obliegt, besonders auf die Bereitung des Theriaks, des berühmten Gegengiftes *(als der edele triac die gift mit maht verdringen mac:* Ges. Abent. 1, 295, 31), das Neros Leibarzt Andromachos gegen den Biss der Schlangen erfunden hat; daher *pigmentarius* auch *driackler:* DIEFENB. 434 a.

314) Dorfarzt: Ring 26 c, 37 ff. 26 d, 10 (zugleich Apotheker, vgl. unten Anm. 424).

315) *zehant huop sich Reinhart vil wunderliche drâte in sîne kemenate und nam sîn hovegewant daz allerbeste, daz er drinne vant, eine wallekappen lînîn und slouf sâr dar în. er nam eines arztes sac . . . er gienc als der bühsen treit, beide nêlikin und cinemîn, er solde ein arzât sîn. er truoc manege wurz unerkant, einen stap nam er an die hant:* Reinhart Fuchs 1814 ff. von Meister Bendîn, dem Arzt zu Salerno

Vorläufer der später auf den Märkten auftretenden Quacksalber, wie sie in den dramatischen Spielen des 14. 15. Jahrhunderts karrikiert erscheinen. Aus gelegentlichen Aufzeichnungen verschiedener Zeiten geht hervor, dass die Entlohnung solcher Berufsärzte und deshalb ihre äussere Lage so gut wie heute recht verschieden gewesen ist. Der Dorfarzt im Gedichte ‚der Ring‘ (vgl. Anm. 314) lässt im Eingange zu seinen lehrhaften Ausführungen recht knappe Verhältnisse durchblicken; Erfurter Urkunden zwischen 1336 und 1343 zeigen uns mehrere Ärzte als Bürger und Ländereibesitzer in Wohlhabenheit[316]); Honorare verschiedener weit auseinander liegender Städte, zumal wenn sie von Obrigkeiten gezahlt werden, sind nicht karg bemessen[317]); wird aber ein Arzt eigens von ausserhalb verschrieben, was ja bei Berühmtheiten vorkommt, so steigt auch demgemäss die Zahlung[318]). Auch briefliche Behandlung von Krankheiten ist bezeugt[319]).

Was den Bildungsgang solcher wissenschaftlichen Ärzte betrifft, so dauerte ihre Lehrzeit bei einem älteren erfahrenen Meister der Heilkunde auch dann noch fort, als eigene medizinische Schulen entstanden waren, von denen seit dem Schlusse des 11. Jahrh. die zu Salerno und Montpellier als die berühmtesten galten. Nicht jeder war ja im Stande und gewillt, seiner Ausbildung das Opfer einer weiten Reise ins Ausland zu bringen. Die weiter im 12. Jahrhundert entwickelten Universitäten, denen im 14. Jahrhundert deutsche folgten, zogen erst nach und nach Jünger zu einem regelmässigen wissenschaftlichen Studium heran. Der Arztberuf ist im Mittelalter frei und durchaus auf persönliches Vertrauen gestellt, und Mangels jeder Einschränkung erblüht die üppigste Kurpfuscherei[320]); aber selbst auch

---

mit einer von diesem bereiteten Latwerge gesendet: 1873 ff. Auf einen Wanderarzt ist auch angespielt Parz. 516, 29 ff. (s. die Stelle, Anm. 294).

316) BEYER Urk.-Buch der Stadt Erfurt 2, S. 126. 197. 345. 449. Ein Arzt, Magister Apperwinus in Wittislingen, Besitzer einer Pfründe 1326: Mon. Boica 33, 1, 490.

317) Ärzte-Entlohnung in Bern: WELTI Stadtrechn. 187a. 294a; in Hildesheim: BECKER in der Zeitschr. für klin. Medizin Bd. 38, S. 323. Gier des Arztes nach dem Honorar: Teufels Netz 9958 ff.

318) was ein 1415 aus Erfurt nach Hildesheim entsendetes Facultätsmitglied, Magister und Doctor Johann von Horn bekommen hat, erzählt BECKER a. a. O. S. 322. Die Kurfürstin Anna von Brandenburg verschreibt sich einen Arzt für ihr Söhnlein 1484: STEINHAUSEN Deutsche Privatbriefe des Mittelalters I (1899), S. 258. Der Leibarzt des Kurfürsten von Sachsen, Doctor Hildbrand, wird 1476 geliehen, um mit dem Herzog Wilhelm von Sachsen ins Wildbad zu reisen: S. 158, vgl. auch die Anmerkung dazu S. 159.

319) Brief des Arztes Meister Thomas Rüss an Gräfin Margarete von Würtemberg gegen 1479: STEINHAUSEN a. a. O. S. 207 f.

320) *sich nimpt menger arzni an, der doch wenig darzuo kan:* Teufels Netz 10106 f.

graduierten Ärzten in angesehenster Stellung wird grobe Unfähigkeit vorgeworfen[321]). Dass auch der kleine herumziehende Arzt sich eines regelmässigen wissenschaftlichen Studiums der Menge gegenüber rühmt, ist natürlich, und wird nicht weniger durch die schon Anm. 315 angeführten Verse, als durch die ebenfalls genannten dramatischen Spiele des 14. und 15. Jahrhunderts, in denen solche Figuren karikiert auftreten, bewiesen: kommt im Reinhart Fuchs der Heilkundige von Salerno, so rühmt sich später ein anderer, lange in Paris studiert zu haben, sogar aus Asien[322]) zu kommen (eine Beziehung auf die hochangesehenen arabischen Ärzteschulen). Dem Wanderarzt mit seinem unwürdigen reklamehaften Treiben gegenüber steht der wirklich wissenschaftlich gebildete, der seine Heilkunst dem Besuche der Ärzteschulen und Universitäten, sowie dem Studium der Schriftquellen verdankt; er hat das Bedürfnis, seine verschiedene Stellung auch durch eine besondere Bezeichnung anzudeuten. Meister nennen sich alle, die sich mit Heilen abgeben, wirkliche Ärzte sowohl wie Wundärzte, selbst Barbiere und Scherer; das ursprünglich fremde Wort war in die allgemeine Bedeutung eines Lehrers und Gelehrten überhaupt, sei es der Gottesgelahrtheit, der Rechts- und Arzneikunde oder der freien Künste übergegangen und selbst auf die selbständigen Handwerker gewendet worden[323]). Da deutet jener gelehrte Arzt seine höhere Stellung durch *physicus* an, eine Bezeichnung, die Kenntnis von dem Wesen der natürlichen Kräfte, und damit Wissenschaftlichkeit und nicht blosse Praxis hervorheben soll, den *fisiken* (gen. sing. von *fisike*) *list*, wie es im Parzival heisst[324]). So wird *physicus* neben *artzat* durch *puchartzt*, *natuerlich arcz*, *naturlich meyster*, *meyster der natur*, *ein magister von natur* verdeutscht[325]), und das *puchartzt* wird dadurch

321) Gräfin Elisabeth von Würtemberg warnt 1496 ihren Stiefbruder, Markgrafen Friedrich von Brandenburg vor einem Dr. Machinger, der den Tod des Grafen Eberhard von Würtemberg verschuldet habe: STEINHAUSEN a. a. O. S. 318. Schon der Abt Sturmi von Fulda (gest. 779) bemerkt in seiner letzten Krankheit angstvoll, dass der Leibarzt des Königs Karl, Namens Wintarus, dessen Pflicht es gewesen wäre, die Krankheit zu mindern, ihm durch einen Heiltrank ein grösseres Übel eingeflösst: EIGILS Leben des Abtes Sturmi 25. vgl. auch, wie die sterbende Austrigilde das Leben ihrer Leibärzte fordert: GREG. TUR. 5. 35.

322) *ich bins nemlich komen von Pareis*; *uf ertzei habe ich geleget meinen vleisz wol vier und viertzig jar:* Osterspiel in den Fundgr. 2, 313. In den Erlauer Spielen ist daraus *wol tausent jar* geworden; ebenda S. 39 rühmt der Medicus: *ich pin ein meister lobsam und var da her von Asian;* eine Salbe von *Arab* mitgebracht: S. 62, 768.

323) über die Begriffsentfaltung des Wortes *meister* aus *magister* vgl. D. Wb. 6, 1952 ff.

324) Parz. 481, 15.

325) DIEFENB. 236c. *die maister von der nâtûr:* MEGENBERG 6, 16. *die maister in der nâtûr:* 195, 36. *alsô lêrent die maister von der nâtûr, Avicenna und Albertus:* 112, 36.

ins rechte Licht gerückt, dass der gelehrte Arzt seine Heilmittel durch Beziehung auf berühmte Ärzte des Altertums empfiehlt[326]). Der Titel *physicus* ist besonders im 14. Jahrhundert mehrfach nachzuweisen[327]), aber er kann sich so recht vor dem mittlerweile emporkommenden *doctor* nicht geltend machen. Doctores in dem auf die Heilkunde eingeschränkten Sinne heissen schon im frühen sechsten Jahrhundert die öffentlichen Lehrer jener Kunst im ostgotischen Reiche, die von ihren Schülern, den künftigen Ärzten, ein Gelübde entgegen nehmen[328]); die Bezeichnung geht auf die Hauptlehrer an den späteren Ärzteschulen, und endlich auf die an den Universitäten über, und wird an den deutschen, wie an denen anderer Länder als Würde verliehen: seit mindestens dem späten 14. Jahrhundert gibt es bei uns Doctoren der Medizin, wie der Theologie oder der Rechtskunde, zunächst in dem Sinne, dass der Betreffende das Recht hat, dem Lehrerkollegium der Universität anzugehören, dessen Mitglieder sich selbst *doctores* nennen[329]), dann als blosser Titel auch nur für den, der sein wissenschaftliches Studium dort wohl abgeschlossen hat[330]). Die Doctorwürde der Medizin ist etwas viel höheres, als die des blossen Meisters, und nicht jeder Arzt darf sich Doctor nennen, wie er sich Meister nennt; aber es geht ihr im Volksmunde wie der des Archiaters, sie sinkt zur Bezeichnung des blossen Berufes herab, sicher seit dem Anfang des 16. Jahrhunderts[331]).

Der Geistliche als Arzt erscheint noch häufig bis ins 15. Jahrhundert hinein; und wenn auch im späteren Mittelalter die Zeiten vorbei sind, wo Kirchenfürsten und Bischöfe sich auf Heilkunde

---

326) Der Arzt sagt zum Kranken, *so wil ich denn bücher über lesen, ob ir kains wegs* (irgendwie) *mugind genesen:* Teufels Netz 9968 f. Ähnlich ein Geistlicher und Arzt, Graf Johann von Werdenberg, Coadjutor zu Augsburg in einem Briefe an die Gräfin Margareta von Würtemberg, in welchem *Avicena*, *der gros lerer in der erzny*, angeführt wird, *so will ich furter mine bücher daruff sehen, was in sollicher sachen gehort:* STEINHAUSEN d. Privatbriefe des Mittelalters 1, 79 (v. 1467).

327) Ein Magister *Cunrad de turribus physicus* in Erfurt 1336: BEYER Urk. Buch der Stadt Erfurt 2, 126. Magister Conrad von Frankenhausen, Physikus und Priester zu Erfurt 1367: 2, 449. Andere Nachweise bei DU CANGE 6. 308b. 1385 *Atzo Physicus de Friburg, civis Basil.:* Basel im 14. Jahrh. S. 79.

328) *in ipsis quippe artis huius initiis quaedam sacerdotii genere sacramenta vos consecrant; doctoribus enim vestris promittitis odisse nequitiam et amare puritatem*. formula comitis archiatrorum bei CASSIODOR Var. 6, 19.

329) *doctores von Lipzk* werden 1481 zum kranken Herzog Ernst von Sachsen nach Giebichenstein zur Konsultation berufen: STEINHAUSEN Privatbr. S. 236. vgl. auch Anm. 318.

330) vergl. G. KAUFMANN Geschichte der deutschen Universitäten 2 (1896), S. 295 ff. Der Erteilung des Doctorgrades geht vorher die des Baccalars, der nur bedingt das Recht zu practicieren hat.

331) vgl. ZARNCKE im Commentar zum Narrenschiff, S. 372a.

legen[332]), so gibt es doch noch in ihr erfahrene Prälaten, wie 1467 der Coadjutor von Augsburg, Graf Johann von Werdenberg (vgl. Anm. 326). Berühmtheiten unter geistlichen Ärzten fehlen nicht[333]). In den klösterlichen Vereinigungen, sowie in den milden Anstalten, den Spitälern für arme und gebrechliche Leute und den Siechenhäusern ist der heilkundige Geistliche der gegebene Arzt; und wenn Geiler von Keisersberg gegen solche eifert[334]), so vertritt er damit zwar eine zu und vor seiner Zeit von geistlichen Autoritäten mehrfach geäusserte, aber durchaus nicht durchgedrungene Ansicht.

Juden als Ärzte sind seit der karolingischen Zeit, auch in angesehenen Stellungen, vielfach anzutreffen. Wie schon Karl der Grosse einen jüdischen Leibarzt hat (oben S. 176), so lebt auch ein solcher am Hofe des kranken, von Podagra und schmerzhaftem Durchfall geplagten Erzbischof Bruno von Trier (1102—1124), ein Mann stattlichen Aussehens, von grosser Gelehrsamkeit nicht nur in der Medizin, sondern auch in den Wissenschaften des Judentums und der Zeitrechnung, so beliebt bei seinem Herrn, dass dieser von Erfolg gekrönte Be-

---

332) Um 946 stirbt Derold, Bischof von Amiens, *in arte medicinae peritissimus:* RICHER 2, 59 erzählt von ihm aus der Zeit, wo er noch bei Hofe dem Könige diente, und einen Arzt aus Salerno als von der Königin beschützten Rivalen neben sich hatte, eine Geschichte, die sich um gegenseitige Vergiftung aus Schabernack dreht, die Kunst Derolds in ein helles Licht stellt, aber freilich nach modernen Vorstellungen nicht sehr dem Fühlen eines Geistlichen gemäss ist. Von Bischof Bernward von Hildesheim (gest. 1022), dem grossen Künstler und Theologen, der auch die Medizin in den Bereich seines Studiums zog, berichtet Thietmar (6, 45), dass er ihn in Giebichenstein angetroffen habe, wohin er zum kranken Erzbischof Walthard von Magdeburg ‚der Heilung wegen *(curationis gratia)*, auf die er sich wohl verstand' berufen war; und nach demselben (7, 41) war Bischof Thiedegg von Prag (gest. 1017), wohl unterrichtet in der Arzneikunst und hatte den Herzog Bolizlaw den Älteren von Böhmen, als er vom Schlag getroffen war, mit Erfolg behandelt.

333) in Chartres der Priester Heribrand, bewandert in Arzneikunde, Botanik und Chirurgie: RICHER 4, 50 (s. die Stelle Anm. 363); in St. Gallen der Mönch Iso, *uti plurima doctus, cum unguenta quidem facere nosset, leprosos et paraliticos, sed et cecos curaverat aliquos:* EKKEHART Cas. 31, und vor allem Notker, *quem pro severitate disciplinarum Piperis-Granum cognominabant, doctor, pictor, medicus,* der Grossartiges in der inneren Medizin und in der Chirurgie leistete, und nicht nur praktisch gebildet, sondern auch in den Büchern über Heilkunde erfahren war: ebd. 74. 78. 97. 123. 125. Zeugnisse über vorzügliche Pflege der Heilkunst seitens der Geistlichen s. DÜMMLER, Geschichte des ostfränk. Reiches 2, 657 f. no. 30.

334) *du fragst, was schadens kumpt davon, wan ein priester sich artzney an nymt. ich sprich, das vil schaden davon kumpt:* Emeis 25. Er zählet fünferlei Übel auf und schliesst daraus, *also kein priester sol kein artznei geben, wan er es schon wol künte . . er sol ein artzet der selen sein und nit des leibs:* ebd. Desgleichen solle auch kein Ordensmann sich der Arznei annehmen, es schicke sich nicht für ihn: ebd.

kehrungsversuche an ihm macht[335]). Und mit dem Aufblühen der Städte ziehen sich jüdische Ärzte mit Vorliebe dahin; schon im Jahre 1138 wird ein zu Lüttich angesessener, der nach seinem Namen Moyses sicher Jude ist, von einem höheren Geistlichen konsultiert[336]). Ihre Ausbreitung daselbst wie in der höheren Gesellschaft, die durch ihre ausgezeichnete Erfahrung und Gelehrsamkeit gestützt wird, lässt sie freilich dem immer mehr emporkommenden Judenhass nicht entgehen, einem Hass, der sich gelegentlich schon in früher Zeit kund gibt, so wenn der jüdische Leibarzt Karls des Kahlen, weil er diesen durch ein Heilmittel vom Tode nicht retten konnte, kurzerhand ein Betrüger, der die Sinne der Leute mit magischen Gaukeleien und Verzauberung behexe, gescholten wird[337]); und der sich im 15. Jahrhundert dadurch ausspricht, dass man Christen ausser in dringenden Fällen verbietet, bei Juden ärztliche Hilfe zu suchen[337b]).

In den frühen Zeiten des Mittelalters, wie sie sich besonders in den Volksrechten wiederspiegeln, erscheint der ärztliche Beruf noch nicht nach besonderen Fächern getrennt, auch dann nicht, wenn, wie

---

335) *saepedictus etiam pontifex crebris infirmitatibus, nunc pedum dolore quod podagram Graeci vocant, nunc ventris fluxu quod cyliacam nuncupant, vexatus, propter quod exquisitissimos semper secum solebat habere medicos. habebat autem inter eos Judaeum quendam Josuae nomine, phisicae artis eruditissimum, compotistam peroptimum, Hebraicorum litterarum et totius iudaismi scientia perfectissimum, quem circumdabat militaris habitus. hunc maiori prae ceteris familiaritate et dilectione idem Bruno sibi annectabat, satagens, ut quomodo ille ipsum carnaliter medicaretur, ita ipse illi salutem animae operatur . . . consiliis eius acquievit et ab ipso baptizatus est:* Gesta Treverorum, contin. 1, cap. 2 in den Mon. Germ. Scr. 8, 194 f.

336) *venerabilis pater Rodulfus abbas . . qui cum spe recuperande sospitatis usque Leodium in basterna vulgariter appellata rosbare devectus esset, quidam medicus peritus Moyses ipsum curandum suscepit:* Gesta abbat. Trudonensium in den Mon. Germ. Scr. 10, 332.

337) so Regino von Prüm zum Jahre 877, der den Juden Sedechias nennt; die Annalen des Klosters St. Bertin zu demselben Jahre erzählen die Geschichte so, dass Karl, vom Fieber ergriffen, ein Pulver genommen habe, welches ihm vom Juden Zedechias, seinem Leibarzt, der des Kaisers Liebe und Vertrauen in nur zu hohem Grade genossen, gereicht worden sei, um dadurch vom Fieber befreit zu werden; aber es sei ein tötliches Gift gewesen, das er genommen habe. Regino kennt statt des Pulvers einen Trank und berichtet noch, der Jude Sedechias habe für ausserordentlich erfahren in der Heilung körperlicher Leiden gegolten.

337b) *dergleichen sein etliche, die lauffen zu den henckmessigen juden, unnd bringen jhn den harn, und fragen sie umb rath, welches doch hoch verbotten ist, das man kein artzeney sol von den juden gebrauchen, es sei den sach, das man sonst kein artzet mag gehaben:* GEILER V. KEISERSBERG Narrenschiff (1520) S. 140. Ein Hofdiener Georg Stange hat nach einem Briefe der Kurfürstin Margarete von Sachsen an ihre Söhne, aus Altenburg 1469, *itzunt uff die heiligen osterlichen zit umb des willen, das er von den joden artztey genommen unnd sich der furder nicht entslahen wil, nicht kunnen absolvirt werden unnd sal nach* (noch) *gotis lichnam nemen:* STEINHAUSEN Privatbriefe 1, 88.

im westgotischen Gesetze, verschiedene Spezialthätigkeiten erwähnt sind; nach und nach aber vollzieht sich eine Scheidung zwischen höheren und niederen, oder gelehrten und ungelehrten Ärzten, derart dass die ersteren nur, nebst besonderen Spezialitäten[338]), das Gebiet der inneren Medizin und der höheren Chirurgie pflegen, die Heilung einfacher Wundfälle zusammt dem Aderlassen und Schröpfen aber handwerksmässig herangebildeten Leuten überlassen. So tritt der deutsche Wundarzt seit dem 13. Jahrhundert als eine besondere Art des Heilkundigen hervor, der die ihm gezogene Grenze respektieren und sich nicht der *innern kunst* annehmen soll, es aber doch gern thut[339]); sein Gebiet sind Wunden, Knochenbrüche, Beulen und Geschwüre, soweit er sie sehen und greifen kann, und ihre Behandlung lernt er handwerksmässig bei einem Meister[340]). Die Wundärzte einer Stadt schliessen sich zu einer Zunft zusammen[341]), oder sie bilden eine solche gemeinschaftlich mit Badern und Scherern, denen ebenfalls niedere Heilverrichtungen, zumal Aderlassen und Schröpfen zustehen[342]). Unzünftig aber sind zahlreiche andere zweifelhafte Elemente, die sich an das Gebiet der Heilkunde als Schmarotzer ansetzen und überall unbehelligt ihr Wesen treiben, die aus dem Wanderarzt hervorgebildeten Quacksalber (vgl. S. 179), Salben- und Theriakskrämer, fahrende Schüler, die auch durch Beschwörung und Zauberkunst zu heilen wissen[343]),

---

338) *oculista augenartzit, augenmeister, augartzt:* DIEFENB. 393a. *augenarczt, ougarzett:* nov. gloss. 270a. Ein *franzosen-arzt* 1497: STEINHAUSEN Privatbriefe 1, 325. Über den Steinschneider vgl. nachher.

339) *die aber niht sint gelêret und wellent sich erzenie underwinden unde niht enkünnent dan mit einer wunden unde nement die innern kunst dâ von unde nement sich der an und wellent den liuten trenke geben, dâ hüete dich vor:* BR. BERTHOLD 1, 154, 11 ff.

340) *dar umbe in aller der welte solt du* (als Wundarzt) *dich niht anders underwinden dan daz dû gesehen oder gegrîfen maht, ez sî wunden oder geswer oder gestôzen oder geslagen; des maht dû dich wol underwinden, ob dû die selben kunst hâst gelernet bî einem andern meister:* ebd. 154, 24 ff. *wirt ain man gestossen, geslagen oder geschossen, oder wie er denn wirt wund, den wil er (*der *wundartzat) denn machen gesund, und nimpt sich umb in an:* Teufels Netz 10108 ff.

341) *so aber yemandt der mass geschlagen, gestossen, gepissen oder geworffen wurde, das er meyselns* (Behandlung mit Charpie) *oder hefftens notdurfftig und doch die gesworen meister der wundartzt erkannten, das solichs so schedlich und geverlich were als eyne, zwû oder mer fliessende wunden:* Nürnberger Pol. Ordn. 44 (15. Jahrh.).

342) Bader und Scherer vereinigt zu einer Brüderschaft, z. B. in Hildesheim 1487; die Statuten im Auszuge mitgeteilt (nebst Rezepten zu vier Pflastern) von BECKER in der Zeitschrift für klinische Medizin Bd. 38, S. 328 f. Die Mitglieder der Brüderschaft lassen sich von ihren Ehefrauen helfen; letztere darf nach dem Tode des Mannes das Geschäft übernehmen.

343) *er* (der Ehemann) *sach wol den schuolære, und vrâgte, wer er wære und waz er hete mit ir getân in dem gadem. si sprach sân: sint ir daz wizzent gerne, er hât vür den zantswerne mir geschriben einen brief:* Ges. Abent. 2, 102, 551 ff. Nach-

und Zahnbrecher[344]), obwohl deren Kunst eine solidere Ausführung bei den Badern und Scherern findet.

Eine besondere Stellung zwischen höheren und niederen Ärzten nehmen die Steinschneider ein, diejenigen Heilkundigen, die es verstehen, Blasen-, Nieren- und Gallensteine durch operative Eingriffe zu entfernen. Man hält das Verschwinden solcher Steine durch auflösende Mittel für möglich, und besonders wird dazu das Bocksblut, das ja nach einem aus dem Altertum überkommenen Glauben selbst den Diamant erweichen soll[345]), verwendet, in Form einer Salbe, welche äusserlich aufgestrichen wird[346]). Aber das vornehmste Mittel bleibt die Operation, bei der das Hauptverfahren aus dem römischen Altertume überkommen ist, wo es schon Celsus beschreibt. Der Steinschnitt liegt, abgesehen von den schwierigsten Fällen, in den Händen eines Wundarztes, aber eines ganz besonders erfahrenen und geschickten, der sich dadurch von seinen engeren Berufsgenossen abhebt[347]).

Der gelehrte Arzt ist auf dem Felde der höheren Chirurgie, der schwereren Geburtshilfe und der inneren Medizin thätig. Am wenigsten auf den beiden ersteren, die im Mittelalter lange vernachlässigt werden, wenn auch nicht in dem Grade, wie man wohl gemeint hat. Denn schon unter den geistlichen Klosterärzten befinden sich ausgezeichnete Chirurgen, wie jener Notker Pfefferkorn zu St. Gallen, der seinen Abt von einer schweren Schenkelverletzung immerhin so weit heilte, dass er später an zwei Krücken gehen konnte[348]); und mit der Ausbreitung des gelehrten Ärztestandes in Italien sowohl wie in Deutschland kommen auf Grund der Heilerfahrungen und Anweisungen des griechisch-römischen Altertums, sowie der arabischen Ärzte die mannigfachsten chirurgischen Operationen, von der Behandlung der

---

her vertreibt er den Husten; *er buoȥte mir des huosten, dar umbe wir gên muosten an ein heimelîche stat: wan den menschen niht verlât diu siuche, swen eȥ ieman siht, sô hilfet solchiu buoȥe niht:* ebd. 571 ff.

344) niederd. *tenebreker:* DÖBNER Urk. Buch v. Hildesheim 8, no. 279. *tryackers kræmer und ȥanbrecher:* GEILER V. KEISERSBERG Narrensch. 203.

345) *adamanta opum gaudium, infragilem omni cetera vi et invictum, sanguine hircino rumpente, quaeque alia in suis locis dicemus paria vel maiora miratu:* PLINIUS hist. nat. 20, 1; *hircino rumpitur sanguine:* 37, 1 (15).

346) *litotripon, in ungentum de hircino sanguine confectum, salbe von bockes plut gemacht ȥu prechen den steyn in der plasen:* DIEFENB. 333 c. Die Variante *von hirseȥoinplut gemacht* kommt wohl nur von einer fehlerhaften Übersetzung des lat. *hircino* her.

347) *ist des niht* (nämlich dass du die Wundarzneikunst bei einem ordentlichen Meister gelernt hast, vgl. oben Anm. 340), *so maht dû wol schuldic werden an einem wunden man oder an einem, dem dû den stein snîden solt. eȥ sîn kint oder alte liute, sô ist dir guoter künste gar nôt dar ȥuo, daȥ dû den stein gar wol gesniden künnest:* BR. BERTHOLD 1, 154, 29 ff.

348) EKKEHART Casus 97.

Brüche und Abscesse bis zu Amputation und Unterbindung von Gliedern vor[349]), besonders auch nachdem die zuerst im Anfange des 14. Jahrhunderts in Italien wieder eingeführte Leichenzergliederung, die seit der Blüte der Schule in Alexandrien nicht mehr geübt worden war, eine genauere Kenntnis vom Körperbau des Menschen vermittelt. Selbst die plastische Chirurgie ist nicht ungepflegt: der Bruder des deutschen Ordens, Heinrich von Pfolsprundt (Pholspeunt, aus dem heutigen Kirchdorfe Pfalzpaint an der Altmühl unterhalb Eichstädt) hat in Italien, wie er das selbst in seinem nachher zu erwähnenden Buche angibt, die Rhinoplastik gelernt. Bei schmerzhaften Operationen (wo nicht jeder Leidende die Glaubenskraft des heiligen Franziskus[350]) hatte, die da vermochte, dass ihm das Brenneisen nicht weh that) sind Betäubungsmittel erfunden, welche den Schmerz des zu Operierenden aufheben und den Erfolg der Operation sichern, und diese Erfindung geht bereits auf das 11. Jahrhundert und auf die Salernitanische Schule zurück[351]). Das Drainieren einer Wunde zu dem Zwecke, den

---

349) Beispiele von schwierigen Operationen bei U. v. LICHTENSTEIN; so die Entfernung einer dritten Lippe beim Dichter, (*der lefse, der ich drîe hân, der wil ich einen snîden lân:* Frauendienst 25, 3 f.) vollzogen 1223 zu Graz in Steiermark vom besten der dort zahlreichen Ärzte (*dâ ich vil guote meister vant. den besten tet ich al zehant gar allen mînen willen kunt:* 24, 2 ff.), durch Schneiden und nachheriges Bestreichen mit einer grünen übelriechenden Salbe (*die stanc alsam ein fûler hunt:* 28, 2), die dem Patienten die Lust an Essen und Trinken benimmt; die Kur dauert sechstehalbe Woche (27, 23), ist aber dafür auch meisterlich gelungen (28, 23 f.); — eine andere Schilderung betrifft die Heilung eines im Turnier abgestossenen Fingers, der nur noch an einer Sehne hängt (*der vingr an einer âder hie:* 108, 18), zunächst von einem Meister in Brixen versucht, aber mit Misserfolg, so dass nach sechs Tagen die Wunde *swarz und ungevar* wird (109, 3), dann von einem berühmten Arzt zu Botzen mit besserem Erfolg unternommen, indem er den Verband zweimal des Tages erneuert und dabei die Wunde zum Bluten bringt; wodurch der Finger zwar anheilt, aber gelähmt und krumm bleibt; beschrieben 107, 28 bis 109, 28. 111, 13 ff. 115, 9 ff. 118 2 ff. Eine heroische Kur im 14. Jahrh.: *diss Albrecht was an der person pewrisch, von antlitz ungestalt und eineuket, wan im einsmals vergeben, da er dan durch die ertzte bei den fussen auffgehangen, im das ein aug aussgestochen und die gift von im getriben ward, do mit er genasz:* Klingenberger Chronik, herausg. v. Henne v. Sargans (1861) S. 40. Chirurgischer Eingriff bei einem angeblichen Geisteskranken, ihm wird das Haar abgeschoren und die Kopfhaut mit dem Aderlasseisen zerstochen (*er zerbicket im sîn houbet mit einem vliemen gar*), darauf folgt ein überheisses Bad: Pf. Amis 2344 ff.

350) *her hate ein geswere an sîme beine; dô wolde iz ime der arzet ûz burnen mit eime îsene. dô sprach her zu dem gluwenden îsene 'bruder mîn, tu mir nicht wê'. und karte sîn herze zu gote alsô her des gluwenden îsenes nie gevulete:* PFEIFFER D. Mystiker 1, 215, 22 ff.

351) vgl. TH. HUSEMANN, die Schlafschwämme und andere Methoden der allgemeinen und örtlichen Anästhesie im Mittelalter, ein Beitrag zur Geschichte der Chirurgie, in: Deutsche Zeitschrift für Chirurgie Bd. 42 (1896), S. 517 ff. Derselbe, weitere Beiträge zur chirurgischen Anästhesie im Mittelalter, ebenda Bd. 44

Abfluss stockenden Blutes zu erleichtern, wird von Wolfram von Eschenbach im Parzival derart genau beschrieben, dass er die Kenntnis von dem Verfahren dabei nur einem Arzte abgesehen haben kann (wie der Dichter überhaupt grosse chirurgische Kenntnisse verrät[352]): er lässt den Ritter der Tafelrunde Gawan auf seiner Fahrt nach dem Gral eine Frau mit einem verwundeten Ritter im Schoss finden, der eine böse Stichwunde hat. Gawan untersucht die Wunde und findet, dass der Bluterguss nach dem Herzen gehe: von einer Linde schneidet er, der Wundenverständige *(er was ȥer wunden niht ein tôr)* ein Zweiglein ab, löst die saftige Rinde, ohne sie zu verletzen, und stösst die so gewonnene Röhre in die Wunde. Die Frau muss saugen, bis das Blut sich nach aussen ergiesst; da kommt der vorher bewusstlose Ritter wieder zu sich, und alsbaldige Besserung tritt ein. Gawan verbindet nun die Wunde, wobei ihm die Frau zur Hand geht, und spricht darüber einen Wundsegen[352b]). Auch bei einem Geschwüre wird Drainierung durch einen Wollfaden geübt[353]).

Durch den gelehrten Chirurgen werden wundärztliche Kenntnisse in weitere Kreise getragen, einmal dadurch, dass er Lehrer und oberste Autorität für den niederen Wundarzt ist, der zu ihm emporschaut, wohl auch in vielen Fällen seine mündliche regelmässige Unterweisung in Anspruch nimmt und diese dann seinen Kollegen und den weiblichen Heilgehilfinnen weiter vermittelt; zum anderen durch schriftstellerische Thätigkeit. Seit dem 13. Jahrhundert haben italienische und französische Fachgelehrte eine Reihe von chirurgischen Lehrbüchern geschrieben, die auf den Anschauungen und Unterweisungen der arabischen Ärzte, sowie der des Altertums fussen; für Deutschland kommen vornehmlich zwei erst spät in heimischer Sprache verfasste Schriften in Betracht, das Buch der Bündt-Erznei von dem oben genannten Heinrich von Pfolsprundt um 1460, und die Cirurgia des Strassburgers Hieronymus Brunschwygk 1497. Es ist zweifelhaft, ob beide Verfasser eigentlich studierte Ärzte sind, wiewohl Brunschwygk von seinen Studien in Paris spricht, oder ob sie nicht vielmehr ihr

(1900), S. 503 ff. Solche Schwämme dienen auch gegen die Schlaflosigkeit eines Kranken; im Parzival muss eine *slâfwurȥ*, die dem Kranken in den Mund gesteckt wird, solchen Dienst thun: 580, 20. 27.

352) Die Erzählung, wie die alte Königin Arnîve die Behandlung des wunden Gawan leitet und durchführt, zeigt in ihren Einzelheiten völlig den Techniker: Parz. 578, 4 ff. Belesenheit rücksichtlich der Behandlung von Wunden offenbart ferner die Aufzählung von allerhand, zum Teil abenteuerlichen Mitteln: 481, 5 und ff. 484, 13 ff.

352b) Parz. 504, 7 ff.

353) *wer ist in den vinger wunt, wo die bosen blateren sin, da hort ein wullin fadin in:* des Königs vom Odenwalde Rede von dem Schafe 108 ff. (Schröders Ausg. S. 61).

Wissen aus der Unterweisung anderer Wundärzte schöpfen; aber nach dem Urteile von Fachleuten sind beide verständige und erfahrene Chirurgen, die neben der Verarbeitung der älteren Quellen manches Selbständige bringen, so Brunschwygk über die Behandlung der Schusswunden. Beide Bücher sind zur Belehrung der ungelehrten Wundärzte und der Laien bestimmt[354]).

Viel früher aber schon ergeben sprachliche Zeugnisse die Einwirkung gelehrter Wundheilkunde auf die Volkspraxis: die Lehnwörter Pflaster, Balsam, Büchse. Während die schlichte Salbe als Heilmittel für Wunden zusamt dem Verbum (got. *salbôn*) gemeindeutsch ist (ahd. *salba*, altsächs. *salba*, angels. *sealf*) und zu griech. ἔλπος Öl und Talg gehört, also nur die Substanz des Fettes betont, zeigt das im 8. Jahrhundert eingedrungene ahd. *plastar*, *phlastar*[355]), wie nach der Vorschrift des Celsus, der das griechische Wort ἔμπλαστρον als *emplastrum* ins Lateinische eingeführt hat, in künstlicher Weise zubereitete Heilstoffe auf eine Binde von Zeug oder Leder[355b]) geschmiert und so auf Wunde oder Geschwür festgeheftet werden. Die Umformung des Wortes im Deutschen beurkundet die volksmässige Anwendung seit mindestens jener frühen Zeit. Die zum Aufschmieren bestimmten Stoffe bekommen den deutschen Namen der altheimischen Fettsalbe; aber das Gefäss, worin man sie aufbewahrt, nimmt wiederum die griechisch-lateinische Form zum Ausgang[356]), wie sie als technischer Ausdruck bei den fremden Heilkünstlern in Übung gewesen ist. Mit Pflaster und Büchse wirtschaftet später nicht nur jeder Wundarzt, sondern selbst die kleine Haushaltung. Die oft kostbare, oft wenigstens auserlesene Herstellung der Büchse lässt sehen, wie man ihren

---

354) Über die Genannten vgl. die ausführliche Darlegung bei GURLT Geschichte der Chirurgie und ihrer Ausübung 2 (1898), S. 187 ff. 201 ff.

355) *cataplasma plastar:* STEINM. 1, 617, 37. 618, 35. *emplastrum plaster, phlaster, pflaster, blaster:* DIEFENB. 201 c. *ein phlaster wart mit ir* (der Königin) *getragen, dâ von wil ich iu sagen, wie guot eȥ ȥe wunden was:* Erec 5132 ff.

355 b) auch hier zeigt sich in einem kleinen Sprachbilde die frühe Einwirkung der römischen Chirurgie; das ahd. nicht unhäufig begegnende, später selten gewordene *faski* ist aus *fascia* übernommen, bedeutet zuerst die mit Pflaster bestrichene Wundbinde (*cataplasmerent i. faski inponerent:* STEINM. 1, 590, 34, nach Jesaia 38, 21), dann aber auch die aufgestrichene Substanz (*malagma faski:* 1, 554, 29, *vaske, fasge:* 555, 21; *malagma vascha, emplastrum i. fasga, vasca, phlaster, plaster, plastir:* 558, 15 ff.; *emplastrum faska, plaster:* 4, 56, 46 f.), und bietet eine ganz volksmässige Umformung des technischen Wortes. Das Leder für den Wundverband soll schäfenes sein; *scheffin leder ist gesunt:* König v. Odenwalde v. Schafe 107 (ed. Schröder S. 61). got. *faskja* steht nicht in diesem Sinne.

356) *buhse, vas unguentarium:* GRAFF 3, 46. *pixis buhsa, buhsi l. truhi:* STEINM. 3. 158. 43 f. *eine bühsen, dâ was phlaster inne*: Gudr. 530, 3.

Inhalt schätzt[357]). Älter aber als die genannten beiden ist Balsam, eine uralte Einführung aus dem Orient, mit arabischem, aber durch das griechische *βάλσαμον* vermitteltem Namen, Wundsalbe und Schönheitsmittel zugleich; wie eingebürgert das Wort als *balsan* schon im Gotischen ist, beweist, dass es hier nicht das entsprechende griechische Wort, sondern *μύρον*, wohlriechende Salbe wiedergibt (Marc. 14, 4. 5. Luc. 7, 38). Der bemerkenswerte Geschlechtswechsel im ahd. *balsamo*, mhd. *balsame, balseme, balsem* ist wohl nach dem ahd. *stanc*, Wohlgeruch und wohlriechender Stoff erfolgt[358]).

Die mittelalterliche Hauschirurgie bietet ein Gemisch dar von der Anwendung der durch die Fachgelehrsamkeit vermittelten Kenntnisse und des alten Heilaberglaubens: zu der rationellen Behandlung tritt noch immer Wundsegen (Anm. 352. 434), Besprechen und Büssen (Anm. 343), auch das Messen eines Schadens als Vorkehr gegen die Verschlimmerung desselben[359]). Um durch ein unblutiges Mittel ein Kind vom Schielen zu heilen, wird empfohlen, dass man es in einen stählernen Spiegel aus einer Kapuze derart sehen lasse, dass der Blick gerade auf den Spiegel geworfen werden muss[360]).

Die Geburtshilfe betreffend, so bekümmert sich der Arzt nur um schwere Fälle. Von der Anwendung des Kaiserschnittes zur Entfernung des noch ungeborenen Kindes aus der Mutter erfahren wir bereits im 10. Jahrhundert; ein solcher *ingenitus* war der Bischof Gebhard II. von Konstanz (geb. 949, gest. 995 oder 996), ein anderer der 958 erwählte Abt Purchard von St. Gallen. Um derlei Kinder zu erhalten und ihre Haut ausreifen zu lassen, werden sie eine Zeitlang in warme Speckhaut eingewickelt. Sie bleiben immer zart, aber sie

---

357) der ursprünglichen Herstellung des Gefässes aus dem edeln Holz des *πύξος (buhsboum; der puchspaum hât gar knorrot wurzeln, und darumb vint man edlern maser an derlai holz wan an kaim andern holz:* MEGENBERG 317, 2f.) folgt die aus Steinzeug, Elfenbein, Edelmetall, letztere dient dann namentlich auch zur Aufbewahrung der Hostie; *bühse rîch ûz helfenbeine:* jüng. Tit. 4911; *die bühsen, dâ man unsern herren inne bcheltet:* BR. BERTHOLD 1, 447, 6.

358) *balsamo unt wîrouch:* Genes. in den Fundgr. 2, 16, 28. *swâ man sach ir wunden, die wurden an den stunden mit balsem gestiuret:* Willehalm 451, 18f. vgl. dazu *stanc*, odoramentum, Spezerei; *odoramentis plenas, stanchum folle:* Murbacher Hymnen 7, 6, 3.

359) *berouchen unde mezzen begunden si in beide:* Ges. Abent. 3, 70. 1008f. Eine altfriesische Anweisung, Blut zu stillen, verordnet, um die Wunde die Worte *consummatum est* zu schreiben: RICHTHOFEN 256a, 13ff. Das Messen als biblischer Brauch; *et expandit se, atque mensus est super puerum tribus vicibus, et clamavit ad dominum, et ait Domine deus meus, revertatur, obsecro, anima pueri hujus in viscera ejus:* III. Reg. 17, 21.

360) Quelle des 14./15. Jahrh. bei SCHMELLER bair. Wörterb. 2, 406.

gelten als Glückskinder[361]). Ein schwerer Fall von Geburtshilfe wird zum Jahre 778 erzählt, als Hildegard ihrem Gemahl Karl dem Grossen Zwillinge gebar; der eine kam tot zur Welt, der andere wurde mit glücklichem Erfolge aus dem Schosse der Mutter gehoben und mit den für Kinder geeigneten Lebensmitteln aufgezogen[362]).

Auf dem weiten Gebiete der inneren Medizin liegt die vorwiegende Thätigkeit des gelehrten Arztes, von hier aus geht vornehmlich sein Einfluss auf Volk und Haus, wie er sich in den Jahrhunderten des Mittelalters immer mehr steigert. Von einer selbständigen Weiterentwickelung der wissenschaftlichen Heilkunde kann freilich da nicht die Rede sein, wo die strikte Abhängigkeit von den Ärzten des Altertums und Arabiens zu Tage tritt und wo in jedem schwereren Falle der Arzt erst ‚die Bücher' konsultiert, ehe er einzugreifen wagt (vgl. oben Anm. 326). Die Autoritäten, die im Eingange des Mittelalters stehen, besonders Hippokrates und Galenus, zu denen später die arabischen Ärzte Rhazes (9. Jahrhundert) und Avicenna (10./11. Jahrhundert) treten[363]), gelten fast ebenso unbedingt noch am Ende desselben; erst im 14. Jahrhundert regen sich die Anfänge der Kritik und Selbständigkeit, die an den Namen Petrarcas anknüpfen[364]), aber es dauert sehr lange, bis sie Boden gewinnen. Die Schriften der Ärzte, wie zahlreich sie sind, zeigen lange keinen Fortschritt; von ihnen gehören hierher nur die deutsch geschriebenen, die sich an ein grösseres Publikum als das bloss fachmännische wenden. Die be-

---

361) *Gebehardus ex defunctae matris utero excisus et quibusdam fomentis obvolutus est, usque ad tempus nativitatis, Deo eius vitam ad multorum salutem reservante. de talibus tamen excisis litterae testantur, quod, si vita comes fuerit, felices in mundo habeantur:* Mon. Germ. Scr. 20, 629. *infans excisus et arvinae porcis recens erutae, ubi incutesceret, involutus, bonae indolis cum in brevi apparuisset, baptizatur et Purchardus nominatur . . educatur puer in monasterio delicatae pulcherrimus. solebant autem fratres eum cognominare ingenitum, et quoniam immature est editus nec musca illum sine sanguinis eruptione postea mordebat, ideoque et virgis in eo magister parcebat:* EKKEHART Casus St. Galli 85. Vgl. über einen späteren Ungebornen J. GRIMM Mythol.[4] S. 322 f.

362) grösseres Leben Ludwigs des Frommen 3.

363) Richer bekommt bei dem Priester Heribrand in Chartres Unterricht in den Aphorismen des Hippokrates; da er aber daraus nur die Kennzeichen der Krankheiten erlernt und die blosse Kenntnis der Krankheiten seiner Lernbegier nicht genügt, so bittet er den Lehrer, auch das Buch von der Übereinstimmung des Hippokrates, Galienus und Suranus mit ihm zu lesen. Dieses gewährt Heribrand auch, denn er war in seiner Kunst sehr erfahren und besass grosse Kenntnisse in der Pharmaceutik, Botanik und Chirurgie: RICHER hist. 4, 50. Unter Suranus ist nicht Soranus von Ephesus (um 110 n. Chr.), ein bedeutender Gynäkolog, sondern Soranus von Kos, Verfasser eines Lebens des Hippokrates, zu verstehen.

364) HAESER a. a. O. 1, 231.

treffende Litteratur[365]) beginnt, Arzneivorschriften und botanische Lehren, sowie solche über die vier Elemente und die Natur aller Dinge zusammenfassend, im 12. Jahrhundert; am bekanntesten sind unter solchen Werken im 14. Jahrhundert das Buch der Natur des Regensburger Domherrn Konrad von Megenberg, dessen Hauptzweck es nicht ist, Heilvorschriften zu geben, der aber eine Menge solcher mitteilt; und im 15. Jahrhundert das Arzneibuch des Dr. Ortolf von Bayerland, das auch in niederdeutscher Fassung vorliegt und Megenberg vielfach benutzt. Beide Werke sind ebensowenig selbständig wie andere hier nicht aufgeführte, wenn sie auch Ansätze zu eigenen Ansichten und kritische Bemerkungen enthalten.

Das Erkennen der Krankheit von Seiten des Arztes zu befördern, werden mancherlei Vorschriften gegeben[366]); ein Hauptmittel aber ist die Prüfung des Harns. Wie sicher darin sich die Ärzte schon früh fühlen, zeigt die anekdotenhafte Erzählung Ekkeharts von Notker Pfefferkorn, dem Mönch und Arzt von St. Gallen (Anm. 333), der solche Kunst verstand, *quoniam et in afforismis medicinalibus, speciebus quoque et antidotis et prognosticis Ypocraticis singulariter erat instructus:* ihm schickte, um ihn zu täuschen, Herzog Heinrich von Bayern den Harn eines liederlichen schwangeren Weibes aus der Kammerdienerschaft anstatt des seinigen zur Besichtigung, Notker aber antwortete: Ein unerhörtes Wunder wird Gott jetzt vollbringen; denn dieser Herzog wird um den dreissigsten Tag von heute ab einen aus seinem Leibe geborenen Sohn an seine Brüste legen[367]). Der Harn wird besehen, und dazu dient ein eigentümlich geformtes Glas, in das er gefasst ist, das *urinâl*[368]), das unter den Inventarstücken, namentlich

---

365) verzeichnet bei WACKERNAGEL Geschichte der deutschen Litteratur 1². 411. 435. Vereinzeltes schon früher, vgl. die Basler Rezepte bei MÜLLENHOFF u. SCHERER no. 62 (3. Aufl. 1, 222f. 2, 356f.). Angelsächsische dergleichen Werke aus dem 10. 11. Jahrh. herausgegeben von COCKAYNE, Leechdomes, Wortcunning and Starcraft of Early England, 3 Bände, London 1864ff. Aus den Niederlanden ist publiziert middelnederlandsche geneeskundige Recepten en Tractaten, Zegeningen en Tooverformules door DE VREESE, 1. Aflevering, Gent (Academie) 1894. vgl. auch Gallées Publication eines mittelniederd. Arzneibuchs des 14. Jahrh. und seine Einleitung dazu, Jahrb. des Vereins für nd. Sprachf. 15, 149ff.

366) so um zu wissen, ob einer vergiftet ist: Fundgr. 2, 322. Über den Einfluss des Magens auf Krankheiten verbreitet sich ausführlich BR. BERTHOLD 1, 432f.

367) EKKEHART cas. 123. Eine ähnliche Erzählung aber auch in der Novelle Achilles und Deidamia aus Enenkels Weltbuche, vgl. Ges. Abent. 2, 504ff. Voraussage ausbrechender Blattern, seitens jenes Notkers, aus eigentümlich riechendem Blute *(odorato cruore):* EKKEH. a. a. O.

368) *ain urinâl hieʒ er im sâ bringen an der selben stunt; ,dar an sô wirt mir kunt, daʒ euwer leip nieʒen sol, und eu tuot an dem leibe wol; daʒ muoʒ ich an dem brunnen sehen, so kan ich dar nâch rehte spehen; wie ich eu dar nâch erʒen sol; daʒ*

des wandernden Arztes, eine wichtige Stelle einnimmt[369]). Dass ein Arzt die Excremente eines Kranken koste, um die Krankheit zu erkennen, ist aus viel späterer Zeit[370]), nicht aber aus dem Mittelalter berichtet.

Von solchem ärztlichen Erkennen und Bestimmen spiegelt sich manches in der Sprache des täglichen Lebens wieder. Dass die gelehrte Benennung Fieber statt des alten Ritte ins Volk dringt, ist schon oben S. 120 und Anm. 23. 24 angeführt worden; man unterscheidet nun auch mehrere Arten, namentlich des intermittierenden[371]). Ebenso finden sich *apoplexia* als *poppelsie*, *poppel*, und *paralysis* als *parali*, *parlis*, *perli*, *perlin* (oben S. 123 und Anm. 37. 38), und verschiedene Bezeichnungen des Aussatzes (*misel*, *malazîe*, S. 149f.), wie die Namen der Pest und Pestilenz, der Pocken u. a. in die Volkssprache aufgenommen; hinzuzufügen wäre hier vielleicht noch, dass das *χολέρα* der antiken griechischen Medizin, Bezeichnung einer Gallenkrankheit und der Gallenbrechruhr, sich schon ahd. mit Geschlechtswechsel als Masc. *choloro* einbürgert[372]) und sich mhd. teils in der gelehrten femininen Form *colera*[373]), teils als Masc. *kolre* in der geänderten Bedeutung der stillen Wut[374]) fortsetzt; dass griech. *ἀπόστημα* im 12. Jahrhundert als *pustema*[375]), lat. *fistula* mhd. als *fistel*, *fissel* erscheint[376]), wie lat. *colica* im 15. Jahrhundert als

sich ich an dem brunnen wol: Ges. Abent. 2, 504, 422ff. *herr, land mich iwern brunnen sehen und fahend in in ain glas, das ich den siechtum kenn dest bas:* Teufels Netz 9995ff. *Hainrich Speten, dem mag uwer genad den brunnen geben, das er inn mir bringe:* STEINHAUSEN Privatbriefe des Mittelalters 1, 79 (v. 1467).

369) der Ausrufer des Medicus auf dem Jahrmarkte bei Vorzeigung der Instrumente *nu merkcht, ir herren überal, das ist sein urinal, dar inn chan er den prunn sehen, wie dem siechen sei geschehen:* Erlauer Spiele 51, 440ff. Kummer.

370) Simplicissimus 1, 362 Kurz.

371) *sô gewinnet der den tegelichen, der den dritegelichen, der den viertegelichen (riten):* BR. BERTHOLD 1, 433, 23f. *febris cottidiana, der teglich ritte, febris terciana, der driteglich ritte, emitriteus, zwivalt dritegic ritte, quartana, viertegic ritte, paroxismus, ritten hizze:* Voc. opt. 36, 78ff. Eine Art des Fiebers, bei der Schüttelfrost und Hitze wechseln, wird volksmässig, nicht ohne Humor, *winter und sumer* genannt; *di verliche krankheit unde suche di man nennet den winter unde den sumer, zu latine di febres:* KÖDIZ 59, 28f.; *ein frouwe . . di hatte den winter unde den sumer wol sechste halb jar gehat:* 80, 20ff., vorher (Zeile 19) als *daz kalde* bezeichnet (vgl. oben S. 119, Anm. 17).

372) *cholera choloro:* STEINM. 1, 562, 9, *cholero, colero, cholere:* 578, 40f.

373) *vil dicke wirt diu lungel wunt von der colera:* PFEIFFER zwei deutsche Arzneibücher aus d. 12. u. 13. Jahrh. (1863) S. 45.

374) *mich dunket wol, ir habt den kolre, der gêt iu ime houbt entwer:* Ges. Abent. 3, 113, 78f.

375) PFEIFFER a. a. O. S. 14.

376) *fistula, morbus, fistel, fissel:* DIEFENB. 237a. nov. gloss. 175b. *fistula vissel:* Voc. opt. 36, 57.

kolk[377]); auch dass der eine Krankheit bedingende flüssige oder feuchte Stoff im menschlichen Körper nach dem Vorbilde des Lateinischen mhd. *matêri*, *matêrie* genannt wird, was dann das Volk nur auf den Eiter bezieht[378]); abgesehen von anderem. Wichtiger ist, dass Benennungen des Leibes und der Leibesteile aus der Ärztesprache in die des Volkes übergehen, völlig deutsche Form bekommen, und so den Einfluss zeigen, den die gelehrte Medizin auf Kenntnis und Anschauungsweise der weitesten Kreise gewinnt. So der Name des Leibes selbst, mhd. *korper*, *körper*, aus lat. *corpus* (mit Geschlechtswechsel), zuerst aus der Sprache der Kirche aufgenommen, den Leichnam bezeichnend, aber schon um das Jahr 1300 auch auf den lebendigen Leib bezogen[379]); so ferner der Name verschiedener Röhren im menschlichen Organismus, ahd. *phîfa*, mhd. *pfîfe*, mnd. altfries. *pîpe*, nach dem mittellat. *pipa*, gebraucht von den Röhrknochen[380]) und von der Luft- und Speiseröhre[381]); die Bezeichnung des Aderschlags und der schlagenden Ader selbst, mhd. *puls* nach lat. *pulsus*[382]); auch *muskel* aus dem lat. *musculus* erscheint schon bisweilen niederländisch[383]), während sich sonst der deutsche Ausdruck *mûs* hält.

Die Hauptquelle der ärztlichen Heilmittel bildet das Pflanzenreich; der systematische Anbau von offizinellen Pflanzen nach den Überlieferungen des Altertums ist schon hervorgehoben (Bd. 2, S. 87 ff.). Aus dem Mineralreich wird verhältnismässig Weniges gebraucht. Edelmetalle haben ihren grossen Nutzen in der Medizin; Gold kräftigt, läutert und reinigt, ist gut für Herzkrankheit, Ohnmacht und Magenerkältung[384]); Silberschaum wird gegen Krätze und Hämorrhoiden ge-

---

377) *colica kolck, kolcke ein suchte:* DIEFENB. 131 b. *colicus eyn de de kolk heft:* nov. gloss. 100 a.

378) vgl. Deutsches Wb. 6, 1753.

379) *in ungedult der knabe* (in Krämpfen) *ranc, er warf den corper her und dar:* Elisab. 8525. *corpus corper, körper, cörpel:* DIEFENB. 152 c.

380) ahd. *peinfîfun tibiae:* GRAFF 3, 330. nd. *tibia, eyn scheen von den been off pype:* DIEFENB. 582 c. altfries. *is thi skildel* (der kleine Armknochen) *â tuâ, and thiu pîpe* (der Röhrknochen) *sê hêl:* RICHTHOFEN 220, 33; nd. *de pipe sy al heel:* 221, 29.

381) *an dem halse komet twe pipen. de eyne to der lungen* (Luftröhre), *de ander drecht de spise to dem maghen* (Speiseröhre). SCHILLER-LÜBBEN 3, 330 a (aus der niederd. Übersetzung des Buches *praxis medicinae et chirurgiae utilissima* vom Magister Bartholomäus zu Bologna).

382) *pulsus der* und *die pulsȝ, aderpuls:* DIEFENB. 472 c. *dô er den pulsȝ und ander ding und auch sein wasser dô besach:* KELLER altd. Gedichte (1846) S. 142, 1.

383) nl. *muys, muysken, muyskel, musculus, lacertus, pulpa, carnosa pars in corpore:* KILIAN Y 4 a; *musckel, musculus, lacertus* (unter eingebürgerten Fremdwörtern): A a a 8 a.

384) MEGENBERG 474, 27 ff.

priesen; aber auch Eisensinter dient zur Erweichung von Geschwüren[385]). Steine werden seltener unmittelbar zu Medizin verwendet, so dass man sie zerstösst und eingibt[386]), sondern sie dienen mehr zum Schutz vor Krankheit oder zur Genesung, indem man sie bei sich trägt[387]). Mehr bietet das Tierreich; Eselsmilch warm ist gut wider Zahnschmerz, Ebermist gegen Nasenbluten, die Galle des Urrindes gegen Ohrenschmerzen und Wundnarben, das Bibergeil gegen Lähmung u. s. w.[388]); und vom rohen Speck ist bereits früher (Bd. 2, S. 287) gemeldet worden, dass er bei den Franken als eine Art Universalmedizin gegolten habe; auch im Walthariliede wird für Milch- und Mehlbrei Speck als Zusatz gefordert, zugleich zur Nahrung und Heilung[389]).

Während für äussere Schäden die heilenden Stoffe als Salbe, Balsam oder Pflaster nutzbar gemacht werden, dienen für innere Heilung Trank, Latwerge, Sirup, Pulver, Pillen. Die Hauptform, in der die Medizin gereicht wird, bleibt immer der Trank, ein Auszug aus den Pflanzen durch Abkochen[390]), entweder vom Arzte selbst, oder nach seiner Anweisung im Hause hergestellt. Schwieriger und der technischen Bereitung vorbehalten ist die Latwerge, deren mittelalterlicher Volksname den schliesslichen Niederschlag des griech. ἐκλεικτόν durch mittellat. *electarium*, *electuarium* und verschiedene einheimische Formen hindurch darstellt[391]). Sie ist der eingedickte Saft verschiedener Heil- und Würzkräuter, durch Kochen und Abdampfen gewonnen, und soll, nach dem Wortlaute der griechischen Bezeichnung,

---

385) ebd. 476, 31 f. 479, 27. Mineralgifte, vgl. unten Anm. 426.

386) *die stain küelent auch und faühtmachent von den kreften der element, dar auz ir selpwesen gemischt ist, und kreftigent daz herz und ander gelider in dem menschen, wenn man sie zerstœzt und si in ezzen nimt oder in erznei:* ebd. 429, 31.

387) Der Glaube an die Schutzkräfte der edeln Steine hat im deutschen Mittelalter eine förmliche Litteratur hervorgerufen, vgl.: Das Steinbuch. Ein altdeutsches Gedicht von Volmar. Mit Einleitung, Anmerkungen und einem Anhange herausgegeben von H. LAMBEL, Heilbronn 1877. Ein niederdeutsches (nicht selbständiges) Steinbuch *van den eddele ghestenten* herausgegeben von C. SCHRÖDER im Jahrbuch des Vereins für niederdeutsche Sprachforschung 1876, S. 57 ff. Heilmittel von Steinen: German. 8, 301 ff.

388) MEGENBERG 120, 8. 121, 27. 123, 16. 127, 15, u. s. w. Die heil. Hildegard gibt im 5. bis 7. Buche ihrer Physica eine Reihe von Heilmitteln aus dem Tierreiche (Migne, Patrol. lat. 197, S. 1262 ff.).

389) *effice lardatam de multra farreque pultam: hoc pariter victum tibi confert atque medelam:* Walth. 1441 f.

390) *von diu* (weil wir durch die Sünde verwundet sind) *bite wir . . die arzâte suochen, diu getranch, ouch die binden:* DIEMER Ged. des 11. u. 12. Jahrh. 88, 13 f. *ne nem du den tranc, den dir der arzât hât gesant:* LAMPRECHT Alexander 2573 f. *ich wil iu geben einen tranc, sô sît ir zehant genesen:* Reinh. Fuchs 2167 f., u. ö.

391) *electuarium, electuaria, latware, latweri, latwarc, latwerge, laquarie, lectuarie:* DIEFENB. 197 c. *lactwäry, lattwerien, lectquerge, letwari, latwerig,* umgedeutet *lantwerk:* nov. gloss. 146 b.

zerleckt werden; das Mittelhochdeutsche aber spricht vom *eʒʒen der lactwêrjen*[392]). Aufbewahrt wird sie entweder, wie Salbe oder Pflaster, in einer Büchse[393]), oder in Würfelform, als *ʒeltelîn, lebeʒelte*[394]), oder endlich in Stangen, wie eine der beliebtesten Latwergen und Volksarzneien, die Lackritze; die Bezeichnung ist aus mittellat. *liquiritia* entstanden und führt auf griech. *γλυκύῤῥιζα* zurück; die Beliebtheit zeigen auch die sehr wechselnden Formen und Umdeutungen, in denen der Name erscheint, wobei selbst Vermischungen mit Latwerge unterlaufen[395]). Der Sirup ist ein Geschenk arabischer Heilkunst, wie denn das Wort auch aus dem arabischen *scharâb* Trank über das Romanische hinweg (span. *xarope*, ital. *sciroppo*, *siroppo*, franz. *sirop*) seit dem 12. oder 13. Jahrhundert zu uns gekommen ist[396]). Die deutsche Form ist *sirop, sirup* und *siropel*[397]). Von der Latwerge unterscheidet er sich durch die Form, denn während jene dick und mindestens musartig eingekocht ist, bleibt der Sirup immer ein Trank[398]), wie schwerflüssig er auch von dem zugesetzten Zucker oder Honig sei, der hier niemals fehlt. Auch der Sirup bleibt der ärztlichen Herstellung, mindestens genauer ärztlicher Vorschrift, vorbehalten. Seine Kostbarkeit zeigt er dadurch, dass man ihn *edele* nennt[399]), wie er denn auch sehr sorgfältig aus allerhand Kräutern und Gewürzen gewonnen wird; geschätzt ist der Sirup von Rosen, Veilchen und Isop[400]). Seltener schon wird Arznei in Pulverform gereicht, doch erwähnt Megenberg mehrere Arten[401]); am wenigsten haben sich die Pillen

392) *iu enbiutet meister Bendîn* (von Salerno), *daʒ ir iuch niht sult vergeʒʒen, ir sült tegelîche eʒʒen dirre lactwêrjen, die er iu hât gesant:* Reinh. Fuchs 1886 ff. *iʒ* (eine Abkochung von Weichselkirschen und Honig, abgekühlt und in Würfel geschnitten) *als ein latwergen*: Buch von guter Speise no. 85, S. 26.

393) *der latwerîen bühse:* Minnes. 2, 258a. Hagen.

394) *latwary und letʒelten fressen*: Teufels Netz 1026 Var.

395) *liquiricium, liquiricia, liquirici, liquericʒ, lickweriʒic, leckwaricʒ, leckerici, leckeritʒ, laquerisse, lackaricie, lackeritʒ, lekervitʒ, claritʒ* u. ä. DIEFENB. 333a. *leckerʒweyg, lagiricʒe, lichkricʒ, leckerij, lackericʒge, licritʒ:* nov. gloss. 237a. vgl. *electuarium leckeritʒ, leckerworcʒe:* DIEFENB. 197c.

396) vgl. DIEZ Wörterb. d. rom. Spr. 1³, 384.

397) *siropus sirup, siroep, sirop, sirope, siropel:* DIEFENB. 538b.

398) *siropus ein tranck in artʒney:* DIEFENB. a. a. O.

399) *daʒ edele syropel*: BR. BERTHOLD 1, 187, 37.

400) *so schribt der arʒat dar, es gelte hut oder har, das er im* (der Apotheker dem Kranken) *mache die besten sirupen von krütern und von wurʒen:* Teufels Netz 10016 ff. Vorschrift zur Bereitung von *rôsensyrop:* MEGENBERG 345, 12 ff., von *violsyropl:* 425, 5. *syrup von margrammen, von ysop*: Diemers Arzneibuch 101 (mhd. Wb. 2, 2, 320a).

401) *ein syrop und ein pulverlîn suochet einer, der wil ein arʒet sîn:* Renner 16715 f. Pulver von den Blättern des Cassiabaumes: MEGENBERG 364, 8. von

eingebürgert, deren Name darum auch gar nicht volksmässig geworden ist[402]).

Unter die Heiltränke wird auch der Wein gerechnet, der innerlich genommen, heilt, kräftigt und wieder belebt[403]), äusserlich zum Waschen der Wunden dient[404]). Mit Wein bereitet ist eine im Mittelalter sehr bekannte und öfter genannte Medizin, die *potio Paulina*, auch *potio sancti Pauli* genannt, wohl mit Anspielung darauf, dass Paulus dem Timotheus einen Trunk Weins gegen schwachen Magen und allerhand Krankheitszufälle empfiehlt (*modico vino utere propter stomachum tuum et frequentes tuas infirmitates:* 1 Tim. 5, 23). Diese *potio Paulina* ist eine Art Universalmittel, sie heilt alle Krankheiten des Kopfes, Magens und der Brust, Schlagfluss, Lähmung und Pest, verjüngt und verschönt den Menschen, muss aber häufig genossen werden[405]). Die letztere Vorschrift hat nach dem Berichte Thietmars von Merseburg der Markgraf Liuthar zu wörtlich befolgt, er hat sich durch den paulinischen Trank in Rausch versetzt und ist daran plötzlich gestorben[406]). Übrigens ist diese *potio Paulina* nichts anderes, als der aus dem Altertum überkommene und überaus geschätzte Alantwein, der aus dem Alantkraute (inula helenium) mit Zusatz von Honig und Zucker durch ein umständliches Verfahren gewonnen wird: das christliche Mittelalter hat ihn nur umgetauft, weil die Beziehung des Krautes zur Helena[407]) anstössig erschien. Plinius kennt die Verwendung des Krautes und beschreibt die Wirkung auf Gesundheit und Schönheit kurz[408]); und noch im 16. Jahrhundert misst Coler dem Alantwein, dessen Bereitung er weitläufig schildert, ganz dieselben Eigenschaften bei, die im Mittelalter von der potio Paulina gerühmt

---

Sandelholz: 376, 4. *pulver ind salff tegen den pestilent:* STEINHAUSEN Privatbriefe 1, 86 (von 1468).

402) *pilla ein pille, pill, pyl:* DIEFENB. 435 a. *pillula ein pille, kugel uȥ der appeteken, pillen, pilles, pile:* ebd. Als Abführmittel, *der* (ein Bauer) *wolt mit pillulen alle kranckheit vertreiben, die weil sie jhn purgiert und gesundt gemacht hatten:* GEILER V. KEISERSBERG Welt-Spiegel od. Narrenschiff 203.

403) vgl. oben Bd. 2, S. 371, und Anmerkung 180. *vinum autem .. calicemque nostrum ad refocilandum potius, quam ad potandum sufficere:* EKKEHART Cas. St. Galli 140. Angemachter Wein als Heiltrank: WACKERNAGEL kl. Schrift. 1, 95, und vielfach.

404) *dô nam diu alte künegîn dictam und warmen wîn unt einen blâwen ȥindâl; do erstreich si diu bluotes mâl ûȥ den wunden, swâ decheiniu was, unt bant in sô daȥ er genas:* Parz. 579, 11 ff.

405) vgl. DU CANGE 6, 224 b f.: *potio Paulina crebro repetita potenter excoquit et levigat, placat faciemque venustat.*

406) *potione Paulina inebriatus, ex improviso obiit:* THIETMAR 6, 52.

407) *helenium e lacrymis Helenae dicitur natum:* PLINIUS hist. nat. 21, 10 (33).

408) hist. nat. 21, 21 (91).

werden; er soll wider alle Gifte dienen, Brust und Lunge säubern, das Herz stärken und erfreuen, den schleimigen Magen reinigen, die Verstopfung der Leber und Milz, sowie alle kalte phlegmatische Feuchtigkeit wegnehmen, den Weibern die Monatszeit fördern, gegen den Husten dienen, der von der Erkältung der Brust kommt, den Gries und Stein austreiben, die Mutter stärken, die natürliche Hitze und Kraft erhalten, fröhlich und lustig machen, und noch einiges andere. Helena habe in Ägypten den Alantwein machen lernen als einen bewährten Trank für alles Gift, Leid und Trauern[409]).

Nichts Geschätzteres aber gegen Gifte als der Theriak, die Erfindung des Leibarztes Andromachos (oben Anm. 313), während ein älteres Gegengift, das *Mithridaticum antidotum*[410]), im deutschen Mittelalter wenig bekannt und erst später wieder mehr empor gekommen ist. Dem Namen gemäss ist der Theriak eigentlich das von gewissen Teilen wilder Tiere verfertigte Gegengift (*θηριακὸν ἀντίδοτον*) gegen den Biss giftiger Tiere, dem Grundsatze der alten Heilkunst gemäss, dass das, was schädigt, auch heilen muss; aber seit der Einführung des Mittels in die deutsche Medizin (der Name ist im Althochdeutschen noch nicht bezeugt, tritt aber im 12. Jahrhundert bereits in der volksmässig geänderten Form *trîakel, drîakel*, später als *trîak, drîaker* u. a. auf[411]), erfolgt nach und nach eine völlige Änderung seiner Bestandteile, und damit eine andere und erweiterte Meinung von seiner Wirksamkeit. Während eine angelsächsische Quelle des 10. Jahrhunderts den fremden Namen auch noch unübersetzt lässt und ihn nur allgemein als Gegengift charakterisiert[412]), ist wenig später dort die Sache in der fremden Bezeichnung als Mittel gegen alle inneren Zufälle gepriesen und ausführlich beschrieben, wie ein Mensch beim Einnehmen verfahren soll: fasten bis zu Mittag bei Vermeidung jeglicher Zugluft, dann ins Bad gehen, bis man schwitzt, hierauf einen Becher warmen Wassers mit einem kleinen Stich der Theriakkonserve, wohl durchgeseiht, nehmen, sich warm zudecken und schwitzend liegen bis zum Nachmittag drei Uhr; dann darf man essen, muss sich aber weiter vor Zugluft hüten[413]). In Deutschland ist die eigentliche

409) COLERUS Hausbuch 2 (1604), S. 64.

410) DU CANGE 5, 426a.

411) vgl. die ungemein verschiedene Form im Deutschen Wb. 2, 1373. 11, 367.

412) *tiriaca, drenc wiđ âttre*: WRIGHT-W. 1, 114, 19.

413) *tyriaca is gôd drenc wiđ eallum innođtydernessum; and se man se þe hine swâ begǣþ, swâ hit her on segđ, þonne mæg he him miclum gehelpan. tô þam dæge þe he wille hine drincan, he sceal fæstan ôþ midne dæg and ne lǣte hine wind beblâwan þŷ dæge; gâ him þonne on bæþ, sitte þǣr ôđ þæt he swǣte; nime þonne âne cuppan, dô ân lytel wearmes wætres on innan, nime þonne âne lytle snǣd þæs tyriacam, and gemenge wiþ þæt wæter, and seóh þurh þynne hrægl, drince þonne,*

Natur des Theriaks noch von Konrad von Megenberg nicht vergessen, er lässt ihn aus dem Fleisch der Schlange *tirus* und anderen dazu gehörigen Dingen bereitet werden, und gegen jegliches Gift helfen, mit Ausnahme desjenigen, welches von jener Schlange selbst kommt[414]). An einer anderen Stelle braucht er das Wort als ein tierisches Gegenmittel gegen das Gift einer bestimmten Pflanze[415]). Aber zu seiner Zeit ist der Theriak schon in der vorher beschriebenen angelsächsischen Art gebräuchlich. Verschiedene Arten des Theriaks gibt es seit oder vielleicht vor dem 15. Jahrhundert, wo der Name *die grosȥ tiriaca* erscheint[416]), und dieser will augenscheinlich auf die alte echte Art hindeuten, im Gegensatz zu einer geringeren, jedenfalls derjenigen, welche herumziehende Quacksalber[417]) als eine Universalmedizin anbieten und mit dem Namen des Theriaks reclamehaft schmücken. Solche feilgebotene Art enthält nur eine mehr oder weniger grosse Anzahl heilkräftiger Stoffe in Honig gemischt. Der Hauptfabrikationsort für den eigentlichen Theriak war Venedig; er wurde aber auch in Apotheken Deutschlands unter Aufsicht von Ärzten und aus den erlesensten dazu gehörigen Sachen hergestellt[418]). Seine Anwendung geschieht innerlich wie äusserlich: in die Nase gestrichen wird er z. B. für die Pestilenz[419]).

In der frühen Zeit fertigt der Arzt seine Arzeneien selbst; der wandernde Heilkünstler trägt sie im Rucksacke mit sich herum (vgl. oben Anm. 315). Zunächst in Klöstern und geistlichen Stiftern entstehen neben Krankensälen und Ärztewohnungen besondere Räume für die Aufbewahrung von Kräutern und sonstigen Heilmitteln; auf

---

and gâ him þonne tô his reste and bewreó hine wearme, and licge swâ ôð he wel swǽte, arise þonne and sitte him up and scirpe hine, and þicge siþþan his mete tô nônes, and beorge him georne wiþ þone wind þæs dæges: COCKAYNE Leechdomes 2, 288 f. Diese Anweisung hat der Patriarch Helias von Jerusalem dem König Alfred von England gesendet: 290.

414) *wenn man der slangen (tirus) flaisch beraitt mit andern dingen, diu dar ȥuo gehœrent, dâ wirt ain electuarium auȥ oder ain confect, daȥ ist ain auȥwal und ain beraitung so edel, daȥ si die vergift auȥwürȥelt und auȥtreibt von dem menschen. daȥ confect haiȥt tiriaca, daȥ ist triaker, und nimt den namen von der slangen .. wie aber daȥ sei, daȥ der driaker helf wider all ander vergift, iedoch hilft er niht wider die vergift derlai slangen, diu tirus haiȥt:* MEGENBERG 284, 11 ff.

415) *eȥ ist auch ain wunder, daȥ ain klaineu maus sich nert von den nappeln* (aconitum napellus, Eisenhütlein), *und diu ist ain driakers wider des nappeln vergift:* ebenda 411, 31 ff.

416) Nürnberger Apothekereid bei PETERS aus pharmazeutischer Vorzeit 1² (1891), S. 22.

417) *triakers krämer:* GEILER V. KEISERSBERG Narrensch. 57.

418) PETERS a. a. O. S. 67 (Quelle von 1547).

419) D. Städtechron. 2, 26.

dem Grundrisse von St. Gallen ist ein solcher als *armarium pigmentorum* eingezeichnet, eine Kammer, zu der man unmittelbar aus der Ärztestube gelangt (vgl. Bd. 2, S. 88, Fig. 24), und es ist wohl nicht zweifelhaft, dass dieser Raum zugleich das ganze Rüstzeug für die Zubereitung der Kräuter und Wurzeln zur Arzenei birgt[420]). Sonst gilt die Bezeichnung lat. *apotheca* aus griech. ἀποθήκη, die aus der ursprünglichen allgemeineren Bedeutung des Bergeortes schon bei den römischen agrarischen Schriftstellern in die eines Lagers für Grünzeug übergegangen ist[421]). Von hier aus wird das Wort in die Klosterwirtschaft verpflanzt, wo es sich auf die Bezeichnung eines Raumes für Heilkräuter einengt; und so gewinnt es allmählich den technischen Sinn, der besonders seit dem 13. Jahrhundert in städtischen Anstalten der Art hervortritt. Die Apotheke ist anfangs weiter nichts als die Kräuterkammer eines Arztes[422]), und dieses Gelass mit seinem würzigen Geruche meint die sprichwörtliche Redensart des Riechens wie eine Apotheke[423]); der Dorfarzt ist noch auf lange hinaus auch Apotheker[424]). In Städten aber schafft sich die Kunst eigene Vertreter und eigene Häuser[425]), und das Aufkommen eines Apothekerberufes ist auf die Vermehrung und Ausbildung des Arzneischatzes von dem erheblichsten Einflusse. Apotheken stehen seit der Entfaltung der Städte unter fortlaufender obrigkeitlicher Aufsicht, die sich auf jeden Zweig des Gewerbes erstreckt und namentlich darauf bedacht ist, dass mit der Herstellung der Arzneien nur nach Anweisung des Arztes verfahren und dass jeder gefährliche Arzneistoff vom vereidigten Apotheker und sonst von keinem abgegeben werden darf[426]). Für mindestens éine Stadtapotheke wird ebenso gesorgt, wie für einen Stadtarzt, der das ge-

---

420) *armarium* in eigentlicher Bedeutung ein Gestell mit Fächern, in welchem etwas untergebracht ist, wie bei CATO de re rustica 11, 3 ein *armarium promptuarium* neben der *arca vestiaria*, und den *scamnis longis* erscheint. In St. Gallen ist es zu der Bedeutung der Kammer mit solchen Gestellen erweitert.

421) *pars autem fructuaria dividitur in . . . foenilia, paleariaque et apothecas, et horrea:* COLUMELLA 1, 6, 9; vgl. dazu *siccae autem res congerantur tabulatis, ut frumenta, foenum, frondes, paleae, caeteraque pabula:* ebd.

422) Die Entwickelung des Sinnes im Deutschen veranschaulichen die Glossen *apotheca krudhusz, krauthausz, eyn specery gaden, appotheke, apotek, apteck, apetick, abeteka und ys eyn stede dar men arzedie tho vorkopende plecht:* DIEFENB. 42a.

423) *daz munster wart sô wol richende alsô iekein appotêke:* D. Mystiker 1, 167, 35. *daz der munt uns als ein apotêke smecke:* Minnes. 2, 154a, 4 Hagen.

424) Ein Dorfarzt weigert sich, Verhaltungsmassregeln für Gesunde zu geben, weil ihm dann seine Kunst nichts einbringe und seine Apotheke zu Grunde gehe *(dar umb tuon ich dir nicht enchunt, wie du scholt bleiben gesunt. die chunst die wurd mir gar enwicht und auch mein appentech zu nicht):* Ring 26d, 7ff.

425) vgl. über das Aufkommen der städtischen Apotheken Band 1, 298, Anm. 280.

426) Nürnberger Pol.-Ordn. S. 141 (15. Jahrh.), wo solche Stoffe (Hüttenrauch, Arsenik, Quecksilber, Opium u. s. w.) aufgezählt sind.

sammte Heilwesen einer Gemeinde beaufsichtigt[427]). Dass Arzt und Apotheker zum Schaden eines Kranken unter einer Decke spielen, darüber wird geklagt[428]). Nach und nach entwickelt sich in der Apotheke ein Verkaufsgewerbe derart, dass der Inhaber eine Reihe von Mitteln auch ohne Anweisung des Arztes hergibt; das sind besonders solche, die weniger zur Heilung als zur Stärkung der Gesundheit dienen, wie sie auch von den herumziehenden Krämern und Quacksalbern feil geboten werden. Der Apotheker versteht die oft verwickelte Herstellung solcher Mittel; er bezeichnet das mit dem Kunstausdruck *conficere*, und das Erzeugnis davon mit *confectum*[429]). Konfekt ist auch der Theriak (Anm. 414); da aber die meisten Arzneistoffe des besseren Einnehmens wegen in Honig oder Zucker eingebettet werden, so bekommt das Wort mit der Zeit den Sinn von einer künstlich zubereiteten Süssware überhaupt, und der ursprüngliche Bezug auf die Heilkraft verschwindet.

Die Entwickelung der Apothekerkunst hat bedeutenden Einfluss auf die alte Hausmedizin, insofern als zu den alten einfachen Mitteln die fremden Arzneistoffe treten, die auch ohne besondere Anordnung des Arztes angewendet werden, da man sie, wie oben betont, leicht in freiem Handel zu kaufen bekommt. Im 13. Jahrhundert dient so *rôswazzer* zum Waschen des Hauptes einer Fieberkranken, um die böse Hitze auszuziehen, Reismus mit *mandelmilch* zur leichten Krankenspeise, *zuckervîolet* zur Kühlung, *ein grânâtöpfel* zur Erfrischung des Mundes[430]). Später braucht man eine Salbe mit dem Schmer eines Kapauns bereitet in Bauernkreisen zur Hebung der Ohnmacht[431]); Saffran in Gerstenwasser gesotten zur Erhaltung der Augen in einer schweren Pockenkrankheit[432]). Und die Bereitung solcher Arzneien, wie sie Arzt und Apotheker vornehmen, lernt man auch im eigenen Hause, wenigstens sind zahlreiche Rezepte zur Bereitung von Heilmitteln, oft recht zusammengesetzter Art, sicher nicht sowohl für

---

427) Stadtärzte in Hildesheim, seit 1437: BECKER in der Zeitschrift für klinische Medizin Bd. 38, S. 326.

428) *von den appotekern und arzaten . . den zwain mag man kûm engân, wan si tuonts mittenander hân:* Teufels Netz 9929 f.

429) *conficere mischen, mengen, zu riben*: DIEFENB. 141 a. *confectum* ist im 14. Jahrh. schon in die Volkssprache übergegangen als *confec, confect, confyt:* ebd. Eine holländische Urkunde von 1389 mit Zollbestimmungen braucht dieses *confyt* noch in verbaler Verwendung, und zählt in Verbindung damit zugleich eine Anzahl fremder eingeführter Drogen auf; Zoll muss gezahlt werden *van elken bale of vaten saffrans, ghingheber, peper, caneel, galighan, blomen of canele, cedewar, folyen, cubeben, muschaten, ende van allen anderen crude, het sy confyt ofte ungeconfyt, XII den. holl.:* Lübeckisches Urk. Buch 4 (1873), S. 554.

430) BONER Edelstein 48, 95 ff. (S. 78 Pfeiffer).

431) Ring 32 d, 4 ff.

432) Zimmer. Chron. 3, 328.

medizinische Fachkreise als für Verfertigung in dem Hause eines Kranken selbst im Mittelalter aufgezeichnet worden[433]); in guten Familien gibt es ganze zusammengeschriebene Büchelchen mit dergleichen Notizen, die von Geschlecht zu Geschlecht gehen, wie denn im Jahre 1485 die Tochter Oswalds von Wolkenstein (Sohnes des gleichnamigen Dichters) ihn bittet, er möge ihr sein Arzneibüchlein senden, damit sie es abschreiben lassen könne[434]). Charakteristisch aber ist dabei, dass trotz aller solcher stofflichen Heilmittel die altheidnische Beschwörung und Segensformel niemals aufhört, sondern immer nebenher läuft, teils bei der Anwendung des Mittels, teils auch schon bei der Gewinnung desselben; und wie Gawan nach dem Verbinden der Wunde einen Wundsegen spricht[435]), und die Tochter Oswalds von Wolkenstein in dem eben angezogenen Briefe (Anm. 434) neben dem Arzneibuche auch *den segen für das vergicht* sich mitteilen lässt, so kann nach einem Arzneibuche des 14. Jahrhundert die Heilkraft der Verbene sich nur bewähren, wenn bei der Ausgrabung der Wurzel feierlich beschwörende Worte gesagt und anderer Zauber durch Umsteckung mit Gold und Silber getrieben wird[436]).

Heilaberglaube wird fortdauernd auch mit dem heiligen Salböl getrieben. Schon Karl der Grosse verbietet in einem Kapitular von 813 den Priestern bei schwerer Strafe, es unter keinem Vorwand zur Heilung oder zum Zauber herzugeben[437]); und noch Bruder Berthold

---

433) so zwei Recepte gegen Aussatz und Stein, die in einer Papierhandschrift des 15. Jahrh. unter verschiedenen Stücken kirchenrechtlichen Inhalts stehen, mitgeteilt in Haupts Zeitschrift 13, 381 ff. Ein Mittel gegen Flechten: SCHMELLER bair. Wb. 1², 785.

434) *freundtlicher herzenlieber herr vatter, ich pytt euch, ir welt myr eur erzneypüechel und den segen fur das vergicht leyhen und myr das pey dem gegenburtigen potten senden, so will ichs lassen abschreyben und euchs von stund wydersenden:* STEINHAUSEN d. Privatbriefe des Mittelalters 1, 392. Ein solches Familien-Arzneibuch stellt wahrscheinlich auch das niederdeutsche, unter dem Namen des Gothaischen bekannte, und dasjenige aus dem 14. Jahrh. dar, welches Hoffmann von Fallersleben in den Fundgr. 1, 317 ff. aus der Rhedigerschen Bibliothek zu Breslau unter Mitteilung von Proben beschreibt, während ein zweites Exemplar zu München Schmeller bair. Wb. 2², 805 f. anführt, ein drittes in Bruchstücken im Archive zu Büdingen Crecelius, Haupts Zeitschr. 10, 289 f. erwähnt. Die Physica der heil. Hildegardis (Anm. 388) ist ebenfalls für die Klosterfamilie bestimmt. Die Ärzte selbst teilen umständliche Anweisungen und Heilmittel gegen Krankheiten den Laienkreisen mit, so ein Meister Heinrich von Braunschweig Vorschriften gegen Scorbut: Jahrbuch des Vereins für niederd. Sprachforschung 27 (1901), S. 139—141.

435) Parz. 507, 23.

436) Fundgruben 1, 326, 13 ff. vgl. dazu die Bemerkungen oben S. 173.

437) *ut presbiteri sub sigillo custodiant crisma et nulli sub praetextu medicinae vel maleficii donare praesumant; si fecerint, honore priventur:* Mon. Germ., Capitularia 1, S. 174.

beschwört namentlich die Bauern, weder mit dem Chrisma, noch gar mit der Hostie Zauberei zu begehen. In solchen Sünden sind nicht die Männer, sondern die Frauen befangen, die damit sich einen Mann gewinnen wollen[438]).

Geschieht derlei in niederen Ständen, so weisen die künstlich bereiteten Liebestränke in die höhere Gesellschaft, und es ist dafür auch ein modisch fremdländischer Name vorhanden[439]). Solche aus dem Altertum überkommene Amatoria (wie sie bei Plinius heissen) fordern für ihre Herstellung die Kunst des Arztes und des Apothekers: der Trank, der Tristan und Isolt aneinander kettet, ist von der Mutter der letzteren, der berühmten Heilkünstlerin (Anm. 293), bereitet; er hat den Charakter und Geschmack des Weines und wird dafür getrunken[440]). Daneben gibt es Esswaren mit gleicher Wirkung, wohl in Form des Apothekerconfects; wir erfahren davon durch eine Nachricht aus dem 14. Jahrhundert[441]); und noch im 17. Jahrhundert bittet eine lüsterne Frau schriftlich den Apotheker, er möge ihr Confect bereiten, welches den Mann ihr wieder hold und geneigt machen solle[442]).

Neben der medizinischen Heilkunst ist das natürliche Heilverfahren zu keiner Zeit ausgeschlossen, wenn es auch in den Krankheitsberichten zurücktritt. Schwitzen und Warmhalten wird mannigfach erwähnt, besonders als Mittel gegen Erkältungskrankheiten und Fieber; es ist durch Einpackungen und warme Steine befördert[443]). Auch von Kaltwasserkuren erfahren wir. Die erste, von der uns berichtet wird, misslingt freilich: eine Friesin, die an Verkrümmung und Zittern der Glieder litt, erhielt von den sie bedienenden Frauen beinahe eine Stunde lang ein kaltes Wasserbad, die Folge davon war eine Ver-

---

438) *pfî, wiltû einen man alsô mit ȥouberîe gewinnen! sê, tœrinne, daȥ dû niht einen künic beȥoubertest, sô wærestû ein küneginne, daȥ dû eines bûren sun oder sînen kneht niur beȥoubert hâst! sô nimt diu her und toufet ein wahs, diu ein holȥ, diu ein tôtenbein, alleȥ daȥ sie dâ mite beȥouber. dâ ȥoubert diu mit den kriutern, diu mit dem heiligen krismen, diu mit dem heiligen gotes lîchnamen*: BR. BERTHOLD 2, 70, 35 ff.

439) *potio poisun:* DIEFENB. 450 b. *Tristrant muoste sunder danc stæte sîn der küneginne, wand in poisûn dar ȥuo twanc:* Minnes. Frühl. 58, 35 ff.

440) Trist. 288, 28. 233, 36 ff. *daȥ ich nie getranc alsulhen wîn:* Minnes. Frühl. 59, 4.

441) *des jars* (1330) *starb der erwelt Fridrich* (von Östreich, Gegenkönig Ludwigs des Bayern) . . *wan im von einem diener etwas ȥu essen geben ward, in meynung im davon holt ȥu werden, dadurch im wunderlich spitȥig wurm alss wie leuse aus dem leibe wuchsen, die in verȥerten:* Klingenberger Chronik (herausg. von Henne von Sargans) S. 49.

442) Simplicissimus 4, 40 f. Kurz.

443) *ein ȥiegelstein soltu mir balde machen heiȥ; und würde mir ein senfter sweiȥ, ich möcht vil lîchte wol genesen:* BONER Edelst. 48, 88 ff.

schlimmerung der Lähmung und Verkrümmung; erst am Grabe des heiligen Alexander ward sie geheilt[444]). Später aber nimmt der Bischof Otto von Bamberg eine Kur an sich, da die Kälte seine Füsse bis aufs Mark angegriffen hat, mit Erfolg vor; er weist warmes Wasser zurück, steckt die Füsse in kaltes, und vertreibt so Kälte mit Kälte[445]). Dass die Kaltwasserkur nicht nur empirisch, sondern auch rationell betrieben wurde, dafür ist Zeuge ein Wasserarzt, der 1344 unter den Schutzgenossen der Stadt Speier erscheint[446]).

Es erübrigt anhangsweise auf die Krankheiten der Haustiere und deren Heilung einzugehen. Da der Viehstand den wichtigsten Vermögensbestandteil eines jeden altgermanischen Eigentümers, vom grössten Hofbesitzer bis zum kleinsten Hörigen hinab, bildet, so muss auch dieser Zweig der hausväterlichen Fürsorge bereits in Urzeiten recht ausgebildet gewesen sein. Freilich gegen Seuchen schützt keine Sorgfalt; welchen Vermögensverlust aber dergleichen gebracht haben, wird von Chronisten durch die Jahrhunderte hindurch vielfach gewissenhaft verzeichnet (vgl. Bd. 2, S. 296, Anm. 296). Der gemeine Name für solche Seuchen ist uns ahd. als *fihu-sterbo*, mnd. als *koge* (oben S. 155, Anm. 207) überliefert.

In den kleinen altgermanischen Haushaltungen und den späteren bäuerlichen sind Hausvater und Hausmutter die natürlichen Wächter über die Pflege und die Gesundhaltung des Viehstandes, und dafür auch mit den einfachen durch Überlieferung und eigene Erfahrung gewonnenen Kenntnissen für die Heilung von Schäden am einzelnen Stück Vieh ausgerüstet; bei grösseren Viehherden, und später auch bei dem bürgerlichen Viehtrieb (vgl. Bd. 2, S. 210ff.) tritt hierfür der Hirt ein, und muss es um so mehr, als er für jedes ihm übergebene Tier, höhere Gewalt ausgenommen, haftbar ist (ebenda, S. 212). Für

---

444) *non post multos dies cepit infirmari, scilicet hoc modo: fiebant quippe ei subito menbra contracta, et in tantum trementia, ut omnes qui viderant habitum illius, obstupefacti mirabantur. tunc ergo mulieres quae ei ad auxiliandum aderant, miserunt illam semivivam in aquam frigidam, pene ad horam plenam, eo modo querentes medicinam. cumque hoc perfecerunt, et eam iterum de aqua extraxerunt, statim ex hoc tempore brachium eius remansit immobile, et digiti in modum pugni contracti ad palmam, pes quoque eius ferme retrorsum usque ad nates retortus erat:* Translatio St. Alexandri, Mon. Germ. Script. 2, 680.

445) *salutatione autem completa, penetrabile gelu pedes episcopi sic adusserat, ut vitae sedem, cor et vitalia, frigus ex toto paene possederit. episcopus autem rerum gnarus, aliis calidam aquam ad lavandos pedes offerentibus, ille frigidam poposcit, et imponens pedes frigore frigus pulsavit:* Herbordi Vita Ottonis Ep. Bab. 3, 39 (Mon. Germ. Scr. 20, 767).

446) vgl. WEINHOLD deutsche Frauen 1², S. 159.

plötzlich zustossende äussere und innere Verletzungen und Schäden muss er Mittel gleich zur Hand haben, und die im zweiten Merseburger Zauberspruch angeführte Ausrenkung eines Pferdefusses, die in einem anderen genannte Lahmheit des Rosses[447]) werden nicht allein, nicht einmal hauptsächlich durch Besprechung geheilt, sondern durch handliche Hilfe, Aufstreichen von Heilsalbe und Anlegen des Verbandes, und der Segen dazu macht nur den Beschluss, wie beim Menschen der Wundsegen nach dem Verbinden der Wunde. Seinen Medizinschatz und sein Verbandzeug trägt der Hirt in einer Tasche oder einem Sack mit sich herum, und wir müssen beide als uralte Ausrüstungsgegenstände betrachten, wenn die Namen dafür uns auch erst verhältnismässig spät[448]) überliefert sind. Zu den inneren Mitteln, die im Notfalle schnell angewendet werden müssen, tritt auch der Aderlass bei gewissen Krankheiten der Pferde und Schafe; bei ersteren ist er nach römischer Vorschrift (vgl. oben S. 108, Anm. 322) sicherlich schon früh geübt worden. Die vielen Krankheiten, denen Schafe unterworfen sind, möglichst hintanzuhalten, dient seit alter Zeit das Viehsalz, Salz mit heilsamen Kräutern gemischt, das die Tiere begierig lecken[449]), und das ihnen der Hirt in die Tränkrinne zu thun hat. Selbst für einfache chirurgische Handlungen muss er schnell gerüstet sein; jene plötzlich auftretende Krankheit der Schweine z. B., die seit dem Mittelalter unter dem (wahrscheinlich viel älteren und mehrfach verstümmelten) Namen *rankorn*, *ranken*, *range* läuft[450]), und die im Gaumen sich als kleines weissliches Gewächs zeigt, kann nur durch sofortiges Ausschneiden desselben getilgt werden, weil sonst die ganze Herde in Ansteckungsgefahr schwebt.

Die Heilung der Haustiere bleibt im wesentlichen durch das ganze Mittelalter hindurch Sache der Empirie; eine wissenschaftliche Vertiefung der Tierarzneikunde setzt nur bei dem wertvollsten Haustiere,

---

447) MÜLLENHOFF u. SCHERER Denkm. No. IV, 2. 4.

448) *pera hirtentesch, pera pastoralis hirtensack, hirtssack, hyrtsagke*, niederd. *en herdesac:* DIEFENB. 424 b. DIEFENB.-WÜLCKER 667 a. *pera hirtentesch:* DIEFENB. 424 b.

449) *quod vel ovis cupide vas lingit salis amore:* Ruodlieb 6, 32.

450) *angina rankkorn, rancken, rankorn, rangen, cynanche der rang:* DIEFENB. 35 a, *porrigo wrangh, der range, rantkorn, rankhorn, rankorn, rankborn, das rackhoren, ranckoren grindt, grindt l. ranckorn:* 448 b, als *suwkranckheit* bezeichnet. Doch findet sich mnd. *der wrang* auch bei Pferden: SCHILLER-LÜBBEN 5, 778 a. Die älteste Form des Wortes lässt sich nicht ermitteln, der Ausgang *-korn* steht vielleicht nur als Umdeutung mit Beziehung auf das getreidekornähnliche Aussehen der Geschwulst; dass es zu dem altgermanischen Verbum *wringan* drehen, krümmen in Beziehung steht, wird angenommen. Aber es ist nicht ausgeschlossen, dass die lat. Bezeichnung *rana* bei Columella, *ranula* bei Vegetius für ein Geschwür unter der Zunge die Mutter des deutschen Wortes ist.

dem Pferde, nach dem Vorbilde des Altertums seit der Zeit ein, wo man angefangen hat, die einheimische Rasse durch Einführung ausländischen Blutes zu verbessern und zu veredeln (vgl. Bd. 2, S. 170), und wo die Heilkunst der Römer, die ja die *veterinarii medici* nach dem früheren Vorbilde der Griechen kennt[451]), massgebenden Einfluss gewinnt; natürlich zuerst bei den kostbaren Tieren des königlichen und der fürstlichen und geistlichen Marställe, während die geringeren Pferde dem alten häuslichen Heilverfahren unterworfen bleiben. Notwendig wird aber dieses gerade hier von dem wissenschaftlichen im Laufe der Zeit immer mehr befruchtet. Solche Verhältnisse spiegeln sich in den späteren Jahrhunderten wieder, wenn neben dem wissenschaftlich ausgebildeten *ros-arȥât*, niederd. *perde-arste*, der als geschickte und berühmte Persönlichkeit sogar nach ausserhalb verschrieben wird, oder zu dem man von weither schickt[452]), der Hufschmied[453]) oder der Leiter eines herschaftlichen Marstalles sich der Pferdekuren unterwindet. Alle drei werden als Heilkundige nebeneinander aufgezählt[454]). Ihnen steht für Belehrung, soweit sie davon Gebrauch zu machen im Stande sind, eine Litteratur zur Verfügung, die mit der ars veterinaria sive mulomedicina des Vegetius im 4. Jahrhundert beginnt und bis zu Ende unseres Zeitraumes eine Reihe lateinischer, hoch- und niederdeutscher Werke umfasst.

Unter die sehr zahlreichen Pferdekrankheiten und Schäden[455]) hat auch der Aussatz gehört, der in einem Schreiben des Papstes Zacharias an Bonifacius vom Jahre 751 (angeführt oben Anm. 188, S. 152) ausdrücklich auf eine Stufe mit dem menschlichen gestellt wird. Die Krankheit wird aber in den deutschen Landen, da hier ein bezeichnender Sonderausdruck fehlt, unter der allgemeineren Benennung ahd. *rûda*, *rûdi*, *riudî*, mhd. *riude* Räude mit gefasst, als ein Übel, das

451) *veterinarii*: COLUMELLA de re rust. 6, 8, 1. 7, 5, 14 u. ö.

452) *dem rosartȥat von Solotern, alȥ inn die burger ȥwoi jar hant gedinget*, gewährt die Stadt Bern Gehalt 1381: WELTI Stadtrechn. 187a. Ein *rosȥartȥat von Baldstal* praktiziert in Bern 1383: ebd. 264b. Von Hildesheim wird ein Ratsbote *Ludeken Berndes to Vreyden* (nach Freden) *na deme perdearsten* geschickt 1440: DÖBNER Stadtrechn. 2, 632. Arznei für einen Zelter wird in Hildesheim durch einen Boten des Herzogs von Braunschweig bezogen: ebd. 1, 51.

453) ein Honorar *dem smid von Baldstal um hengst ȥe artȥenen, die geschossen und wund wurden in disem krieg* (1383): WELTI Stadtrechn. 295a.

454) *in disem capitel ist ȥu dem ersten ȥu wissen, das den pferden gar vil gepresten und sücht, mer dan anderen tyern, ȥufelt, die ains herren marstaller oder huffschmid oder rosȥartȥat wol erchennen sol:* MYNSINGER von den Falken, Pferden und Hunden 61.

455) niederdeutsche Vorschriften des 15. Jahrh. ‚*medicinalia pro equis conservandis*' im Jahrbuche des Vereins für niederd. Sprachforschung, Jahrgang 1876, S. 19—23, wo die hauptsächlichsten Pferdekrankheiten kurz aufgezählt werden.

auch andere Haustiere, besonders Schafe, Schweine, Hunde und Katzen befällt, ebenso wie die Menschen (oben S. 132). Die Krankheitsnamen der Pferde sind gewöhnlich deutsch; eine Ausnahme macht das mhd. *fîvel*, *fîfel*, Bezeichnung einer Entzündung der Ohrendrüsen, die vom mittellat. *vivolae* hergenommen ist[456]) und somit wohl gelehrten Rossärzten ihre Ausbreitung verdankt.

Von Krankheiten des Hausgeflügels, namentlich der Hühner, ist hervorzuheben der Pips, eine Verhärtung an der Zungenspitze und in der Nase mit Pilzbelag auf der Zunge. Der Name, der in verschiedenen hoch- und niederdeutschen Formen durch die Jahrhunderte läuft und vom lateinischen *pituita*, aber in der Volksform *pipita* stammt[457]), ist auch seinerseits ein Zeugnis dafür, wie die Geflügelzucht in früher deutscher Zeit von Italien her beeinflusst wird.

Die Tollwut der Hunde wird als heilbar angesehen. Megenberg teilt ein Mittel dagegen mit[458]).

---

456) vgl. Deutsches Wb. 3, 1432fg.

457) *pituita caligo l. flegma oculorum l. morbus capitis l. morbus in ore gallinarum i. phiphiʒ:* STEINM. 3, 220, 56ff., *pfiphiʒ:* 251, 22; *petuita . . pfipfis, pfiphis, ciphic:* 284, 30ff.; *pituita . . morbus gallinarum in lingua i. fiffiʒ:* 305, 67ff.; *phiphiʒ:* 322, 8. *pituita, pfippfesʒ, pfypsʒ von den hueneren, pyps, pippysʒ, pfiff, pfiffes, pibeʒ, pubcʒe, bipsʒe, pfitʒ, pfittig, pip, cʒipp, cyph l. cʒipf, hennen ʒipph, ʒipfs,* u. ä.: DIEFENB. 439a. *cʒymph der hennen:* nov. gloss. 293b.

458) *der hund toben vertreibt man mit ainem cappaun, ist daʒ man in mischet mit hong und in den ʒe eʒʒen gibt. der töbigen hund piʒʒ sint tœtleich, aber man hailt si mit der wurʒen des veltrôsenstockes:* MEGENBERG 125, 21ff.

ZWEITER ABSCHNITT.

KLEIDUNG.

§ 1. Die Stoffe und ihre Bereitung.

Als Stoffe kommen für germanische Kleidung in Betracht das Fell zahmer und wilder Tiere, Wolle, Leinen und Bast. Sie sind in um so ausgibigerer Anwendung, als das Klima im Allgemeinen rauh[1]), schützende Kleidung daher Bedürfnis und zudem das Schamgefühl sehr entwickelt ist. Die Behauptung römischer Schriftsteller, dass die Germanen nackt gegangen seien, ist darauf einzuschränken, dass für gewisse Fälle der Arbeit, und namentlich vielfach für den kriegerischen Angriff der Oberkörper entblösst wurde[2]).

Bei dem Reichtume Germaniens an Vieh und Wild ist vorwiegender Gebrauch der Tierfelle für die Kleidung als natürlich gegeben; dass dieselben, soweit eigentliches Schutz- und nicht blosses Luxusgewand in Betracht kommt, mehr bei Männern als bei Frauen zur Verwendung gelangen, folgt wiederum aus der Beschäftigung des Mannes, die ihn nach aussen, und damit zu stärkerem Widerstande gegen die Unbilden der Witterung weist.

Für die Haut grösserer Tiere gibt es zwei urdeutsche Ausdrücke, die beide auch die Haut des Menschen bezeichnen und von der gleichen Auffassung als Schale oder Decke ausgehen, daher sie auch beide nebeneinander in einem Sinne gebraucht werden. Der eine, im Gotischen nicht bezeugt, altnord. *húð*, angelsächs. *hýd*, altsächs. *hûd*, ahd. mhd. *hût*, steht in Urverwandtschaft zu lat. *cutis*, griech. *κύτος* Hülle, und in weiterer zu der indogermanischen Wurzel *sku* bedecken, von

---

1) Dass der Winter ein volles halbes Jahr dauert, bezeugt auch AMMIANUS MARCELLINUS, indem er berichtet, wie am Main nach der herbstlichen Tag- und Nachtgleiche sich Berg und Thal mit Schnee bedeckt: 17, 1, 10. Grössere Scharen Krieger marschieren über die Eisdecke des Oberrheins im Februar: 31, 10, 4.

2) vgl. dazu die Ausführungen MÜLLENHOFFS in d. deutschen Altertumskunde 4, 167. 292 f. 572 ff.

der lat. *scu-tum* Schild, griech. σκύ-τος, Haut, Leder stammt; der andere, gotisch *fill*, altnord. *fjall*, angelsächs. *fell*, altsächs. ahd. *fel*, mhd. *vel*, hat engste Beziehung zu lat. *pellis* und griech. πελλίς Schale, πέλλυτρον Fussumhüllung, als dessen nächste Grundlage ein nicht nachweisbares πελλύειν umhüllen zu gelten hat[3]). Die Haut kleiner Tiere, soweit für sie nicht auch Fell in Anwendung kommt, wird, ebenso wie das Federkleid der Vögel, durch das auch urgermanische Wort, got. *balgs*, angels. *belg*, *bylig*, ahd. *balg*, mhd. *balc* bezeichnet, das zu dem Verbum *belgan* in der Bedeutung schwellen gehört und demnach das strotzend Sackförmige hervorhebt, wie denn im Gotischen auch *balgs* den Schlauch bedeutet. Das aus Tierhaut und Tierfell für den Bekleidungs- und Wirtschaftsgebrauch Hergestellte führt seit Urzeiten den germanischen (im Gotischen nicht bezeugten) Namen altnord. *leðr*, angelsächs. *leðer*, ahd. *ledar*, mhd. mnd. *leder*, dessen Grundbedeutung man nicht kennt; und das Wort geht ursprünglich auf das Produkt im allgemeinen, also auch auf das mit, was man später, wo man durch Aneignung fremder Handgriffe feiner zu arbeiten gelernt hatte, mit den Fremdwörtern *pelliz* und *crusina*, angelsächs. *crusene* bezeichnete[4]). Der Schwerpunkt der auf letzteres bezüglichen Arbeit liegt in der sorgfältigen Erhaltung der Schönheit und Dichtigkeit des tierischen Haares auf kostbaren Fellen.

Die Bearbeitung der Haut erjagter Tiere und des Schlachtviehes ist in den altgermanischen Zeiten Haussache, geradeso wie das Schlachten selbst dem Hausvater oder mindestens seiner Aufsicht zufällt (vgl. Bd. 2, S. 285). Darum wird die Arbeit auch nur mit allgemeineren Hausworten bezeichnet, die nicht mehr als ein herrichten, zurecht machen besagen, und erst spät den besonderen technischen Sinn annehmen; so mit ahd. *garawen*, mhd. *gerwen*, angelsächs.

---

3) vgl. LEO MEYER Handbuch der griech. Etymologie 2 (1901), S. 676.

4) Leder auch im Sinne von Pelzwerk bezeugen die ahd. Glossen *pellicia lidrinu:* STEINM. 2, 329, 3; *in melotis in lidrinêm kawâtim:* 4, 220, 18. Von den beiden später erscheinenden fremden Ausdrücken ist der eine, ahd. *pelliz*, *belliz*, angels. *pilece (pellicie, pylece:* WRIGHT-W. 1, 328, 11) das mittellat. *pellicium*, Ableitung von *pellis*, und der andere, ahd. *crusina*, *cursina (panthere terga crusina:* STEINM. 2, 663, 29; *pelles chursene:* 3, 626, 26), mhd. *kürsen*, ags. *crusene (mastruga, crusene, oððe deórfellen roc:* WRIGHT-W. 1, 328, 18. *mastruga, crusne:* 153, 8) das mittellat. *crusina, crosna, creusna,* das auch ins altslav. als *krŭzno*, *korozno* Pelzkleid, Eingang gefunden hat. Die eigentliche Heimat des Wortes ist nicht ermittelt, aber der Umstand dass es gemeinschaftlich im Ahd. und Ags. vorkommt, scheint auf keltischen Ursprung zu deuten. Beide Fremdworte bezeichnen zunächst die bereiteten Felle wilder Tiere (wofür der deutsche Ausdruck *fel* nebenbei weiter geht), dann aber auch die aus solchen Fellen (und aus ähnlich behandelten gewisser Haustiere, namentlich der Schafe) gefertigten Kleidungsstücke.

gearcian[5]) der ursprünglichen Bedeutung bereiten, oder mit ahd. *zawen*, dem got. *taujan* thun, machen, entsprechend, das ebenso Färber- und Schmiedeausdruck ist[6]), angelsächs. *tawian*, mittelniederd. *touwen* neben *geren*[7]). Die einfachen Handgriffe dabei sind aus frühen vorgeschichtlichen Zeiten überliefert, sie bestehen in dem Wässern und Spülen der frisch abgezogenen Häute und Felle, im Entfernen aller Fleischreste auf der Aasseite durch Schaben, und im Klopfen und Walken zur Schmeidigung des Leders. Ein Fortschritt in der Behandlung setzt ein, wenn beim Einweichen der Felle zugleich ein Beizmittel zur Beseitigung der Fleischteile angewendet wird, und als frühestes solches ist wohl die Holzasche anzusehen. Auf sie deutet ein allerdings erst im 15. Jahrhundert bezeugter Gerberausdruck *escher*[8]), Bezeichnung der Grube oder des in die Erde gegrabenen Bottichs, worin die Felle mit Aschenlauge behandelt werden, und dann dieser Lauge selbst; man darf sicher voraussetzen, dass das genannte Verfahren uralt ist, um so mehr als man von jeher die beizende und reinigende Eigenschaft der aus der Asche gewonnenen Lauge kennt und nutzt (vgl. oben S. 47 und Anm. 57). Weitere Verbesserung der Fellbereitung wird durch Anwendung eines zusammenziehenden Stoffes erzielt, der dem Leder Stärke und grössere Dichtigkeit seiner Teile verleiht: es ist die Lohe, aus der Borke verschiedener Bäume gewonnen, mit dialektisch verschiedenen Namen, im Altnord. schlechtweg *bǫrkr*, dän. schwed. *bark* Borke genannt. Bezeichnender ist engl. *tan* Gerberlohe, das in dieser Form bereits für das Angelsächsische durch *tannere* Gerber und *getanned* gegerbt[9]) nachgewiesen wird, weil es auf die Borke des Eichbaums anspielt, die besonders zur Lohe verwendet worden ist. Das bretonische *tann* heisst Eiche, und wenn ein ganz vereinzeltes ahd. *quercus tanna*[10]) etwa zuverlässig ist und nicht auf Verderbnis beruht, so könnte eine weittragende Vermutung Beachtung verdienen, dass

---

5) *ego emo cutes et pelles, et praeparo eas arte mea, ic bicge hŷda and fell, and gearkie hig mid cræfte minon:* WRIGHT-W. 1, 97.

6) vgl. *zwir gizaoto phellol, coccum bis tinctum:* GRAFF 5, 713, und *tinctura zawa:* STEINM. 2, 221, 41, gegen *coriator lederzouwer:* DIEFENB. 151 b. *exercebant zowitun:* STEINM. 2, 663, 15 (nach Vergil Aen. 8, 424: *ferrum exercebant vasto Cyclopes in antro).*

7) vgl. BOSWORTH-TOLLER 972. SCHILLER-LÜBBEN 4, 596 b. Die erst mhd. Handwerksbezeichnung *gerwære, gerwer* ist verkürzt aus *coriarius ledergarwere, ledergarwære, ledergerwere, ledergarwo* neben *lederar:* STEINM. 3, 138, 32, *lederere:* 185, 39.

8) vgl. *äscher,* Deutsches Wb. 1. 584.

9) *subacta coria, vel medicata, vel confecta, getannede hŷd:* WRIGHT-W. 1, 118, 6 f.

10) STEINM. 3, 651, 1; sonst *abies danna, tanna:* 466, 30. 94. 61 ff. u. ö. vgl. dazu auch oben Bd. 2, 147.

nämlich jenes *tan* ein keltisches Lehnwort sei, welches von den Angelsachsen als technisches für den Gerbstoff herübergenommen wurde (während die Deutschen den Namen als Baumnamen einführten und ihn auf die Tanne übertrugen); dass demnach die Verwendung der Lohe von den Kelten abgelernt worden sei[11]). Der deutsche Ausdruck, ahd. mhd. *lô*, später *löwe, lôhe*, auch *lôh* und *law*[12]), ist seiner eigentlichen Bedeutung nach unerklärt; es würde nicht weiter führen, wenn man Beziehung zu Lauge, ahd. *louga*, mhd. *louge* annähme, da auch dieses Wort nicht gedeutet werden kann. Bei dem ältesten Verfahren wird man alle Aufmerksamkeit der Fleischseite des Felles zugewendet und die Haarseite unberührt gelassen haben; wenigstens zeigt sich in Moorfunden sowohl bei der Bekleidung des Körpers als der der Füsse behaartes Rindsleder[13]) und noch im 5. Jahrhundert trägt das wahrscheinlich burgundische Gefolge des königlichen Jünglings Sigismer den groben behaarten Schuh, der bis zu den Knöcheln reicht[14]), wie der Gote den von Rossleder[15]).

An allen solchen Zeichen erkennt man immer die Hausarbeit; und auch, wenn die Tierhaare entfernt werden und Leder im neueren Sinne entsteht, tritt das Verfahren aus jener nicht heraus. Bei der Häufigkeit des Fellgebrauches aber muss sich ein eigenes Knechtsgewerbe ausbilden, das des Lederarbeiters im Allgemeinen, das sich zunächst nicht auf die Zubereitung einschränkt, sondern auch die Verarbeitung mit übernimmt, die rohen Häute auch von ausserhalb der eigenen oder herschaftlichen Haushaltung erwirbt und die daraus hergestellten Gegenstände tausch- und kaufweise absetzt. Der Name eines solchen Arbeiters ist von dem, was er hauptsächlich verfertigt, vom Schuh abgeleitet, angelsächs. *sceó-wyrhta*, mhd. *schuoch-würhte*, ein ahd. *skuoh-wurhteo* voraussetzend; aus einem angelsächs. Gespräche erkennen wir, was er alles aus dem von ihm bereiteten Leder zu liefern hat[16]), und im mittellat. Unibos kaufen Schuster die rohen

---

11) vgl. auch das franz. *tan*, Lohe, *tanner* gerben, mittellat. *tannare, tannum:* DU CANGE 8, 27 f.

12) vgl. D. Wb. 6, 1128. 1130. *cerdo qui operatur cum frunio lô:* STEINM. 4, 194, 19.

13) vgl. J. MESTORF, zwei und vierzigster Bericht des schlesw.-holst. Museums vaterländ. Altertümer (1900) S. 13. 18. 20. 22. 24.

14) *regulorum autem sociorumque comitantum forma et in pace terribilis; quorum pedes primi perone saetoso talos adusque vinciebantur:* SIDON. APOLL. Epist. 4, 20, 2.

15) *poplite nudo peronem pauper nodus suspendit equinum:* ebd. Carm. 7, 456 f.

16) *'tu, sutor, quid operaris nobis utilitatis (þu, sceôwyrhta, hwæt wyrcst þu ùs nytwyrþnesse)?' . . ego emo cutes et pelles, et preparo eas arte mea, et facio ex eis calciamenta diversi generis, subtalares et ficones, coligas et utres, frenos et falera, flascones et calidilia, calcaria et chamos, peras et marsupia, et nemo vestrum vult*

Häute auf, um sie zu verarbeiten[17]). Doch ist zu dieser Zeit längst auch eine Arbeitsteilung eingetreten, die jedenfalls auf intensive Berührung mit ausländischer, besonders griechisch-römischer, aber auch keltischer Handwerksübung zurückführt. Das Gerberwesen schränkt sich nun auf die blosse Zubereitung der Häute und Felle ein, und überliefert die bereiteten zur weiteren Verarbeitung anderen Handwerkern; die Methode des Gerbens wird mehr und mehr vervollkommnet, zu der Anwendung der Asche und Lohe als Beizmittel tritt für feinere Leder die besonderer Salze, und neben dem Lohgerber hat sich, wie es scheint schon recht früh, der Weissgerber herausgebildet, der freilich mit diesem Namen und dem mittellateinischen *candidarius* erst im späteren Mittelalter erscheint[18]). Aber feine Lederarten, die er mit seiner Kunst herstellt, werden schon vorher erwähnt, zumal Irch und Lösch; jenes, ahd. *irah, iroh,* mhd. *irch,* von weisser Farbe, aus Bocks- oder Gemsenfell bereitet[19]), dieses, vornehmlich rot, aber auch weiss, von nicht näher bezeichneten Wildfellen, wie auch der Name, ahd. *loski,* mhd. *lösche*, etymologisch dunkel ist[20]). Dazu tritt das mhd. *curdewân*, gekürzt *korrûn*, das die Einführung von fremdher deutlich kundgibt, es ist Leder, wie es Cordoba in Spanien liefert[21]). Eigene Handwerker haben sich im Mittelalter auf die Herstellung solcher Lederarten geworfen, und so zweigen sich von den

---

hiemare sine mea arte (ic bicge hŷda and fell, and gearkie hig mid cræfte mînon, and wyrce of him gescŷ mistlîces cynnes, swyftleras and sceôs, leþerhosa and butericas, bridelþwancgas and gerǣda, flaxan vel pinnan and hîdig fatu, spurleþera and hælftra, pûsan and fætelsas, and nân eówer nele oferwintran bûton mînon cræfte): WRIGHT-W. 1, 97.

17) Unibos 14. *sutores sordidi:* 53 (GRIMM u. SCHMELLER lat. Ged. des 10. und 11. Jahrh. S. 356. 360).

18) *candidarius, pelliparius, qui coria facit alba*: DU CANGE 2, 85c. *lower, wisgerwer, pergamener:* Anz. für Kunde d. Vorz. 3 (1856), 274.

19) *alute irah, irich, hirich:* STEINM. 4, 32, 18f. *pellis fracta irach, iroh, irich, irch:* 85, 30f. *erach:* 207, 21. russisch *ircha, irga* Bocksleder, Weissleder. Die Beziehung zu lat. *hircus* Bock wäre im Falle der Entlehnung wohl möglich.

20) *aluta losch, loesch o. rot leder, weyʒʒe lösch, laesch:* DIEFENB. 27b. dazu *aluta loskes hût, loeskes huete, loskhût:* STEINM. 4, 32, 20ff. *(pelles) iantinas* (d. i. purpurfarben) *loskisfel, losgi:* 1, 322, 56; *pellis ianctina losces hût:* 334, 3; *particum, ianthinum loskis hût:* 3, 624, 42; in Verwechselung mit *irch, pelles arietum idem sine lana quasi partica, idem rôt-loschi:* 334, 27f. Dass *losk* mit slav. *los* Elentier zusammenhänge, vermutet SCHMELLER 1², 1521. *rôt als ein lösche:* K. V. WÜRZBURG troj. Krieg 5949. *alsam ein lösche rôt:* 25414.

21) *aluta corduan, kurdewan leder o. schuch, cordewen:* DIEFENB. 27b, *cŏrdin l. schŏnsʒ leder:* nov. gloss. 18b; *aluta kurdual*: Voc. opt. 17, 14 (dazu *alutarius cordemaker, corduenniere, cordewanier:* DIEF. 27b); *mit . . hosen und schuohen von korrûn:* Meier Helmbrecht 321. *corduanelli* Schuhe aus Korduanleder: Ruodlieb 13, 118, S. 284 Seiler.

Gerbern wieder die *irher*, *kurdewæner*, *löscher* ab, von denen die beiden ersteren mhd. nachweisbar sind, während die letzteren aus dem nhd. noch vorkommenden Familiennamen Löscher erschlossen werden können. Besondere Bedeutung aber unter dergleichen Arbeitern beanspruchen die Kürschner; ihre Arbeit dient von jeher dem Luxus, da es bei ihnen, wie schon oben erwähnt, neben dem Gerben vor Allem auf die Erhaltung der Schönheit und Farbe des Pelzwerkes ankommt, wofür besondere Sorgfalt und eigene Handgriffe angewendet werden müssen. Sie allein behalten im späteren Mittelalter die alte Gewohnheit der Lederarbeiter bei, nicht allein die Felle zu bereiten, sondern daraus auch die Sachen zu fertigen, die sie, soweit es Kleidungsstücke sind, mit dem Namen der Felle selbst belegt haben (Anm. 4). So gut wie die Gerber dem Leder verschiedene Farben zu geben wissen, verstehen auch die Kürschner das Aussehen ihrer Erzeugnisse durch Färben zu erhöhen, und minderwertiges Pelzwerk so zu bereiten, dass es kostbarer erscheint, und dem nahe kommt, was das Mhd. *vêch*[22]) oder *bunt* nennt, vom mehrfarbigen Pelze gewisser jagdbarer Tiere versteht, und das besonders hervorhebt, wenn es diese Adjektive dem Subst. *kunder*, fremdes, seltsames wildes Tier, beifügt; so entsteht *kundervêch* oder *kunderbunt*[23]), in letzterer Form noch jetzt unverstanden fortlebend. Mit solchen Handwerkskünsten erlangen schlichte Schaffelle das Aussehen von echtem Buntwerk[24]), und so mag auch das ritterliche Gewand aus Schafpelz wohl wie ein besseres erscheinen[25]).

Ist für die Verwendung von Häuten und Fellen zu Bekleidungszwecken seit den urgermanischen Zeiten vorwiegend die Pelzform in Betracht gekommen (vgl. unten § 2), und nur die Fuss- und Beinbekleidung (*ledar-hosa*, angelsächs. *leðerhosu*, Anm. 16) aus starkem Leder gefertigt, so bleibt es doch nicht ausgeschlossen, dass solches Leder auch für die Rumpfkleidung von jeher in der Art Verwendung gefunden hat, wie wir es seit dem Mittelalter[26]) und später wissen; nicht

22) auch verdeutlichend *pelȥvêch; sîn schilt was niderthalben golt, daȥ ober teil was pelȥvêch gar:* U. V. LICHTENSTEIN 260, 10 f.

23) *sie* (eine Katze) *was schwarȥ, wîsȥ und grâ, und kunterfêhe hie und dâ:* Gedicht des 14. Jahrh. bei J. GRIMM Reinh. Fuchs S. 367.

24) von solchem Kunststück her ist erst der Vergleich verständlich *gebiuwer unde herren kint, swâ die gelîcher tugende sint, dâ ist daȥ lemerîn worden bunt:* K. V. HASLAU Jüngling 7 ff.

25) *ein rîter nimt gar vür guot ȥem winder einen vêhen huot und ein kürsen schæfîn:* Seifr. Helbl. 15, 65 ff. Solche *schæfîn kürsen für den vrost* kommen *von Tsechen:* 3, 234 f.

26) als Rumpfkleid des Centauern *Schŷron*, *weich und niht ȥe rösche was diu liderîne wât, diu mit riemen sunder nât ȥesamen stuont gebestet:* K. V. WÜRZBURG troj. Kr. 5950 ff.

sowohl zur Zierde, als vielmehr zum Schutz in Feld und Wald, zumal für geringe Leute. Wenn über solches Kleidungsstück uns so wenig erhalten[27]), so ist es begreiflich; einmal erwähnt Gregor von Tours, dass ein Britte, Namens Winnok, der in der grössten Enthaltsamkeit lebte, kein anderes Kleid als Schaffelle ohne Wolle getragen habe[28]); viel früher aber schon scheinen an den Zinnen des Tropaeum Trajani Barbaren abgebildet zu sein, die einen straffen Lederrock über der Brust zeigen, während bei anderen sich die Woll- oder Leinenkleidung durch die geworfenen Falten deutlich abhebt[28b]).

Um die Wolle der Schafe, soweit sie nicht auf dem Felle getragen wird[29]), für die Kleidung nutzbar zu machen, wird sie in alter Zeit dem Tiere durch Raufen entnommen, wie Bd. 2, S. 184f. beschrieben ist; die Schur ist erst von den Römern her eingeführt. Auf den gemeindeutschen Namen, der ohne weiteren Beisatz nur von der Schafwolle verstanden wird, got. *wulla*, altnord. *ull*, angelsächs. *wulle*, ahd. *wolla*, mhd. *wolle*, wirft das urverwandte littauische *vìlna* der Form, wie der Bedeutung nach genügendes Licht: der Form nach, weil es uns eine alte Passivbildung (got. *wul-la* aus *wul-na*) erkennen lässt, der Bedeutung nach, da diese als ‚Wollfaser' lehrt, dass unser Wort kein Kollektivbegriff mit dem Sinne der Decke ist, wie man gewöhnlich annimmt, sondern von der einzelnen Flocke, wie sie eben durch Raufen gewonnen wird, gilt, und dass dabei die Vorstellung des krausen und gedrehten gewaltet hat[30]). Sinngleich scheint das nur nieder- und mitteldeutsche *flûs*, Büschel Wolle, das wieder mit dem

---

27) Reste eines zerrissenen ledernen Gewandes bei einer holsteinischen Moorleiche: J. MESTORF zwei und vierzigster Bericht S. 28.

28) *tunc Winnocus Britto in summa abstinentia a Brittaniis venit Toronus, Hierusolimis accedere cupiens, nullum alium vestimentum nisi de pellibus ovium lana privatis habens:* GREG. TUR. hist. Franc. 5, 21.

28b) vgl. das Monument von Adamklissi, Tropaeum Traiani, unter Mitwirkung von Otto Benndorf und George Niemann herausgegeben von Gr. G. Tocilescu. Wien 1895, besonders S. 100, Fig. 122, gegen S. 99, Fig. 121.

29) Schafpelz bei einer weiblichen Moorleiche: J. MESTORF zwei und vierzigster Bericht S. 18. Das für Kleidungsstücke dienende Schaffell führt im Ahd. den der Form nach nicht klaren Namen *scapari*, *scappari*, bei dem doch Zusammenhang mit dem Namen des Tieres (ahd. *scâf*) ausgeschlossen ist; *vellus scappari:* STEINM. 1, 295, 37; *sparso vellere kispranctemu scappare* (eine Handschrift *cappare*): 290, 60; *vellus scapar:* 3, 358, 21; *sicut pluvia in vellus . . also der regen an den scâpâre:* NOTKER Ps. 71, 6; *vellus schaper, schapper, schopper, schepper, scheper, scheeper, scherper, scheppel:* DIEFENB. 609c.

30) vgl. dazu UHLENBECK etym. Wörterb. der got. Sprache[2] (1900) S. 175. Über das griech. urverwandte οὖλος kraus, wollig und die zu Grunde liegende Wurzel Ϝελ- sich drehen s. LEO MEYER Handbuch der griech. Etymologie 2 (1901), S. 214. 1, 478.

mhd. *vlies* und *vlius*, angelsächs. *fleós* und *flŷs* im Ablautsverhältnisse steht[31]), dessen Abstammung aber dunkel ist.

Die Kunst, geraufte oder durch Scheren gewonnene Wolle zu menschlicher Kleidung zu verarbeiten, ist schon in den vorgeschichtlichen germanischen Zeiten zu hoher Blüte gediehen. Sie stellt eine Hausbeschäftigung dar, bei der sich männliche und weibliche Kräfte in die Hände arbeiten, und bleibt so lange dem Hause vorbehalten, bis sich, ähnlich wie bei der Gerberei, ein selbständiges Handwerk daraus loslöst. Dies aber geschieht hier zum Teil recht spät, weil sich landschaftlich durch das ganze Mittelalter hindurch und darüber hinaus Wollstoffbereitung als Hausarbeit fortsetzt.

An Sprachgut und sonstigen geschichtlichen Zeugnissen steht uns für die Einzelheiten der Wollarbeit, nicht nur was die ältesten Zeiten angeht, sondern auch bis ins Mittelalter hinein, wenig zur Verfügung; die bescheidene häusliche Kunst hat die Bezeichnung ihrer Handgriffe schriftlich kaum hinterlassen. Entschädigt dafür werden wir durch die Reste von Wollenkleidern, die uns Gräberfunde von der älteren Bronzezeit ab geliefert haben und die über die Technik vollkommenen Aufschluss geben.

Für den Wollarbeiter schlechthin begegnet im Gotischen *wullareis*, das aber Marc. 9, 3 den Walker γναφεύς meint (vgl. oben S. 96); ein ähnlicher zusammenfassender Name für den Beruf ist sonst nicht vorhanden, jedenfalls weil ein einziger die verschiedenen Handgriffe von der Entnahme der Wolle ab bis zum fertigen Gewebe nicht leisten kann, vielmehr recht verschiedene Personen dazu gehören. Die gröbste Arbeit wird dem Manne zugefallen sein, in die feinere teilen sich Mann und Weib. Das Raufen ist Sache des Hirten, der ebenso vor der ihm zufallenden Schur die Wäsche der Schafe zu besorgen hat, damit die Wolle gereinigt zur weiteren Verarbeitung im Hause gelange. Diese beginnt mit der Lockerung durch Schlagen[32]), Zupfen und Kämmen[33]), das Gerät dazu wird uns unter altdeutschem und

---

31) *vlûs, vlûsch, ein flûsȥ wullen:* SCHILLER-LÜBBEN 5, 289. *vlies, vellus, dicitur corium ovis vel arietis cum pilis. ipsa et lana vel flocculus lanae dicitur vellus s. vlûs:* Quelle von 1340 in den Fundgruben 1, S. 368. mnl. *vlies, vellus cum villis, melota, pellis ovina una cum lana corpori detracta, et lana ex ove dempta et conglobata, globus lanae:* KILIAN Tt 3b. ags. *fleós, flŷs:* BOSWORTH-TOLLER 292a. 296a.

32) *dô was ein armer man in der stat, der kunde wollen spinnen ader wollen slahen:* D. Mystiker 1, 226, 11f.

33) der technische Ausdruck dafür ist ahd. *ȥeisan, ȥeisalôn*, mhd. *ȥeisen* neben mhd. *flucken* (der Ableitung von ahd. *floccho lanugo); carminare, carȥinare ȥeisin, ȥeisalon, ȥeisen l. slagen, wolle flucken l. cȥeissen*, nd. *wolle teesen, woln plucken, wolȥeisen, wolschlahen, grempeln, kampeln, kammen, kemmelen:* DIEFENB. 102a. ags. *ic to-tere odde pluccige odde tæse (wulle), carpo:* BOSWORTH-TOLLER 970a.

mittellateinischem Namen überliefert[34]), und ein spät gewährter mitteldeutscher Ausdruck, der aber wahrscheinlich recht alt ist und sich nur verborgen gehalten hat, zeigt uns, dass das Auflockern durch eine Art Haken oder Krallen geschieht[35]). Solche Arbeit besorgen auch Frauen[36]) neben Männern. Nach ihr beginnt Spinnen und Weben, welches in den altgermanischen Zeiten ausschliesslich den Frauen zufällt, und wofür eigene Gemächer bestehen[37]). Diese Art Wollarbeit wird bis in die höchsten Frauenkreise neben der Bearbeitung des Linnens geübt[38]).

Nach den uns erhaltenen Überresten altgermanischer Wollenzeuge muss die Technik, sowohl was die Auslese der Wolle, als die Verarbeitung durch Spinnen und Weben betrifft, sehr durchgebildet gewesen sein. Für die gröberen Kleidungsstücke ist die Wolle brauner und schwarzer Schafe verwendet, weisser nur spärlich benutzt worden, Zierstücke sind aus blanker und feiner Lämmerwolle gewebt[39]). Die Fädemung ist höchst verschieden, bald äusserst fein, bald glatt und stark gezwirnt, dass sie wie Seide glänzt, bald locker und stark, niemals uneben und knötig[40]). Auch Mischung der Wolle mit anderen Stoffen ergeben die Funde, so sind Hirschhaare zugesetzt[41]), ebenso Ziegenhaare oder Pflanzenfasern, und diese Praxis gilt nach einer sprichwörtlichen Redensart auch im späten Mittelalter noch, wird aber hier als ein Betrug angesehen[42]). Kleidungsstücke rein aus Ziegenhaaren werden auch sonst erwähnt[43]). Die Gewebe der Bronzezeit bieten ferner die Eigentümlichkeit, dass die Fäden der Kette nach

34) *tradudas (tradulas, traculas) wolla-champ, wollacamp, wollichamp, wollechamp, wollecham, wollecambe:* STEINM. 4, 104, 8ff. *trudas wollichamp:* 172, 39. *tradula wollecham:* 3, 627, 28; ags. *wullcamb,* altnord. *ullkambr.*

35) *grempeln*, Anm. 33, später als *krempelen* überliefert, mit dem Subst. *krempel*, einer Weiterbildung zu *krampe* Haken; niederd. *grempe* (aus *krempe*) *pecten* unter Webergeräten bei CHYTRAEUS, vgl. Deutsches Wb. 5, 2008 f.

36) vgl. ags. *wul-tewestre lanifica:* COCKAYNE Leechdoms 3, 188. 196.

37) vgl. über dieselben, ahd. *tunc, webihûs, screuna,* Band 1, 46.

38) *filias vero lanificio adsuescere, coloque ac fuso, ne per otium torperent, operam impendere, atque ad omnem honestatem erudiri iussit:* EINHARD Vita Karoli magni 19.

39) vgl. MÜLLER-JIRICZEK nord. Altertumskunde 1, 274.

40) J. MESTORF a. a. O. S. 32.

41) MÜLLER-JIRICZEK a. a. O.

42) *wer schlagen kan hor under woll, der selb zů hoff gern bliben soll; do ist er worlich lieb und wert, der erberkeyt man do nit bgert:* BRANT Narrensch. 100, 19ff.

43) *habebat autem cucullam ac tonicam de pilis caprarum:* GREG. TUR. hist. Franc. 9, 6. Alcuin an den Bischof Aethelhard von Canterbury zwischen 802 und 804, *misi dilectioni vestrae unam cuppam argenteam et unum olosericum et vestitum caprinum camissaleque lineum:* Monumenta Alcuiniana (herausg. v. Wattenbach u. Dümmler 1873) S. 796.

anderer Richtung gedreht sind, als die des Einschlags, wodurch eine grössere Haltbarkeit des Gewebes erzielt ward. Auch gab es schon Wollstoffe, die mit Bronze und Gold durchwirkt waren[44]; die letzteren haben sich für Prunkgewänder bis ins Mittelalter hinein fortgesetzt.

Einflüsse ausländischer Technik auf die Wollbereitung sind besonders für die alten Zeiten ganz spärlich nachzuweisen, ein Beweis, wie vollkommen das einheimische Gewerke sich fühlt. Der Nachweis kann nur durch das frühe Lehnwort geschehen, das mit der Sache in die germanische Welt gedrungen ist. Und hier ergibt sich, dass, wie für die erste Zubereitung des Stoffes kein fremder Ausdruck vorhanden, er auch weiterhin für die Arbeit des Spinnens und Webens, wie für die letzte Zurichtung des Tuches, wenigstens in den Hauptsachen fehlt. Die Thätigkeit, welche die Wollflocke zu Faden umformt[45]; das Gerät, was dazu dient, zusammt seiner Vorrichtung für schnellere und gleichmässige Drehbewegung[46]; der Stock, an dem die Wolle zum Abspinnen angelegt wird[47]; die Maschine, auf der die Fäden sich zum Gewebe vereinen[48], die bezügliche Kunst selbst, die bereits in vorgeschichtlichen Zeiten vermag Stoffe in der Breite von 1,83 m herzustellen[49], die Verfilzung und Reinigung der fertigen Gewebe[50],

---

44) J. MESTORF vierzigster Bericht S. 6.

45) got. angels. alts. ahd. *spinnan,* altnord. altfries. *spinna,* mhd. *spinnen.* Das durch das Spinnen Erzeugte führt den gemeingermanischen Namen altnord. ahd. mhd. *garn*, angelsächs. *gearn*, mit interessanter Begriffsentwickelung; denn es muss in frühester Zeit nicht den aus Wolle oder Flachs, sondern den aus tierischen Eingeweiden gedrehten Faden bezeichnet haben, da es im engsten Zusammenhang mit dem altnord. Fem. *gorn*, Plur. *garnar* und *garnir* Darm, Eingeweide steht und zu littauisch *żarna* Darm, sowie zu griech. *χορδή* Darm und Saite urverwandt ist. vgl. weiter Anm. 193 unten.

46) ahd. *spinnila, spinnula, spinnala, spinala, spinele,* verkürzt *spille,* mhd. *spinnel, spinele, spindele, spille,* angels. *spinel, spinl.* Der thönerne Ring, der an der Spindel sitzt, heisst mhd. *wirte* und *wirtel* (zum ahd. Adjectiv *wirt tortus, flexus).* Spindel und Wirtel als bäuerliche Brautgeschenke, *fro Läychdenman was gemütes frey, und schancht der praut der nadeln drey, einn wierten und zwo spindlen*: Ring 34b, 22 ff.

47) ahd. *rokko, rocho* (STEINM. 3, 229, 54 u. ö.), mhd. *rocke,* altnord. *rukkr;* dafür mnd. *wocke.* ags. *panuli, planus, vel panus, colus, disstæf:* WRIGHT-W. 1, 187, 34, dessen erster Teil als keltisch angesehen wird.

48) ahd. *weppi-boum,* mhd. *weppeboum, webpaum, web-stuol, web-holtz* u. ä. (DIEFENB. 327c), zu dem gemeindeutschen (got. nicht bezeugten) ahd. angels. *weban,* altnord. *wefa*, mhd. *weben* gehörig.

49) vgl. J. MESTORF zwei und vierzigster Bericht S. 33.

50) Die Verdichtung des Wollengewebes zu dem Zustande, der ahd. *filz filtrum,* mhd. *vilz*, ags. *felt* heisst und diesen Namen auch auf den dicken Wollmantel überträgt (ahd. *filz sagum gallicum:* STEINM. 4, 94, 8) und gleichzeitig die Reinigung von dem Schmutze des Webens geschieht durch das Walken, ahd.

endlich das Verfeinern derselben durch Scheren[51]), alles das wird entweder durch gemeingermanische Ausdrücke oder durch solche von Sonderdialekten bezeichnet. Fremde sind spärlich eingedrungen für Nebensächliches, so wenn die Diestelpflanze, die von ihrer Anwendung beim Wolleauflockern ahd. *ȥeisala*, mhd. *ȥeisel* heisst[52]), den Namen ahd. ***karda, charta*** nach dem lat. ***carduus*** empfängt[53]), was mit einem sorgfältigeren Anbau der sonst wildwachsenden Pflanze für Weberzwecke im romanischen Süden und Westen zusammenhängen kann; oder wenn in einzelnen deutschen Gebieten, die ans Romanische grenzen, der deutsche Rocken der Kunkel weicht, welches Wort aus dem mittellat. *conucla* (für *colucla*, Diminutiv zu lat. *colus*) herstammt[54]); oder endlich, wenn der deutsche Walker seinen Namen mit dem römischen des *fullo* vertauscht und sich mhd. *vuller*, angelsächs. *fullere* nennt[55]).

Die Erzeugnisse der häuslichen Wollenweberei, wie sie in ihrer Einfachheit von den Urzeiten bis über das Mittelalter hinaus dauern, führen im Mittelhochdeutschen den Namen ***wâtmâl***, der sich im Altnordischen als ***vaðmâl*** wiederholt, und wohl davon genommen ist, dass das Zeug, als Stoff zur Bekleidung (***wât***), in einer gewissen Bemessung (***mâl***) Zinsleistung Höriger und Tauschgegenstand ist. Es wird als grobes Tuch geschildert, als Abgabe mehrfach noch spät aufgeführt[56]).

---

walchan, mhd. mnd. ***walken***, das als technischer Ausdruck nur hoch- und niederdeutsch gilt, während im ags. *wealcan* wälzen, altnord. *vâlka* hin- und herbewegen, rollen, die allgemeinere Bedeutung gewahrt ist.

51) *tuoch schern, tuochscherer (rasor pannorum:* Voc. opt. 13, 35) erst mhd. bezeugt, aber in der Glosse *âscorunga lanugo:* STEINM. 2, 494, 34 begegnet bereits die technische Bezeichnung für den Abfall beim Scheren. Besondere Kunst des Spinnens, Webens und Scherens an einem Genter Tuche hervorgehoben; *sîn vadem der was eben kleine gespunnen, dicke geweben, und ûf den vadem geschorn diu wolle lûter ûȥerkorn:* H. V. D. TÜRLIN Crone 6843 ff.

52) vgl. oben S. 96, Anm. 266. Davon heisst der Wollarbeiter auch *ȥeisâlari*, ebd. 265.

53) *cardone karta:* STEINM. 3, 107, 12. *calcadippa karto*: 479, 25. *karte, domit man die tuch rauch macht, carduus, est genus herbe spinose:* Voc. theutonicus Nürnb. 1482.

54) *colum kunchela, kunkula:* STEINM. 3, 149, 55 f. *colus rocco l. chuncula:* 315, 16, *rocko l. cunicula:* 332, 56. Nebenformen *colus roccho l. cunila:* 297, 49. *conuca* (für *conucula*) *quenela:* 2, 354, 24: *hęc colus chlonachla, clonacla:* 364, 3.

55) vgl. oben S. 96 und Anm. 267. Es wird als vornehm gemeintes Wort zunächst wohl den Mann bezeichnet haben, der nicht sowohl neu gewebte Tuche walkt, als vielmehr nach römischem Vorbilde mittelst Walken schon gebrauchte Wollengewänder, besonders hellfarbige, wieder auffrischt.

56) *ein ȥûname im* (einem Ordensmeister in Preussen) *ouch wart, daȥ man in nante Wâtmâl in dem lande ubiral, nâch eime grôbin tûche, daȥ er in kargim rûche èrst dî brûdre tragin hîȥ:* JEROSCHIN 10458 ff. Von schmutzig dunkler Farbe; *nû ist der vil, die wâtmâl tragent vür ein vil lieht gewant, ich meine die, die mit der*

Ferner der Loden, dessen Bezeichnung gemeingermanisch ist und der daher wohl eine ältere Webart als das Watmal darstellt; er hat seinen Namen, ahd. *lodo*, mhd. *lode*, angelsächs. *loða*, altnord. *loði*, von dem zottigen Aussehen, wie denn sonst mhd. *lode* auch Zotte, altnord. *loðinn* zottig bedeutet[57]). Aber diese einfachsten Hauszeuge sind schon in vorgeschichtlichen Zeiten zurückgetreten und wesentlich auf die schlichte Kleidung eingeschränkt; denn für den Prunk versteht man das Gewebe zu köpern und mit verschiedenen Mustern zu zieren, wie dergleichen frühere und spätere Bodenfunde beweisen (vgl. Abb. 60. 61). Und bei solcher Ausbildung der germanischen Webekunst setzen die Anfänge eines förmlichen Gewerbes ein, das sich landschaftlich da besonders entwickelt, wo bedeutende Schafzucht getrieben wird, in Friesland, Niederdeutschland und den Niederlanden, sowie in England; bereits vor und zu karolingischen Zeiten haben wir Kunde von vorzüglichen Leistungen und selbst Ausfuhr ins Ausland. In Deutschland gelten da schon die friesischen Tuche in verschiedenen Farben als die besten und so wertvoll, dass sie sogar als Geschenke für fremde Herrscher ausgewählt werden können[58]), und sie behalten diesen Ruf im frühen Mittelalter durchaus, so dass die Vertreter der friesischen Tuchfabriken in den Städten Nieder- und Oberdeutschlands sich grossen Wohlstandes und Ansehens erfreuen und eigene vornehme Viertel und Strassen bewohnen[59]). Daneben wird das englische Tuch besonders geschätzt[60]), später die Gewebe aus den Niederlanden[60b]), und von

---

schande umbe gânt: Minnes. 3, 43a Hagen. *wâtmâl* als Zins für den Sterbfall: Weist. 1, 826 (v. 1475). Da es in gewisser Abmessung auch als Zins von einer Hufe gegeben wird, so führt es den Namen *huobe-tuoch*, vgl. Weist, 1, 12. 254 u. ö. Über das altnord. *vaðmâl* vgl. WEINHOLD altnord. Leben 121. 159. 321.

57) vgl. D. Wörterb. 6, 1116. Die Tuchmacher nennen *loden* die noch haarigen, ungewalkten Tücher: ebd. Altnordische Loden, vgl. WEINHOLD a. a. O. S. 159.

58) *porro autem imperatori Persarum direxit indefessus Augustus equos et mulos Hispanos, pallia Fresonica alba, cana, vermiculata vel saphirina, quae in illis partibus rara et multum cara comperit:* Mon. Sangall. 2, 9 (Mon. Germ. 2, 752). Friesische Mäntel auch als Geschenke an Hofdiener: ebd. 2, 21.

59) *optima pars Mogontiae civitatis, ubi Frisiones habitant:* annal. Fuld. a. 886 (Mon. Germ. 1, 403). in Worms 1080 *ad Frisonum spiȥam:* BOOS Urk. Buch der Stadt Worms 1, 49, 20; 1141 *in platea Frisonum:* 59, 2. in Hildesheim im 14. Jahrh. *Vresenbruche* (-Brücke), *Vreȥenstrate, Vresendor:* DÖBNER Stradtrechn. 1, 100. 141. 163 u. ö., u. s. w.

60) Englisches Tuch schickt im Jahre 764 der Abt Guthbert von Wiremuth an Erzbischof Lullus von Mainz als Geschenk; *duo vero pallia subtilissimi operis, unum albi, alter tincti coloris, . . tuae paternitati mittere curavimus:* Epistolae Merovingici et Karolini aevi 1 (1892) S. 406.

60b) unter ihnen zumal die Tuche von Gent; ein Genter Tuchmacher mit Namen genannt und gerühmt, *ȥe Gent worhte eȥ* (rotes Scharlachtuch) *Adanȥ:*

ihnen lernt das Handwerk auch der mittleren und oberen Lande derart, dass es sich überall mächtig ausbreitet und Zünfte der Tuchmacher und der mit ihnen zusammenhängenden Handwerker entstehen, wodurch die häusliche Weberei in den meisten Landstrichen verkümmert. Neben den niederländischen und englischen Tuchen nehmen dann später auch die binnenländischen an einer bedeutenden Ausfuhr, namentlich nach den nördlichen Ländern hin, vollen Anteil.

Der Ausfuhr gegenüber steht die Einfuhr von Wollengeweben besonders aus südlichen, orientalischen Gegenden. Verglichen mit der

Fig. 60. Geköpertes Wollengewebe. Aus: Engelhardt, Thorsbjerg Mosefund (Kopenhagen 1863) Taf. 2, no. 4.

Fig. 61. Gemustertes Wollengewebe. Aus: Engelhardt a. a. O. Taf. 1.

Einfuhr von Seide und Baumwolle hält sie sich aber in mässigen Grenzen (auch dieses ein Zeugnis für die Vortrefflichkeit der germanischen Ware), und kommt wesentlich erst später auf, unter Namen, die auf den fremden Ursprung hindeuten; die Stoffe werden auch alsbald im Lande selbst nachgemacht. So ist die Heimat eines rauhhaarigen Tuches *berwer*[61]) die Berberei, die eines anderen *barkân*[62]) Arabien, und der

H. v. d. Türlin Crone 6857. Auch Mecheln liefert gute Waare; *mechelsch kleit:* Brant Narrensch. 82, 15.

61) reichliche Belege zu *berwer* und Herleitung bietet F. Bech in der Germania 35, 187f.

62) *Lanze eine treien treit, diu ist von barkâne, grüene alsô der klê:* Neidhart 36, 7ff. vgl. dazu arab. *barrakân* eine Art schwarzen Kleides, und *barchat, barchent*

scharlât[63]) persischen Ursprungs. Es sind meist Stoffe[64]), die statt der Wolle anderes Haar, von Ziegenarten oder dem Kamel haben, wie denn das mittellat. *camelinum*, mhd. *kembelîn*, nach französischer Form *schamelât*, *ʒamelât*[65]) den Zusammenhang mit dem *kembel-tier*, *kemmeltier*[66]) deutlich verrät. Gerade das letztere Zeug aber ist in Deutschland von feiner Hammelwolle nachgefertigt worden. Und mehr noch wird der Scharlach zu einem hier und in den Niederlanden gearbeiteten Stoffe von feiner und sorgfältig geschorener Textur (vgl. Anm. 51), schon im 11. Jahrhundert ist der fremde Name daraufhin in *scarlachen* umgedeutet worden[67]), und die Farbe, die bei dem importierten Gewebe hochrot war und als Unterlage zu Vergleichen und sprichwörtlichen Reden diente[68]), wird der eigenartig feinen Zubereitung gegenüber Nebensache, so dass man auch dunkelfarbigen (violetten, braunen), blauen, grünen und selbst weissen Scharlach nennt[69]). Die Geschätztheit des Gewebes zeigt sich auch durch die Bezeichnung *brûtlachen* einer besonders feinen Sorte, für hochzeitliche und hochfestliche Gewänder bestimmt[70]).

Angesichts der viel schwierigeren Bereitung von Pflanzenfasern zu Gespinst und Gewebe für menschliche Kleidung muss angenommen

---

im Deutschen Wörterb. 1, 1125, wo es nach späterer Herstellungsart als Leinen- und Baumwollestoff aufgeführt wird.

63) mlat. *scarlatum*, mhd. *scharlât*, auf das persische *sakirlât* zurückgehend, umgedeutet zu *scharlach, scharlachen*, vgl. nachher.

64) Ein Verzeichnis der aus dem Süden eingeführten Wollen- und Leinengewebe gibt A. SCHULTZ höf. Leben 1² (1889), S. 351 ff. vgl. dazu JOHN MEIER in der Zeitschrift für d. Phil. 24, 533 f., auch WEINHOLD d. Frauen 2³ (1897), S. 232 ff.

65) *ein surkôt von kämbelîn:* W. V. ESCHENBACH Willeh. 196, 2. *obergewant von wîʒʒem oder von swarʒem barchât oder von schamlât:* Franziscanerregel des 13. Jahrh. in der Germ. 18, 188, 5 f. *auch gebietten die herren vom rate, das hinfüre eyniche frow oder junckfrow, inwonerin dieser statt, nit tragen sollen einige ʒamlottene röck:* Nürnberger Pol.-Ordn. 98 (15. Jahrh.).

66) *camelus kemeltier, kemmeltier, kemel, kembel:* DIEFENB. 92 c.

67) unter Geweben *ralla scarlachen, scharlachen, scorlachin*: STEINM. 3, 147, 46 ff. vgl. dazu *scarlachen, rasilis*: GRAFF 2, 159.

68) *ein richiu wât in êret von einem rôten scharlât:* H. V. D. TÜRLIN Crone 6832 f. *scharlachens rôt was ir der munt:* K. V. WÜRZBURG Engelhard 2988. *hermîne ʒen, scharlachens munt:* R. V. ZWETER 221, 10 Roethe. (ein) *kleit scharlachen rôt:* W. V. ESCHENBACH Willeh. 63, 25.

69) dunkel, *brûn scharlachen was ir roc:* Parz. 232, 26; *scharlach rot und prawn was sein mantel gehalbiert:* Wigamur 4684; grün und blau, *scharlachen grûne inde blâ*: Karlmeinet 53; weiss, *von eim wîʒen scharlach guot:* Enenkels Weltchron. in Haupts Zeitschr. 5, 282, 505.

70) *ein brûtlachen von Gent, noch plâwer denne ein lasûr:* Parz. 313, 4 f. *brûneʒ scharlach von Gint, daʒ man heiʒet brûtlachen:* Willeh. 63, 23 f.

werden, dass dazu Leinen später als Wolle verwendet wurde. Denn während die letztere sich leicht zu Fäden formen und weiter bearbeiten lässt, bedürfen Gespinnstpflanzen erst einer umständlichen Behandlung, um das zu gewinnen, was von ihnen zu ähnlicher Verwendung brauchbar ist. Doch reicht die Kenntnis und die Bearbeitung von Hanf und Flachs wahrscheinlich tief in die vorgeschichtlichen Zeiten zurück, wobei zu beachten, dass die Namen für die Pflanzen Hanf und Lein zwar gemeingermanisch, aber uralte Lehnwörter und mit der Sache Einführungen von Südosten her sind, während die Heimat einer anderen gemeingermanischen Bezeichnung, ahd. *haru*, mhd. *har*, altfries. *her*, altnord. *hǫrr* nicht näher bestimmt werden kann. Erst das jüngere nur westgermanische Flachs, ahd. *flahs*, angels. *fleax*, altfries. *flax*, mittelniederl. *vlas* zeigt deutlichen Bezug auf die technische Verwendung der Pflanze, da der Name mit flechten zusammenhängt[71]).

Mit dem Ernten des Flachses und Hanfes, das nicht durch Schneiden, sondern durch Raufen geschieht[72]), beginnt die Arbeit für die Gewinnung der Gespinnstfaser aus dem Stengel. Es ist alles weibliche Arbeit, im Gegensatz zu der Wollbereitung, in die sich männliche und weibliche Kräfte teilen (oben S. 214), und wird als solche in ihren verschiedenen Stufen ausdrücklich bezeichnet; wobei aber zu bemerken, dass Sprachgut, um die betreffenden Thätigkeiten gleichmässig als schon gemeingermanisch zu erweisen, fast gänzlich mangelt, und solches überhaupt nur lückenhaft selbst noch für die ahd. Zeit erhalten ist. So wird denn auch das *roufen* des Flachses erst spät als Weiberarbeit bezeugt[73]), obwohl kein Zweifel, dass sie es von jeher war. Die Verarbeitung beginnt mit der Entfernung der Samenkapseln von den Stengeln durch ein eigenes zackiges Gerät, das vom Raffen oder Reissen den Namen empfängt, und ahd. *rifila*, *riffila*, mhd. *riffel*, mnd. *repe* und *repel* heisst, wozu das davon abgeleitete Verbum der bezüglichen Thätigkeit, ahd. *rifilòn*, *riffilòn*, mhd. *riffeln*, mnd. *repelen* und *repen* gehört[74]). Die von den Samen-

71) vgl. Band 2, S. 16f.

72) vgl. ebenda S. 76.

73) *uff di ȥît, alse di frouwen phlegin flachs ȥu roufene:* KÖDIZ 97. 26f.

74) das ahd. *rostra serrantia rifilûn rifilûnta, riffilûn riffilônta:* STEINM. 1, 611, 67ff. bezieht sich freilich auf einen orientalischen Dreschwagen Jes. 41, 15, aber es ist kein Zweifel dass der einheimische Ausdruck vom Flachsbau hierher nur übertragen ist, weil keine bessere Verdeutschung für eine fremde Sache zur Verfügung stand. mhd. mnd. *rastrum riffel:* DIEFENB. 485a. *mataxa, instrumentum ad capita lini deponenda riffel, flachsȥriffel:* 351a. *ratera riffel, flachsriffel*, nd. *repe, dair man vlass mede reept, ein towe darm de knutten van dem vlasse mede doet, raterare, repen, vlass repen:* 485a; *mataxa riffel, matexa eyn ripe:* nov. gloss. 248a. *repelen:* SCHILLER-LÜBBEN 3, 464.

kapseln entblössten Stengel derart vorzubereiten, dass die Gespinnstfaser daraus gewonnen werden kann, dazu dient das Einweichen in fliessendem oder stehendem Wasser, wieder mit der technischen Bezeichnung mhd. *rœʒen*[75]), mnd. mnl. *roten* (später nhd. in *rösten* verderbt), gewiss ebenso wie das vorige, ein altes, nur bis spät unbezeugtes Wort, das mit dem ahd. *roʒên*, altsächs. *rotôn*, angelsächs. *rotian*, altnord. *rotna* mürbe oder faul werden, verrotten, in engster Beziehung steht. Nachdem die zerweichten Stengel gedörrt sind, was wohl häufiger an der Sonne geschehen ist, als in einer eigenen Darre, wie man sie seit alter Zeit für das Malz verwendet[76]), erfolgt das Bleuen und Brechen, das erste mit besonderen hölzernen Schlägeln ausgeführt, das letztere mit einem Gerät, dessen Name ahd. oder wenigstens früh mhd. bezeugt ist[77]), und das vielleicht eine jüngere Erfindung darstellt, welche die Wirkung des Bleuens vervollständigt. In den mhd. Quellen, die auf die Vorbereitung des Flachses eingehen, werden nur *bliuwen, swingen, dehsen* und *hacheln, hecheln* genannt[78]). Das *swingen* des Flachses oder Hanfes geschieht an einem Gestell, mhd. *swinge*, mit näherer Bezeichnung als *hanfswinge* genannt[79]), im Vereine mit dem *dehsen*, welches das Schwingen stets begleitet und darum öfters auch geradezu statt *swingen* gesetzt ist; aber das *dehsen* besteht darin, dass man nach dem eigentlichen Schwingen den an der Schwinge festgehaltenen Flachs oder Hanf noch einmal mit einem Holze oder Eisen abklopft, um die noch haftenden einzelnen holzigen Teilchen des Stengels, die dem Bleuen und Schwingen widerstanden haben, zu

75) LEXER mhd. Handwb. 2, 518. *rotten of rootten het vlasch, macerare linum, ut cortex computrescat, gherot vlasch, linum fluviatum:* KILIAN Gg 2 b.

76) vgl. Bd. 2, S. 340.

77) *cramula preche:* STEINM. 3, 358, 55. später hoch- und niederdeutsch; *fractina, fraxina ein breche, flachsbreche, breche do man flachs mit pricht, brech ʒu dem flasʒ, broche, broch*, nd. *en brake:* DIEFENB. 245 a; *fraccinare brechen, flachsprechen*, nd. *brecken, braken:* ebd.

78) von armen gefangenen Frauen in einem *wercgadem, disiu blou, disiu dahs, disiu hachelte vlahs:* Iwein 6203 f. als Arbeit einer Bauernfrau *dehsen swingen bliuwen* (hier in verkehrter Ordnung genannt): Meier Helmbrecht 1360. Eine hochinteressante Folge von Fresken des frühen 14. Jahrhunderts in einem Hause zu Konstanz, welche die Flachsweberei vom Bleuen bis zum Weben, sowie die Bortenwirkerei durch Frauen (Lohnarbeiterinnen) darstellte, wurde vor ihrer Vernichtung abgezeichnet und veröffentlicht durch L. ETTMÜLLER in den Mitteilungen der antiquarischen Gesellschaft in Zürich, Heft 30: die Frescobilder zu Konstanz, Zürich 1866.

79) *crinacula swinge ʒu dem flachs, hare o. hanffe:* DIEFENB. 157 c; weitere Belege s. Deutsches Wb. 9, 2684. *langeʒ swert alsam ein hanifswinge, daʒ treit er alleʒ umbe:* NEIDHART 59, 10 f. Das Gestell ist ein aufrecht stehendes Brett oder Gebälk, mhd. *swingebret*, mnd. *swingelbret*, vgl. D. Wb. 9, 2683; *crinacula swingstock o. swingstul:* DIEFENB. 157 c. *swingeblock:* SCHILLER-LÜBBEN 4, 500 b.

entfernen[80]). Das klappende Geräusch des Dechsens wird in einem Kehrreime Gottfrieds von Neifen recht bezeichnend nachgeahmt[81]). Die Vorbereitung zum Verspinnen beschliesst das *hechelen*, das Ausziehen der Gespinnstfaser auf der Hechel, einem mit spitzen Zähnen versehenen bankartigen Gestelle, das spät ahd. *hachele*, mhd. *hachel* und *hechel*, mnd. *hekele* heisst, und wegen seiner Stacheln zum Verbum ahd. *hecchan*, mhd. *hecken* stechen gehört[82]). Was hier abfällt, bevor die Feinheit des Gespinnstes erreicht wird, ist das Werg, das in den Dialekten verschiedene Sondernamen führt[83]) und in der Haushaltung, auch weiter zu ganz grobem Zeug, Verwendung findet[84]). Der so hergestellte Stoff wird endlich in Bündel oder Reisten, spät ahd. und mhd. *rîste*[85]), zusammengedreht, oder auch gleich um die

---

80) Das ist das *dehsschît* oder *dehsîsen*; *ʒe Nördeling kein dehsschît hât dâ niemen alse breit:* W. v. ESCHENBACH Willeh. 295, 16f. ahd. mhd. *ferrum consertorium dehs-ihisen:* STEINM. 3, 300, 73; *confertorium tehs-isen:* 627, 14. Im Gedichte von dem übeln Wîbe wird *schît* und *dehsîsen* durcheinander geworfen, Zeugnis dafür, dass man nur den Gebrauch des Gerätes berücksichtigte, den Stoff aus dem es bereitet, dabei vergass; *sî saʒ eins tages unde dahs . . sî sluoc ʒe ʒwein hundert drumen daʒ schît über mînen koph, daʒ ich gie umbe als ein toph und sturʒte ir under füeʒe nider. dâ lac ich lange ê daʒ ich wider mich kûme ûf gerihte. si nam ʒe mîner sihte in die hant daʒ veige schît und sluoc mir eine wunden wît mit dem dehsîsen:* 311 ff. *dehsen* und *swingen* auseinander gehalten, *si kan beidiu, dehsen unde swingen* (des Reimes wegen in verkehrter Ordnung): G. v. NEIFFEN 5, 13; vermischt, s. Anm. 81. Über die abgeklopften *agen* (ein gemeindeutsches Wort) und *schabe, schebe* vgl. D. Wörterb. 1, 189. 8, 1948. 2380.

81) *eʒ kam umb einen mitten tac, dô hôrte ich eine swingen; wan si dahs, wan si dahs, si dahs, si dahs:* G. v. NEIFFEN 45, 23 ff.

82) *spinacium hachele:* STEINM. 3, 627, 33. über Weiteres und die Etymologie vgl. Deutsches Wb. 4², 735 ff.

83) Zunächst ahd. *stuppa âwirchi, âwurchi, âwircha* (d. i. was beim Wirken, Verarbeiten abfällt): STEINM. 1, 594, 18 ff. *stuppa âwerk:* 3, 375, 54, *âwerki:* 619, 41 u. ö., später auch *abwerg, abwerck:* DIEFENB. 558a (vgl. dazu *stupeum colobium âwurchin roc, âwirchin roc* u. ä.: STEINM. 3, 147, 49 ff.). Aus *âwirchi* hat sich schon ahd. die verkürzte Form gebildet *stuppa werch:* STEINM. 1, 594, 21, *wirk:* 3, 358, 23 u. ö. Daneben *stuppa ûspunna:* ebd. 1, 292, 38, *ûspannia, ûspanna:* GRAFF 6, 345, vielleicht für *ûʒ-spunna*, wenigstens steht Voc. opt. 13, 7 *stuppa usspon vel awerk;* mhd. *kuder*, vgl. dazu Deutsches Wb. 5, 306 f.; mhd. *heide*, mnd. *hêde*, vgl. ebd. 4², 750. ags. ein Plur. *heordan stuppa:* BOSWORTH-TOLLER 530b. Das oberdeutsche *rupf, rupfen* Werg (Deutsches Wb. 8, 1529. 1532) geht vom Rupfen beim Hecheln aus, dazu das Adj. *rupfîn* aus Werg gemacht, gesponnen; *rupfîn tuoch* zur Bauernkleidung: Kaiserchronik 14800.

84) so zu Gewebe, vgl. Anm. 83; zu Beleuchtungszwecken, vgl. Bd. 1, 126, wo auch ein fernerer ahd. Name für Werg *charʒ, chariʒ* belegt ist.

85) ahd. *protula rîste:* STEINM. 3, 358, 56; *plecta rîsta:* 624, 58; *ein reisten flachs oder ʒwu:* Fastn. Sp. 688, 23; es gehört zu mhd. *rîden* drehen. Ein gleichbedeutendes mnd. *dise, disene* (SCHILLER-LÜBBEN 1, 526b) ist Bildung zu mhd. *dehsen*.

Kunkel gewunden. Solche Bündel werden im Mittelalter unter anderem Zins an die Herrschaft gegeben[86]).

Von hier ab, beim Spinnen und Weben, ist die Verarbeitung der Wolle und des Flachses oder Hanfes in allen Hauptsachen dieselbe. Spindel und Rocken oder Kunkel haben für Wolle und für Flachs oder Hanf gleiche Form, ebenso das Gerät, welches den gesponnenen Faden (vgl. über das Wort unten Anm. 193) von der Spindel aufnimmt und zu Gebinden zusammenfasst, ahd. *haspil*, mhd. *haspel*, Weiterbildung zu ahd. *haspa*, mhd. *haspe*[87]), und mhd. *weife*[88]); das erstere Wort ist zwar etymologisch unerklärt, zeigt aber dadurch seine uralte Zugehörigkeit zum Spinnen, dass altnord. *hespa* einen Strang Wolle, angelsächs. *hæsp* und *hæps* das Wollgarn bedeutet; das mhd. *weife* gehört zum Verbum *wîfen* drehen. Und vielleicht geht auch *haspe, haspel* von einer ähnlichen Grundbedeutung aus, da es in beiden Formen gleichzeitig auch das Band, worin sich eine Thür dreht, bezeichnet. Von durchsichtiger Bildung ist der Name mhd. *garnwinde* (auch im angels. *gearnwinde*), der teils mit *haspel* gleichbedeutend, teils verschieden gebraucht wird, und in letzterem Falle abweichende Form und andere Handhabung bezeichnet[89]). Das angelsächs. *hreol, reol* für das Gerät[90]) kehrt im altnord. *hrœll, rœl* wieder, meint aber hier den Weberkamm.

Für den Webstuhl und seine allmähliche Vervollkommnung aus einem in den Urzeiten höchst einfachen Bau wird gerade mit Bezug auf die Leinenweberei seit den karolingischen Zeiten mannigfaches Sprachgut überliefert. Wahrscheinlich schon früh ist unter Kultureinfluss von Süden her der senkrechte Webstuhl mit einem Gestell vertauscht worden, bei dem die zu webenden Fäden horizontal liegen; der von solcher Form hergenommene Name *webstuol* erscheint allerdings erst mhd. (vgl. Anm. 48). Das zu dem Stuhle gehörige Handwerksgerät, so wie die aufgespannten Fäden nach ihrer Lage (Kette,

---

86) *eyn iglicher meiger und furster sint dem voigde schuldig jars LX conkelen mit flass:* Weist. 2, 22 (Saargegend, v. 1458).

87) *netum l. netula haspil, haspel:* STEINM. 3, 150, 4 f. *tradulus haspel:* 375, 60. *alabrum haspel, haspe:* DIEFENB. 20 a. *haspel:* Voc. opt. 13. 15. *girgillus haspel:* DIEFENB. 263 c. *haspel, haspe:* nov. gloss. 193 b. Als Mass für eine Leistung. *sedecim haspe lini:* GRAFF 4, 1061.

88) *alabrum weiphe, weiffe, weife:* DIEFENB. 20 a. *girgillus weiffe:* 263 c. *tradulus weyfe:* 591 b.

89) mhd. *alabrum garnwinde:* DIEFENB. 20 a. *girgillus garnwinde, garnewinde* u. ähnl.: 263 b. *mataxa garnwinde, garnewinde:* 351 b. *testalus garenwinde, garnwinde* (neben *garnbret, garnwyndenstock*): 581 b. *tradulus garwynd:* 591 b. Unterschieden *tradulus haspel, testadulus garnewinde:* STEINM. 3, 375, 60 f. ags. *conductum, gearnwinde:* WRIGHT-W. 1, 213, 11. *gernwinde* 262, 17. 368, 1.

90) *alibrum, hreol:* WRIGHT-W. 1, 187, 19. *reol:* 262, 31. 354, 27. *riul:* 294, 24.

Einschlag) sind in älteren und jüngeren Realglossaren ausführlich aufgezählt[91]). So entsteht das Gewebe; es führt, ob von Wolle oder von Leinen, den westgermanischen Namen Tuch, ahd. mhd. *tuoch*, altniederd. fries. *dôk*[92]), dessen etymologische Verhältnisse nicht feststehen, das man aber geneigt ist mit dem deutschen *dach* und *decken* in Verbindung zu bringen und als „Kleid, womit man etwas deckt" zu erklären[93]). Ein anderer Name ist ahd. mhd. *werc*, und das dazu gehörige Verbum *wirken* wird in technischem Sinne mit *weben* wohl auch gleich gebraucht, nimmt aber sehr bald die Bedeutung einer kunstreicheren Arbeit an, bei der das Gewebe Maschen bildet[94]). Für abgepasste Gewebestücke gilt das gemeingermanische Wort got. *fana* *ῥάκος*, *σουδάριον*, angels. *fana*, ahd. *fano*, Zeug, Tuch, Schleier u. ä., mhd. *vane* Fahne, zu griech. *πῆνος* und lat. *pannus* urverwandt[95]), und das ahd. *lahhan*, mhd. *lachen*, altsächs. *lakan*, mnd. *laken*, altfries. *leken*, das nicht nur grösseres Tuch oder Leinwand im allgemeinen, sondern (so im Altsächsischen) auch den Vorhang und ein umgelegtes Kleidungsstück bezeichnet, ausserhalb dieser Dialekte nicht bekannt und von dunkler Herkunft ist. Die Breite und Ausdehnung eines Gewebes wird bestimmt durch den Rahmen, ein Spannungsgestell,

---

91) vgl. die ahd. Sammlungen STEINM. 3, 149 *(de instrumentis vestium)*, 375 *(de muliebri artificio)*, 619. 625 u. ö.; mhd. z. B. im Voc. opt. XIII S. 25 Wackernagel *(de artibus et rebus vestium)*, ags. bei WRIGHT-WÜLCKER 1, 187, 9 ff. 262, 6 ff. *(de textrinalibus)*. 293, 36 ff. *(de arte textoria)* u. s. w. Die senkrechten Fäden des Gewebes, später *aufʒug, kette* heissen ahd. *stamen warf*: STEINM. 150, 34. 375, 68 u. ö., *subtemen wefel, wevel* 150, 38. 376, 1, später auch *stamen ʒettel*: DIEFENB. 550 b, *subtegmen webel, wefel, weffel, der intrag, eintrag*: 562 a, *trama weffel, wefil, wefel, inschlag, ynslach, eintrag, intrag-garn*: 592 b. ags. *stamen wedrp*: WRIGHT-W. 187, 26 u. ö. *trama vel subtemen, ôweb, vel ôb*: 188, 12. *subtimen, âweb*: 262, 20, *âwebb*: 294, 12 u. ö.; die Enden des alten Aufzugs, an welche die Fäden des neuen geknüpft werden, sowie die Fäden, die beim Haspeln durch einen Zwischenfaden verbunden sind, *licia viʒʒa*: STEINM. 3, 150, 39. *licia webbesnûre*: 376, 7. *licio i. eblit, harluft*: 382, 25. *licio mittulle, vitʒa, harlova, viʒʒa l. harlova, harluva*: 1, 386, 39 ff. ags. *licium, hebeld, licia, hebeld, ðrêd*: WRIGHT-W. 30, 30 f. *licium hefeld*: 187, 13. 433, 10, u. s. w.

92) Leinentuch, z. B. OTFRID 4, 35, 31: *biwuntun sie thô scôno thia selbûn lîh frôno mit lîninemo duache*; vgl. auch Meier Helmbrecht 135 ff. *pannus lineus linen duch, leinein tuch*: DIEFENB. 410 a.

93) vgl. BUGGE in Pauls und Braunes Beiträgen Bd. 12, 403 ff.

94) von der Jungfrau Maria *wâherô duachô werk wirkento, diurerô garnô, thaʒ deda siu iǫ gerno*: OTFRID 1, 5, 11 f. *texere, weben, wirken, werken*: DIEFENB. 582 b. *contexere wirken, werken, weben*: 146 c. *die Bair hetten all die barchanttuech diser stat kauft, die man gewürkt möcht han*: D. Städtechr. 5, 114, 18 f.

95) vgl. LEO MEYER Handb. d. griech. Etymologie 2 (1901), S. 579, unter *πήνη* der auf die Spule gewickelte Faden des Einschlags, wo auch noch altslav. *ponjava* Leinwand, Gewand und *o-pona* Vorhang aufgeführt werden.

ahd. *rama*, mhd. *ram*[96]), das sich auch von dem Webstuhl löst und als kleinere Maschine für die Herstellung schmaler Besatzstücke um Webstoffe dient. Solche heissen ahd. *borto*, mhd. *bort*[97]), und werden oft in besonders reicher Ausführung gearbeitet.

Länger als die Wollenweberei und in ausgedehnterem Masse hält sich das Leinweben als häusliche Verrichtung. Auch das grobe Hausleinen wird im Mittelalter, wie das Wolltuch, als Zins gegeben[98]), nach uraltem Brauche, der schon aus des Tacitus Germania (Cap. 25 *modum vestis*) erhellt.

Bereitung von Kleidungsstücken aus Bast geschieht in frühen geschichtlichen Zeiten, hier schon selten, aber sicher als Rest vorgeschichtlicher häufigerer Übung. Pomponius Mela berichtet, die Germanen haben teils Wollmäntel, teils solche aus Bast getragen[99]), später findet sich das nicht mehr bezeugt, aber die Sprache bewahrt wenigstens unverstandene Erinnerungen an den alten Brauch. Ber Bast ist von der Linde genommen, wie die noch spät vorkommende Doppelbedeutung des Wortes *lint* als Lindenbaum und Bast lehrt[100]); und wenn altnord. *lind* den Gürtel bedeutet, so ist dieser eben in ältesten Zeiten von Bast hergestellt gewesen, wie gleicherweise eine noch späte Glosse *limbus bast* auf alte Verwendung dieses Stoffes zu Kleiderbesatz, ein Verbum *besten* schnüren, nähen, flicken auf Anwendung von Bastfaden deutet[101]). Zudem weisen auf die alte Technik des Bastflechtens zwei Wörter hin, die später gleichsinnig mit weben geworden sind, aber ursprünglieh nur das enge Zusammenfügen und Verschlingen der groben Baststränge gemeint haben können, mhd. *dringen* und *brîden*. Das erstere, westgermanisch in gemeinsamer Form (angelsächs. *þringan*,

---

96) *columen, rama, rame, textorale instrumentum*: STEINM. 3, 332, 30 f. *columen, sustentaculum*, *rama* DIEFENB. 134 a. *catasta ram der weber ȥu den tuchen:* 106 c, *ram do man tüch an slecht, ain ram, do man tuch an druckchent:* nov. gloss. 80 a. *dar in* (im *wercgadem) er durch ein venster sach wurken wol driu hundert wîp* .. *daȥ gnuoge worhten under in swaȥ iemen wurken solde von sîden und von golde. gnuoge worhten an der rame:* Iwein 6190 ff. (die Nonnen musten) *næn oder borten dringen, oder würken an der rame:* Maere von dem Sperwaere 30 f. Die Vorform muss ahd. *hrama* sein, das Wort gehört zu got. *hramjan*, was σταυροῦν übersetzt.

97) *limbus dicitur ornatura l. fasciola extrinsecus adsuta vesti, i. borto, bort:* STEINM. 2, 356, 16 ff. 358, 9 ff. *von porten lieht gewürhte schein liehte dar an* (am *wâfenhemde sîdîn):* Nib. 408, 4.

98) *xxiiij ellen leinenduchs*: Weist. 1, 832 (Westerwald, v. 1382). *X eln tuchs hemdelachen:* 3, 382 (Hessen, 1410; ebenda *des hemdelachen tuchs). vier und ȥwenȥig ellen halptůches linun:* 4, 93 (Elsass. 14. Jahrh.).

99) *nudi agunt, antequam puberes sint, et longissima apud eos pueritia est; viri sagis velantur, aut libris arborum, quamvis saeva hieme:* POMP. MELA 3, 3.

100) vgl. Deutsches Wb. 6, 1031 f.

101) *limbus l. ora vestimenti ein bast:* DIEFENB. 330 a. Über *besten* für schnüren vgl. oben S. 212, Anm. 26; für nähen, flicken unten Anm. 191, und § 2, Anm. 243.

altsächs. *thringan*, ahd. *dringan*) dem etwas abweichenden Ostgermanischen gegenüber (got. *þreihan*, altnord. *þryngva*), muss neben seiner allgemeinen Bedeutung schon früh Gewerkswort für das Drehen und feste Anlegen des Flechtmaterials gewesen sein, wie einige alte Belege noch verraten[102]); dann überträgt es sich auf eine jüngere Technik der Herstellung, wo es zwischen dem Sinne des Flechtens, Webens und Wirkens schwankt[103]). Was das nur hochdeutsche *brîden* betrifft, so zeigt eine vereinzelte ahd. Glosse[104]) auch hier den allgemeinen Begriff des Zwängens und Zusammenfassens; im Mittelhochdeutschen ist es, unähnlich dem *dringen*, aber ganz in dem technischen Sinne desselben, nur Gewerkswort, nicht weniger für das Netzflechten als für das Bortenwirken und Stoffweben gebraucht[105]).

Was sonst von einheimischen Pflanzenfasern für die deutsche Kleidung in Betracht kommt, besagt nicht viel. Wie früh die Nessel für Gespinnst verwendet worden ist, lässt sich nicht feststellen, aber die Herstellung von Fäden daraus müsste in das gemeingermanische Altertum hinaufreichen, wenn der Zusammenhang von Nessel mit Netz sicher wäre[106]). Doch erfahren wir über die Verwendung der Pflanze zu Gespinnst erst durch Albertus Magnus, der sie in dieser Beziehung mit Flachs und Hanf zusammenbringt, aber hinzufügt, dass Nesselgewebe auf der Haut Jucken verursache, was flächsenes und hänfenes nicht thue[107]). Auch der Stengel der wildwachsenden Malve (ahd. *papula*, mhd. *papele*) liefert eine Gespinnstfaser, von der berichtet wird, dass sie zu Kleidern verwendet werde[108]); die Blüten geben eine

---

102) vgl. ags. *torquent, þrungun:* WRIGHT-W. 1, 51, 20. ahd. *pidrungan, constringantur (laqueis):* GRAFF 5, 262.

103) von der Dreieinigkeit bildlich *drivalt in ein gedrungen unde einlich in driu geflohten bist du:* K. V. WÜRZBURG Lied. u. Sprüche 32, 5f., S. 389 Bartsch; *ei wie kunde dringen sîn frouwe borten an der ram:* Engelhard 2684f.

104) *coactis ʒu-britun:* STEINM. 2, 397, 67. vgl. auch Deutsches Wb. 2, 355.

105) *ein netʒe guldîn, gebriten von goltdræten vesten unde stæten:* H. V. AUE Erec 7715f. *des* (Rosses) *covertiure was gebriten von sîner frouwen an der ram:* K. V. WÜRZBURG Engelhard 2528f. *roc unde mantel von einem phelle . . er was von Sarraʒînen mit kleinen börtelînen in vremdeclîchem prîse nâch heidenischer wîse wol underworht und underbriten:* G. V. STRASZBURG Trist. 65, 14ff.

106) ahd. *naʒʒa urtica*, weitergebildet *neʒila*, *neʒʒila:* GRAFF 2, 1116. Netz, got. *nati*, altnord. ags. *net*, altsächs. *neti*, ahd. *neʒʒi* könnte seiner Form nach wohl eine Ableitung zu dem vorangeführten *naʒʒa*, Vorform *nata* sein und das aus Nesselfäden hergestellte bezeichnen.

107) *duas autem habet (urtica graeca) pelles, interiorem et exteriorem; et illae sunt, ex quibus est operatio, sicut ex lino et canabo; sed interior pars est terrestris, et illa comminuibilis est, et non filabilis in pannum. sed pannus urticae pruritum excitat, quod non facit pannus lini vel canabi:* ALB. MAGN. de vegetabilibus 6, 19, 462 (ed. Meyer-Jessen 1867 S. 574f.).

108) vgl. die Stellen aus Isidor und Papias bei DU CANGE 5, 333a.

weinrote Farbe, und wenn daher Angilbert von der Tochter Karls des Grossen Gisala singt, sie habe in einem malvenen Gewand geprangt[109]), so bleibt unentschieden, ob er damit Stoff oder Farbe gemeint hat.

Einfuhr fremder Gespinnste und Gewebe findet schon in vorgeschichtlichen Zeiten statt, und es handelt sich dabei meist um orientalische Fabrikate, aber auch um römische. Ein altes sprachliches Zeugnis für erstere ist das got. *saban* für Leinentuch, entsprechend dem ahd. angelsächs. *saban*, ahd. auch *sabo*, mhd. *saben*, wie das altslav. *savanŭ* gleicher Bedeutung auf griech. *σάβανον* zurückgehend und dadurch auf die nächste Quelle der Imports weisend; es ist aber Zeug, das aus Saban bei Bagdad stammt. Ob die Byssus, wahrscheinlich aus Baumwolle vorzugsweise in Ägypten gefertigt, bei den Goten eingeführt war, kann zweifelhaft erscheinen angesichts einer besonderen Art, in der das griechische Wort in der gotischen Bibelübersetzung erscheint: die Erzählung vom reichen Mann, der in Purpur und Byssus gekleidet war, bringt, der Fügung von got. *gawasjan* kleiden entsprechend, vom ersteren Worte den Dativ *paúrpaúrai*, von letzterem aber nicht den gleichen Casus etwa *byssau*, sondern setzt einfach, dem Griechischen folgend, den Accusativ *byssaún*, gibt also hier eine fremde, nicht eingegliederte, sprachlich unverstandene Form[110]). Auch später, bis zum Mhd., ist das Wort in die Sprachen nicht aufgenommen; im Ahd. wird es durch *saban* oder *sabo* ersetzt[111]) oder sonst in einer Weise wiedergegeben, dass man daraus den Mangel eines fest bestimmten Begriffes ersieht[112]). Im Angelsächsischen steht dafür das germanische *twin*, dem gleichlautenden Adjektiv in der Bedeutung zwiefach entsprechend[113]), und man ersieht, dass man darunter jenes doppelt gewebte, mit Mustern versehene Baumwollen- oder Leinenzeug verstand, welches anfangs eingeführt, später in den germanischen Landen nachgebildet wurde, und mit Umdeutschung der lateinischen *bilix* und *trilix* die Namen ahd. *ȥwilih*, *drilih*, mhd. *ȥwilich*, *drilich*,

109) *tecta melocineo fulgescit femina amictu:* ANGILBERT Karol. M. et Leo papa 231.

110) *gawasids was paúrpaúrai jah byssaún*, *ἐνεδιδύσκετο πορφύραν καὶ βύσσον:* Luc. 16, 19.

111) *sabin, sabun bysso:* GRAFF 6, 64. *bissum sabe:* STEINM. 3, 418, 47.

112) *bissus, schechter, scherter, ȥwirne, flachs, wisser flahs, wysȥ lynen* o. *syden* u. ä.: DIEFENB. 75b. Über *scherter, schetter* und seinen ebenfalls wechselnden Sinn vgl. D. Wb. 8, 2603. ein *byssus sig* STEINM. 1, 539, 65 ist nicht verständlich.

113) *byssum*, *tuin:* WRIGHT-W. 1, 10, 11, *twin:* 358, 14. *byssum*, *of twine:* 86, 32. *he wæs gescryd mid purpuran and mid twine* (*induebatur purpura et bysso*): Luc. 16. 19. *bisso retorto*, *hwîte twine geþrawne:* WRIGHT-W. 1, 194, 42. Sonst wird auch im Ags. wie mhd. (Anm. 112) feiner Flachs darunter verstanden; *bissum*, *g(raeci) papagen, swîþe hwît fleax:* 151, 14f.

drillich führt. Der fremde Name kommt erst im Mhd. als *bisse* einige Male vor[114]).

Für die Einführung des im Griechischen *σινδών* genannten, aus Indien vom Sindhu (Indus) stammenden Baumwollenzeuges ist bezeichnend, dass das Wort in der Stelle, wo es im neuen Testament vorkommt, gotisch durch *saban* wiedergegeben wird[115]), wonach die Goten Wort und Stoff nicht kennen. Erst später zeigt sich ein mittellateinischer Ausdruck, der als Weiterbildung von *sindon* gefasst werden kann und im Mittelalter teilweise auch gefasst worden ist, in mannigfach schwankender Form als *cendalum, cendatum, cendalium, cendallum, cindatum, cindalum, sendalium* u. ä.[116]), mhd. seit dem 12. Jahrhundert als *ȥendal, ȥindal, sindal, sendel,* auch *ȥindât, ȥendat*[117]), nun aber nicht mehr als Baumwollengewebe, sondern leichte Seide, die auch zu Futter verwendet und aus Italien und Griechenland bezogen wird.

Früh erscheint auch in den germanischen Quellen der Purpur, ein Gewebe aus Wolle oder Seide, dessen Farbe bereits dem Rohstoff durch den Saft zweier besonderer Schneckenarten gegeben worden war. Dass man den Purpur von Rom her kennen gelernt hatte, dafür zeugt wiederum die gotische Form *paúrpura, paúrpaúra, πορφύρα,* Marc. 15, 17. 20, Luc. 16, 19, die als eine volksmässige erscheint. Das feminine Geschlecht ist nicht nur im Gotischen, sondern auch im Ahd. und Angelsächs. gewahrt, und geht erst im Mhd. ins masculine über, zweifellos nach dem Masc. *roc,* weil man hier Purpur gewöhnlich nicht mehr als Kleiderzeug, sondern als zugeschnittenes Gewand in der Vorstellung hatte. Die Wertschätzung dankt der Purpur vor allem seiner Farbe, die man schon im Altertum in einer ganzen Reihe von Schattierungen zu geben verstand, wie sie auch noch im Mittelalter vom Schwarzrot bis zu lichten Tönen vorkommt; und man weiss in Deutschland wohl, dass der Name eigentlich auf die Farbe geht[118]).

---

114) *pisse unde purpur:* Rol. Lied 91, 16. *in purpur und in bisse:* K. v. WÜRZBURG Lied. S. 380, 61 Bartsch. *si santen den edeln wîben purpuram und sîden, coccum unde bisse:* WERNHERS Maria, Fundgr. 2, 175, 32 f.

115) *jah nimands þata leik Iôsêf biwand ita sabana hrainjamma, ἐνετύλιξεν αὐτὸ σινδόνι καθαρᾷ* Matth. 27, 59. vgl. auch noch ahd. *sindonem sapun, sabin, saben:* STEINM. 1, 539, 66.

116) DU CANGE 2, 254.

117) *herlîche lînwât, phellil undo cindât:* LAMPRECHT Alexander 6529 f. *cindatum, cindatus, ȥindel, cȥendel:* DIEFENB. 120a. *sindo, sindor, syndon, syndal, syndael, sindol, ȥindael, cȥindel, ȥendel* u. ä.: 536 b. vgl. dazu auch WEINHOLD deutsche Frauen 2², S. 239 f.

118) *purpure color fit marinis conculis tincta. nam concilia muscula:* STEINM. 1, 737, 38 f. (Glosse zu Luc. 16, 19). *sô man aber purpurûn machôn wile, sô suochet man diu animalia in demo mere, diu latine conchilia heiȥent, diu ligent petâniu in ȥuein scalôn. diu scala bluotent, sô man siu brichet, mit temo bluote farewet man diu*

Daher wird auch, wenn der Nachdruck nicht auf diese, sondern auf das Zeug fallen soll, statt des Purpurs vielfach ahd. *phellol, fellol*, mhd. *phelle, phellel* verwendet[119]), ein Lehnwort aus lat. *pallium* und *palliolum*, das im allgemeinen ein kostbares kirchliches oder weltliches Prachtgewand, gewöhnlich aus Seide, meint. Auch das Angelsächsische hat das Wort als *pæll* aufgenommen[120]).

Verhältnissmäsig spät erst erscheint der Sammet, entsprechend seiner späteren Erfindung, auf deren Ort als Byzanz der mittelgriech. Name *ἑξάμιτον* hinweist, ebenso wie auf eine besonders schwere Qualität des Gewebes, denn das Wort gehört zu *μίτος* Faden und will also ein sechsfädiges Seidenzeug bezeichnen. Seiner Einführung in das Abendland zur Seite geht die Umformung des byzantinischen Wortes zum mittellateinischen *examitum, exametum, xamitum, sametum, samittum* u. ä.[121]), die wiederum den romanischen und mhd. Formen zu Grunde liegen; seit dem 12. Jahrhundert sind hier neben dem gewöhnlichen *samît* auch umgelautetes *semît*, sowie *samât* und *samant* bezeugt[122]). Der Pracht des Gewebes entsprechend lassen die Dichter den Sammet auch aus verschiedenen Orten des Morgenlandes zu uns kommen[123]), sicher aber ist es, dass er auch in Italien verfertigt wurde, und wahrscheinlich wenigstens, dass man ihn hier zuerst in der noch heute üblichen Art herstellte, während der alte byzantinische Stoff sich von der Seide nur durch seine Schwere unterschied. Es gibt im 13. Jahrhundert auch schon unechten, nicht aus Seide verfertigten Sammet, vielleicht in einheimischen Webereien verfertigt, den Wolfram von Eschenbach unter dem Namen Bastard-Sammet anführt[124]).

---

purpurûn. wanda diu edelsta wirt ȥe Tiro, unde si ouh tar ȥe êrest ward, pe diu chît er tirio: NOTKER 1, 97, 9 ff. Piper.

119) so bei R. V. EMS bei der Schilderung des reichen Mannes im Evangelium Luc. 16, 19 (vgl. auch Anm. 110), *der truoc ȥe allen ȥîten an von weltlîcher richeit phelle unde rîchiu kleit:* Barl. 85, 22 ff. vgl. dazu GRAFF 3, 333 f. und *purpura rôtbrûnpfellen:* STEINM. 3, 418, 45. *purpura phellol, phellil, pheller, purpern ader swartȥ pfellern, pelle, pellen* u. ä.: DIEFENB. 474 a.

120) vgl. BOSWORTH-TOLLER 771 b. Sonst steht auch die Verdeutschung *pallium, wǣfels:* WRIGHT-W. 1, 81, 44; *pannicularum, wǣfla, l. wǣfelsa, sindonis wǣfelses l. scytan:* Glossen in Haupts Zeitschr. 9, 494 a, zu ags. *wǣfan*, got. *biwaibjan* umkleiden, gehörig.

121) s. die verschiedenen Formen bei DU CANGE 3, 337.

122) *semît:* Flore 6959 (vgl. Sommers Anmerkung dazu). *der samat:* D. Städtechr. 2, 14, 2. *examitum samit, sammit, samiet, sammant:* DIEFENB. 214 b. *ȥamit:* nov. gloss. 159 b.

123) vgl. Parz. 234, 5. 374, 26. *ein samît von Baldach* (Bagdad), *rôt als ein rôse von art:* H. V. NEUSTADT Apollon. 18103 f.

124) *eineȥ* (ein Bettstück) *was ein pflûmît, des ȥieche ein grüener samît: des niht von der hôhen art; eȥ was ein samît pastart:* Parz. 552, 9 ff.

Aber nicht nur fertige Gewebe werden eingeführt, sondern auch die Rohstoffe dazu; das betrifft vor allem Seide und Baumwolle. Seide als fertig vom Ausland bezogener Stoff ist sicher unter den Deutschen so alt wie die Berührung mit Rom und Griechenland, wo man die Seide teils als Rohstoff in Cocons, teils als fertiges Gespinnst oder Gewebe aus Asien bezog. Der gotische Name für Seide entgeht uns, er muss, und zwar als ein gewöhnlicher, vorhanden gewesen sein, denn zur Zeit der Völkerwanderung stolzieren stammverwandte Fürstensöhne in seidenen Gewändern[125]). Das griechische *σηρικά*, lat. *serica*, das seinen Namen von dem Volke der Serer hernahm, hatte freilich nicht die feste Bedeutung unserer Seide, es bezog sich auch auf ein feines durchsichtiges Zeug, zu welchem der Rohstoff von Bäumen herabgekämmt werden sollte, meinte also Baumwollzeug; aber es ging später ganz in die Bedeutung der Seide über, für die sonst ein volkslateinisches *sêta* galt. Von letzterem entstammt das ahd. *sîda*, mhd. *sîde*, das, wie die Form lehrt, eine volksmässige Entlehnung mit Tonerhöhung des fremden *ê* darstellt. Die Verwirrung der Vorstellung über die Herkunft des Rohstoffes teilt noch Notker in der Erklärung einer Stelle des Boëtius[126]). Das griech.-lateinische *serica* ist in die hochdeutsche Sprache überzuführen versucht worden, mit wenig Erfolg; *sîda* hat es verdrängt und ist allein geblieben[127]). Für das Angelsächsische gilt die Bezeichnung *seoloc*, die auch ins Altnordische als *silki* übergegangen ist; auch sie wird etymologisch von *serica* nicht zu trennen sein. Hier verhält es sich aber umgekehrt wie im Hochdeutschen, *seolc* ist die, noch im engl. *silk* fortlebende Hauptbezeichnung, während *sîde* mit dem Adjektiv *sîden* nur wenig belegt ist.

Die Kenntnis der Seidenraupe als der Urheberin des entsprechenden Gespinnstes, wie sie das griechische *βόμβυξ* Raupe und Seide

---

125) so der burgundische oder westgotische königliche Jüngling Sigismer: SIDON. APOLL. Epist. 4, 20, 1.

126) *Seres sizzent hina verro ôstert in eben India, die stroufent aba iro boumen eina wolla, dia wir heizên sîdâ, dia spinnet man ze garne, daz karn farewet man misselicho, unde machôt tarûz fellôla:* NOTKER Schriften 1, 97 Piper. Die nächste Quelle dieser Notiz ist wohl ISIDOR, *Seres . . . gens ad Orientem sita, apud quos de arboribus lana contexitur:* Orig. 9, 2, 40; und *serica a serico dicta, vel quod eam Seres primi miserunt:* 19, 22, 40.

127) *sericum serih, serich* neben *sîda:* STEINM. 1, 648, 46. Später nur die letztere Übersetzung; *sericum sîde:* 3, 375, 49; *serico sîden:* 418, 69 u. ö. *serica sîdinroch, sîdenroch, sîdinroc, sîdin:* 147, 13 ff. 189, 46. *sericum sîd:* Voc. opt. 13, 9. vgl. *Seres, volck das die syden machet, das in der syden wercket:* DIEFENB. 529b. Aber in mittellateinischen romanischen Quellen blieb *sericum* für ein Baumwollenzeug gebräuchlich, und wurde von der franz. Form *serge* oder *sarge* aus im späteren Mittelalter für ein teils baumwollenes oder leinenes, teils seidenes Gewebe und daraus verfertigte Decke verwendet; *serge, sarg, sargen, scharsen:* LEXER mhd. Handwb. 2, 890. Deutsches Wb. 10. 623 f.

kund thut[128]), ist seit der ahd. und angelsächs. Zeit verbreitet[129]). Das hängt mit der Verbreitung der Seidenweberei und der Seidenzucht überhaupt zusammen. Seitdem man (nach der Mitte des 6. Jahrhunderts) den Wurm und den zu seiner Nahrung notwendigen Maulbeerbaum zunächst nach Byzanz, von da aus weiter nach Griechenland, Sizilien, Spanien und endlich nach Italien und Gallien eingeführt, und damit die Seidenweberei mächtig gehoben hatte, so dass auch sie für die germanische Kleidung der Vornehmen beträchtlich in Frage kam und ein Seidengewand Gegenstand heftigen Begehrs wurde[130]), interessierte man sich auch deutscherseits für die Bedingungen, unter denen zu Lande das Seidenzeug, wie andere ausländische Gewebe, hergestellt werden konnte. Von Venedig rückt im Mittelalter die Seidenindustrie in den Süden des Reiches, von Gallien in die Niederlande; wie früh sie hier sich einbürgert, ist wohl nicht festzustellen; in Zürich hat 1322 der Rat eine Strafbestimmung für Seidenweberinnen erlassen, in welcher deren Gewerbe als ein alteingesessenes und gewohntes behandelt wird[131]). Ein früheres mittelbares Zeugnis für deutsche Seidenzucht könnte die Einführung des Maulbeerbaumes bilden, der mit seinem lateinischen Namen und einer volksmässigen Umformung desselben schon seit später ahd. Zeit bekannt ist, wenn die Bezeichnung einheitlich wäre, und nicht auch einige Feigenarten in sich schlösse, die nur zum Teil als wild von der allgemeinen Benennung abgehoben werden[132]); und wenn es nicht wahrscheinlich schiene, dass man zunächst nicht sowohl dem Blatte, als der Frucht seine Aufmerksamkeit

---

128) Über βόμβυξ vgl. LEO MEYER Handb. der griech. Etymologie 3 (1901) S. 109, der die Möglichkeit eines ungriechischen Ursprungs offen hält.

129) ahd. *sîthawurm bombix:* GRAFF 1, 1045. ags. *bombix, seolcwyrm:* WRIGHT-W. 1, 151, 10. *bombyx, sîdwyrm, vel seolcwyrm:* 121, 33. *bombix, siolucwyrm, odde sîdwyrm, odde loppe:* 360, 13 f. mhd. *bombix sîdenwurnli:* Voc. opt. 39, 14 (S. 45 Wackernagel); *bombyx sydenwurm, sydwurm, seydenwurmlîn:* DIEFENB. 78c. Die Jungfrau Maria einem solchen verglichen; *wis gegrüeȥet, wurm der sîden! . . als daȥ würmel sich bewindet, Krist man bî dir, maget, vindet:* Mariengrüsse in Haupts Zeitschr. 8, 280, 169 ff.

130) einer Äbtissin wird vorgeworfen, dass sie sich unterstanden habe, ihrer Nichte von einer schwerseidenen Altardecke Kleider machen zu lassen, die goldenen Blättchen, welche am Saume der Decke gewesen seien, abzuschneiden und als Halsschmuck für ihre Nichte zu verwenden: GREGOR. TUR. hist. Franc. 10, 16.

131) Zürcher Stadtbücher des 14. und 15. Jahrh. 1 (1899), S. 39, no. 102.

132) *moros eorum . . irô mûrbouma:* NOTKER Ps. 77, 47. *morus mûlboum:* STEINM. 3, 93, 45, *mûlboum, mûrbaom:* 195, 18. *morus mûlboun:* Voc. opt. 41, 125. *morus mulberbaum, mulbirnbaum* u. ä.: DIEFENB. 369a. aber auch *caprificiis mûrboum, mûlboum:* STEINM. 1, 304, 44 f. *arsteig in einen mûrboum, ascendit in arborem sicomorum:* Tatian 114, 1. *sycomorus wilde mûlboum, wildi mûlboum, wilder mûwelboum:* STEINM. 3, 93, 49 ff. selbst der heimische Brombeerstrauch ist ags. so genannt; *morus, vel rubus, môrbeám:* WRIGHT-W. 1, 139, 9.

zugewendet hat. Erst Megenberg und seine Quelle wissen, dass es neben dem wilden Maulbeerbaum einen zahmen, angebauten gibt, von dessen Blättern sich die Seidenwürmer nähren, sie geben auch einen Ersatz dafür, den Lattich, an[133]; aber sie kennen nur den schwarzen Maulbeerbaum, nicht den für die feine Seidenzucht so wichtigen weissen, der zu jener Zeit doch in Italien schon in bedeutenden Pflanzungen angebaut worden war. Beweis für die geringere Art deutscher Seide, aber doch auch für die Entwickelung des Seidenbaus, wenn man bereits mit Notbehelfen für die Nahrung der Würmer rechnet. Seit dem 14. Jahrhundert werden die Seide verarbeitenden Handwerker, Spinner, Weber, Wirker und Wirkerinnen öfters angeführt[134].

Von der Heimat der Baumwolle, Indien, Vorderasien und Afrika, waren seit dem Altertum die Baumwollstoffe ins Abendland, seit den Zeiten der Völkerwanderung auch nach Germanien gekommen, immerhin als etwas Seltenes; im Jahre 580 erscheint zu Tours ein Fremder, der über einem Rock ohne Ärmel einen Mantel von Baumwolle trägt[135]; noch 807 erregen Zelte, die von Harun Karl dem Grossen geschenkt werden, Bewunderung, nicht nur ihrer Grösse und Buntheit wegen, sondern vor Allem weil sie aus Baumwollenzeug sind[136]. Die Baumwollstaude, die Notker noch als indischen Baum bezeichnet (vgl. Anm. 126), beschreibt schon Plinius als ägyptische ganz genau[137]; ihr Anbau muss früh nordwärts gerückt und mindestens seit den Anfängen des Mittelalters auch in Malta und Süditalien erfolgt sein, von wo aus nun der Rohstoff einen bedeutenden Handelsartikel nach Norden bildet. Welchen Wert man der Baumwolle beilegt, beweist der Umstand, dass man ihr im Mittellatein den Namen der Seide

133) *des haimischen maulperpaums pleter ezzent diu seidenwürmel, aber man gibt in auch lactukenkraut ze essen, iedoch wirt diu seid niht sô guot, als wenn si maulperpleter ezzent:* MEGENBERG 330, 31 ff.

134) *bombicinator sîdenweber* DIEFENB. 78b, *sîdenweber, seydenweber:* nov. gloss. 57a. *sîdenweber* zu Mühlhausen in Düringen; *filium quondam Henningi dicti Sydenweber:* LAMBERT Ratsgesetzgebung der fr. Reichsstadt Mühlhausen (1870) S. 104 (vom Jahre 1311); *Hennynges' sydenweberes son:* S. 105 (von 1351); *sydenspinner, sydenwerker* (unter den Vertretern der *webinden kunst*): Anz. für Kunde d. Vorzeit 1856, 274. *hendschuochglisman* (Handschuhstrickerinnen) *und sidenspinnen land sich ouch nit ungern minnen:* Teufels Netz 12050.

135) GREG. TUR. hist. Franc. 9, 6: *hic enim colobio indutus erat, amictus desuper sindonem.*

136) *munera .. quae praedictus rex imperatori miserat, id est papilionem et tentoria atrii mirae magnitudinis et pulchritudinis; erant enim omnia bissina, tam tentoria quam et funes eorum, diversis tincta coloribus:* EINHARD annales a. 807.

137) *superior pars Aegypti in Arabiam vergens gignit fruticem quem aliqui gossipion vocant, plures xylon et ideo lina inde facta xylina. parvos est similemque barbatae nucis defert fructum cuius ex interiore bombyce lanugo netur:* PLINIUS hist. nat. 19, 1, 14.

oder eine Nebenform desselben, *bombix* oder *bombax*, gibt[138]). Der deutsche Name ist wohl vor dem 12. Jahrhundert nicht aufgekommen; aber er ist im Volke entstanden und als volksmässig bezeugt[139]), und lehrt somit, dass man seit jener Zeit in weiteren Kreisen mit ihm rechnet. Eine zu Anfang des 14. Jahrhunderts vorkommende, aber nur vereinzelt dastehende Bezeichnung *cottûn*[140]) geht auf das ital. *cotone* (Baumwollenstaude und Baumwolle) zurück, das aber selbst aus dem Arabischen stammt (Anm. 146); erst im 17. Jahrhundert wird das Wort als *cattun* häufig. Die Verarbeitung der Baumwolle zu Geweben ist auch in Deutschland seit jener Zeit häufig; ein eigenartiges, aus Leinen und Baumwolle gemischtes Zeug wird mit einem ursprünglich Wollenstoff meinenden fremden Namen *barchât*, *barchant* belegt (vgl. oben Anm. 62). Unter Handwerkerinnen werden auch solche, die Baumwolle zupfen und so für das Gespinnst rüsten, genannt[141]).

Dichter und andere Quellen des Mittelalters führen eine grosse Anzahl fremder Seiden- und Baumwollenstoffe mit Namen auf, die entweder die Orte der Herstellung oder die des Einkaufs angeben. Solche Namen[142]) fördern wenig, weil sie kaum eine nähere Beschreibung des Zeuges bringen, oft auch unter dem Verdachte stehen, als ob der Dichter selbst keine genaue Vorstellung davon gehabt habe, sondern nur in tönendem, vielfach verstümmeltem Fremdwort etwas Kostbares und Prächtiges habe hervorheben wollen, unter Anschluss an eine französische Vorlage. Es scheint selbst, als ob solche Verstümmelung früh begonnen habe; so wird ein seit dem 9. Jahrhundert mehrfach deutsch als *gliȝa*, lateinisch als *gliȝȝum, gliȝum, glisum, glisdum* u. ä. genanntes Gewebe[143]), das nur als kostbarer Stoff, ohne genauere Angabe, charakterisiert ist, schwerlich zu dem ahd. Verbum *glîȝan* gleissen gehören, sondern eine uns unbekannte Umbildung darstellen.

Wichtiger ist, dass mit der Einführung der fremden Leinen-, Seiden- und Baumwollenstoffe sich die Kunst des deutschen Webers beträchtlich steigert. Konnten wir schon oben den Einfluss fremder Wollerzeugnisse auf deutsche Herstellung hervorheben (S. 219f.), so

138) DU CANGE 1, 695.

139) *lana bambacis, quae vulgo boumwolle dicitur:* STEINM. 4, 468, 1 (13. Jahrh.). *lana quae crescit in agris, bounwolli:* 685, 24 (12. Jahrh.). *linde sam ein boumwol* (war ein Sattelkissen): Erec 7703.

140) WALTHER V. RHEINAU Marienleben 31, 30 (S. 29 Keller) nennt zwiefach gefärbten, purpurfarbigen *cottûn* neben *flachs, wolle, phellor, sîden* als Gegenständen des Webens; vgl. die Stelle Anm. 178.

141) *garn-spinnerin, bonwel-ȝeisen:* Teufels Netz 12034.

142) vgl. die Anm. 64 erwähnten Verzeichnisse.

143) GRAFF 4, 291. DU CANGE 4, 79.

wird sich dieser bei der grösseren Mannigfaltigkeit der anderen fremden Zeuge noch mehr entfaltet haben, und das um so eher, als (wie auch schon betont ist) die heimische Weberei seit Urzeiten eine hohe Stufe einnimmt, man also ohne alle Mühe fremde Techniken versteht und sich zu eigen machen kann. Auch hier gibt die Sprache für dergleichen Nachahmungen manchen Wink, wie z. B. ahd. mhd. *ʒwilih*, *drilih* (oben S. 228) für zwei- oder dreifädig gewebtes Zeug; oder wenn im 14. Jahrhundert ein gemusterter Stoff von Seide, Baumwolle oder Leinen nach der Stadt Damascus *damasch* genannt[144]), und damit jene Art von Weberei als eingebürgert bekundet wird, welche es versteht, auch in gebleichtes Garn allerlei Muster zu weben, so dass sie nicht durch Farbe, sondern nur durch verschiedene Fadenlage zeichnerisch hervorstechen. Dagegen muss die Weberei mit verstärktem, gezwirntem Faden[145]) als heimisch angesprochen werden, weil sie bereits bei vorgeschichtlichen Gewebefunden erscheint (oben S. 218).

Für ein fremdes kostbares Zeug, ohne Bestimmung seiner Art, findet sich in allen germanischen nachgotischen Dialekten die Bezeichnung ahd. *gota-*, *cota-*, *goti-*, *coti-*, *goto-*, *got-weppi*, altsächs. *godo-*, *godu-webbi*, angelsächs. *gode-*, *god-webb*, altfries. *god-wob*, altnord. *guð-vefr*, das sich im späteren Mittelalter nicht fortsetzt. Da mit Sicherheit anzunehmen ist, dass das Wort im Gotischen noch nicht vorhanden (es würde sich sonst angewendet finden, namentlich in den Stellen des neuen Testaments, wo es hochdeutsch die Tatiansche Übersetzung hat), so haben wir es mit einer späteren Einführung zu thun, dadurch interessant, dass sie durch Zusammensetzung fremden Wortstoff erklärt und den letzteren gleichzeitig in besonderem Sinne umdeutscht. Denn der erste Compositionsteil ist das arabische *koton*, im Spanischen mit dem Artikel als *algodon* entlehnt[146]), Bezeichnung eines kostbaren Baumwollengewebes, das durch sarazenische Handelsleute mit anderen wertvollen Seiden- und Wollenzeugen über Spanien und Italien nach dem germanischen Norden vertrieben worden ist. Hier wird das fremde Wort aber neben seiner Verdeutlichung durch *weppi*, *webbi*, *webb*, Gewebe, zugleich auf Gott umgedeutet, weil man

144) Unter den Kleidern der Gräfin Agnes von Cleve erscheint 1399 1 *syden daphart von damasch*: MONE Anz. für die Kunde d. d. Vorz. 6, 248.

145) *retorta kiʒwirnet*: STEINM. 1, 289, 65. *giʒuirnat*, *giʒuirnôt*, *kiʒwirnôta*, *kiʒuirnit*: 323, 28f., *giʒuirnetemo*, *kiʒwirnetemo*, *giʒwirnit*, *geʒwirnôt*, *geʒwirnt* u. ä.: 329, 63ff. (alles nach Exod. 26, 1: *decem cortinas de bysso retorto*); *torta bysso giʒuirnetemo*, *giʒuirneti*: 2, 181, 38f. u. ö. Dazu mhd. das Subst. *ʒwirn*, gedrehter doppelter Faden, *dwinum ʒwirn*, *ʒwiren*, *ʒwern*, *twern*: DIEFENB. 193c; *ein ʒwirnes vadem*: Seifr. Helbl. 1, 613; *ich hett ains mals gůt ʒuversicht ʒu ainer schönen dieren, die kunt den vaden ʒwiren*: Hätzlerin S. 279a, 12ff.

146) vgl. DOZY Oosterlingen (1867) S. 51.

mit dem schönsten und teuersten Stoffe zunächst das Gotteshaus und die Diener des Herrn bei ihren heiligen Handlungen versieht[147]). Und diese Verwendung zum Schmuck tritt so in den Vordergrund, dass der fremde, nun nicht mehr fremd klingende Name seine ursprüngliche eingeengte Beziehung auf ein besonderes Zeug verliert, vielmehr die allerverschiedensten bezeichnen kann, wenn sie nur hervorragend schön sind, und bald auch von geistlichem in profanen Gebrauch kommt[148]).

Um das Aussehen der Gewandstoffe zu heben, kommen die Arbeiten des Bleichens, Färbens, Stickens und Säumens in Betracht.

In derselben Weise, wie sich das oben S. 94 und Anm. 254 geschilderte Bleichen der gebrauchten Wäsche und Kleidungsstücke vollzogen hat, muss auch dasjenige des gewebten Garns vor sich gegangen und bereits in Urzeiten geübt worden sein; und für ein höheres Alter des erst mhd. bezeugten technischen Ausdrucks *bleichen* auch in Bezug auf neue Gewebe könnte das in gleichem Sinne gebrauchte altnord. *bleikja* angeführt werden[149]). Wie sich öffentliche Bleicheplätze, die den Webern für ihre Stoffe dienen, und selbst das Gewerbe der Bleicher in den Städten des späteren Mittelalters bilden, ist oben S. 95 angeführt[150]). Das Bleichen bezieht sich auf leinene, hanfene und baumwollene Gewebe.

Weiter greifend und auf alle zur Kleidung verwendete Stoffe sich erstreckend ist das Färben, das ebenfalls schon in Urzeiten geübt und seit diesen immer vervollkommnet worden ist, sowohl was die Farbstoffe als die Technik angeht. Gräberfunde seit der älteren Bronzezeit zeigen gefärbte Teile der Kleidung, aber man kann nur in seltenen Fällen die Farbe noch genauer bestimmen[151]). Litterarische Zeugnisse

---

147) altsächs. *godowebbi* als Tempelschmuck: Heliand 3763. angelsächs. *godweb* als Bekleidung des Altars, Vorhang des Tempels, Umhüllung einer Reliquie: BOSWORTH-TOLLER 484a. altnord. *guðvefr* als Tempelvorhang: FRITZNER 1, 660b.

148) *bissus varia gotaweppi vêhaȥ*, *vêhiȥ gotaweppi* u. ä.: STEINM. 1, 648, 4 ff. *iacincto des chunnes gotaweppe* (umgedeutet *des chunnes guten weppes*): 330, 3 ff. *serica gotemebbi (l. gotewebbi)*: 2, 739, 29. *sericas gotaweppiniu*: 3, 622, 40. *giwâtitun inan mit gotowebbîneru tûnihun, induunt eum tunicam purpuream:* Tatian 200, 1. *cyclade gotweppe:* Glossen in d. Germania 18, 48b (12. Jahrh.), u. s. w., vgl. GRAFF 1, 647 f.

149) *bleikja lê-rept:* FRITZNER Ordb. 1, 153a. vgl. *daȥ tuch blæichet si* (die Sonne) *daȥ eȥ weiȥ wirt:* Anegenge 11, 45 Hahn.

150) vgl. dazu auch *candidaria bleicherin, candidarius plaicher:* DIEFENB. 94c.

151) vgl. MÜLLER-JIRICZEK nord. Altertumskunde 1, 273 f. 2, 128. ENGELHARDT Thorsbjerg Mosefund (1863) S. 18. Ein ehemals roter Kittel, ein grüner Mantel mit einer breiten gelben und einer gelb und weissen Borte; eine andere Borte gelb (oder rot?) und grün gestreift: J. MESTORF zwei und vierzigster Bericht (1900) S. 33.

aber bekunden von früh ab die Farbenfreudigkeit der Germanen, wie sie sich nachher durch das ganze Mittelalter zeigt; und die purpurfarbenen Gewandstreifen und die bunten Mäntel bei Tacitus[151b]) wiederholen sich in späteren Quellen[152]), bis sie uns auch in zahlreichen Miniaturen vor Augen treten.

Was uns gemeingermanisches Sprachgut über die älteste Farbenreihe der Germanen sehen lässt, umfasst nur ungefähre Benennungen, die mit dem ganzen landschaftlichen Bilde der Gaue in engster Beziehung stehen. Da ist zunächst weiss, got. *hweits*, altnord. *hwîtr*, altsächs. angels. *hwît*, ahd. *hwîȥ*, mhd. *wîȥ*, als Farbe der Milch, des Schnees, schwarz, got. *swarts*, altnord. *swartr*, altsächs. *swart*, angels. *sweart*, ahd. mhd. *swarȥ*, Farbe der Nacht und des düstern Himmels, wie das altnord. *sorti* schwarze Wolke noch erkennen lässt; rot, got. *rauþs*, altnord. *rauðr*, altsächs. *rôd*, angels. *reád*, ahd. mhd. *rôt*, Farbe des hervorstürzenden Blutes eines Erschlagenen[153]); grün, im Gotischen unbezeugt, altnord. *grœnn*, altsächs. *grôni*, angels. *grêne*, ahd. *gruoni*, mhd. *grüene*, Farbe des Grases, Blattes, der Saat, zu dem Verbum ahd. *gruojan*, mhd. *grüejen*, angelsächs. *grôwan*, sprossen, wachsen gehörig, eigentlich also nur Bezeichnung des Entsprossenen oder Spriessenden; braun, ebenfalls im Gotischen nicht belegt, altnord. *brûnn*, altsächs. angels. ahd. mhd. *brûn*, zunächst vom Aussehen der dunkelfarbigen Hauptwildarten germanischer Wälder, vor Allem des Bären und des Bibers (deren Namen man auch in etymologische Verwandtschaft zum Adjektiv zu stellen geneigt ist), während für die hellere Wildfarbe grau dient, altnord. *grâr*, angelsächs. *grǽg*, ahd. *grâo*, mhd. *grâ*; womit vor Allem der Wolf gekennzeichnet wird[153b]).

---

151 b) *feminae saepius lineis amictibus velantur, eosque purpura variant:* Germania 17. *simul captae lintres sagulis versicoloribus* (der Bataven) *haud indecore pro velis iuvabantur:* hist. 5, 23. *Caecina . . versicolori sagulo, braccas barbarum tegmen indutus*: 2, 20.

152) vgl. die *vestis alta stricta versicolor* bei den Begleitern des Sigismer: SIDON. APOLL. 4, 20, 2, und die langobardischen *vestimenta linea, quali Anglisaxones habere solent*, *ornata institis latioribus vario colore contextis:* PAUL. DIAC. hist. Langob. 4, 22.

153) *rau-þs* entspricht dem vedischen Particip *ru-ta* zerschlagen, zerschmettert; die Wurzel hat im Germanischen, wie in urverwandten Sprachen, eine weitere reiche Form- wie Bedeutungsentfaltung gehabt.

153 b) *wulf se grǽga:* Denksprüche 151 bei GREIN-WÜLCKER Bibl. der ags. Poesie 1, 349; *þæt grǽge deór, wulf on wealde:* ebd. S. 379, 64 f. altnord. *grâ-beinn*, *grâ-dýri*, Bezeichnungen des Wolfes. mhd. *wolf grawe:* Exodus in den Fundgr. 2, 87, 18. Minnes. Fr. 27, 13. Für dieses Wildgrau begegnet altnord. *hǫss* (auch vom Wolf gesagt), ags. *hasu*, *heasu*, vom Adler, auch von Asche und Rauch; in den übrigen Dialekten fehlend; nahe läge es das Adjektiv mit ahd. *haso* Hase zusammenzubringen, der so als ‚der Graue‘ erschiene. Unterschieden von solcher

Im Gegensatz zu solcher als altgermanisch bezeugten Farbenreihe ist nur westgermanisch überliefert gelb, ahd. altsächs. *gelo*, mhd. *gel*, angelsächs. *geolo*, in enger etymologischer Beziehung zu lat. *helvus*, fahlgelb; es ist deutlich, dass damit zunächst nicht ein leuchtendes Gelb, sondern die stumpfere Farbe der gereiften Saat, auch diejenige der germanischen Haare bezeichnet worden ist, wofür älter das gemeingermanische falb, ahd. alts. *falu*, angels. *fealo*, altn. *fǫlr* gegolten hat[153c]). Am wenigsten tritt das gleichfalls nur westgermanische blau hervor, ahd. *blâo*, mhd. *blâ*, angels. als *blâw* wie als *bleó*, auch als *blǣwen* und in der Zusammensetzung *blǣ-hæwen* (blaufarbig) erscheinend, im ahd. vielfach das lat. *lividus* wiedergebend[153d]), und deutlich mit ahd. *bliuwan*, got. *bliggwan* (für *bliwwan*) schlagen, prügeln zusammenhängend: es kann blau ursprünglich nur ein Rechtsausdruck gewesen sein, der das Aussehen einer ohne scharfe Waffe geschlagenen, als blauer Fleck am Körper zu Tage tretenden Wunde bezeichnet hat, wie solche die Volksrechte von der blutigen Wunde unterscheiden und unter Strafe stellen[154]). Ein nur hochdeutsches *elo*, mhd. *el*, braungelb, ist etymologisch dunkel[154b]).

Die angeführten urgermanischen und westgermanischen Bezeichnungen charakterisieren meist stumpfere Farben, dem Lande entsprechend, das nicht Sonnenglanz erfüllt und dessen Bewohner über eine feurige Phantasie nicht gebieten. Ergänzt wird diese Farbenreihe durch sehr allgemein gehaltene Ausdrücke für das was schimmert

---

Farbe ist das zuerst altsächsisch (in den Strassburger Glossen) begegnende, nachher auch mhd. *grîs* grau, von der Haarfarbe des Greisen so genannt, also silbergrau.

153c) vgl. noch spät *ûf sînem gelen krûsen hâr:* BERTHOLD Crane 2236; *krûs hâr und gel:* Renner 17345. Dass altnord. *gulr* gelb, norweg. *gul* und *gaul*, im Ablaut zu ahd. *gelo* stehe, scheint unmöglich. Zu dem älteren *falu*, *fealo* kann möglicher Weise der Falke, ahd. *falcho*, altnord. *falki*, der Farbe seines Gefieders wegen, in Beziehung stehen.

153d) vgl. GRAFF Sprachsch. 3, 239.

154) *si quis ingenuus ingenuum de fuste percusserit, ut sanguis non exeat:* Lex Sal. 17, 6. *si quis ingenuus ingenuum ictu percusserit:* Lex Rib. 1, 1. *si ingenuus servum ictu percusserit, ut sanguis non exeat:* 19, 1. *si quis alium per iram percusserit, quod Alamanni pulislac dicunt:* Lex Alam. Hlothari 59, 1. ähnl. Lex Baiuv. 4, 1. Lex Fris. 22, 3 u. ö. Für solche Wunden ist die Bezeichnung *blau* noch spät vorhanden; *huersar ên mon aiên then ôtheren ganght mith skathe wâpen oppa mêne wey, anda him slait blâw ieftha blôdich:* RICHTHOFEN fries. Rechtsqu. 239 a, § 31; *ên blâu âch* (geschlagen, gilt) *thrê scillingar:* 217 a, § 4; mit dem technischen Substantiv *blâwelsa*, dem *blôdelsa* entgegengesetzt: 213 a, § 2.

154b) *fulvus eluwaȥ, elwaȥ:* STEINM. 1, 279, 20. 301, 54. *fulvum elawaȥ, elewaȥ, eliwaȥ, elwaȥ, eluaȥ:* 306, 68 ff. (neben *plâwiȥ* ebenda). *fulvum elo:* 313, 38. *sacellum crisum elwaȥ lachan, erawaslachan, erwaslachen:* 4, 93, 39 ff. *elbidum elweȥ:* 3, 625, 35. *elbidas eliwiu:* 622, 28. mittellat. *elbidae uvae dictae a colore inter nigrum et album:* DU CANGE 3, 238 a. vgl. auch *elb* und *elbsch* im Deutschen Wb. 3, 401 f.

und glänzt, die scheinende Sonne, das glitzernde Wasser, das blinkende Metall. Hier kommen besonders die gemeingermanischen Adjektive got. *skeirs*, altnord. *skìrr* (durch *skìra* läutern gewährt), angelsächs. *scìr*, altsächs. *skìr* und *skìri*, altfries. *skire*, mhd. *schìr*, und got. *baírhts*, altnord. *bjartr*, angels. *beorht*, altsächs. *berht*, ahd. *beraht*, mhd. *berht* in Betracht, von denen das erste zu got. *skeinan* leuchten, *skeima* Leuchte, Fackel, mhd. *schîme* Glanz und dem späteren *schimmern* gehört, während von dem anderen eine sichere Etymologie noch nicht gefunden ist; möglich, dass es zu dem germeingermanischen Namen der Birke (altnord. *bjǫrk*, angelsächs. *beorc*, ahd. *birihha*) in Beziehung steht, des Baumes, der von seiner weissen glänzenden Rinde den Namen empfangen hat. Beide Adjektive werden neben einander von Wasser, von der Sonne und dem Himmel, an dem sie scheint, vom Waffen und vom Golde gebraucht[155]), an die Vorstellung von Brennendem und Feurigem knüpft man dabei nicht an, wie daraus hervorgeht, dass die Worte übertragen zu Dem sich fügen, was geistig klar und licht ist[156]).

Eine Erweiterung dieser einfachen Farbenreihe und ihrer beschränkten Namengebung ergibt sich durch die fortschreitende Berührung mit der südlichen Kulturwelt und dem Bekanntwerden mit den farbenprächtigen und häufig mehrfarbigen Stoffen des Morgenlandes, wie sie deutsche Technik bisher nicht gekannt und nicht zu fertigen vermocht hatte. Zur Bezeichnung dieser Buntheit ändert ein gemeingermanisches Adjektiv seinen Sinn, welches älter die wechselnde Gestalt, jünger die wechselnde Farbe meint, das gotische *faihs*, angelsächs. *fâh*, altsächs. ahd. *fêh*, mhd. *vêch*[157]); viel später und erst mhd. kommt dafür das Lehnwort *bunt* auf, aus lat. *punctus* entlehnt, ein

155) vgl. ags. *scîr* und *beorht* neben einander von der Sonne, *ne mæg hió þeáh gescînan, þeáh hió sîe scîr and beorht:* Älfreds Metra 30, 9. *beorht* vom Golde: Judith 341. *þeós beorhte sunne:* Genes. 811. *leóht eástan com, beorht beácen godes:* Beow. 569 f. vom metallglänzenden Schilde: 231. 1244. altsächs. *skîr watar* vom See: Heliand 2902. *thiu berhta sunna:* 3126, u. s. w.

156) z. B. got. *bairht* offenbar, deutlich, δῆλον: 1. Cor. 15, 27; *skeiris brûkjands waúrdis:* Skeir. 45.

157) got. *faihs* in *filufaihs* πολυποίκιλος Eph. 3, 10, wo die andere Handschrift *managfalþs* liest, vgl. über die alte Bedeutung des Wortes LEO MEYER griech. Etymologie 2 (1901), S. 481. Das angelsächs. *fâh*, *fâg*, lehnt sich noch vielfach an diese an, wenn es z. B. von geschmiedetem Bildwerk (Beow. 305) oder von Baulichkeiten steht (ebd. 726. 928. Wanderer 98), geht aber auch schon in die jüngere über, wie das Ahd., das *fêh* besonders gern von den oben erwähnten bunten ausländischen Stoffen braucht (vgl. *gotaweppi vèhaȥ* Anm. 148; *stragulatam vestem fêh-lachan:* STEINM. 1, 539, 58) ebenso altsächs. *that fêha lakan* vom Tempelvorhang: Heliand 5666. Anschaulich wird die Buntheit durch die ahd. Zusammensetzung *gickel-vêch* hervorgehoben (*polymita, varia l. multicolor gikkel-vêch roc:* STEINM. 3, 412, 68 f.), wo *gikkel* doch der Name für den Haushahn ist. Eine

Klosterwort, welches eigentlich das mit verschieden gefärbten Fäden auf Zeug Gestickte bezeichnet. Die Benennung der grösser gewordenen Farbenreihe geschieht teils durch einheimische Bildungen, die sich an betreffende Stoffe und ihr Aussehen anschliessen, teils auch durch Fremdwörter. Nun kommt auch eine Allgemeinbezeichnung auf, das ahd. *faro*, mhd. *var*, mit dem Substantiv ahd. *farawa*, mhd. *varwe*; beides ist aber nichts als ein ursprünglich beschränkt hochdeutsches, erst später ins Niederdeutsche übergegangenes Handwerkerwort, welches mit Hinblick auf den Färberkessel nur durchzogen, durchdrungen oder durchziehend, durchdringend (vom Farbstoff) meint und sich als Bildung zur gemeingermanischen Wurzel *far*, got. ahd. *faran*, und griech. *πόρος* das Durchgehen, der Durchgang, stellt. Das sächsische Sprachgebiet hat dafür das altsächs. altfries. *blì* farbig, mit dem Substantiv altsächs. *blì*, altfries. *blìe*, *blì*, angelsächs. *bleoh*. Jenes ahd. *faro*, mhd. *var* heftet sich als zweiter Compositionsteil an Stoff- oder Dingbezeichnungen, um durch Vergleich damit genauere Farbenschattierungen zu bezeichnen: *bluot-*, *fiur-*, *glas-*, *gold-*, *gras-*, *horo-*, *mûs-*, *rôs-*, *ruoȥ-*, *snêo-faro* u. a.[158]), ein Verfahren, das in anderen Dialekten nicht beobachtet wird. Auch einfache Ableitungen von solchen Stoffnamen erscheinen, wie *râmac*, dunkel, schmutzfarbig[159]), zu mhd. *râm* Schmutz, Schwärze; *loskîn*[160]) von der Farbe der Wildart *losc* (oben S. 211 und Anm. 20); und vorzüglich *weitîn*, von der Farbpflanze *weit* herstammend, lange Zeit der hauptsächliche Ausdruck für ein schönes Blau an Kleidern und anderen Gegenständen, selbst an Luft und Himmel[161]), bis in das spätere Mittelalter neben *blâ* fortlebend. Auf fremde Namen gehen zurück ahd. *purpurîn*, *purpur-faro* und *cruog-faro*, das letztere mit der Einbürgerung des Wortes *cruogo* aus *crocus*, Safran[162]). Daneben werden die alten weiten Farbenbenennungen auch auf gewisse bestimmte Töne eingeschränkt, so das alte gelb auf die Safranfarbe[163]), das alte braun auf

---

andere Bezeichnung *fiȥȥel*, *fiȥȥelbrûn*, *fiȥȥelvêch* ist etymologisch nicht erklärt. vgl. ferner *kunter-fêch* oben Anm. 23.

158) vgl. GRAFF Sprachsch. 3, 700 ff.

159) *furva raamac, râmac, hrâmac:* STEINM. 1, 148, 31. Ähnlich ist ags. gebildet *ômig* rostfarben von *ôm* Rost.

160) GRAFF 2, 282.

161) vgl. *weitîn* bei GRAFF 1, 773 f. *pannus sandicialis l. persicus weitin duh:* STEINM. 3, 358, 39 f. *weitîn* auch vom Auge: LAMPRECHT Alexander 132. Angelsächs. steht gleicherweise zum Farbkraut *wâd* das Adj. *wæden: cynewæden cyrtel* von einem schönen blauen Kleide: KEMBLE Codex dipl. aevi Saxonici no. 1290.

162) *purpruna phellola, purpurvarir phellil, purpura:* GRAFF 3, 333. *kruogo, crocus:* ebd. 4, 593. *chruogfaro, croceum:* 3, 702.

163) ahd. *croceus geleu:* STEINM. 3, 358, 46. vgl. ags. *succinaceus, vel crocus, vel flavus, geolu:* WRIGHT-W. 1, 163, 30; *crocus, geolu, crocea, gioluwe:* 369, 23 f.

die Farbe der Kirsche und des dunkeln Rostes[164]), und weil Hauptgegenstand der Einfuhr neben der roten auch eine hochgelbe Seidenart ist, so erlangt ahd. ein lateinisches *crocus* geradezu die Bedeutung *sîd-varawa*[165]), und das Wort mit seinem Adjectiv wird weiter zur Bezeichnung des hochgelben germanischen Haares gebraucht[166]).

Aus dem dargelegten Sprachgute sehen wir, wie sich die ursprünglich kleine Reihe der Farbenbezeichnungen allmählich erweitert und wie damit das Streben wächst, auch feinere Farbenwerte sprachlich auszudrücken. Solche Abstufungen gibt erst die mhd. Sprache wieder, die ahd. noch nicht, und es entspricht einer durchgebildeten ästhetischen Empfindung, wenn ein Dichter an einem Gewande hervorhebt, dass es gerade den entsprechenden mittleren Farbenton gehabt habe[167]). Für eine schwache Farbenstufe braucht man *bleich-*, für eine starke *sat-*, die heute üblichen Verbindungen mit *hell-* und *dunkel-* kommen erst in den letzten Zeiten des Mittelalters auf[168]); oder die Schwäche des Tones wird durch die Ableitungssilbe *-loht*, *-leht* ausgedrückt, in einer ebenfalls ahd. nicht gekannten Art[169]).

Die Farbe der Kleidungsstücke ist entweder natürlich, oder sie wird durch Farbstoffe gegeben. Von natürlichen Farben kommen, ausser denen der Felle und des Leders, für Wollenzeuge schwarz, braun und grau, in geringem Masse auch weiss, für flächsene und hänfene grau in Betracht. Von solchen naturfarbigen Stoffen wird vorwiegend grau verarbeitet, das Tuch heisst niederdeutsch *sulfgrawe*[170]). Farbmittel, in ältester Zeit nur pflanzliche, sind bereits Bd. 2, S. 70f. aufgezählt. Nachzutragen wäre etwa, dass der Name des blau färbenden Waids ein uralt vorgeschichtlicher, in den europäischen Sprachen in verschieden und so abweichender Form bezeugter ist, dass man wohl eine gemeinschaftliche Grundform annehmen, aber genau nicht

---

164) *ceraseus prûn:* STEINM. 3, 358, 48. *furva nigra l. pruinu:* 1, 149, 32.

165) *crocus sît-varwe:* STEINM. 3, 522, 21.

166) *ir sîdenvarwez hâr:* K. v. WÜRZBURG Alexius 1089. Variante dazu ist *sîdenvalwez hâr,* nach der Bedeutung von *val,* ahd. *falu,* oben Anm. 152.

167) *an der bleiche und an der sette hâte ez einen mittern glanz:* H. V. D. TÜRLIN Krone 6854f.

168) *bleichgrüene:* PFEIFFER Arzneib. 2, 1b. *daz flaisch daz hât mangerlai gestalt in mangerlai glidern, wann daz flaisch in der lungen ist von rôter rôsen varb und ist satrôt in dem herzen, in der lebern ist ez purpervar, in der milz ist ez swarz oder swarzlot:* MEGENBERG 23, 21 ff. *subrubeus dunkelrot, tunckelrot:* DIEFENB. 561 b.

169) mhd. *gelbloht, rœteloht, rœseloht:* vgl. WILMANNS Gramm. 2 (1896), S. 466.

170) *sex ulnas panni Gothingensis grisei, vulgariter dicti sulfgrawe:* SCHMIDT Urk. Buch der Stadt Göttingen bis 1400 S. 202 (v. 1361). ebenso in Lübeck und Braunschweig, vgl. SCHILLER-LÜBBEN 4, 465 b.

sehen kann, wie sie gewesen, noch welchem Volke sie ursprünglich angehört hat, nur dass die Pflanze auf frühen Handelswegen zur Anwendung und zum Anbau gekommen, scheint sicher; auch wird ein Wortkern in doppelter Gestalt vorliegen, einerseits als *wis-* im griechischen *ἰσάτις* für *ϝισάτις*, und gotischem *wis-dils* oder *wis-dila*, andererseits nur als *wi-* in lat. *vi-trum* und ahd. *wai-d*, angelsächs. *wâ-d*: Formen, die wiederum das in Karls des Grossen Landgüterordnung erscheinende *waisdo*[171]) vermittelt. Wie der Waid, so wird auch die Färberröte landschaftlich in weiten Feldern angebaut, und ihr mittellateinischer Name *warentia*[172]) weist auf echte, stehende Farbe hin, im Gegensatz wohl zu anderen einheimischen, wildwachsenden Pflanzen, so der Ein- oder Wolfsbeere, deren Blätter[173]), oder des weissen Lab- oder Magerkrautes, deren Wurzeln rot färben[174]); gewiss sind beide Pflanzen beim Volke zu Farbzwecken schon in alten Zeiten benutzt, aber nur als schlechte Ersatzmittel des Krapps, und daher auch weiter nicht erwähnt. Neben der Färberscharte, serratula tinctoria, können wohl auch eben so früh die Blütenwipfel des Färbeginsters, genista tinctoria, zum Gelbfärben, und das Kraut des Rainfarrens, tanacetum vulgare, zum Grünfärben gebraucht worden sein; wie es mit letzterem noch in Finnland geschieht[175]). Über die Malve als Färbemittel ist oben S. 227f. und Anm. 109 das Nötige gesagt. Anwendung des Safrans bei der Gewandfärberei wird im späteren Mittelalter bezeugt und das häufige Aufkommen hängt mit einer Mode der Frauen im 13. Jahrhundert zusammen, gelben Kopfputz zu tragen[176]); im 15. Jahrhundert dient Safran zum Gelbfärben von Kitteln[177]). So wird auch der wilde Safran, der Saflor, der rot und gelb färbt (carthamus tinctorius), verwendet worden sein; es kann allerdings nicht gesagt werden, zu welcher Zeit diese ursprünglich orientalische Pflanze nach Süd- und Mitteleuropa gekommen ist. Was endlich die gelben Farbstoff bergende reseda luteola, später deutsch *waude*, gekürzt *wau*, auch *wiede*, niederl. *woud* betrifft, so ist, obwohl die Pflanze schon zur Pfahlbauzeit dem Färben gedient hat, doch ihre frühe Anwendung in

171) *waisdo* unter anderen Farbstoffen: Cap. de villis 43. Die ganze Stelle ist ausgehoben Anm. 180.

172) ebd. 43 und 70 im Pflanzenverzeichnisse. Sie wird 43 nach *vermiculo* genannt, welches ebenfalls rote Farbe (Scharlach) bezeichnet, vgl. *vermiculus rote farbe, rot verwe:* DIEFENB. 613 b.

173) vgl. dazu NEMNICH allg. Polyglottenlex. der Naturgeschichte 4, 862 unter *paris quadrifolia*. Die Pflanze wird als *crux Christi eynbere, embere, embre* u. ä. DIEFENB. 160 b aufgeführt.

174) NEMNICH a. a. O.

175) a. a. O. 4, 1422.

176) A. SCHULTZ höf. Leben 1², S. 241 f. vgl. auch unten § 3, Anm. 301.

177) Teufels Netz 12016 ff.

Deutschland recht zweifelhaft, im Gegensatz zu romanischen Ländern; und der Name scheint auch eher keltischen als deutschen Ursprungs zu sein. Zeugnisse wenigstens für den Gebrauch des Waus können nicht beigebracht werden. Von tierischen Farbstoffen kommt der Purpur gar nicht in Betracht, da die damit gefärbten Gewebe nur eingeführt werden[178]); der Scharlachwurm oder Kermes erscheint in Deutschland schon im 9. Jahrhundert für Farbzwecke gesammelt und später mehrfach von den Klöstern als Zins erhoben[179]). Erdfarben werden zur Gewandfärberei noch nicht gebraucht.

Das Färben selbst ist wie das Weben in den frühen Zeiten Weibersache, und wird erst mit dem Aufkommen der städtischen Kultur zu einem immer mehr vervollkommneten Handwerk. Noch Karl der Grosse lässt für die Frauenwebhäuser (*genicia*, vgl. dazu Bd. 1, S. 46) neben Stoffen und Geräten zum Weben solche zum Färben liefern, und es erscheint hier ein blosser Kleinbetrieb, da Karl in seiner Verordnung nur von *vasculis* zum Bearbeiten und Färben der Wollzeuge redet[180]). Erst später wird aus dem vasculum das Hauptgerät der handwerksmässigen Färber, die *kupe*, und die niederdeutsche und niederländische Form[181]) des Wortes, das mit Kufe eines Ursprungs ist (vgl. dazu Bd. 2, S. 340. 347), zeigt uns nicht weniger die Hauptlandschaften der deutschen Tuchverfertigung, mit denen die Färber in engster Beziehung stehen müssen, als, da es lateinischen Ursprungs, den Ausgang der Färbekunst aus klösterlichen Werkstätten, wo sie zuerst in vollkommnerer Weise geübt ward, als im Hausbetrieb möglich ist. Immerhin hält sich auch im späten Mittelalter neben dem Handwerksmeister auch die gewerbsmässige Färberin[182]), vielleicht nur für leichtere Zeuge, Leinen und Baumwolle.

Die technischen Ausdrücke für das Gewandfärben sind ahd. *zehôn*, ein Wort, das sich auch im angels. Substantiv *teging tinctura* zeigt[183]),

---

178) Wenn Walther von Rheinau in seinem Marienleben von Baumwolle redet, die zweimal in dem Blute eines Fisches gefärbt sei (*cottûn in gestôssen zwir, wol gerœtet nâch ir gir in eines visches bluote:* 31, 30 ff., S. 29 Keller), so liegt hier nur Verwechselung mit dem Saft der Purpurschnecke vor.

179) vgl. Anm. 180. und über *kermes* SCHRADER Reallexikon der indogerm. Altertumskunde (1901) S. 420 f.

180) *ad genicia nostra, sicut institutum est, opera ad tempus dare faciant, id est linum, lanam, waisdo, vermiculo, warentia, pectinos laninas, cardones, saponem, unctum, vascula vel reliqua minutia quae ibidem necessaria sunt*: Capitulare de villis 43.

181) mnl. *weetcupe* (Waidküpe): hor. belg. 6, 262 b.

182) *tinctrix verwersche:* DIEFENB. 584 b. In Nürnberg im 15. Jahrh. *verber und verberin:* Nürnberger Pol. Ordn. 132. 188.

183) *tinxit zeheta:* STEINM. 2, 495, 35. *tincta vel colorata, cacehôt edo missafaro, kizeôd edho misfaro, fuscata kazehôt, tincta cazehôt, colorato cafaro:* 1, 146,

ferner *gimeitôn*, auf dem Sinne des Veränderns beruhend und zu got. *inmaidjan* verwandeln, umgestalten gehörend[184]), vor Allem aber *farawen*, das oben S. 240 als durchziehen oder durchdringen gedeutet ist; dieses einzig geht als *verwen* ins Mhd. über und wird hier volles Handwerkswort. Das Färben ist entweder ein Ganzfärben, d. h. der ganze zusammenhängende Stoff wird dem Verfahren unterworfen, wie es bei Fellen, Pelzen und Leder geschehen muss, bei Geweben vielfach geschieht; oder ein Fadenfärben vor dem Weben, wodurch die buntfarbigen Zeuge entstehen, die in oft sehr reichen Mustern zu Gewändern und Decken dienen und als *gickelvêch*, *fizzelvêch* und *kuntervêch* bezeichnet werden (oben Anm. 157). Dass solche Gewebe auch in früher Zeit durch deutsche Hände hergestellt und nicht bloss eingeführt wurden, ist nicht zu bezweifeln; und das griechische *polymitis* (πολύμιτος) wird durch einen deutschen Handwerksausdruck wiedergegeben, der auf die beschriebene Fadenweberei weist[185]). Immerhin bleibt die Verwendung solcher Stoffe dem eigentlichen Prachtgewand, namentlich dem mantelartigen, vorbehalten. Das tägliche Kleid ist einfarbig und schlicht; und wenn Realglossare des 11. Jahrhunderts neben jenem bunten Tuch (*vermiculatus, discolor misvare duoch, multicolor manechvare duoch*) die Farben verzeichnen: *albus pannus wîz duoch, niger swarz, ruber rôt, flavus vale duoch, persicus weiden, griseus grise duoch*, *ceruleus blâvare duoch*, *castaneus gruone duoch*, so wird damit die Liste der Gewandfarben für diese wie für spätere Zeit ziemlich vollständig sein, ebenso wie durch *lineus lînen duoch*, *laneus wullen duoch*, *sarcile dunne duoch*, *sagum dicke duoch*[186]) die Kleiderstoffe des täglichen Gebrauchs gegeben sind. Für spätere Zeiten, das 13., höchstens das ausgehende 12. Jahrhundert tritt, um buntfarbige Zeuge zu erzielen, noch der Zeugdruck auf, das Verfahren, aus dem sich Holzschnitt und Buchdruck entwickelt haben, und von dem man glaubt, dass es, was Europa betrifft, zuerst in Italien geübt worden sei. Es besteht darin, dass man leichteren, einfärbigen Stoffen, Seide oder Leinen, durch Metall- oder Holzformen Muster aufdruckt, in ältester Übung sehr einfache, in Schwarz oder Rot; später entsteht, indem wieder die Buchdruckerkunst befruchtend einwirkt, eine grosse Manigfaltigkeit, die aber jenseits der zeitlichen Grenzen unserer Schilderung fällt.

---

11 ff. *coccum bistinctum zwiro gizehôtaz gotaweppi* u. ä.: 395, 41 ff. ags. *tinctura teging:* WRIGHT-W. 1, 136, 27.

184) *bis tinctus coccus zwiro kameitôtas karn:* STEINM. 2, 225, 42.

185) *polymitis bildächtig gewäben:* DIEFENB. 444 c. vgl. auch *polymitus mancherhandfar:* ebd.

186) STEINM. 3, 377, 49 ff. vgl. auch 150, 15 ff. 182, 17 ff. 625, 34 ff. Germania 9, 27.

Endlich müssen, um das Aussehen eines Gewandes zu erhöhen, auch die Künste der Nadel ihre Dienste thun, um entweder andersfarbige Streifen ein- oder anzusetzen oder erhabene Stickerei auf dem Stoffe anzubringen. Dass die Technik der Nadelarbeiten im Germanischen bereits früh auf hoher Stufe steht, dafür sind zwei gemeingermanische Ausdrücke Bürgen, welche beide verschiedene Arten der Arbeit bezeugen, aber im Verlaufe der Sprachentfaltung auch durcheinander gebraucht werden. Der eine, unser nähen, im Gotischen nicht überliefert, aber durch *nê-þla* Nadel bezeugt, ahd. *nâjan, nâwan*, mhd. *næjen, næn*, urverwandt zu lat. *nere*, griech. *νῆν*, spinnen und mit Fäden verfertigen[187]), bezieht sich ursprünglich nur auf das Zusammenfügen der einzelnen zugeschnittenen Teile eines Kleidungsstückes mittels der Naht (ahd. mhd. *nât*), bewirkt durch das Instrument der Nadel (got. *nêþla*, altnord. *nál*, angelsächs. *nǽdl*, altsächs. *nâdla*, ahd. *nâdila, nâdal*, mhd. *nâdele, nâdel*), der andere, got. *siujan*, altnord. *sýja*, ahd. *siuwan*, mhd. *siuwen, sûwen* auf das An- oder Einfügen von Besatz, Rand- oder auch Flickstücken, der Herstellung eines Saumes (altnord. *saumr*, angels. *seám*, ahd. mhd. *soum*), wofür einst ein besonderes Gerät, ahd. *siula, siule* bestanden hat, das in den Begriff der Pfrieme übergegangen ist. In Bezug auf die Flick- und Ausbesserungsarbeit, die got. durch *siujan* *ἐπιῤῥάπτειν* (Marc. 2, 21), ahd. durch *siuwan*, angelsächs. durch *seówian*[188]) ausgedrückt wird, gilt ahd. auch *buoȥen*, mhd. *büeȥen*[189]); aber auch ahd. *nâjan* erlangt diesen Sinn[190]), so dass die ursprüngliche Bedeutungsverschiedenheit beider Verben bald verwischt worden ist. Ein daneben laufendes ahd. *bestan*, mhd. *besten* zielt allgemein auf die Anwendung eines aus Bast gedrehten Fadens[191]). Das Nähgerät, die Nadel, ist in ihrer Form seit den vorgeschichtlichen Zeiten nicht verändert, anfänglich aus Bein, dann aus Bronze, endlich aus Eisen, hat sie gewöhnlich das Öhr am Kopfe (vgl. Abb. 62), seltener tiefer. Eine besondere Art, die zum

187) vgl. LEO MEYER Handb. der griech. Etymologie 4 (1902), S. 238.

188) *sarcio siuuu*: STEINM. 4, 327, 33. *afer ist iȥ umbe diu riuwe, saman ein geȥarteȥ tuoch wider ȥesamene siuwe. daȥ tuoch stuonde michel baȥ, unȥ eȥ ganȥ was. swie wol eȥ werde gebuoȥet den siut* (Flicknaht) *man dâ chiuset*: Genesis in den Fundgr. 2, 21, 4 ff. ags. *sarcio siouu*: WRIGHT-W. 1, 44, 33. vgl. altfries. *huasoe ôrem clâen tôraint* (Kleider zerreisst) . . *nim nîtla ende treed ende sîet weer gaer*: RICHTHOFEN Rechtsqu. 472, 5 ff.

189) *sartio, reparo puoȥu*: STEINM. 2, 373, 45. *puoȥo*: 376, 57. *sarciat bûȥe*: 3, 420, 42. vgl. auch die Stelle aus den Fundgr. oben Anm. 188. Auch altfries. *bêta* im Sinne von flicken: RICHTHOFEN Rechtsqu. 228, 30.

190) *sarcio nâio, nêwo*: STEINM. 3, 221, 11. *sarcio ibûȥȥon. l. nêwon, l. siwon; ibûȥe, l. nege, l. sûwe*: 260, 39 f.

191) *sarcio, nâio, besto, buoȥȥo*: ebd. 3, 308, 5. *sarcio neie, beste*: 420, 43.

Gebrauche bei der Herstellung von Borten dient, ist mhd. unter dem Namen *drîhe* erwähnt[192]). Der Faden, welcher der Näh- und Stickarbeit dient, heisst gemeindeutsch *garn* (got. nicht bezeugt, altnord. ahd. mhd. *garn*, angelsächs. *gearn*), und dieses Wort ist erst später auch auf den einfachen Webfaden gewendet worden, denn ursprünglich meint es, wie bereits S. 216 angeführt, den tierischen Darm oder die Sehne, womit die älteste Kleidung aus Fellen zusammengenäht wurde[193]), und hat sich mit den Fortschritten der Herstellung auf den pflanzlichen Stoff übertragen. Gegen den Webfaden ist er durch Drehung verstärkt, ahd. *gizwirnôt*, und darauf beruht sein erst mhd. Name *zwirn*[194]). Vor dem letzteren ist ein alter gemeindeutscher zurückgegangen, altnord. *þrâðr*, angelsächs. *þræd*, mittelniederd. *drât*, altfries. *thrêd*, etymologisch durchsichtig, da er mit ahd. *drâan*, *drâen*, mhd. *dræjen* drehen zusammenhängt; im Ahd. Mhd. engt sich *drât* zu der heutigen Bedeutung des Metallfadens ein, wie er bereits in vorgeschichtlicher (vgl. oben S. 216), besonders aber in früher und späterer mittelalterlicher Zeit nach dem Vorgange und mit Weiterbildung einer antiken Technik für prunkvolle Stickereien, aus Gold und Silber gewonnen, angewendet wird[195]).

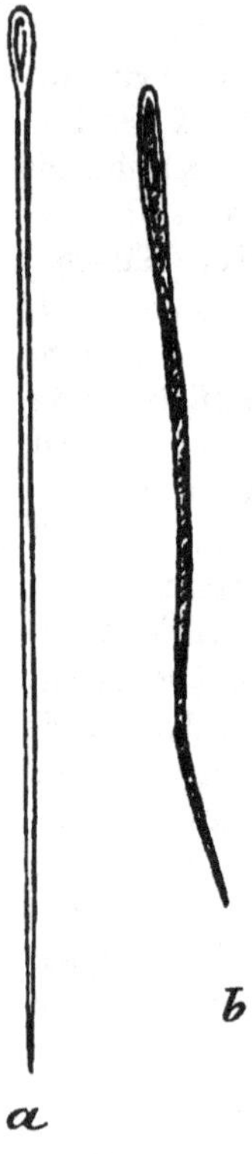

b

a

Fig. 62. a. Bronzenadel aus Hallstadt.
b. dergl. aus dem Vimose-Fund (Engelhardt).

---

192) *ein borte geslagen mit der drihen herte:* W. v. ESCHENBACH Tit. 137, 2. Dazu das Verbum *drihen:* (ein Gürtel war nicht) *gezettilt noch gedrîhit:* Martina 22, 17 (S. 54 Keller).

193) vgl. Anm. 45, und griech. χορδή Darm, Darmsaite, lat. *hira* Gedärme, Eingeweide, *haruspex* Eingeweidebeschauer, littauisch *žarna* Darm: LEO MEYER Handbuch der griech. Etymologie 3 (1901) S. 310. Was *faden* betrifft, so ist das Wort in der Bedeutung *filum* nur hochdeutsch, seit dem Ahd. bezeugt, und steht ursprünglich weder zur Weberei noch zur Näherei in Beziehung, sondern bezeichnet nur auf dem Grunde der Ausbreitung (zu griech. πετ-, πέπταται es hat sich ausgebreitet, lat. *patere*) Umspannung, Mass (vgl. ebd. 2, 500 f.); da dies vielfach durch Schnur oder Sehne gewonnen wurde, so entwickelte sich hieraus der jüngere Sinn des gesponnenen oder Nähfadens.

194) vgl. dazu Anm. 145.

195) *die kleider stuonden wol ze lobe. ir beider hosen ûz gesniten, zerhouwen wol nâch hübeschen siten, dar über manec goltdrât:* Herzog Ernst 3004 ff. Bartsch. *die truogen den besten samît .. mit liehten goltdrâten was er genât vil spâhe:* 3036 ff. Netz von *goltdræten:* Erec 7716 (die Stelle ausgehoben Anm. 105). Mit solchen Goldfäden durchwirkt ist das Prunkgewand Karls d. Gr.; *in festivitatibus veste auro texta . . incedebat:* EINHARDI vita 23. Auch Ludwig der Fromme trägt an den grössten Festtagen ähnliche goldgewirkte Kleidung: THEGAN. Cap. 19.

Von der Manigfaltigkeit, in welcher die Nadelkünste gepflegt worden sind, zeugen, zu erhaltenen Prunkstücken namentlich der späteren Zeit, viele litterarische Stellen, von denen die älteste (Tacitus in der Germania) berichtet, dass durch dergleichen Arbeiten sowohl an Pelze ein Besatz von anders geflecktem Pelzwerk vom äussersten Ozean und einem unbekannten Meere her angefügt werde[196]), als an weibliche leinene Gewänder Purpurstreifen[197]). Auf welche Weise man solche Streifen herstellt, schildert uns später der byzantinische Gesandte Priscus, der im Jahre 446 Attila besucht und auch dessen Gemahlin seine Aufwartung macht: er findet sie von Dienerinnen umgeben, die auf dem Boden sitzen und bunte Farben in feine Leinwand sticken, welche zum Schmuck den Barbarenkleidern aufgesetzt wird[198]). Die Vorliebe für solchen Kleiderbesatz, der teils als Saum, teils als Streifen über das Kleid gehend erscheint, währt bei Mann und Weib durch die Jahrhunderte; wie Sidonius Apollinaris in einem schon mehrfach erwähnten Briefe das Gefolge des Sigismer in engen buntbesetzten Kleidern und purpurgesäumten grünen Mänteln vorführt[199]), und Paulus Diaconus von Langobarden und Angelsachen bezeugt, dass ihre Kleider mit verschiedenfarbigen Streifen versehen sind[200]), so trägt auch Karl der Grosse den seidengestreiften Rock[201]), wird im Ruodlieb das mit breiten schwarzen Biberstreifen besetzte Pelzgewand hervorgehoben[202]), und in Glossen das gestreifte Zeug unter andern Arten mit aufgeführt[203]). Unter den zahlreichen Zeugnissen späterer Zeit sind namentlich die hervorzuheben, welche nicht Stoffstreifen, sondern kostbare Borten durch und über das Kleid gehen lassen, die zur Erhöhung der Pracht auch noch mit Perlen oder in Gold gefassten Edelsteinen besetzt werden[204]). Das Verfahren führt mhd. verschiedene

196) *eligunt feras et detracta velamina spargunt maculis pellibusque beluarum quas exterior oceanus atque ignotum mare gignit:* Germ. 17.

197) *nec alius feminis quam viris habitus, nisi quod feminae saepius lineis amictibus velantur, eosque purpura variant:* ebd. vgl. dazu weiter über bunte Kleidung auch bei Männern Anm. 151.

198) Hist. Graec. minor. 1, 311, 7 ff. Dindorf.

199) *vestis alta stricta versicolor appropinquans poplitibus exertis; manicae sola brachiorum principia velantes; viridantia saga limbis marginata puniceis:* Ep. 4, 20, 2.

200) hist. Langob. 4, 22; die Stelle ausgehoben Anm. 152.

201) *tunicam quae limbo serico ambiebatur:* EINHARDI vita 23.

202) *crusinam ponendo profundam fibro limbatam lato nimis atque nigello:* Ruodl. 13, 125 f. Seiler.

203) *stragulatus stramelecht dûch:* STEINM. 3, 377, 57. *stramilahta segmentata:* GRAFF 6, 753.

204) *daz ander teil der wæte guot . . dâ wâren strîfen in gebriten ûz grüener sîden vingers breit, die wol besetzet und beleit mit margarîten wâren:* K. V. WÜRZBURG troj. Krieg 2940 ff. *vil der edeln steine die frouwen leiten in daz golt, die si mit porten wolden wurken ûf ir wât den jungen stolzen recken:* Nib. 31, 4 ff.

technische Namen, so *brîden* (vgl. die vorige Anmerkung), *durchslahen*, *reppen* und *steppen*. Von ihnen hat *brîden* auch die weitere Bedeutung des Knüpfens und Wirkens (vgl. S. 227 und Anm. 104. 105), gleicherweise *durchslahen*[205]), während *steppen* und *reppen*[206]) auf die beschriebene Nadelarbeit eingeschränkt sind, wie namentlich das erstere Wort zeigt; denn es gehört, in nieder- und mitteldeutscher Form, auch als *stippen* gewährt, zu ahd. mhd. *stupf*, Stich und ahd. *stopfôn*, mhd. *stopfen*, stechen.

Neben solchem Verfahren ist das Sticken des ganzen Gewandes oder einzelner Teile als alt einheimische Kunst ausgeübt und im Laufe der Zeit zu immer grösserer Fertigkeit ausgebildet. Wie sich diese Kunst an Teppichen, Überzügen, Wandbehängen, Sper- und Rückelachen zeigt, ist Bd. 1, S. 52. 104. 110. 246. 374 geschildert. Der Kunstausdruck dafür ist mhd. *sticken*[207]); ob er schon in früheren Zeiten gegolten, dafür fehlen Zeugnisse. Häufiger aber noch wird mhd. *næjen* gebraucht[208]). Früh mittellateinisch erscheint für gestickt ein *brusdus, brustus, brudatus, brodatus*[209]), das Mutterwort des franz. *brodé*, dessen deutscher Ursprung nicht zweifelhaft sein kann, und das uns zugleich einen ahd., noch im Particip *giprortôt* erhaltenen Kunstausdruck[210]) wiederspiegelt; das deutsche Verbum gehört zu dem Substantiv *prort*, *brort* mit der alten Bedeutung Spitze, Stachel, wie sie im angelsächs. *brord*, altnord. *broddr* (auf ein gotisches *bruzds* weisend) auftritt, während sie sich im Ahd. zu dem Sinne des Randes oder Streifens gewendet hat.

Einfache Stickereien auf Kleidern stellen nur Muster dar: wie Bonifacius ein Pallium verschenkt, das mit Kettenstich in Weiss ver-

205) *diu vrouwe in ritters wât vuorte einen scharlât, mit guldinen borten durchslagen an allen orten:* Ges. Abent. 1, 469, 519 ff. *ein suckenîe het deu schœne Tarsîe, deu was von golde* (Goldfäden) *gar durchslagen:* HEINRICH V. NEUSTADT Apollonius 18637 ff.

206) *ermel unde müeder sint gesteppet; mit rôtem zwirn sint diu irn gollier ûf gereppet:* Minnes. 3, 191, 4 Hagen. *manicatus, quasi manu pictus l. punctatus, gestyppet, manitatus gesteppt:* DIEFENB. 347 a; *punctare stippen:* 473 a. *gesteppet samît:* W. V. ESCHENBACH Parz. 24, 4. u. oft.

207) *welch ein rîcher van wirt gesticket:* Minnes. 3, 82 b, 2.

208) *vor an dem lîme* (der Haarhaube) *stuont ein tanz, genât mit sîden, diu was glanz:* Meier Helmbrecht 95 f. *si wâren beide* (*wâpenroc* und *covertiure*) *wol vernât; maneger hande bilde, beide zam und wilde, stuont dar an ein wunder:* K. V. WÜRZBURG Engelh. 2534 ff.

209) vgl. DU CANGE 1, 762.

210) *picturatas [vestes] giprortôtiu:* STEINM. 2, 652, 21 (nach Vergil. Aen. 3, 483 ff.). *limbatum giprortataz, giprortetoz:* 3, 622, 8. 12. *liniprartum gebrortet:* 625, 29.

ziert ist[211]). Aber welche Aufgaben sich germanische Stickkunst schon früh stellt, ersieht man aus einem in Jütland gemachten Grabfunde, dem gestickten Gewandreste aus dem Ende der dortigen heidnischen Zeit, welcher sehr wirksam angeordnete Kranzmuster mit Menschenköpfen, die wieder unter einander durch Menschenarme und Hände verbunden sind, zeigt[212]). Aus den mhd. dichterischen Schilderungen entnehmen wir, dass verschiedene Teile, besonders auch der männlichen Prunkkleidung mit künstlerischen Stickereien bedeckt werden, Brust- und Rückenteile des Rockes, Mantel, Haube u. a.[213]). Auch Wappen finden auf dem Wappenrock, wie auf Pferdedecken ihre Stelle, ferner Buchstaben und ganze Sprüche[214]). Vielfach stickt man dergleichen Sachen besonders und näht sie nur auf die Kleidung auf oder setzt sie ein; das letztere ist dann das mhd. *undersnîden*, für dessen häufige technische Anwendung der Umstand zeugt, dass das Verbum in ausgedehnten bildlichen Gebrauch für ein Durchsetzen mit anderer Art und Weise gekommen ist[215]).

Sticken ist im germanischen Altertum nur Frauensache; Kunststicker, wie bei den Griechen die Phrygionen, gab es nicht. Nach der Errichtung von Frauenklöstern treten diese neben den vornehmen weltlichen Häusern als Pflegestätten der Kunst auf[216]); dann erst folgen männliche Ordensleute, die sich an den Stickrahmen setzen. Seit dem 11. Jahrhundert sind deren mehrere bekannt, voran Erzbischof Hezilon von Magdeburg, der nicht nur selbst fleissig stickte, sondern auch die Stiftsdamen des in der Nähe von Paulinzella gegründeten Frauenklosters veranlasste, dem Klerus seiner Diözese kunstvolle Chorröcke so zu fertigen[217]). Mit dem aufblühenden Handwerk des Mittelalters erscheint auch der gewerbsmässige *sîdennæjer*, *sîdennæter*, *sîdensticker*,

211) *corporale pallium albis stigmatibus variatum:* Epist. Bonifac. S. 283 (um 735).

212) vgl. Abbildung bei MÜLLER-JIRICZEK nord. Altertumskunde 2 (1898). S. 279.

213) *bilde* gestickt am *wâpenroc:* Engelhard 2535 (s. die Stelle Anm. 208). *lange nâdelrunȥen hât der Hetȥemannes roc den er vîretages treit; ermel unde buosem sint mit sîden wol genât:* NEIDHART 68, 4 ff. *der treit eine hûben, diu ist innerthalp gesnüeret und sint ûȥen vogelîn mit sîden ûf genât:* 86, 7 f. vgl. Meier Helmbrecht 15 ff. *sîn roc von einem pfelle was, des varw was grüen alsam ein gras. ir sult für wâr gelouben mir, dâ was von golde ûf manic tier gemachet, daȥ vil liehte schein:* U. V. LICHTENSTEIN 248, 25 ff.

214) Ein solcher Spruch z. B. Engelh. 2554 ff.

215) vgl. mhd. Wörterb. 2, 2, 440. LEXER mhd. Handwb. 2, 1802 f.

216) eine Nonne Stickerin der Haube des jungen Helmbrecht: Meier Helmbr. 109 ff. Als *wîseȥ werc* für schlanke Frauenhände wird die Stickarbeit bezeichnet Flore 6910 ff.

217) vgl. G. STEPHANI, die textile Innendekoration des frühmittelalterlichen deutschen Hauses und die ältesten Stickereien Pommerns (1898) S. 34.

ihm zur Seite die *sîdenstickerinne*[218]). Kunstvolle Stickereien bedürfen der gezeichneten Vorlagen, mhd. *bildære*[219]), die wahrscheinlich zu jener Zeit ebenso gewerbsmässig von Malern hergestellt worden sind.

Erst in jüngerer Zeit und nur beschränkt ist in den Dienst der Kleidung die uralte Technik des Strickens gestellt worden. Sie beruht auf Verknüpfung von Faden oder Garn zu regelmässigen neben einander liegenden Schlingen oder Schleifen, wie sie, zunächst für die Zwecke des Fischers oder Jägers, ein Fangnetz bilden, und der Name für die Schlinge (der ebenso gemeingermanisch ist wie der des Netzes, Anm. 106), nämlich altnord. *mǫskvi*, angelsächs. *mæsce*, ahd. *masca*, mhd. *masche*, urverwandt zu littauisch *mazgas* Knoten, *mezgu*, Infinitiv *megsti* Knoten knüpfen, Netze stricken, zeigt, in welches Alter diese Technik hinaufreicht. Für die Thätigkeit hat zuerst das gemeingermanische Verbum altnord. *bregða*, angelsächs. *bregdan*, *bredan*, altsächs. *bregdan*, ahd. *brettan*, mhd. *bretten* gegolten, das sonst die allgemeine Bedeutung des Schwingens, Schleuderns und Zückens aufweist, aber deutlich in den Dialecten auch Gewerkswort in Bezug auf Netz und Masche ist und selbst in den Begriff des Webens übergreift[220]); das ahd. *stricchan*, mhd. mnd. *stricken*, welches Ableitung zu ahd. *stricch*, mhd. *stric* Fangstrick, Schlinge ist, tritt erst später dafür auf; ebenso ein nur oberdeutsches, noch jetzt schweizerisch lebendes *lismen*, *gelismen*[221]). Ein anderer Ausdruck muss wegen seiner weiten Verbreitung gleichfalls sehr alt sein, das altnord. *knýta*, angelsächs. *cnyttan*, mnd. *knutten*, zu dem auch mhd. *knode*, *knote*, Knoten gehört. Das einfache Handwerksgerät für solche Knüpfarbeit, wo sie nicht in ältester Zeit mit den blossen Händen betrieben worden, ist ein Rundholz, welches das Mass für die Weite der Masche angibt, und ein zugespitztes

---

218) ein *sydennêr* neben dem *snyder* in einer Bestimmung der Schneiderzunft zu Mainz 1395: MONE Zeitschr. für die Geschichte des Oberrheins 16, 179. der *sîdennêher Dresseler*, in die Schneiderzunft daselbst aufgenommen 1418: ebd. 176. ein *seidennêtter Michel* in Nürnberg um 1464: TUCHER Baumeisterb. 152, 14. 153, 24. *Jost sîdenstickere* in Hildesheim 1424: DÖBNER Stadtrechnungen 2 (1896), 260. *Jeckel Beingers dochter die sîdinstickern* in Mainz 1404: MONE a. a. O. 16, 177.

219) *sînen sun er* (ein herschaftlicher Amtmann) *ze hove læt, sîn tohter vor vrouwen* (als Gesellschaftsdame) *næt schône ab eime bildær, diu billîch dâ heime wær, daz sie ir muoter spin:* Seifr. Helbling 4, 207 ff. *zwêne bildære* bewahrt eine Jungfrau in ihrem Schrein: Mære von dem Sperwære 145.

220) altsächs. *brugdun endi bôttun bêðiun handun thiu netti:* Heliand 1178. ags. *plecto mihi retia, ic brede me max:* WRIGHT-W. 1, 92; bildlich *inwit-net ôðrum bregdon:* Beowulf 2168. Auch vom geflochtenen Eisenhemde, *breóst-net broden:* 1549. Ahd. *contexuerunt kapruttun:* STEINM. 2, 332, 45. *ein netze guldîn, gebriten von goltdræten vesten unde stæten:* Erec 7715.

221) *inconsutili gelisemet* (vor *colobium rokkelîn l. rok*): STEINM. 3, 418, 40. *hendschuoch-glisman* (Handschuhstrickerinnen): Teufels Netz 12050. In SCHMELLERS bayer. Wörterb. 1^2, 1513 wird Zusammenhang mit *lesen colligere* vermutet.

schlankes hölzernes oder eisernes Gerät zum Durchziehen des Fadens und Schürzen des Knotens, für welches der Name Stricknadel wenigstens in der ersten Zeit des 15. Jahrhunderts bezeugt wird[222]). Die Netzmaschen zu verengen und, indem man gleichzeitig die Stricknadeln auf vier vermehrt (Fig. 63), und im Wechsel je eine als Rundholz, die andern als Durchzieher braucht, so ein Gewebe zu bilden, welches zu

Fig. 63. Die Jungfrau Maria, einen Kittel für das Jesuskind strickend.
Von dem Buxtehuder Altar des Meisters Bertram von Minden zu Hamburg, † 1415.

Kleidungsstücken passend erscheint, ist für eine technisch vorgeschrittenere Zeit kein abliegender Gedanke, zumal das Metallgewerke etwas Ähnliches in der Brünne von zusammengeknüpften dichten Eisenringen (mhd. *keten-wambîs*) längst geübt hatte. Über die ältesten Versuche dieser Art ist nichts bekannt; von gestrickten Teilen der Kleidung erscheinen in Deutschland seit dem 17. Jahrhundert Haar-

222) *spinter stricke-nâlde:* DIEFNB. 547 b.

hauben, Hüte, Borten und Gürtel[223]), selbst ganze Kleider, männliche wie weibliche, allerdings keine Prunkgewänder[224]). Hosen werden wohl noch nicht gestrickt, sondern genäht oder gewirkt, ebenso die Socken.

Die Anwendung von Spitzen zum Schmuck deutscher Kleidung ist ebenfalls für die hier behandelten Perioden noch ausgeschlossen.

§ 2. Die einzelnen Kleidungsstücke und ihr Schnitt.

A. *Männliche Kleidung.*

Die ältesten Germanenbilder auf den trajanischen Denkmälern und auf der Marcussäule zeigen dreifache Bestandteile der Kleidung: solche für den Rumpf, dann für Lenden, Beine und Füsse, und endlich eine weite lose Hülle die beides deckt. Die letztere und die Rumpfkleidung kann fehlen, Lenden- und Beinkleidung nicht. Von den genannten drei Arten aber geht die germanische Kleidung überhaupt aus.

Schon oben S. 207 ist gesagt worden, wie weit die Behauptung der römischen Schriftsteller, dass die Germanen nackt gegangen, einzuschränken sei. Es ist nichts als ein Kraftstück von ihnen, wenn sie, die wegen ihrer Tapferkeit und ihrer Angriffswut gefürchteten, Mantel und Rumpfkleid ablegen, wie sie das wohl bei schwerer wirtschaftlicher Arbeit zu thun gewohnt sind, und mit nacktem Oberkörper vorwärts stürmen, und Tacitus bezeugt das als alte allgemeine Sitte[1]); eine Sitte, die noch spät in Skandinavien nachklingt, wo wilde kampfwütige Krieger unter Verschmähung des Schutzpanzers als *ber-serkir* und *ûlf-heðnar*, wie die Kampftiere Bär und Wolf durch nichts als ihre Haut gedeckt, angreifen und fechten. Aber es ist ausgeschlossen, dass die Entblössung des Körpers weiter als bis zu den Hüften gieng: abgesehen von dem Schamgefühl wäre sie ja auch ganz nutzlos, und im Kampfe selbst ohne Zweck gefährlich gewesen.

Das Rumpfkleid erscheint bei einem Bastarnen des Tropaeum Traiani recht dürftig (Fig. 64), nämlich nur als eine Art Kragen, anscheinend von Pelz, der breit von den Schultern, hier einen grossen

---

223) *gestricket hûben mit snüeren sih ich sumlîche tragen:* Seifr. Helbling 1, 272 f. *der* (Gürtel) *was gewurkit noch gewebin, er was och niht gestrickit ûz sîden noch gerickit:* Martina 22, 10 (S. 54 Keller). *gestricket hüetelîn:* K. V. WÜRZBURG troj. Krieg 7495.

224) *jâ wâren niht ze guot ir kleider diu si* (die Jungfrauen) *truogen. diu strikte ir selber hant:* Gudrun 107, 2 f. der Rock Christi war *geknuttet:* SCHILLER-LÜBBEN 2, 507b, vgl. dazu das Bild Fig. 63.

1) Germanen gehen in die Schlacht *cantu truci et more patrio nudis corporibus:* TACITUS Hist. 2, 22.

Halsausschnitt freigebend, in Verjüngung über den Nabel herabfällt, und in einem Zipfel endigt. Nur die Vorderseite ist sichtbar, aber es ist klar, dass die Rückenhälfte nicht anders geschnitten sein kann, als jene. Dieses Stülpkleid, das nicht einmal Brust und Rücken voll deckt und noch keine Spur eines Ärmelansatzes zeigt, muss als alt und gemeingermanisch angesprochen werden, da es offenbar dasselbe ist, das Cäsar den Sueven, und weiterhin den Germanen beilegt: „ein Pelz, so klein, dass der Körper doch zu einem grossen Teile unbedeckt bleibt," und den er mit dem gallischen Namen *rheno* bezeichnet[2]); welches letztere einen Beweis dafür bildet, dass dieser Pelzkragen nicht auf germanische Tracht eingeschränkt gewesen ist, vielmehr Ähnliches oder Vergleichbares auch die Gallier getragen haben. Die germanische Bezeichnung kennt Cäsar nicht, wohl aber später Isidor, welcher *rhenones* mit einem volksmässigen *reptos* gleichstellt[3]), und hiermit auf das altnord. *ript* und *ripti*, angelsächs. *rift*, ahd. *reft* hinweist. Diese Worte, die wir nach ihrem verschiedenen Vorkommen für gemeingermanisch nehmen müssen, geben freilich, etymologisch unklar wie sie sind, keine scharfe Anschauung von der Form des altgermanischen

Fig. 64. Bastarne von einer Zinne des Tropaeum Traiani. Aus Tocilescu, das Monument von Adamklissi (1895), S. 20.

2) *atque in eam se consuetudinem adduxerunt, ut locis frigidissimis neque vestitus praeter pellis haberent quicquam, quarum propter exiguitatem magna est corporis pars aperta:* CAESAR bell. Gall. 4, 1; vgl. *pellibus aut parvis rhenonum tegimentis utuntur, magna corporis parte nuda:* 6, 21.

3) *rhenones sunt velamina humerorum et pectoris usque ad umbilicum, atque intortis villis adeo hispida, ut imbres respuant; quos vulgo reptos vocant, eo quod longitudine villorum quasi reptat; de quibus Sallustius: Germani intectum rhenonibus corpus tegunt. dicti autem rhenones a Rheno Germaniae flumine, ubi iis frequenter utuntur:* ISIDOR. orig. 19, 23, 4.

Kleidungsstücks, da ihr übereinstimmender Grundbegriff nichts als das allgemeine Decke oder Hülle ist, der in sehr verschiedene Bedeutungen verläuft[4]); sie zeigen nur, dass die Benennung auf den Schutz des Körpers vor der Witterung Gewicht legt, und führen dadurch wiederum auf den dazu bequemsten Kleidungsstoff, den Pelz, hin. In der That ist zu und nach den Zeiten der Völkerwanderung dieses Pelzkleid, teils unter dem Namen *rheno*, teils ohne Namen, mehrfach bezeugt; die einfachste Form, wie sie der Bastarne Fig. 64 trägt, ist durchgebildeter und ähnlich einem ärmellosen Wamms geworden, das nunmehr auch die Seiten deckt, wie sonst der nachher zu besprechende Rock, und nicht mehr auf dem blossen Leibe getragen zu werden braucht, sondern auch als Überkleid dient. Ein solches ist bei Sidonius Apollinaris der seitendeckende Rheno bei Burgundern und Westgoten[5]); nach dem Zeugnisse Einhards[6]) trägt es auch Karl d. Gr., der in seiner gewöhnlichen Kleidung der Volkstracht folgt, als Schutzkleid im Winter, gefertigt aus Otter- oder Marderfellen; und in seinem Zeitalter ist es unter dem mittellateinischen Namen *gunna* (der ebenso wie *rheno* keltischen Ursprungs), als Hülle für schwächliche und alte Personen viel verbreitet[7]). Es darf ferner angenommen werden, dass, wenn Isidor den lateinischen Ausdruck *mastruca* für ein germanisches Kleidungsstück braucht[8]), auch er im Ganzen und Grossen dasselbe meint; die angelsächsische Glosse, die das Wort neben der Stoffbezeichnung *crusene* auch mit *deórfellen roc* verdeutscht[9]), kann dafür zeugen.

So hat das alte gemeingermanische Pelzkleid, als Kragen oder Wamms, eine lange Geschichte. Dass die Sprache mit der einen vorhin gegebenen Bezeichnung sich nicht begnügt, ist natürlich, und wir

---

4) vgl. altnord. *ript* und *ripti* Zeugstück und Kleid; FRITZNER Ordb. 3, 114b. ags. *rift, ryft* in ähnlichem Sinne: BOSWORTH-TOLLER 795b, als *bânrift* auf eine Schenkelbedeckung übergegangen, *tibialis, bânrift*: WRIGHT-W. 1, 277, 37, wie ahd. *tibarii peinrehfta*: STEINM. 1, 665, 15 (vgl. dazu die Note), *saraballa peinrefta*: 20: das einfache Wort *stigma, ornamenta regalis id est reft*: 253, 20f.

5) *clausa bullatis latera rhenonibus*: SID. APOLL. epist. 4, 20, 2 (S. 71 Lütjohann).

6) *vestitu patrio, id est francisco, utebatur .. ex pellibus lutrinis et murinis thorace confecto humeros ac pectus hyeme muniebat*: EINHARDI vita Carol. m. 23.

7) *gunnam brevem nostro more consutam, gunnam de pellibus lutrarum factam* in den Briefen des Bonifacius: DU CANGE 4, 138cf., wo noch andere Zeugnisse.

8) *mastruca, vestis Germanica, ex pelliculis ferarum*: ISIDOR. orig. 19, 23, 5 nach der gewöhnlichen Lesart (*Sardonica* andere Codd.).

9) vgl. S. 208, Anm. 4. Der Verfasser der Genesis denkt sich Adam und Eva nach ihrer Vertreibung aus dem Paradiese mit Pelzkleidern versehen: *der gnâdige got ir ie wedereme einen pelleȥ gap getân ûȥ fellen, daȥ siu der vrost ne mahte cholen*: Fundgrub. 2, 22, 22f.

erfahren denn auch von noch einem gemeingermanischen Namen, altnord. *heðinn*, angelsächs. *heden* und *hæden*, ahd. *hetan*, der eine besondere Art bezeichnet haben muss, ob eine von besonderem Schnitt, steht dahin. Am schärfsten zeigt sich noch die Bedeutung im Altnordischen, wo sie als Pelzkleid, auch in den Zusammensetzungen *bjarn-*, *ûlf-*, *geit-heðinn* hervortritt, hiernächst im Angelsächsischen, wo das Wort das fremde *mastruga* wiedergibt, aber doch schon mehr in den Begriff der mantelartigen Hülle übergreift[10]), und ausserdem in der Zusammensetzung *hed-clâð* einen Rock von grobem Stoff meint[11]); im Althochdeutschen ist *hetan* als Appellativ ausgestorben, aber als Eigenname, wahrscheinlich Spitzname für einen erhalten, der sich noch in das zu seiner Zeit nicht mehr gewöhnliche Stück kleidet[12]).

Die Annahme, dass ein gotisches *paida*, welches auch im ags. *pâd*, altsächs. *pêda*, ahd. mhd. *pfeit* wiederkehrt, das griech. *βαίτη* Pelz sei und also auch eigentlich ein Pelzwamms bezeichnen solle, muss zurückgewiesen werden. Es findet sich im deutschen Gebrauch des Wortes niemals eine Spur dafür; das got. *paida* übersetzt nur *χιτών*, und das dazu gehörige Verbum *gapaidôn* (Eph. 6, 14) nur das allgemeine *ἐνδύεσθαι*; nicht anders sind die hoch- und niederdeutschen Formen Ausdrücke für ein Unterkleid, wobei an Pelz nicht gedacht wird[13]). Das Wort ist sicher ein frühes Fremdwort allgemeineren Begriffes, wofür auch der Anlaut spricht; woher ist unbestimmt; dabei muss man berücksichtigen, dass auch griech. *βαίτη* als dunkeln, vielleicht ungriechischen Ursprungs angesehen wird[14]).

Das altgermanische Rumpfkleid aus Pelz entbehrt einer eigentlichen Entwickelung. Es verkümmert und verschwindet in späterer Zeit in dem Masse, als die schmiegsameren und bequemeren Stoffe der Wolle und des Leinens, zum Teil auch unter dem Cultureinflusse umwohnender Nationen, die Herschaft erlangen, und Pelz nur noch als Schmuckbesatz oder als Futter verwendet wird.

Wollene und leinene Rumpfbekleidung muss ebenso gut wie solche aus Tierfellen für die frühen altgermanischen Zeiten angenommen

---

10) *mastruga, hæðen:* WRIGHT-W. 1, 450, 35. *gunna heden:* 25, 11. *cocula, crusne vel heden:* 214, 36. *casla, heden:* 363, 13. *melote hedene:* Glosse in Haupts Ztschr. 9, 440b.

11) vgl. BOSWORTH-TOLLER 524b.

12) Ueber den ahd. Eigennamen *Hetan*, der auch in den Zusammensetzungen *Wulfhetan*, *Pernhetan* vorkommt, vgl. J. GRIMM in Haupts Zeitschr. 2, S. 2 (kl. Schriften 7, 93), und FÖRSTEMANN Namenbuch 1 (1900), Sp. 806.

13) vgl. ahd. *camisa pheit:* STEINM. 3, 11, 4. über den späteren Verlauf des Wortes SCHMELLER 1², 443ff. alts. *thia hêlagun pêda* vom Rocke Christi: Heliand 5550.

14) LEO MEYER Handbuch der griech. Etymologie 3 (1901), 85.

werden, weil die Künste des Spinnens und Webens dahin, und sogar über sie hinaus, reichen. Berichtet Tacitus genau, so war solche Kleidung nur den Reichsten gemäss, während Ärmere das Pelzkleid unter dem Mantel trugen, das sie aber auch zu Hause am Herdfeuer ablegten. Allein diese Meldung ist kaum ungefähr richtig und mindestens schief, schon deswegen, weil der Autor den germanischen Frauen im Allgemeinen dieselbe Tracht zulegt wie den Männern, und weil es ausgeschlossen ist, dass sich jemals germanische Frauen im Hause nackt bis zum Gürtel bewegt haben; zudem wird ja auch als allgemeines Frauengewand ein solches beschrieben, das ärmellos ist und tief ausgeschnitten, und diese Form in den Gegensatz zum sonst gleichen Gewand des Mannes gestellt[15]). So darf die Stelle als genaue Berichterstattung nicht gelten, und es ergibt sich aus ihr nur als der wahrscheinliche Thatbestand, dass eine wollene und leinene Rumpfkleidung als Zierstück bei den vermögenderen Männern gegolten habe, die in der Form die einzelnen Glieder hervorhob. Es muss ein Ärmelrock gewesen sein, weil das ärmellose Frauengewand ausdrücklich von ihm unterschieden wird. Der ärmere Mann hat sich mit seinem Pelzkragen unter dem Mantel beholfen, und diesen im Hause häufig auch abgelegt, indem er hier in der blossen Hose herumgeht; die Frau kennt nur das wollene oder leinene Untergewand, neben dem *amictus*, dem Mantel, und bewegt sich in jenem im Hause. Diese Auffassung wird durch bildliche Darstellungen gestützt, besonders der Trajans- und Marcussäule. Auf beiden ist es typisch, germanische Krieger im Kampfe oder zum Kampfe gestimmt mit nacktem Oberkörper, mit oder ohne Mantel darzustellen, während der Germane bei Verhandlungen und im Frieden des mehr oder weniger eng anliegenden Rumpfkleides aus Zeug nicht entbehrt, das in den Einzelheiten der Form abweicht: neben grösserer oder geringerer Knappheit von ungleicher Länge, nur die Hüfte noch mit deckend oder auch bis zum Knie gehend, mit langen oder kurzen Ärmeln und ziemlich weitem Halsausschnitte, ein Stülpkleid wie der Pelzkragen, und trotz der angeführten Verschiedenheiten überall von éiner Grundform, die sich durch die Jahrhunderte hält. Wie sie sich auf der Trajanssäule bei einzelnen Kriegern der germanischen Leibwache des Kaisers zeigt, wie

15) *tegumen omnibus sagum fibula aut, si desit, spina consertum; cetera intecti totos dies iuxta focum atque ignem agunt. locupletissimi veste distinguuntur, non fluitante sicut Sarmatae ac Parthi, sed stricta et singulos artus exprimente. gerunt et ferarum pelles, proximi ripae neglegenter, ulteriores exquisitius, ut quibus nullus per commercia cultus . . . nec alius feminis quam viris habitus, nisi quod feminae saepius lineis amictibus velantur, eosque purpura variant partemque vestitus superioris in manicas non extendunt, nudae brachia ac lacertos; sed et proxima pars pectoris patet:* TACITUS Germ. 17.

sie bei den Markomannen auf der Marcussäule hervortritt, so lässt sie Sidonius Apollinaris beim burgundischen und westgotischen Königsgefolge, sowie bei den Franken erkennen[16]), und so bleibt sie auch, wenn seit den Zeiten der Merovinger das Rumpfkleid schnellerem modischem Wechsel in seiner Gestalt unterliegt. Was den einheimischen, gemeingermanischen Namen dafür betrifft, so weist das gotische Verbum *gahamôn*, das mit dem fremden *gapaidôn* gleichbedeutend für den Sinn des Kleidanlegens gebraucht wird[17]), auf ein gotisches *hama*, das im althochd. altsächs. *hamo*, angels. *homa* wiederkehrt und sich als individualisierende oder vereinzelnde Form zu altnord. *hamr* darstellt: bezeichnet dieses allgemein die Hülle, so will jenes eine besondere Färbung dieses allgemeinen Begriffs ausdrücken, wobei nicht ausgeschlossen, dass auch jenes allgemeinere Wort die besagte Begriffsfärbung annehmen kann[18]). So dürfen wir jenes *hama* als die eigentliche einheimische Bezeichnung des beschriebenen Gewandes an-

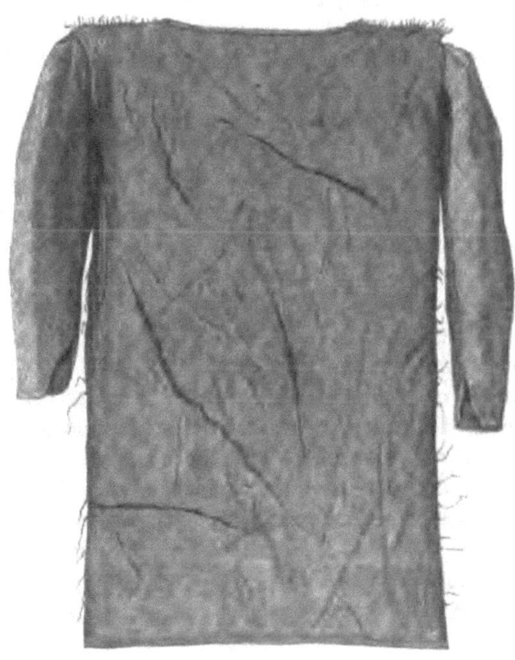

Fig. 65. Rock einer Moorleiche etwa des 4. Jahrh. n. Chr. Aus Engelhardt Thorsbjerg Mosefund, Taf. 1.

16) vgl. Anm. 199 S. 247. Die dort erwähnten blossen Ärmelansätze sind auf Fig. 69 deutlich sichtbar. *strictius assutae vestes procera cohercent membra virum, patet his altato tegmine poples:* Carm. 2, 243 f.

17) *gahamôn ἐνδύεσθαι* Röm. 13, 14. Eph. 4, 24. 6, 11, wie *gapaidon* Eph. 6, 14.

18) über die allgemeine Bedeutung des altnord. *hamr* als die Einkleidung eines Wesens, die diesem die äussere Erscheinung verleiht, Haut, Gestalt selbst. vgl. FRITZNER Ordb. 1, 718. Die schwache Form ist in eingeengter Bedeutung auf das dem Leibe angeschmiegte Gewand bezogen, recht bezeichnend besonders in den Zusammensetzungen ahd. alts. *gûðhamo* (Hildebrandslied 5), ags. *fyrd-, grǣg-homa* von der anschliessenden Rüstung. Ags. ist auch das starkformige *ham, hom* in diesen eingeengten Sinn übergegangen; *colobium, hom:* WRIGHT-W. 1, 13, 35. 276, 9. *colobium, dictum quia longum est, et sine manicis, lopa, hom, vel smoc, mentel:* 210, 24 ff. *camisa, ham:* 10, 41. 276, 23.

sehen, zu dem sich später in den westgermanischen Sprachen eine Form in gleichem Sinne weiter herausgebildet hat, die als verkleinernde wohl zunächst traulich-neckisch gemeint gewesen ist: ahd. *hemithi*, *hemidi*, altfries. *hemethe, hamede*, angelsächs. *hemeðe*, und die bei der weiteren Entwickelung der Tracht den Begriff meist in den früher nicht gekannten des leinenen Unterhemdes wendet[19]).

Auch ein anderer gemeingermanischer, etymologisch sehr durchsichtiger Name für das besagte Rumpfgewand begegnet: altnord. *smokkr*, angelsächs. *smoc*, ahd. *smoccho*, das zum Verbum ahd. *smiogan*, mhd. *smiegen*, angelsächs. *smûgan*, altnord. *smjúga* sich eng an etwas herandrücken, einkriechen, gehört, also auch seinerseits wieder auf knappe Form anspielt. Bezug auf den Gebrauch beider Geschlechter zeigt das Angelsächsische[20]), eingeschränkt auf weibliche Tracht ist das Wort im Altnordischen und Althochdeutschen[21]), und es kann sein, dass diese Einschränkung schon auf frühe germanische Zeiten zurückgeht.

Gegenüber den einheimischen Bezeichnungen, zu denen wohl auch noch frühe Sondernamen in den einzelnen Sprachen treten (altnord. *serkr*, angels. *serce;* altnord. *skyrta* für ein Untergewand), zeigen zwei eingedrungene Fremdworte auf Beeinflussung vom Auslande her, wo eine ähnliche Rumpfkleidung seit Urzeiten vorkommt: das gotische *paida* mit seinen Fortsetzungen (oben S. 255), und das ahd. *rocch* und *hroch*, fries. *rokk* und *hrokk*, angelsächs. *roc* und *hroc*[22]). Könnte jenes auf östliche, dem Lande nach unbekannte, Einflüsse weisen, so dieses auf westliche, keltische: und die Entlehnung des Namens gestattet den Schluss auf die Nachahmung des Schnittes oder doch eines hervorstechenden Merkmals desselben von einem fremden Kleidungsstücke. Das Nähere darüber entgeht uns; aber es handelt sich selbstverständlich nicht um eine Änderung der Grundform, sondern um Anbringung von Einzelheiten (beispielsweise seitliche untere Auf-

19) vgl. ahd. *hemidi* vom Rocke Christi; *umbe mîna tunicam (hemide) di ih ʒe lîche truog, diu obenan nider geweben was, wurfen sie lôʒ:* NOTKER Ps. 21, 19. Ähnlich wie ahd. *hemidi* aus *hamo*, hat sich aus gleicher Anschauung heraus aus ahd. *pfeit camisa, indusium* ein *pfeitidi* gebildet; *saracile feitidi:* STEINM. 3, 618, 31, *sarcile fettide:* 620, 50. *saracile fetidiu:* 62, neben *saracile phaitel:* 626, 13.

20) *colobium smoc, vel syrc:* WRIGHT-W. 1, 125, 1. *smoc* gleichsinnig mit *hom* und *loða* (letzteres Zeugname, vgl. oben S. 218), vgl. Anm. 18.

21) altnord. *smokkr:* FRITZNER Ordb. 3, 449b. ahd. *joh Minerva diu maged careta daʒ mageti mit iro smoochen* (lies *smocchen*): NOTKER 1, 697, 28f. Piper.

22) ahd. *tunica roc, roch:* STEINM. 3, 146, 28f. *tunica vel froccus roch, roche;* 189, 20. *rochum roch:* 618, 3. *melotem hroch:* 4, 330, 10. über die fries. Formen RICHTHOFEN 997b. Ags. neben *roc, rocc, rooc (toral:* WRIGHT-W. 1, 125, 6) auch *hroc; garallus hroc:* Glosse in Haupts Zeitschr. 5, 197. Auf die fremde Herkunft des Wortes wirft die Glosse Licht *callicula* (für *Gallicula) rocc:* WRIGHT-W. 1, 125, 18.

schlitzungen gegenüber geschlossenem Untersaum, wie sie an Barbarendarstellungen erscheinen, verschiedene Länge der Ärmel und anderes) die für das germanische zeitgenössische Auge zunächst bedeutend genug sind, um durch den fremden Namen hervorgehoben zu werden, und andererseits auch wieder so in die ursprüngliche heimische Form sich fügen, dass das Fremdwort nach seiner Einführung in den gleichen Sinn mit dem heimischen kommt. Auf das Alter solcher Einführung des gallischen Rockes kann der Name eines Alemannenkönigs des 3. Jahrh. nach Chr., von Gregor von Tours (fränk. Gesch. 1, 32. 34) als *Chrocus* überliefert, Licht werfen: es ist auf jeden Fall ein Neckname, nach uralter germanischer Sitte gegeben (vgl. oben S. 7f. 26f.; auch ahd. *Hetan* S. 255) einem, der die deutsche Art seines Rumpfkleides verschmäht und dafür eine ausländische trägt.

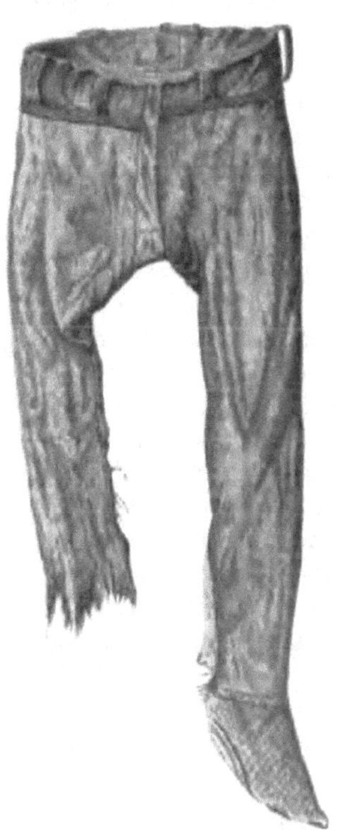

Fig. 66. Hose einer Moorleiche etwa des 4. Jahrh. nach Chr. (Engelhardt Taf. 2).

Die Lenden- und Beinbekleidung der Germanen auf den ältesten bildlichen Denkmälern zeigt sich (vgl. die Bastarnenbilder Fig. 35. 64) im Schritt geschlossen, und meist über die Beine zu den Knöcheln in angemessener Verengung reichend, womit die skandinavischen und schleswig-holsteinischen Moorfunde übereinstimmen[23]). Beinbekleidung die schon oberhalb des Knies endet, erscheint ungermanischen Ursprungs. Aber gerade die letztere Form breitet sich in späteren Zeiten aus, indem sie jene älteste zurückdrängt; das nackte Knie gehört zur Germanentracht der Völkerwanderungszeit (vgl. Anm. 16).

Es liegt kein zwingender Anhalt dafür vor, dass der Germane in seiner ältesten Zeit Lenden und Beine bloss mit einem Schurz bekleidet habe; vielmehr muss die Langhose als älteste geschichtliche

23) die Wollhose der Damendorfer Moorleiche hat eine Länge von ungefähr 1,15 m., mit einem Bund von ungefähr 85 cm. Weite und einer unteren Beinweite von 28 cm.; J. MESTORF zwei und vierzigster Bericht des schlesw. holst. Museums vaterländ. Altertümer (1900) S. 12. Über die verschiedenen altnord. Beinkleidformen vgl. WEINHOLD altn. Leben 163.

Form angesehen werden, die unter fremdem Einflusse so allgemein sich ändert und verkürzt, dass selbst der einheimische Name für die alte Form zu Gunsten eines fremden für die neuere untergegangen ist. Der gemeingermanische Name für das Beinkleid nämlich, im Gotischen nicht bezeugt, altnord. *brôk*, angelsächs. *bróc*, ahd. *bruoh* kann nicht als germanischen Ursprungs angesehen werden, sondern stellt die Übernahme eines keltischen *brâca brâcca* dar: die *brâcae*, von Tacitus der barbarischen Tracht zugewiesen[24]) gehören besonders der keltischen an, und kommen von hier aus später auch zu den Römern. Wie früh keltischer Brauch in dieser Kleidung zu den Germanen gedrungen, dafür zeugt der Umstand, dass das angeführte Wort gleichmässig über die germanischen Sprachen verbreitet ist[25]).

Die Form der Bruch zeigt eine fortschreitende Verkürzung; ursprünglich den Oberschenkel bis in die Gegend des Knies mit bedeckend, schrumpft sie zur blossen, vom Rocke völlig verhüllten und daher auch auf den Darstellungen gewöhnlich unsichtbaren Hüft- und Lendenbekleidung ein[26]), in dem Masse, als ein anderes Beinkleid, die Hose, diese von unten herauf, an Ausdehnung gewinnt. Diese Hose ist ursprünglich nur strumpfartige Hülle der Unterschenkel, auch sie, wie ihr Name, jedenfalls keltischen Ursprungs, so früh wie die *brâca* eingedrungen und über die deutschen Stämme verbreitet; das Wort, ahd. angelsächs. altnord. *hosa* hat keine germanischen Verwandten; seine Bedeutung als Langstrumpf hat sich verschiedentlich bis in die Gegenwart erhalten; ein Wort Strumpf für die entsprechende Fussbedeckung gibt es überhaupt noch nicht. Für das Aufkommen der Strumpftracht bei den Langobarden bringt Paulus Diaconus ein Zeugnis bei, indem er von der Tracht des Volkes berichtet, die Kleidung sei weit und meist leinen gewesen, wie sie die Angelsachsen tragen, zum Schmuck mit breiten Streifen von anderer Farbe verbrämt, die Schuhe

---

24) *Caecina . . versicolori sagulo, braccas barbarum tegmen indutus:* TACITUS hist. 2, 20.

25) die umgekehrte Annahme, dass das Wort deutschen Ursprungs und in das Keltische gedrungen sei (vgl. die Ausführungen bei SCHRADER Reallexikon der indogerm. Altertumskunde 379 f.) hat keine Wahrscheinlichkeit für sich.

26) daher die Übersetzungen ahd. *lumbare pruoh, pruoch, bruoch* u. ä.: STEINM. 1, 629, 22 ff. *femoralia pruoh, pruoch, prûch:* 582, 7 f. *femorale, feminale bruoch:* 3, 273, 69, u. ö. *bruohha sinerô lumblô, cingulum lumborum ejus:* Isidor de fide cath. 9, 8. ags. *femoralia brǣc:* WRIGHT-W. 1, 328, 6. *lumbare gyrdilsbroec:* 30, 42. *gyrdel odde brêc:* 433, 12. die Bruch von Leinen, ahd. *feminalia lîn-pruoh* neben *prûch:* STEINM. 1, 331, 65 ff., vgl. 339, 17; aber sie kann auch von anderm Stoffe sein, und eine ags. Glosse bezeichnet ihren Zweck überhaupt bloss als den, zur Decke *(wǣd)* zu dienen; *perizomata, vel campestria, vel succinctoria, wǣd-brêc:* WRIGHT-W. 1, 125, 3 f.; daher von Feigenblättern zur Schamkleidung der ersten Menschen in der Übersetzung von Gen. 3, 7, *hig siwodon fîc-leáf and worhton him wǣd-brêc.*

oben fast bis zur grossen Zehe offen und durch lederne Nesteln zusammengehalten; nachher aber hätten sie Langstrümpfe getragen, über die sie beim Reiten wollene Gamaschen gezogen; diese Tracht hätten sie indess erst von den Römern angenommen[27]). In dem Katalog der langobardischen Könige und Herzöge von Benevent heisst es, dass der König Adebald (616—626) zuerst Hosen getragen habe[28]). Ist die Nachricht, dass diese Tracht der Langobarden von den Römern entlehnt sei, richtig, so beirrt sie die Annahme von der keltischen Herkunft des Kleidungsstücks doch nicht, da, wie oben hervorgehoben, die Römer schon früh die Beinbekleidung der Gallier nachahmten. Der Stoff zu ihr ist Leder[29]), Wolle oder Leinen[30]), die Länge erstreckt sich bis zum Knie[31]), oder über das Knie, und Schnitt oder Form sind danach verschieden. Reicht der Strumpf nur in Kniehöhe, so muss er mit Kniegürtel geschlossen und mit Binden umwunden werden, damit er halte und nicht abwärts rutsche; auf diese Weise beschreibt Einhard Karls des Grossen Beinbekleidung[32]), wie Paulus Diaconus sie von den Langobarden des 6. Jahrhunderts überliefert[33])

---

27) *vestimenta vero eis erant laxa et maxime linea, qualia Anglisaxones habere solent, hornata institis latioribus vario colore contextis. Calcei vero eis erant usque ad summum pollicem pene aperti et alternatim laqueis corrigiarum retenti. Postea vero coeperunt osis uti, super quas equitantes tubrugos birreos mittebant. Sed hoc de Romanorum consuetudine traxerant:* PAUL. DIAC. hist Langob. 4, 22. *tubrugus* in der Form *tubroces vel brace* wird bei WRIGHT-W. 1, 125, 2 als ags. *strapulas* glossiert, ein Wort, das zu schweiz. *strapfen* streifen, ziehen (STALDER 2, 406) und zu mhd. *straf expansus, extensus* gehört und somit einen Überzug bezeichnen will. Über *tubrucus* vgl. sonst DU CANGE 8, 203 b.

28) *Adebaldus crinitus ann. 10. iste primum calciavit osam Particam:* Catalogus regum Langobardorum et ducum Beneventanorum in den Script. rerum Langobard. S. 491, 15 f. Die Gelehrsamkeit des Schreibers bringt die Hose mit parthischer Tracht zusammen.

29) ahd. *ocrę ledirhosun l. bainberga:* STEINM. 3, 152, 18 f. *cenarga ledarhosa, lederhosa* u. ä.: 4, 46, 3 ff. Ags. werden *leðerhosa* unter den Arbeiten des *sceôwyrhta* aufgezählt, s. die Stelle oben S. 210, Anm. 16; *ocreæ, vel tibiales, leþerhose:* WRIGHT-W. 1, 125, 31. Altnord. *leðrhosur, skinnhosur:* WEINHOLD altn. Leb. 163.

30) Das geht aus ihrer weissen Farbe hervor, vgl. unten Anm. 33.

31) *calza . . chnêhosa:* STEINM. 3, 651, 17.

32) *vestitu patrio, id est francisco, utebatur. ad corpus camisam lineam et feminalibus lineis induebatur; deinde tunicam quae limbo serico ambiebatur, et tibialia; tunc fasciolis crura, et pedes caltiamentis constringebat:* EINHARDI vita Karol. m. 23. vgl. über die Nationaltracht der Franken auch Mon. S. Gall. 1, 34 (Mon. Germ. Scr. 2, 747).

33) *tunc regis alter qui aderat filius, patris sermone stimulatus, Langobardos iniuriis lacessere coepit, asserens eos, qui a suris inferius candidis utebantur fasceolis, equabus quibus crure tenus pedes albi sunt similes esse, dicens ‚ferilae sunt equae, quas similatis‘:* PAUL. DIAC. hist. Langob. 1, 24.

und so zeigen sie noch Miniaturen des 9. Jahrhunderts (Fig. 67). Reicht der Strumpf hoch den Oberschenkel hinauf, so wird er mit Nesteln an die Bruch befestigt[34]).

Nicht weniger um den Rock, als um die altgermanische Hose und die spätere Bruch über den Hüften zusammenzuhalten, dient der Gürtel. Der Name dafür ist gotisch als Fem. *gaírda* (*ζώνη* Marc. 1, 6. 6, 8) überliefert, sonst von demselben Wortstamm als Masc. und Fem. ahd. *gurtil* und *gurtila*, angelsächs. *gyrdel*, altnord. *gyrðill*, altsächs. mit anderer Ableitung *gurdisli*. Er ist ein einfaches Gerät, aus Bast (vgl. darüben oben S. 226), Riemen oder schlichter Wollborte bestehend, wo er, wie bei der Bruch[35]), oder wenn ein Rock die Hose bedeckt, nicht gesehen wird; wie man ihn anbringt, zeigt die Hose Fig. 66, an der rings um den Hüftenteil sich Strippen befinden, die auch an dem Moorfund von Damendorf wiederkehren[36]). Umschliesst der Gürtel den Rock oder ist die Hose, wie bei der alten Entblössung des Oberkörpers, im Hüftteile sichtbar, so ist er zierlicher gehalten, von Leder und mit Ornamenten versehen[37]). Metallplatten fehlen dabei auch in alter Zeit nicht[38]).

Noch sei erwähnt, dass dem obern Hosengürtel auf den Darstellungen der Trajans- und Marcussäule ein unteres Gurtband oder ein Zug entspricht, der die germanische Langhose oberhalb des Knöchels zusammenfasst (Fig. 35), während beim Moorfund von Damendorf und dem von Thorsberg andere Vorrichtungen Platz greifen, die zugleich die Hose eleganter spannen: am ersteren zeigen sich am untern Ende der Hosenbeine zungenartige Streifen, die an den Spitzen der Fusssohle zusammengenäht gewesen zu sein scheinen[39]), wogegen bei dem Thorsberger Funde von anderem Zeuge eigentliche Füsslinge angeheftet sind (Fig. 66).

Für die Fussbekleidung besteht der gemeingermanische, in allen Dialekten erhaltene Name got. *skôhs*, altnord. *skôr*, angelsächs. altsächs. *skôh*, ahd. *skuoh*, mit dem Collectiv got. *gaskôhi* *ὑποδήματα*, ahd. *gascuohi*, altsächs. *giskôhi*, angelsächs. *gescŷ* für ein Paar Schuhe, von unsicherer Herkunft (Zusammenhang mit got. *skêwjan* gehen, *ὁδὸν*

34) *corrigia caligę hosanestila, hosnestila, hosinestila, hosenestil* u. ä.: STEINM. 1, 305, 11 ff.

35) *bracile bruochgurtel:* STEINM. 3, 626, 16. vgl. die ags. Glossen oben Anm. 26. altnord. *brôk-lindi:* WEINHOLD altnord. Leben 163.

36) J. MESTORF zwei und vierzigster Bericht S. 12.

37) J. MESTORF a. a. O.; er wird durch eine eiserne Schnalle geschlossen: ebd.

38) vgl. MÜLLER-JIRICZEK nord. Altertumskunde 1, 256. 269. 276. 351 u. ö. goldene Gürtel der Vandalen erwähnt PROCOP de bello Vand. 2, 9.

39) J. MESTORF a. a. O.

ποιεῖν Marc. 2, 25 ist nicht zu erweisen), aber auf germanisches Gebiet beschränkt: ein Hinweis wohl auf seine eigenartige Form. Wir kennen sie aus Darstellungen (Fig. 35), Beschreibungen und Funden (Fig. 68). Der Schuh ist aus éinem Stück Leder geschnitten, dessen Haarseite meist nach innen gekehrt ist[40]; er wird vorn an der Spitze zusammengeschnürt, das Oberleder ist gitterartig durchbrochen, um den Knöchel halten ihn Riemen[41] zusammen. So lässt ihn schon das Bild der Trajanssäule (Fig. 35) erkennen, so zeigt er sich im Damen-

Fig. 67. David in der Höhle.
Aus dem Psalterium aureum von St. Gallen (Befestigung der Hose durch Kniegürtel und Binden des Unterschenkels).

dorfer und im Thorsberger Fund, und so beschreibt ihn Sidonius Apollinaris bei Burgunden und Goten (vgl. S. 210, Anm. 14. 15), Paulus Diaconus bei den Langobarden (oben S. 261, Anm. 27). Die Hauptform hält sich also Jahrhunderte lang; sie ist auch, wie andere barbarische Tracht, im römischen Heer im Gebrauch[42]. Einer ge-

40) J. MERTORF a. a. O. S. 13. 18.

41) got. *skauda-raips*, *ἱμάς; andbindan skaudaraip skôhis is λῦσαι τὸν ἱμάντα τῶν ὑποδημάτων αὐτοῦ*: Luc. 3, 16, vgl. Marc. 1, 7; wörtlich deckender oder hüllender Reif, da *skauda-* zu altnord. *skauð* Lederscheide, und zu mhd. *schôte*, Samengehäuse gehört.

42) *ὑποδήματα Γοτθικά*: vgl. MÜLLENHOFF Altertumskunde 4, 295.

wissen Zierlichkeit entbehrt sie nicht, wie Fig. 68 zeigt; und die praktische Brauchbarkeit und der feste Sitz um den Knöchel wird durch eine aufgesetzte Kappe noch verstärkt. Dass die Haarseite des Leders auch nach aussen gekehrt gewesen ist, kann man aus den Worten des Sidonius Apollinaris lesen, und es mag sich darauf auch die angelsächsische Schuhbezeichnung *rifeling* in Erzbischof Älfrics Glossar[43]) beziehen, wenn sie nicht etwa auf ein grobes runzlichtes Leder Bezug nimmt. Schuhe aus anderm Stoffe sind sicher auch vorhanden gewesen, beispielsweise aus Bast (S. 226), aber sie sind nicht bezeugt; der Holzschuh wird im Angelsächsischen genannt, wo er das griech. lat. *cothurnus* verdeutlichen muss[44]). Der Schuh umschliesst, wenigstens in der sorgfältigeren Tracht, nicht den blossen Fuss, sondern, wenn die Beinbekleidung nicht in Füsslinge ausläuft (Fig. 66), umwickelt man zunächst den Fuss durch Binden, wie solche, für den Zweck eigens gewebt, sowohl bei der Damendorfer Leiche, als sonst im Norden gefunden sind[45]). Aus ihnen bildet sich später die Socke heraus (unten Anm. 56).

Ausländischer Einfluss auf die Fussbekleidung zeigt sich schon früh. Im Gotischen ist das Fem. *sulja* als Lehnwort aus dem lateinischen *solea* ganz eingebürgert und beweist für Kenntnis und Gebrauch der Sandalen[46]). Indess kann die römische Art der solea doch nur in wärmeren Ländern gebraucht werden; und wenn diese Fussbekleidung, die sich ihrer Bequemlichkeit wegen für die Haustracht empfiehlt, auch in nördlicheren Gegenden Eingang findet, so geschieht dies nicht ohne Umänderung. Im Althoch- und Altniederdeutschen erscheint der Name als *sola*, Plur. *solun* auf Grund einer lateinischen Form *solum*, die neben dem Grund und Boden auch die Fusssohle und die Sohle eines Schuhes bezeichnet[47]), aber mit der Beibehaltung des weiblichen Ge-

---

43) *obstrigelli*, *rifelingas:* WRIGHT-W. 1, 125, 33. Der Name *riveling* galt noch bei den Schotten des 14. Jahrh. für einen solch groben Schuh, vgl. die Anm. zur Glosse. *obstrigelli* erklärt Isidor für einen bäurischen Schnürschuh: *obstrigelli sunt, qui per plantas consuti sunt, et ex superiori parte corrigia trahitur, ut constringantur, unde et nominantur:* orig. 19, 34, 8.

44) *coturnus triwen sceô:* WRIGHT-W. 1, 125, 28.

45) vgl. J. MESTORF a. a. O. S. 12 (wollenes Köpergewebe von brauner Farbe). S. 22. 24. MÜLLER-JIRICZEK nord. Altertumskunde 1, 269. Der Name dafür ahd. *pedules fuoȥtuocha, fuoȥduocha:* STEINM. 3, 618, 10. 624, 15 u. ö.; und *kawâti fuaȥȥeô, sweif, kaliȥiun, indumenta pedum, pedules et caligas:* Ben. Regel bei PIPER Nachträge zur ältern deutschen Litt. S. 125. Das Ags. gibt *pedula* durch ein allein stehendes *meó:* WRIGHT-W. 1, 125, 9; *pedulos*, *meón:* 328, 15, das sonst auch einen Schuh bezeichnet: *calsus, meón:* 197, 37.

46) *gascôhai suljôm,* ὑποδεδεμένους σανδάλια: Marc. 6, 9.

47) *quine habeat auro soccis suppactum solum?* PLAUTUS Bacchides 332. vgl. auch *clavati, quasi claviati, eo quod minutis clavis, id est acutis sola caligis vinciantur:* ISIDOR. Etym. 19, 34, 13.

schlechtes von *solea*, und, wenn es sich auf Fussbekleidung bezieht, im allgemeinen auch mit dessen Bedeutung[48]); so jedoch, dass statt des festigenden Riemens ein haltendes Oberleder oder Oberzeug auftritt, wie es Isidor beim römischen Soccus beschreibt: *socci, cuius diminutivum socelli, appellati inde, quod saccum habeant, in quo pars plantae iniicitur*[49]): aus der Sandale ist der Pantoffel geworden, der in den deutschen Mundarten weithin *sohle* heisst[50]), sicher auf Grund sehr alter Sprachübung, worauf wohl auch die ahd. Glosse *solen cernui* hinweist[51]); das letztere lateinische Wort wird als eine Art Halbschuhe, *socci*, erklärt[52]). Die Einengung des Wortes ahd. *sola* auf den späteren und heutigen Sinn der unteren Lederverstärkung einer Fusskleidung geht von einer Verbindung des altgermanischen sohlenlosen Schuhes mit der römischen *solea* aus. Sicher ist diese Verstärkung alt, da sie schon auf der in Florenz befindlichen Statue der sogenannten Thusnelda erscheint.

Fig. 68. Schuh von der Damendorfer Moorleiche (J. Mestorf, 42. Bericht S. 13).

Der römische *soccus*, niederer Schuh, in den man nur schlüpft[53]), ist ebenso mit dem fremden Namen herübergenommen, zunächst von den Westgermanen, von wo das Wort später auch als *sokkr* ins Skandinavische dringt. Ursprünglich als ahd. *soc*, *soch*, angelsächs. *soc*, *socc* nach dem römischen Stammworte Masculin, mit dem Plural ahd. *socca*, mhd. *socke* und *söcke*, entwickelt sich aus der Pluralform im Mhd. ein weiblicher Singular *diu socke*, Plur. *socken*, später zur Hauptform geworden[54]). Ganz gemäss der Isidorschen Beschreibung wird im Angelsächsischen *soc* als Schlüpfschuh bezeichnet[55]), und diese bequeme Art muss in mehreren Formen, und nicht nur in Leder, sondern auch in Wolle, Filz und Leinen, auf deutschem Boden ausgebildet worden sein, worauf die Glossen bestimmt hin-

48) *soleas solun*: STEINM. 2, 410, 2. 578, 24. *soleas, pedes solun*: 457, 53. Das Ags. verzeichnet nur einmal *soleæ, solen*: WRIGHT-W. 1, 125, 25, das Wort ist dort nicht eingebürgert.

49) Etym. 19, 34, 12.

50) D. Wb. 10, 1410.

51) GRAFF 6, 185.

52) ISIDOR. Etym. 19, 34, 13.

53) *socci non ligantur, sed tantum intromittuntur*: ISIDOR. orig. 19, 34, 12.

54) vgl. aber schon *socci socken*: STEINM. 3, 377, 22.

55) *soccus, slŷpe-scôs*: WRIGHT-W. 1, 277, 29.

deuten[56]); die Herstellung aus Zeug bewirkt, dass man nach der älteren germanischen Zeit unter dem Worte nur noch einen genähten, gewebten oder gestrickten Kurzstrumpf versteht. Als besondere Art erscheint ahd. der *soc-scuoh*, womit das mittellateinische *fico* glossiert wird, welches sonst einen groben Schuh bezeichnet[57]).

Auch anderes leichtes Schuhwerk dringt von den Römern her ein, so die *talares* und *subtalares*, Schuhe die bis zum Knöchel oder selbst unter den Knöchel reichen[58]). Wie beliebt die letzteren gewesen sein müssen, geht daraus hervor, dass im Althochdeutschen der lateinische Name volksmässig umgeformt, und im Angelsächsischen selbst umgedeutet erscheint[59]).

Als Umformung des lat. *calceus* aber mit dem Geschlecht und der Bedeutung des lat. *caliga* erscheint endlich, nur althochdeutsch, ein seltenes *caliȥia* und *chelisa*[60]), für eine feinere Art leichtes Schuhwerkes, welches Wort sich aber weiter nicht einbürgert; denn ein mhd. *kolȥe*, *golȥe* aus derselben lateinischen Quelle ist selbständige spätere Entlehnung.

Der altgermanische Schuh in seiner Einfachheit kann in jedem Haushalt angefertigt werden. Für das von fremd her eindringende feinere Schuhwerk gehört ein eigener Handwerker, dessen Name die Quelle seiner Ausbildung zeigt, es ist der ahd. *sûtari*, angelsächs.

---

56) *soccus soch:* STEINM. 2, 368, 12. 3, 625, 47. *caliga scuoch l. soc, caligula sochili:* 3, 297, 26f. *calicula soc:* 2, 260, 19 (mit Gallien in Verbindung gebracht, *Galliculam socchili, sochili, sochilîn:* 250, 17, wo mehrere Codd. *calliculam* haben; vgl. auch unten Anm. 60); *udones, pedela, socka:* 623, 10. *pedulus sochelîn:* 3, 625, 45. Dazu *caligula lînsoc:* 229, 19. *pedules linne sockelen:* 377, 20. *centones filȥine socha:* 624, 14.

57) *ficon soc-scôh:* STEINM. 4, 229, 36. *ficones soccha l. schûha, soche l. schuohe, sochscuoha, soc-scûha:* 3, 237, 22ff. Über mlat. *fico* s. DU CANGE 3, 483b. Das Ags. findet sich mit *fico* nur durch die Erklärung *sceô* ab: WRIGHT-W. 1, 327, 30. vgl. auch oben S. 210, Anm. 16.

58) *talares calcei socci sunt, qui inde nominati videntur, quod ea figura sint, ut contingant talum, sicut subtolares, quod sub talo sunt, quasi subtalares:* ISIDOR. Orig. 19, 34, 7. Dazu ags. *talares, unhêge sceôs:* WRIGHT-W. 1, 125, 30.

59) ahd. *suftelari* von den Flügelschuhen Mercurs, den talaribus; *sîn selbes fuoȥen teta er ana sine gefiderten suftelara:* NOTKER 1, 701, 24 Piper; *temo flugescuhe ioh tien suftelaren geswungenen floug fure Mercurius (petaso autem ac talaribus concitatis coepit preire Mercurius):* 720. 22ff. Ags. unter Anlehnung an das Adjectiv *swift* rasch *subtalares, swyfteleares:* WRIGHT-W. 1, 125, 26. *suptalaris, swyftlere:* 327, 32. *swyftleras* oben S. 210, Anm. 16.

60) Plur. *kaliȥiûn*, s. oben Anm. 45. *caligas caliȥiun:* Ben. Regel bei PIPER Nachträge S. 127. *galliculas chelisa:* STEINM. 2, 734, 39; *calliculas sochili, chelisli:* 733, 14. *caligas chelissa:* 3. 618, 16.

sûtere, altnord. *sûtari*, nach dem lat. *sutor*[61]); zu mehrerer Deutlichkeit ist im hochdeutschen Sprachgebiete dem Fremdworte das einheimische *schuoch-* vorgesetzt worden, so dass die mhd. Form *schuochsûtære* entsteht, die obwohl sie vor dem 12./13. Jahrhundert nicht nachzuweisen ist, leicht viel älter sein kann. Der völlig deutsche Name des Handwerkers ist zufrühest angelsächsisch als *sceó-wyrhta*[62]) nachzuweisen, tritt aber ebenso als *schuoh-würhte*, freilich erst viel später, im Mittelhochdeutschen auf. Sein Handwerk ist, wie schon hervorgehoben, nicht auf die Herstellung von Schuhwaren beschränkt, er ist Lederarbeiter im allgemeinen[63]); als Schuhmacher aber bedient er sich des Leistens[64]), der beim altgermanischen Schuh noch nicht vorhanden war. Sein übriges einfaches Handwerkszeug geht auf ältere, gemeingermanische Zeiten zurück, so namentlich die Ahle, mit der er für den nähenden Faden vorbohrt und für die es mehrere Benennungen gibt[65]), jener Faden selbst[66]) und die Verstärkung desselben an seiner Spitze, die Borste[67]). Neben dem Verfertiger neuer Schuhe taucht nun auch der Altflicker auf[68]).

Es versteht sich, dass neben dem Tragen des Schuhwerks auch das Barfussgehen vorkommt. Es ist aber im alten Germanien auf die unteren Gesellschaftsklassen eingeschränkt, und auch hier nur Wirt-

---

61) ahd. *sutor sûtare, sûtari, sûttari:* STEINM. 3, 138, 38; *sûtere, sûtare:* 185, 36; ags. *sutor, sûtere:* WRIGHT-W. 1, 312, 12. altnord. *sûtari:* FRITZNER Ordb. 3, 603 b.

62) *sutores, sceôwyrhtan:* WRIGHT-W. 1, 90. *sutor, sceôwyrhta:* 97.

63) was er fertigt, vgl. S. 210, Anm. 16.

64) ahd. *callipodium leist, laist:* STEINM. 3, 169, 30. 211, 51. *calli, formule ad faciendos calceos, i. leist:* 298, 34 f., vgl. 271, 44. 292, 14. ags. *calopodium, vel mustricula, lǽste:* WRIGHT-W. 1, 125, 32. Das Wort ist aus einer allgemeinen Bedeutung zu seiner technischen eingeschränkt worden, denn got. *laists* bezeichnet den Eindruck den der Fuss macht, Fusstapfe, ἴχνος (2. Cor. 12, 18), und die Wortentwickelung zeigt zugleich, wie man bei der Herstellung des Leistens vorgieng, indem der Abdruck des Fusses Vorbild für ihn wurde.

65) Ahle ahd. in zwei Formen, *subula ala:* STEINM. 1, 322, 28. *âlo, ala, ahla:* 328, 41; und *subula alansa:* 291. 32. 328, 42. Nur die erstere ist als *ǽl* auch angelsächsisch, als *alr* auch altnordisch. Daneben ahd. *subula sûla, ala l. sûila, siula:* STEINM. 1, 328, 42 f. 338, 33, das sich nur im mhd. *siule*, und im mnd. *sûwele, sûle* fortsetzt.

66) für diesen Faden ist der alte Ausdruck Draht (S. 246) gemeingermanisch; vgl. ahd. *spacus drât:* STEINM. 3, 258, 8. 289, 22. *spaga drât:* 307, 69 u. ö. (mhd. *spacus schusterdrait, schuchdrat:* DIEFENB. 544 a); ags. *filum, ðrêd:* WRIGHT-W. 1, 22, 13, *þrǽd* 328, 8. 403, 9; altfries. *thrêd*, altnord. *þráðr*.

67) vgl. die Etymologie *sutor sûtare, quasi setor a setis borstin i. burstin:* STEINM. 3, 138, 23 ff.

68) *calciarius l. caligarius scuochbûȥere, scuochbôȥȥari:* ebd. 27 ff., *scûhbûȥo:* 185, 37.

schaftstracht für Hirten, Haus- und Feldarbeiter; spätere Bilder gewähren auch Besessene und Aussätzige so (Fig. 58. 59), und unter orientalischem Einflusse sind Gott Vater, Christus, die Engel und die Apostel vielfach barfüssig abgebildet. Wenn in einem Codex des 10. Jahrh. die Hirten auf dem Felde nicht nur so, sondern selbst barbeinig dargestellt werden (Fig. 70), so entspricht das sicher uralter Volkstracht.

Zu Rumpf- und Beinkleidung gesellt sich als dritter Hauptteil der altgermanischen Tracht das weite Deckkleid, der Mantel. Er hat eine besonders reiche Geschichte, indem er sich schon in altgermanischer Zeit aus der Urform eines viereckigen Lakens zu mancher zierlichen und reicheren ausbildet, und demzufolge auch schon verschiedene Namen empfängt. Als ein einfaches Tuch von viereckiger Form, das bis auf die Waden herabreicht, und auf der rechten Schulter durch eine Fibel oder einen Dorn zusammengehalten wird, und solchergestalt als allgemeine Tracht[69]) zeigt er sich nicht weniger auf den Darstellungen der Trajans- und Markussäule, als in den verschiedenen Leichenfunden. Ovale Form tritt im Norden schon in der Bronzezeit auf[70]), aber sie scheint die seltenere gewesen zu sein. Auf das stattliche Aussehen dieses vor Allem ins Auge fallenden Kleidungsstückes hat man nach Kräften gehalten, und wie der Mantel des vornehmen Bastarnen auf der Trajanssäule (vgl. Fig. 35) reichen Besatz erkennen lässt, so zeigt derjenige der Damendorfer Moorleiche ein ‚bewunderswertes' Gewebe, Rautendrellmuster mit zierlichen Webkanten; an anderen Funden und Darstellungen erscheint Fransenbesatz, Borte oder sorgfältige Säumung[71]). Zu diesem Kleidungsstück von Tuch tritt das nämliche von Fell oder Pelz, nach Wahl getragen, wie Tacitus ausdrücklich bezeugt[72]), und durch die Pelzart mehr oder weniger kostbar. Hier ist überall der Schnitt ganz einfach, und das Kleidungsstück wohl das, was got. *snaga* genannt wird, welcher Ausdruck das griech. ἱμάτιον übersetzt, seiner eigentlichen Bedeutung nach aber freilich ganz dunkel, und auch nur im Gotischen vorhanden ist.

Von anderer Form muss ein Mantel gewesen sein, für den der gemeingermanische Name, got. *hakuls*, altnord. *hǫkull*, angelsächs. *hacele*, ahd. *hachul* überliefert wird. Got. *hakuls* übersetzt 2. Tim. 4, 13 das

69) *tegumen omnibus sagum fibula aut, si desit, spina consertum:* TACITUS Germania 17.

70) MÜLLER-JIRICZEK nord. Altertumskunde 1, 269.

71) vgl. auch J. MESTORF a. a. O. S. 11. 18. 20. 22. 24.

72) *gerunt et ferarum pelles, proximi ripae neglegenter, ulteriores exquisitius, ut quibus nullus per commercia cultus:* TACITUS Germ. 17. vgl. dazu Fig. 69.

griechische φελόνης, Nebenform von φαινόλης, das lat. als *penula, paenula* wiederkehrt, und mit dem ein ärmelloser, hinten geschlossener, an beiden Seiten offener Überwurf mit rundem Halsausschnitte bezeichnet wurde, durch welchen man den Kopf steckte. Solche Form zeigt die frühe Darstellung eines gefangenen Germanen (Fig. 69), und sie lebt viel später, wenn auch in starker Verkürzung, als Schutzkleidung für Hirten (man vergleiche das Bild 42 in Band 2, S. 212), namentlich aber in der geistlichen Tracht; sprachlich zeigt sich das, wenn ahd. *hachul casula* übersetzt, und zu mehrerer Deutlichkeit die Zusammensetzung *missahachul, missihachel,* selbst zusammengezogen in *missachel*[73]) erscheint; was auch im altnord. *hǫkull* und *messu-hǫkull* wiederkehrt. Das angelsächs. *hacele* wird nur als ein bis zu den Füssen reichender Mantel geschildert[73b]). Einen wie es scheint nicht unerlässlichen, aber doch ge-

Fig. 69. Germane im Mantel von einem römischen Triumphalrelief im Vaticanischen Museum. Nach einer neuen Photographie.

73) GRAFF 4, 797.

73b) *clamis, hacele, vel fôt-sîð* (*l. -sîd*) *sciccel:* WRIGHT-W. 1, 153, 9. *hakuls* könnte ursprünglich einen Mantel aus Ziegenfellen bedeuten, wenn es mit russ.

wöhnlichen Teil des Kleidungsstückes bildet die den Kopf deckende Kapuze, daher die Übersetzung von *cuculla* durch ahd. *hachul*[74]), während sonst auch eine Übernahme des lateinischen Wortes als ahd. *cucula, cugula*, wohl in geistlichen Kreisen, stattgefunden hat[75]).

Als mantelartiges Übergewand mit Kapuze erscheint ferner das nur hoch- und niederdeutsch überlieferte ahd. *choȝ* und *choȝȝo*, altsächs. *cot*, dessen Name in das Romanische (franz. *cotte*, ital. *cotta* Unterrock) eingedrungen ist, wie er auch mittellateinisch als *cota*, *cotta*, *cottus* in der Bedeutung eines geistlichen Kleides erscheint, und als Vorform zu dem schon mhd., aber nicht auf den letzteren Sinn eingeschränkten *kotte* und *kutte* auftritt. Das ahd. Wort übersetzt verschiedene lateinische Namen für Überkleider[76]). Ursprünglich geht es wohl auf das Zeug und seine Art, nicht auf Schnitt und Form[77]); eine Vorstellung der letzteren gewährt die Miniatur Fig. 70, wo die Hirten auf dem Felde die Kotze, verbunden mit Kapuze, tragen, die sich bei dem einen Hirten deutlich von dem helleren Rocke darunter abhebt.

Noch andere Namen für einen Überwurf von Fell oder Zeug gewähren ahd. *trembil*, ahd. *lodo* und altnord. *feldr*. Das erstere, nur hochdeutsche Wort verdeutscht die *trabea*, den Kriegsmantel der Römer, aber ebensogut *paenula*, *toga* und *laena*[78]), welches letztere

koȝel, poln. *koȝiet* Bock, Bockleder gleich, vgl. Zeitschr. f. d. Alt. 45, 421, Anm. 2.

74) *coculla hachul:* STEINM. 2, 51, 45, nach der Benedictinerregel Cap. 55, *nos tamen mediocribus locis sufficere credimus monachis per singulos cucullam et tunicam, cucullam in hieme villosam, in aestate puram aut vetustam*, was in der Übersetzung wiedergegeben wird *cucalûn in wintre rûhha, in sumere dunna, alta* (PIPER Nachträge S. 125). Vgl. dazu bei ISIDOR. *casula est vestis cucullata, dicta per diminutionem a casa, quod totum hominem tegat, quasi minor casa. unde et cuculla, quasi minor cella:* Orig. 19, 24, 17.

75) *ephod vestis sacerdotalis. ephod id est, quod superhumerale vocatur, sine cucullo, ânu cugulûn:* STEINM. 1, 139, 1 ff. vgl. *penula, lacerne in modum cuculle i. cugilchoȝȝo:* 3, 305, 59 f. ähnlich 190, 11. auch ags. *cuculla, cugle:* WRIGHT-W. 1, 328, 14.

76) *penulam choȝȝen, chotȝun, chotȝin, choȝȝo:* STEINM. 1, 778, 6. *religamine gebende l. choȝȝe:* 2, 530, 72. *birris choȝȝun, choȝun, coȝȝun:* 110, 52 f. *coȝȝum:* 146, 45. *lacerna, vestis fimbriata, coȝo, cotȝo, choȝȝo:* 3, 278, 48. *birrus, cottus fimbriatus, coȝȝo:* 295, 16. *byrrum, kottus, koȝȝo, kotȝo:* 2, 759, 43. altsächs. *cot:* HEYNE kl. altniederd. Denkm.[2] S. 144 a. zu *birrus* vgl. *birrhus a Graeco vocabulum trahit, illi enim birrhum bibrum dicunt:* ISIDOR. Orig. 19, 24, 18.

77) vgl. D. Wb. 5, 1903.

78) *penulam trembil:* STEINM. 1, 778, 14. *trabea trempile:* 2, 659, 14. *trembil:* 674, 1. *drembile:* 710, 55. *lenam trenbil:* 487, 51. *togae trembila:* 508, 72. 562, 22. Es entspricht ein vereinzeltes niederd. *trabea dremil:* 3, 722, 31.

aber auch geradezu durch *lachan* gegeben wird[79]). Weiter reicht ahd. *lodo*, angelsächs. *loða*, altnord. *loði*; es ist, wie S. 218 ausgeführt, zunächst Name eines dicken zottigen Wollstoffes, und bedeutet daher für die Form des Kleidungsstückes nichts[80]). Dagegen hat das altnord. *feldr*, worunter ein weiter Überwurf, pelzgefüttert, über den Kopf gezogen und an den Seiten zugeknöpft, verstanden wurde, Beziehung auf seinen Faltenreichtum und der Name ist anschaulich von dieser Eigenschaft gebildet. Er kehrt wieder in den sächsischen *faldones*, die Adam von Bremen nennt, die aber bei ihm leinene Gewänder sind[81]).

Das angelsächs. *sciccels, sciccel* oder *sciccing* für Überwurf[82]) mag beiläufig noch angeführt werden, es kehrt im Altnordischen als *skikkja* für einen Frauenmantel wieder. Ebenso das angelsächsische *hwîtel*[83]), von seiner weissen Farbe genannt, auch Kleidungsstück für Männer und Frauen.

Fig. 70. Hirten auf dem Felde.
Aus Cod. MS. Theol. 231 der Universitätsbibliothek zu Göttingen, Sakramentarium der Salvatorkirche zu Fulda, 10. Jahrh.

Die manigfaltigen germanischen Bezeichnungen für das Überkleid müssen freilich vom Anfang an auf Verschiedenheiten der Form deuten, ohne dass man sich aber solche gerade sehr durchgreifend zu denken hätte. Denn eins wird ihnen, vom Klima geboten, gemeinsam gewesen sein: die durch den Stoff, Pelz oder Wolle veranlasste Schwere, ferner deckende Länge und Weite. Früh aber dringt

79) *lęnam lachan:* STEINM. 2, 484, 37 (vgl. dazu *peplo lachene:* 25). *lena, pallium, indumentum, lahchan:* 494, 48.

80) *lodix . . ludilo, genus vestimenti:* STEINM. 4, 76, 9f. *paleste lodun:* 83, 52. *vestimentum quod lodo dicitur:* GRAFF 2, 200. ags. *lacerna, hæcile, vel loða:* WRIGHT-W. 1, 29, 9. *lodix, loða:* 30, 35. *sagulum, loða:* 44, 39. Auch für das Rumpfkleid, *collobium:* vgl. oben Anm. 18.

81) zu altnord. *feldr* vgl. MÜLLENHOFF Altertumskunde 4, 293. MÖBIUS altnord. Glossar (1866) S. 94. *pro laneis indumentis, quae nos dicimus faldones:* ADAM BREM. 4, 18 (Mon. Germ. Script. 7, 374).

82) *hig unscrýddon hyne þam scyccelse, exuerunt eum chlamyde*; Matth. 27, 31. *sciccel*, vgl. Anm. 73b. *cappa scicging:* WRIGHT-W. 1, 11, 3, *sciccing:* 268, 3.

83) *sagum, hwîtel:* WRIGHT-W. 1, 124, 28. *sagum, hwîtel oþþe ryft:* 268, 2. *sagum, hwŷtel:* 328, 2.

nun ein anderes Deckkleid bei den Germanen ein, leichter und kürzer, auch eleganter im Schnitt; glaublich von Rom her, aber es ist dem Ursprunge nach gallisch, das *mantum*[84]), gewöhnlich in der Verkleinerungsform *mantellum* genannt. Wie früh Sache und Name übernommen wurden, beweist die Verbreitung des letzteren auf alle germanischen Dialecte mit Ausnahme des gotischen: ahd. *mandil*, *mandal*, *mantil*, *mantel*, altfries. *mantel*, *mentel*, angelsächs. *mentel*, altnord. *mǫttull*; und dass wir es mit einer militärischen Einführung zu thun haben, kann aus der häufigen Entsprechung griech. lat. *chlamys* (neben anderen) hervorgehen[85]). Die Umformung des Geschlechtes ins männliche (nach dem einheimischen *hakuls*, ahd. *hachul*) zeugt ferner für schnell erlangte Volkstümlichkeit des fremden Worts. Die Form des Kleidungsstückes hat sich der oben geschilderten einheimischen Urform angeschlossen; wie diese, geht sie aus dem viereckigen Laken hervor, reicht aber kaum bis über die Kniekehle. Der Charakter einer Prunkkleidung hat dem Mantel, seiner fremden Abstammung gemäss, von vorn herein innegewohnt und ist ihm über die altgermanische Zeit hinaus geblieben. Beide Geschlechter bedienen sich seiner in leichter Formverschiedenheit, was den Schnitt, auch was die Schliessung betrifft, die beim Manne gewöhnlich, aber nicht immer, auf der rechten Schulter, bei der Frau auf der Brust erfolgt.

Was die altgermanische Kopfbedeckung betrifft, so ist sie, abgesehen von dem kriegerischen, hier nicht zu besprechenden Helm, wenig bezeugt. Die Germanen der römischen Bildwerke sind barhäuptig, und Jordanes schreibt nur den gotischen Priestern eine hutartige Kopfbedeckung, den übrigen Goten blosses Haar zu[86]). Dass aber, abgesehen von diesem geistlichen Gebrauche, auch sonst eine solche vorhanden, und das Haupt nicht etwa bloss durch die Kapuze geschützt gewesen ist, beweisen frühe Moorfunde, die im Oberteil völlig runde, wollene mützenartige Kopfbedeckungen zu Tage gefördert haben[87]). Wie weit dafür auch andere Stoffe, Fell, Filz oder Stroh

---

84) *mantum Hispani vocant, quod manus tegat tantum. est enim breve amictum:* ISIDOR. Orig. 19, 24, 15.

85) *clamis mantel, mantil:* STEINM. 3, 148, 3 f. *chlamys mantel:* 412, 66.

86) *Dicineus . . eligit namquę ex eis tunc nobilissimos prudentioresque viros, quos theologiam instruens, nomina quaedam et sacella venerari suasit, fecitque sacerdotes, nomen illis Pilleatorum contradens, ut reor, quia opertis capitibus tiaris, quos pilleos alio nomine nuncupamus, litabant; reliquam vero gentem Capillatos dicere iussit, quod nomen Gothi pro magno suscipientes adhuc hodie suis cantionibus reminiscunt:* JORDANES 11.

87) vgl. MÜLLER-JIRICZEK nord. Altertumskunde 1, 269 f. Der Name dafür kann *hûba*, *hûfa* gewesen sein, das als gemeingermanisch anzusprechen ist, unten S. 297 f. Ein lat. *gallicula*, Mütze eines Armen: Mon. S. Gallens. 1, 18 (Mon. Germ. 2, 738).

verwendet worden sind, ist nicht zu sagen; Strohhüte werden als nationale Tracht der Sachsen im 10. Jahrhundert genannt[88]). Der alte Name für die Kopfbedeckung, die jedenfalls wenig oder nichts von der späteren Hutform an sich hatte, ist erhalten im altnord. *hattr* und *hǫttr*, und im angelsächs. *hæt*[89]); eine jüngere und vielleicht gar nicht verwante Bezeichnung ist angelsächs. altsächs. *hôd*, ahd. *huot*[90]). Die lateinischen entsprechenden Worte lassen die Kopfbedeckungen mehr als Amtstracht, denn als allgemeine erkennen; ganz wird sie das selbst im späteren Mittelalter nicht.

Überblicken wir das bisher Geschilderte, so tritt uns das Bild einer altgermanischen Nationaltracht entgegen, die sich, in der Grundform eine, in Einzelheiten bei den einzelnen Stämmen jedenfalls verschieden, von der Tracht der umwohnenden Völker eigenartig abhebt. Vollkommen erscheint sie bei dem Wohlhabenden und Mächtigen ausgebildet, der alle ihre Teile für gewöhnlich trägt, Rumpf, Beine und Füsse gleichmässig deckt und sich den Mantel umhängt; der niedrige Mann und wohl auch der bessere, wenn er nicht seine Würde herauskehrt, lässt eins oder das andere fehlen; dass besonders der Arme ohne Fussschutz und mit nackter Brust geht, dass nach der frühen Ausbildung der Bruch auch die Hose abgelegt wird, ist in der ganzen Lebenshaltung begründet. Die volle Kleidung entbehrt weder der Zweckmässigkeit, da sie nach Stoff und Form recht für das germanische Klima eingerichtet erscheint, noch der Würde, noch endlich selbst der Zierlichkeit, die durch die vielfach bezeugte und auch durch die Funde erwiesene lebhafte Färbung der Stoffe, durch Besatz und Fransen und teilweise durch kostbaren Pelz (Anm. 72) erhöht wird.

Fremde Einwirkungen auf die Tracht ergeben sich naturgemäss schon früh und steigern sich in dem Umfange, in dem die Berührungen mit umwohnenden Kulturvölkern inniger werden; in Betracht kommen hier besonders Kelten und Römer, deren Einfluss auf Teile der germanischen Kleidung schon hervorgehoben wurde. Derselbe,

88) WIDUKIND 3, 2: *ad quod rex famosum satis reddit responsum, sibi vero fore tantam multitudinem pilleorum ex culmis contextorum, quos ei praesentari oporteret, quantam nec ipse nec pater suus umquam viderit. et revera cum esset magnus valde exercitus, triginta scilicet duarum legionum, non est inventus, qui huiusmodi non uteretur tegumento, nisi rarissimus quisque.* vgl. Mon. Germ. Scr. 3, 451 und die Anmerkung von Pertz dazu.

89) ags. *mitra haet:* WRIGHT-W. 1, 32, 39. *calamanca hæt:* 153, 22. *capitium, hæt:* 313, 20. *mitre, eowre hættas:* 442, 4, vgl. 443, 20 f. *tiara, hæt:* 509, 3. *galerus, vel pilleus, fellen hæt:* 118, 14.

90) ags. *capitium, hód:* WRIGHT-W. 1, 199, 18. 362, 17. altsächs. *tiaras hôdôs:* Haupts Zeitschr. 15, 519, 124. ahd., vgl. unten Anm. 192.

und vor allem der römische, steigert sich nun seit der Völkerwanderungszeit derart, dass sich aus der alten nationalen Tracht nach und nach durch Umformung und Verschmelzung eine allgemein nachrömische des Abendlandes herausbildet. Seit den merowingischen Zeiten gibt es eine solche; sie hat die drei Hauptteile der altgermanischen Kleidung, Rock, Bein- und Fusskleid, Mantel, in sich aufgenommen. Und wie sich nun auf Grund gemeinsamer Bildungsunterlagen eine allgemeine abendländische Kultur herausformt, so ist auch die zeitliche Änderung des Kostüms international; eine abendländische Mode erwacht und gebietet gleichmässig über Deutschland, die romanischen Länder und England derart, dass sie in den Hauptzügen unbedingt bestimmt, und nur in Nebenzügen nationalen Neigungen und Schillerungen Spielraum lässt. Es kann aber nicht die Aufgabe dieses Buches sein, die Ausbreitung und Wandlung dieser Tracht bis zum Ausgange des Mittelalters in den Einzelheiten zu verfolgen, zumal für diesen Zweck zahlreiche Costümgeschichten vorliegen; nur die Hauptzüge sollen dargelegt und erörtert werden, soweit sie in deutsche Lebensgewohnheiten eingreifen.

Zunächst ist über die Einfügung eines Unterkleides, des Hemdes in unserem Sinne, zu berichten, das die vornehme deutsche Gesellschaft von den Römern her annimmt und das dann im Laufe der Zeit auch in die niederern Schichten dringt. Das Hemd als Unterkleid unter der Tunica war in Rom schon vor der Kaiserzeit getragen, es bestand als *tunica interior* oder *subucula* aus Wolle, später auch aus Leinen. Der spätlateinische Name *camisia* dafür, der in den romanischen Sprachen sich erhalten hat, ist von einem leinenen, knapp anliegenden Soldatenkleide her übertragen, das der heilige Hieronymus in einem seiner Briefe beschreibt[91]), das ursprünglich aber nach dieser Beschreibung mit dem Hemd in dem späteren und heutigen Sinne nichts zu thun gehabt haben kann, sondern für soldatische Übungen etwa dieselbe Bestimmung hatte, wie die Drelljacke in unserm Heere. Dass das Wort *camisia* mit dem althochdeutschen *hemidi* irgendwie zusammenhänge, ist eine ganz unhaltbare Annahme. Das soldatische Wort ist nur, ungewiss seit wann, in den romanischen Ländern gerade so auf das als Unterzeug aufkommende Linnenstück gewendet worden,

---

91) *solent militantes habere lineas, quas camisias vocant, sic aptas membris et adstrictas corporibus, ut expediti sint vel ad cursum, vel ad praelia, dirigendo jaculo, tenendo clypeo, ense vibrando, et quocumque necessitas traxerit. ergo et sacerdotes parati in ministerium Dei, utuntur hac tunica; ut habentes pulchritudinem vestimentorum, nudorum celeritate discurrant:* HIERONYMI epistola LXIV (ad Fabiolam), 11 (MIGNE, Patrol. Lat. Band 22, sp. 614). Auch in der Lex Salica 58, 4 *(in camisia discinctus)* ist dieses Kleid gemeint, ebenso im Mon. Gall. 1, 34, vgl. unten Anm. 102.

wie das deutsche *hemidi* von dem allgemeinen Leibgewand (vgl. S. 258) auf das Hemd. Zur Zeit Karls des Grossen gehört es zur Tracht der guten Gesellschaft, und der Kaiser trägt, wie Einhard ausdrücklich bezeugt, die *camisia linea* unter der *tunica*. Aber noch muss zu seiner Zeit die *subucula* ausdrücklich als *lih-hemidi* bezeichnet und damit von dem allgemeinen Sinne des Wortes *hemidi* abgehoben werden[92]). Und völlig eingebürgert ist unser Hemd durch das ganze Mittelalter hindurch nicht. Abgesehen von der geistlichen Gesellschaft, deren strengerer Teil wenigstens es verschmäht[93]), und von dem niederen Volke, das sich gewöhnlich ohne es behilft, kommt es auch in guten Kreisen vor, dass einer ohne Hemd geht, und darauf ist die mittelhochdeutsche Schnurre vom blossen Ritter gebaut, der dadurch in grossen Schimpf gerät, dass ihm in Damengesellschaft von seinem wohlmeinenden Gastfreunde der Rock ausgezogen wird, damit ihm weniger heiss sei: denn der Wirt meint, sein Gast sei mit gehöriger anständiger Unterkleidung versehen; und das ist nicht der Fall[94]). Der Schwank aber beweist gerade, dass in solchen Gesellschaftsklassen zur Zeit des 13. Jahrhunderts die Abwesenheit eines Hemdes Ausnahme ist. Und so schildert auch die poetische Beschreibung des Himmelreichs aus dem 12. Jahrhundert Hemd und Bruch als die Teile der allgemeinen ritterlichen Tracht, die hier auf Erden zunächst dem Leibe liegen, die aber die Seelen im Himmelreiche nicht mehr brauchen[95]). Da das Hemd gewöhnlich nur Taghemd ist (weil die Sitte, ganz ohne Bekleidung im Bette zu liegen, bis über das Mittelalter fortdauert[95b]), so entbehrt es auch des Prunkes nicht, und neben dem von weisser Leinwand hergestellten erscheint das aus feinem Wollstoff[96]) und selbst aus Seide[97]). Allerdings zeigt

---

92) EINHARDI vita Karol. m. 23, s. die Stelle oben Anm. 32. *subucula lîh-hemidi:* STEINM. 1, 291, 53 (hier unter geistlichen Gewändern des Hohenpriesters, nach 3 Mos. 8, 7).

93) *(Oudalricus) semper cuti suae laneum apponans vestimentum et regulam occulte sequens monachorum:* GERHARDI vita S. Oudalrici Cap. 3 (Mon. Germ. Script. 4, 390).

94) Ges. Abent. 3, 131, 67 ff.: *er saȥ, dô er wart âne roc, reht als ein beschelter stoc, âne bruoch und âne hemde, diu wâren im beide vremde. dô in die selben vrouwen sô blôȥ begunden schouwen, do erschrâken si sêre vür den gast.*

95) *si ne legent ȥe nâhiste dere lîch hemede noh bruoche:* Himelr. 261.

95b) allgemein ist sie dennoch nicht, da das Gegenteil gelegentlich bezeugt wird; *eines morgens dô der tac ûf brach, Garel dannoch ruowe pflac. der helt an sînem bette lac.. Garel het niht anders an niwan sîn lînîn gewant:* Garel 7876 ff.

96) *hemde und bruoch von buckeram:* Parz. 588, 15.

97) *ein hemde rîch von sîden swanc er umbe sich:* Wolfdietrich D VII, 86, 4. *sîn hemde wîȥ sîdin:* Herzog Ernst 3074 Bartsch. Mit Borten und Stickereien: *item dy breiten hemde mit den grossen breiten brostlisten gingen ouch uss in disen jaren* (1480), *dy trugen dy manne und forne geriket:* K. STOLLE Chronik S. 356 Thiele.

sich auch Vernachlässigung in Bezug auf die Leibwäsche[98]). Dass Bauern schöne leinene Hemden tragen, wird in einer unechten Neidhartstrophe ausdrücklich als Seltenheit bezeichnet[99]). Mit dem Namen ahd. *hemidi*, mhd. *hemede*, *hemde* wechselt im bairischen Sprachgebiete der Name *pfeit* (vgl. oben Anm. 13), der sonst, wie das erstere Wort, auch Rock bedeutet.

Solche Doppelbedeutung von Hemd aber schwindet in dem Masse, als das geschilderte Kleidungsstück im heutigen Sinne mehr und mehr an Ausbreitung gewinnt. Konnte noch Notker mit *hemide* den Rock Christi bezeichnen (oben Anm. 19), so ist später ohne besondern Zusatz dieser Sinn ausgeschlossen; tunica wird nur durch *roc* übersetzt. Die Ausbildung der Rockform, wie sie seit den Merowinger-Zeiten statt hat und dieses Gewand stufenweise von der alten Nationaltracht abhebt, gehört aber eigentlich nur der vornehmen, die Mode schaffenden und pflegenden Gesellschaft an: die unteren Kreise, Bauern und Diener, behalten den altgermanischen Rock mit geringer Abänderung und Weitung durch das Mittelalter hindurch und bis darüber hinaus, und das Fuhrmannshemd und die Bluse des Arbeiters heutiger Zeit sind unmittelbare Nachformen davon.

Als kurz und anliegend, die einzelnen Glieder hervorhebend wird der germanische Rock bezeichnet, und so wenig ändert sich seine Form im Laufe der Jahrhunderte, dass die Beschreibung des Tacitus und die des Sidonius Apollinaris in Einzelheiten beinahe wörtlich überein lauten[100]). Das 6. Jahrhundert aber bereitet hier einen entscheidenden Wandel vor; wenn auch noch im 10. Jahrhundert die Enge des fränkischen Rockes gelegentlich hervorgehoben wird, und selbst ein Vers des späten 15. Jahrhunderts den Kurzrock des Sachsen bespöttelt[100b]), so gewinnt doch langsam aber stetig die faltenreiche und bequeme römische Tunica Einfluss auf den germanischen Rock und es wird dieser dem Schnitte jener genähert, wird weiter und über den Hüften bauschig[101]) und reicht etwa bis zum Knie herunter. In dieser Art verharrt der Rock durch die karolingische Zeit. Dass der Stoff

---

98) *interulam male lotam:* Ruodlieb 13, 129, S. 284 Seiler. Als gotischen Kriegern gemeinsam, *squalent vestes ac sordida macro lintea pinguescunt tergo:* SIDON. APOLL. carm. 7, 454f.

99) *ein vil guotez lînîn tuoch, sechzehn elen kleine, hât sîn hemde und ouch sîn bruoch; der site ist ungemeine:* Neithard von Haupt 209, 9ff.

100) vgl. die Stellen oben Anm. 15 und 16.

100b) König Otto I bei der Krönung in eng anliegender fränkischer Tunika, *tunica stricta more Francorum:* WIDUKIND 2. 1 (Mon. Germ. Scr. 3, 437). *in brevi tunica saltat Saxo quasi pica:* DIEFENB. 433a.

101) einen solchen Bausch muss das in der lex Salica vorkommende *laisus* meinen, welches das ahd. *lêsa*, *plica*, *ruga*, *fascia* ist, vgl. J. GRIMM kl. Schrift. 8. 231.

dazu leinen, erfahren wir mehrfach, ebenso dass er in lebhafter und verschiedener Farbe gehalten ist; so bei Langobarden, Angelsachsen[101 b]) und Franken, bei denen als Volkstracht die *camisia cli₃ana* genannt wird[102]). Anderweit erscheint diese Bezeichnung als *gli₃₃a* oder *gli₃₃um*[103]), und wenn das Wort wirklich mit dem ahd. Verbum *glî₃an* gleissen zusammenhienge, so müsste an eine besonders feine und weisse Leinwand gedacht werden. Es versteht sich von selbst, dass dieser Stoff nicht der einzige zum Rocke gewesen sein kann, und dass in dem Umfange wie dieser Leinenrock zum blossen Untergewande zurückgeht (oben S. 275), nun ein anderer als eigentlicher Rock von dickerem und beziehentlich auch von kostbarerem Stoffe aufkommt. Von welchem Karls des Grossen Tunica (oben Anm. 32) gewesen, erfahren wir nicht, nur dass sie ringsum einen seidenen Streifen als Saum gehabt habe; aber sehr reiches Gewand wird sonst erwähnt, so von Ermoldus Nigellus wie vom Verfasser des Ruodlieb ein Prunkrock von Purpurstoff, mit Goldborten besetzt, auf die wieder Edelsteine aufgeheftet sind[104]).

Die vornehme Gesellschaft braucht für ihre Röcke neben einheimischen auch die fremden Kleiderstoffe, die ihr durch den Handel von aussen her zugehen, und je mehr dieser Handel Aufschwung gewinnt, um so mehr werden die Stoffe billiger und allgemeiner, und verbreiten sich auch zu den wohlhabenden Leuten niederer Schichten. Lebhafte und manigfaltige Färbung wird hervorgehoben und im ganzen Mittelalter bevorzugt[105]). Die kurzen Ärmel des altgermanischen Rockes[106]) sind verschwunden, sie reichen nunmehr bis zum Handgelenk[107]), und haben bei modischen Männern wohl auch die Neigung

---

101 b) vgl. oben Anm. 27.

102) Mon. S. Gall. 1, 34 (Mon. Germ. Scr. 2, 747).

103) GRAFF Sprachschatz 4, 291. DU CANGE 4, 79.

104) *consertam clamidem gemmis seu murice rubro, aureus in gyro quam quoque limbus arat:* ERMOLDUS NIGELLUS 4, 374 ff. (Mon. Germ. Script. 2, 508); *coccineam tunicam gemmis auroque micantem dat sibi, qua regi prȩberet pocula vini:* Ruodl. 4, 237 f. Seiler.

105) *sô oder sus varwe roche:* Himelriche 263. Dem Stoffe nach wird ahd. hervorgehoben *serica sîdin roch, bissina ₃wilîch,* und für arme Leute *stupeum colobium awurchîn roch, awirkîn rok,* nach der Farbe erscheinen *rossata rôt roch, iacinctina tunica gruoni roch, sandicea weitîn roch, gilbea tunica gelwe roch, purpurea purpurûn-roch, ferruginea swar₃-roch,* und *polimita giggilvêh-roch:* STEINM. 3, 147, 3 ff. Über *fêch* vgl. oben S. 239, Anm. 157. Natürliche schwarze Wolle gilt feinen Leuten zum Rocke nicht anständig genug, sie muss gefärbt sein: RICHER 3, 38 (s. die Stelle Anm. 111).

106) *manicae solum brachiorum principia velantes:* SIDON. APOLL. Epist. 4, 20, 2 (S. 70 Lütjohann).

107) *manucleata tunica gistûchôt roch:* STEINM. 3, 146, 57. *einen roc bliât* (von golddurchwirktem Seidenstoff) *mit einer listen wol genât von dem halse un₃ ûf die hende:* Herzog Ernst 3075 ff. Bartsch.

weit zu werden. Wie sehr solche Mode bereits im 10. Jahrhundert selbst in geistliche Kreise vorgedrungen ist, schildert der Benedictiner Richer im Kloster des heil. Remigius bei Rheims, indem er rügend hervorheben lässt, wie die Geistlichen statt der unscheinbaren Mönchskleidung kostbare Gewänder anlegen, gern um hohen Preis gekaufte Röcke mit weiten Ärmeln und grossen Falten tragen, und diese Röcke um den Leib so fest zusammenziehen, dass die eingeschnürten Hüften den Hintern hervortreten lassen und man sie von hinten eher für unzüchtige Weiber als für Mönche halten könnte[108]).

Die Verlängerung des Rockes beginnt im 11. Jahrhundert bei der vornehmen Gesellschaft und geht stufenweise in den beiden folgenden so weit, dass nur eben die Füsse vom Knöchel abwärts frei bleiben; sie fällt mit den Kreuzzügen zusammen und erscheint als modischer Einfluss des Orients. Diese Verlängerung bedingt auch eine entsprechende Erweiterung, und so wird der Männerrock dem der Frauen sehr ähnlich, derart, dass beide Geschlechter der Tracht nach, zumal die Bartlosigkeit und Langlockigkeit des Mannes Modevorschrift ist (S. 31), sich recht wenig unterscheiden (Fig. 71). Aber das betrifft nur die höfische Tracht: der Herr dieses Gesellschaftskreises wird seinen langen Rock auch im Hause tragen, und für Jagd und Reise nimmt er ihn an den Hüften durch den Gürtel auf und lässt ihn überschlagen, um geschickter in seinen Bewegungen zu sein. Dagegen können Diener und Arbeiter jeder Art bis zu den Bauern hinunter mit einem solchen Kleidungsstück nichts anfangen, und er braucht ihnen nicht etwa erst als nicht dem Stande zukommend untersagt zu werden: ihnen bleibt die alte Rockform (S. 276).

Fig. 71. Herr und Dame des 13. Jahrhunderts.
Nach dem Blattbilde der Weingartner Bilderhandschrift S. 20.

---

108) *tunicas magni emptas plurimum cupiunt, quas sic ab utroque latere stringunt, manicisque et giris diffluentibus diffundunt, ut artatis clunibus et protensis natibus potius meretriculis quam monachis a tergo assimilentur:* RICHER 3, 37 (Mon. Germ. Script. 3, 616).

Beide Rockarten fallen unter die Schliefkleider: sie werden angelegt, indem man durch das Halsloch[109]) und die Armlöcher schlüpft. Das erstere wird zu diesem Zwecke vorn über der Brust etwas aufgeschlitzt (der Schlitz ist angedeutet an den Figuren der Abbildung 71), und hier in verschiedener Weise geschlossen, durch Heftel, Nestel oder auch Knöpfe[109b]), welche letztere besonders an den nachher zu erwähnenden Obergewändern auch hervorragende Zierstücke werden.

Weite und Länge des männlichen Rockes geht in modischen Kreisen schon vom 13. Jahrhundert (Anm. 126), allgemeiner vom 14. Jahrhundert ab zurück und in den geraden Gegensatz über. Das bereits im 10. Jahrhundert bezeugte Streben (Anm. 108), die Körperformen besonders um die Hüften stark hervortreten zu lassen, ruft für den Rock eine Enge und Kürze hervor, die bei jungen modischen Leuten des 15. Jahrhunderts ihre höchste Ausbildung empfängt und vielfach im Verein mit grotesk erweiterten und zerschlitzten Ärmeln auftritt (vgl. das Teppichbild Bd. 1, S. 247). Mit ihr muss auch eine andere Art des Anlegens erfunden werden: für den Brustschlitz des früheren Rockes tritt, nach den Zwischenstufen grösserer Erweiterung, volle Öffnung der Vorderseite und damit die Vorform zu unserem Mannesrocke ein. Jetzt wird nun der Rock eigentlich angezogen und mit Knöpfen geschlossen (Fig. 72). Bei allen modischen Wandlungen in Einzelheiten hält sich die Grundform dieses Kleidungsstückes doch bis über das 15. Jahrhundert hinaus.

Fig. 72. Grabstein von 1371 zu Allendorf a. d. Werra.

Bei der Wahl der Rockfarbe tritt, namentlich im 14. und 15. Jahrhundert, häufig die dort so ausgebildete Neigung für Sinnbildlichkeit hervor; man will durch jene Farbe seine Stimmung, sein Glück oder

109) ahd. *capitium houbetloch, houbitloch:* STEINM. 3, 148, 38 f. u. ö.

109 b) *ansulis hæftelîn:* STEINM. 3, 409, 39. *nastulis hæftelin l. nestelen l. chnopfelîn:* 79.

Unglück, Gunst oder Ungunst der Geliebten, und dergleichen anderes, kundthun. Auch die schon früher vorkommende Gewohnheit, den Rock aus zwei oder mehr verschiedenfarbigen Stücken zusammenzusetzen, so meistens, dass er der Länge nach geteilt erscheint, ist in den Dienst dieser Symbolik gestellt worden[110]).

Die manigfaltige Farbigkeit des Rockes ist allerdings zunächst nur für die höhere Gesellschaft. Abgesehen von der Klostergeistlichkeit, die für ihre Kutten auf die Farben weiss, schwarz und braun beschränkt ist, wenn auch hier manche Ausschreitung vorkommt[111]), kleiden sich arme Leute in unscheinbare Röcke. Für den Bauer ist nach Gewohnheitsrecht grau (dunkel oder hell) die Kleidfarbe[112]), Sonntags auch blau; natürlich beschränkt er sich in Zeiten des Luxus nicht darauf[113]).

Die Verwendung von Pelz zu einem Rocke geschieht anders, als zu altgermanischen Zeiten. Trug man hier das Pelzwamms mit der Pelzseite nach aussen (vgl. S. 253 und besonders die Schilderung Isidors Anm. 3), eine Sitte, die sich lange[114]) und wahrscheinlich bis ins 9. Jahrhundert hielt, und der wohl auch noch Karl der Grosse mit seinem Otter- und Marderwamms gefolgt ist (Anm. 6), so wird nach dieser Zeit der Pelz zu blossem Futter, mit der Haarseite nach innen, oder zu Besatz auf der Aussenseite des Kleides; und das in dem Masse, als durch die Entfaltung des Verkehrs und der Handwerkstechnik die Stoffe kostbarer, aber auch allgemeiner und zugängiger werden. Nun erfahren wir schon aus dem 10. Jahrhundert, dass

---

110) vgl. WACKERNAGEL die Farben- und Blumensprache des Mittelalters, kleine Schriften 1, 143 ff. WEINHOLD d. Frauen 2², 256 ff., und vorzüglich SEELMANN im Jahrbuch des Vereins für niederd. Sprachforschung Bd. 28 (1902), S. 118 ff.: Mitteilung eines mnd. Gedichts über Farbentracht und einleitende Bemerkungen dazu.

111) *nam nisi tunica nigro colore deceat, ea indui nullo modo placet. quod si etiam nigro albus laneficii opere intermixtus sit, hic quoque talis vestem abjectam facit. fulvus quoque abicitur. nec minus niger nativus non sufficit, nisi etiam corticum inficiatur sucis:* RICHER 3, 38 (Mon. Germ. Script. 3, 616).

112) *nu wil ich iu sagen umbe den bûman, waȥ er nâch der pfaht solte tragen an; iȥ sî swarȥ oder grâ, niht anders reloubet er* (Kaiser Karl) *dâ:* Kaiserchron. 14791.

113) *dô man dem lant sîn reht maȥ, man erloubt im hûsloden grâ und des vîretages blâ, von einem guoten stampfhart* (gewalkten Tuche). *dehein varwe mêr erloubt wart im noch sînem wîbe. diu treit nû an ir lîbe grüene brûn rôt von Jent:* Seifr. Helbling 2, 70 ff.

114) Wenn der König der Langobarden Aripert II (gestorben 712) Gesandte fremder Völker empfing, so erschien er in geringer Kleidung, als welche auch Pelzwerk genannt wird; *hic, advenientibus ad se exterarum gentium legatis, vilibus coram eis vestibus sive pelliciis utebatur:* PAUL. DIAC. 6, 35 (Mon. Germ., Script. rer. Langob. S. 176).

prunksüchtige Geistliche ihren von ausländischen Fellen gefertigten Pelzrock mit breitem Saume besetzen und mit norischem Tuch überziehen[115]); und bald darauf erscheinen solche Gewänder als Geschenke gegeben oder als Feierkleider getragen[116]). Die Auswahl des Pelzfutters wie nicht weniger des farbigen Überzugs unterliegt sorglicher Erwägung der vornehmen Gesellschaft, und ein Gedicht des 12. Jahrhunderts kann darauf hinweisen, dass davon im Himmelreiche die seligen Seelen verschont bleiben[117]). Die kostbarsten Pelzarten sind durch das ganze Mittelalter Zobel, Hermelin, Marder, Biber, Luchs, und das Fell des grauen Eichhörnchens, wovon die Rückenpartie als grau, die weisse mit grau gesäumte Bauchpartie als bunt bezeichnet wurde[118]), und solches Futter zu seinem Rocke masst sich auch wohl der gemeine Mann an, dem es nach der Gesellschaftsordnung des Mittelalters zu tragen nicht erlaubt ist[119]). In geringerem Ansehen stehen die Felle vom gewöhnlichen Eichhörnchen, Wolf oder Fuchs; das Pelzfutter für geringe Leute ist schäfen, aber es bleibt auf diese nicht eingeschränkt, auch Glieder der ritterlichen Gesellschaft tragen es, besonders als Hausgewand und Winterkleidung[120]). Eine besondere Art von Pelzwerk bildet das, was mhd. *vedere* genannt wird, ein erlesener feiner Stoff mit flaumigem Haar, vom Biber oder vom Hermelin, für Luxuskleider[121]). Auch Pelz von Seetieren, den schon Tacitus (Germania 17) erwähnt, wird genannt, allerdings in sehr unbestimmten

115) *unde et nunc peregrinis operimentis limbos bipalmos circumducunt, atque pannis Noricis ea desuper duplicant:* RICHER 3, 40 (Mon. Germ. Script. 3, 616).

116) *quid donorum mittamus ei variorum . . pelliciis crisis varicosis sive crusennis:* Ruodlieb 4, 4 ff. Seiler; es ist mit Pelzwerk besetzt und hat Hals- und Nackenschlitz; *post hęc pellicium mox induerat varicosum, prę vel post fissum vel circumquaque gulatum:* 13, 123 f.

117) *umbe chursenne unde bellice habent si neheine ruohe, ze nihte wellent sî sô oder sus varwe roche:* Himelriche 262 f.

118) *dô gap man sînen degenen ze kleidern grâ unde bunt:* Nib. 60, 4.

119) *die slechten person, die schön joppen tragent von seyden und von sameyd, das in nicht zue gehört. und etleich tragent an gar guets edels tuech von scharlach und underczogen mit zöbel, mit mader und mit hermlein, das als wider iren stannd ist:* Predigt des 15. Jahrh. in der Germania 30, 90.

120) vgl. dazu oben S. 212, Anm. 25. Der junge Meier Helmbrecht bekommt zur Ausstattung einen Rock vom besten *selt* (Wollenzeug) und ein Pelzfutter dazu, das recht mit Spott als bäurisch geschildert wird; *einen belz dar under, von sô getânem kunder daz ûf dem velde izzet gras; niht sô wizes in dem lande was:* Helmbr. 143 ff. Einen solchen Pelzrock von Schaffell, *eine schâfkursen*, tragt auch ein verarmter Graf: Erec 283. *ain kürsen von ochsen hewt:* SCHMELLER 1², S. 1296.

121) *ein veder er dar under* (unterm Scharlach) *truoc, diu was kostelîch genuoc, von lûtern bibervellen:* H. V. D. TÜRLIN Crone 6858 ff. *diu veder diu was hermîn:* Ges. Abent. 1, 469, 523. *samît, härmîner vedern man da vil lützel an im siht:* Parz. 144, 28 f.

Ausdrücken, so dass man an seiner wirklichen Verwendung zweifeln darf, und mit dem Namen *schînât*[122]), der nicht gedeutet werden kann.

Von der Bekleidung der Hüfte und der Beine hält sich zunächst die alte *bruoch* (S. 260) in kürzerer oder längerer Gestalt, als blosse Schamkleidung, daher in lateinischen Quellen *femorale*, *lumbare*, in deutschen verdeutlichend auch *diechbruoch* genannt[123]); die kürzere Art wird vom Rock vollständig bedeckt, und an ihr verwahrt man den Geldbeutel, den man verbergen will[124]), die längere reicht den Oberschenkel hinab, und setzt sich bis in die Neuzeit in der Beintracht unserer Älpler fort, deren Knie, wie einst die der Goten und Burgunder (Anm. 16) nackt bleiben, während den Unterschenkel der Strumpf, die Hose bedeckt. Auch diese wahrt zunächst ihre verschiedene Form. Sie reicht nur bis an oder wenig über das Knie, oder sie geht höher hinauf, beide Arten zeigen noch die Miniaturen der nachkarolingischen Zeit; ebenso ist die Befestigungsart, durch Nestel[124b]) oder reiche Beinbinden dieselbe. Die letzteren bilden noch im 11. Jahrhundert einen Bestandteil ritterlicher Kleidung[125]); aber im 12. Jahrhundert sind sie abgekommen. Von hier ab verlängert sich für die feine Gesellschaft allgemein die Hose bis zum Oberschenkel hinauf, erscheint als tricotartiges Gewebe und hängt sich an die Bruch, oder aber sie wird in der späteren Zeit auch mit dieser verschmolzen, indem das einst selbständige Rumpfstück den oberen Teil der Hose ausmacht. Zu Anfang der ritterlichen Epoche im Mittelalter kann die Hose nur ein schlichtes Kleidungsstück bilden, da sie von dem lang

---

122) *bestellet und gebræmet mit schînâte was daz kleit, den man ûz einer hiute sneit, die truoc ein visch von wilder art:* K. V. WÜRZBURG troj. Krieg 2981 ff. Anders, wenn W. V. ESCHENBACH Parz. 570, 3 einen Bauern einen Rock von *visches hiute* tragen lässt: hier ist der Fischotter gemeint.

123) *lumbale*, *lumbare*, *femorale bruoch*, *diechbruoch:* DIEFENB. 339a. Das mnd. *buxe*, *boxe* dafür ist nichts als ein Scherzname, von dem Gerät der Büchse (oben S. 188) hergenommen; *boxen* von *hasen* (Hosen) unterschieden: SCHILLER-LÜBBEN 1, 410f. Als verhüllende Bezeichnung für *bruoch* erscheint mhd. auch *niderwât*, *nidergewæte*, *niderkleit*.

124) *also stuond er auf aldo* (vom Lager), . . *er suocht die pruoch*, *sey was verlorn, doch hiet er ir noch wol enborn*, *wär der sekel nicht ze den stunden an die selben pruoch gebunden:* Ring 10, 1 ff. Übrigens erhellt die Kürze der Bruch auch daraus, dass für sie und das Hemd nach angeblichem Kaiserrechte dem Bauer nur *siben elne rupfîn tuoch* zugebilligt ward: Kaiserchron. 14799 ff.

124b) einer trägt einen so kurzen Rock, dass vorne *gênt die hosenestel für:* Seifr. Helbl. 1, 240.

125) die in Lucca gefertigten werden besonders hervorgehoben, *ligaminibus de Lukka crura coemptis:* Ruodlieb 13, 114 Seiler; sie sind mit Glöckchen (*bullae*) behängt: 122. Eine Braut wirkt sie als Geschenk für ihren Bräutigam, *texuit ex auro quę bina ligamina sponso:* 53.

gewordenen Rocke verdeckt ist, aus welchem Grunde ja auch die Prunkbinden der Unterschenkel wegfallen; je kürzer aber im Laufe der Zeit die Röcke werden, desto mehr macht sich auch die Hose wieder als Prunkkleid geltend; sie wird von feiner Wolle oder Seide, auch von feinem Leder gefertigt, mit Goldfaden durchwoben, die Beine in Stoffen verschiedener Farbe (*geteilt*) hergestellt, und so behandelt, dass sie die schöne Form des Beines hebt[126]). Dass von dieser Beinbekleidung jedes Stück für sich bestanden hat und bis ins 15. Jahrhundert hinein besteht, erkennt die Sprache dadurch an, dass sie nur den Plur. *hosen* für das ganze besagte Kleidungsstück verwendet. Die Enge desselben wird ebenso sprachlich hervorgehoben, wenn entsprechende Verben die Thätigkeit des Anziehens bezeichnen[127]).

Neben solchem Prunke dient aber auch die Hose nach alter Weise als Beinschutz für Jagd und Reise und gegen die Unbilden der Witterung (wie, von Drahtringen geflochten, als Teil der kriegerischen Rüstung, was hier nicht näher zu erwähnen), und sie ist in solcher schlichteren Form gewöhnlich von derbem Leder[128]). Der gemeine Mann aber trägt sie auch von Leinwand, und ganz in altgermanischer Weise noch herabhängend und faltig weit bis oder

Fig. 73. Mann in der Bruch. Aus der Dresdner Bilderhandschrift des Sachsenspiegels (herausgegeben von K. v. Amira 1902) Taf. 37.

---

126) *schuohe und hosen von sei* (feinem Wollstoff): Iwein 3456; *der truoc umbe sîniu bein ʒwô hosen die warn vil tiure und kosten rîche stiure, dar ane vil edeler steine, berlîn grôʒ und kleine, mit golde verwieret:* Herzog Ernst 3065 ff. Bartsch. *scharlachens hosen rôt man streich an in, dem ellen nie gesweich. avoy wie stuonden sîniu bein! reht geschickede ab in schein:* Parz. 168, 5 ff. Als fein gelten auch schwarze Hosen, *er het an sîniu beidiu bein ʒwô swarʒe hosen guot geleit:* U. v. LICHTENSTEIN 248, 30 f.; daher als Tracht prunksüchtiger Bauern gerügt, *enge röcke tragent sî und enge schaperûne, rôte hüete, rinkelohte schuohe, swarʒe hosen:* NEIDHART 74, 13 f. *mit . . . hosen und schuohen von korrûn:* Helmbr. 321. *ʒu geteilten hosen stet im sein fleiʒ, sein schuh müsʒen sein blöe und weiʒ, er pint sich mit vil nesteln stolʒ, das er ragt als ein holʒ und grittet als er ʒebrochen sei:* Meister Rennaus ed. Schönbach v. 19 ff.

127) so *an strîchen*, vgl. oben Anm. 126; *ʒwô scharlaches hosen streich er an mit grôʒem flîʒe an diu bein:* Wigalois 107, 24 f. auch *an ʒiehen*, *si ʒugen im an vil drâte ʒwô hosen von scharlâte, dar nâch daʒ hermîne gewant:* gute Frau in Haupts Zeitschr. 2, 475, 2833 ff.

128) Hosen von Schafleder: König v. Odenwalde 6. 46 (S. 60 Schröder). *caliga ledrein hoʒ o. stifol:* DIEFENB. 90 b. *ocrea, crepida, stivalis stival vel lederhos:* Voc. opt. 13, 101. *er trat her als ain akerman und het ʒwu rindrîn hosen an:* BEHAIM Buch v. d. Wienern 386, 24 f.

nahe zum Fussknöchel[129]), wenn er nicht vorzieht, sie ganz wegzulassen und barbeinig zu gehen[130]).

Bruch oder Hose werden wie in älteren Zeiten (S. 262) durch den Gürtel gehalten, der auch die Bestimmung hat, den Rock zusammenzufassen. Indes fehlt er oft sowohl bei den weit gewordenen Röcken des 12. und 13. Jahrhunderts, als auch bei den nachher wieder eng werdenden, bei denen man die Enge über den Hüften auch durch den Kleiderschnitt markiert; wo er im letzteren Falle noch vorhanden, sitzt er als blosses Zierstück wohl weiter unten, nahe dem Rocksaume (Fig. 72); immer, wo er erscheint, in möglichst reicher Ausführung[131]). Ist er als *bruochgürtel* verdeckt, so hält man ihn einfacher, aber vornehme Kreise treiben auch hier Luxus[132]).

Als Mittelglied zwischen Hose und Schuh erscheint mhd. *der soc* (oben S. 265), der weiche Kurzstrumpf, wie früher aus Wolle, Filz oder auch Leinen[133]) hergestellt und da angewendet, wo die Hosen nicht schon mit Füsslingen[134]) versehen sind. Auch der Fusslappen (S. 264), mhd. *fuoʒtuoch*, setzt sich fort, und, wie es scheint, nicht bloss bei den niederen Ständen; selbst Gott für seine Füsse wird ein

---

129) von Wallfahrern, *die selben gotes knehte die truogen an ir schenkelen linhosen die ob ir enkelen wol einer hende erwunden, nâhe an ir bein gebunden:* Tristan 67, 40 ff. *ʒwuo hosen wît* trägt ein Bauer: Parz. 570, 3. Diese faltige Hose ist selbst einmal Mode gewesen, denn auf einer Synode 972 wird über geistliche Ausschreitungen geklagt, *sed quid femoralia iniqua referam? horum etenim tibiales quater sesquipede patent, atque ex staminis subtilitate etiam pudenda intuentibus non protegunt; in quorum compositione id uni non sufficit, quo duo contenti ad plenam esse valerent:* RICHER 3, 41 (Mon. Germ. Scr. 3, 616).

130) vgl. die Abbildung der Hirten Fig. 70. So sparen sich gern die Bader die Hosen, wozu sie bei dem vorwiegenden Weilen in dem überheizten Baderaum geführt werden; *item meister und knecht sullen am suntag und an allen gepanten feiertagen gehost und nicht mit bloszen peynen unnd on schwe gehen:* Bamberger Bader-Ordnung v. 1481 bei SCHMELLER 1², 1180. Ein ascetischer Mönch *trug holtschen und zerschnitten schuch, kein hosen, nur ein leine bruch:* B. WALDIS Esop 4, 69, 95 f.

131) *einen gurtel hâte er umbe geleit, der was mit golde wol durchslagen:* Herzog Ernst 3080 f. Bartsch. Zu Ende des 13. Jahrh. gebietet der Nürnberger Rat, *daʒ ieclich burger kein silberin gürteln mêr tragen sol danne die ainer halben mark silbers wert sei:* Nürnb. Pol. Ordn. 65. Eine besondere mit Schellen besetzte Art erscheint im 14. Jahrh. niederd. als *dusinc*, vgl. SCHILLER-LÜBBEN 1, 603.

132) *von golde und von sîdin einen bruochgürtel ʒôch man drîn:* Parz. 168, 3 f.

133) *dei bein ne bedechent in hosen noh die lînsoche:* Himelriche 264. Von roter Farbe; *rubeos soccos sub corduanellis:* Ruodlieb 13, 118 Seiler.

134) *pedules eyn vorvôte an hoʒen:* DIEFENB. nov. gloss. 284 b. in diesem Sinne auch *pedules* Ruodlieb 13, 116. *fürfüʒe unde soln* von Rindsleder: König vom Odenwalde 1, 73 (S. 37 Schröder).

fuoʒtuoch zugeschrieben[135]). Es wird wohl auch mit den Socken verwechselt[136]).

Recht manigfaltig hat sich der Schuh entwickelt. Die alte germanische Art ist in dem der Bauern und geringen Leute durch das ganze Mittelalter hindurch bewahrt, von Rindsleder[137]), behaart[138]), durch Bänder zusammengehalten, daher der Name *bunt-schuoch*[139]), als bäurisch und grob dem feineren Schuhwerk gegenüber gestellt[140]). Die Bänder sind Schnüre oder Riemen, die durch besondere auf der Oberfläche des Schuhes angestickte Lederstreifen gezogen werden, auf welche Befestigungsart mehrfache Ausdrücke Bezug nehmen[141]). Dieser Befestigung gegenüber steht eine sorgfältigere an feinen Schuhen, das *brîsen*, welches sonst an der Rumpfkleidung geübt wird, um die Körperformen hervorzuheben, und in einem in kleinen Abständen geübten festen Anziehen von feinen Schnüren besteht, welches die Fussform elegant hervortreten lässt[142]). Auch das Knöpfen und Schnallen in Verbindung mit einem oben um den Schuh gelegten Riemen wird geübt.

Der feine Schuh ist im Oberstoff von Zeug oder Leder, das schön aufgeschlitzt und mit Futter unterlegt sein kann[143]), die Sohle

135) Dinge *diu alsô snœde sint, daʒ sie verre sint under sîme fuoʒtuoche:* Mystiker 2, 169, 18.

136) *capeta, capetum schô-dôch, fusʒtuch, fusʒhadern o. socken, sock an den voit:* DIEFENB. 97a. *pedulis fuosʒtuoch:* 420c.

137) *sînen* (des *bûman*) *rinderînen scuoch, dâ mit ist des genuoch:* Kaiserchron. 14797f. *die fürsten riten hôhiu ros und truogen rîchiu kleider an; do truogen wir grâwe röcke und buntschuoch rinderîn:* Wolfdietr. D IX, 67.

138) *von bockvelle .. ein alter buntschuoch:* Reinhart Fuchs S. 308. *pero, genus calciamenti, quo apostoli utebantur, latum calciamentum, quod de crudis pellibus fit, rober schûch:* Voc. von 1475.

139) *coturnus buntschuch:* DIEFENB. 154c. *culpo baurenschûch i. pero, gebunden schûch:* nov. gloss. 123a.

140) *pfiu, daʒ er verwâʒen sî, ein gemachter dienstman! niht baʒ ich in ahten kan .. als bî stivaln buntschuoch:* Seifr. Helbl. 4, 778ff.

141) *dem knehte* (schenkte er) *schuoch mit riemen:* Meier Helmbr. 1081. *pero stechschûch, ein grosʒ schuch mit stichlappen (sticklappen):* DIEFENB. nov. gloss. 289a. Von dem festen Anziehen der Riemen führt der Schuh seinen ahd. Namen, *pero ʒuhaling:* STEINM. 2, 661, 45, neben *snuriheling:* 711, 56 (zu mhd. *snürken* ziehen, schnüren). Zwei andere ahd. Ausdrücke für den Schuh, *pero striorling* (oder *streorling*): STEINM. 2, 718, 5 und *pâsocha:* 661, 45 können nicht gedeutet werden, der letztere scheint *socha* Socken zu enthalten.

142) Nach diesem *brîsen* wird der Schuh *brîse-schuoch* genannt; *ʒwêne brîsschuoch er an truoc:* Wigalois 41, 10. Bezeichnend wird auch der enge Sitz des feinen Schuhes durch *dwingen* bezeichnet; *wîʒ- noch swarʒmâle schuoh bedwingent in die fuoʒʒe:* Himelriche 265. vgl. auch die Schilderung der Schuhe bei RICHER, Anm. 147.

143) *ʒerhouwen schuo:* NEIFEN 45, 10. *ʒerhauwen schuhe, ʒerschniten schuhe* als bürgerliche Tracht nicht erlaubt: Nürnberger Pol. Ordn. 66.

selbstverständlich von Leder; auf ihre Dicke wird gehalten und an der Hacke erscheint bereits eine Verstärkung, die Vorform des späteren Absatzes, unter der Bezeichnung mhd. *vlecke*[143 b]). Das feinste Oberleder ist das von Cordova (vgl. S. 211), mhd. in mehrfacher volksmässiger Verstümmelung genannt[144]); als Zeugarten erscheinen Seide und Wollenstoffe, auch Filz[145]). Die Farbe ist mancherlei: neben weiss, schwarz, braun wird rot bevorzugt[146]); der Schnitt ebenso, aber dabei zunächst immer der Form des Fusses sich anschmiegend, bis zu der Zeit, wo eine für Deutschland im 14. Jahrhundert allgemein werdende und bis ins 15. Jahrhundert sich haltende Mode die Schnabelschuhe mit ihrer mehr oder weniger spitzen Verlängerung über die Zehen hinaus aufbringt. Die Mode stammt von Frankreich, und hat sich langsam über England und Deutschland ausgebreitet[147]).

Eine Verbindung der ledernen Schutzhose mit dem Schuh stellt der Stiefel dar. Jene war als *beinberga* althochdeutsch bekannt und übersetzte das lat. *ocrea*, womit der Lederschutz an den Beinen der römischen Reitererei bezeichnet wurde; als Teil der Rüstung kommt die Beinberge auch in der lex Ribuaria vor[148]). Das Wort *stival*, *stivel* aber weist auf das italienische *stivale* aus *aestivale* und damit auf das Land der Erfindung hin: hier erscheinen *aestivalia* zumeist in

143 b) Von betrügerischen Schuhmachern heisst es *du schuohewürke, du brennest die solen und ouch die flecken, unde sprichest, 'seht, wie dicke!' sô sie herte sint; so er sie danne tragen wirt, so gêt er kûme eine wochen dar ûffe. du trügenær! du triugest manigen armen menschen, wan die richen getarst dû niht effen:* BR. BERTHOLD 1, 17, 10 ff.

144) *kurdewan, cordewen, kurdewal, korrûn:* oben S. 211, Anm. 20. *kuderwan:* Nürnb. Pol. Ordn. 158 (14. Jahrh.).

145) *calceolos sericatos:* Ruodlieb 13, 116 Seiler. *schuohe und hosen von sei:* Iwein 3456. *cothurnus viltzschuch:* DIEFENB 154 c.

146) über weisse und schwarze Schuhe vgl. Anm. 142.

147) Die Sage, dass die Schnabelschuhe von einem Grafen Fulco von Anjou gegen das Ende des 11. Jahrh. erfunden worden seien, um die Missform seiner Füsse zu verdecken, ist unglaubwürdig, denn schon die Synode von Rheims 972 eifert gegen die Modethorheiten an den Schuhen und namentlich gegen die Schnäbel; *de calciamentorum vero superfluitate quid referam? tantum in his insaniunt, ut commoditatem sibi plurimam per ea auferant. ea enim sic arta induunt, ut cippati paene impediantur. in quibus enim rostra componunt; aures hinc inde erigunt; et ne folleant magno opere elaborant. ut luceant quoque, famulis consciis indicunt:* RICHER 3, 39 (Mon. Germ. Scr. 3, 616). Das Ende der Schnabelschuhe wird ins Jahr 1480 gesetzt, sie weichen zu Gunsten der breiten, sog. Kuhmäuler; *anno domini mccccl xxx, do vorgingen dy lange snebele an den mannes schon. dar noch gingen uss dy breiten scho genant kowemuler:* K. STOLLE Chronik (ed. Thiele 1900) S. 456.

148) zu ahd. *beinberga* vgl. oben Anm. 29. *bainbergas bonas* neben *spatam, brunniam, helmum, scutum:* lex Ribuaria 36, 11.

geistlichen Kreisen als Nebenform von der auch in der Benedictinerregel den Mönchen gebotenen Fusstracht der *caligae* (oben Anm. 60), jedenfalls mit höherem bis an die Knie heran reichenden Beinleder zum Schutz bei sommerlichen Arbeiten ausserhalb des Klosters und Reisen für Kloster oder Stift (Benedictiner Regel Cap. 50); und das Schuhwerk bewährt sich so, dass es auch in weltlichen Kreisen der romanischen und deutschen Lande Anwendung erfährt, natürlich zunächst nur in den höheren[148b]), daher der Gegensatz von

Fig. 74. Ein Paar Schnabelschuhe, gefunden im Kloster Unterlinden zu Colmar i. E., mit Beilagen, die in das Jahr 1460 weisen. Im Museum zu Colmar.

stival zu dem bäurischen Bundschuh (Anm. 140); aber es gehört bald zu der gemeinen Tracht, und wird sogar den Juden als einziges Schuhwerk vorgeschrieben[149]). Die Schäfte der Stiefel

148b) einem Bischof zu Pferde fällt ein Stiefel vom Fuss: GREG. TUR. 6, 31. Stiefel und Sporn bei Bischofen und Geistlichen: grösseres Leben Ludwigs des Fr. 28. Stiefel, von Karl d. Gr. auf der Jagd getragen: Mon. S. Gallens. 2, 8.

149) *wir haben vernomen, wie das die Juden unser camerknechte in ewer und andern unsern und des ȥeichs steten geseſȥen mit wate, gewant und andern unordentlichen sachen grosȥe hoffart und unpilde treiben, den Cristen und cristenlichem glawben ȥu smacheit. nu ist unsere gancȥe meinung, das sie in sulcher wate geen und pflegen sullen, nemlichen in stivallen und in judenhuten, als sie bey alden cȥeiten und*

sind hoch und weit[150]), und werden auch über die blossen Beine gezogen[151]).

Von sonstigem Schuhwerk, was gewöhnlich unter ausländischem Einflusse aufkommt, sind zu nennen die *kolzen, golzen*, wie die Stiefeln zugleich Fuss- und Beinbekleidung, aus dem lat. *calcei* entstanden, das schon früher dem Ahd. sein *kalizûn, chelisa* lieferte (Anm. 60), nun aber im 13. Jahrhundert aufs neue und zunächst aus ital. *calzo, calzone* entlehnt; sie zeigen sich nicht nur in Draht gefertigt, als Teil der Rüstung, sondern auch von Zeug oder Leder, in lebhafter roter Farbe[152]), und bilden, im Gegensatz zum Stiefel, der dem Gebrauch auf Reise und Jagd dient, einen Teil der Gesellschaftstracht, vom Fusse nur höchstens bis zum untern Teile der Wade aufsteigend, und, wenigstens in einer besonderen Art, oben durch hölzerne Zierklammern verschlossen oder versperrt, was der Name *spargolzen*, verderbt *spurgalzen*, andeuten soll[153]).

Auch der *bot-schuoch* zeigt durch seinen halbromanischen Namen zugleich Entlehnung und Art. Der erste Teil ist das ital. *botte*, franz. *botte*, in der Bedeutung Fass, Kübel, Schlauch und Stiefel, und deutet demnach auch auf das Vorhandensein eines Schaftes, und so auf die Ähnlichkeit zu einem weiten Stiefel. Das Wort zeigt sich auch als *butschuoch* und umgedeutet als *boz-schuoch*, aber es darf mit *buntschuoch* (Anm. 138) nicht verwechselt werden, denn die Erklärungen weisen ausdrücklich auf den Unterschied und den Gebrauch als eines hohen und bequemen Stückes für kranke und schwächliche Leute hin, wie das auch die gelegentlich bezeugte Fütterung mit Pelz darthut[154]).

---

von alters gegangen haben, also das man bei den Cristen einen Juden derkennen moge: Schreiben König Wenzels an Strassburg am 6. Febr. 1386, D. Städtechr. 9, 985.

150) *man siht im doch die stivaln* (d. h. ihr oberes Ende) *von des rockes kürze:* Seifr. Helbl. 1, 234f. *zwên stivâle ouch dâ lâgen, die niht grôzer enge pflâgen:* Parz. 588. 21f. *so werden uz den hûten* (der Kühe) *wite stifel gût:* König vom Odenwalde 1, 70f. (S. 37 Schröder).

151) *zwên stivâl über blôziu bein:* Parz. 63, 15.

152) *zwêne rôte golzen sî verstal einem ritter stolzen von Riuwental tougen:* NEIDHART 20, 30ff.

153) *hosen und spargolzen* als modische Beinkleidung des jungen Helmbrecht: Meier Helmbr. 223. *daz dem snizzære iemer sî verteilet, der daz holz sô ebene sneit in die spurgalzen:* Minnes. 3, 278, 4.

154) *cothurnus botschuch, bosschuch, butschoe* neben *bote:* DIEFENB. 154c. *botschuoche crepica:* 156c. *ocrea botschuch:* 392c. *beltzbotschuwe:* Weist. 2, 489 (Untermosel, v. 1469). Als *bosz; obstrigilis, genus calciamenti, possz, solenschuch, schuch der hoch und oben weit ist:* DIEFENB. 390a. *contentus remuneratione divina et duobus bottis hiemalibus:* Urkunde des Bischofs Otto von Bamberg von 1123, Monum. Boica 13, 144. ähnlich 181 (Urk. von 1156).

Von dem alten Holzschuh (Anm. 44), der fortgesetzt zur Tracht der Bauern, niederer Leute, Mönche gehört[155]), geht eine Art von Überschuhen aus, die, nach den Anfängen ihrer Verwendung gewiss alt, sich besonders im 14. und 15. Jahrhundert als notwendiges Zubehör der Fusstracht in den Städten ausbildet, wo sie für den Gang durch die nur ausnahmsweise gepflasterten Strassen (vgl. Bd. 1, S. 330) unbedingt nötig ist, um die übrige Kleidung nicht zu sehr zu beschmutzen. Es besteht diese Art aus einer starken, hölzernen, mit stelzenartiger Erhöhung versehenen Sohle, die mit Riemenwerk um den eigentlichen Schuh befestigt wird. Der Name ist hochdeutsch *holzschuoch* und niederdeutsch *trippe*[156]); und zur eleganten Herstellung findet sich ein eigenes Gewerke vor, das der *holzschuocher*, niederd. der *trippen-maker, tripmaker*[157]). Über das geräuschvolle Auftreten mit solchem modischen Schuhwerk in den Kirchen wird Klage geführt[158]).

Fig. 75. Vornehmer aus der zweiten Hälfte des 15. Jahrh. in Wams, Haube und Überschuhen. Aus einem Geschlechtsbuche auf der Bibliothek zu Stuttgart.

(Kunst und Leben der Vorzeit, Bd. 1, Taf. 80.)

Die grösste Veränderung vollzieht sich seit dem 12. Jahrhundert an dem alten germanischen Ober- und Deckkleide. Der Mantel zwar hält sich bis zum 15. Jahrhundert in seiner alten Grundform, aber in mancherlei Varianten, auf der rechten Schulter oder mitten auf der Brust geschlossen, mit oder ohne Kapuze (vgl. S. 270). Als Staats- wie als Schutzkleid ist er mit Pelz gefüttert (eine *kürsen*), oft auch mit

155) *calopes, calopedium holtzschuch, holtschuch, holsczscho, holsche, holsch* u. ähnl.: DIEFENB. 91 b. Bei Mönchen oben Anm. 130.

156) der franz. Name *galoche*, mittellat. *galochia* Überschuhe, für den man Zusammenhang mit *Gallia* (als gallisches Schuhwerk) annimmt, begegnet auch deutsch zu Ausgang des Mittelalters; *crepida calotzchen, cloczen l. fuszsolchin, qui induuntur in hyeme:* DIEFENB. 156 c.

157) In Verbindung mit ihnen steht das Gewerke der *riemensnîder*, zusammen sind genannt *holczschuchir, rymensnyder:* Anz. für Kunde d. Vorz. 1856, Sp. 274 (15. Jahrh.).

158) *do ist ein klappern und ein schwatzen, do můsz man richten usz all sachen und schnyp, schnap, mit den holzschůh machen:* BRANT Narrensch. 44, 8 ff.

Pelzbesatz, selbst besonderem Pelzkragen versehen[159]). Sofern er aber nur zum Schutze dient, wird er schon seit der karolingischen Zeit vielfach ersetzt durch einen mantelartigen enger anschliessenden Überwurf mit Kapuze, den man von den Romanen übernimmt, und dem auch der romanische Name bleibt: ahd. *cappa*, mhd. *kappe*, angelsächs. *cæppe* und *cappa*[160]). Die Kappe erscheint als Überkleid aller Stände, man trägt sie beim Reiten zur Reise (mhd. *rîtkappe, reisekappe*), ebenso wie bei der Wallfahrt[161]), sie ist des Mönches und des Bauern, so gut wie des höheren Geistlichen und des Ritters, und ebenso manigfach ist der Stoff, woraus sie besteht, von Leinen an bis zur kostbaren Seide und Sammet[162]). Der Teil, der die Kopfhülle ausmacht, ist zipfelförmig und zum Zurückschlagen über den Rücken geschnitten, er führt von seinem Zwecke her den für Entsprechendes am Mantel schon lateinisch vorkommenden Namen *cucullus, cucullio*, mittellat. in *cuculla* umgesetzt und ins Deutsche als ahd. *cugula, chugela*, mhd. als *gugele, gugel, kugel, kogel*, angelsächs. *cugle* übergeführt[163]); dazu gesellt sich das mittellateinische *caputium*, das sich im Mittelalter noch nicht deutsch umformt; von seiner Gestalt heisst er mhd. *kappenȥipfel* und *kappenȥagel*[164]). Aber dieser Kopfteil kann auch selbständig

159) Pelzkragen, mhd. *überval*, der *rûch* oder *vêch* ist: NEIDHART 25, 12. Minnes. 3, 200, 7 Hagen. Bei alledem kann der Mantel ein schäbiges Stück sein; *mantel mardrinum senio sudoreque fuscum:* Ruodlieb 13, 130 Seiler.

160) *operimento i. chappa:* STEINM. 2, 137, 40. *birius greci, nos birrum, kappa l. koȥȥo, chappe l. choȥȥe:* 3, 148, 12f. (über *koȥȥo* vgl. S. 270 und Anm. 76). ags. *planeta cæppe:* WRIGHT-W. 1, 124, 31. 327, 25. *cappa, cæppe:* 328, 10. *caracalla, cappa:* 200, 13. Ein Versuch der Eindeutschung ist ahd. allerdings gemacht durch die Umformung in *gapha mitra* (unten Anm. 165), also mit der verengten Bedeutung der Kopfbedeckung.

161) ein Reiter schnallt die *cappa*, die ihm bei höher steigendem Tage am Leibe zu lästig wird, hinter sich auf den Sattel: Ruodlieb 5, 593ff. *des kieles meister Tristan leite ein reisekappen an durch anders niht wan umbe daȥ daȥ er sich hæle deste baȥ:* Tristan 226, 39ff. *die selben wallenden man die truogen unde hæten an lînkappen unde solhe wât, diu wallæren rehte stât:* 67, 29ff. *eine wallekappen lînîn:* Reinhart Fuchs 1819.

162) vom Bauern, *er trat her als ain akerman, und het ȥwu rindrîn hosen an . . und ain ȥerissen kapen, oder gugeln mit lapen:* BEHAIM B. von d. Wienern 386, 24ff.; die Tracht erstreckt sich auch auf den Narren, *narrenkappe*, vgl. oben S. 170, Anm. 277, nur Juden sollen sie nicht tragen; *eȥ ist auch geseȥȥet, daȥ kein Jude chein kappen tragen sol:* Nürnb. Pol. Ordn. 321 (13./14. Jahrh.). Der Stoff leinen, vgl. Anm. 161; aber auch in reichster Ausstattung, Beschreibung einer solchen von schwarzem Sammet mit Goldwirkerei: Parz. 778, 19ff.; von weissem Sammet: U. V. LICHTENSTEIN 161, 6; mit Goldwirkerei: 176, 17ff. von Scharlach: 248, 20. Welcher Luxus in Kappen getrieben wurde, zeigen Nürnberger Stadtrechnungen des 14. Jahrhunderts, die unter den Einnahmen Bussgelder von Bürgern wegen zu kostbarer Kappen verzeichnen: D. Städtechr. 1, 279.

163) vgl. oben S. 270 und Anm. 75.

164) *cuculla kappencȥagel, kappenȥipfel:* DIEFENB. 160c.

bestehen, und es geht dann der Name der *kappe* auf ihn über[165]. Eine Zwischenform zwischen diesen beiden Arten Kappen bildet ein Deckkleid, das vorzugsweise Kopf und Hals umfasst, und nicht weiter als bis auf die Brust reicht. Es kommt aus Frankreich, wie sein Name *schaperûn*, die Umformung des franz. *chaperon*, mittellatein. *caparo*, lehrt, und bleibt auf die höhere und modische Gesellschaft beschränkt[166]. Im Gegensatz dazu steht eine andere französische Einführung, *tabard*, mittellat. *tabardum*, deutsch *taphart, daphart*, die sich seit dem 13. Jahrhundert findet, ein langes, weites, hinten schleppendes Gewand[167].

Fig. 76. Bürger im Taphart, gegen 1400. Fig. 77. Bürger im Glockenmantel, gegen 1400.
Von einer Glasmalerei in der Marthakirche zu Nürnberg. (Kunst u. Leben der deutschen Vorzeit 1, Taf. 64.)

Von andern Mäntelarten, die sich im späteren Mittelalter zum Teil sehr phantastisch in den Einzelheiten, an Ärmeln, den Schulteransätzen,

165) vgl. über diese Entwickelung des Wortes D. Wb. 5, 191 f. ags. *capitulum, vel capitularium, heáfodclâþ, vel cappa:* WRIGHT-W. 1, 152, 28 f. ahd. auch in verschobener Form, *mitra cafpha, caffa:* STEINM. 2, 384, 46, *caffa:* 390, 61, *gapfa:* 464, 5, *capha:* 485, 59; *mitrę gaphun:* 665, 58, *gapha:* 725, 13.

166) *nu kom gên im geloufen her ûf dem wege ein garzûn. der truoc einen schaprûn gesniten von fritschâle; mit rôtem zendale was er gefurrieret:* Wigal. 40, 32 ff. von übermütigen Bauern, *enge röcke tragent sî und enge schaperûne:* NEIDHART 74, 13.

167) *tabardium tappart, dappart, dabart, taphart* u. ä., auch *taperthemde, tappertrock:* DIEFENB. 570 b. *darumb leit er ain langen tapphart an . . darinn tuot er hin und her swenken:* Teufels Netz 4431 ff. Die Glosse *dirdendey* bei DIEFENB. a. a. O. nimmt Bezug auf den Stoff, aus dem der Taphart gern gemacht wird, ein halb wollenes, halb leinenes Zeug, zunächst aus Frankreich (als *tiretaine*) eingeführt, vgl. dazu D. Wb. 2, 1181.

Kapuzen, gestalten, wäre etwa noch besonders hervorzuheben der und die *hoike*, *heuke*, *hûke*, ein mantelartiger Überwurf, der französischen Tracht des 14. Jahrhunderts entstammend, dort *heuque*, *huque*, *hucque*, mittellat. *huca* genannt, über die Niederlande nach Nieder- und Mitteldeutschland eingeführt[168]), woselbst er sich lange erhalten hat; und die *glogge*, auch *gloggenmantel*, besonders im 14. Jahrhundert, die deutlich nach der Form den Namen erhalten hat[169]).

Neben solchen mantelartigen Hüllen aber, die in ihrer manigfachen Entwickelung doch immer vom altgermanischen Vorbilde ausgehen, erscheint als Neuerung seit dem 11. Jahrhundert das rockförmige Überkleid[170]), vom Auslande, namentlich von Frankreich her und unter Einfluss der Frauenkleidung, bei der zu dem einfachen Leibgewande schon vorher ein Oberrock eingeführt ist. Hier spielt nun die Mode besonders ein, indem sie nicht nur die Form des letzteren in schneller, reicher und oft phantastischer Weise beeinflusst, sondern auch die Form des darunter angezogenen Rockes vielfach verkümmern lässt; selbst bis zum Wegfallen, wenn der Oberrock als einziger getragen wird[170b]). Zwei Hauptformen treten hervor, der lange und der bis zum Gürtel oder wenig darüber untenher verkürzte. Von der ersteren Art ist der in höfischen Gedichten viel genannte *surkôt*, mit provenzalisch-französischem Namen *surcot*, mittellat. *surcotus* und *sorcotium*, im letzten Teile auf mittellat. *cota*, *cotta*, *cottus* (S. 270) zurückgehend und wohl zunächst aus geistlichen Kreisen stammend, schnell aber in weltlichen eingebürgert[171]). Er stellt ein langes, der Körperform sich anschmiegendes Obergewand mit langen Ärmeln dar, und nach seiner geistlichen Herkunft ist ihm auch vielfach die Kapuze gelassen. In solcher

168) *hoike, heike, huke, hoke:* SCHILLER-LÜBBEN 2, 281 ff.

169) *auch trugen si heuken, di waren alumb ront unde ganʒ, das hisʒ man glocken:* Limburger Chron. (herausg. v. Wyss, 1883) S. 39, 4 fg. (zum Jahre 1350); *daʒ ein eclich gesel, der in dye ʒunft komen sal, daʒ der selbe gesel sal snyden 4 stück werkes vor den meystern, mit namen 1 manns dappert und 1 gloggenmantel, und 1 frawenmantel und 1 frawenrocke:* MONE Zeitschr. für die Geschichte des Oberrheins 13, 153 (Mainz, v. 1391).

170) als neuartiges Gewand auch dadurch gekennzeichnet, dass dem deutschen Namen zunächst kein lateinischer zur Erklärung beigegeben werden kann: *uberruchus ubirruche:* STEINM. 3, 620, 21. Später *superpellicium uberrock, uberrog, uberruchke:* DIEFENB. 567 b; das *superpellicium* ist ein Stück der geistlichen Tracht, ein leinener Überwurf mit Ärmeln über das eigentliche Ordenskleid von sehr verschiedenem Schnitt, wie das mittellat. *surcotus*; vgl. nachher im Text.

170 b) *er hatte lînen kleider an; darüber warf der reine man einen blôʒen surkôt:* Elisab. 384 f.

171) *surcotus surcot:* Voc. opt. 13. 67 unter geistlichen Gewändern; der Name leidet in Deutschland volksmässige Umformungen, *sorcotium schurkuʒ, sorkheyt:* DIEFENB. 543 a.

Gestalt trägt ihn Friedrich von Hausen in dem Bilde der Weingartner Handschrift, als Schutzkleidung in dem Meerschiffe, modisch im Zeuge der Länge nach halbgeteilt, Ärmel und Gesichtsöffnung der Kapuze mit kostbarem Pelzwerk besetzt. Wechselnder Geschmack beeinflusst übrigens seine Form im Laufe der Zeit manigfach, und so bleibt auch der Name nicht fest, sondern tauscht mit dem ähnlicher modischer Oberkleider, dem französischen *kursît* oder *kursât*, der aus der Champagne stammen soll[172]), und deutlich seinen Namen davon trägt, dass er mit Pelzwerk (*kürsen*, vgl. S. 208, Anm. 4) gefüttert ist, während seine Aussenseite auch in kostbarem Überzuge und Besatze gehalten sein kann[173]), und der *suckenie*, die von Osten her kommt, vom polnischen *suknia*, Wollenrock (*sukno*, Wolltuch) hergeleitet wird, und mittelgriechisch als *σουκανία*, mittellat. aber als *soscania* erscheint[174]). Oft werden die drei Namen von einem und demselben Kleidungsstücke gebraucht[175]). Sie erhalten sich als Hauptformen des Obergewandes durch das ganze Mittelalter hindurch, wenn auch durch die Mode ungemein umgebildet, während andere ausländische Erscheinungen kommen und schnell vergehen[176]).

Fig. 78. Der Minnesinger Friedrich von Hausen zu Schiffe.
Aus der Weingartner Liederhandschrift.

Beständig daneben bleibt der Kittel, ein Kleidungsstück, das sich nicht vom Rocke, sondern vom Hemd aus entwickelt, aber vor dem 13. Jahrhundert nicht erscheint. Woher es stammt, ist dunkel, und der Name bis jetzt unerklärt. Ursprünglich als weiteres leichtes Oberkleid ein Prunkstück

172) *sîn kursît ist ein Schampeneis:* NEIDHART XXIII, 19.

173) *der heiden truoc ein kursît . . daȥ was ein saranthasmê* (Seidenzeug aus der Stadt Thasme), *dar an stuont manc tiwer stein:* Parz. 756, 26 ff.

174) DU CANGE 7, 535 c f.

175) *surcotus, surcolt l. sukaney, kirsat:* DIEFENB. 543 a. Von einem Ritter bei Hofe, *rok unde surkôt hâte er beidentsamt an, ȥwêne ermel hiengen dar an nider gein dem ellebogen:* Gesamtab. 1, 92, 118 ff.; von einem dieser Ärmel *minen ermel der suckenîen:* 127.

176) z. B. die *garnasch*, unten Anm. 185.

von Seide, mit Verzierungen durchnäht, wird es bald eine allgemeine Tracht auch der geringeren Leute, und, wozu es sich des bequemen Schnittes wegen besonders eignet, Haus- und Arbeitsgewand[177]).

Von den kurzen Formen des rockartigen Überwurfs kommt als älteste der Kurzebold auf. Der Ausdruck ist sicher ursprünglich scherzhaft gemeint; wir haben ihn oben S. 22, Anm. 115 als Neckname für einen Edeln königlicher Abstammung kennen gelernt, der von kurzer Gestalt war, und in gleichem Sinne mag er auf das Gewand übertragen worden sein. So erscheint der Kurzebold als Männer- und als Frauenkleidung bereits im 10. Jahrhundert, und wir dürfen ihn uns wohl als eine Art kurzer weiter Ärmel-Jacke vorstellen, die nur Brust und obern Teil des Rückens bedeckt, hinten von rundem Schnitt. Auf das letztere führt die Verdeutschung des lat. *cyclas,* welches ein Frauenkleid von rundem Schnitt bezeichnet, durch ahd. *churzebolt*[178]). Im 14. Jahrhundert wird der Name nicht mehr genannt; das Kleidungsstück hat hier längst anderen modischen Einführungen des Auslandes Platz gemacht von grösserer Enge bei gleicher Kürze, welche die Formen des Oberkörpers gefälliger hervorheben und die Gestalt des eigentlichen Rockes damit beeinflussen. Die ausländischen, vorwiegend französischen Namen werden in mancherlei Umformungen übernommen. Seit dem späten 12. Jahrhundert erscheint die Joppe, mhd. *jope, joppe, juppe,* und in Verkleinerungsform *jopel,* wiederum als Männer- wie als Frauenkleidung, aus kostbarerem wie schlichterem Zeug verfertigt, gern als Kleidung prunkender Bauern mit bauschenden Ärmeln[179]), aus dem

177) *an kiteln bilde:* Renner 12536. 12692. *plasta kytel, kietel,* nd. *kedel:* DIEFENB. 440 c. *teristrum kitel, kyttel, küttel, kettel, kedel:* 579 c. *toga, kedel, kitel, kittel:* 586 b. Als Kleidung der Geissler, *so sü koment an die geischelstat, so zugent sü sich us barfus untze in die brûch und dotent kietele oder andere wisze dûch umbe sich, die reichetent von dem gürtel untz uf die fusze:* D. Städtechr. 8, 107. *hänfein kittel* der Bauern: Fastn. Sp. 440, 11. ein Ackermann hat *ainen groben kitel hert, der was wol siben pfennig wert:* BEHAIM Buch v. d. Wienern 386, 25. Spottanzug für zwei gefangene Edelleute, *da zugen sie die von Rain ausz gantz nackent und legten in zween böse kitle an:* D. Städtechr. 5, 282.

178) STEINM. 3, 693, 37. Sonst auch ein nicht verständliches mlat. *pigillus* übersetzend, als *churzipolt, churzibolt, churcibolt, kurcibolt, curobolt:* 4, 86, 47 ff., *curtilbold:* 155, 15, *curcibolt:* 174, 8. Mittellateinische Formen sind *curcinbaldus, curceboldus, cortiballus* u. ä., auch für einen Teil geistlicher Tracht, vgl. DU CANGE 2, 664; *de suo quodam vestimento, videlicet curcinbaldo, indutum:* ODO vita S. Geraldi 2, 23 bei MIGNE Patrol. lat. Bd. 133, Sp. 683. *kurzebolt* des Kaisers *Fôcas:* Eracl. 2243.

179) *bombasium jopp, joppen, jope:* DIEFENB. 78 b. *suppara juppel:* 566 b. *weiz er niht, daz Hiltebolt gelîch ist einer wannen, mit der joppen, die der dörper an sich hât geleit?* Minnes. 3, 274, 8 Hagen. *wîze joppen vingerbreit gesteppet:* 280, 8. Aber die *juppe* auch ärmliches Kleid; *darüber gât nun gros guot, das der man dik lit an schaden. ze jungst behept er nit ain faden und treit ain zwilche juppen an:* Teufels Netz 12119 ff.

französischen *jupe* und italienischen *giubba*, welches letztere eine Nebenform *gippe*, Dimin. *giplîn*[180]) hervorgerufen hat; auch die Formen *schôpe, schoppe, scheppe* und *schûbe* erscheinen[181]) und gehen in ihren Bedeutungen neben und durcheinander, so dass im Verlaufe des Gebrauchs manche in der Form recht abweichende Rumpfkleider damit bezeichnet werden können. Das Grundwort ist arabischer Herkunft.

Jünger ist die *jacke*, von ähnlicher kurzer Form wie die *joppe:* auch aus dem Romanischen übernommen, wo sie, franz. als *jaque*, italienisch als *giaco*, zunächst eine Art wattierten Waffenrockes, dann auch ein kurzes modisches Gewand darstellt, welches über den eigentlichen Rock gezogen wird. Die Einführung geschieht über Niederdeutschland, und es wird die Jacke bald Teil einer bequemen Hauskleidung, auch in der Tracht geringerer Leute beliebt; die Nebenform *schegge, schecke* entspricht der Aussprache des romanischen Anlautes[182]).

Aus dem Provenzalischen entstammt die im 13. Jahrhundert aus Bauernkreisen vielgenannte *treie, troie*, nach provenzal. *traia*, ein Kleidungsstück, das mit dem fremden Namen bis ins Scandinavische (altnord. *treya*) eingedrungen ist, auch als Waffenrock *(ketentroie)* erscheint, meist aber als modisches Männergewand[183]), nicht von Frauen nach-

---

180) *assumentum, nôt an eim rock o. gippen:* DIEFENB. 56a. als Kleidungsstück der Bauern; *in schmeckt der ʒwilch nit wol als ee, die buren went keyn gyppen me, es mûsʒ sin lündsch, und mechelsch kleit:* BRANT Narrensch. 82, 13 ff. In elsässischen und mittelrheinischen Quellen des 14. u. 15. Jahrh. wird als Gewand der Bauern und Handwerker auch der *schanʒ* genannt, der Schnitt muss ähnlich gewesen sein, wie der der *gippe*, da das Diminutiv *schenʒelîn* neben *giplîn* aufgeführt wird, Belege im D. Wb. 8, 2161. Auch das Wort *schanʒ* scheint fremden Ursprungs.

181) *die schôpen* (Panzerjacken) *die sint worden wert:* K. V. WÜRZBURG 352, 36 Bartsch. *daʒ ym* (einem bäurischen Tänzer) *der swäiss durch seinen diken schoppen ran:* Ring 38 b, 32. *joppa, jopa, joppula, iope, joppe, jop, jupp, gippe, schepp, schube:* DIEFENB. 307 c, *schop, scoppe, yoppe:* nov. gloss. 221 a. Über den Begriffswechsel von *schaube*, das dann als langes weites Oberkleid beider Geschlechter erscheint, vgl. D. Wb. 8, 2297 ff.

182) die ähnliche Form von Joppe und Jacke zeigt sich durch das öftere Zusammenwerfen der Namen. *bombasium iacke, scheck, iopp, ioppen, iope, schecke, schube, troye:* DIEFENB. 78 b. *diplois jacke, eyn gacken, jecke, scheck, schecke, iope, ioppe, iop, schope, schopp:* 183 b. Ihre Form und Art erklärt KILIAN O 5 a: *jacke, prętexta toga; vestimentum quod tunicae superinduitur; supparus, supparum; endromis, vestis rudis aut villosa; Gallica palla; tunica.* Sie kann sehr stattlich und das Werk eines eigenen Meisters sein; ein *meister Heinrich jackensticker (scheckensticker)* zu Aachen sagt zu einem Herrn von Heinsberg *ich macht uch ein schecken mit armen, die stunt uch schon und herlich:* LILIENCRON Volksl. 1, 303, no. 62 (von 1429).

183) *treie . . von barkâne, grüene alsô der klê:* NEIDHART 36, 7 ff. *harte wert dünket er sich sîner niuwen treien, diust von kleinen vier und ʒweinʒec tuochen; die*

geahmt und getragen. Auch die Treie muss von demselben Schnitte gewesen sein, wie Joppe oder Jacke, weil wiederum die drei Namen durch einander laufen. Aber im 15. Jahrhundert ist der Ausdruck verschwunden.

Während die vorher genannten rockähnlichen Überkleider mit langen und bauschenden Ärmeln versehen sind, gibt es andere, bei denen die letzteren fehlen oder doch verkümmern und in der Form zurücktreten, weil die Hauptsorge auf den Schutz des Rumpfes fällt. Das ist der Fall mit dem mhd. *warkus*, dessen Name dem seit dem 13. Jahrhundert bezeugten, aber wohl älteren, in Frankreich aufgekommenen mittellateinischen *gardecorsium*[184]) (Körperschutz, Rumpfschutz) entspricht, ähnlich mit der mehr in niederdeutschen als hochdeutschen Quellen begegnenden mhd. *garnasch, garnæsch, garnatsch*, mnd. *garnei*, aus dem mittellateinischen *garnacha, garnachia, garnacia, guarnacia*, auch *garnamentum*[185]), ital. *guarnaccia, guarnacca*, span. *garnacha*, franz. *garnache*, einem längeren, den Körper deckenden Stücke, das nach dem ital. *guarnire, guernire*, franz. *garnir* verwahren benannt ist, welches wieder auf ahd. *warnôn*, angelsächs. *wearnian*, behüten, beschützen, fusst.

Älter als die beiden Gewänder, und wiederum sie weit überdauernd, ist das Wams; auch dieses eine fremde Einführung aus altfranz. *wambeis*, mittellat. *wambasium*, womit eine unter der Rüstung eng anliegende Jacke aus Filz oder anderem derbem Stoffe bezeichnet wurde; der Name aber ist aus ahd. *wamba* Leib weiter gebildet. Das Wort erscheint im Mittelhochdeutschen seit dem 13. Jahrhundert in manigfachen leicht von einander abweichenden Formen, als *wambeis, wambîs, wambas, wambes, wammis, wammes* u. ä.; neben der fortdauernden Verwendung als Unterzug unter die Eisenrüstung wird das Wams später auch für sich als festes und widerstandsfähiges Obergewand gebraucht[186]), das auch in modischer und eleganter Ausgestaltung auftritt, mit Halskragen versehen[187]), oder in grösserer

---

ermel gênt im ûf die hant: 41, 3 ff.; sie ist schön aufgeschlitzt, *wol ʒerhouwen:* 21. *diplois trôge, troye:* DIEFENB. 183b, vgl. Anm. 182.

184) *gardecorsium, vestis seu tunica superior, quae pectus constringit et custodit:* DU CANGE 4, 30b. auch in den Formen *wardecocium, wardecorsum, warkors, warkocus, wardecosia:* 8, 407. Ein besonders eleganter Warkus, mit reichem Knopf- und Schellenbesatz, wird beschrieben Meier Helmbrecht 178 ff.

185) DU CANGE 4, 34 f. eine *garnasch märderîn:* Parz. 588, 17.

186) so von Bauern in deren Kämpfen; *sich huop ʒe beiden sîten dar ieder man in sînem wambas niuwen, und kolben grôʒ, helmbarten flegele spieʒe und mistkröuwel lanc:* NEIDHART 171, 128 ff. Altes Haus- und Feldwamms Rudolfs v. Habsburg: D. Städtechr. 8, 452.

187) *er ist geheiʒen Grülle und treit um sînen œden kragen ein wambas niuwetülle:* NEIDHART 220, 7 ff.

Weite als *wambeshemede*, als solches im 14. 15. Jahrhundert in gut bürgerlichen Kreisen getragen[188]). So, und mit kurzem Schoss und Stehkragen erscheint es Fig. 75.

Die Kopfbedeckung (vgl. S. 272) verbreitet sich seit den karolingischen Zeiten immer mehr. Da sie nicht bloss dem Schutze dient, sondern seit uralten Zeiten auch als Sinnbild der Würde und Macht des Herschers, Priesters, Gewalthabers gilt[189]), so versteht es sich, dass der Geringere in Gegenwart des Höheren barhäuptig geht, und dass auch von einem Huttragenden zum Zeichen der Ergebung und Einwilligung das Haupt entblösst wird. So verneigt sich im Ruodlieb selbst der kleinere König, als er die Botschaft des grösseren vernommen hat, und nimmt den Hut ab[190]). Und es ist Grobheit, wenn der Besucher bei dem Eintritt in einen Hof vor dem Wirte die Kopfbedeckung aufbehält[191]).

Vom 11. Iahrhundert ab führt sich der Hut als Gesellschaftstracht nicht bloss der höheren Kreise ein, obschon seine allgemeinere Verbreitung langsam vor sich geht. Die sprachlichen Zeugnisse jener Zeit lassen die ungemeine Manigfaltigkeit in der Form nicht erkennen, da sie die fremden Ausdrücke mit ihrem so verschiedenen Sinne ziemlich eintönig durch das alte einheimische *huot* übersetzen, höchstens eine Zweckbestimmung beifügen und dadurch auch auf die Form Licht fallen lassen[192]). Aber die Bilder des Mittelalters zeigen uns den Hut recht verschieden gestaltet, und nur darin übereinstimmend, dass er eine in die Höhe strebende Grundform hat, im Gegensatz zu der auch wohl schon gemeingermanischen ahd. *hûba*, mhd. *hûbe*, angelsächs. *hûfe*,

188) *das hinfüro eynich mannssbilde, der hie burger, burgers kynndt oder inwoner ist, nyt tragen solle eynich wamasshembdt, das mit porten, gestycke, gemecht, machlon und aller annder zugehorde über sechs phundt alt .. cost:* Nürnberger Pol. Ordn. 106. Nürnberger Bürger zahlen 1390 Busse, weil sie *ein seidein wammes* getragen: D. Städtechr. 1, 279. Ein Bischof *in sime syden wambesche* 1299: 9, 664.

189) vgl. dazu J. GRIMM Rechtsalt. 148 ff. 270 f.

190) *sublata cydare surgens inclinat honeste:* Ruodl. 4, 93.

191) *rufus proterve nimis incursando superbe in curtem mitram non deponebat:* ebd. 7, 44 f. Hutabnehmen als Ehrung bei einer Begegnung, *und als er* (der *garzûn) im sô nâhen quam, sinen huot er abe nam. hie mite êret er in alsô:* Wigal. 41, 11 ff.

192) *tiara id est cidaris id est pilleus huat:* STEINM. 1, 293, 28. *thiaram huot:* 331, 62. *ciderim huat, tyeram hôher huat:* 336, 45. 53. *mitra huoth, huot, hôt:* 596, 3 f. *mitras huata:* 618, 40 u. ö. *galeros huoti:* 2, 661, 43. *pilleus l. tiara hût* (gegen *mitra hûbe):* 3, 663, 17. *capellum l. cidaris l. turgus l. pilleus l. galerus hôt, umbraculus l. cunalic scatehôt:* 668, 16 ff. Das letztere unverständliche Fremdwort kehrt als *cimalic* mit der Übersetzung *scatahuot* 650, 14 wieder.

altnord. *hûfa* Haube, welche sich eng dem Kopfe anschmiegt[193]). Die Verschiedenheit des Hutes kommt nicht weniger dadurch her, dass er breit, spitz, gerade oder mit oberer Krümmung, etwa nach Art der phrygischen Mütze, dass er mit oder ohne Kopfrand, erst später, und von Niederdeutschland her *krämpe* genannt[194]), auftritt, als durch seine kostbarere oder schlichtere Ausführung, Stoff und Farbe[195]). Er kann ohne oder mit Bindebändern und Schnüren[196]) getragen werden; ist er gefüttert, so zeigt sich der Unterzug[197]) oft reich und herabfallend. Dass auch manche Mischform zwischen ihm und der Haube vorkommt, ist bei der reichen Entfaltung der Mode im Laufe der Zeiten natürlich, und wird sprachlich durch die mhd. Zusammensetzung *hiubel-huot*[198]) ausdrücklich bestätigt.

Die Haube selbst zeigt ihre dem Kopfe sich anschmiegende alte Rundform besonders dann, wenn sie als Schutzstück gegen den Druck des Eisenhelms unter diesen gelegt wird[199]); in diesem Falle wohl von Filz, festem Zeug oder auch wattiert. Ist sie Modestück, bestimmt, das besonders seit dem 12. Jahrhundert lange Haar zu bergen, so wird

---

193) wenn *mitra* durch *hûbe*, *mitriola* durch *hûbel* gegeben wird (STEINM. 3, 626, 19 f. vgl. auch die vorige Anm.), so ist zu erinnern, dass *μίτρα* zunächst Band und Kopfbinde und eine Mützenart bezeichnet. ags. *cidaris, vel mitra, hûfe:* WRIGHT-W. 1, 152, 24.

194) vgl. D. Wb. 5, 2007.

195) Hut von Leder, *ein liderîn huot:* Parz. 129, 24. von Filz, *den vilzînen huot:* Ges. Abent. 2, 438, 847. von Wollgewebe, *caliendrum kutzhuot, ein rûher kutzhuot* (neben *filczhut*)*:* DIEFENB. 90 b, vgl. dazu über *kotze* S. 270. von Fell oder Pelz; *sî wæren beide samt alt und der winter wurde lîhte kalt: sô soltens sich behüeten mit rûhen vuhshüeten vor dem houbetvroste:* Iwein 6533 ff. von Stroh, *schaubin sezzel, schatehuot, von stro badehüete geben guot gemüete:* König v. Odenwalde 5, 58 ff. (S. 54 Schröder), u. s. w.; besonders als Tracht der Edeln der Pfauenhut, *gefurriert sîn huot was pfâwîn:* Parz. 225, 12. *dar ob sô fuort er einen huot, der was von pfâns vedern guot gemachet dêswâr meisterlîch, er was von berln koste rîch:* U. v. LICHTENSTEIN 248, 21 ff. Der Farbe nach *rôte hüete:* NEIDHART 74, 14. *Berewin mit sînem grüenen huote:* Minnes. 3. 276, 7 Hagen. Hut mit Blumenschmuck, *sîn huot der was gezieret mit bluomen und mit loube:* Wigal. 40, 38 f. Eine besondere Art von Hüten, *die Kolmarhüete* (NEIDHART XXV, 24) gehören der Rüstung an. Hut als Teil der Bauerntracht: Seifr. Helbling 2, 67.

196) Schnur zum Binden des Hutes, *ein pfæwîn huot . . . der huot was niuwe, diu snuor niht alt:* Parz. 313, 10 ff. Ein Bauer *tregt einen hôhen huot, . . swenne er bî frou Metzen gât, sô kiut er den riemen der da hanget vast hin abe:* NEIDHART 239, 63 ff.

197) *sîn underzuc des huotes der ist lanc:* Minnes. 3, 312, 6 Hagen. Daher wohl auch die *fliegunt hüete* modischer Bauern: Seifr. Helbling 3, 105.

198) *hiubel-huot* als Teil der Rüstung; *treit er sînen hiubelhuot, dar durch ist er mit swerten in sîn houbet unverschrôten:* NEIDHART 51, 33 f.

199) *durch helm und durch hûben hiu er den ritter guot und durch des helmes spangen, daz daz rôte bluot hernider begunde vliezen:* Alpharts Tod 302.

sie zierlich und kostbar ausgeschmückt, von Seide gearbeitet und mit reicher Stickerei verziert, geht auch in Netzform über [200]). Noch andere und einschneidende Veränderungen bringen Mode und ausländischer Einfluss; die dem Oberkopfe sich anschmiegende Rundform erscheint in Verbindung mit einem krämpenartigen Vorstoss oder weicht einer flachen Deckelform in mancherlei Abweichung. Das ausländische Vorbild thut sich durch entsprechende Namen kund. So zunächst bei *mütze*, in dieser Form erst im 15. Jahrhundert, in den Vorformen *aremuz* und *almuz* schon im 13. erscheinend: dieselben gehen auf mittellat. *almucium* und *almucia* (mit Nebenform *armucia*) zurück, womit man in spanischen, italienischen und französischen Quellen seit dem 11. Jahrhundert eine geistliche, nicht liturgische Kopftracht bezeichnete, die zugleich die Schultern mit bedeckte, und die in verschiedener Kürzung auf vornehme Laien übergieng, bald aber auch allgemeiner ward. Das Wort ist arabischer Abstammung [201]). Daneben steht ein selteneres mhd. *bônît*, mittellat. *boneta*, *bonetum* [202]), aus dem altfranzösischen *bonet*, nicht sowohl auf die Form, als auf den Stoff weisend, und nur ein vorzügliches *(bon)* Zeug meinend, aus dem die Kopfbedeckung verfertigt ist [203]). Im späteren Mittelalter, seit dem 15. Jahrhundert erscheint das *biret*, auch *baret* [204]), das eine ähnliche Wandlung durchgemacht hat, wie die Mütze: ursprünglich ein kurzes, mantelartiges Oberkleid (mittellat. *birretum*, Verkleinerungsform zu *birrus*, oben Anm. 76) der höheren Geistlichen und Doctoren, das über das Haupt mit reicht, kürzt es sich zur blossen Kopfbedeckung von besonderer Form und ist so der Amtstracht jener Kreise immer vorbehalten geblieben, ohne ins Volk zu dringen. Die volksmässige

---

200) vgl. oben S. 71. Eine Art, die sehr faltig ist, heisst *rigel; umb das haubt windt er* (der Stutzer) *ein rigel und guzt herausz als ein igel:* Meister Rennaus ed. Schönbach v. 11f. Befestigt wird sie mit Nesteln, Schnürriemen, die bei Stutzern lang herunter gehen und grotesk verziert sind, so einmal mit wohlriechenden Muskatnüssen; *sîn hûbennestel diu sint lanc, zwô muscat dran gebunden; die habent alsô wîten swanc, dâ mite sleht er wunden den schœnen meiden an dem tanz mit dem ûf hüpfen:* Minnes. 3, 236, 7; *die muscat die der Chüenzel treit an sîner hûben snüeren:* 9.

201) vgl. D. Wb. 6, 2839. JUSTI, Mütze und Verwandtes, in der Zeitschr. für d. Altertum 45, 420ff.: die alte Bedeutung des deckenden kurzen Schulterkleides ist landschaftlich weit hin bezeugt und noch erhalten.

202) *mitras gestabant juvenes utriusque sexus, quas vocabant bonetas:* DU CANGE 1, 698a. *thiara pônît:* STEINM. 3, 626, 21. *von visches hiute* (Otterfell) *truog er* (ein Bauer) *an ein surkôt und ein bônît:* Parz. 570, 2f. *biretum bonet, bonette:* DIEFENB. 74c.

203) LITTRÉ dict. de la langue franç. 1, 373a.

204) *biretum biret, birret, byriet, beret, barette, barte, parrete, pirret:* DIEFENB. 74c.

Vorstellung der alten Haubenform springt noch in der Bezeichnung *doctorhäublin* des 16. Jahrhunderts hervor[205]).

Wie die Kappe aus einem mantelartigen Überwurf mit Kapuze sich zu einer blossen Kopfbedeckung wandelt, ist oben S. 290f. und Anm. 165 gezeigt worden. Auch hier wirft die mittellateinische Verkleinerungsform *capellus* Licht auf diesen Vorgang[206]). Ursprünglich geistliche Tracht, geht sie als altfranz. *chapel*, ital. *cappello* in weltliche Kreise über, hier als eine Art Hut, aber auch oben geöffnet als bloss binden- oder kranzartiger Kopfschmuck für beide Geschlechter. So kommt sie im 12. Jahrhundert mit dem altfranzösischen Namen als *schapel*, *schappel*, *tschapel*[207]) nach Deutschland, in kostbarer wie in schlichterer Gestalt; und nicht nur selbständig tritt der Schapel auf, sondern auch im Verein mit anderer Kopfbedeckung und an dieselbe befestigt[208]). Als Gesellschaftstracht vornehmer Kreise besteht er aus einem oder mehreren breiten Kopfbändern von Zeug oder auch Metall, reich mit Stickereien, Perlen und Edelsteinen verziert; für ländliche Feste und zur Sommerzeit kommt er als natürlicher Zweig- und Blumenkranz vor, schnell und gern von den Gesellschaftsmitgliedern für einander gewunden[209]).

Es fehlt nicht an Anzeichen dafür, dass bereits in altgermanischen Zeiten der Handschuh einen Teil der Tracht ausgemacht habe. Ein nördlichen Germanen eigenes Wort, angelsächs. *glôf*, altnord. *glôfi*, von zweifelhafter Herkunft[210]), entbehrt nicht alter sagenhafter Bezüge, die uns namentlich im angelsächsischen Beowulf entgegentreten: hier erscheint die *glôf*, die der Riese Grendel umhängen hat, mit zauberisch-teuflischer Kunst aus Drachenfellen gefertigt, und in der

205) D. Wb. 2, 1218.

206) *capellus, a capa dictus, quasi parva capa, qua caput tegitur:* DU CANGE 2, 124a.

207) im Reime mit romanischer Betonung, *ein kleine blüemîn schapél (: Nônel):* Parz. 234, 11. *gürtel und schappél breit und sinewel:* Haupts Zeitschr. 2, 449, 1947f. *ein brief, ein gürtel, ein tschapél (: snel):* U. V. LICHTENSTEIN 189, 1; sonst mit deutscher Tonrückung, *schápel*, vgl. die folgenden Beispiele.

208) *er tregt einen hôhen huot, da ist ein schappel ûf genât:* NEIDHART 239, 63f. *er fuort ouch ûf dem helm sin ein schapel, daʒ gap liehten schîn. von golde und ouch von perlîn lieht was eʒ gemacht:* U. V. LICHTENSTEIN 186, 27ff.

209) *schappel wol gesteinet:* Nib. 1791, 3. *ein schapel daʒ er ûffe truoc von gimmen und von golde:* K. V. WÜRZBURG troj. Krieg 18648f. *dâ streich manc ritter wol sîn hâr, dar ûf bluomîniu schapel:* Parz. 776, 6f. *von einer linden er dô brach ʒwei schapel wol geloubet; einʒ saʒte er ûf sîn houbet; daʒ ander er dô wîter maʒ, dem jägermeister bôt er daʒ:* Trist. 79, 30ff. *der linden loubes ein schapel het ûf sîn houbet der knape snel gesetʒet harte stolʒlîch:* H. V. FREIBERG Trist. 1183ff.

210) Herleitung aus *gi-lôf* und Zusammenhang mit got. *lôfa* flache Hand ist ganz unsicher.

Form eines Fausthandschuhs, zugleich als Tasche für seine Beute benutzt[211]). Jünger ist die Zusammensetzung ahd. *hant-scuoh*, die beinahe den Eindruck einer Übertragung des spätlateinischen, aus dem Griechischen aufgenommenen *chirotheca* macht[212]), der aber dadurch abgeschwächt wird, dass ahd. *Hantscòh*, angelsächs. *Hondsciò* als alter Personenname und in von diesem abgeleiteten Ortsnamen sich findet[213]), ebenso dass der Handschuh als sehr altes Rechtssymbol auftritt[214]). Von einem weiteren einfachen Ausdruck mittellat. *wantus*, der sich im altnord. *vǫttr*, spurweise auch im hochd. *wanz* wieder findet, ist ungewiss, ob er nicht ein gallisches Lehnwort sei[215]).

Dass bei dem germanischen Klima eine in Verbindung mit dem Ärmel des Rockes stehende Hülle der Hand in Schwange gewesen ist, erscheint von vornherein natürlich, und es braucht der Annahme, diese Art Handbedeckung sei eingeführt worden, nicht. Als Form bietet sich, wie oben angegeben, der Fausthandschuh mit oder ohne Däumling, und der Stoff dafür ist Fell oder Leder[216]). Wohl aber dürfte der Fingerhandschuh, der zuerst in der frühchristlichen Zeit als Teil der Bischofstracht vorkommt, von da aus in die weltliche eingeführt sein. Auf diesen Fingerhandschuh wird im Walthariliede angespielt, wenn Hagen im Scherze Walther den Rat giebt, er solle sich den Handschuh der verlorenen rechten Hand mit Wolle ausstopfen lassen, damit doch wenigstens das Handbild, zur Täuschung von Fremden, erscheine[217]). Seit den karolingischen Zeiten gehört der Handschuh dieser Art zur feinen Tracht, der auch in niedere Kreise hinuntergreift, und es muss der Bauer daran erinnert werden, dass ihm die alten

211) *glôf hangode sîd ond syllîc searo-bendum fæst, siò wæs orþoncum eall gegyrwed deófles cræftum ond dracan fellum; he mec þǽr on innan unsynnigne, diór dædfruma, gedôn wolde manigra sumne:* Beowulf 2086 ff. Über den altnord. Fausthandschuh vgl. WEINHOLD altnord. Leben 177.

212) *wanti hantscuoha, hantscoha, handscue, hantscuh*: STEINM. 3, 618, 20 ff. *wanti l. cyrothece hanscuoha:* 619, 32. *wanti et manices hantscuoha:* 620, 35. *cerotege hantscuoha:* 61. *cyrateca l. manices hantscuche:* 664, 1, u. ö. *mufflas hantscoh:* 11, 9. Das Ags. kennt *hondsciô* nicht als Appellativum; das altnord. *hanzki* ist Lehnwort, kommt aber auch im Ortsnamen *Hanzkastang* vor, vgl. FRITZNER Ordb. 1, 730 b.

213) vgl. J. GRIMM kl. Schriften 5, 442. *Hondsció* Name eines Geatenkriegers: Beow. 2077.

214) J. GRIMM Rechtsaltertümer 152 ff.

215) *tegumentum manuum, quae Galli wantos, id est chirothecas vocant*: BEDA vita Columbani 14, vgl. DU CANGE 8, 401 c. ahd. *wanz*, vgl. in folgender Anm.

216) vgl. Anm. 211. In den Casseler Glossen erscheint nach *mufflas hantscoh* die Glosse *wanz irhiner:* STEINM. 3, 11, 10; über *irh* vgl. oben S. 211, Anm. 19.

217) *inter pocula scurrili certamine ludunt. Francus ait: iam dehinc cervos agitabis amice, quorum de corio wantis sine fine fruaris; at dextrum moneo tenera lanugine comple, ut causae ignotos palmae sub imagine fallas:* Waltharius 1424 ff.

Fausthandschuhe, die *hendelinge*, zukommen, nicht Fingerhandschuhe[218]). Weissleder für sie ist schon im 9. Jahrhundert und später öfter bezeugt[219]), aber es giebt auch solche von Stoff, gestrickt[220]), und die Anm. 218 erwähnten Venediger Handschuhe mögen der dortigen Seidenindustrie entstammen. Getragen werden sie in Gesellschaft und auf der Reise, sie sind mit Stulpen versehen, und diese verlängern sich bei Stutzern bis zum Ellenbogen[221]).

Als Gesamtbenennung der germanischen Kleidung erscheint im Gotischen der Plur. des Femininums *wasti*, *wastjôs* in Übersetzung des griechischen *ἔνδυμα*, während der Singular sonst den Sinn eines Überkleides hat[222]). Später begegnen wir im Westgermanischen dem Worte ahd. mhd. *wât*, altsächs. *wâdi*, angelsächs. *wǣd* und *wǣde*, altfries. *wêd* und *wêde*, mit der collectiven Weiterbildung ahd. *giwâti*, mhd. *gewæte*, angelsächs. *gewǣde*, deutlich in naher Verwandtschaft zu dem got. Verbum *gawidan*, ahd. *wetan*, mhd. *weten*, welches binden, schnüren, zusammenschnüren bedeutet, wobei zu erinnern, dass jede Art altgermanischer Rumpf- und Beinbekleidung durch Schnüre zusammengehalten wird. Dem *giwâti* zur Seite geht das ahd. erst spät bezeugte *giwant*, mhd. *gewant*, das ausser der Gesamtheit der Kleidung oder dem Hauptkleidungsstücke auch das Zeug dazu bezeichnet und in gleicher Weise wie jenes zu *wetan*, zu dem Verbum got. *gawindan*, ahd. *gawintan* mit dem ähnlichen Sinne winden, umlegen gehört. Ein auf oberdeutsche Dialecte beschränktes mhd. *hâʒ* und *hæʒe* (auch *gehæʒe*) Kleidung, Anzug würde ein altes, früh nur nicht bezeugtes Wort von einst allgemeinerer, erst im Verlauf der Sprachentwickelung eingeengter Bedeutung sein, wenn es etwa mit dem altnordischen *hâtta* anordnen, einrichten, *hâttr* Art und Weise zusammenhienge, was

218) *vür Venedier hantschuoch trüeg er (der gebûre) hendelinge baʒ:* Seifr. Helbling 2, 68f. Dafür *fustelinge:* STRICKER kl. Ged. 4, 75. *muffula fuistlinc, fustilinc:* DIEFENB. 369c. Aber auch *hantschuoch* muss als Fausthandschuh genommen werden, wenn es im Sachsenspiegel heisst, *ʒwêne wullene hantschû und ein mistgrape ist des tageworchten bûʒe:* 3, 45, 8.

219) *ornanturque manus tegmine candidulo:* ERMOLDUS NIGELLUS 4, 384 (Mon. Germ. Script. 2, 508). *hantschuohe wîʒe hêt er an den henden:* Wigalois 41, 4f. als Tracht verliebter Stutzer *hentschuohe wîʒe:* HEINZELEIN V. KONSTANZ Minne Lehre 492. weisslederne Handschuhe: König v. Odenwald 2, 125, S. 45 Schröder.

220) *hendschuochglisman und sîdenspinnen*, als Lohnarbeiterinnen: Teufels Netz 12050.

221) *ʒwêne niuwe hantschuoh er unʒ ûf den ellenbogen ʒôch:* NEIDHART 75, 13.

222) *niu saiwala mais ist fôdeinai jah leik wastjom*, *οὐχὶ ἡ ψυχὴ πλεῖόν ἐστιν τῆς τροφῆς καὶ τὸ σῶμα τοῦ ἐνδύματος:* Matth. 6, 25, gegen *aflêt imma jah wastja*, *ἄφες αὐτῷ καὶ τὸ ἱμάτιον:* Matth. 5, 40; ähnlich Luc. 6, 29.

aber nicht erweislich gemacht werden kann. Ebenso findet sich zu einem vereinzelt vorkommenden angelsächs. Plur. *hætera*, *hæteru*, Kleider, Kleidung, schwerlich eine Brücke. Endlich ist noch des bis heute gebliebenen Wortes *kleit* zu gedenken, das bei uns erst im Mhd. auftritt, und hier allgemein das zur Bedeckung des Körpers Angezogene, eingeengt auch nur das Rumpfkleid beider Geschlechter bezeichnet, aber nicht einheimisch, sondern vom Norden nach dem Süden vorgedrungen ist. Es begegnet zufrühest im Altnordischen als *klæði* Zeugstoff, Decke, Kleid, dann im Angelsächsischen als *clâð*, Zeug, Tuch, Kleid, und wird kaum vor dem 12. Jahrhundert auf dem Festland Eingang gefunden haben. Die Geschichte dieser Ausbreitung ist ebenso dunkel als die Herkunft des Wortes.

Unterschiede in der Art sich zu kleiden ergeben sich nach Stand, Reichtum, Beruf, Gelegenheit. Immer, von den urgermanischen Zeiten ab, kennt man die Stellung des Mannes am Rock, vom Bettler[223]) aufwärts bis zum Fürsten, und die mittelhochdeutschen Gedichte heben dieses Haften an einer unverbrüchlichen Sitte hervor, indem sie einen *von rehte*, *nâch rehte*, oder *wol*, oder *als er sol*, gekleidet sein lassen[223b]). Es ist eine Art von Sinnbildlichkeit, wenn eine Gesellschaft, die zu einem Unternehmen verbunden ist, auch gleiche Kleidung, selbst gleiches Reitzeug führt[224]).

Was in früheren Zeiten nur allgemeiner Brauch ist, regelt sich später durch Verordnung und Gesetze in den Zeiten, die eine reiche Entfaltung der Kultur und damit eine manigfaltige Gliederung der Gesellschaft gebracht haben, wo denn die höheren Glieder durch kostbarere oder eigenartige Kleidung von den niederen sich auszuzeichnen streben, während es die letzteren fort und fort gelüstet, diesen Unterschied zu verwischen. Luxusentfaltung und Überhebung in der Tracht hintan zu halten, ist schon Karl der Grosse in seinem gesunden hausväterlichen Sinne bemüht, er, der mit dem Beispiele der Einfachheit seiner Umgebung voran gieng, wie manche von ihm erzählte Züge

---

223) typische Schilderung eines Bettlers nach Kleidung und Aussehen im Tristan 101, 34ff.: *sîn bereitschaft und sîn gewant daʒ was, als eʒ dô mohte sîn, ein vil armeʒ röckelîn beschaben unde versliʒʒen, wâ und wâ ʒerriʒʒen; daʒ truog er âne mantel an. diu kleider, diu der guote man under sînem rocke truoc, diu wâren ärmeclîch genuoc, vernoʒʒen und verselwet gar. von unruoche was sîn* [illegible] *an houbet und an barte verwalken alsô harte, als ob er wilde wære. ouch gie der sagebære an vüeʒen und an beinen bar. dar ʒuo was er sô wetervar, als alle die von rehte sint, den hunger vrost sunn unde wint ir varwe und ir lîch hât benomen.*

223b) *von rehte*, s. vor. Anm. *junkherren und knehte, gekleidet nâch ir rehte:* Iwein 307f. *ein edeliu schœne frowe reine wol gekleidet unde wol gebunden:* WALTHER 46, 10f.

224) vgl. die ausführlichen Schilderungen der fürstlichen Gäste die zu Erecs Hochzeit mit Enîten kommen: Erec 1902ff.

bezeugen[225]); und auf ihn zurück führt man die Weisungen, die später dem Bauer über das, was sich für ihn in Bezug auf Kleidung und Gebahren schicke, gegeben werden: er solle einen schwarzen oder grauen Rock mit vollem, nicht geschlitztem Schosse tragen, rinderne Schuhe, Hemd und Bruch von grobem Linnen; sechs Tage in der Woche bei der ländlichen Arbeit, am Sonntage zur Kirche mit dem Treibstecken in der Hand; das Führen eines Schwertes ist ihm bei Todesstrafe untersagt[225b]). Auch im Seifried Helbling wird auf eine solche Rechtssatzung Bezug genommen, wenn es heisst, dass dem *gebûren* in der Woche grauer Hausloden, Sonntags besserer blauer erlaubt worden sei[226]). Aber hat sich schon bei dem Bauer eine solche Standeskleidung im Verlaufe des Mittelalters nicht durchführen lassen, indem er immer wieder die höheren Stände nachzuahmen strebt[226b]), so ist jeder Versuch, den Bürgerstand durch die Tracht von anderen Gesellschaftsklassen abzuheben, von vornherein fehlgeschlagen. Bezeichnend setzen solche Versuche zu der Zeit ein, zu der die Blüte des Bürgerstandes sich vorbereitet oder bereits in die Erscheinung tritt, und bestehen in obrigkeitlichen Erlassen, deren Spitze deutlich gekehrt ist gegen die Städter, die in ihrem durch Reichtum gehobenen Selbstbewusstsein sich nicht kleiner als Adel und selbst Fürsten achten. Solche Erlasse erfolgen zuerst in Frankreich und Italien gegen das Ende des 13., in Deutschland gegen die Mitte des 14. Jahrhunderts, anfangs von patrizischen Stadtobrigkeiten, später von den Landesherren und selbst vom Reich, und setzen wesentlich eine Bürgertracht nach Stoff und Schnitt fest, die niemals innegehalten worden ist. Höchstens die Tracht der Juden ist so mit Erfolg geregelt worden, aber nur, weil sie bereits früher in den Hauptzügen fest stand (schon Innocenz III hatte 1215 eine besondere Judentracht geboten), und weil die Verordnungen gegen Ausschreitungen hier durch die öffentliche Meinung gestützt wurden. Der Sinn ist, dass der Jude durch eine besondere ärmliche Tracht kenntlich gemacht und von den Christen abgehoben werden soll; dies geschieht einerseits durch farbige Abzeichen an der Rumpfkleidung, andererseits dadurch, dass ihnen gewisse Kleidungs-

225) vgl. Mönch v. St. Gallen 1, 34. 2, 17. EINHARD Vita Karol. M. 23.

225b) Kaiserchronik 14791 ff. Auf diese Stelle spielt auch NEIDHART 102, 15 ff. an: *im und sînen tanʒgesellen sol man hâr und kleider alsô stellen nâch dem alten site gar alsô manʒ bi Karlen truoc.*

226) Seifr. Helbl. 2, 70 ff. vgl. die Stelle oben Anm. 113. Man darf in solchen Überlieferungen ungenaue Erinnerungen an die einschränkenden Preisbestimmungen Karls d. Gr. für die Tracht der Vornehmen sehen, wie sie das Capitular von 808 enthält (Capit. reg. Francor. 1, 140).

226b) *gebûren rîter dienstman tragent alle glîcheʒ kleit*, wird Seifr. Helbl. 2, 60 f. geklagt.

stücke verboten sind (vgl. oben Anm. 162), besonders aber durch eine feststehende Form des Hutes, die jedenfalls unter ihnen althergebracht ist[227]), und bei herabhangender Krämpe spitz wie ein Zuckerhut zuläuft[228]).

Haben aber die obrigkeitlichen Erlasse für die Regelung einer Standeskleidung nur recht unvollkommenen Erfolg, weil das Bestreben nicht zu beseitigen ist, im Feierkleide, um das es sich hier handelt, möglichste Pracht zu entfalten, so ergiebt sich ganz natürlich eine Berufstracht, die tägliches Leben und eigenartige Arbeit von selbst erzeugt, und die die Berufsklassen auf den ersten Blick unterscheiden lässt: Bauer, Handwerker, Reisender, Jäger u. a. müssen sich kleiden, wie es zur Ausübung ihrer Thätigkeit angemessen ist. Im Einzelnen zeigen das eine ganze Reihe der in diesem Werke verstreuten Bilder; und auch die schriftlichen Quellen, besonders des späteren Mittelalters enthalten mancherlei Hinweise auf solche Trachten, selbst ausgeführtere Beschreibungen[229]).

Der Berufstracht zur Seite steht die sich mehr und mehr ausbildende Amtstracht, die aus einzelnen Abzeichen des Amts hervorwächst oder mit ihnen zusammengeht. Wie Karl der Grosse, zum Teil auf fremdes Verlangen, die Insignien seiner königlichen und kaiserlichen Würde bei bestimmten Anlässen anlegt, erzählt sein Biograph Einhard[230]); und nach ihm entsteht ein kaiserlicher, königlicher, kur-

---

227) wenn in der Vita S. Anskarii Cap. 4 ein Mann in jüdischer Kleidung erscheint (*cumque ab oratione surrexisset, ecce vir per ostium veniebat, statura procerus, iudaico more vestitus, vultu decorus,* Christus ist gemeint: Mon. Germ. Scr. 2, 693), so darf man hier wohl vornehmlich an die Kopfbedeckung denken.

228) *die Juden suln hüete tragen, die spiz sîn; dâ mit sint sî ûz gezeichent von den cristen, daz man sî für Juden haben sol:* Schwabenspiegel 214, 10.

229) besondere Kleidung und Haartracht eines Kaufmanns in Rücksicht auf seine Geschäftsreisen: Amis 2056 f. vgl. dazu Fig. 42. Kleidung eines als Boten verwendeten Knappen; *von grüenem vritschâl ein tschabrûn der lac dâ bî dem garzûn, den begreif er schiere gnuoc, über sîn achsel er in sluoc, sîn roc was hübeschlîch gesniten wol nâch gêndes boten siten, von guotem sagîte rôt; der roc sich an der lenge bôt nicht verrer dan unz ûf die knie; des selben tuoches wâren die hosen die der knappe truoc; rôt sîne schuoch und hübesch genuoc:* H. v. FREIBERG Tristan 1171 ff. Kleidung von Wallfahrern, leinene Kappenmäntel mit Meermuscheln benäht, grosse Hüte, weite leinene Hosen, blosse Füsse, einen starken Stab (*wallestap*) in der Hand, auf dem Rücken ihrer Röcke gestickte Palmen: G. v. STRASSBURG Trist. 67, 29 ff. Kleidung eines Herausforderers zum gerichtlichen Zweikampfe, *der forderer soll gantz angethan sein in einem grauen rockh mit einem kampfhut vernehet mit riemen, mit grauen hosen ohn fuszling, mit kolben und schild, als ob er jetzund in den kampf gehen solte:* Weist. 3, 601 (Franken, 15. Jahrh.).

230) *peregrina vero indumenta, quamvis pulcherrima, respuebat, nec umquam eis indui patiebatur, excepto quod Romae semel, Adriano pontifice petente, et iterum Leone successore eius supplicante, longa tunica et clamide amictus, calceis quoque*

fürstlicher, herzoglicher, markgräflicher Ornat. Ebenso wird eine besondere richterliche Kleidung vorgeschrieben[231]). Die geistliche Tracht ist schon seit früher Zeit geregelt, und wo hier Ausschreitungen vorkommen, sorgt eine strenge Gesetzgebung für deren Beseitigung[232]). Mit dem Aufkommen der Universitäten und der von ihnen erteilten Grade entsteht eine eigene Gelehrtentracht[233]).

Es fällt nicht in die Aufgabe eines das Hausleben schildernden Buches, auf solche amtliche Kleidung näher einzugehen. Wohl aber darf hervorgehoben werden, dass sich eine Diener- und niedere Beamtenkleidung bildet, die sich nicht sowohl nach dem Schnitte, als nach der Farbe der Kleidung heraushebt, insofern diese ein Dienst- oder Abhängigkeitsverhältnis für Jedermann deutlich bezeichnet. Zu Grunde einer solchen Tracht liegt die Wappenfarbe des betreffenden Herrn oder der Stadt, in deren Sold der Diener sich befindet; sie, mit oder ohne andere Abzeichen des Wappens, wird dem Rock als Kennzeichen des Dienstverhältnisses gegeben, und man wacht genau darüber, dass das nicht verwischt werde[234]). Die Ausbildung solcher Dienertracht vollzieht sich im 13. Jahrhundert, und so, dass neben den Farben des Wappens vielfach auch die so sehr gepflegte Sinnbildlichkeit derselben einspielt (vgl. oben S. 280 und Anm. 110). So legt sich Ulrich von Lichtenstein 1227 in seiner Verkleidung als Königin Venus weisses Sammetkleid, weissen Helm, weissen Schild, weisse Satteldecken zu und kleidet zwölf Knappen in weisses Tuch[235]). Und viel später,

---

Romano more formatis induebatur. in festivitatibus veste auro texta et calciamentis gemmatis, et fibula aurea sagum adstringente, diademate quoque ex auro et gemmis ornatus incedebat: EINHARDI vita Kar. M. 23. Über solche fremde Kaisertracht vgl. auch ann. Fuldah. zu 876.

231) *der rihter noch die schephen suln weder hûben noch hüetelin noch huot ûf haben, noch keplîn noch hantschuhe an hân. die mentel suln sî ûf ir ahsel hân. âne wâfen suln sî sîn; eȥ sî danne, daȥ sî nôt dar ȥu twinge:* Schwabenspiegel 124.

232) vgl. die Beschwerden und Beschlüsse einer 972 abgehaltenen Synode über die unangemessene Tracht der Geistlichen bei RICHER 3, 37 ff. (Mon. Germ. Script. 3, 616). In St. Gallen erregt es grosses Ärgernis, dass der spätere Abtbischof Salomon das Kloster im Leinenkleide betritt, statt in der vorgeschriebenen Wollkutte, und dass er einem alten Bruder einen Pelz schenkt: EKKEHART Cas. 3.

233) Hauptstück der Doktormantel, *cappa doctoralis*, und der rote Hut, die beide bei der Promotion feierlich umgethan und aufgesetzt werden, vgl. KAUFMANN Geschichte der deutschen Universitäten 2 (1896), S. 300.

234) *man schribet allen rêten, swele des rates knecht worden ist, dȥ der enheis herren noch burger sunderlich gewant noch röke tragen sol:* Zürcher Stadtbücher 1 (1899), S. 17 (von 1319). vgl. im Bilde *mîn sanc ensüle des winters wâpen tragen:* Minnes. Frühl. 205, 3.

235) Frauendienst 161, 5 ff. *drî decke . . ûf mîniu ors ȥe wâppenkleit. min wâppenroc der muoste sîn ein wol gevalden röckelîn von kleinem wîȥen tuoche guot:* 161, 23 ff. *ȥwelf knappen sneit man sâ ȥehant von wîȥem tuoche guot gewant . . . eȥ was ouch wîȥ alsam ein snê, swaȥ al die mîne fuorten an:* 161, 13 ff.

bei dem Meister Altswert des 15. Jahrhunderts, sind die Diener der Frau Venus in Grün und Rot, halbgeteilt, gekleidet[236]). Die Kleidung wird vom Herrn geliefert, daher sie mittellateinisch *liberata* heisst[237]), was im Französischen als *livrée*, im Deutschen seit dem 15. Jahrhundert als *liberei*[238]) Aufnahme findet. Hier liegen auch die Anfänge unserer Uniform.

Zum Schlusse noch die Bemerkung, dass die bequeme Nachtkleidung, der *slâfroc*, der gelegentlich im 14. Jahrhundert erwähnt ist, und erst seit dem 17. eine breitere Stelle in der Toilette der Männer einnimmt, doch schon von Karl dem Grossen gebraucht wird[239]).

B. Weibliche Kleidung.

Die Bemerkung des Tacitus, dass dieselbe Kleidung beiden germanischen Geschlechtern eigen, kann nur von der Grundform verstanden werden: in der Ausführung sind männliche und weibliche Kleidungsstücke von vornherein unterschieden. Rücksichtlich der Rumpfbedeckung ist jene Nacktheit des Oberkörpers, die sich vielfach beim Manne zeigte, gemildert, indem das Gewand nicht fehlt, und bei ihm nur Schultern und Arme, allenfalls die Brust von oben her, unverhüllt sind[240]); der Rock fällt bis auf die Füsse herab. Indes ist die Unverhülltheit der Arme und der Brust nicht allgemein, sondern wechselt mit voller Kleidung über die Schultern und Arme bis zum Handgelenk ab, wie die Bilder der Marcussäule zeigen (Fig. 79. 80. 81).

Auf die Gleichheit der Grundform bei Mann und Weib weist auch der Umstand, dass dieselben Namen, mit denen das Gewand des

---

236) Meister Altswert S. 79, 30 ff. 81, 25 ff.

237) DU CANGE 5, 92. vgl. auch unter *roba*, Th. 7, 198 b.

238) *es soll auch keyn burger dieser statt eynicherley gesellschafft oder lieberey weder von fürsten, herren oder anndern erwerben, oder vor erworben tragen, füren oder geprawchen:* Nürnberger Pol. Ordn. 108 (15. Jahrh.). *desselben tags* (im J. 1462) *kam ainer von Fridperg zu dem rotten tor, der trueg hertzog Hansen von Münichen librei . . und sprach, er wer hertzog Hansen pot und wölt zu seinem herrn:* D. Städtechron. 5, 271.

239) *gloriosissimus Karolus ad nocturnas laudes pendulo et profundissimo pallio, cujus jam usus et nomen recessit, utebatur:* Mon. Sangall. 1, 31 (Mon. Germ. Scr. 2, 745). *nocturnum illud atque pendulum Augusti pallium:* 1, 34 (S. 746). Der Schlafrock des 14. Jahrhunderts ist beiden Geschlechtern gerecht; *send mir auch deiner schlafrock ainen umb den meinen, den dir mein mutter antworten sol,* schreibt Heinrich von Nördlingen an Margaretha Ebner 1339 (S. 225, 91 f. der Ausgabe von Strauch).

240) *nec alius feminis quam viris habitus, nisi quod feminae saepius lineis amictibus velantur, eosque purpura variant partemque vestitus superioris in manicas non extendunt, nudae brachia ac lacertos; sed et proxima pars pectoris patet:* Germ. 17.

Mannes genannt wird, für das weibliche gebraucht werden (oben S. 256ff.). Nur ist von vornherein eine grössere Weite des letzteren anzunehmen und durch die Abbildungen bezeugt, so dass sich die Körperformen nicht so ausprägen, wie beim Manne. Der leinene Rock ist nach dem Zeugnisse in der Germania bevorzugt; doch wird das nur für die südlichen Gegenden gelten, während in den nördlichen Wolle herscht. Die hier gemachten Moorfunde zeigen nur diesen Stoff an weiblichen Leichen [241]). Ein Gürtel hält den Rock über den Hüften zusammen, teils sichtbar, teils durch einen Bausch über den

Fig. 79. Germanische Frau mit Kind.
Von der Marcussäule.
Nach Petersen Taf. 28, mit Vergleichung von Bartoli Taf. 17.

Fig. 80. Germanische Frauen.
Von der Marcussäule.
Nach Petersen Taf. 82, mit Vergleichung von Bartoli Taf. 49.

Hüften versteckt (Fig. 79). Ein Oberkleid tritt dazu auf, teils in Form eines kurzen faltigen zweiten Rockes, teils eines Überwurfes (Fig. 79. 80); auch eine Art Jacke mit kurzen Ärmeln ist im Norden vorgekommen [241 b]).

Über Unterkleidung wird aus der altgermanischen Zeit nichts berichtet. Dass sie nicht gefehlt hat, ist an sich glaublich und mag viel-

241) vgl. J. MESTORF zwei und vierzigster Bericht S. 18ff.

241 b) MÜLLER-JIRICZEK nord. Altertumskunde 1, 271 (Beschreibung eines Fundes aus einem Grabhügel bei Aarhus, aus der Bronzezeit).

leicht eine späte Glosse beweisen[242]). Die Schuhform hat sich natürlich der männlichen angeschlossen. Und wenn die germanische Frau einer schweren und weiten Schutzhülle bedurft hat, so wird der Mantel in seiner verschiedenen Form, von Pelz, Fell oder Wolle, auch ihr gedient haben. Kopfbedeckung ist nicht allgemein, da die Germanin freies Haar trägt wie der Germane, oder dasselbe in einen Knoten aufbindet, auch durch einen Einsteckekamm zusammen hält, oder in ein Haarnetz zusammenfasst (vgl. oben S. 81). Eine dem letzteren ähnliche Hülle kann von dichterem Zeuge sein, wie sie in einem

Fig. 81. Germanisches Ehepaar mit vier Kindern. Von der Marcussäule. Nach Petersen Taf. 23. mit Vergleichung von Bartoli Taf. 15.

Grabe bei Aarhus gefunden ist, und das giebt dann die Haube, deren Namen wir oben (S. 297) als schon gemeingermanisch vermuteten. Dazu erscheint endlich das hinten lang herabfallende Kopftuch, wie es Germaninnen auf der Marcussäule zeigen (vgl. Fig. 81), als wirksamster Schutz gegen Unbilden der Witterung, nicht als Prunkstück. Für dieses Kopftuch ist ahd. der Name *houbit-tuoch* und *hulli-tuoch* überliefert[243]).

242) *periscelidas nechala, wîpô hosun, nechala l. wibishosun, wibihosun, wîbhosun:* STEINM. 1, 596, 18ff. Zu *nechala* vgl. mlat. *nacum* als *species panni:* DU CANGE 5, 566b.

243) GRAFF 5, 366. *linteamina hullituoh, hulletuoch:* STEINM. 1, 596, 49f.

Ein Reif in den Haaren kann ebenso dem Schmuck als dem praktischen Bedürfnis dienen[243b]).

Entfaltung dieser einfachen Tracht, die im allgemeinen Jahrhunderte lang gleich dauert, erfolgt wie bei der männlichen durch fremde Einwirkungen seit der Völkerwanderungszeit, und wächst sich mit dem späteren Mittelalter immer rascher zu einer wechselnden Mode aus, die aber stets an den drei Hauptbestandteilen der weiblichen Kleidung, Untergewand, Obergewand, Mantel festhält. Wie früh das leinene Hemd in unserem Sinne sich bei der Frau einbürgert, darüber fehlen Zeugnisse; aber es wird sich damit nicht anders verhalten haben, als mit dem gleichen Kleidungsstücke beim Mann. Und wenn an Frauenbildnissen jede Andeutung davon fehlt, so erklärt dies die Form, wie sie aus einem erhaltenen späteren Stücke erhellt: in einem Hause der Burg Rahnis in Düringen fand man um 1867 zusammen mit Sachen aus dem frühen 14. Jahrhundert ein leinenes Frauenhemd, das nicht nur für den Schnitt dieser Zeit, sondern wohl auch der früheren zeugt: die Länge (70 cm) reicht nicht über das Knie, der tiefe Ausschnitt fällt bis zur Brust hinunter, statt der Ärmel sind nur Tragbänder angebracht. Bei dieser Form ist natürlich Sichtbarkeit auf Bildern unmöglich. Der Name aber des Kleidungsstückes ist derselbe, wie bei dem vom Halse bis zu den Füssen reichenden Untergewand, das dem Leibgewande des Mannes entspricht und ebenso wie bei diesem mit oder ohne Unterhemd getragen worden ist, einfach und mit einem Gürtel zusammengehalten als Hausgewand[244]), das bei entsprechenden wirtschaftlichen Arbeiten auch hochgegürtet sein kann, und in der verschiedensten, schlichten wie reichen Ausführung, als gemeinsame Tracht aller Stände, von Leinen, Wolle oder Seide[244b]), auch, wo es prunken soll, reich ausgenäht oder bestickt[245]). In letz-

243b) In den Gräbern von Reichenhall sind kleine eiserne und bronzene Ringe im Durchmesser von 3–4 cm. an den Hinterköpfen junger weiblicher Toten in Begleitung von Haarkämmen gefunden. „Ort und Lage, wie selbe angetroffen wurden, sprechen dafür, dass dieselben, etwa mit bunten Bändern umwickelt, das fliegende Haar am Wirbel zusammen halten musten“: V. CHLINGENSPERG-BERG Gräberfeld v. Reichenhall (1890) S. 88.

244) *swenne ich stân aleine in mînem hemede:* Minnes. Frühl. 8, 17. Mit einem solchen *hemdelîn* schmückt sich die Bäuerin am Sonntag, zur Freude ihres Mannes: BR. BERTHOLD 1, 324, 4.

244b) Hemde und Rock von *saben:* Kaiserchron. 12764f. *al kleine wîȥ sîdîn ein hemde der künegîn:* Parz. 101, 9f. *mîn hemde sô blanc:* Nib. 618, 2. von *lînwât:* Eracl. 1813. Die Farbe meist weiss; *in sabenwîȥem hemde si an daȥ bette gie·* Nib. 584, 1, u. ö.

245) *ein guot tischlachen und ein hemde, den engelisch næte und bilde sint fremde:* Renner 13406f. *gebildet hemde:* 22712. (Das Hemd der Jungfrau) *was wîȥ sîdîn mit guldîner næte:* Wigal. 24, 23f.

terem Falle sind besondere Zierärmel bereit, die sich an die sonst kurzen des Hemdes angeknöpft oder geschnürt fügen, und nach Belieben gewechselt werden können[245b]). Da das Hemd Schliefkleid ist, so hat es einen Schlitz vorn über der Brust, der mit einer besonderen Klammer geschlossen wird[246]), aber dann wegfällt, wenn die Mode ein tiefer ausgeschnittenes Hemd verlangt[246b]). Das Hemd dieser Art wird von dem vorher beschriebenen Unterhemde auch durch die Bezeichnung *oberhemde* unterschieden, während das letztere *niderhemde* und *niderkleit* heisst[247]). Im

Fig. 82. Frauenhemd (14. Jahrh.) gefunden auf Burg Rahnis. Original in Privatbesitz.

245b) *ich hieȥ mir snîden vrowen cleit. ȥwelf röckel wurden mir bereit, und drîȥic vrowen ermel guot an kleiniu hemd:* U. V. LICHTENSTEIN 160, 25 ff. *ich fuort ein hemde, daȥ was planc, ȥe mâȥen als daȥ röckel lanc, dar an ȥwên vrowen ermel guot:* 166, 25 ff. vgl. auch Seifr. Helbl. 2, 669 unten Anm. 247. Diese Art Ermel müssen auch *stûchen* heissen, sie finden sich am Mannesrock (vgl. oben Anm. 107), wie an dem der Frauen; *stûcha manica*: GRAFF 6, 638. *den stûchen von dem röckelîn warf ich da über daȥ houbet mîn:* U. V. LICHTENSTEIN 287, 3. vgl. auch Gudrun 1385, 4 und Martins Bemerkung dazu. Ihre Einfügung mittels einer durch Kleid und Ermel durchgezogenen Schnur heisst mhd. *besten; beste mir den ermel wider în:* NEITHART 8, 34 f. vgl. zu diesem Verbum auch oben S. 226 u. 245.

246) *vürspan; an ir hemde ein fürspan er dâ sach:* Parz. 131, 17. vgl. über die verschiedenen Kleiderschlüsse auch unten § 3, Anm. 58 ff.

246b) *daȥ sî* (die Frauen) *mê danne halber blôȥ gânt ob des gürtels lenge:* Reinfried 15218 f. *di frauwen drugen wide haubtfinster* (ausgeschnittene Kleider), *also daȥ man ire broste binach halbe sach:* Limburger Chron. ed. Wyss (1883) S. 39, 6 f.

247) geplündert wird von Frauen *sleyer binden ermel tuoch, mantel roc unde pfeit, oberhemede und niderkleit:* Seifr. Helbling 669 ff. *niderhemde* für Unterhemde: Ges. Abent. 1, 55, 537.

bairischen Sprachgebiet ist, wie für das Mannshemd, so auch für das Frauenhemd beiderlei Art, der Ausdruck *pfeit* üblich, mit dem Diminutiv *pfeitel*, älter auch *pfeitid*[247b]).

Dass dieses Oberhemd ein höchst wirkungsvolles Kleidungsstück sein kann, ersehen wir aus der Beschreibung Konrads von Würzburg im Engelhard, die einer lüstelnden Ausführlichkeit nicht entbehrt (v. 3034 bis 3097), und besonders Nachdruck auf die feine weisse Seide legt, welche die zarte Haut des Leibes durchschimmern lässt, und die Enge des obern Teiles, vermöge deren die zierlichen Brüste sich ausprägen, während der untere Teil in zahlreichen krausen und weiten Falten bis zu den Füssen hinabreicht. Jener obere Teil ist durch edelsteinverzierte Borten geschmückt und seine Enge wird ermöglicht durch eine Schnürvorrichtung an beiden Seiten mit Goldfäden[248]). Später hören wir von einem eigenen Hemdschnitt, der die Brüste hervorhebt[249]); lange vorher aber schon verwendet man zu gleichem Zwecke ein Tuch oder eine Binde, die unterhalb der Brüste fest dem Leibe anliegt und als ***brusttuoch, brustbinde*** überliefert ist[249b]). Ein reicher Gürtel mit Edelsteinen hält das Hemd zusammen[250]).

247b) vgl. dazu S. 255, Anm. 13. S. 258, Anm. 19. *röckel pheit dem wîbe zôch er ab dem lîbe*: Helmbr. 677 f.

248) *mit golde zuo den sîten gebrisen was ir lîp dar în:* 3042 f. vgl. *si hiez sich schône brîsen:* NEIDHART 7, 4. edle Frauen *brisend sich in so rain, das si enmitten werdind klain:* Teuf. Netz 12073 f. Das geschieht mit dem *brîsevadem*, dessen sich auch Stutzer bedienen, wenn sie sich einzwängen: K. V. HASLAU Jüngl. 93.

249) *ore hemde dy hatten secke, do sy dy broste in stackten, das vor mals nicht meer gewest was* (zum Jahre 1480): K. STOLLE Chron. 456 Thiele. Aber dieser Schnitt ist nicht so spät aufgekommen, wie es nach Stolle scheinen möchte, denn schon das satirische Gedicht Meister Rennaus, das wohl noch ins 14. Jahrh. fällt, erwähnt ihn; *ir manche macht zwen tuttenseck, damit so snurt sie umb die eck, das si anschau ein ieder knab, wie sie hübsche tütlein hab: aber welcher sie zu grosz sein, die macht enge secklein, das man icht sag in der stat, das sie so grosz tutten hab:* Meister Rennaus, ed. A. Schönbach 1873, v. 55 ff.

249b) ahd. *pectoralis fascia prustuoh, prusttuoh, prusttuoch:* STEINM. 1, 597, 15 ff. *fascia brustbinda, brustbinde:* 3, 191, 52. *pectorale brusttuch, brustpinde:* DIEFENB. 418c. vgl. dazu *fascia, qua tegitur pectus, et papillae* (Var. *mamillae*) *comprimuntur, atque crispanti cingulo angustius pectus arctatur:* ISIDOR. Orig. 19, 33, 6. Vielleicht meint auch ahd. *fasciola wintinga, windinga* (STEINM. 3, 618, 8. 619, 23, *wintinc* 623, 22. 624, 5) dieselbe Binde, wiewohl auch die Schenkelbinde darunter verstanden sein kann. Während hier der lateinische Ausdruck überall durch den deutschen ersetzt ist, bewahrt ein schweizerisches *fäsche* jenes *fascia* noch als Wickelband für Neugeborene (schweiz. Idiotikon 1, 1097). Bemerkenswert, dass schon im Gotischen *fascia* als *faski* oder *faskja* mit Änderung des Geschlechts ins masc. oder neutrale volksmässig in dem allgemeinen Sinne einer Binde entlehnt worden ist; es übersetzt Joh. 11, 44 im Dativ Plur. *faskjam* das griech. κειρίαις (Vulg. *institis*).

250) Hemdgürtel, *daz was ein borte guot genuoc von edelem gesteine,* ausführliche Beschreibung desselben: Wigal. 24, 25 ff.

Genügt letzteres allein für die häusliche Tracht, so ist es doch ungewöhnlich, dass eine Frau zu ihm nur den Mantel umlegt, wenn sie das Haus verlässt, wie Engeltrut es thut, als sie sich zum Stelldichein mit Engelhard in den Baumgarten begibt[251]). Zum Hemd hat sich als Überkleid der Rock eingefunden, von gleichem Namen wie das Gewand des Mannes, von vorn herein aber in verschiedener Form ausgebildet. Er ist als ein Bestandteil eleganter Frauenkleidung bereits seit oder vor den Karolingerzeiten in allgemeinerer Anwendung, und diese gründet sich wohl nicht weniger auf den Wunsch nach Hebung des vorteilhaften Aussehens als auf das Bedürfnis eines Schutz- und Deckstücks über das bei strengerer Jahreszeit allzuleichte Hemd, von dessen Form der Frauenrock eben so ausgeht, wie der Mannsrock. Da er so sichtbar getragen wird, so folgt er der Mode und dem Luxus viel mehr, als das zum grossen Teil von ihm verdeckte Untergewand, und Schnitt und Form haben im Laufe der Jahrhunderte den eingreifendsten Wechsel durchgemacht. Das Hemd blickt an den Ärmeln vor, wenn die Mode ärmellosen oder kurzärmeligen Rock vorschreibt, und an den Füssen, so lange hier die Mode den Rock kürzer will, als jenes, was in der Folge je später desto weniger der Fall ist. In den früheren Zeiten des Mittelalters behauptet das Hemd seine Stellung als Hausgewand, in bequemer Weise getragen, wenn man zu Hause ohne gesellschaftliche Pflichten ist, dazu aber bildet sich der Rock als eigentliches Gesellschaftskleid der Frau aus, und dem entsprechend ist er reich nach dem Stoffe, leuchtend in der Farbe, herabwallend mit Schleppe (mhd. *swanȥ*, verkleinernd *swenȥelîn*), und selbst im Futter prunkend, das zu zeigen man Sorge trägt. Nach den Farben geteilt erscheint er ebenso häufig wie beim Manne[252]).

Das Verlangen, einen schönen Wuchs und namentlich schmale Taille (oben S. 19) zu zeigen, macht sich besonders durch Schnüren

251) *daȥ hemde stuont vil gar ȥe lobe. si truoc ein mantellîn dar obe, daȥ was vil guot scharlachen rôt:* Engelhard 3097 ff.

252) *si truoc einen roc wîten, von ȥwein samîten gesniten vil gelîche, eben unde riche. der eine was grüene als ein gras, der ander rôter varwe was, von golde wol geȥieret. er was gefurrieret mit vil grôȥem vlîȥe; härme vil wîȥe hete er bedecket. der pelleȥ was gestrecket gegen dem rocke gelîche. gerigen* (gefältelt) *meisterlîche ein hemde was dar under:* Wigal. 24, 6 ff. Hofdamen einer Königin tragen geteilte Röcke: Parz. 235, 13. Vielgefalteter *swanȥ* eines Gewandes: K. v. WÜRZBURG Engelh. 3092. *schwäntȥ . . hinden an den röcken:* O. v. WOLKENSTEIN 6, 52. Die Schleppe, *swenȥelîn*, kann aber auch einen besondern Teil des Rockes bilden, angeknöpft oder angeschnürt; *sô heiȥen wir diu megetîn legen an ir swenȥelîn durchrigen wol mit golde. diu ȥiehens über diu ȥendelkleit:* Virginal 578, 1 ff. *dô* (beim Tanze) *hâten an ir swenȥelîn diu wunneclîchen megetîn:* 1091, 4 f. *dînen swanȥ lege an dich, deswâr, sô bistû sûberlich:* Minnes. 2, 77, 7 Hagen. Als vornehme Dame trägt Enit einen grünen Rock über dem Hemd, wenn beides auch abgeschabt, schmutzig und zum Teil zerrissen ist: Erec 324 ff.

des Leibes geltend. Zunächst nicht am Rocke, denn dieser ist weit und viel gefaltet[253]), obwohl bei seinem Schnitte, sowie durch Gürtung dafür gesorgt wird, dass die Leibesgestalt sich nicht verberge, wohl aber am Hemd, dessen Schnürvorrichtung oben (Anm. 248) erwähnt ist: diese letztere wird entsprechender an einem selbständigen Zwischenstück angebracht, das man zwischen Hemd und Rock trägt, und das mhd. *muoder* heisst. Der Name, unserem Mieder entsprechend, kann aber nicht nur das erwähnte selbständige Kleidungsstück, sondern auch den Rumpfeinsatz in einem Hemde oder Rock, auch bei Männern bezeichnen[254]), und welches die ältere Bedeutung ist, steht dahin. Das Wort an sich hilft hier nicht entscheiden, da es offenbar von einem älteren Begriffe ‚Leib' her übertragen ist[255]), wie ja auch ‚Leibchen' ein Kleidungsstück ausdrückt, welches als Bestandteil eines Rockes oder für sich bestehen kann. Das selbständige mit mhd. *muoder* bezeichnete Stück entspricht einem altniederdeutschen *mûder*, altfriesischen *môther*, und mittellateinischen, aus dem Deutschen entnommenen *modercula*[256]), und wird durch die Bildung *übermuoder*[257]) ausdrücklich als über dem Hemde getragen gekennzeichnet. Friesische Strafbestimmungen unterscheiden als die drei Hauptbestandteile der Frauenkleidung Obergewand, Mieder, Hemde[258]). Als Vorläufer des späteren Schnürleibs hebt es den Wuchs so vorteilhaft hervor, dass es auch in den Gebrauch männlicher Stutzer übergeht[259]).

---

253) *an disen aht frouwen was röcke grüener als ein gras, von Azagouc samit, gesniten wol lanc unde wit. dâ mitten si zesamne twanc gürteln tiur smal unde lanc:* Parz. 234, 3 ff. *ein wol gevalden röckelin von kleinem wizen tuoche guot:* U. v. LICHTENSTEIN Frauend. 161, 26 f. Aber das *brisen* der Seitenteile des Rockes und seiner Ermel wird erwähnt Erec 8239 f.

254) *da der ermel an daz muoder gât, alumbe und umbe was diu nât behangen mit schellen* (an des jungen Helmbrechts Prunkrocke): Helmbr. 211 ff. *ermel und müeder sint gesteppet:* Minnes. 3, 191, 4 Hagen.

255) über ahd. *muodar*, mhd. *muoder* in der ursprünglichen Bedeutung Leib. Leibesgestalt vgl. LEXER mhd. Handwörterbuch 1, 2238.

256) *modercula mûder:* STEINM. 3, 358, 9. *mudercula mûder. cum legis mûder. non matrem cogites, sed vestem:* 377, 32 f.

257) *amictorium mieder, ubermûder:* DIEFENB. 30 b. *werfet ûf die stuben, so ist ez küele, daz der wint an die kint sanfte wæje durch diu übermüeder:* NEIDHART 40, 17 ff. *dô lôste ein sîdîn hemde daz hôchvertige wîp von dem übermüeder al umbe und über al. sie liez den lîp blecken di sîten hin ze tal:* Wolfdietr. D VI, 99, 2 ff.

258) *ènre frowa hire thriu clâthar truch snithen, thet hrèclit bi elleva scillingum, thet môther bi thrîtega enzem* (Unzen), *thet hemethe bi sogen merkum:* RICHTHOFEN 340, 13 ff., wo eine andere Bestimmung 224, 24 ff. die drei Kleider der Frau bezeichnet als *thet ûterste clâth, thet inre* und *thet hemethe.*

259) *er twingt die wüst* (Taille) *enge ein, grosz musz im die prust sein:* Meister Rennaus ed. Schönbach 13 f.

Das Verhältnis des Rockes zum Oberhemd ist zu verschiedenen Perioden verschieden. Die höfische Zeit des Mittelalters lässt beide Gewänder neben einander zur Geltung kommen; in späteren tritt mehrfach das Hemd zurück, der Rock vor, wie die Mode es will. Als Deckkleid dient nicht nur der Mantel, der sich durch alle Jahrhunderte hindurch zu Prunk und Schutz hält, in den verschiedenen Formen, wie sie auch der Mannesmantel zeigt, in reicher Ausführung, mit Pelzfütterung[260]); sondern auch die an den Mantel sich anschliessenden Nebenformen, Kappe, Gugel, Schaperun, Taphart, Heuke (vgl. oben S. 290 ff.). Daneben gehen die rockartigen Deckkleider, deren Namen bei beiden Geschlechtern die gleichen sind (S. 292 ff.), was an sich schon auf ungefähre Gleichartigkeit des Schnittes schliessen lässt. Auch die kurzen Überwürfe, Kurzebold, Joppe werden von Frauen getragen[261]).

Beinbekleidung wird begreiflich viel weniger erwähnt, als bei Männern, und es ist wahrscheinlich, dass sie in Deutschland auch viel weniger eingeführt gewesen ist; anders als in Skandinavien, wo, durch das Klima gezwungen, auch die Frau die Bruch trägt, wenn auch von anderm Schnitte und im Schritte nicht geschlossen[262]). Beinbinden werden allerdings genannt, als Teil vornehmer Frauentracht des 11. Jahrhunderts[263]); Socken dürfen als gewöhnlicher vorausgesetzt werden[264]), und was den Schuh betrifft, so kann seine Form im Allgemeinen nur dieselbe sein, wie bei dem des Mannes, höchstens einfacher, da er bei der langen Kleidung nicht besonders hervortritt. Doch werden die stiefelartigen *golzen* (S. 288) auch von Frauen angezogen, und dasselbe Paar kann sogar beiden Geschlechtern dienen, wenn es nur sonst

---

260) ausführliche Beschreibung eines reichen Frauenmantels mit kostbarem Pelzfutter und goldbesetztem Oberzeuge: Wigal. 25, 17 ff. Partenop. 8708 ff. Hermelinfutter, brauner Überzug von Sammet: Erec 8940. grüner Mantel mit Pelz und Pelzkragen (*diu kürsen het ein überval, ze mâzen breit, ze mâzen smal*): U. V. LICHTENSTEIN 348, 5 ff. Scharlachrotes *mantellîn, dar ûz ein liehtez fuoter bôt ie wîzen unde ie blâwen schîn; daz was durchliuhtic hermelîn*: K. V. WÜRZBURG Engelh. 3098 ff. Mantel und Pelzgewand (*kursen*) den ehrbaren Frauen und Bürgerinnen vorbehalten, den gemeinen Frauen verboten: Stadtrecht von Meran, Haupts Zeitschr. 6, 425.

261) *dô zierede megede unde wîf mit vlîze den iren lîf; sie trôgin kurzebolde, gelistet mit dem golde, unde mit edelen gesteine gewiret vile kleine*: König Rother 4575 ff.

262) vgl. WEINHOLD altn. Leben 173.

263) *ligamina crurum, quę cecidere sibi, dum clericus iungitur illi*: Ruodlieb 17, 29 f. Seiler. Der Name war ahd. *winting; fasciolas windinga* (neben *caltiarii scuoha*): STEINM. 3, 620, 26, ähnl. 619, 23. 633, 22.

264) *die socken leits an die füeze*: Wolfdietr. D VIII 9, 1.

passt[265]). Barfussgehen bei niederen Personen wird hervorgehoben, aber dabei auch der weissen Füsse gedacht[266]).

Reich und manigfach entwickelt sich die weibliche Kopftracht. Die altgermanische Sitte, das Haar frei oder ohne andere Hülle aufgebunden zu tragen, hört eine Zeit lang, in der guten Gesellschaft wenigstens, fast ganz auf und wird auch später nicht wieder allgemein. Die Damen der karolingischen und nachkarolingischen Zeit zeigen kürzere oder länger herabfallende Kopfbedeckungen, die mit der Mode wechseln, von schlichterem oder kostbarerem Stoffe hergestellt sind und nach den Bildern einer reizvollen Wirkung nicht entbehren, aber doch die Tendenz haben, das Haupthaar völlig zu verhüllen: es kann das nur die Einwirkung der Weisung sein, die Paulus den Weibern (1. Cor. 11, 5ff.) rücksichtlich der Haartracht gibt. Und so wird sie unbedingt für den Kirchenbesuch der Frauen gegolten haben, weniger allgemein wohl bei profanen Anlässen. Wenigstens schildert uns Angilbert anlässlich eines Jagdvergnügens die Haartracht der Gemahlin und der Töchter Karls des Grossen verschieden genug mit Kopfhülle und ohne solche: während die Gemahlin Liutgard und die Tochter Rhodrud das Haar mit Binden unter einer Krone, Gisala mit einer Hülle umgeben tragen (die verschiedenen Bezeichnungen deuten wohl auf verschiedene modische Formen), hat Berta den goldenen Stirnreif und in die glänzenden Locken goldene Fäden eingeflochten, von Rhodhaid wird nur die Krone mit schimmernden Steinen, und von Theodrada nur der Goldglanz des Haares hervorgehoben[267]).

---

265) *zwêne rôter golzen brâht er her mir über Rîn; die trag ich noch hiwer an mînem beine*, sagt die Jungfrau: NEIDHART 21, 16f. *golzen rîsen unde huot hât mîn eide verspart mir vor ze leide:* 29, 6ff. eine Bauernjungfrau stiehlt für sich von einem Ritter ein Paar rote Golzen: 20, 30ff.

266) *ich wæn alle di der sint ein bezzer kint niht vunden, wan daz ir diu vüezel sint zeschunden:* NEIDHART 49, 1f. *ain graserin durch küelen tau mit weissen plôssen füesslîn zart, hat mich erfreut in grüener aw:* O. V. WOLKENSTEIN 64, 1. Eine Tagelöhnerin will als Preis für ihre Hingabe *zwêne schuohe* haben: STEINMAR in den Minnes. 2, 158a Hagen.

267) vgl. ANGILBERT in seinem Lobgedichte Karolus Magnus et Leo Papa (Poetae Lat. aevi Carolini 1, S. 370ff.), *Liutgardis Karoli pulcherrima nomine coniux. fulgida colla nitent roseo simulata colore; cedit opimum etenim redimitis crinibus ostrum; candida purpureis cinguntur tempora vittis:* v. 184ff. *Rhodrud . . immixta est niveis ametistina vitta capillis, ordinibus variis gemmarum luce coruscans; namque corona caput pretiosis aurea gemmis implicat:* 215ff. *Gisala . . mollia purpureis rutilant velamina filis:* 232. *Berta . . caput aurato diademate cingitur almum. aurea se niveis commiscent fila capillis:* 224f. *Rhodhaidis . . pectora, colla, comae lucent variata lapillis, serica et ex humeris dependent pallia pulchris; inseritur capiti nitido gemmata corona:* 245ff. *Theodrada . . fronte venusta nitens et cedit crinibus aurum:* 252.

Eine besondere Art weiblicher Kopfbedeckung scheint im karolingischen und ottonischen Zeitalter nach dem Zeugnis der Miniaturen bevorzugt worden zu sein: ein langes faltenreiches Tuch von leichterem, oft schön gemustertem Stoffe, welches nicht nur den Kopf derartig bedeckt, dass nur die Haare über der Stirn und der Anfang des Scheitels (oft auch diese nicht) sichtbar werden, sondern dazu auch über Schulter und Rücken herabfällt, wie das von dieser Zeit her gebliebene Schleiertuch (*mantilla*) der spanischen Frauen. Für dieses Stück war der griechische Name *θέριστρον*, leichtes Tuch in der Sommerzeit oder Ernte zum Abhalten der Sonnenstrahlen (*θέρος* Sommer, Erntezeit) als Bezeichnung gänge geworden, nachdem der heilige Hieronymus darauf hingewiesen, dass (nach 1. Mos. 24, 65) sich Rebecca beim ersten Anblick des Isaac in ein solches, nach der Sitte orientalischer Frauen, verhüllt habe; es erscheint bei Isidor in diesem Sinne erklärt[268]) und bleibt im Mittellatein als nicht unhäufiges Wort, freilich nicht in genauem Sinne, indem oft mehr an ein Kleid wie an eine Kopfhülle gedacht wird. Deutsche Erklärer haben denn auch diese beiden Bedeutungen; wo sie aber an die letztere denken, übersetzen sie den fremden Ausdruck zunächst ins Ahd. als *rîsa* oder *linȥ*, und *rîse* bleibt durch das Mhd. als technischer Ausdruck, während *linȥ* nicht weiter vorkommt[269]). Auch mit *wimpal* wird das Fremdwort wiedergegeben[270]). Das mittelalterliche *rîsa*, *rîse* gibt durch die Zugehörigkeit zum Verbum ahd. *rîsan*, mhd. *rîsen* fallen, sinken, seine Bedeutung als herabfallendes Kopftuch zu erkennen; es ist vorzugsweise der Tracht verheirateter Frauen eigen, von Leinen oder besserem Stoff, namentlich Seide, und so geräumig, dass man es über dem Gesichte zusammenziehen kann, wo es dann Wangen, Mund und Kinn verbirgt. So hält es sich in verschiedenen modischen Formen und Farben bis ins 14. Jahrhundert[271]); im 15. ist es abgekommen.

---

268) *theristrum pallium est, quo usque hodie Arabiae et Mesopotamiae mulieres velantur, quibus in aestu tutissimo teguntur umbraculo:* ISIDOR. Etym. 19, 25, 6. Der Plur. *theristra*, übernommen in die Vulg., begegnet auch Jes. 3, 23, deutsche Glossen wissen es aber nur durch den Zeugnamen *saban, sabun* wieder zu geben: STEINM. 1, 597, 4 f. 619, 41.

269) *theristra rîsa, rîse i. linȥ:* STEINM. 3, 148, 49. *theristra linȥ:* 192, 29.

270) *wimpal theristrum:* GRAFF 1, 854. Als Bindwerk ums Haar, *ein wimpl ir hâr ȥesamne bant:* Erec 8945. vgl. weiter über das Wort Anm. 277.

271) *mit einer rîsen (diu was guot) verbant ich mich: eȥ was mîn muot, daȥ an mir iemen solde sehen iht anders wan der ougen brehen:* U. V. LICHTENSTEIN 177, 1 ff. *owê! daȥ ich niht ein sîdîn rîsel bin, daȥ diu wengel decken sol bî sô rôtem munde!* Minnes. 3, 260, 3 Hagen. *mir* (einem Weibe) *ȥimt niht wan ein rîse, dar în sol ich mich brîsen:* J. ENENKEL Weltchron. 15267 f. *ir antlütȥes schônheit mit dicken rîsen si verbant:* Trist. 33, 281. *die gelwen rîsen:* H. V. MELK Priesterl. 698. *ein lînîn rîs wîȥ unde lanc von kleinem garn schœn unde blanc:* BR. PHILIPP Marienl.

Ähnliche Hüllen sind der schon genannte ahd. *wimpal*, mhd. *wimpel*, der auch im Angelsächsischen als *wimpel* und *winpel* erscheint[272]), und die fremde Einführung seit dem 12. Jahrhundert, der mhd. *slogir, sloiger, sloier, sleiger, sleier, sleger*, später *schleier*, von dem wie von dessen Namen man die Heimat nicht kennt, der aber von vorn herein von der *rîse* sich durch luftigeres Gewebe und freiere Verbindung mit dem Haupte unterschieden haben muss. Ob Sache und Wort aus dem Orient stammen und mit den Kreuzzügen herüber gekommen seien, scheint jedenfalls noch fraglich[273]). Dass nach der Einbürgerung des Stückes die Worte *rîse* und *sloiger* aber vielfach durcheinander gebraucht werden, ist natürlich. So kann der Schleier, wie die *rîse*, das Antlitz verhüllen[274]), und mit seinem Namen kann selbst die Kopfhülle der Nonnen bezeichnet werden[275]), die sonst *wihel, wîler* (aus *wiheler*), niederl. *wijle, wiele* (mit einer Umdeutung auf *wîhen* weihen aus lat. *velum*) heisst[276]). Endlich ist noch der im 14. Jahrhundert auftauchenden Kopfhülle, des Sturzes, zu erwähnen. Der *sturz* ist wohl nichts als eine Umformung der *rîse*, die er verdrängt, und nach seinem Namen ein über den Kopf gestürztes Tuch, das aber weiter hinabreicht und auch den Oberkörper mit deckt. Es wird mit Schleier und Weihel zusammen genannt; als gleichsinnig erscheint auch *stûche*, das sonst einen weiten angehefteten Rockärmel bedeutet[277]). Solche

8790 f. und vielfach. Modische Formen und Schmuck wird durch die Nürnberger Verordnung gekennzeichnet, *ez sol auch dhaine frauwe noch witwe dhaine reisen tragen danne slehte reisen, die weiz oder rot sein, als si von alter her gewesen sint:* Nürnb. Pol. Ordn. 66.

272) *ricinum, winpel, vel orl:* WRIGHT-W. 1, 107, 37. *anabola winpel:* 125, 8. *cycladibus wimplum:* ags. Glossen in Haupts Zeitschr. 9, 480 b. *cycladibus, virginalibus wimplum l. orlum:* 486 b. *mafortibus wimplum, i. velaminibus, hwimplum l. orlum:* 526 b. Das ags. *orl* (auch *orel:* WRIGHT-W. 1, 205, 2. plur. *ciclas, vel oraria, orlas:* 288, 1; *oraria orelu:* 462, 30) ist Umformung des lat. *orale* Mundtuch, auch ahd. *strofium orol l. chelatuoch:* STEINM. 3, 620, 37; *strophium oral:* 622, 20. 38; und schon got. *aurali*, Joh. 11, 44, Schleier der das Haupt eines Toten bedeckt, *σουδάριον*.

273) vgl. darüber und über die manigfache Entwickelung des Worts D. Wb. 9, 576 ff.

274) *mîn slôgir dact mîn antlütz gar, dar durch ich doch vil wol gesach:* U. V. LICHTENSTEIN 258, 14 f., vgl. dazu *ein slegir ûf daz houbt ich leit:* 257, 23. *si warf den sleier alsô dicken über ir liehtiu wengel:* Minnes. 3, 260, 2 Hagen.

275) *den sloier si von im entpfie und gelobete gote kûsch mē wesen:* Passional 659, 36 f. Köpke. *velamen nunnen-sloer:* DIEFENB. 609 a.

276) *vitta, velum nunnunwiler:* Voc. opt. 13, 70. *velum eyn weildoech (wîltuoch) der nonnen, wiele der closterfrauwen, weile, wil, wile l. vele:* DIEFENB. 609 c; *wijle i. wiele, velum:* KILIAN Yy 1 a. vgl. auch die folgende Anm.

277) *calyptra sturz, stauch, schlair:* DIEFENB. 90 c. *flammeolum sleyer, sturcz, wimpel, flammeum, slewer, bruthüll, sturtz, rise:* 238 b. *peplum sleyer, sleyerduch, hulle, heufftduech, stuch, sturcz, wimpel:* 424 a. *vitta wiel, wijel der closterfrawen,*

Stücke können schlicht um den Kopf genommen werden, aber sie können ihn auch in gewählter und koketter Fältelung umgeben; und auch hier sorgt die bürgerliche Obrigkeit dafür, dass die ehrbare Bürgerin dabei nicht ausarte[278]). In welcher Weise diese Fältelung im Gegensatz zur schlichten Lage auf dem Kopfe gedacht ist, ersieht man aus Fig. 16, oben S. 34.

Mit dem Sammelwort ahd. *ga-penti*, mhd. *gebende* wird eigentlich alles Bindwerk bezeichnet, womit Haupt und Haar bedeckt erscheint. Aber schon ahd. löst sich davon die Vorstellung eines Hauptschmuckes los, der kranz- oder hutartig gedacht ist[279]), und bereitet eine recht vielseitige Bedeutung des Wortes im Mhd. vor. Im engeren Sinne bezeichnet es hier die Verhüllung von Wangen und Stirn, die auch durch Rise und Schleier bewirkt werden, nur dass beim Gebende die Hülle straffer liegt, wie man an den Figg. 16 und 83 bemerken kann. Im weiteren Sinne ist *gebende* sowohl das reich geschmückte Band, mit dem das frei getragene Haar zusammengehalten wird (die Formel *einer binden* bedeutet sie so schmücken), als auch kranz- oder kronenartiger Reif um den Kopf, auch von natürlichen Blumen[280]).

Die sinnbildliche Bedeutung aller Kopfhüllen, wie sie besonders seit dem 12. Jahrhundert, aber auf Grund alter Überlieferung, hervortritt, geht von der Gebundenheit und Unfreiheit des Weibes aus, mag dieselbe geistlich oder weltlich verstanden werden, in letzterem Falle als dem Willen des Mannes unterworfen. Von da aus ist Rise, Schleier und alles Ähnliche recht eigentlich die Tracht der Verheirateten, auch der Gottesbräute, während die noch freie Jungfrau das Haar frei trägt (Fig. 83). Die sinnbildliche Decke aber ist in Verbindung gesetzt mit eigentlichem Kopfschmuck, und so wird über jener noch der

---

wyle, stuchen, ein wisȝ tuchel quo capilli colliguntur, ryse, reyse, wumpele, l. sleyger: 624 b. *manig frau spet und fru lest iren man nit haben ru, er kauf ir sleier und sturȝ vil, rock mantel, kürschen ân ȝil:* Meister Rennaus (ed. Schönbach) 71 ff. zu *stûche* vgl. auch oben Anm. 245 b.

278) *eȝ sol auch dhaine burgerin, eȝ sei witwe oder frauwe oder juncfrauwe, dhaynen slayre noch stauchen tragen, der mer vache habe danne vier vache, also daȝ die ende vorn auf dem haubt ligen; wil si aber mer sleyir oder stauch tragen durch frostes oder durch krangheit wegen, di mag di wol tragen also, daȝ si di uber twerch auf legt, und sol niht ȝwen oder mer auf ainander reihen:* Nürnberger Pol.-Ordn. 66 (13—14. Jahrh.). Im 15. Jahrh. aber sind *sechs vach* erlaubt: S. 98.

279) *gibenti mitra, haubitgabenti sertum:* GRAFF 3, 138.

280) *bint dir balde, trûtgespil:* NEIDHART 24, 26. *schône begunde ir binden Elsemuot und ir gespil. ietwederiu truoc ein rôsenkranȝ:* 187, 17 ff. *ȝwei schapel über blôȝiu hâr, blüemîn was ir gebende:* Parz. 232, 16 f. Über die verschiedenen Bedeutungen des mhd. Wortes vgl. D. Wb. 4¹, 1725 ff.

Hut, die Haube getragen[281]). Aber auch diese letzteren erscheinen wohl für sich als Zeichen der Gebundenheit; das gefallene Mädchen soll seine Haare unter dem Hütchen tragen[282]). Bei solcher Kopftracht kommt das schöne Frauenhaar freilich nicht zur Geltung; allerlei Mittelchen, es wenigstens teilweise zu zeigen, erscheinen dennoch. Entweder man lässt vorn an der Stirne und den Seiten einige Löckchen aus der Hülle vorsehen[283]), oder man legt die letztere so weit zurück, dass der Anfang eines schön gezogenen Mittelscheitels und dazu zu beiden Seiten herabfallende Haarsträhne unverborgen bleiben, oder endlich, unterhalb der Haube treten die langen und geschmückten Zöpfe hervor, wie es Ulrich von Lichtenstein bei der Schilderung seiner Verkleidung als Frau Venus beschreibt[284]).

Sorgfältige Pflege des Haares durch Abteilen oder Unterbinden[285]) geschieht, auch wenn es bedeckt ist; wie viel mehr, wenn es offen getragen wird, wie das seit dem 12. Jahrhundert von Seiten der Jungfrauen wieder ziemlich allgemein geschieht, nachdem es in dem vorhergehenden Zeitraume abgekommen war. Dieses offene Haar[286]) durchzieht man mit Bändern, Fransen und Borten (vgl. Fig. 71[287]), hält

---

281) Ulrich von Lichtenstein, als Frau Venus verkleidet, verbindet sich zuerst *mit einer rîsen* und setzt darüber als Zier *reht als ein wîp . . einen pfâben huot, der was von hôher koste guot:* Frauend. 177, 1 ff. *ab ir warf si irn mandel guot, gürtel, rîsen und ir huot:* J. ENENKEL Weltchron. 6347 f. *mit gewande sam ein wîp was gevazzet im der lîp, mit hûben und gebende:* Ges. Abent. 3, 72, 1099. Die Hüte können so weit sein, dass sie das Gesicht völlig beschatten; über solche Hüte in Österreich klagt HADLAUB 11, 1 ff. (*der sit ist in Oesterrich unminniclich, daz schœne frouwen tragent alle hüete breit:* Schweiz. Minnes. 300 Bartsch); viel früher schon WALTHER, *frowe, dur iuwer güete rucket ûf die hüete:* 75, 6 f.

282) *dîn wankelmuot ist offenbar. wint ein hüetel umb dîn hâr,* sagt die Mutter zu der verdächtigten Tochter: NEIDHART 24, 30 f.

283) *antiae, capilli, antilodi, eintilodi fahso, antie loccha:* STEINM. 1, 50, 16 ff. Die Kräuselung bezeichnet besonders *anthie reid:* ebd. *ouch habent si die lochel alsô chläine gedræt:* H. V. MELK Priesterl. 693 f. Freilich ist es zu Zeiten modisch, dass die Stirn bis auf die Augenbrauen herunter durch das Gebende verhüllt wird, was Neidhart mit der Bemerkung tadelt, die jungen Mädchen sollten die Binden mehr in den Nacken schieben: *einen site si sullen lân, binden ûf die brâ:* 38, 37 f.; *rückenz vorne hôher, hinden hin ze tal, decken baz daz neckelîn:* 39, 3 f. Auch Ulrich von Lichtenstein ergeht sich in Tadel über die Nachäffung geistlicher Manieren bei der Kleidung der Frauen; *swâ unser kein ein frouwen siht, diu sitzt sam si ein swester sî, wer solt der gerne wesen bî? ir gepende si in diu ougen leit: ir ieglich einen sleier treit, dâ mit hât si verwunden sâ den munt, diu wang, dâ bi die prâ:* 601, 16 ff.

284) Frauendienst 176, 25 ff.

285) durch Band oder Schnur; vgl. darüber S. 84, Anm. 198.

286) vgl. darüber auch oben S. 82.

287) Für solche Prunkbänder dient zunächst der erborgte Name ahd. *witta: Jupiter quippe diadema capiti eius apposuit. Jovis gab iro ûfen iro houbet daz di-*

es durch Stirnreif oder Schapel zusammen, der, wenn er künstlich gefertigt und nicht bloss aus Zweigen oder Blumen zusammengewunden ist, oft noch reicher erscheint als der Schapel des Mannes[288]), oder flicht es in Zöpfe, denen Perlen oder anderer reicher Schmuck angefügt, oder die in ein feines und kostbares Haarnetz gefasst werden[289]).

Dass zur gewählten Damentracht der Handschuh nicht fehle, wird ähnlich oft bezeugt wie bei den Männern, und als Grund dafür besonders die Reinhaltung der Hände angegeben[290]). Der Stoff ist Leder oder auch Seide[291]); auf elegante Ausstattung und guten Sitz wird Gewicht gelegt[292]).

Fig. 83. Mädchen und Frau (letztere mit Gebende und Rise).
Aus der Dresdner Bilderhandschrift des Sachsenspiegels, Taf. 27.

---

dema . . Juno quoque ex purgatioris auri splendente vena addiderat crinibus sociale vinculum. sîn wirten gab iro vahswittun, an dero diu ida gleiʒ lûtteres coldes: NOTKER Marc. Capella 1, 6 (Teil 1, S. 697 Piper). Auch *fasciolis witton:* STEINM. 2, 473, 59, wird hierher gehören. Das übernommene Wort lebt als *wid* in der Bedeutung des Prunkbandes local bis ins 15. Jahrh., so in Nürnberg; *von perlenkrentʒen, nyden, harbandten und gefrennsen* (als Haartracht der Jungfrauen): Nürnb. Pol. 101; wenn man *wid* hier nicht mit mhd. *wit* Flechtreis, Strick zusammenhalten will. Band und Borte um das Haupt, vgl. Fig. 71. *leg einen borten ûf daʒ houbet für den kranʒ:* Minnes. 2, 77, 7 Hagen. *die lieben margarîte mohte man dâ schouwen, swenne sich die frouwen der werlt wolden ougen mit gebende unt mit bougen unt mit hârbanden:* Servatius 120 ff. Über das Schmuckhaarband s. auch oben S. 84.

288) Stirnreif, Isot *truoc ûf ir houbete ein ʒirkel von golde, smal als er wesen solde, geworht mit spæhem sinne. dâ lâgen gimmen inne:* Trist. 276, 8 ff. Schapel, *diu maget truoc ein schapel, daʒ was weitîn unde gel, rôt, brûn unde wîʒ. dar an lac vil grôʒer vlîʒ von golde und von sîden:* Wigal. 26, 27 ff. *vil schœne was ir houbet geʒieret, als diʒ mære swuor. man sach von golde ir eine snuor ʒeinem schapel ûfe ligen, diu über al was wol gerigen vol edeles gesteines, daʒ man nie sô reines noch so guotes niht gewan. als ein pâternoster dran wâren si gestôʒen. man sach den vaden blôʒen niender eines hâres breit:* K. V. WÜRZBURG Engelh. 3008 ff.

289) *die ʒopfe mîn die wâren lanc . . ein neiʒ von berlîn was ir dach, dar durch man si doch plecken sach:* U. V. LICHTENSTEIN 172, 15 ff. *von reht ich iu noch sagen sol ein teil von mînen ʒöpfen mê. mit perlîn wîʒ alsam ein snê hieʒ ich si bewinden sâ vil wünneclîchen hie unt da:* 176, 28 ff. *ir ʒopfe wâren gebunden, mit golde wol bewunden unʒ an des hâres ende:* Wigal. 26, 39 ff.

290) *sie hâte an ir henden wîʒ ir hantschuoch durch reinekeit:* Heinr. u. Kunig. 3751 f.

291) *hantschuoch von sîden wol geworht ich fuort:* U. V. LICHTENSTEIN 166, 29.

292) *die hantschûch wol ginæt ʒiehent si an mit vlîʒʒen:* H. V. MELK Priesterl. 695 f.

Wie die Dichter in der Beschreibung der weiblichen Schönheit bis in alle Einzelheiten hinein sich nicht genug thun können (oben S. 18f.), so schwelgen sie auch in den Schilderungen der höfischen weiblichen Tracht, sich gleichfalls derart in die Teile derselben verlierend, dass die Aufzählungen uns wie Kataloge anmuten. Es erscheint noch mässig, wenn Gottfried von Strassburg über die Kleidung der Isot berichtet, Rock und Mantel seien von braunem Sammet, mit Borten besetzt gewesen, und den Schnitt beider höchst sachverständig beschreibt, auch die Fütterung des Mantels mit Hermelin und Zobelvorstoss ausführlich und technisch auseinandersetzt[293]); weitläufiger wird Wirnt von Gravenberg in der Beschreibung des Anzugs einer edeln Jungfrau: weiter sammetner Rock von zwiefach geteilter Farbe, grün und rot, mit Goldborte wohl geziert, mit Hermelin gleichmässig gefüttert, darunter ein Hemd von weisser Seide mit Goldstickerei, zusammengehalten durch einen Gürtel von Borte, der mit Gold und Edelsteinen wohl besetzt ist; über die beiden Kleider ein langer weiter Mantel von feinem und schwerem Seidenstoffe mit Goldbesatz, unterzogen mit Hermelin und dazwischen mit dem blauen Felle eines ausländischen Seetieres, mit Vorstoss von Zobel, der bis auf die Hand reicht, und kostbaren goldenen und edelsteingeschmückten Schliessen; auf dem Kopfe ein vielfarbiges Schapel, von Gold und Seide, und mit Goldschnüren ganz durchwundene Zöpfe[294]). Und Ulrich von Lichtenstein schenkt seinen Lesern nichts in der Aufzählung seiner Tracht als Frau Venus, wobei er ganz methodisch verfährt: weissglänzendes, feines, schicklich langes Hemd mit zwei schönen Zierärmeln, darüber feiner schwanenweisser Rock, und weisssammetne Kappe von trefflichem Schnitt, mit Goldstickerei; auf dem Haupte eine Haube, an deren hinterem Ende die geschmückten Zöpfe hervorsehen; darüber noch ein Pfauenhut; das Gesicht mit einer Rise wohl verhüllt; endlich Handschuhe an den Händen[295]). Ausführlichere Beschreibung höfischer Trauerkleidung gibt einmal Hartmann von Aue: Rock von schwerem schwarzem Sammet, der ganz schlicht gehalten und nicht mit Schnürvorrichtung versehen ist, Kopfbedeckung von selbem Zeuge, darunter das Gebende von weissen Tüchern (Wimpeln); Abwesenheit alles Goldschmuckes[296]).

Die vorstehende Schilderung der Frauenkleidung ist auf die Tracht der höfischen Gesellschaft aufgebaut. Die wohlhabende Bürgerin nimmt sie im Schnitte ganz und gar auf, und es wird ihr von Obrigkeitswegen nur rücksichtlich des Stoffes eine Zurückhaltung auferlegt,

293) Tristan 274, 26 ff.
294) Wigalois 24, 2 ff.
295) Frauendienst 176, 3 ff.
296) Erec 8227 ff.

die niemals respektiert worden ist[296b]). Änderungen nach der Form ergeben sich mit besonderen Verhältnissen: es besteht auch bei den Frauen eine Berufskleidung, selbst gelegentlich eine Art Uniform oder Livrée wie bei Männern (S. 306f.[297]). Recht deutlich tritt jene Berufskleidung bei der Bäuerin oben Fig. 8 hervor: dieselben Ober- und Unterkleider, gleiche Fuss- und Kopftracht, aber ins Grobe gezogen, und der Rock verkürzt. Und so kann auch die Schnitterin zur Arbeit des kürzeren Rockes und möglichst luftiger Tracht nicht entraten[297b]). Legt sich die Frau niederen Standes höfische Kleidung zu, wie das rügend erwähnt wird[298]), so muss sie dieselbe durch Aufraffen kürzen; in der Ernte nimmt das Landmädchen ein langes Kleid hoch, indem es den Fussteil faltig unter den Gürtel stopft[299]). Die Erzählung des Strickers, *daȥ bloch*, hebt aber ausdrücklich hervor, dass eine von ihm beschriebene feine Kleidung, bestehend aus einem neuen blauen Mantel mit weissem Pelzwerk gefüttert, seidenem Schleier, darüber ein Hut, Rock und Untergewand von feiner weisser Leinwand, Gürtel aus Borte mit daran hangender Tasche, ferner aus schönen Schuhen und weissen Handschuhen, aus dem Rahmen der bäuerlichen Kleidung herausfällt; sie ist völlig höfisch[300]).

Wie die männlichen Juden sollen sich auch die Jüdinnen durch besondere Kleidung, oder wenigstens durch Abzeichen daran von den Christen abheben. Verordnungen darüber fallen freilich nur in die spätere Zeit des Mittelalters und für das ganze Reich wird erst in der

---

296b) Welche reichliche Ausstattung an Kleidern eine bürgerliche Braut in Breslau 1490 empfängt, darüber s. Anzeiger für Kunde d. d. Vorzeit 1871, Sp. 79f.

297) die Königin Virginal spricht zu ihrem weiblichen Gefolge *ir edelen megde, ir vrouwen guot, dar ûf sô stellent iuwern muot, daȥ man iuch sunder kenne ... gegen den vürsten hôchgeboren süln wir uns schône kleiden alle gelîch in ein gewant:* Virg. 303, 1ff. vgl. auch 1028, 1ff. Eine Berufskleidung kimbrischer Priesterinnen, weisses Gewand, darüber einen Mantel aus feinster Leinwand, eherner Gürtel, dazu unbeschuht, beschreibt schon STRABO Geogr. 7. 2.

297b) *hin geleit* (im Herbst bei Bauermädchen) *sind lîn sô klein, dâ wîȥiu bein sô lûchten dür, ich hânȥ der vür, wîȥ als der snê, und dür klein ermel arme wîȥ:* HADLAUB 44, 34, in den Schweiz. Minnesingern S. 343 Bartsch. vgl. auch Anm. 266.

298) *wir sehen ce gaȥȥen unt ȥe chirchen umbe die armen tagewurchen diu nicht mêr erwerben mac, si gelebt ir nimmer guoten tac, si enmache ir gewant alsô lanc, daȥ der gevalden nâchswanc den stoub erweche dâ si hin gê:* H. V. MELK Erinnerung 319ff.

299) *ir sult iuwer swenȥel (êst erne ȥît) krispen, dierne guot:* HADLAUB 24, 1f. (Schweiz. Minnes. S. 318).

300) daz Bloch 394ff. *si het ouch beȥȥer gewant denne dehein gebûrîn da:* 392f. (Erzählungen und Schwänke, herausg. von Lambel S. 121f., vgl. auch Lambels Anmerkungen).

Reformation guter Policey zu Augsburg 1530 allgemein, und auch für die Judenweiber giltig, bestimmt, „dass die Jüden einen gelben Ring an dem Rock oder Kapffen allenthalben unverborgen zu ihrer Erkandnuss öffentlich tragen“ (Tit. XXII), aber Abzeichen in gelber Farbe kommen durch Gewohnheitsrecht ihnen, wie feilen Weibern und Pfaffendirnen, schon viel früher zu, und als die gelbe Farbe von Schleiern und Gebenden einmal im 13. Jahrhundert von der Mode allgemeiner bevorzugt wird, da schilt Bruder Berthold die Frauen, *die eʒ dâ sô nœtlichen machent mit dem hâre unde mit dem gebende unde mit den sleigern, die sie gilwent sam die jüdinne und als die ûf dem graben gênt und als pfeffinne: anders nieman sol gelweʒ gebende tragen. ir frouwen, ir sult den mannen dehein gelweʒ gebende vor tragen, unde des sullent sie iu ouch niht hengen*[301]). Auch tragen Jüdinnen einen ähnlichen Hut wie die männlichen Juden. Als im Jahre 1416 eine christliche Dienstmagd sich mit einem Juden vergangen hatte, wurde sie dadurch bestraft, dass man ihr ein *judenhüetli* auf das Haupt setzte (sie also gleichsam als Jüdin erniedrigte) und sie auf dem Schandkarren durch die Stadt und hinaus zur Verbannung führte[302]).

Was die in den späteren Zeiten des Mittelalters so zahlreichen öffentlichen Dirnen betrifft, so heben sie sich von den ehrbaren Frauen zunächst nur durch auffallenden, gefallsüchtigen Putz ab, wie das Bruder Berthold in der oben angeführten Stelle auch andeutet. Aber seit dem 14. Jahrhundert legen ihnen die Stadtobrigkeiten besondere Abzeichen an der Tracht auf, die sie von anderen Frauen unterscheiden, und solche sollen auch Zuhälter und Zuhälterinnen führen. In Zürich und anderswo ist die Farbe der Abzeichen rot[303]); in andern Städten gelb[304]).

---

301) BR. BERTHOLD 1, 114, 38 ff. vgl. *gilweʒ hin und gilweʒ her, sô ist eʒ anders niht wan ein tüechelîn. eʒ solten ouch niwan die jüdinne unde die pfeffinne und die bœsen hiute tragen, die uf dem graben dâ gênt; die süln gelweʒ gebende dâ tragen, daʒ man sie erkenne:* 415, 13 ff. *die gelwen rîsen* der Pfaffendirnen: H. V. MELK Priesterl. 698. Aber als Modetracht bereits in dessen Erinnerung 329 ff.: *mit gelwem gibende wellent sih die gebiurinne an allem ende des rîchen mannes tochter genôʒʒen.*

302) Zürcher Stadtbücher des 14. und 15. Jahrh. 2 (1901), S. 239.

303) *man schribet allen reten, daʒ ein ieglich fröwelin, die in offen hiusern sitʒent und die wirtin, die si behaltent, daʒ die tragen süln ir iegliche, swenne si für die herberge gat, ein rotes keppeli über twerch uf dem houpte, und sol daʒ keppelin ʒe samen sin genât. kumt si in ein kilchen, wil si daʒ kügellin abeʒiehen, so sol sis uf ir achsel legen, untʒ das sis aber wider uf gesetʒet:* Zürcher Stadtb. 1, S. 17 (von 1319).

304) *eʒ sol kein gemein fröuwele keinen frouwenmantel noch kursen niht tragen noch an keinen tanʒ gèn dâ bürgerîn oder ander èrbare frouwen sint; und sullent ouch ûf irn schuohen tragen ein gelweʒ vänle, dâ mit man si erkenne, und sullent niht vêhe vedern tragen noch silbergesmîde:* Meraner Stadtrecht in Haupts Zeitschr.

C. Kleidung der Kinder.

Römische Schriftsteller berichten von einer sehr dürftigen Tracht der altgermanischen Kinder. Cäsar lässt sie bis zu einer späten Mannbarkeit grösstenteils nackt, körperlich abgehärtet herumlaufen[305]), Pomponius Mela kennt sie als ganz nackt[306]), und Tacitus weiss überdem noch von Vernachlässigung der Reinlichkeit, die allgemein sei, zu erzählen[307]). Das letztere kann, bei der immer hervorgehobenen Vorliebe der alten Germanen für das Wasser und Flussbäder nicht als richtig gelten und widerspricht auch der Schilderung bei Cäsar. Und was die Unbekleidetheit betrifft, so kann auch von ihr in solcher Allgemeinheit nicht die Rede gewesen sein. Der betonten Abhärtung einer altgermanischen Jugend entspricht allerdings eine möglichst leichte Kleidung, die aber nach den Jahreszeiten abgestuft gewesen sein muss; und es versteht sich, dass auch Rang und Vermögen bei der Kindertracht zum Ausdruck gekommen sind. Die vornehmen Kinder auf der Marcussäule zeigen alle vollen Anzug. Die Kinder der Niederen sind hierin damals wie später vernachlässigt worden.

Von der Sorgfalt der germanischen Mutter bei der Bekleidung des Neugeborenen gibt uns der Dichter des Heliand eine Vorstellung in den rührenden Worten, mit denen er die Geburt Christi schildert[308]). Wir sehen, wie die Mutter das göttliche Kind mit köstlichen Tüchern umwindet und mit beiden Händen sorgfältig in die bereite Krippe legt, es in steter Hut haltend. Und ähnlich berichtet Otfrid über die erste Sorgfalt, die dem Neugeborenen gewidmet worden ist[309]). Der gemeinsame Ausdruck *biwindan* aber weist uns auf eine uralte Weise, das Kind in seiner ersten Lebenszeit vor Kälte zu bewahren, nicht

---

6, 425. In Basel sollen die Zuhälter der Dirnen besondere gelbe Kopfbedeckung führen; *welhe die sint, die sich sölcher armer töchtern begangent, daȥ der yeglicher in disen nechsten vierȥehen tagen einen gelwen kugelhuot ane ȥipfel und daruff drye swarȥ grosȥ wurfel mit grossen wissen ougen geneyet tragen sol stætes:* Basler Rechtsquellen 1, 103 (von 1417).

305) *quod et promiscue in fluminibus perluuntur et pellibus aut parvis rhenonum tegimentis utuntur magna corporis parte nuda:* bell. Gall. 6, 21.

306) *nudi agunt, antequam puberes sind; et longissima apud eos pueritia est:* de situ orbis 3, 3.

307) *in omni domo nudi ac sordidi in hos artus, in haec corpora quae miramur excrescunt:* Germania 20.

308) *thô ina thiu môdar nam, biwand ina mid wâdiu, wîbô skôniôst, fagarun fratahun, endi mid irô folmum twêm legda lioflîko luttilna man, that kind an ėna kribbiun:* Heliand 378ff.

309) *biwant sinan thôh thâre mit lahanon sâre, in thia krippha sinan legita:* 1, 11, 35f.

durch Anlegen eines Kleides, sondern durch Umwickeln mit Tüchern, ahd. *wintilâ*, mhd. *windel*, daneben ahd. *ludra*[310]), die so fest angelegt werden, dass sie selbst die Arme und Hände des Säuglings an seinen Leib pressen; die Tücher sollen nicht nur schützen, sondern auch auf die Entfaltung einer guten Leibesform günstig einwirken, und werden daher, damit sie desto fester zusammenhalten, noch mit Band oder Schnur zusammen gebunden. Wernher in seinem Marienleben schildert das Verfahren ganz anschaulich[311]). Das erste Kleid, das dem Kinde eigentlich angezogen wird, ist das Taufkleidchen, mhd. *wester*, *westerhemde*, *westerkleit*, wohinein man schlüpfen muss[312]), und welches deswegen mhd. auch *sloufe* heisst[313]); dasselbe aber ist nur ein Gelegenheitskleid, mit deutlicher Sinnbildlichkeit von weissem feinem Zeuge[314]), und wird daher nach der Taufe wieder abgelegt. Wie frühe das Kind zu einer Bekleidung in gewöhnlichem Sinne kommt, muss sich nach seiner körperlichen Entwickelung richten. Kann es sich selbständig bewegen, so bekleidet man es mit einem einfachen *hemdelîn* oder *röckelîn*, und erst nach und nach legt man ihm alle Stücke eines Erwachsenen bei. So ist es wenigstens im eigentlichen Mittelalter, aber es kann auch in früheren Zeiten nicht anders gewesen sein. Eine grosse Sorgfalt wird in niederen und mittleren Kreisen auf die Kinderkleidung nicht verwendet, nur Kinder von hohem Stande sind auch demgemäss angethan. Wie uns die Dresdner Bilderhandschrift des Sachsenspiegels einen Knaben barfuss und nur in einem Kittel zeigt (Fig. 84), ganz so schildert noch der im Jahre 1499 geborene Thomas Platter sich als einen Hirtenknaben zwischen sechs und sieben Jahren: barfuss,

---

310) vgl. *involumentis wintilun l. ludrun, wintilun, l. in ludron:* STEINM. 1, 556, 41 f. (nach Sap. 7, 4: *in involumentis nutritus sum).*

311) *ein bat sie ime garten, und wunden eȥ mit fliȥȥe in die tuoch sô wîȥȥe, mit lînînen vademen twungen sie ce samen den lîchiname reine und daȥ vil heilige gebeine:* Fundgr. 2, 197, 14 ff. Vgl. dazu die Band 1, S. 269 wiedergegebene Miniatur. Sonst auch *mit windeln verhüllen; sam ain amme ir kint verhüllet mit windeln:* MEGENBERG 93, 17. Die verschiedenen Windeln, Windel- und Wickelbänder werden in dem Schenkbuche einer Nürnberger Patriziersfrau zwischen 1416 und 1438 aufgezählt: Anzeiger f. Kunde d. d. Vorzeit 1876, Sp. 72.

312) *in der wester:* Lieders. 1, 382, 278. *als hie der küniginne ir sun dâ wart getoufet, mit fliȥȥe gar die sinne kêrt si an an in, nû wart ouch er gesloufet in sin westerkleit:* jüng. Tit. 1082. *wan si sich alle in westerhemde slouften:* Lohengr. 7556. Da solches Kleid den Kopf mit bedeckt, so heisst es auch *westerhuot*; (er) *leite im dô an ein wîȥeȥ kleit, das man dâ heiȥet den westerhuot, als man noch den kinden tuot:* Haupts Zeitschr. 16, 185, 716 ff.

313) *nâch kuniclîcher êre drûch man si ȥu der toufe in einer wêhen sloufe, der* (deren) *decke was ein baldekîn:* Elisabeth 334 ff.

314) *diu blanken westercleider:* K. v. WÜRZBURG Silv. 1940. vgl. auch Anm. 312. Auch für erwachsene Täuflinge ist das Taufkleid weiss: Mon. S. Gallens. 2, 19.

ohne Hosen, nur mit einem leichten Gewand bekleidet, das der Wind hinten aufnimmt[315]).

Der Schnitt der Kinderkleidung ist derselbe wie bei den Erwachsenen, und auch hier haben die Zeiten keine Änderung gebracht: die Kindergestalten der Marcussäule zeigen die Tracht ihrer Eltern in

Fig. 84. Knabe und Mutter mit Tragkind. Aus der Dresdner Bilderhandschrift des Sachsenspiegels, Taf. 79.

Fig. 85. Kinder. Aus der Dresdner Bilderhandschrift des Sachsenspiegels, Taf. 87.

Verjüngung (Fig. 79. 81), ebenso aber sind sie in den Bildern des Mittelalters gehalten (Fig. 85). Nur die modischen Überkleider der Erwachsenen gehören den Kindern noch nicht.

§ 3. Der Schmuck.

Der zur Kleidung gehörige Schmuck besteht aus Metall, Edelgestein, Perlen. Er bildet einen Bestandteil der Gewänder, oder wird selbständig zu ihnen getragen.

Die erstere Art kann in manigfacher Weise durch Einfügen in das Zeug oder Auflegen auf dasselbe ausgeführt sein. Dabei kommen vornehmlich Wirken und Sticken in Betracht. Gebrauch von Wollstoffen, die mit Bronze oder Gold durchwirkt sind, ist bereits in vorgeschichtlichen Zeiten nachgewiesen (vgl. oben S. 216 und Anm. 44);

---

315) *will ich nu do stůnd* (auf einem Felsen, *mit dem grossen ȥelin uff eim pöschlin) und mier der wind min gwendlin hinden uff wait, ich hatte ouch kein hosen an, so ersicht mich min gsell Thoman von witnüsȥ, wusȥt doch nit, was das was; wie er min röcklin gsach flottren, vermeint er, es weri ein vogell:* THOMAS PLATTER S. 9 Boos.

woher die Technik eingeführt, oder ob nicht vielmehr eine frühe Einfuhr der Stoffe aus südlichen oder östlichen Ländern vorliegt, steht dahin. Die mit Gold durchwirkten seidenen Gewandstoffe, von denen schon aus dem frühen Mittelalter berichtet wird, oder die auf uns gekommen sind, haben ausländischen Ursprung[1]; und es scheint nicht, dass auch in späteren Zeiten sich deutsche Handwerker auf die Herstellung golddurchwirkter Gewandstoffe gelegt hätten. Vielmehr hat man den Goldfaden nur zur Tressen- und Bortenarbeit und zur Stickerei gebraucht. Er ist nach altem orientalischen Muster zufrühest so hergestellt, dass man feine Häutchen aus dem Innern von Tieren mit Blattgold belegt und in sehr schmale Streifen geschnitten hat; später seit der Erfindung des Drahtziehens, die jedenfalls lange vor das 14. Jahrhundert fällt, ist alsbald auch solcher von Gold, dann von Silber, das vergoldet werden kann, endlich auch von unechtem Metall, Bronze oder Messing, für die genannte Arbeit gefertigt worden. Seine Anwendung geschieht einfach, oder indem man ihn zunächst über einen Kern von Stofffaden windet (dreht), und dann in solcher Form verarbeitet; das ist mhd. der *goltdrât, goltvadem* oder *gespunnen golt*[2]). Dieser wird entweder auf der Rahme zu Borte verwirkt (vgl. oben S. 226 und Anm. 97), welche als selbständiger Schmuck oder auch als Besatz an den Säumen und auf den Flächen der Kleider dient, oder man braucht ihn zu den manigfachen Techniken des Stickens, Strickens und Knüpfens, die oben S. 248 ff. aufgezählt sind. Knüpfarbeit mit solchen Goldfäden schafft entweder ein Netz, das in eigenartig prunkhafter Weise über ein Gewand (der Männer wie der Frauen) geworfen wird[3]), oder den Kleiderbesatz, der als Franse herabhängt, und der ahd. mhd. mehrere einheimische Namen (*vase, trabe, trâde*), neben dem fremden später aufkommenden *vranze* führt[4]).

---

1) über ein mit Gold durchwirktes Festgewand Karls des Grossen: EINHARDI vita 23 (die Stelle ausgehoben oben S. 246, Anm. 195). Reiche Goldwirkerei ausdrücklich als ausländisch (*vremde*) bezeichnet, ein *ziklât* nämlich, der so reich mit Gold durchwirkt ist, dass man den Seidenstoff kaum sieht: Tristan 279, 28 ff.

2) *goltdrât:* vgl. oben S. 246, Anm. 195. *sîn hâr hâte reiden schîn, daz mochte wol ein magetîn ûf eine phellerîne wât vur goltvadem hân genât sam von golde gespunnen:* ALBR. V. HALBERSTADT 10, 166 ff. Bartsch.

3) *guot gewant . . von golde und von gesteine was ez überhangen mit einem netze rîche:* Gudrun 1683. *ein netze daz was ûf daz tach* (des Kleides) *von kleinen berlîn getragen; die maschen alsô wît geslagen als ein hant an der breite hât. dâ durch sô bran der ziklât rehte als ein glüender kol:* Trist. 279, 40 ff. Selbst bei Hosen, *dar über manic goltdrât; dâ durch schein diu lînwât wîzer danne kein snê:* Herzog Ernst 3005 ff. Bartsch.

4) *fimbria fason l. tradon, vasen:* STEINM. 3, 237, 63 f. *fimbrias traben l. vasen:* 418, 61. *in fimbriis aureis, in guldinen fason:* NOTKER Ps. 44, 14 (2, 172 Piper).

Eine ungemeine Vorliebe für das Tragen von Edelsteinen und Perlen, die zum Teil mit dem Glauben an ihre geheimnisvolle Wirkung auf den Menschen Hand in Hand geht, ist seit der Völkerwanderung bei den deutschen und romanischen Völkern emporgekommen, und die Kleinodien werden verwendet nicht nur als selbständiger Schmuck, sondern auch als Besatz, derart, dass die poetischen Beschreibungen ein Prunkkleid sich ohne solchen gar nicht denken können. Hierfür wird eine besondere Technik des Anbringens nötig, da die Edelsteine behufs Verbindung mit dem Goldfaden nicht durchbohrt und so auf das Kleidungsstück aufgesetzt werden können: man legt zunächst den Stein in eine Fassung von Goldblech, die ihn unterhalb und seitlich fest umspannt, und die mit kleinen Löchern zum Durchziehen des Fadens versehen ist[5]). Diese Goldfassung führt den Namen ahd. *kasto*, mhd. *kaste*, mhd. auch *gelit*[6]). So fügt sich der genannte Schmuck in die Borten, die an den Kleidern sitzen[7]), in die Stickereien derselben[8]), in das geknüpfte Netzwerk bei den Kreuzungen der Goldfäden[9]), selbst zum Prunkschuh[9b]); und so wenig kann sich die Prachtliebe der Zeit in seiner Verwendung genug thun, dass man die Besatzsteine dicht an einander gereiht verlangt, so dass man keinen Faden dazwischen sieht[10]). Es kann aber auch ein Ge-

---

die vasen an einer Satteldecke: Erec 7714. *franȥe* mit dem Landesnamen *Franȥe* Frankreich zusammengebracht, deutet bestimmt auf die Einführung daher als Modetracht, die nicht bloss am Saume des Kleides sich zeigt; *si truoc von brûnem samît an roc und mantel, in dem snite von Franȥe, und was der roc der mite dâ engegene, dâ die siten sinkent ûf ir liten, gefranȥet unde geenget, nâhe an ir lîp getwenget mit eime borten, der lac wol:* Tristan 274, 26 ff. *gefrenns* als Kopfschmuck im 15. Jahrh.: Nürnberger Pol. Ordn. 101.

5) *die wol legen kunden golt in die sîden mit edelem gesteine:* Gudrun 1006, 3 f. *wie si gesteine legen mit dem golde in die sîden:* 1379, 4.

6) ahd. *castun foramina, ubi mittunt gemmas:* GRAFF 4, 530. dazu *gichastôt inclusus* von Edelsteinen: ebenda. mhd. *an iegliches knophes stat was ein rubîn ûf gesat in lâsûrvarwe kasten* (blau emaillierte Goldfassung): Erec 7724 ff. *ein suckenîe het deu schœne Tarsîe, deu was von golde wol durchslagen, mit gliden was darouf getragen manec kostlîcher stein, der in der vinstern naht schein:* H. V. NEUSTADT Apollon. 18637 ff.

7) Nib. 31, 4 ff. vgl. die Stelle oben S. 247, Anm. 204.

8) *ich hân noch ȥendel niuwen mit golde und steinen wol durchnât:* Virginal 577, 10.

9) *ein netȥe guldîn gebriten von goltdræten . . dar umbe wâren geleit edele steine genuoge an ieglîcher fuoge, da sich die maschen strihten, kriuȥewîs si sich schihten:* Erec 7715 ff.

9b) *der herre in ȥwêne schuohe trat, dar an was dehein stat wan dâ daȥ rôte golt schein. vil manec edeler stein was darumbe bewollen. geȥieret was mit vollen der vordere walbe:* Servatius 483 ff.

10) *vil schône was ir houbet geȥieret, als diȥ mære swuor. man sach von golde ir eine snuor ȥeime schapel ûfe ligen, diu über al was wol gerigen vol edeles gesteines*

wand mit blossem Gold- und Silberblech ohne Edelsteine verziert sein[11]); und vielfach ist es der Gürtel, der sich überhaupt in recht verschiedener Form, bei Männern und Frauen zeigt: bald von schmaler Goldborte hergestellt, bald von Leder, und hier schon in alter Zeit ornamentiert und mit Metallplatten belegt (oben S. 262), später (S. 284) in anderer Weise prunkhaft. Edelsteinbesatz auch hier; und im Meleranz von dem Pleier (689 ff.) wird ein Gürtel beschrieben, dessen Borte eine durch Edelsteine gebildete Inschrift trägt.

Seit die Schellentracht aufkommt, bildet auch dieses Gerät einen sich für Auge und Ohr aufdrängenden Schmuck am Gewande und am Gürtel. Als ahd. *scella*, mhd. *schelle* ist es seit alter Zeit Signal- und Musikinstrument, in der Form entweder rund und unten geschlossen, oder mehr glockenförmig und offen (vgl. den Bd. 2, S. 125 abgebildeten Teppich aus dem 14. Jahrhundert). Die schon im 11. Jahrhundert[12]) bezeugte, im 13. Jahrhundert ausgebildete, sich bis in das 15. hinein haltende Mode lässt die Schellen so leicht an keinem Gegenstand weg, der am Leibe oder in der Hand prunken soll; nicht nur Rocknähte[12b]) neben dem Gürtel sind mit ihnen besetzt, auch

---

. . *als ein pâternoster dran wâren si gestôzen. man sach den vaden blôzen niender eines hâres breit:* Engelhard 3008 ff. Edelsteinbesatz nicht nur beim Kopfschmuck, auf Rock und Überkleid, sowie an Schuhen, auch die Hosen lässt ein Dichter solchen tragen; *zwô hosen die wârn vil tiure und kosten rîche stiure, dar ane vil edeler steine, berlîn grôz und kleine, mit golde verwieret. sus wârn die hosen gezieret nider ûf die spitze vorn:* Herzog Ernst 3065 ff. Einen schweren Edelsteinbesatz an dem Pferdezeuge des Sigismer und seines Gefolges schildert Sidonius Apollinaris; *illum equus quidem phaleris comptus, immo equi radiantibus gemmis onusti antecedebant vel etiam subsequebantur:* Epist. 4, 20, 1.

11) *und suln* (die Bürger Nürnbergs) *auch kain silber noch seiden auf kaine gewant niht mer slahen noch neen noch kaine vin pereln tragen*: Nürnberger Pol. Ordn. 66 (13./14. Jahrh.) Keine Bürgerin soll tragen *dhainerlay gewant, daz beslagen sei mit golde oder mit silber, und suln auch dhainerley porten dar umbe machen:* ebd. Solcherlei Goldblechbeschlag trägt am Mantel schon eine Tochter Karls des Gr. neben Edelsteinbesatz; *ornatur vestis variis speciosa lapillis ordine, gemmarum numerosa luce coruscat bratea, crysolitis ornantur tegmina gemmis*: ANGILBERT Karolus Magnus et Leo Papa 236 ff. (wenn der Dichter unter *bratea* hier nicht die Goldfassung, den Kasten der Edelsteine meint). Aber später *jâ truoc si* (Prünhilt) *ob den sîden manegen goldes zein;* Nib. 413, 3, das seidene Gewand war also stäbchenförmig mit Golde besetzt; ein Mantel *genagelt wol mit golde:* Wigal. 25, 21. Nachweise aus späteren Quellen von JOHN MEIER in der Zeitschr. für deutsche Philologie 24, 530.

12) Runde Schellen *(bullae)*, an einem Brustschmuck, sowie selbst an Ohrringen: Ruodlieb 5, 372. 380.

12b) *dâ der ermel an daz muoder gât, al umbe und umbe was diu nât behangen wol mit schellen; die hôrt man lûte hellen, swenne er an dem reien spranc; den wîben ez durch die ôren klanc:* Meier Helmbrecht 211 ff.

Waffen[13]) und Pferdezeug, selbst Sporen[14]) zeigen sie. Auch werden sie wohl in unheimlicher Anzahl angebracht, bis hinauf in die Helmzierde, die davon so laut erklingt, dass man nichts hören kann[15]). Die Prunkschelle ist von Gold[16]).

Dass am Gürtel auch noch anderen Zierraten, Paternoster[17]), Täschchen[18]), von Frauen kleine Spiegel[19]), getragen werden, sei beiläufig erwähnt.

Zu den Kostbarkeiten können auch die fest angebrachten Vorrichtungen gehören, die an den Kleidern, um sie zusammen zu halten, angebracht werden. In Betracht kommen zunächst die verschiedenen Arten von Knöpfen, Hefteln und Spangen, aber auch Nestel und Schnüre, womit man prunkt; die ersteren sind von Edelmetallen, auch von Edelsteinen, die anderen von Seide, oft mit Perlenbesatz gefertigt[20]). Mantelschnüre werden auch durch eigene Metallschliessen, die *tassel*,

---

13) *er fuort ein sper in sîner hant, daz man vil wol gekleidet vant; dar an vil kleiner schellen hie, gestreut vil schône dort und hie:* U. V. LICHTENSTEIN Frauend. 209, 1 ff.

14) *die sporen strickt er umb den vuoz; die hiengen voller schellen:* Minnes. 3, 236, 5 Hagen.

15) *fünf hundert schellen oder mêr fuort an im der muotes hêr. sîn ors vil kleiner sprünge spranc; sîn zimir dâ sô lûte erclanc, daz man dâ bî gehôrte niht:* Frauend. 208, 21 ff. vgl. *daz gevilde nâch dem helde klanc; sîne schellen gâbn gedœne:* Parz. 39, 20 f.

16) *schellen von liehtem golde rôt:* Nib. 385, 3. *manc guldîn schelle dran erklanc, ûf der decke und an dem man:* Parz. 286, 28 f.

17) kein Bürger soll tragen *kainerlay paternoster, daz uber zwelf heller wert sei, und sol auch den uber den ars niht hahen, er sol in vorn an der seiten tragen, als man von alter her getan hat:* Nürnberger Pol. Ordn. 66 (13./14. Jahrh.).

18) der Name solcher Gürteltäschchen ist mhd. *phose,* Fortsetzung des ahd. *phoso (marsupium sekkil, sekkel, phoso:* STEINM. 3, 150, 59 f.), sie bergen Geld, aber auch wohlriechende Kräuter; *ich nîde ir phellerîne phosen di si tragent, dâ lît inne ein wurze, heizet ingeber:* NEIDHART 74, 16 f. In ihrer zierlichen Ausstattung werden sie als Gabe oder Geschenk überreicht; ein Meisterdichter lässt sich als Lohn schenken *von wirtschaft ezzen trinken oder niuwe hosen, zwên hentschuoch von den kræmen oder einen phosen:* Kolmarer Meisterl. 66, 44 f.

19) *si* (Pfaffendirnen) *beginnent sich vaste brîsen die hantvanen* (Schnupftücher) *unt die spiegel:* H. V. MELK Priesterl. 699 f. *jener Engelmâr . . der hiute noch den spiegel hât, den er dörper Vridcrûnen von der siten brach:* NEIDHART 93, 5 ff. Er hängt an einer *spiegelsnuor* von Seide; *daz diu hant erkrumbe diu die spiegelsnuor zerbrach, die sî selbe vlaht âne golt ûz glanzen sîden:* 71, 5 ff.; sie kann auch *ein wæher borte* mit eingewirkten Bildern sein *(niden an dem orte stuonden tier geworht von rôtem golde)*: 125, 2 ff. Der Spiegel selbst ist von Metall oder Glas in metallener, hölzerner oder elfenbeinerner Einfassung, vgl. WACKERNAGEL über die Spiegel im Mittelalter, kleine Schriften 1, 128 ff.

20) *ir ermel und ir houbetloch diu stuonden an den orten bestellet wol mit borten gedrungen in der heldenschaft. von rûbîne dran gehaft wâren kleiniu knöphe-*

so gezogen, dass sie an dem einen Tassel festgeheftet sind, durch das andere aber nach Bedürfnis des festeren oder lockeren Schlusses der Brust gezogen und gebunden werden[20]).

Schmuck, welcher nicht auf das Gewand festgeheftet ist, sondern selbständig und abnehmbar getragen wird, steht in Verbindung mit Haupt, Hals, Brust, Arm und Fingern.

Hauptschmuck ist, abgesehen von dem aus der Hutform entstandenen *schapel*, über den oben S. 300. 321, und den Haarbändern und Borten, die ins Haar gewunden werden (oben S. 321, Anm. 287), was nicht nur Frauen, sondern gelegentlich auch Männer thun[21]), der Stirnreif in seinen verschiedenen Ausgestaltungen, sowie der Ohrring.

Es ist nicht urgermanisch, Haar und Stirn mit Metallreifen zu umgeben. Die Sitte kommt von aussen herein, und ihre Vorstufe ist die römische *corona*, welches Wort, alte Entlehnung nach dem griech. *χορωνός*, den Kranz bezeichnet, der dem Sieger als Ehrenzeichen aufs Haupt gesetzt wird, womit gewisse Vorrechte verbunden sind. Über

---

lîn: K. V. WÜRZBURG Partenop. 12482 ff. *driu knöpfel von kristalle weder ze kleine noch ze grôz, den buosem er dâ mite beslôz:* Helmbrecht 194 ff. (weiterer Knopfschmuck am Rocke: 180. 199 ff.). *ez sol ouch nieman weder man noch frawe kain silber auf kain gewant schlahen danne silberine heftelein unde knöpfflein unde frawen gespenge vor ir menteln und spengelein umbe dünne suggeneien unde rocke, die mügen si wol tragen:* Nürnberger Pol. Ordn. 60. *ez sol auch weder man noch frauw niht mer tragen kainerlay gespenge noch ringe noch knöpflin an dhainem ermel niht verrer biz an den ellenpogen:* 66 (13./14. Jahrh.). *für ir brust wart geleit ein haftel wol hande breit, daz was ein gelpfer rubîn:* Erec 1560 ff. *man sach ouch an dem buosem mîn von golde ein kostlich heftelîn, vil wol geworht, envollen breit:* U. V. LICHTENSTEIN 451, 13 ff. *ir brust wart behangen mit kleinât und mit spangen:* A. V. HALBERSTADT 22, 51 f. *fürspan:* vgl. oben S. 311, Anm. 246. *den* (Rock) *brîste ein guldîn vurspan an ir brusten vorne:* 19, 254 f. *mit fürspangen:* BR. BERTHOLD 1, 416, 21. *ouch wâren diu tassel beidiu rôt unde gel, ergraben harte kleine ûz einem edeln steine mit heidenischem liste; daz was ein âmatiste, daz ander was ein jâchant:* Wigalois 25, 35 ff. *diu tassel, dâ diu solten sîn, dâ was ein kleinez snüerlîn von wîzen berlîn în getragen. dô hæte diu schœne în geslagen ir dûmen von ir linken hant:* Trist. 275, 21 ff. Und so vielfach. Die *tassel* sind eine französische Einführung des 12. Jahrhunderts, altfranz. *tassel* und *tassiel*, aus dem lat. *taxillus*, mlat. *tasellus*, von ihrer ursprünglich viereckigen Klötzchenform so genannt (eine Abbildung bei VIOLLET-LE-DUC dictionnaire raisonné du mobilier français 3, S. 9), später in Scheibenform, Fig. 86. Zu den Hefteln, die über dem Zeug des Gewandes befestigt sind, treten auch solche, die man unter dasselbe näht, namentlich dann, wenn das Futter und der Vorstoss desselben kostbares Pelzwerk bildet, das ist dann *der zobel underheftelîn:* U. V. LICHTENSTEIN 601, 27.

21) vgl. dazu oben S. 83, Anm. 189. Für ein solches Frisieren des Haares braucht H. v. Veldecke die Verben *walkieren* und *balsieren; sî endede niet alse èn wîf, si gebârde alse ein jongelinc . . met einem borden was er dat hâr wale gewalkieret. sî was gebalsieret alse ein ridder lussam:* Eneit 5190 ff. zu *balsieren* vgl. *coma balzer:* DIEFENB. 134b an.

die Nachbildung solcher aus Lorbeer geflochtener Kränze in Gold und zur ständigen Tracht Seitens römischer Imperatoren, aber auch nach ihnen barbarischer Stammkönige, berichtet Isidor, in Verbindung mit ähnlichem Kopfschmuck orientalischer Völker, welcher in der römischen Welt nicht unbekannt und ohne Einfluss bleibt[22]). Zu ihm gehört auch das Diadem, griech. *διάδημα*, die weisse königliche, kostbar verzierte Stirnbinde, die später durch die Krone ersetzt ist und nur im Namen noch fortlebt. Den christlichen Völkern wird die Krone geläufig als das Spottzeichen der Herschaft, die Dornenkrone, die dem Heiland aufgesetzt worden ist, aber auch als Sieges- und Ehrenzeichen, welches Gott für den guten Lebenskampf und die treue sittliche Haltung erteilt[23]).

Fig. 86. Mantelverschluss durch Tassel; Scheibenfibel. Von einer Statue des Domes zu Naumburg (Schmarsow und Flottwell Taf. 12. 13). Vgl. oben Fig. 17.

Der lateinische Name des Kopfschmucks, wie der griechische (*στέφανος*) findet sich in den germanischen Quellen verschieden übersetzt. Der Gote braucht dafür das Masc. *waips* oder das Fem. *wipja*, zu dem das starke Verbum *weipan* kränzen, krönen tritt[24]), welches wieder zu dem mhd. *wîfen* schwingen, winden gehört und somit deutlich die Vorstellung des gewundenen Kranzes vermittelt. Statt der nur gotischen Wortfamilie erscheint in anderen germanischen Dialecten ahd. *houbitbant*, altsächs. *hôbid-band*, altnord. *hǫfud-band* zur Wiedergabe von *corona* sowohl als *diadema*, und man erkennt auch hier an einzelnen Stellen deutlich, wie, vielleicht in Folge gelehrter Erinnerung, der ursprüngliche Lorbeerkranz noch im Hintergrunde

---

22) *imperatores Romani et reges quidam gentilium aureis coronis utuntur. Persae tiaras gerunt, sed reges rectas, satrapae incurvas. reperta autem tiara a Semiramide Assyriorum regina. quod genus ornamenti exinde usque hodie gens ipsa retinet:* ISIDOR. Orig. 19, 30, 3.

23) vgl. 1 Cor. 9, 25. 2 Tim. 4, 8. Apoc. 3, 11.

24) vgl. *þai gadraúhteis uswundun wipja us þaúrnum, στέφανον ἐξ ἀκανθῶν:* Joh. 19, 2. *usiddja ût Iêsus bairands þana þaúrneina waip, φορῶν τὸν ἀκάνθινον στέφανον:* 5. *jah þan jabai haifsteiþ hwas, ni weipada (οὐ στεφανοῦται), niba witôdeigô brikiþ:* 2 Tim. 2, 5.

der Anschauung steht[25]). Oder man denkt nur an den Reifen, wie er nach altgermanischer Sitte um Hals und Arm gelegt wird, und überträgt dessen Namen, etwa mit unterscheidender Beigabe, auf den Stirnschmuck: so wird das angelsächsische *beág* auf die Krone bezogen[26]). Oder endlich, man vergleicht den altgermanischen Helm, der aus Stirnreif und zwei kreuzweis darüber gelegten Bügeln besteht, und benennt mit ihm, auch unter Hervorhebung des Auszeichnenden durch Zusammensetzung, die Krone[27]).

Alle diese germanischen Übertragungen zeigen in ihrer freien Anwendung, dass es sich noch nicht um etwas im einheimischen Gebrauche, sowie der Form nach Gefestigtes handelt. Erst als sich die Krone bei den germanischen Königen der Völkerwanderungszeit und nachher zu einem Zeichen der Herscherwürde ausgestaltet, und eine stehende Form annimmt, die man den byzantinischen Herscherkronen nachbildet, wird das lateinisch-technische Wort dafür zunächst ins Hochdeutsche, später auch in andere germanische Dialecte eingeführt[28]). Die Krone ist Zeichen des Herschers und wird von diesem offiziell bis tief in das Mittelalter hinein getragen; als Standestracht steht sie auch den Gemahlinnen, Söhnen und Töchtern des Kaisers zu[29]), während Dynasten den künstlich geformten blossen Stirnreif oder Kranz tragen sollen, der später doch wie eine, nur niedrig gehaltene

---

25) vgl. ahd. *lorpaumes haupitpant, coronatus lauro, houbetpant, diadema, houbitpant coronam:* GRAFF 3, 137. *laureatus mit lôrpaumes pletirum, haupitpantu kichrônôt:* STEINM. 2, 765, 6f. *coronam de spinis houbitbant durninez, houbitpant thurninaz:* 1, 719, 13f. altsächs. *hieton thuo hôbidband hardarô thornô wundron windan endi an waldand Krist selbon settean*: Heliand 5501ff. Über die altnord. Form vgl. FRITZNER Ordb. 2, 168a.

26) *corona, vel circulus, wuldor-beáh:* WRIGHT-W. 157, 1. einfach *corona beág:* 263, 32. 368, 16. von der Frauenkrone, *þâ cwom Wealhþeó forð gân under gyldnum beáge:* Beowulf 1163f.; von Christi Dornenkrone, *þâ hi hwæsne beág ymb mîn heáfod heardne gebŷgdon:* Crist 1444f., *beág þyrnenne:* 1127. Auch NOTKER überträgt ein *diadema virginale* durch *magedlichen goldring:* Mart. Capella 2, 7 (Werke 1, 786, 6 Piper).

27) ags. *corona, diadema, cynehelm:* WRIGHT-W. 1, 142, 3. *diadema, cynehealm:* 313, 19. *kinehelm:* 540, 34. Dafür mit Betonung des Stoffes *þeódnes cynegold:* Phönix 605. Auch einfach *corona helm:* WRIGHT-W. 1, 290, 20.

28) ahd. *purpurîn giwâti druag er thô bi nôti, thurnîna corôna:* OTFRID 4, 23, 7f. *tuot wara des cuninges Salomonis unte der corônon, dâ in sîn muoter mit hât gezieret:* WILLIRAM 33, 2ff. (nach Cant. cant. 3, 11: *videte regem Salomonem in diademate, quo coronavit illum mater sua).* Dass die volksmässige Form *chrôna* schon früh eingetreten, beweist das Part. *kichrônôt* Anm. 25. Erst mittelenglisch erscheint *corone* und *crowne,* spät altnord. *kôrôn, kôrôna* und *krûna.*

29) vgl. ANGILBERT Karolus Magnus et Leo Papa; von der Gemahlin Liutgardis *aurea fila ligant clamidem, capitique byrillus inseritur, radians claro diadema metallo enitet:* 188ff. vom Sohne Pippinus, *tempora cui rutilo cinguntur pulchra metallo:* 206. von der Tochter Rhodrud. *namque corona caput pretiosis aurea gem-*

Krone geformt wird (Fig. 71). Es ist das, was mhd. mit *zirkel*, Zeichen der Fürstenwürde und fürstliche Person selbst, bezeichnet ist[30]).

Der geistliche Sinn des lat. *corona* (oben Anm. 23), tritt besonders hervor, wenn man sich neben den Himmelsherschern auch die Blutzeugen, Märtyrer und Heiligen mit diesem Siegeszeichen ausgestattet denkt, ja wenn die Krone im Himmel jedem Gläubigen als Preis für ein unsträfliches Leben winkt[31]). Und aus solchen Anschauungen heraus werden bereits in früher christlich-germanischer Zeit Votivkronen über den Gräbern von Märtyrern aufgehängt. Wenn es aber für die christliche Jungfrau das höchste Ziel ist, der *virgo immaculata* nachzueifern und in ihrem Stande ihre Unbeflecktheit zu bewahren, so kann die jungfräuliche Sitte, die *krône* ins Haar zu nehmen, ursprünglich auch nur auf einen votiven Sinn zurückgeführt werden, der freilich sehr bald in einen rein sinnbildlichen des Zustandes umschlägt und selbst in das blosse Zeichen des Unverheiratetseins verflacht. So tragen die mittelalterlichen Jungfrauen höheren Standes ihre Kronen[32]). Ihre Form ist eben auch nicht die der Herscherkrone; sie lehnt sich an den alten Siegerkranz an und führt daher ahd. mhd. auch den Namen *kranz*, welcher in den Begriff der Krone verläuft[33]); das Wort selbst, ursprünglich auf das hochdeutsche Gebiet beschränkt, später ins Niederdeutsche und Niederländische als *krans* übernommen, ist seiner Herkunft und Urbedeutung nach noch dunkel.

Wie der geschilderte Stirnschmuck, so ist auch der Ohrring eine fremde Einführung, die schon früh erfolgt sein mag, aber erst in der Völkerwanderungszeit Verbreitung erfährt und später zu häufigerem weiblichen Schmuck wird. Es ist alter orientalischer Brauch bei Mann und Weib (vgl. 2 Mos. 32, 3), Ringe in den Ohren zu tragen: vom

mis implicat: 217 ff. von der Tochter Berta, *caput aurato diademate cingitur almum:* 223. von der Tochter Rhodhaid, *inseritur capiti nitido gemmata corona:* 247.

30) *einen zirkel sâhens in ûf tragen, der was vil wol gesteinet. hie mite was daz gemeinet, daz er des landes hete gewalt:* Herzog Ernst 3082 ff. Bartsch. Zirkel für Fürst selbst im Gegensatz zum Kaiser; *die cirkel sint ze hêre, die armen künege dringent dich; Philippe setze en weisen ûf, und heiz si treten hinder sich:* WALTHER 9, 13 ff. Beschreibung des *zirkels der küneginne Îsôt* (von Gold, *smal als er wesen solde,* mit Edelsteinen reich besetzt): Tristan 276, 8 ff.

31) *wan der sitzet etelîchez vor mir, daz noch in einem halben jâr oder ê die krône vor gote treit in dem himelrîche* (stirbt und in den Himmel kommt): BR. BERTHOLD 1, 369, 28 f.

32) die Königin sagt zu ihren Hofdamen *nû zierent iuch gar schône. legent an iuwer swenzelîn und setzent ûf iur krône:* Virginal 951, 8 ff. Heinrich von Morungen sieht seine jungfräuliche Herrin *mit ir krônen:* Minnes. Frühl. 129, 29. Die Jungfrau Beaflor trägt kurz vor ihrer Verheiratung *noch die krône ûf blôzem hâre alsam ê:* Mai und Beaflor 91, 4.

33) vgl. *diadema, ornatus capitis, cranz:* STEINM. 3, 191, 17 (im Capitel de ornamentis foeminarum); *diadema cranz l. corona:* 413, 58.

Orient her gelangt die Sitte zu den griechischen und römischen Frauen; dass dergleichen auch beim männlichen Geschlechte, wenngleich in anderer Weise, üblich gewesen, bezeugt Isidor[34]). Frühe Verkehrsbeziehungen haben sie wohl ferner zu keltischen Völkern gebracht; es ist aber bemerkenswert, dass bei den in den Gräbern von Halstatt Bestatteten die Ohrringe zu den ungewöhnlichen Beigaben gehören[35]). So müssen wir uns die Verbreitung als sehr allmählich vorstellen: spät erst werden sie durch römischen und gallischen Einfluss zu den südlichen Germanen gekommen sein, wie sich denn römische Arbeit neben einheimischer unter entsprechenden Gräberfunden zeigt. Im alten Germanien dienen sie nur als Frauenschmuck, gewöhnlicher bei

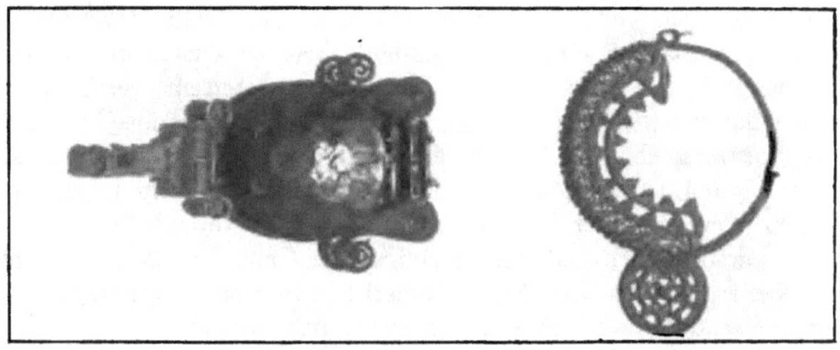

Fig. 87. Sogenannte Fibel des Athanarich, und filigranartig durchbrochener Ohrring aus Gold. Originale im German. Museum.

den Südgermanen, seltener bei den Angelsachsen, am seltensten in Scandinavien; von Männer-Ohrringen ist nichts bekannt.

Der Name für den Schmuck ist ahd. mhd. *ôrrinc*, ahd. auch nur *ôrinc*, welche letztere bereits verschliffene Form auf vielfacheren Gebrauch des Wortes und damit auch der Sache deuten könnte[36]), angelsächs. *eár-hring*, auch mhd. *ôr-golt*, dem ein altnord. *eyrnagull* zur Seite steht. Daneben angelsächs. *eár-preón* und *eár-spinl*, mit Bezug auf das spitze, das Ohr durchziehende Ende des Ohrrings[37]). Die Bodenfunde unterrichten uns noch besser als litterarische Quellen

---

34) *inaures ab aurium foraminibus nuncupatae, quibus pretiosa genera lapidum dependent. harum usus in Graecia, puellae utraque aure, pueri tantum dextra gerebant:* ISIDOR. Orig. 19, 31, 10.

35) SACKEN, das Grabfeld von Hallstatt in Ober-Österreich (1868) S. 73.

36) *inaurem ôrrinch, ôrinch, ôrinc:* STEINM. 1, 508, 7 ff. *ôrinc:* 57. *inaures ôringa, ôringe, ôringi, ôrringa, ôrringe:* 596, 32 ff., u. ö.

37) *inaures, eárpreónas, vel eárhringas:* WRIGHT-W. 1, 107, 31. *inauris, eárpreón, vel eárring:* 153, 21; *eárhring:* 427, 21; *eárpreón:* 540, 40. *eárspinl inauris:* BOSWORTH-TOLLER 235 a.

über die Gestalt des Schmuckstücks, das zu den schönsten und zartesten Arbeiten einheimischer Kunst gehört und vom einfachen gewundenen Drahtringe bis zum manigfaltigsten Reichtum der Bildungen aufsteigt, aus welchen immer zwei Hauptformen sich ergeben: einfacher Ring und Ring mit Gehänge (vgl. Fig. 87 und 88). Das Metall ist Bronze, Silber, Gold, in einigen Fällen selbst Zinn[38]), Edelsteine kommen besonders am Gehänge vor; der zum Einstecken in das Ohrläppchen bestimmte Ringteil ist mehr oder weniger scharf zugespitzt, ihm entspricht auf der andern Seite ein Schliesshaken, oder die beiden Drahtenden können auch durch Verflechtung geschlossen werden[39]).

Fig. 88. Adlerfibel, vier Anhängsel einer Halskette und ein Ohrring aus Ravenna, ostgotischen Ursprungs. Originale im Germanischen Museum.

Deutsche Bilder des Mittelalters zeigen meist den Ohrring nicht, er mag vielfach hinter dem Gebende oder dem langen lockichten Haar versteckt sein. Aber wenn auch mehrfach bezeugt wird, dass man ihn als Geschenk gibt oder trägt[40]), so darf

38) vgl. CHLINGENSPERG-BERG Gräberfeld v. Reichenhall S. 90.

39) LINDENSCHMIT Handbuch der deutschen Alterthumskunde 1 (1880/89), S. 387 f. (mit Abbildungen).

40) Kostbare Ohrringe als Geschenk: Ruodlieb 5, 374 ff. *er gab ir ze minnen zwêne ôringe und zwêne armpouge ûz al rôteme golde*: Genes. in den Fundgruben 2, 34, 17 (nach der Vulg., 1 Mos. 24, 22 *inaures aureas); ôrringe unde risen:* Krone 560. *du hiench si in ir ôren die guldinen wieren:* jüngere Judith bei Diemer 161,

das doch kaum als eine über alle Landschaften verbreitete Sitte aufgefasst werden: bezeichnend ist, dass Glossenhandschriften des 15. Jahrhunderts, die mit niederdeutschen Gegenden zusammenhängen, zu der Glosse *inauris orring* die Bemerkung machen: *ut Italici*, oder *ut Slavi solent portare*[41]). Erst im 16. und folgenden Jahrhundert fügt sich der Ohrring der allgemeinen deutschen Frauentracht eigentlich ein.

Alteinheimisch ist dagegen die Sitte, Hals und Brust mit Schmuck zu versehen; derselbe wird entweder umgewunden, angehängt oder angeheftet.

Ein uralter germanischer Name für den Halsschmuck ist aufbewahrt als ahd. *menni*, altsächs. *meni* in der verdeutlichenden Zusammensetzung *hals-meni*, ebenso angelsächs. als *mene* und *heals-mene*, altnord. *men*, urverwandt zu griech. *μάννος*, *μόννος* Halsband, lat. *monile*, altslav. *monisto* Schmuck, Halsschmuck, noch weiter in die asiatischen Sprachen der Indogermanen reichend[42]). Das Wort, dessen Urbedeutung dunkel ist, muss den Ringschmuck um den Hals im Allgemeinen bezeichnen, denn es wechselt im Beówulf mit den Bezeichnungen *healsbeáh*, *beáh* und *hring*[43]); aber vermutlich ist es zur Bezeichnung einer ganz bestimmten Form eingeengt gewesen, die sich breit und kragenartig um den Hals legt, und für Mann und Frau gleichmässig dient. In einfachster wie in kostbarster Ausführung ist derartiger Halsschmuck aus urgermanischen Gräbern des Nordens wie des Südens vielfach zu Tage getreten; die älteste Form bildet eine grosse gebogene Bronzeplatte, die in der Mitte am breitesten ist und sich gegen die mit einer Schnur zusammengebundenen Enden verjüngt[44]). Schlichte Exemplare sind ohne alle Verzierung gehalten, wie das in einer germanischen Niederlassung bei Göttingen ausgegrabene, Fig. 89; bessere tragen dichte Riefen oder Spiralornamente. Eine gotische Goldschmiedearbeit des 4. Jahrhunderts zeigt an dem mit Granaten in Zellen geschmückten Ringkragen ein hinteres abnehmbares Ende, in Scharnieren befestigt, so dass nach Fortnahme dieses Zwischenstückes der Kragen auf den Hals gestreift werden kann[44b]). Eine andere Art, im Norden gefunden, besteht aus mehreren über einander liegenden Goldröhren mit äusserst feinen Filigran-Ornamenten

20 f. (über *wiere* vgl. unten Anm. 75). *diu fine meit ein rinc in ôren treit:* Minnes. 3, 307, 3 Hagen.

41) DIEFENB. 290c f.

42) vgl. LEO MEYER Handbuch der griech. Etymologie 4 (1902), S. 364.

43) Beow. 1196. 1200. 1217.

44) MÜLLER-JIRICZEK nord. Altertumskunde 1, 274 f. (mit Abbildung).

44b) vgl. BRÜNING, der Goldschatz von Petrossa, in Velhagen und Klasings Monatsheften, 16. Jahrg. (1902), S. 521 (Fig. 90).

und andern aufgelegten Zierraten; hinten ist ein Gelenk, und vorn wird der Ring dadurch zusammengehalten, dass sich die Enden der

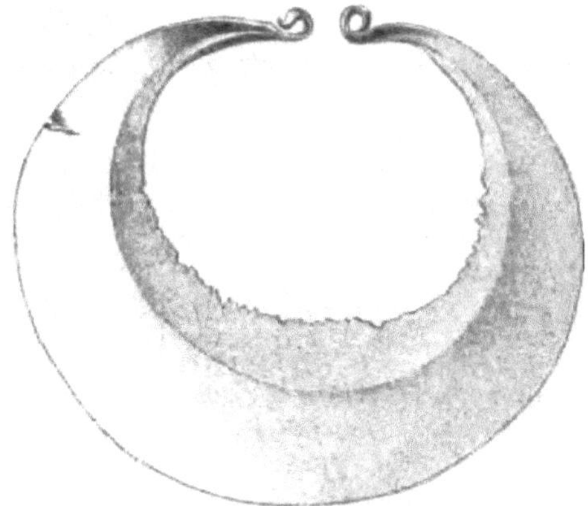

Fig. 89. Bronze-Halskragen einer Frau. Bodenfund aus der Nähe Göttingens. In der städtischen Altertums-Sammlung daselbst.

Röhren in einander schieben (Fig. 91). Von solchen Formen ist es nicht weit bis zur Teilung des Schmuckes in einzelne Ringe, die auf

Fig. 90. Halskragen aus dem Goldschatz von Petrossa.

der Brust selbständig erscheinen, aber im Nacken sich wieder unter éinem Bügel vereinigen (Fig. 92).

Die deutsche Kunst hat diesen Halsschmuck durch Perlen und Edelsteine, sowie Anhängsel weiter auszuzieren gewusst. Auf angebrachten reichlichen Perlen- und Edelsteinbesatz weist nicht weniger die Beschreibung im Heliand (vgl. unten Anm. 48), die schon erwähnte im Beówulf, und die im Ruodlieb, als die Verdeutschung von *monile*

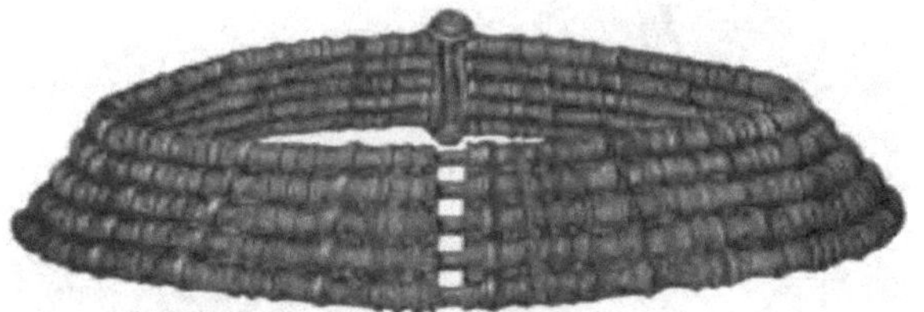

Fig. 91. Halsschmuck von Gold, gefunden auf Öland.
(Montelius, die Kultur Schwedens in vorchristlicher Zeit, 1885, S. 124.)

durch *gisteini* neben *menni*[45]). Die Steine sind in die den Unterhals umschliessende Platte eingelegt oder auch als Gehänge so angebracht, dass sie auf die Brust herabfallen; und wie lange bei dem Bau eines solchen Kleinodes uralte Tradition nachwirkt, zeigt das auf dem Grabdenkmal des Grafen Wiprecht von Groitzsch aus dem 13. Jahrhundert: der überaus reiche Brustschmuck ist an einem ebenfalls

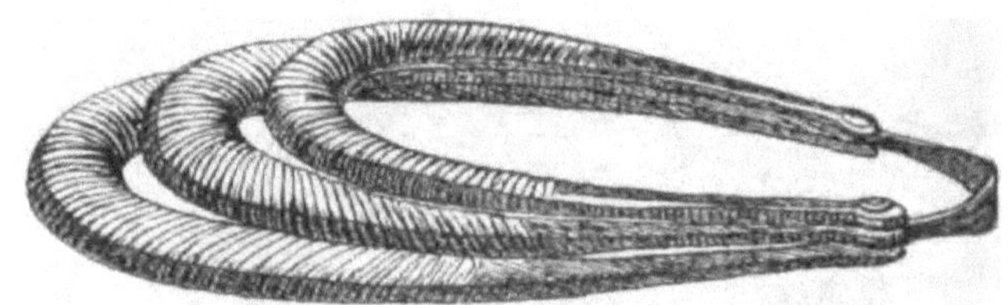

Fig. 92. Halsring.
(Müller-Jiriczek, nord. Altertumskunde 1, 377.)

reich besetzten Halsstück angehängt, das noch ganz die Kragenform des Stückes Fig. 89 zeigt.

Dass die Anhängsel (vier solche ostgotischen Ursprungs vgl. Fig. 88) zugleich als Amulet gedient haben, böse Geister und Krankheiten von

45) halbmondförmiger Brustschmuck *(luna)*, der Bogen *(curvatura)* besetzt mit Schmelz, Perlen und Edelsteinen, als Anhängsel runde Schellen *(bullae)*: Ruodlieb 5, 359 ff. *monilia gisteini*, *gistêni*, *steine*, *stein*, *menni*, *nuskil*, *nuschil*: STEINM. 1, 595, 59. *munilia kisteini*: 619, 19. *monilia gisteinu*: 622, 10. Karls des Gr. Tochter Rhodhaid trägt einen Edelsteinschmuck um Hals und Brust, vgl. die Stellen oben S. 316, Anm. 267.

sich zu bannen, sowie dass hier auch fremder Brauch einspielt, darauf deutet ein eingebürgerter fremder Name, angelsächs. *sigle*, altnord. *sigli*, der sich auch ahd. als *sigilla*, Übersetzung des Schmuckstückes *lunula* wiederfindet[46]). Es ist klar, dass dies Wort die volksmässige Übernahme des lateinischen *sigillum* darstellt. Die damit bezeichneten Figürchen, in Gold getrieben oder sonst plastisch hergestellt, wie sie von Germanen aus römischen Landen mitgebracht oder von römischen Händlern in Germanien vertrieben wurden, zugleich sicherlich mit Anpreisung ihrer Schutzkraft, erwiesen sich als besonders geeignet, an den Halsschmuck angebracht zu werden, und so ging ihr Name geradezu auf den letzteren über, die Kostbarkeit betonen Zusammensetzungen oder formelhafte Verbindungen[47]). Nur der geglaubten Schutzkraft des Schmuckes kann es zugeschrieben werden, wenn das *halsmeni* im Heliand *hêlag* genannt wird[48]); aus gleicher Anschauung tritt bei den christlichen Germanen an Stelle zauberkräftiger Anhängsel das Kreuz. Bei dem Brustschmuck des Grafen Wiprecht von Groitzsch, Fig. 93, wird man unschwer aus der Richtung der grösseren Edelsteine die Kreuzesform erkennen.

Fig. 93. Grabplatte des Grafen Wiprecht von Groitzsch.

Gipsabguss im German. Museum.

Neben dieser kostbarsten germanischen Halszierde steht der einfache Halsring, ahd. *halsboug*, auch

46) *lunulas sigillûn* neben *mânili*: STEINM. 1, 595, 51 (nach Jes. 3, 18 *in die illa auferet dominus ornamentum calceamentorum, et lunulas, et torques et monilia, et armillas et mitras). lunulae ingisigile, insigile:* 3, 191, 46 (unter den ornamentis foeminarum).

47) *þâ gemêtte heó semninga under hire hrægle gyldne sigle swîðe deórwyrðe:* BEDA hist. eccl. 4, 23 (S. 336f. Miller). *Brôsinga mene, sigle and sinc-fæt:* Beow. 1200f. *mâððum-sigla feola:* 2758. Selbst die Fibel kann dann durch *sigle* bezeichnet werden; vgl. unten Anm. 61.

48) *ne skulun gi swînun teforan iuwa meregriton makôn efðo meðmô gistriuni, hêlag hals-meni:* Heliand 1722ff.

halsring[49]), angelsächs. *healsbeáh*, auch *sweorbeáh*; wie jene ins höchste Altertum zurückreichend, häufiger noch als sie überall als Bodenfund erschienen. Die dem Unterhalse sich anschmiegende, immer gleiche Grundform ist in verschiedener Weise, teils als einfacher Reif, teils mit einer Zierscheibe versehen, wie bei Fig. 94, teils gerieft oder sonst gewunden behandelt. Der Halsring ist von Bronze oder Edelmetall, meist durch Edelsteine nicht verziert, hinten mit Haken oder Haken und Oese versehen, und federnd, so dass er durch Ausbiegen leicht umgelegt werden kann. Er bildet keinen ausschliesslich germanischen, sondern ebenso altkeltischen Schmuck, und ist als solcher selbst zu den Römern gekommen, freilich hier nicht allgemein von beiden Geschlechtern getragen, wie bei Kelten und Germanen, sondern nur von Männern als kriegerische Auszeichnung[49b]). Lange in die geschichtlichen Zeiten hinein dient er so, als Geschenk gegeben, als Kostbarkeit vererbt[50]); in den höfischen Zeiten des Mittelalters löst ihn die Halskette ab, jene römische Einführung, die als *catella* dort von Frauen (aber auch von Männern neben der torques) getragen wurde und deren Name, wie er althochdeutsch erscheint, nicht auf jener lateinischen Verkleinerungsbildung, sondern auf dem Mutterworte *catena* beruht, ahd. *chetina*, *ketina*, mhd. *ketene*, etwa durch nähere Bestimmung von anderem Sinne abgehoben[51]). Als deutsche Bezeichnung zeigt sich ein dunkles *lanne*[52]). Die Halskette hält sich als modischer Schmuck bis über die hier geschilderte Zeit hinaus[53]); Anhängsel zieren sie wie den reicheren

49) *torque halsringe*: STEINM. 3, 418, 22. Wie weit eine einmal gegebene Unterscheidung, *torques virorum halsring, monile feminarum halsgolt*: ebd. 722, 42 f. in lebendigem Gebrauch war, steht dahin.

49b) *torques sunt circuli aurei a collo ad pectus usque dependentes. torques autem et bullae a viris geruntur, a feminis vero monilia et catella*: ISIDOR. Orig. 19, 31, 11. vgl. dazu die Glosse *halsbôga, circuli aurei a collo pendentes*: GRAEF 3, 39.

50) *umbe sînen* (des Herzogs Genelun) *hals lac ein bouch vile wæhe, daz werc seltsæne ûzzer golde unde ûzzer gimme; den sante ime ze minnen der kunec von den Britten*: Ruolandes Liet 57, 20 Grimm; der König legte Joseph *umbe sînen hals einen pouch, der was aller rôt golt*. Genes. in den Fundgr. 2, 61, 14; als Vermächtnis *þæræ hlǽfdigan ânes swyr-beáges on hundtwelftigum mancussum*: THORPE Diplomatarium anglic. S. 553 f. (von 1012).

51) *wâhe golt-ketenon*: WILLIRAM 18, 2. vgl. *catelle ketinlin, chetenneliu*: STEINM. 3, 151, 53 f. *catellæ vel catenulæ ketinlin, ketenle*: 191, 32.

52) *halsgolt und lanne*: Krone 538.

53) weibische Männer *dûnt entblössen iren halsz, vil ring und grosse ketten dran*: S. BRANT Narrensch. 4, 6 f. als weiblicher Schmuck, *weliche frow oder junckfrow … hinfüro guldene oder vergullte ketten haben oder tragen will, die mag das thun, doch also, das sie sollicher ketten nyt mer dann eyne tragen soll, auch also, das solliche ketten mit sambt dem gehenge nit mer kost noch werdt sey dann fünffzehen guldin*: Nürnberger Pol. Ordn. 102 (15. Jahrh.)

Halsschmuck, im christlichen Mittelalter auch gern das Kreuz (vergl. Fig. 75).

Ihr nahe steht die Halsschnur, die nicht in Gliedern geschmiedet ist, sondern die sich aus einzelnen dicht aneinander gereihten Zierraten bildet. Mit diesem Namen ist sie im 12. Jahrhundert bezeugt[54]), während die mehrdeutige Bezeichnung *halsbant*, die neben anderem die Schmuckkette wie die Schmuckschnur des Halses meinen kann, erst später, dann aber häufig auftaucht[55]). Auch ein volksmässiges *nuster*, Verkürzung für *paternoster*, findet sich in der Bedeutung des Halsschmuckes, und Wort und Sache mögen wohl in das Mittelalter hinaufgehen[56]).

Als beliebte Zier treten unter solchen Halsschnüren hervor die Perlenschnüre, die freilich aus recht verschiedenen Perlen zusammen

Fig. 94. Germane und Germanin mit Halsring.
(Hettner, Steindenkmäler des Provinzial-Museums zu Trier, S. 269.)

gesetzt sein können; denn schon die vorgeschichtliche deutsche Industrie arbeitet dergleichen aus Bernstein, Glas, buntgefärbtem Thon, Schmelz und Metall. Sie sind von frühen Zeiten an durch das ganze

54) *sie* (die Seelen im Himmel) *ne zierent ouh vingerlin, ringe noh bouge, nuskelîn von goldes gesmelce, noh die halssnuore*: Himelriche 286 f.

55) vgl. *torques halsbant und halsring:* DIEFENB. 589a. Ausführliche Beschreibung mehrerer Halsbänder der Königin Elisabeth von Ungarn, von denen eines aus zwei und dreissig goldenen Ringen mit Steinen, andere aus goldenen Gelenken *(heftelîn)* mit erhabener Arbeit, Perlen und Steinen bestehen, in einer Urkunde von 1440: Anzeiger für Kunde d. Vorz. 1854, S. 216 ff. Halsbänder als den Frauen vorbehaltener Schmuck, *es soll auch hinfüro keyn mansbilde eynich halsbandt nit tragen:* Nürnberger Pol. Ordn. 107 (15. Jahrh.).

56) weite mundartliche Verbreitung des Wortes in der Bedeutung einer Halsschnur mit Perlen, Korallen u. a.: SCHMELLER 1^2, 1768. Schweiz. Idiotikon 4, 845. mhd. *pâternoster* sonst auch im Sinne einer eng gereihten Schnur: Engelh. 3016, vgl. die Stelle oben S. 321, Anm. 288.

Mittelalter und darüber hinaus ein weit verbreiteter Volksschmuck für das weibliche Geschlecht. In den Gräbern von Reichenhall sind dergleichen einreihige Schnüre gefunden worden, dreissig Stück der beschriebenen Perlen enthaltend, daneben doppelreihige, die bis auf die Brust reichen, mit 60 bis 120 Perlen[57]). In solchen einfachen Formen halten sich die Perlenschnüre auch später.

Angehefteter, mittels untergelegter Nadel befestigter Brustschmuck ist die Fibel in ihren ungemein verschiedenartigen Formen, die von den Urzeiten bis in die Gegenwart reichen, wo sie sich als Broschen fortsetzen. Die Fibel ist die Ausbildung eines aus Metall nachgeahmten Dorns oder einer Nadel, mit Bügel versehen, um ein Kleidungsstück zu schliessen[58]), früh auf germanischem Boden zugleich als Schmuckstück verwendet, und in dem die Nadel deckenden Zierstück nach zwei Grundformen entfaltet[59]), Lang- und Scheibenfibel, die sich in den manigfachsten Spielarten immer wiederholen, auch in einander übergehen. Der doppelte Zweck der Fibel, zu heften und zu schmücken[60]), die vielgestaltige Form und Verwendung haben einen einheitlichen germanischen Namen nicht entstehen lassen, der lateinische Name ist ganz selten im Angelsächsischen aufgenommen[61]), sonst weisen eine Reihe neben einander her laufender deutscher Bezeichnungen deutlich auf verschiedenen Gebrauch oder Ausgestaltung des Schmuckstücks hin. Den allgemeinen Zweck des Zusammenheftens und Verbindens betont ahd. *nuska, nuskil*, mhd. *nusche, nüschel, nüschelîn*[62]), das man mit Wahrscheinlichkeit zu ahd. *nus-ta* (*nexio*) und *nestila* stellt, welches letztere auch *fibula* glossiert; nicht weniger mhd. das Diminutiv zu *haft, haftel, heftel, heftelîn*[63]), *span in vürspan* und *spange*, das erst

57) v. CHLINGENSPERG-BERG das Gräberfeld von Reichenhall S. 89.

58) *tegumen omnibus sagum fibula aut, si desit, spina consertum:* Germ. 17.

59) vgl. O. ALMGREN, Studien über nordeuropäische Fibelformen der ersten nachchristlichen Jahrhunderte mit Berücksichtigung der provinzialrömischen und südrussischen Formen. I. Text. II. Tafeln (248 Abbildungen von Fibeln). Stockholm 1897.

60) *fibulae sunt, quibus pectus foeminarum ornatur, vel pallium tenetur, a viris in humeris, seu cingulum in lumbis:* ISIDOR. Orig. 19, 31, 17.

61) *fibula, sigel, oððe hringe, fifele:* WRIGHT-W. 1, 403, 7.

62) *fibula nusca:* STEINM. 2, 384, 78. 499, 31 u. ö. *nuske:* 595, 20. *fibula nuschil, nuschel, nuxil, nuscil:* 3, 148, 6 f. *fibula nusche:* 412, 57. mhd. *nuschen unde bouge verkoufen den vrouwen*: Gudr. 251, 3. *nuskele unde vingerîn, daʒ die botin mitsam in hetin brâcht den vrouwen:* König Rother 398 ff. *nuskelin*, vgl. oben Anm. 54. *ein verʒinteʒ nüschelîn:* NEIDHART 70, 11. Auch *nestilîn* neben *nusca fibula:* STEINM. 1, 330, 34.

63) *für ir brust wart geleit ein haftel wol hande breit, daʒ was ein gelpfer rubîn:* Erec. 1560 ff. *von golde ein kostlîch heftelîn fuort ich vor an dem buosem mîn:* U. v. LICHTENSTEIN 172, 23 f. *fibula ein brusthefftlin am mantel, hefftel:* DIEFENB. 233 a.

hier in den Sinn der Fibel rückt, sonst aber ein gemeingermanisches Wort dunkler Herkunft, wahrscheinlich der Urbedeutung des pressenden und zusammendrückenden darstellt[64]). Auf das Einstechen zielt das fremde, mhd. erscheinende *bratȝe, bratsche*[65]), unser Brosche, das mit ital. *brocco*, spitzes Holz, franz. *broche*, Holznadel und Spiess, *brocher*, stechen, sticken, zusammenhängt[66]); ebenso angelsächs. *préon*, Pfrieme, das wir schon bei der Schilderung des Ohrrings (S. 336) trafen, und ein der Herkunft nach keltisches *dalc* oder *dolc*[67]). Die Rundform des oberen Schmuckteils gibt an ein angelsächs. *hringe* und ein spät mhd. *ringel*, und die breite Ausladung desselben über dem Gewande das angels. *oferfeng*; die Verzierung dieses Teils aber mit Anhängseln das angels. *sigl*[68]).

Auf die künstlerische Gestaltung der Schmuckfibel hat die germanische Kunst von früher Zeit her ihre ganze Kraft verwendet, um so mehr, als gerade dieser Gegenstand zu den gesuchtesten und am meisten gebrauchten in allen Kreisen und durch alle Zeiten gehört. Von gotischen Goldschmiedearbeiten des vierten bis sechsten Jahrhunderts ist eine Anzahl übrig, die uns die Pracht der Fibel auf der Höhe zeigen; Prunkstücke bis zu 25 und 27 Centimeter Höhe, mit bunten Steinen besetzt, mit Anhängseln an Goldkettchen versehen, eins davon, ein durch Kette verbundenes Fibelpaar, bestimmt beide Teile der Brust zu schmücken[69]). Geformt sind sie mehrfach als Adler mit geschlossenen oder auch mit offenen Flügeln, wie eine solche gotische Fibel aus Ravenna (Fig. 88); und wie lange sich dieses Motiv hält, er-

64) über *vürspan* vgl. oben §. 2, Anm. 246. *fibula vorspan, furspan*, und (in Vermischung mit *spange) vorspang, spenglin*: DIEFENB. 232 c.f. *ir brust wart behangen mit kleinât und mit spangen:* A. V. HALBERSTADT 22, 51 f. *daȝ diu spängel solden sîn, daȝ wâren tier guldîn, geworht mit grôȝem flîȝe; da enȝwischen berl wîȝe wâren gestecket:* Wigal. 24, 36 ff. *Ellenhart treit an sînem buosem ein vil wæheȝ vürgespenge:* NEIDHART 51, 20 f. Hierher ferner *spinlen fibulae, quibus feminarum pectus ornatur:* GRAFF 6, 349. *fibula, spennels:* WRIGHT-W. 1, 238, 34. *wîra gespan* Fibel von Golddraht: Andreas 303.

65) *fibula bratȝe:* DIEFENB. 233 a. *di selben meide viere drûgen glich geȝiere, glich geveȝe und ein gewant, borden unde harbant, bratschen unde furspan:* Leb. d. heil. Elisabeth 901 ff. *si hatte bratschen, vingerlin, spenalden unde vorspan, surkot unde mantel an:* 1886 ff.

66) vgl. DIEZ etymol. Wörterb. der roman. Sprache 1[3], 87.

67) *preón vel oferfeng vel dalc fibula, dolc oððe preón spinter:* BOSWORTH-TOLLER 195 b. Über irisches *delg*, Dorn und Tuchnadel, vgl. SCHRADER Reallex. der indog. Altertumskunde 730.

68) *fibula, hringesigl:* WRIGHT-W. 22, 11. *oferfengc:* 313, 23. *sigel, oððe hringe:* 403, 7. *sigel:* 518, 2. *oferfeng:* 540, 38. *ringel an der frauwen cleidern:* DIEFENB. 232 c.

69) vgl. BRÜNING der Goldschatz von Petrossa in Velhagen und Klasings Monatsheften 16, 521 ff. (mit Abbildungen).

sieht man noch aus späten Quellen, wenn Fibeln in Adlerform beschrieben werden[70]. Gegen die Langfibel tritt die Scheibenfibel im Gebrauch, wenigstens zu den höfischen Zeiten des Mittelalters zurück: aber auch sie erscheint früher wie später in prunkvollen, selbst künstlerisch hochstehenden Beispielen (Fig. 95).

Neben der Fibel ist der häufigste Zierrat wohl der Armring; seine Bedeutung als hauptsächliches Schmuckstück tritt auch dadurch hervor, dass er gemeingermanisch gewöhnlich der Ring schlechthin heist, altnord. *baugr*, angelsächs. *beáh*, altsächs. *bôg*, ahd. mhd. *boug*, *bouc*, wörtlich der sich biegende, zum Verbum got. *biugan* gehörig[71]; verdeutlichende Bildung dazu ist ahd. *armboug*, angels. *earmbeáh*[72], während mit dem oben genannten ahd. *halsboug*, angelsächs. *healsbeáh* unterscheidend ein ähnlich geformtes Zierstück bezeichnet wird. Auch der Armring reicht in mehreren Arten tief in die vorgeschichtlichen Zeiten, als Schmuckstück für Mann und Frau wahrscheinlich in verschiedener Ausführung, beim Mann massiver, bei der Frau zierlicher und leichter, bei jenem vielleicht nur am rechten, dem Schwertarme getragen, bei dieser an beiden[73], von Bronze, Gold, später auch Silber, in einfacher und künstlerischer Art, als Reifen, Spiralen, schlangenartig gearbeitet, Erzeugnisse früherer und späterer heimischer Kunst. Wie aber diese bei Galliern in die Schule gegangen ist, davon gibt wieder ein sprachliches Zeugnis Kunde. *Viriae Celticae* nennt Plinius gewisse Armringe nach ihrer Herkunft und jedenfalls auch nach ihrer Art, Isidor bezeichnet sie als kriegerischen Schmuck unter dem Namen *viriolae* mit nahe liegender falscher Etymologie[74]: das

---

70) Beschreibung einer solchen goldenen Adlerfibel: Ruodlieb 5, 340 ff. *der süeʒen freudenbæren daʒ hemde stuont nâch wunsche gar. von rubbîne ein adelar, kleine und vil gefüege doch, ʒein ander spien daʒ houbetloch an der vil liehten wæte:* Engelhard 3048.

71) ahd. *armille bouga, bôge, bouge:* STEINM. 3, 151, 61 f. *bôga, bouch*: 191, 49. *armilla bouge l. brachiale:* 722, 44 u. ö. ags. *armilla, beáh*: WRIGHT-W. 1, 313, 18. 540, 33. u. ö. dass das einfache Wort gelegentlich auch den Kronenreif bezeichnet, ist S. 334, Anm. 26, gesagt.

72) zahlreiche Belege ahd. GRAFF 3, 38. ags. BOSWORTH-TOLLER 234. Das dafür einmal Beowulf 1195 erscheinende *earm-hreáde* (Handschrift *earmreade*) gehört zu ags. *hreóðan* schmücken, bedecken, Part. *hroden;* so ist eine Braut *beága hroden:* Crist 292.

73) vgl. dazu Berichte über Gräberfunde der älteren Bronzezeit bei MÜLLER-JIRICZEK 1, 254. Dass lat. *dextralia* ahd. schlechthin durch *pouga, bouga* übersetzt wird (GRAFF 3, 37 f.), könnte dafür einen Wink geben.

74) *per anulos, ut habeant in lacertis iampridem et viri.. viriae Celticae dicuntur:* PLINIUS nat. hist. 33, 3. *armillae autem proprie sunt virorum collatae victoriae causa militibus ob armorum virtutem. unde et quondam vulgo viriolae dicebantur:* ISIDOR. Orig. 19, 31, 16.

Wort ist keltisch und bezeichnet den Bronze- und Golddraht, der von den kunstfertigen keltischen Schmieden verfertigt wurde; von ihnen lernten die Germanen ihn bereiten, und behielten für ihn den keltischen Namen [75]). Solcher Draht diente seit Urzeiten zur Herstellung spiralförmiger Ringe für den Oberarm, die nicht nur zahlreich überall in Bodenfunden aufgetaucht, sondern auch litterarisch bezeugt sind: sie trägt Karl der Grosse [76]), es sind die *wuntanê bougâ* des Hildebrandsliedes [77]), die kunstreich geschlungenen der Drachenhöhle im Beowulf [78]), sowie ein Teil kostbarer Geschenke im

Fig. 95. Scheibenfibel. Vom Grabstein eines Chorherrn, 14. Jahrh. Gipsabguss im German. Museum.

75) ags. *wir* Golddraht, altnord. *vira-virki* Filigranarbeit; ahd. *wiera, wira, wiere* (STEINM. 3, 120, 6. 192, 4) als *obriȥum* unter den Metallen, meint das feinste Gold, wie es zu Filigranarbeiten dient; und wenn mhd. *wiere* (oben Anm. 40) auch geradezu den Ohrring bedeutet, so genügt ein Blick auf Fig. 87, um diesen Sinn klar zu machen. Das dazu gehörige Verbum ahd. mhd. *wieren* heisst solche Arbeit verfertigen; *auri obryȥi des gewiereten goldes:* STEINM. 3, 415, 62, oder dergleichen anbringen; *eine crône wol geȥieret und harte wol gewieret mit edelem gesteine grôȥ unde cleine:* LAMPRECHT Alex. 5569 ff. *dâ inne* (im Schiffe) *was daȥ golt rôt kleine gewierôt, nuskele und vingerîn:* König Rother 396 ff; *vil edeler steine, berlîn grôȥ und kleine, mit golde verwieret:* Herzog Ernst 3067 ff., u. vielfach. Über die romanischen Ausläufer des Wortstammes (span. *virar*, altfranz. *virer* drehen u. a.) vergl. DIEZ etymol. Wb. der rom. Spr. 1^{5}, 445.

76) in der Erzählung seiner Begegnung mit Algis, dem Sohne des Langobardenkönigs Desiderius, in der Chronik von Novalese, Kap. 21. 22; *ergo cum Carolo optulisset dextralia Algisi, induit illam sibi statim; quae concurrerent illi mox usque ad humeros:* Mon. Germ. Scr. 7, 104.

77) Hildebrandslied 33.

78) *earm-beága fela, searwum gesæled:* Beowulf 2764 f.

Ruodlieb[79]). Die Spiralarmringe kommen mit anderen massiveren Formen für den Oberarm erst mit der höfischen Zeit des Mittelalters ab, während die kleineren und engeren für den Unterarm, wie sie neben denen für den Oberarm seit Urzeiten hergehen, und auch den Männern genehm sind[80]), von den Frauen weiter getragen werden. Sie sind mit der lateinischen Bezeichnung *dextrariola*[81]) gemeint. Vielleicht will auch ein sonst dunkles ahd. *hant-dwinga*, mhd. *hant-twinc* und *hant-winde*, das unter weiblichem Schmuck aufgeführt wird[82]), ein Armband bezeichnen, welches das Handgelenk umschliesst.

Die manigfachen Formen, in denen der germanische Armring erscheint, betreffen mehr die Auszierung als die Grundgestalt, rücksichtlich der sich neben der Spirale nur der Reif, geschlossen oder offen, und mit oder ohne Anhängsel ergibt. Bei der häufigen Verwendung erscheint auch leichte Ware, bloss auf den Schein berechnet, und der Ruodlieb weiss von Armspangen zu berichten, die anstatt massiv hohl, und inwendig mit Blei gefüllt sind[83]).

Dergleichen mochte wohl mancher Herr für seine Diener fertigen lassen. Denn die Spendung von goldenen Armringen gehörte zu den Anstandspflichten, die für den Höheren wie für den Gastfreund nicht zu umgehen waren und stellten die gewöhnlichste Form der Belohnung, sowie des Gastgeschenkes dar[84]). Ausser den goldenen Armringen, deren Gebrauch auch als Zahlungsmittel hier nicht weiter zu besprechen ist, finden sich solche von Bronze nur in früher Zeit, ebenso

---

79) Ruodl. 337.

80) *dar ûȝ* (aus der Lade) *nam si ȝwelf pouge und spien ims an die hant:* Nib. 1644, 3.

81) *pouga, bouga, dextrariola:* GRAFF 3, 38 vergl. dazu *armbouga sunt ornamenta manus, quae ante manicam mulieres portant; bouga autem communes sunt viris et foeminis:* Gloss. Blas. 47 im mhd. Wb. 1, 178.

82) *cirostringa hantwinch, hantwinc, hantwic, hentewinc:* STEINM. 3, 152, 12 ff., *cyrostringa, hantwinga:* 181, 57. *hantwinde, hantȝwinge, hanttwinc:* DIEFENB. 123 b.

83) *bis sex armillas imponit rex operosas, ex quibus octonę solidę non sunt recavatę plumbo repletę:* Ruodl. 5, 332 ff. vergl. auch *datisque eis Chlodoveus pro hac causa balteis et armellis adsimilatis de auro, sed deintus aeramen et cobrium erat deauratum sub dolo factum:* liber historiae Francorum, in den Script. rer. Meroving. 2, 372. Dieselbe Geschichte bei GREG. TUR. hist. Franc. 2, 42.

84) Der Fürst führt altsäch. den stehenden Beinamen *bôg-gebo* Heliand 2739, der Dienstmann *bôg-wine* ebd. 2757; ags. vom Könige *beág-gifa* Beow. 1103, *beága brytta* 1488 u. ö. Zahlreiche Beispiele von Ringverteilung bei WEINHOLD deutsche Frauen 2[3], S. 281 ff.; vgl. auch dessen altnord. Leben 184 f. „*quid dat ipse (rex) tibi (venatori)?*“ *vestit me bene et pascit, aliquando dat mihi equum, aut armillam, ut libentius artem meam exerceam (he scrȳt me wel and fétt, and hwîlon sylþ me hors oþþe beáh, þæt þe lustlîcor cræft mînne ic begancge):* WRIGHT-W. 1, 93.

solche aus Glas, die aber sehr selten sind, oder aufgereihten Perlen[85]); später werden die silbernen häufig.

Endlich der Fingerschmuck; auch er ist durch alle Zeiten hindurch häufiger, vielleicht der häufigste Zierrat gewesen, der beim Armen sich noch da zeigte, wo Hals- und Armringe oder Ohrgehänge fehlte, und mit dem sich dazu manigfach noch sinnbildliche Bedeutung verband. In vorgeschichtlichen und frühgeschichtlichen Zeiten finden sich Fingerringe von zusammengebogenem Draht, sowie solche, die spiralförmig ein ganzes Fingerglied bedecken; die gewöhnliche, auch für später bleibende Form ist der Reif, wie er sich bis heute erhalten hat, entweder glatt, breit und flach gewölbt, oder mit einem Schild versehen, welches Gravierungen, Inschriften, Symbole, wie das Kreuz, oder eingesetzte Perlen oder Edelsteine, unter ihnen auch eingeführte römische Gemmen trägt[86]). Der Stoff des Ringes ist, da ihn auch die ärmsten Bevölkerungschichten tragen, nicht bloss Edelmetall, Gold und seltener Silber, sondern auch Bronze, später Messing, Kupfer, Zinn, Glas, selbst auf Ringe aus Haargeflecht könnte geschlossen werden[87]). Ein Bauern-Trauring wird beschrieben von überzinntem Blei, mit einem Saphir von Glas, darum ein Schmelz von Harz, ausserdem mit zwei Perlen von Fischaugen[88]). Der gläserne Fingerring ist von armen Mädchen[89]) und Kindern getragen, im späteren Mittelalter von ihnen auch in grossen Mengen gekauft und aufbewahrt[90]); nahe liegt es, ihn als Bild der Unzuverlässigkeit zu verwenden[91]).

In der ältesten Zeit ist ein für den Fingerschmuck gebräuchlicher gemeingermanischer, nur im Gotischen nicht bezeugter Name, altnord. *hringr*, angelsächs. altsächs. ahd. *hring*, mhd. *rinc*, auf diesen eingeschränkt und nicht auch auf Hals- und Armringe bezogen gewesen, welche ebenso abgegrenzt den Namen *boug* führen[92]): das hat seinen

85) vgl. LINDENSCHMIT Handb. d. d. Altertumskunde 1, 396.

86) Abbildungen von früheren und späteren Fingerringen bei MÜLLER-JIRICZEK nord. Altertumskunde 1, 255. 2, 113. LINDENSCHMIT a. a. O. 1, 404. Mitteilungen aus dem germanischen Nationalmuseum 1 (1886), S. 214 ff.

87) *hærin vingerlîn* (in zweideutiger Anwendung): NEIDHART 96, 35. 38. 219, 1.

88) Ring 33, 10 ff.

89) *ich bin dir holt, und nim dîn glesîn vingerlîn für einer künneginne golt:* WALTHER 50, 11 f.

90) *herre, ich hân in mîme schrîn beslozzen driu pfunt vingerlîn*, spricht ein kindisches Mädchen: Ges. Abent. 2, 7, 89 f.

91) *anulus ex vitro vitreo debetur amico*: Müllenhoff u. Scherer Denkm. 27, 2, 7. Die fabrikmässige Herstellung von gläsernen Ringen lehrt die Schedula diversarum artium des Theophilus Presbyter B. 2, Kap. 31 (S. 143 der Ausg. von Ilg, Wien 1874).

92) *anulus, hringc, armilla, beáh*: WRIGHT-W. 1, 313, 17 f.

guten Grund in der verschiedenen Grundform beider Schmuckstücke. Der Ring bildet einen geschlossenen Kreis und kann nur angestreift werden (der Name nächstverwandt zu altslavisch *kręgu* Kreis, *kręglu* kreisrund), der Baug ist an einer Stelle offen und man biegt ihn zum Anlegen aus einander. Die Ausdehnung des Wortes erfolgt zunächst auf den ebenso kreisförmigen kleinen Ohrring, stets aber mit unterscheidendem ersten Zusammensetzungsteil, ahd. *ór-hring*, *ór-ring*, angelsächs. *eár-hring*, nie dass *hring* für den Ohrring allein steht; dann werden auch die Bauge Ringe genannt (oben Anm. 43), nie aber Ohr- oder Fingerring *boug*. Andere Namen nehmen unmittelbar Bezug auf den Finger, so got. *figgra-gulþ* Luc. 15, 22 in mehr anschmiegender Übersetzung des griech. *δακτύλιος*, und hochdeutsche Verkleinerungsformen, wie ahd. *fingiri*, *fingirlîn*, *vingerlîn*[93]), mhd. *vingerîn*, *vingerlîn* und *vingeride;* auch *vingerlinc* und eine Kollektivbildung *gevingere* kommen vor[94]).

Schmuckringe um den Fussknöchel und die Waden werden in Skandinavien erwähnt[95]).

Bei dem ungeheuren Verbrauche von Perlen und Edelsteinen im Metallschmuck und als Kleiderbesatz muss sich die Kunst schon früh auf Nachahmungen legen. Früh zumal werden die begehrten Perlen nachgebildet; das Fabrikat scheint zunächst orientalischen Ursprungs, aber von da nach Südeuropa, zumal Italien gekommen und auf dem Handelswege nach Germanien eingeführt, wobei nicht ausgeschlossen, dass geringe Erzeugnisse nachahmend auch hier selbst entstanden sind. Unechte Perlen sind aus Thon, Glas, Mosaik, Bernstein, Achat, u. a., auch aus Metall verfertigt; und neben sehr unscheinbaren Stücken gibt es solche von guter, selbst prächtiger Arbeit. So finden sich facettierte Glasperlen, besonders grüne und blaue von sehr schöner Wirkung, zumal wenn sie noch durch Gold- oder Bronzefassung, zierlich ornamentiert, gehoben werden; in den Gräbern von Reichenhall sind Perlen zum Vorschein gekommen aus dünnstem Bronzeblech, mit einem Überzuge von hellem, durchsichtigem Glase, auch solche von feinstem Silberblech[96]). Oben (Anm. 88) haben wir aber auch gesehen, wie Perlen aus Fischaugen hergestellt werden.

Ebenso wie Perlen werden Edelsteine wesentlich von Italien her bezogen, falsche auf Grund alter, auch griechischer Übung dort ver-

93) STEINM. 1, 536, 37 ff. *anulos fingirin*: 622, 20. *anulos fingiri, hringâ*: 272, 17 (neben *anulos ringa, ringe*: 331, 40 f.).

94) *hett die hand voller vingerling:* D. Städtechr. 5, 23, 2. *daʒ gefingir er nam abe siner hant wolgitân:* Genesis in den Fundgr. 2, 61, 11.

95) WEINHOLD altnord. Leben S. 186.

96) V. CHLINGENSPERG-BERG a. a. O. S. 89.

fertigt[97]); das sprachliche Zeugnis dafür ist die frühe Übernahme des lat. *gemma* in die volksmässige Form ahd. *gimma*, angelsächs. *gim* und *gim-stân*, altnord. *gimr* und *gim-steinn*. Das Wort setzt sich im Mhd. als *gimme* fort, und weicht erst später der deutschen Bildung *edel-stein*, die seit dem 14. Jahrhundert feststeht, nachdem schon früher unverbundenes *edel stein*, *edel gesteine* neben *gimme* Platz gewonnen hat[98]).

Edelsteine werden nicht bloss als Schmuck getragen. Nach einem aus dem Altertum überkommenen Glauben, der im Mittelalter allgemein verbreitet und litterarisch häufig, in einzelnen Abhandlungen, Gedichten, Bemerkungen und Anspielungen bezeugt ist[99]), besitzen sie Wunderkraft und schützen und heilen den der sie trägt. Darum heftet man sie an die Kleidung, und trägt sie am Gürtel[100]), und namentlich auch am Finger, wo sie zauberische Wirkungen entfalten sollen. Aber auch das frommgläubige Gemüt gibt sich in ihren Schutz im Verein mit dem des Kreuzes Christi, und baut sein Vertrauen zu ihrer Kraft harmonisch aus. Ein sprechendes Zeugnis dafür bietet der silberne Ring eines schlichten Mannes mit (falschen) Steinen, ein Bodenfund, wohl noch aus dem dreizehnten Jahrhundert (Fig. 96). Der Schild stellt in Drahtarbeit die Gloriole Christi dar, die um das Kreuz gespannt ist. In der Mitte desselben, da wo die Balken sich schneiden, ist ein Rubin eingelegt, oben am Hauptbalken ein Saphir, am rechten Armbalken ein Smaragd, am Fussende des Hauptbalkens ein Chalcedon, am linken Armbalken ein Diamant. Die Deutung ist klar. Der Besitzer des Ringes empfiehlt sich Christo, der den Kreuzestod fur ihn gelitten hat; im Mittelpunkte des Kreuzes erhofft er für sich inneren Frieden und Heiterkeit (Rubin), am Kopfende himmlisches Glück (Saphir), sodann weiter irdisches Wohlergehen (Smaragd), sieghafte Kraft und Gesundheit (Chalcedon), und endlich Schutz gegen seine Feinde (Diamant).

So ist der Ring in seiner Anordnung des Schildes ein Zeugnis für die Anschauung seiner Zeit. Über die Kraft des Rubins belehrt

97) über die Fälschung von Edelsteinen, *neque est ulla fraus vitae lucrosior:* PLINIUS nat. hist. 37, 12.

98) *edel gesteine verwieret:* Nib. 656, 3. *jâ lûhte von ir wæte vil manic edel stein:* 281, 1 u. ö.

99) vgl. dazu oben im 1. Abschnitt, § 3, Anm. 387, und W. UHL in der allgemeinen deutschen Biographie, Bd. 40, S. 259ff., wo auch über die Quellen der mittelalterlichen Litteratur.

100) *ouch was ein edel rubîn durch sînen wünneclîchen schîn in den gürtel vor geleit. swenne dehein swacheȝ leit truobte ir gemüete, so benam des steines güete mit süeȝem schîne ir ungemach, sô si sîn varwe rehte ersach. an sîner tugent was er niht swach:* Wigal. 25, 8ff.

Anm. 100; vom Saphir heisst es: *der saphir, der dem lautern himel geleicht und der ainen prinnenden schein von im gibt, wenn sich der sunnen schein auf im widersleht, der bedäut die hoffenung, dâ mit wir gezukt werden in die êwigen fräud*[101]); vom Smaragd: *er mêrt reichtum und gibt gnâd in allem geschäft und macht den menschen genæm in seinen worten und hilft den, die verporcheneu dinch vorschent und abnaigt daz ungewiter und gesetzt den unkäuschen gelust*[102]); vom Chalcedon: *hengt man in an den hals oder tregt in an dem vinger, sô macht er sighaft in kriegen und senftigt des haizen fibers hitz*[103]), und endlich vom Diamanten: *wer in tregt, den sterkt er gegen seinem veint und vertreibt üppig træm und schäuht und melt die vergift*[104]); aber, und das stimmt besonders zu der Anordnung des beschriebenen Ringes, *der stain wil, daz man in trag an der tenken* (linken) *seiten*[105]).

Der Alles umfassende lebendige Christglaube des Mittelalters stellt überall auch Schmuck und Pracht in seinen Dienst.

---

101) MEGENBERG 458, 20 ff.
102) ebd. 459, 21 ff.
103) ebd. 438, 16 ff.
104) ebd. 434, 7 ff.
105) ebd. 431, 14.

Fig. 96. Fingerring, 13. Jahrh., Bodenfund aus Göttingen. In der städtischen Altertumssammlung daselbst.

REGISTER.

Zeitfracht Medien GmbH
Ferdinand-Jühlke-Straße 7
99095 Erfurt, Deutschland
produktsicherheit@kolibri360.de